Harold James

SCHOCKMOMENTE

Harold James

SCHOCKMOMENTE

Eine Weltgeschichte von
Inflation und Globalisierung
1850 bis heute

Aus dem Englischen von
Andreas G. Förster und Sigrid Schmid

HERDER

FREIBURG · BASEL · WIEN

FSC
www.fsc.org
MIX
Papier | Fördert
gute Waldnutzung
FSC® C083411

Verlag Herder GmbH, Freiburg im Breisgau 2022

www.herder.de

Satz: Röser MEDIA GmbH & Co. KG, Karlsruhe
Herstellung: CPI books GmbH, Leck
Printed in Germany

ISBN Print: 978-3-451-39325-9
ISBN E-Book (E-Pub): 978-3-451-82195-0
ISBN E-Book (PDF): 978-3-451-82834-8

Inhalt

Abbildungs- und Tabellenverzeichnis

Danksagung

Mehr als dreißig Jahre lang habe ich mir schon Gedanken über die Globalisierung und den damit verbundenen Unmut gemacht. Dabei faszinierten mich stets sowohl historische Rückschläge wie die Weltwirtschaftskrise als auch neue Phasen enger Vernetzung und des institutionalisierten Multilateralismus. Doch ohne die Covid-19-Pandemie und die dramatischen Veränderungen, die sie für uns alle auch geopolitisch mit sich brachte, hätte es dieses Buch wohl nie gegeben. Von Anfang an wies die Corona-Krise offenbar Parallelen zu früheren Momenten – zu den Hungersnöten und Revolutionen Mitte des 19. Jahrhunderts sowie zu den Angebotsschocks der 1970er – auf, in deren Zuge man die Globalisierung neu interpretiert und ausgestaltet hat.

Meine Analysen erschienen zunächst in Form zweier Artikel: der eine eher akademisch unter dem Titel »Seven Transformative Crises from European Revolution to Corona: Globalization and State Capacity« in der *Financial History Review* 27, Nr. 2 (2020), der andere für die breitere Öffentlichkeit als »Globalization's Coming Golden Age: Why Crisis Ends in Connection« in der *Foreign Affairs* 100, Nr. 3 (Mai/Juni 2021). Danken muss und möchte ich an dieser Stelle den Organisatoren verschiedener Workshops und Konferenzen für die Gelegenheit, diverse Aspekte der hier dargelegten Argumente vorzustellen, nämlich: David Bell vom Davis Center for Historical Studies und Markus Brunnermeier vom Bendheim Center for Finance in Princeton; Giancarlo Corsetti vom Institute for New Economic Thinking (INET) und der Cambridge University; Piroska Nagy und Erik Berglof vom LSE Institute for Global Affairs; Wolfgang Quaisser von der Akademie für Politische Bildung; Piotr Pysz von der Konrad Adenauer Stiftung Warschau; Liz Mohn, Wolfgang Schüssel und Joerg Habich von der Bertelsmann Stiftung Trilogue; Raphael Gross und Nike Thum vom Deutschen Historischen Museum in Berlin. Andrew Koger hat mit mir in Cambridge auf einer Tagung zum 100-jährigen Jubiläum von Keynes' *Krieg und Frieden* die Ergebnisse seiner Abschlussarbeit an der Princeton University vorgestellt. Sehr hilfreich waren auch die Hinweise von Michael Bordo und Luís António Vinhas Catão sowie die ausführlichen Gespräche mit Markus Brunnermeier und Jean-Pierre Landau.

Stets standen mir Seth Ditchik von der Yale University Press und Patrick Oelze vom Herder Verlag zur Seite. Auch möchte ich mich bei den hervorragenden Übersetzern des Textes, Andreas G. Förster und Sigrid Schmid, bedanken. Als Forschungsassistenten unterstützten mich, dank der Finanzierung vom Princeton University's Anonymous Fund, Kevin Polanish und Harril Saunders. Unschätzbare Hilfe bei den Abbildungen leisteten Kelly Lin-Kremer und Duy Trinh. Meine ganze Anerkennung und tiefe Dankbarkeit gebührt nicht zuletzt den Impulsen von Marzenna James sowie unseren Kindern Maximilian, Marie Louise und Montagu James.

Einleitung: Preise gestalten Globalisierung

Unsere vernetzte Welt gerät aktuell ins Wanken. Die Nahrungsmittelknappheit führt zu Hungersnöten, Infektionskrankheiten breiten sich aufgrund der Unterernährung wieder aus, Preise steigen, man klagt über Inflation, soziale Unruhen flammen auf, politische Systeme werden in Zweifel gezogen, bröckeln und zerfallen. Die Aufmerksamkeit der Welt konzentriert sich auf geografische Brennpunkte, die in geopolitischen Überlegungen eine überragende Rolle spielen: das östliche Mittelmeer und die Dardanellen. Die Meerenge zwischen dem Schwarzen Meer und dem Mittelmeer ist von globaler Bedeutung, ein schmaler Kanal, der die Kornkammern der autokratisch kontrollierten osteuropäisch-westasiatischen Regionen mit den hungrigen bzw. hungernden Verbrauchern verbindet. Dieses Schreckszenario hat sich in den vergangenen zwei Jahrhunderten regelmäßig wiederholt: Ende der 1840er Jahre, im Ersten Weltkrieg und natürlich jetzt im Jahr 2022. In den 1970er-Jahren rückte der Nahe Osten in den Mittelpunkt einer intensiven globalen Debatte über Energiesicherheit. Die Traumata, die durch eine unzureichende Versorgung mit Nahrungsmitteln oder Energie entstehen, die Befürchtung, dass sie von feindlichen, bösartigen oder einfach völlig andersartigen Mächten kontrolliert werden, die Herausforderungen, die die Koordinierung einer wirksamen Innen- und Außenpolitik für die Regierungen mit sich bringt – dies sind die grundlegenden Triebkräfte, die die Welt umgestalten. Sie erhöhen die Bereitschaft der Menschen, sich vorzustellen, wie menschlicher Erfindungsreichtum und neue Techniken eingesetzt werden können, um Probleme zu lösen und Völker in der ganzen Welt zu verbinden. Krisen, die auf den ersten Blick nur verheerend wirken und Tod und Zerstörung bringen, erweisen sich letztlich als transformativ. Das vorliegende Buch umreißt den Ablauf dieses Transformationsprozesses und unser Prozessverständnis: oder besser gesagt, wie er das Denken revolutioniert und die Weichen der Globalisierung neu stellt.

Was ist die Triebkraft der Globalisierung, für die zunehmend engere wirtschaftliche und politische Vernetzung der Welt? Meist begreift man das Phänomen Globalisierung als zwangsläufigen und eigendynamischen Prozess, als spezifisches Merkmal zeitgenössischer Zivilisation und Konsequenz des technologischen Wandels im Zuge des sogenannten Modernen Wirtschaftswachstums (popularisiert wurde der Begriff *Modern Economic Growth* vom späteren Wirtschaftsnobelpreisträger Simon Kuznets).[1] Doch in Wirklichkeit ist diese Vernetzung eine unstete und erratische Entwicklung, ein Ausdruck kollektiven Verhaltens gegenüber Störungen und Krisen. In solchen Momenten orientieren sich die Reaktionen an Signalen, die in Form von Preisen (oder einer angestrebten Preissenkung) zustande kommen. Deren Jo-Jo-Bewegungen können Verwirrung und Verunsicherung stiften, in jedem Fall führen sie jedoch zu neuen Gedankengängen und auch zu neuen Lösungen – die entweder produktiv oder gefährlich sind.

Erschütterungen nehmen ihren Ausgang oft in kleinen, zunächst unscheinbaren Vorfällen. Etwa im Auftreten des Pilzes Phytophthora infestans in Irland, Mitte des 19. Jahrhunderts, in der Ausbreitung eines neuen Coronavirus in Wuhan Ende 2019 oder auch im Attentat auf einen österreichischen Erzherzog im Jahre 1914. Die Ökonomen Ian Goldin und Mike Mariathasan beschreiben dieses Phänomen als »Schmetterlingsdefekt« der Globalisierung.[2] Die Eskalation der auf die genannten Beispiele folgenden Krisen mahnt uns, auch kleine Ereignisse zu beachten und zu begreifen. Sie veranschaulichen zudem, wie anspruchsvoll es ist, einen geeigneten Verständnisrahmen zu umreißen.

Im vorliegenden Buch wird dargelegt, dass neue Institutionen (Marktinnovationen wie auch erstarkende Staaten mit ihrem Kapazitätszuwachs) gemeinhin Reaktionen auf eine bestimmte Art der Erschütterung zur Grundlage haben: Sie sind Reaktionen auf Angebotskrisen. Jene Reaktionen verändern die Wahrnehmung gesellschaftlicher Wechselwirkungen – oder auch des Wirtschaftslebens. In solchen Krisenmomenten werden grundlegende Güter wie Lebensmittel oder Treibstoff knapp, die Preise steigen und man benötigt neue Produktions- und Distributionskanäle.

Eine wichtige Frage für die Politik lautet, wie man auf dramatische Preisbewegungen reagieren soll. Das Auf und Ab führt zu Umwälzungen in den Bereichen der Regierung und der Unternehmensorganisation. Manche Systeme sind allerdings so starr, dass die Effekte der Mangelwirtschaft sie gänzlich sprengen: Der glänzende ungarische Ökonom János Kornai legte überzeugend dar, wie die Verknappung sowie die damit einhergehende Hamsterei und Dysfunktionalität die (kommunistischen) Zentralverwaltungswirtschaften untergruben und schließlich zerstörten.[3]

Die Reaktion auf die Corona-Krise veranschaulicht das Dilemma, das dem Denken über die Richtung oder Linearität der Globalisierungsdynamik innewohnt: Zunächst schien es, als würde die Pandemie die Welt fragmentieren, den Multilateralismus ausschalten, die komplexen grenzübergreifenden Lieferketten zerfetzen und die Globalisierung rückgängig machen. Die Unterbrechung des normalen Handels drückte angesichts blockierter Lieferketten zunächst die Preise; als dann die Nachfrage nach Dienstleistungen von einer erhöhten Güternachfrage ersetzt wurde, traten Versorgungslücken auf und die Preise stiegen deutlich. Hier zeigte sich der Bullwhip- oder Peitscheneffekt.[4] Die Länder versanken in Auseinandersetzungen um knappe Ressourcen und einige, insbesondere Russland, versuchten ihren Zugriff auf die Energie- und Lebensmittelversorgung auszunutzen. Dann störte der Krieg die Produktion noch stärker: Die Welterntemenge fällt 2022 geringer aus, Nahrungsmittellieferungen gehen zurück und es kommt zu beträchtlichen Engpässen.

Die großen Länder schienen seit 2020 schon den Rückzug anzutreten. China fokussierte weniger auf exportgestütztes Wachstum, sondern eher auf einen neuen Weg mit dem Binnenkonsum als Wirtschaftsmotor. Die Vereinigten Staaten besannen sich auf sich selbst (auch die neue Administration seit 2021 befürwortet zwar rhetorisch den Multilateralismus, behielt die Trump'schen Einfuhrzölle im Wesentlichen aber bei). Die Aggression Russlands richtet sich nicht nur gegen die Ukraine, sondern gegen die gesamte ökonomische und politische Weltordnung. Im Gegensatz dazu sind kleinere Länder für die Versorgung mit wichtigen Gütern wie Nahrungsmitteln, aber auch komplexen Maschinenbau- und Elektronikprodukten sowie medizinischen und pharmazeutischen Erzeugnissen weiterhin vom Welthandel abhängig.

Wie die historische Erfahrung lehrt, führen einige Globalisierungskrisen nicht zu weniger, sondern zu mehr Globalisierung: Sie setzen neue Energie für Kommunikation und Innovation frei. Eine Frage hängt somit wie ein Damoklesschwert über der aktuellen Politik – die Frage nach dem Effekt von Covid-19 und von Russlands Angriffskrieg auf die Globalisierung. Bereits seit der Weltfinanzkrise von 2007/2008 mehren sich die Anzeichen dafür, dass die Globalisierung ins Gegenteil umschlagen oder in einen Zustand der Verlangsamung und Stagnation, einer »slobalization« übergehen dürfte.

Vielfach glaubte man, die Globalisierung wirke sich hauptsächlich auf Löhne sowie Preise aus und erzeuge eine konstante Deflation, indem sie zahlreiche neue Arbeitskräfte in die Welterwerbsbevölkerung integriere und in den reichen Ländern die Tätigkeiten der traditionellen Arbeiterschaft entwerte. Es folgte eine populistische Wendung gegen Migration und Welthandel, die Staaten suchten die Finanzströme einzuschränken: Die Einwanderungsländer sorgten sich um Löhne und Arbeitsmärkte, während die Auswanderungsländer einen *brain drain* beklagten, der den betreffenden Gesellschaften und deren Steuersystemen kostenintensiv ausgebildete Individuen entziehe. In den Volkswirtschaften, die von starken Arbeitsplatzverlusten betroffen waren, erschien der Welthandel vielen als Nullsummenspiel, bei dem Importe die Existenzgrundlage zerstörten. Die Kapitalbewegungen wurden als potenziell unkontrollierbar, ja zerstörerisch verteufelt und die Politik reagierte mit Regulierungsvorhaben. Zwölf Jahre später stellte das Coronavirus als globale Gefahr eine weit größere Herausforderung für die Globalisierung dar. Viele populistische oder globalisierungskritische Politiker urteilten gleich, für Corona sei die Globalisierung verantwortlich.

Die Erkenntnis, dass Pandemien und der Klimawandel globale Gefahren darstellen, dürfte konzertierte Reaktionen hervorrufen. In Krisen erkennen viele, wie die Globalisierung zu steuern bzw. zu regulieren ist; Skeptiker hingegen verweisen gern auf eine oft komplexe Wirklichkeit. Corona veranlasste viele Menschen, zunächst ein nationales Eigeninteresse ins Auge zu fassen: *America First.* Natürlich blicken politische Entscheidungsträger auch über den Tellerrand, sie beobachten und vergleichen, was andere Länder tun und was man sich wohl abschauen kann. Die Länder stürzten sich sogleich in ein Wettrennen um den ersten Impfstoff, mit dem sie eine längerfristige wissenschaftlich-technologische Vormachtstellung sichern wollen: Der Impfstoffnationalismus ließ vor allem die Vereinigten Staaten, Großbritannien, Russland und China klarer aneinandergeraten, führte aber auch in der Europäischen Union zu heftigem Streit. Die protektionistische Wende und der schärfere Wettbewerb zwischen den Staaten bildeten den Hintergrund für den erstmaligen aggressiv erpresserischen Einsatz von Energielieferungen sowie für Russlands Angriffskrieg gegen die Ukraine 2022. Auch andere weltweite Herausforderungen befeuerten anfangs einen neuen Nationalismus und Protektionismus. Wie Corona kann auch der Klimawandel die Grundlage für neue strategische Vorteile bilden: Insbesondere die nördlichen Länder – allen voran Russland, aber auch Kanada und Norwegen – könnten von höheren Temperaturen und Schiffspassagen in der Arktis profitieren. Folglich zeigt sich im Nachgang zur Pandemie und in Reaktion auf den Krieg in der Ukraine die Geopolitik omnipräsent. Eine geopolitische Grundhaltung begrenzt die Fähigkeit zu konzertiertem Vorgehen, und die Globalisierung scheint folglich in die Defensive zu geraten, ja auf dem Rückzug zu sein.

Ist sie das? Wo liegt wohl die Haltelinie? Internationale Koordinierung, die gemeinschaftliche Zusammenarbeit der Regierungen, wird sicherlich schwieriger. Man muss sich also auf andere, privat erzeugte Dynamiken stützen, die die Welt zusammenhalten. Doch werden diese neuen Initiativen genügen, größeren Angebotsengpässen zu begegnen?

Modernes Wirtschaftswachstum

Globalisierung im ökonomischen Sinne ist der freie Fluss von Gütern, Arbeitskräften, Kapital und auch Ideen über nationale Grenzen hinweg. Solche Ströme reagieren hauptsächlich auf Informationen über Verknappung, die sich klassisch in Preissignalen ausdrücken. Die vormoderne Welt war regelmäßig mit schweren Angebotslücken geschlagen gewesen: Am bedrohlichsten und häufigsten war ein

Nahrungsmittelmangel infolge von Wetterkapriolen oder anderen Naturereignissen, durchaus aber auch infolge von Verheerungen im Zuge menschlicher Auseinandersetzungen. Die Zukunft war ungewiss, und die Vorsorge gegen Knappheit erforderte Intelligenz oder übernatürlichen Beistand. So etwa Josef, der den Traum des Pharao von sieben schönen und fetten Kühen, die von sieben hässlichen und mageren Kühen aufgefressen werden, dahingehend deutet, dass in den Jahren des Überflusses Vorräte anzulegen seien, um die sieben Hungerjahre zu überstehen. Oder Moses, der sein Volk von den Fleischtöpfen Ägyptens fortführt und den darbenden Israeliten erklärt, Gott werde Brot vom Himmel regnen lassen.

Neu ist das Phänomen von Wanderungsbewegungen nicht, es gibt sogar archäologische Hinweise auf Verbindungen zwischen den östlichen und westlichen Teilen der eurasischen Landmasse bereits in der klassischen Antike.[5] Im modernen Sinne aber entwickelte sich das Phänomen, mit zahlenmäßig sehr viel wesentlicheren Bewegungen, seit Mitte des 19. Jahrhunderts. Und es spielt eine wesentliche Rolle in der theoretischen Beschreibung dessen, was man mitunter als Modernes Wirtschaftswachstum oder *Modern Economic Growth* (MEG) bezeichnet. Erstaunlicherweise fand der Begriff Wirtschaftswachstum (geschweige denn MEG) bis in die 1940er-Jahre hinein kaum Verwendung; quasi popularisiert wurde er erst als sozialwissenschaftliche Entsprechung einer »kybernetisch-systemischen Perspektive«, wie sie in den Naturwissenschaften mit der Konstruktion einer nuklearen Kettenreaktion zum Ausdruck kam. Damit wurde die Welt zu einer »Reihe von Objekten oder Systemen, die man modellieren, prognostizieren und manipulieren konnte«.[6] Es kam zu logischen Wechsel- und Rückwirkungen, die ihrerseits jene Grenzen überschritten, die Staaten und Imperien voneinander schieden.

Der springende Punkt im neuen Blick auf die Ökonomie bestand darin, dass Kapital und Arbeit im Standardwachstumsmodell nun austauschbar waren: Die Produktion bestimmt sich durch eine

Funktion, die Kapital- und Arbeitsanteile mit einem Koeffizienten technologischer Verbesserung kombiniert. In den 1950er-Jahren entwarfen Moses Abramovitz und Robert Solow Wachstumsmodelle, die später von John Kendrick untermauert wurden: Die Analysten wiesen für das 20. Jahrhundert einen bemerkenswerten Produktivitätsanstieg nach, den sie auf die technologische Innovation zurückführten.[7] Diese Wachstumsmodelle wurden insbesondere durch Paul Romer weiterentwickelt und fassen die Technologie nun nicht mehr als äußerlichen *Deus ex machina*, der die Transformation der Menschheit hätte erklären können, sondern als endogenen Faktor im Wachstumsprozess. Einsatz und Adaption der Technologie gingen demnach auf »zielgerichtetes Handeln von Menschen [zurück], die auf Marktanreize reagierten«. Entscheidend für den Prozess war die Anzahl der interagierenden Menschen, und ein größerer Humankapitalbestand würde mehr Wachstum hervorbringen. Folglich trieb die Bestandssteigerung durch freien Welthandel den Wachstumsprozess weiter voran.[8]

Im 19. Jahrhundert erwuchs die grundsätzliche Triebkraft aus dem Vergleich der Renditen mobiler Faktoren (Arbeit und Kapital), aber auch des immobilen Faktors Boden. Kennzeichnend für die Globalisierung in der zweiten Hälfte des 19. Jahrhunderts war, dass Menschen (die Arbeitskräfte) sich dorthin bewegten, wo Arbeitskraft knapp, die Löhne entsprechend hoch und der Boden in Siedlungsgebieten billig war: Die größten Zuströme verzeichneten die Vereinigten Staaten, Kanada, Argentinien und Australien. Im Gegensatz dazu hatte Europa, insbesondere außerhalb Großbritanniens, teuren Boden und geringere Löhne. Und eine politisch äußerst einflussreiche Aristokratie wollte diesen Zustand erhalten. Die Massenbewegungen steigerten die Produktion (steigerten letztlich aber auch die Löhne in den Auswanderungsländern), sodass die relativen Lebenshaltungskosten sanken. Zudem erfolgte die Auswanderung aus ärmeren Ländern. Die Siedlungs- bzw. Einwanderungsgebiete waren auch von Kapitalknappheit betroffen, sie boten also höhere Kapitalrenditen – und das Kapital floss in großen Mengen zu, es steigerte die Produktion in den Anbaugrenzgebieten durch Investitionen in Infrastruktur, Bauwirtschaft und Ausrüstungsproduktion etc. Der überwiegende Teil des britischen Kapitalabflusses erfolgte in Richtung Nord- und Südamerika, Australasien und Russland.[9] Ergebnis dieser Globalisierung war ein Zusammenwachsen, das seinerzeit aber im Wesentlichen auf die gemäßigten Klimazonen der Welt beschränkt blieb, die sich für eine Landwirtschaft nach europäischem Bilde eigneten. Die Technologie war nur begrenzt einsatzfähig, und insbesondere konnte sie nicht einfach in Weltteile transportiert werden, die nach westlichen Maßstäben eine große Bevölkerung, niedrige Löhne und einen geringen Bildungsstand aufwiesen. Vor diesem Hintergrund flossen Kapital und Arbeit regelmäßig nur gemeinsam zu, als Kombination befeuerten sie die Entwicklung – aber nicht überall auf der Welt.

Diese Frühphase der Globalisierung unterscheidet sich denn deutlich von ihrer heutigen Form, in der die Waren nun in komplexen weltumspannenden Lieferketten hergestellt werden und Informationstechnologie die Kommunikation erleichtert.[10] Höhere Bildungsabschlüsse führten dazu, dass sich Technologien leichter durchsetzen konnten. Daher war der Globalisierungsprozess im ausgehenden 20. Jahrhundert geografisch breiter aufgestellt, da das Kapital oftmals in Gebiete mit geringen Arbeitskosten und einem Potenzial für wesentliche Produktivitätssteigerungen strömte. Doch auch zuletzt bestand ein vielfach beschriebenes Paradox: Das Kapital fließt nicht stets in arme Länder, durchaus fungieren auch reiche Länder (allen voran die USA und das UK) als relevante Kapitalimporteure.

Ein Kennzeichen des Wachstumsmodells ist die Grundannahme einer allgemeinen technischen Innovationsrate. Zwar lässt sich einwenden, die Entdeckung von Tatsachen sei kein planbarer Prozess, allerdings steigt die Wahrscheinlichkeit von Innovationen (langfristig auch in der Breite) mit dem zahlenmäßigen Zuwachs von Wissenschaftlern und Erfindern. Die wesentliche Schwierigkeit liegt in der technologischen Anwendungsreife: Real klaffte meist eine Lücke vieler Jahre zwischen einer potenziell transformativen Innovation und deren allgemein praktischem Einsatz. Bereits 1776 konstruierten Matthew Boulton und James Watt eine funktionsfähige Dampfmaschine, doch die erste britische Eisenbahn – auf der kurzen Strecke zwischen Stockton und Darlington – ging als Verbindung der Kohlegruben zur Nordsee erst 1825 in Betrieb; das erste Dampfschiff, die schaufelradbetriebene SS Great Western nach den Plänen von Isambard Kingdom Brunel, überquerte den Atlantik 1838. Es brauchte bis Mitte des 19. Jahrhunderts, bevor Eisenbahnen auf der ganzen Welt die Binnenräume erschlossen und Dampfschiffe weltweit Güter transportierten.

Bereits 1903 flogen Orville und Wilbur Wright in North Carolina erstmals mit einem Motorflugzeug, doch den Weg zum Massentransport ebnete das Düsenflugzeug erst in den 1960ern. Anilin wurde von Otto Unverdorben bereits 1826 isoliert, doch erst 1854 ermöglichte die von Antoine Béchamp entwickelte Reduktionsmethode die Massenproduktion von Farbstoffen; medizinische oder pharmazeutische Verwendungen ließen noch bis 1908 auf sich warten, als das synthetische Derivat namens Sulfanilamid in der Breite als Antibiotikum eingesetzt wurde. Einige andere medizinische Entdeckungen brauchten für ihre weltweite Verbreitung sogar noch mehr Zeit: Bereits 1796 entwickelte Edward Jenner die Praxis der Pockenschutzimpfung, doch erst 1977 waren die Pocken vollständig ausgerottet. Jenners Sohn und Frau sowie seine Schwestern starben allesamt an Tuberkulose, gegen die erst seit 1921 ein Impfstoff (Bacillus Calmette-Guérin, BCG) zur Verfügung steht.

Der lange Zeitraum zwischen Entwicklung und Einsatz einer Innovation kann sich durch neue politische Konstellationen verkürzen.

So war das Containerschiff eine revolutionäre Triebfeder, es wurde in den 1950ern entwickelt, hatte aber erst in den 1970ern durchschlagenden Einfluss auf die Transportkosten und Transportpraxis – und zwar aufgrund von Veränderungen in der Frachtschiffregulierung und deren Wechselwirkungen mit den Reedern. Großflächige Störungen und insbesondere Kriege beschränkten den Welthandel immer wieder, befeuerten aber auch die intensive Suche nach raschen Lösungen, beispielsweise die Ammoniaksynthese sowohl für Sprengstoffe als auch für Düngemittel im Ersten Weltkrieg und die Entwicklung von Penicillin im Zweiten Weltkrieg. Es wäre also falsch anzunehmen, die Verbreitung von Technologie sei ein steter und gleichmäßiger Prozess. Vielmehr wird dieser Prozess klar von einer amtlichen Priorisierung bestimmter Produkte geprägt: Eisenbahnen, Dampfschiffe, Flugzeuge, Impfstoffe usw.

Was für die technologische Entwicklung gilt, gilt auch für finanzökonomische Innovationen. Das Theoretisieren neuer Ansätze, neuer Finanzinstrumente oder Organisationsformen entwickelt sich meist langsam, über längere Zeiträume hinweg; doch plötzlich zeigen Preissignale die Möglichkeit überdurchschnittlicher Gewinne an, und damit die Notwendigkeit einer neuen Theorie und radikalen Innovation.

Die Frage lässt sich auch allgemeiner betrachten. Die Globalisierung und das Moderne Wirtschaftswachstum bildeten einen Konnex, wobei globale Schranken im Austausch die Entwicklung regelmäßig verlangsamen und behindern. Wachstum verspricht Überfluss. Am Anfang von Henry James' letztem Meisterwerk *Die goldene Schale* hören wir von der Geschichte eines Imperiums und dessen materiellen Erzeugnissen. James stellt die Vereinigten Staaten in eine Linie mit dem imperial raumgreifenden Großbritannien im 19. Jahrhundert und dem antiken Rom, er stellt uns einen römischen Fürsten vor, der in London einkaufen geht: »Der Fürst hatte sein London geliebt, wann immer es zu ihm gekommen war. Er gehörte zu jenen modernen Römern, die in der Stadt an der Themse ein Sinnbild von der Gültigkeit des römischen Staates erblicken, welches sie mehr überzeugt als alles, was sie am Tiber zurückgelassen haben. Die altüberlieferte Vorstellung von der Stadt, der die Welt zu Füßen liegt, hatte von jeher zu den Selbstverständlichkeiten seines Daseins gehört, und so erkannte er im heutigen London mehr als im zeitgenössischen Rom die Züge einer echten Metropole.« James' Fürst sah sich hin und wieder veranlasst, »vor einem Schaufenster stehenzubleiben, in dem mit Edelsteinen besetzte Prunkstücke aus massivem Gold und Silber ebenso wie Hunderte zum Gebrauch und Mißbrauch bestimmte Dinge aus Leder, Stahl oder Messing bunt zusammengewürfelt lagen wie weiland die Beute aus den Raubzügen des *Empire*«.[11]

Doch die Gewalt der Verbundenheit betrifft nicht allein den Transport von Produkten: Die Menschen produzieren, mit der Globalisierung werden sie produktiver. Gleichsam erklärte Amazon-Chef Jeff Bezos in einem seiner Aktionärsbriefe: »Wenn Sie im Geschäft (eigentlich im Leben) erfolgreich sein wollen, müssen Sie mehr schaffen, als Sie konsumieren. Ihr Ziel sollte es sein, für jeden, mit dem Sie interagieren, einen Wert zu schaffen. Jedes Unternehmen, das keinen Wert für diejenigen schafft, mit denen es in Berührung kommt, ist – auch wenn es an der Oberfläche erfolgreich zu sein scheint – nicht lange auf dieser Welt. Es ist dabei, sie zu verlassen.«[12] Würden alle mehr produzieren, als sie verbrauchen, gäbe es stets nur Überschüsse.

Zwischenmenschliches Handeln weckt auch Bedürfnisse und Wünsche, und die Globalisierung verspricht, sie zu erfüllen: den Mangelzustand zu beenden. Ebendieses Versprechen bereitet Henry James' Fürst mit dem passenden Namen »Prince Amerigo« Kopfzerbrechen: Will jeder die eigenen Bedürfnisse oder Wünsche befriedigen, so führt das zu Verknappung und die Verknappung befördert einen weiteren, stärkeren Globalisierungsschub, um unerfüllte Bedürfnisse zu stillen.

Gedanken über Zusammenhänge

Zu den Dauerbrennern der Forschung zählt die Frage, inwieweit Ideen die Globalisierung gestaltet hätten. Oft ist zu hören (vereinfacht gesprochen), der Globalisierungsschub Mitte des 19. Jahrhunderts gehe auf mächtige, rhetorisch begabte Männer zurück. Diese hätten die Aussagen von Geistesgrößen wie Adam Smith und David Ricardo über den komparativen Kostenvorteil aufgegriffen, verständlich dargestellt und verbreitet. Schließlich lebte man im Napoleonischen Zeitalter, und eine Geschichtstheorie der »Großen Männer«, wie sie etwa ein hellsichtiger Thomas Carlyle propagierte, stand hoch im Kurs. Die Anti-Corn Law League, also die Liga zur Abschaffung der Getreidezölle unter Führung von Richard Cobden und John Bright erschien geradezu als Paradebeispiel, dass politisches Engagement hinter einem bestimmten Wirtschaftsgrundsatz, hinter Freihandel und Laissez-faire stehe. Im späten 20. Jahrhundert galten Milton Friedman und Friedrich Hayek als die Triebkräfte einer neuen neoliberalen Globalisierung. Ökonomen jedoch stehen solchen Thesen zum intellektuellen Einfluss von Ökonomen im Allgemeinen recht skeptisch gegenüber und bevorzugen interessenbasierte Erklärungen.[13] Auch Historiker wenden sich gegen die Heldenerzählungen und betonen, der reformfreudige britische Premierminister Robert Peel habe im 19. Jahrhundert in einem vordemokratischen System agiert, musste sich allerdings zu durchaus unverhohlenen ökonomischen Interessen verhalten und in dem Konflikt zwischen Grundeigentümern und Landwirten einerseits, deren Einkommen von den Zöllen abhängig waren, und Arbeitgebern sowie Arbeitern andererseits, für die die Zölle Kosten darstellten, vermitteln.[14]

Der Ökonom George Stigler erkannte die Grenzen des intellektuellen Einflusses und klagte: »Warum wird der Ökonom, der seiner Gesellschaft Ratschläge gibt, so häufig und gefühlskalt ignoriert? Unablässig predigt er den Freihandel, wiewohl er auf diesen zuletzt seltener schwor, und doch nimmt der Protektionismus in den Vereinigten Staaten zu.« Stigler räsoniert denn auch: »Ich bin vielmehr der Überzeugung, hätte Cobden nur Jiddisch gesprochen und noch dazu gestottert, und wäre Peel ein engstirniger Idiot gewesen, so hätte sich England doch dem Getreidefreihandel zugewandt, waren doch seine agrarischen Klassen im Niedergang und seine produzierenden wie handeltreibenden Klassen im Aufschwung begriffen [...] Die Aufhebung der ›Corn Laws‹ war die entsprechende gesellschaftliche Reaktion auf eine politische und ökonomische Machtverschiebung.«[15] Eigentlich, so fuhr Stigler fort, belege der Fakt, dass Wirtschaftswissenschaftler weder so zahlreich noch so kostenintensiv mit Forschungseinrichtungen ausgestattet seien wie etwa Krebsforscher, die doch recht angemessene soziale Wertschätzung ihrer Nützlichkeit: »Auch wenn Ökonomen effizient eingesetzt würden, das muss man wohl zugestehen, wird ihr Einfluss auf die Politik doch gering bleiben. Man erinnere sich meiner Schätzung, dass sich unsere wirtschaftswissenschaftlichen Forschungsaufwendungen vielleicht auf 250 Millionen Dollar belaufen, und ein Großteil davon für Ökonomen mit einander widersprechenden Ansichten ausgegeben wird. Wer glaubt, dass Ökonomen wichtiger sind als dieses so geringe wie übliche Größenmaß, muss wohl glauben, die Gesellschaft investiere deutlich zu wenig in die Ökonomik.«[16] Stigler schrieb diese Zeilen 1976, als Wirtschaftswissenschaftler im Zuge der Keynesianischen Revolution bereits an politischem Einfluss gewonnen hatten, jedoch bevor die Demokratisierung von Finanzdienstleistungen sowie der Bedeutungszuwachs der Finanzwirtschaft zahlreiche Privatunternehmen dazu veranlasst hatten, Ökonomen anzustellen (was für Letztere eine bessere Entlohnung zur Folge hatte).

Für das Nachdenken über die Einflussdynamik lohnt ein Blick darauf, wann und wie Langfristtrends entstehen und gebrochen werden. Denn es gibt große historische Bewegungen wie das Moderne Wirtschaftswachstum oder auch das damit einhergehende Phänomen der Jahrhunderte übergreifenden Abwärtsspirale sinkender Realzinssätze (r).[17] Diese Megatrends lassen offenkundige »Gesetze« vermuten, die mit nur zwei Variablen formuliert werden können: nämlich die Aufwärtsbewegung des Wachstums und die Abwärtsbewegung der Zinssätze. Die Globalisierung steigerte die Wachstumsraten (g), während gleichzeitig politische Modernisierung, institutionelle Reformen und die Zunahme repräsentativer Regierungen auf der Basis eines vermögensfundierten Zensuswahlrechts für einen größeren Bestand sicherer Wertpapiere (*safe assets*) und folglich für eine geringere Rentabilität (r) verantwortlich waren. Die Englische Fiskalrevolution schuf Ende des 17. Jahrhunderts ein vorbildliches Modell, und die niedrigeren Garantiesätze reduzierten damals auch die Kosten für andere Kapitalformen, wobei diese durchaus variablen Risikoprämien unterliegen konnten.[18]

Einflussreiche Theorien über die Stagnation oder die kapitalistische Katastrophe, etwa von Marx und Keynes, argumentierten stets mit dem im Zuge zunehmender Kapitalakkumulation sinkenden Kapitalgrenzertrag. Keynes beschrieb eine abnehmende Grenzleistungsfähigkeit des Kapitals. Und Marx hatte die Idee gar bei einer älteren und einflussreicheren Traditionslinie aufgeschnappt, nämlich bei Adam Smiths und David Ricardos Überlegungen zur statischen Wirtschaft (*stationary state*).

Das Wesen der Langfristdynamik ist zwar zu Recht Kernbestandteil jeder Beurteilung von Zukunftsaussichten, war aber stets schwer zu fassen und umstritten. Marx scheiterte bekanntermaßen daran, sein Gesetz vom Fall der Profitrate zu erklären, das (in seinen Worten) »vom historischen Standpunkt aus das wichtigste Gesetz« sei: »ein Gesetz, das trotz seiner Einfachheit bisher nie begriffen und noch weniger bewußt ausgesprochen worden ist«.[19] Marx dachte weiter über die Frage fallender Profite nach und schrieb 1868 an Engels: »Wenn man die enorme Entwicklung der Produktivkräfte der gesellschaftlichen Arbeit selbst nur in den letzten 30 Jahren, verglichen mit allen frühern [sic] Perioden, betrachtet, [...] so tritt an die Stelle der Schwierigkeit, welche bisher die Ökonomen beschäftigt hat, nämlich den Fall der Profitrate zu erklären, die umgekehrte, nämlich zu erklären, warum dieser Fall nicht größer oder rascher ist.«[20] Schocks treten unerwartet auf und erzwingen eine Neubewertung bisheriger Auffassungen zur Langfristdynamik. Die Möchtegerninterpreten von Großtrends sind folglich immer genötigt, den Fokus ihrer Aufmerksamkeit neu auszurichten.

Ein besonderes Problem besteht in der Frage, welcher Indikator als r einzusetzen ist, als der inflationsbereinigte (reale) Ertrag sicherer Wertpapiere wie etwa der Staatsanleihen starker Industrieländer. Die Grenzkosten des Kapitals? Oder der durchschnittliche Kapitalertrag bereits getätigter Investitionen? Die Analyse langfristiger Trends des Durchschnittsgewinns führte zu einer einflussreichen Formel über die Profitrate des Kapitals, welche auf immer höhere Akkumulationsgrade hinweist (»Prinzip der unbegrenzten Akkumulation«) – diese war der Gegenstand einer berühmten Analyse von Thomas Piketty.[21] Pikettys Durchschnittsrate ist stets höher als die Grenzraten, insbesondere in Rezessions- oder Stagnationsphasen: Das liegt unter Umständen daran, dass es hier eigentlich vor allem um Grund- oder Immobilienerträge geht, die nur als Mietpreise für begrenzte Räume (im Herzen von Paris, New York, des Silicon Valley oder Shanghai) angemessen zu fassen sind.[22] Dieses Phänomen ist die Haupttriebkraft für Ungleichheit, sowohl im 19. als auch wieder im ausgehenden 20. Jahrhundert: Piketty will im 21. Jahrhundert gar eine noch höhere Zuwachsrate der Ungleichheit erkennen.[23] Sein Blick auf $r > g$ ist womöglich einfach nur das Abbild einer Globalisierung, die Bodenwerte insbesondere in global vernetzten Zentren in die

Höhe treibt (und tatsächlich nehmen seine Ungleichheitsindikatoren während der Entglobalisierungsphase Mitte des 20. Jahrhunderts ab). Piketty insistiert folglich darauf, dass auch der technologische Fortschritt, den man als Triumph des menschlichen Erfindungsgeistes oder des Humankapitals über die kalten Gestalten toten Kapitals (nach seiner Definition Grundstücke, Gebäude, Finanzkapital) ansehen mag, zu einem Mehrbedarf an Gebäuden, urbanen Zentren und Wissenspatenten führen und somit die Kapitalerträge steigern werde. In dieser Perspektive ist die Menschheit mit »Launen der Technologie« nicht zu retten.[24]

Es lohnt sich, über diese Launen der Technologie genauer nachzudenken. Der Langfristtrend ist nicht immer bestimmend. In Krisenphasen und Ungewissheit verschiebt sich das Verhältnis zwischen Zinsfuß und Wachstum radikal. Der Kapitalreingewinn verliert in Momenten sehr starker Preisbewegungen seine Stabilität. Entwicklungen *sub specie aeternitatis* zu betrachten, ist ein Luxus der Philosophen, dabei ist eine Gesamtsicht auf die Haupttendenzen nicht immer hilfreich im Angesicht der Frage, auf welche Technologien Einzelpersonen oder Unternehmer am besten setzen sollten. Insbesondere in Krisenmomenten stehen wir der Zukunft, ihrem Inhalt und Kurs unsicher gegenüber. Ein Bankrott steht und fällt nicht mit der langfristigen Tragfähigkeit eines Gedankens oder Geschäftsmodells, sondern mit der Fähigkeit, unmittelbare finanzielle Erfordernisse zu bedienen (bzw. mit der Interpretation von Vermögen und Verbindlichkeiten in einer Bilanz). Just in Momenten des Zweifels und des Zögerns sind Menschen, Regierungen und Märkte dem Einfluss von Überredungskünstlern zugänglich: mächtigen Analysten, Interpreten und Rednern, die Licht ins Dunkel bringen und die Zukunft kennen wollen. Deren Antworten zählen dann zu den Faktoren, die die Zukunft prägen: Noch stehen viele Möglichkeiten oder Wege offen.[25] Stellen wir uns diese statisch vor, denkt man an verschiedene Gleichgewichtsformen. Für John Maynard Keynes bestimmte »die unkontrollierbare und unbotmäßige Psychologie der Geschäftswelt« die Grenzleistungsfähigkeit des Kapitals.[26]

In den letzten Jahrhunderten ist der Lauf der Globalisierung also davon geprägt worden, wie Länder auf Krisen, auf ökonomische Schocks und die oftmals damit einhergehenden Finanzkrisen reagiert haben. Kommt es zu solchen dramatischen Schocks, verkehren sich alle Erwartungen und Vorstellungen von Normalität bzw. von der reibungslosen Fortsetzung bestehender Trends. Der deutlichste historische Bruch im Zuwachs einer immer intensiveren Globalisierung war die schmerzliche Deflation der Weltwirtschaftskrise in der Zwischenkriegszeit, die zum Aufschwung eines aggressiven Nationalismus und des Nullsummendenkens führte. Es ist unmittelbar verlockend, in zahlreichen aktuellen Entwicklungen ein Abbild der 1930er-Jahre zu erkennen. Doch der Preissturz in der Zwischenkriegszeit war nicht der einzige Faktor für die Neubewertung dessen, was Globalisierung bedeutet, wem sie schadet und wem sie nützt.

Nachfrage und Angebot

Nicht jede Krise zerstört oder revidiert die Globalisierung. Im Gegenteil, einige dramatische Wendepunkte führten zu mehr und nicht zu weniger Globalisierung. Die Ölpreisschocks in den 1970ern veränderten das politische Paradigma: Zunächst galt verstärkter Protektionismus als angemessene Reaktion auf die großen Handelsdefizite der Industrieländer und als Abhilfe für eine globale Risikoposition; unter Wynne Godley entwickelte sich das Cambridge Department of Applied Economics zur Hochburg der Verfechter einer Belagerungswirtschaft (*siege economy*). Doch statt den internationalen Handel zu beschränken, verlegte sich die Politik auf Deregulierung, Inflationsabbau (*disinflation*) und mehr Offenheit, wobei gemäßigt linke Regierungen die Vorhut bildeten: Jimmy Carter in den Vereinigten Staaten, James Callaghan im UK und Helmut Schmidt in der Bundesrepublik.

Krisen, Einbrüche und Schocks nehmen unterschiedlichste Formen an. Daher laufen jene Beobachter, für die alle diese Ereignisse gleich oder Variationen desselben Phänomens sind, Gefahr, in die Falle falscher Äquivalenzen zu tappen. Dabei warnen viele historische Krisendarstellungen vor der Neigung der Ökonomen wie der Generäle, auf Strategien aus dem letzten Krieg zu setzen und damit zwangsläufig ungeeignete Mittel einzusetzen.[27]

Beispiele dafür, dass Krisen eine vertiefte Integration stimulieren können, finden sich in den Anfängen der modernen Globalisierungsära. Der Vernetzungszuwachs im 19. Jahrhundert begann zunächst als Reaktion auf einen Schock: auf die Missernten, Hungersnöte sowie Banken- und Unternehmensbankrotte Mitte der 1840er-Jahre. Europa erlebte daraufhin die länderübergreifende Revolutionswelle des Jahres 1848, und Marx legte eine bestechende Analyse vor: Die globale Integration war der Motor für die Welt, und sie brachte Anfälligkeit und Risikopositionen mit sich. Doch der ökonomische Schock der 1840er kehrte den Trend zur Integration nicht um. Stattdessen stiegen die Preise, der Welthandel wuchs, die Regierungen senkten die Zollschranken, das Kapital nahm zu und die Menschen zogen von Kontinent zu Kontinent – sie reagierten damit auf erlittene Not, folgten aber auch dem Versprechen vom neuen Wohlstand.

Wieso wirken sich einige Schocks positiv auf die Globalisierung aus, während andere offenbar eine negative Wirkung entfalten? Nicht selten lautet die Antwort, die Art der Reaktion sei Ausdruck einer intellektuellen Modeerscheinung; dies gelte etwa für den Triumph der Freihandelsökonomie eines David Ricardo und John Stuart Mill Mitte des 19. Jahrhunderts oder auch für den Siegeszug des sogenannten Neoliberalismus eines Milton Friedman und Friedrich Hayek in den 1970er-Jahren. Doch die Frage nach dem Einfluss der Theoretiker wirft nur eine weitere Frage auf: Warum zeigt sich die Politik in gewissen Momenten bestimmten Einflüssen zugänglich oder nicht?

Die plausiblere Erklärung für die Nachwirkung von Traumata liegt im Charakter des Schocks selbst. Nicht alle Krisen sind gleich. Insbesondere ist zwischen Angebots- und Nachfrageschocks zu unterscheiden. Ökonomen differenzieren daher die Beeinflussung der Schlüsselindikatoren (Output und Preis) nach einerseits Impulsen, die das Gesamtangebot betreffen, und andererseits nachfragerelevanten Faktoren.

Ein Angebotsschock verändert die Fähigkeit der Hersteller zur Produktion von Gütern, mit denen sich der Gesamtoutput erhöht, und berührt damit unmittelbar die Preise, die Mengenzufuhr (*quantity inputs*) oder die Produktionstechnologie: Ein negativer Schock reduziert die Importe und steigert die Preise, ein positiver Schock steigert die Importe und senkt die Preise. Beide Arten von Angebotsschocks verschieben also den Gleichgewichtspreis und die Gleichgewichtsmenge in entgegengesetzte Richtungen.

Im Gegensatz dazu betrifft ein Nachfrageschock die Ausgaben seitens der Abnehmer, also der Individuen, Unternehmen oder Regierungen. Mit einem Einfluss auf Output und Produktion ist zu rechnen: Ein positiver Schock steigert die ökonomische Aktivität, ein negativer vermindert sie. Gleichgewichtspreise und -menge bewegen sich hier allerdings beide in dieselbe Richtung, mit einem positiven Nachfrageschock nach oben und mit einem negativen nach unten. Sofern sie aus einem dysfunktionalen, schlecht konstruierten oder falsch regulierten Finanzsystem erwachsen, sind Finanzkrisen bloß negative Nachfrageschocks, sie schädigen die Kaufkraft der Individuen wie der Unternehmen und drücken sowohl die Preise als auch die Produktion. Gestört wurde die Entwicklung der Globalisierung bisher durch zwei ernsthafte, äußerst negative Nachfragekrisen, die jeweils durch finanzökonomische Turbulenzen verursacht und verstärkt worden sind: die Weltwirtschaftskrise (*Great Depression*) von

1929 bis 1933 und die realwirtschaftlich wirksame Weltfinanzkrise (*Great Recession*) von 2007 bis 2008.

Umgekehrt führen Momente radikaler Innovation im Bereich der Finanzdienstleistungen zu einer Art Zucker- oder Adrenalinschub: Preise und Produktion steigen. Mitunter resultieren Finanzkrisen auch aus negativen und positiven Angebotsschocks, beide bieten gleichermaßen Chancen für innovative Unternehmer (wie auch für Betrüger, doch klar unterscheiden kann man diese voneinander eigentlich erst *ex post*). Hier verschwimmt das Bild, wenn Elemente sowohl des Angebots- als auch des Nachfrageschocks im Spiel und wir kaum in der Lage sind, klare Schlüsse aus den Preisbewegungen und dem Preisverhalten zu ziehen.

Negative Angebotsschocks können vorübergehend sein, dabei wäre mit einem kurzen Inflationsschub zu rechnen, gefolgt von einem deflationären Zwischenspiel und einer ungefähren Rückkehr zur Normalität bzw. zum bisherigen Preisverhaltensmuster. Oder der Negativschock ist permanent, dann wäre ein dauerhaft hoher Preis für eine knappe Ware zu erwarten: Berechnungen für dieses Szenario deuten darauf hin, dass der Langfristeffekt auf den Inflationssockel bzw. die Kernteuerung (nach einer anfänglichen Spitze) in einem leichten Zuwachs besteht. Der Schock kann aber auch der Beginn einer langfristig andauernden Aufwärtsbewegung beim Preis des knappen Produkts sein, und hier würden die Berechnungen darauf hindeuten, dass die Kerninflation kontinuierlich steigt.[28] Alle derartigen Modellierungsbemühungen unterstellen die Existenz eines klar erkennbaren Musters. Doch die historisch großen Schocks, die den Lauf der Globalisierung verändert haben, waren ganz anderer Art: Bei ihnen handelte sich nicht um normale oder absehbare Ereignisse. Sie führten zu wesentlichen Verwerfungen. Ihr Ausgang war ungewiss. Sie verursachten tiefgreifende politische Erschütterungen.

Die Reaktionen intelligenter Menschen, die sich intensiv um einen Blick in die Zukunft bemühten, veränderten unter diesen

Umständen tatsächlich die Produktions- und Distributionsstruktur. Der radikale Charakter des Schocks beflügelte die Suche nach Alternativen: nach neuen Produkten, aber auch neuen Gütertransporttechnologien. In den 1840er- und 1970er-Jahren, die hier um Zentrum unserer Aufmerksamkeit stehen, führten Versorgungsengpässe und Angebotsklemmen zu einer Revolution im Transportsektor. Die Transformationstechnologien, nämlich die Eisenbahn und das Containerschiff, waren zwar nicht völlig neu gewesen, doch die Ungewissheit sowie die politische Verunsicherung drängten auf eine deutlich allgemeinere Anwendung (bzw. ebneten ihr den Weg), womit das Angebotsproblem durch die radikale Verringerung der Transportkosten völlig transformiert wurde.

Der Charakter eines Schocks bestimmt, ob und wie er die Haltung zur Integration, zur Globalisierung verändert. Die moderne Globalisierung begann als Reaktion auf einen überaus plötzlichen negativen Angebotsschock, insbesondere als Reaktion auf das traditionelle Problem vormoderner Gesellschaften, in denen Missernten und Pflanzenkrankheiten regelmäßig zu Hungersnöten führten. Die Preise für Lebensmittel und andere Güter des täglichen Bedarfs schossen in die Höhe, und der Konsum brach ein. Negative Schocks verändern auch die Distributionsnetze ganz radikal: Kleine Zwischenhändler werden eliminiert, was oft mit zunächst hohen Kosten für die Allgemeinheit verbunden ist. In vielen derartigen Krisen sind stets die gleichen Anbieter gefährdet: Ladenbesitzer in den Hungersnöten der 1840er-Jahre sowie im Ersten Weltkrieg, kleine Geschäfte und Restaurants in der 2020er-Pandemie. Die Problemursache sucht man häufig bei ihnen selbst, während zeitgleich ihr Geschäftsmodell wegbricht und der Bankrott unausweichlich naht.

Die negativen Angebotsschocks in der Mitte des 19. Jahrhunderts und in den 1970ern erzeugten unübersehbare Globalisierungsschübe, bemessen am Parameter der Beziehung zwischen internationalem Handel und Produktion (siehe Abbildung E.1). Doch der Schock des Ersten Weltkriegs führte auch zu einem Versorgungsengpass: Die kriegführenden Staaten Europas waren bis dato auf die transatlantischen Schifffahrtsrouten angewiesen, weil diese allerdings durch die Seeblockaden stark eingeschränkt wurden, kam es zu Lebensmittelmangel; es mangelte aber auch an Gummi, Ammoniak und Buntmetallen. Auch dieser Schock befeuerte eine kurze Erholung des Welthandels in den 1920er-Jahren.

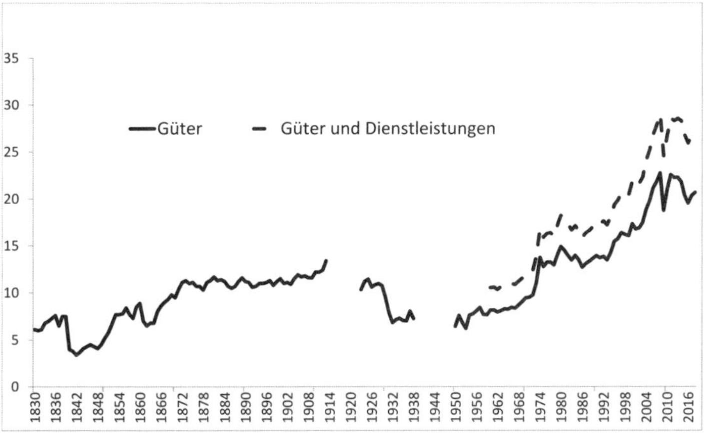

Abb. E.1: Anteil der globalen Exporte am Welt-BIP (Prozent)

Die *Great Depression* in den USA, die im 20. Jahrhundert zu einem weltweiten Entglobalisierungsschub führte, war in erster Linie ein Nachfrageschock. Man deutete die Katastrophe als »Elend im Überfluss«: ein Überangebot von Getreide (und anderen Waren) hatte die Preise nach unten gedrückt. Die Antwort der Politik lautete Nachfragesteuerung: Die Regierungen hatten für einen Nachfragezuwachs zu sorgen und die Preise nach oben zu treiben. Der Verstand schien zu sagen, Kapitalismus und Marktwirtschaft hätten versagt. Der Fluch der Unterkonsumption lasse sich brechen, wenn die Regierungen irgendwie einen Anstieg der Konsumption bewerkstelligen könnten.[29]

Komplizierter ist die Entwicklung der 1970er-Jahre, als in der internationalen Ordnung ein neuer Globalisierungs- und Innovationsschub einsetzte: Man kann sie als negativen Angebotsschock begreifen, der allerdings das Resultat einer unglaublichen globalen Nachfrage war; Angebots- und Nachfrageschocks können zusammenhängen. Hier verursachte ein großer positiver Nachfrageschock in den 1960ern, der teils von den geldpolitischen Maßnahmen der USA befeuert wurde, zunächst eine Warenverknappung und führte dann zu angebotsseitigen Maßnahmen der Rohstoffproduzenten, die durch monopsonistisches Vorgehen die Preise anheben wollten. Angebotsbeschränkungen ergaben sich teils auch aus traditionellen Ursachen, etwa weil schlechte Witterungsbedingungen den Anbauertrag geschmälert oder zu Missernten geführt hatten. Das erstaunlichste Beispiel einer Angebotskontrolle bot indes das Erdölkartell der Organisation erdölexportierender Länder (OPEC); vielen weiteren Rohstoffexporteuren diente es in der Folge als attraktives und nachahmenswertes Vorbild. Kräftige Ölpreisaufschläge in den Jahren 1973 und 1974 (sowie nach dem Sturz des Schahs und der Iranischen Revolution 1979) führten in Verbindung mit den Angebotsrestriktionen zu Mangelerscheinungen: Die Probleme der 1840er-Jahre feierten fröhliche Urständ. Es kam zur allgemeinen Verknappung von Waren (etwa von Lebensmitteln sowie Erdöl) und anschließend zu einem Wettrennen um Rohstoffe. Damals glaubte man auch, die Angebotsbeschränkungen seien reine Einmaleffekte: die Missernten würden sich nicht wiederholen und das Ölkartell sowie andere herstellerseitige Kartellbestrebungen würden an Kraft verlieren. Die Regierungen der reichen Länder versuchten folglich, die erforderliche Anpassungsleistung an das neue Gefüge relativer Preise durch expansive Maßnahmen hinauszuzögern – dadurch erzeugten sie allerdings keine vorübergehende, sondern eine permanente Inflation.

Auch in dem seit 2020 fortdauernd aktuellen Angebotsschock stellt sich Verknappung ein, bei Lebensmitteln ebenso wie bei einigen wichtigen Gliedern der Lieferketten (angefangen mit den Glasphiolen für die Lagerung und Auslieferung von Impfstoffen bis hin zu Laptops und Computerchips). Die Probleme, die der Covid-19-induzierte ökonomische Zusammenbruch aufgeworfen hat, sind nicht die Folge eines nachfrageseitigen Ungleichgewichts; vielmehr ergeben sie sich unmittelbar aus dem Herunterfahren der Volkswirtschaften, mit dem die Regierungen weltweit ihre medizinische Infrastruktur vor Überlastung haben schützen wollen.

In den negativen Angebotsschocks des letzten Jahrhunderts beschränkt sich die Verknappung auf bestimmte Wirtschaftssektoren und eine Reihe produktionsrelevanter Vorprodukte. Im Zentrum des Mangels während des Ersten Weltkriegs stand die Versorgung mit Munition und Lebensmitteln. In den 1970ern war es das Erdöl, es folgte ein Nachfrageschub nach treibstoffsparenden Autos und besseren Heizungsanlagen. Nach Ausbruch der Covid-19-Pandemie waren erst medizinische Ausrüstung sowie pharmazeutische Produkte und Impfstoffe betroffen, dann elektronische Bauteile und insbesondere Mikrochips (was zu einem »Chipaggedon« führte). Verknappungen eskalieren dann gewissermaßen, wenn Angebotsschranken weitere Produktionsprobleme anstoßen und zusammenhängende Netzwerke unter Spannung geraten und reißen. Die Knappheit ist Auslöser für Wettbewerb und Preisschlachten zwischen verschiedenen Ländern um die knappen Produkte. Die Debatte über die möglichst rasche Anpassung an die Verknappung gerät schnell zu einer Debatte, wie man die Allokationsprozesse am besten steuert: mit Experten und Technokraten oder durch öffentliche und demokratische Mechanismen. Dann kommt die Forderung nach stärkerer öffentlicher Kontrolle auf: Im Zuge des Ersten Weltkriegs entlud sich die Unzufriedenheit in einer revolutionären Welle, die von Russland und Mittelosteuropa nach Westen brandete, in den 1970ern führte sie zu einer Unregierbarkeitskrise und heute befeuert sie den Streit um die Steuerungskompetenz. Oftmals kommt es zu kurzlebigen Kontroversen über Themen wie die Lieferung von Mais nach Irland während der Hungersnöte in den 1840ern, über die Lieferung von Stahl für Geschosshülsen im Ersten Weltkrieg, über Erdöl in den 1970ern oder heutzutage über Impfstoffe und Halbleiter. Und die konkreten Probleme werden zwar gelöst, doch die wachgerufenen starken Auffassungen bleiben als dauerhaftes Element der politischen Vorstellungskraft bestehen.

Die anhaltende Furcht vor und die Erwartung von Verknappung ist eine Reaktion auf den gewaltsamen Charakter des Schocks. In der Verzweiflung scheinen nur unbändige, utopische Lösungen überhaupt eine Chance auf Erfolg zu bieten.

Die Unternehmer werden von Angebotsschocks auf dem falschen Fuß erwischt. Es schlägt die Stunde der Financiers, die von neuen Kombinationen der Zukunftsadaption träumen: Die Ungewissheit verleitet mutige Menschen, Risiken einzugehen – und dafür müssen sie ein Narrativ beschwören, eine Vision von der künftigen Wirklichkeit. Sie müssen überzeugen, sie ventilieren ihre Produkte und ihre weltpolitischen wie ökonomischen Neuordnungsgedanken. Decken sich diese später nicht mit der realen Entwicklung, erscheinen die Visionen oft in neuem Licht: nicht nur falsch, sondern betrügerisch. Die Helden verwandeln sich dann in schwache Menschen, die gründlich blamiert sind. Auf den folgenden Seiten widmen wir uns jenen geradezu magischen Figuren, die ehrlos und beschämt endeten: Bethel Henry Strousberg in der Mitte des 19., Ivar Kreuger im 20. und Lex Greensill im 21. Jahrhundert.

Bei Angebotsschocks stehen Regierungen vor demselben Problem wie Unternehmer: Man muss eine Vision umreißen und weiß doch nicht, wie die reale Zukunft aussehen wird. In der Konsequenz steht auch die Kompetenz der Regierungen nicht selten in Zweifel. Die 1840er und 1970er mündeten in beachtliche Legitimitätskrisen. In den 1840ern machte man die reaktionären, autokratischen Regierungen verantwortlich. In den 1970ern waren viele der Meinung, die Demokratie habe versagt oder (so ein Bestseller von Jean-François Revel) gehe auf ihr Ende zu, die Industriegesellschaften seien unregierbar geworden und autokratische Regimes würden bald die Oberhand gewinnen.[30] Alle Zweifel an der Demokratie sind seit 2020 wieder aktuell – wegen eines weiteren negativen Angebotsschocks, mit dem die chinesische Regierung anfangs offenbar effizienter umging als ihre westlichen Gegenspieler.

In den Augen mancher Pandemiebeobachter haben populistische Regierungen und sogenannte illiberale Demokratien (Trump, Johnson, Putin, Bolsonaro, Modi, Duterte) die Krise grundfalsch gemanagt. Gegenüber den Vorteilen eines Lockdowns als unmittelbarer Eindämmungsmaßnahme nahmen sie eine populistische Haltung ein, sie verwahrten sich auch gegen den Rat von Experten oder »Technokraten«. Selbst in reichen Ländern, in denen – etwa in Deutschland und Japan – das Krisenmanagement professionell erscheint, kam es zu Protestwellen. Vor dem Sturm auf das Kapitol am 6. Januar 2021 war im August 2020 der deutsche Reichstag angegriffen worden. Viele Menschen suchen verzweifelt nach neuer Führung und neuen Visionen.

Wenn Spitzenpolitiker nach Auswegen suchen, weist das Geld einen einfachen und verlockenden Weg. Inflation ist die naheliegende Sofortreaktion auf Angebotsschocks. Mehr Geld in mehr Geldbeuteln erzeugt den Eindruck, für die Bekämpfung der Verknappung stünden Mittel zur Verfügung. In den Preisschlachten kann ein Mehr an Geld zu einem Mehr an Ressourcen führen. Das Resultat ist freilich teils eine Täuschung, dann im Ergebnis steigen die Preise. Außerdem kommt es zu Folgeeffekten: Nur wer sich in der Preisschlacht durchsetzt, sichert sich einen Zugriff auf die konkreten Betriebsmittel. In der Folge schaffen diese Zuwächse neue Nachfragen, und neue Allokationen. Politische Erstmaßnahmen können in eine Inflationsspirale führen, insbesondere wenn mächtige Gruppen von der Regierung noch mehr Entlastung einfordern. Die Reaktion auf negative Angebotsschocks im 20. Jahrhundert war daher sehr viel inflationärer als im 19. Jahrhundert. In dessen zweiter Hälfte kam es sowohl zu einer Ausweitung des Münzgeldes (nach dem kalifornischen Goldrausch von 1849 und dessen australischem Pendant von 1851) als auch zur Zunahme des Buchgeldes infolge der Gründung zahlreicher Kreditinstitute. Auch der Erste Weltkrieg stellte einen Angebotsschock dar, denn die Regierungen schlossen zivile Fabriken zugunsten der militärischen Produktion. Im Ergebnis kam es zu einer allgemeinen Inflation. Mit dem Angebotsschock in den 1970ern begann schließlich das Jahrzehnt der *Great Inflation*. Die Inflation machte den Umgang mit dem Angebotsschock offenbar einfacher und schmierte das ökonomische Getriebe für Investitionen und Innovationen.

Auf den ersten Blick stabilisieren Inflationsentwicklungen die Gesellschaften, doch dann erscheinen sie selbst zunehmend als Bedrohung. Sie drängen Interessengruppen zu verstärkter Bewegung und Aktivität und zu intensiverer Lobbyarbeit in der Hoffnung, einen größeren Teil von den monetären und fiskalischen Mitteln abzubekommen. Das Ausmaß dieser Bewegung droht die Gesellschaft zu spalten und führt im Endeffekt weniger zu einer Stabilisierung als zu einer Destabilisierung. So lässt sich argumentieren, dass die Anfänge einer weltweiten Inflation in den 1960er-Jahren die Ölproduzenten überhaupt erst dazu bewegt hätten, sich effizient zu organisieren. Höhere Inflationsraten erzeugen letztlich also eine Gegenbewegung zum Inflationskonsens. Begünstigt werden dadurch geldpolitische Experimente und die Globalisierung, die einen neuen Ordnungsrahmen erzeugen können: Nach dem Wachstumsschub der 1850er und 1860er-Jahre schickte die Welt sich an, den in Großbritannien geltenden Goldstandard zu internationalisieren. Nach der Inflation und Liberalisierung der 1970er suchten die politischen Entscheidungsträger nach einer neuen Lösung für das geldpolitische Chaos, sie fanden diese innenpolitisch in der direkten Inflationssteuerung[31] und international in einem neuen Modell institutionalisierter Zusammenarbeit in Körperschaften wie der G5, später der G7, der G20 usw. Die Krisenerfahrung prägt den Lauf der Globalisierung auf Jahre hinaus und diktiert deren grundsätzliche Regeln und Verfahren.

Die systematische Reaktion auf eine global vernetzte Welt weist ein Muster auf: die zunehmende Erschütterung der bestehenden Autorität, zunehmende monetäre Instabilität, zunehmende Inflation – aber auch zunehmende Globalisierung. Eine Antwort darauf erfordert letztlich das vollständige Überdenken globaler Regeln. Die Staaten stehen vor zunehmend komplexen und vielschichtigen Aufgaben, und ihre bürokratische Kapazität gerät unter Druck. Inwiefern beeinflussen ökonomische Schocks die »innere Landkarte«, die Vorstellung von den Abläufen in der Welt? Inwiefern ändern sich zunächst die Erwartungen und dann die Verhaltensweisen?

Aussichten

In diesem Buch untersuchen wir sieben kritische Momente, betrachten aber auch, wie sie durch Personen imaginiert und interpretiert wurden, die die Reaktionen und das Verhalten der nachfolgenden Generationen prägen sollten: Der negative Angebotsschock der 1840er schuf das Ausgangsmaterial für Karl Marx und seine Theorie vom Zusammenbruch des Kapitalismus. Es folgte ein positiver Angebotsschock in den 1870ern, der sich aus der Transportrevolution durch Dampfschiff und Eisenbahn ergab und die Getreidepreise senkte. Auf die Krisentheorien der vorangegangenen Generation folgte eine neue Vision, bestehend aus den Ansichten eines Trios fürderhin einflussreicher Autoren in Großbritannien sowie der französisch- und deutschsprachigen Welt. William Stanley Jevons in Manchester und London, Léon Walras in Lausanne und Carl Menger in Wien entwickelten gleichzeitig, doch recht unabhängig voneinander eine neue Werttheorie und eine individualistische Sicht auf die wirtschaftliche Entscheidungsfindung. Keine dieser Persönlichkeiten des 19. Jahrhunderts war aktiv in der Tagespolitik tätig oder beeinflusste Entscheidungen unmittelbar – der Theoretiker des großen Zusammenbruchs ebenso wie die Exponenten der Marginalistischen Revolution waren randständige Männer. Doch sie prägten die Vorstellung von der Zukunft.

Die Persönlichkeiten des 20. und 21. Jahrhunderts hingegen, die in diesem Buch eine Rolle spielen, waren oder sind allesamt Wirtschaftswissenschaftler, nahmen aber auch im öffentlichen Leben eine beachtliche Rolle ein und wirkten nicht selten als politische Entscheidungsträger. Karl Helfferich beispielsweise war ein prominenter deutscher Nationalökonom, der ein wichtiges Lehrbuch über das Geld verfasste (vorliegend in englischer und in vielen anderen Übersetzungen) und darin den Goldstandard gegen grantige Kritiker verteidigte, bevor er als politisch gut vernetzter Banker arbeitete. Im Ersten Weltkrieg wurde er Staatssekretär im Reichsschatzamt, sprich Finanzminister, und entwarf ein System der Kriegsfinanzierung, das sich nach seiner Überzeugung aus seiner Geldtheorie ergab. Den Deutschen wollte er die Kosten ersparen, denn – wie er in einem denkwürdigen Wort formulierte – das Bleigewicht der Milliarden hätten die unterlegenen Mächte des Krieges verdient, sie sollten es durch die Jahrzehnte schleppen. Doch nach dem verlorenen Krieg missverstand er das Wesen der sich zusammenbrauenden deutschen Inflation und Hyperinflation vollends, verstieg sich in wilde Polemiken gegen die Spitzenpolitiker der frühen Weimarer Republik und erarbeitete einen Stabilisierungsplan, der auf eine Beendigung der Inflation abzielte. Er hatte nie ganz begriffen, in welchem Maße der Erste Weltkrieg als Angebotsschock gewirkt hatte. Sein Name steht als Synonym für die heute sogenannte fiskalische Dominanz.

Berühmt wurde John Maynard Keynes als Kritiker der Reparationen im Anschluss an den Ersten Weltkrieg, später auch als Kritiker der orthodoxen Fiskal- und Geldpolitik angesichts des großen Nachfrageschocks während der Weltwirtschaftskrise, bevor ihm schließlich eine wichtige Rolle beim Wiederaufbau einer tragfähigen Weltwirtschaftsordnung für die internationale Gemeinschaft nach dem Zweiten Weltkrieg zufiel. Eine zentrale und grundlegende Rolle in seinem Denken spielte die Erfahrung des Ersten Weltkriegs, die er auch auf den Zweiten übertrug: Sein Internationalismus in den 1940ern wirkt wie das genaue Gegenteil seiner Haltung in den 1930ern, ist tatsächlich aber konsequent. Keynes hielt die Nachfragesteuerung in Kriegszeiten für unverzichtbar, um derartige inflationäre Zusammenbrüche zu vermeiden, wie sie Mitteleuropa geplagt und vergiftet hatten.

Die 1970er waren ein großer Angebotsschock, in dessen Zuge ein Kartell ölproduzierender Länder sich die Abhängigkeit vom Erdöl kurzzeitig für den Versuch einer globalen Neuordnung zunutze machte – und weitere Rohstoffproduzenten es den nahöstlichen Produzenten gleichtun wollten. Letzten Endes aber bewegte sich die Welt in Richtung einer größeren globalen Integration, um die Bezugsquellen insgesamt robuster zu organisieren. Eine Möglichkeit, den Angebotsschock aufzufangen, war die Inkaufnahme einer höheren Inflation; doch bald zeigte sich, dass höhere Inflationsraten den gesellschaftlichen Zusammenhalt der wichtigsten Industrieländer schwächten und organisierte Gruppen gegeneinander in Stellung brachten. Die Lösungen für die Inflation und das allgemeine soziale Unbehagen, die Milton Friedman und Friedrich Hayek formulierten, fokussierten programmatisch auf eine neue Globalisierungswelle.

Die Weltfinanzkrise 2007/2008 erzeugte einen negativen Nachfrageschock, der in den großen Volkswirtschaften des nordatlantischen Raumes nur mit der *Great Depression* zu vergleichen war, dabei aber die kraftvoll aufstrebenden Marktwirtschaften (emerging markets) weitgehend verschonte. Die Lösungen, die die Zentralbanken und insbesondere die Federal Reserve unter Ben Bernanke formulierten, haben einen allgemeinen Kollaps bzw. die Neuauflage der Weltwirtschaftskrise, die im Oktober 1929 begann, bemerkenswert erfolgreich verhindern können. Doch sie schufen auch ein offenbar unlösbares Exit-Problem, denn es ist ein keineswegs triviales Unterfangen, die eingeleiteten politischen Maßnahmen wieder zu beenden: Jeder Versuch, sie zurückzufahren, führt zu neuen Schocks, so 2013 zum *taper tantrum*, als die Federal Reserve die Verringerung ihres Wertpapierankaufprogramms debattierte und ein Zinsanstieg einsetzte. Die Politik hing somit am Haken ihrer eigentlich kurzfristigen, provisorischen Lösung.[32]

Die Corona-Krise ähnelt bisherigen negativen Angebotsschocks, die Lockdowns und Reisewarnungen unterbrachen die Lieferketten. Beim Eintritt in die Krise dominierte eine intellektuelle Ausdeutung, die man in erster Linie mit Larry Summers assoziiert: Demnach bestehe die Zukunft in einer großen Stagnation mit geringem Wachstum und zunehmender Einkommensungleichheit, in einem langfristigen negativen Nachfrageschock. Solche Theorien über eine ewige Stagnation mit anhaltend geringem Produktivitätszuwachs und Nachfrageausfällen beschworen die 1930er-Jahre und die *Great Depression*; hierbei handelte es sich allerdings um eine Fehlinterpretation der Weltwirtschaftskrise: Die mittleren Jahre im 20. Jahrhunderts führten neben einer Nachfragekrise auch zu einer technologiebasierten revolutionären Verlagerung, sie transformierten Angebot und Produktion.

Das Bewusstsein, dass das Jahr 2020 mit der schlimmsten (oder zumindest der schärfsten) Rezession der letzten Jahrhunderte konfrontiert war, sah sich einer Wiederholung der Nachfrageschocks der Zwischenkriegszeit gegenüber. Im Lichte der Erwartung weiterhin dauerhaft niedriger Zinssätze wirkten die großen Konjunkturpakete wie ein ›Free Lunch‹. Doch dann zeichnete sich ein neues Problem ab, und Summers erkannte als einer der Ersten das Ausmaß der Gefahr: Es kam nicht wirklich zu einer Neuauflage des Nachfrageausfalls – nur zu einer vorübergehenden Nachfrageabstinenz während der Lockdowns. Die Pandemie und insbesondere die regierungsseitig verordneten Lockdowns führten recht rasch zu ersten klassischen Anzeichen eines Angebotsschocks: Die Rohstoffpreise stiegen, die Lieferketten waren gestört und Knappheiten traten auf. Beobachter glaubten (nicht anders als in den 1970ern), einen neuen Zyklus steigender Preise ausgemacht zu haben.

Unter den Gegebenheiten eines Angebotsschocks öffnete sich der Raum für eine neue ökonomische Lesart, die ihre Aufmerksamkeit weniger auf Gesamtgrößen richtet als vielmehr auf die Feinjustierungen, die auf örtlich stark begrenzter und spezifischer Grundlage erfolgen. Der Blick aufs große Ganze erschien altmodisch: ein Relikt der Ökonomik des 20. Jahrhunderts. Der innovativste wirtschaftswissenschaftliche Ansatz fragte stattdessen danach, wie beispiellose Datenmengen und bisher ungekannte Rechenkapazitäten zu einer belastbaren Interpretation oder Vision der Zukunft beitragen können. Ökonomen wie Raj Chetty (Harvard) wirkten und wirken auf eine umfassende Methodenreform in der Ökonomik hin.

Immer schon hat man sich gewünscht, die Daten sprechen zu lassen – bereits im 19. Jahrhundert gehörte dieser Traum zur Vision sowohl von Marx als auch von Newmarch und Jevons. Bisher aber hatten sich die Analysten auf ihre Vorannahmen und Systeme gestützt, um die Daten ein Stück weit zu ordnen. Heutzutage bietet sich im Zusammenspiel von Big Data und Künstlicher Intelligenz die Möglichkeit, gleichzeitig eine Vielzahl konkurrierender Narrative zu entwickeln.

Die verschiedenen Schocks haben nachhaltige Wirkungen – etwa durch die Reaktionen, die zwar von einer konkreten Situation konditioniert worden sind, aber politische Reaktionen auch dann noch bestimmen, wenn die ursprüngliche Situation sich vollends geändert hat. Hinzu kommt, dass Menschen, die einen besonders dramatischen Augenblick der Unsicherheit durchleben, in der Vergangenheit nach Rezepten oder Lektionen suchen. Daher interpretieren wir vergangene Momente im Lichte gegenwärtiger Erfordernisse immer wieder neu. Kunsthistorikern geht es ähnlich, wenn sie nicht nur den Einfluss Raffaels auf De Kooning betrachten, sondern auch den Einfluss De Koonings auf Raffael bzw. seinen Einfluss auf den Eindruck von Raffael, den moderne Betrachter haben dürften. Der Philosoph Arthur Danto schrieb daher von einer »rückwirkende[n] Bereicherung der Entitäten« in der Kunstgeschichte;[33] in gleicher Weise ändert die Erfahrung der 1970er oder die von 2020 unsere Sicht auf die 1840er.

Aus den sieben Krisen lassen sich sieben Lehren ziehen:

1. Die Wendepunkte der Globalisierung in einer industrialisierten und vernetzten Welt gleichen einander nicht. Jede Krisenerfahrung fordert die Individuen, die Unternehmen und die Regierungen in neuer und nie dagewesener Weise; jede Krise führt zu neuen Strichen auf der inneren Landkarte.
2. Die Lehren aus einer vorherigen Krise behindern oft die Findung wirksamer Lösungen für das neue Problem.
3. Negative Angebotsschocks führen zu einem Bewusstsein von der Bedeutung internationaler Lieferungen (*global supplies*).
4. Negative Angebotsschocks bewirken auch Preissteigerungen; daraufhin lassen Regierungen oftmals eine Inflation zu, von der sie hoffen, die Bürger interpretierten den Nominalzuwachs als zusätzliche Ressourcen.
5. Negative Nachfrageschocks drängen in Richtung nationaler Eigenständigkeit oder gar Autarkie.
6. Negative Nachfrageschocks sind tendenziell deflationär.

7. Inflation kann eine attraktive Option in der Bewältigung von (bzw. Anpassung an die) unmittelbaren Folgen des Angebotsschocks sein; sie wird und kann allerdings das zugrundeliegende Problem nicht bewältigen, wie man – über weite geografische Entfernungen hinweg – verlässliche und sichere Ressourcen erhält.

Die Probleme der Globalisierung – der Koordinierung überaus zahlreicher unabhängiger Akteure – bleiben bestehen. Die Regierungen können davor nicht davonlaufen. Vielmehr müssen die Wähler in den Demokratien – aber auch die Bürger in undemokratischen Staaten, die ein größeres Stimmrecht einfordern – darüber nachdenken, wie sich die Ungewissheit von einer Bedrohung zu einer Chance wenden lässt.

1.
Die große Hungersnot und der große Aufstand

Die 1840er gaben den ersten Impuls zur modernen Globalisierung. Europa entwickelte sich damals zum dynamischsten Teil der Weltwirtschaft, erlebte allerdings einen mächtigen negativen Angebotsschock: mit Hungernöten, Mangelernährung, Krankheiten und Aufständen. Die Lehren aus dieser Notlage führten letztlich zu einem starken internationalen Integrationsschub – zur Globalisierung –, der großenteils auf die zentrale Rolle zurückzuführen war, die Getreideimporte aus dem Ausland beim Stillen des akuten Lebensmittelbedarfs in der Krise gespielt hatten. Hatte Frankreich 1845 noch 56 000 Tonnen Getreide importiert, benötigte man 1847 ganze 757 000 Tonnen; die Importe nach Großbritannien und Irland stiegen im gleichen Zeitraum von 354 000 auf 1 749 000 Tonnen. Diese Einfuhren warfen enorme finanzielle und logistische Probleme auf: Wie sollte man sie bezahlen? Welche Opfer waren zu bringen, um ausreichend Nahrung zu erhalten und zu bezahlen? Waren Zahlungen auf Kredit möglich, der Kauf auf Raten? Wie ließ sich dieser Prozess steuern? Und vor allem, welche Institutionen waren erforderlich?

Die Erhebungen zur Mitte des 19. Jahrhunderts führten rasch zu einer drastischen Transformation in Politik und Wirtschaft: Auf Regierungsebene vollzog sich eine Revolution, als die staatlichen Stellen deutlich größere Aufgaben in der Wirtschaftssteuerung übernahmen (dazu zählt auch die Politik der Handelsliberalisierung). Auch die Wirtschaft durchlief eine Revolution in Gestalt der neuen Unternehmensformen, der Aktiengesellschaften (mit beschränkter Haftung) wie auch der Universalbanken, die Kapital auf innovative Weise zu mobilisieren verstanden.

Mitte der 1840er war man mit einer ganz klassischen Hunger- bzw. Subsistenzkrise aus dem Ancien Régime konfrontiert, wie sie Europa zu Beginn des 18. Jahrhunderts mitten im Spanischen Erbfolgekrieg ereilt hatte. Der Historiker Hans-Ulrich Wehler bezeichnete sie als die »letzte Agrarkrise ›alten Typs‹« in Deutschland bzw. Mitteleuropa,[34] hatte es doch im 20. Jahrhundert außerhalb Westeuropas noch zahlreiche Hungersnöte gegeben. Doch die Krise der 1840er war auch ein moderner Konjunkturabschwung mitsamt Finanz- und Bankenkrise: Er setzte vor dem Hintergrund eines außergewöhnlich kräftigen Aufschwungs ein, der die Preise nach oben getrieben und zu ersten Engpässen beigetragen hatte. Die Preise in Großbritannien und Mitteleuropa stiegen drastisch. In gewisser Hinsicht handelte es sich um eine Krise aus dem 18. Jahrhundert und um eine aus dem 20. oder 21. Jahrhundert. Der Historiker Jonathan Sperber bezeichnete die Turbulenzen denn auch zutreffend als eine »Krise des Übergangs«.[35]

Die Nahrungsmittelkrise war Folge schlechten Wetters und geringer Ernten, wobei das Wetter auch noch Pflanzenkrankheiten und insbesondere die »Kartoffelfäule«, einen Pilzbefall, begünstigte. Der außerordentlich starke Regen schwemmte die Pilzsporen tief in den Boden, die nun die Knollen befielen und zu einem vollständigen Ernteausfall führten. Es handelte sich um eine völlig unvorhersehbare Krise: Wie eine Analyse der Preisbewegungen in der ersten Hälfte des 19. Jahrhunderts ergibt, war ein solcher Komplettausfall ein ganz und gar absonderliches Ereignis, das »weit jenseits jeden faktischen oder wahrscheinlichen Horizonts in Westeuropa« lag.[36] Auf die Lebensmittelkatastrophe folgte eine Epidemie. Britische Zeitungen berichteten 1847 von Fiebererkrankungen, welche die hungerleidende Bevölkerung in Irland fest im Griff hatten:

> Die Unglücklichen wünschen sich nun am dringlichsten nicht Nahrung – sondern medizinische Versorgung, sie benötigen nicht weitere Armenhäuser, sondern Krankenhäuser. Ein tödliches Fieber, mörderischer und verheerender als die Cholera oder die Pest, rafft die Armen dahin. Ohne medizinische und hygienische Maßnahmen der umfangreichsten, tatkräftigsten und effizientesten Art vermöchte auch alle Nahrung der Welt nicht, ob fest oder flüssig, sie zu erretten. […] Von Bantry bis nach Skull steht kein Haus, von einigen Dutzend Ausnahmen abgesehen, das nicht Kranke, Sterbende oder Tote beherbergt. Letztere liegen dort, wo sie starben, oder werden leidlich über die Türschwelle geschoben, wo man sie verrotten lässt.[37]

Am anderen Ende Europas berichteten die Zeitungen von Choleraausbrüchen im Osmanischen sowie im Zarenreich, und im Herbst 1848 hatte die Krankheit Westeuropa erreicht.

Die Mehrzahl der Menschen wandte zwei Drittel bis drei Viertel ihres Einkommens für Lebensmittel auf. Zwischen 1845 und 1847 schossen die Preise insbesondere in Mitteleuropa und in Frankreich in die Höhe. In Deutschland stieg der Preis für Roggen, aus dem das einfachste Brot für die einfachen Leute hergestellt wurde, von 1844 bis 1847 um 118 Prozent, für Kartoffeln um 131 Prozent und für den teureren Weizen um 93 Prozent. Am stärksten verteuerten sich also die Bedarfsgüter der Armen. In Irland wurden 1846 rund 80

Prozent der Kartoffelernte von Phytophthora infestans zerstört, der Anstieg der Kartoffelpreise war enorm. Auch Belgien und die Niederlande litten stark unter der Kartoffelfäule. Die »Irish Lumper«, eine knubbelige und geschmacksarme Kartoffelsorte, die praktisch zur beherrschenden Monokultur in Irland geworden war, weil sie auf dem kargen Boden zwischen Munster und Connaught leicht anzubauen war, wurde im Herbst 1845 zu 16 bis 20 Pence verkauft (alter Penny, mit 12 Pence je Shilling s und 20 Shilling je Pfund £), im April 1846 lag der Preis bei mehr als 3 Shilling (36 Pence) und im Oktober bei über 6 Shilling. So überstieg der Preis für das einfachste Essen den Lohn eines einfachen Arbeiters, der sich, geschweige denn seine Familie, folglich nicht mehr ernähren konnte. Teurere Lebensmittel wiesen einen maßvolleren Preisanstieg auf. Der Weizenpreis stieg in Großbritannien binnen Jahresfrist von 55 Shilling je Quarter (Viertelzentner) Anfang 1846 auf 75 Shilling und erreichte im Mai 1847 einen Höchststand mit mehr als 100 Shilling. Die Folge waren Hunger und Seuchen. Die moderne Forschung bestätigt die zeitgenössischen Zahlenangaben: Eine Million Iren starben an Hunger und den Infektionskrankheiten infolge schwerer Mangelernährung.

Es kam also zu einem quasi allgemeinen und verheerend negativen Angebotsschock. Die Finanzkrise resultierte unmittelbar aus der Lebensmittelkrise, weil Spekulanten 1847 auf weiter steigende Preise gewettet hatten und von der tatsächlichen Ernte, die gewaltig ausfiel, sowie vom Ausmaß der Getreideimporte und des Finanzierungsproblems überrascht wurden. Zur gleichen Zeit sorgte, davon unabhängig, das Platzen einer Blase im Eisenbahnbau und in Eisenbahnaktien für Ärger. Wie wir sehen werden, war die finanzökonomische Reaktion auch von politischen Maßnahmen sehr unglücklich beeinflusst. Die Finanzkrise und die Lebensmittelkrise verstärkten einander. Ihren Ursprung hatte Erstere in Großbritannien und Frankreich, die damals gemeinsam das kaufmännische und finanzökonomische Zentrum der Welt bildeten; mit der Finanzkrise hielt auf dem europäischen Kontinent auch der Hunger Einzug. Die finanzökonomische Ansteckung griff auch auf Nordamerika und Indien über.

Zu einer Finanzkrise gehört, dass allen die Schuld dafür gegeben wird: den Spekulanten, den Banken, den Notenbanken, den Regierungen, der Presse, der leichtgläubigen Öffentlichkeit, ja gar den Kranken und Hungernden selbst. Auf dem Höhepunkt der Panik schrieb die *New York Daily Tribune* im Oktober 1847 über die Kartoffelmisere: »In der englischen, irischen, schottischen und kontinentalen Presse erscheinen weiterhin Berichte über die Kartoffelmisere. Äußerst bemerkenswert ist, dass die unzähligen Zeitungen ausschließlich Berichte über die Krankheit bringen und solche vollständig unterdrücken, die das existenzielle Ausmaß der Misere infrage stellen. Zweifellos gibt es teils Ernteausfälle, allerdings empfehlen wir unseren Lesern, sich der ›Brotwaren‹-Spekulation nicht anzuschließen und den englischen Zeitungsberichten nicht blind zu vertrauen, sind diese doch vielfach von interessierter Seite beeinflusst.«[38] Wie die New Yorker Zeitung berichtete, ließ sich mit der Spekulation auf steigende Preise Geld verdienen. Der nächste Text in der *Tribune* berichtete im Einzelnen darüber, wie die britische Presse Informationen über die amerikanische Baumwollernte verbreitet hatte, und zwar unmittelbar nachdem das Dampfschiff Caledonia den Hafen von Liverpool mit einer Ladung Baumwolle erreicht hatte, mithin also im »äußerst unüberlegten und unpassenden« Bemühen, die Baumwollpreise nach oben zu treiben. Der Krach vom Oktober 1847, bei dem die Aktienpreise um 30 Prozent fielen, gilt denn auch als »einer der schlimmsten der britischen Geschichte«.[39]

Auf den ersten Blick meint man, die missliche Reaktion gehe auf eine schlecht informierte Politik und tumbe Politiker zurück. Schließlich prahlte der schwache und ineffiziente liberale Premierminister Großbritanniens, Lord John Russel, gern mit seiner Unwissenheit in Finanzfragen und betrachtete die Ökonomie »als notwendiges Übel«.[40] Der irische Autor William Carleton widmete seinen Hungerroman *Der schwarze Prophet* dem »Premierminister von Großbritannien und Irland [...] der in seiner Eigenschaft als Kabinettsmitglied als öffentlicher Vertreter derjenigen Grundsätze der Regierung anzusehen ist, die unser Land vermittels einer langen Reihe illiberaler Gesetzgebung und Vernachlässigung in den gegenwärtigen katastrophalen Zustand führten«.[41] Doch großflächig bereitet wurde der Boden für die Krise nicht vom Tun und Lassen der Regierung Russell, sondern von den Innovationen ihrer Vorgängerin, der großen Reformregierung unter dem Vorsitz des Konservativen Sir Robert Peel. Peel war kein innovativer Denker, sondern schloss sich den konventionellen Auffassungen an, die er intensiv beobachtet und studiert hatte. Der großartige Beobachter der Jahrhundertmitte Walter Bagehot schrieb über Peel, dieser lasse sich von einer Position nur überzeugen, wenn auch die allgemeine Meinung – »zweitrangige Intellektuelle« – diese Position eingenommen habe. In Bagehots Augen stand Peel für die Gemeinplätze der »geschäftemachenden und handeltreibenden Menge (*multitude*)«.[42]

Getrieben von allgemeinen Ansichten zu den volkswirtschaftlichen Notwendigkeiten, hatte Peel mit einer Reihe augenscheinlich großer Modernisierungs- und Reformbestrebungen begonnen: zunächst die Festigung des Goldstandards durch den »Bank Act« von 1844, mit dem ein System begründet wurde, in dem die Bank of England ein für den normalen Wirtschaftsverkehr nötiges Volumen von Banknoten begeben konnte, das nur durch Schatzwechsel gedeckt war, für alle weiteren Banknoten allerdings eine volle Golddeckung vorzuhalten hatte. Dieses Gesetz wurde zur rechtlichen Grundlage eines Währungssystems, das als Goldstandard globalisiert werden sollte. Eine zweite gesetzgeberische Maßnahme reagierte auf die weitverbreitete Auffassung, bei der Ausgabe von Eisenbahnaktien gehe es nicht mit rechten Dingen zu. Ein Parlamentsausschuss unter dem Vorsitz eines jugendlichen Reformers namens William Ewart Gladstone gelangte zu dem Schluss, dass ein transparenteres Verfahren erforderlich sei, damit die Investoren über die Eisenbahnen vollständig und zutreffend informiert werden würden. Der neue »Act for the Registration, Incorporation and Regulation of Joint Stock Companies« von 1844 sah daher einen komplexen und augenscheinlich weitreichenden Registrierungsprozess vor – im Ergebnis aber wuchs, unbeabsichtigt, doch wohl absehbar, das Vertrauen der Öffentlichkeit in die Aktiengesellschaften weiter und es entstand eine neue Blase.[43] Die dritte und folgenschwerste Maßnahme war die Aufhebung der »Corn laws«, der Zölle auf Importgetreide im Jahr 1846, welche angesichts der hohen Lebensmittelpreise für Entlastung sorgen sollte. Auf politischer Ebene bewirkte sie eine Spaltung der konservativen Partei, in der die Grundeigentümer stark vertreten waren, und den Rücktritt der Regierung. Außerdem verantwortete Peel ein groß angelegtes Programm der Einfuhr ausländischen Getreides nach Irland sowie regierungsamtlicher Hilfszahlungen an die Notleidenden auf der grünen Insel.

Die Peel'schen Reformen erwiesen sich im Endergebnis als katastrophal. Erste, offenkundige Folge war die intensivere Spekulation. Ein Journalist der Londoner *Times* beschrieb die Lage so:

> Kraft ihres Namens suchten Grafen und Herzöge die Londoner Kapitalisten und ländlichen Grundeigentümer zu übertrumpfen; der notleidende Rechtsanwalt zeigte sich empfänglich für den Reiz eines Sitzes im Verwaltungsrat, der wohl mehr Gewinn versprach als die Rechtsprechung, und versuchte ebenso hartnäckig wie die meisten, sich diese Stellung zu sichern. Zahllose Parlamentsmitglieder sowie einige Aldermänner versilberten ihr mutmaßliches Verantwortungsbewusstsein; auch der einfache Kirchenmann und die schlechtversorgten Hilfsgeistlichen standen im allgemeinen Wettrennen nicht abseits – und die lebensechte Karikatur eines ganzen Landes, das einem großen Glücksspiel verfallen war, war ganz ohne Übertreibung Wirklichkeit geworden. Niemals zuvor gab es »solche Zeiten oder solche Aussichten«.[44]

Der Kapitalmarkt vermittelte den Eindruck, einfach alles sei möglich – bis es das nicht mehr war.

Verantwortlich für die Wende auf dem Kapitalmarkt war die Wirkung der Lebensmittelimporte auf die Handels- und Zahlungsbilanz. Das Handelsdefizit erforderte die Begleichung in Gold, somit floss Gold aus dem Land ab. Um diesen Trend umzukehren, erhöhte die Bank of England in Übereinstimmung mit den Verfahrensprinzipien aus dem Peel Act von 1844 ihren Diskontsatz (Zinsfuß) im April 1847 radikal. Dieser Schritt trug dazu bei, den Währungsabfluss zu beenden – allerdings um den Preis, die Unternehmen in die Krise zu stürzen. Hersteller und Händler konnten keinen Kredit mehr aufnehmen. Und die Getreidepreise schossen im Mai 1847 sofort in die Höhe. Jener Schritt ließ nicht nur die Ungewissheit anwachsen, sondern auch den Hunger – und das Risiko raumgreifender Unruhen und sogar Aufstände (siehe Abbildung 1.1).

Abb. 1.1: Der Weizenpreis im Vereinigten Königreich (UK), 1845-1850 (Shilling pro Scheffel)

Es sah so aus, als hätte das Hilfsprogramm der Regierung die Krise noch verschärft. Um der Hungersnot praktisch zu begegnen, plante die liberale Regierung zunächst, im laufenden Jahr zwei Staatsanleihen im Wert von £ 14 000 000 aufzunehmen. Als die Auswirkungen der ersten Anleihe auf Zinssätze der Staatsschulden deutlich wurden, hagelte es fachmännische Ratschläge, die Regierung müsse die Ausgaben senken, um eine Wiederholung zu vermeiden – sprich, das Versprechen der Hungerhilfe für Irland öffentlich zu widerrufen. Die Regierung verkündete die »Einstellung aller Arbeiten auf staatlichen Baustellen und deren Ablösung durch kostenlose Hilfe in Form einer Lebensmittelausgabe durch Hilfskomitees«.[45] Die damals schon einflussreiche Zeitung *The Economist* argumentierte, eine neue Staatsanleihe würde den Währungsabfluss beschleunigen und die Finanzkrise verschlimmern: »Natürlich geht das Geld zunächst nach Irland. Dort wird es für Nahrungsmittel ausgegeben, die hauptsächlich aus dem Ausland importiert wurden. Von den dortigen Händlern gelangt es zurück nach England, dort deckt es die Wechsel auf die Schiffsladungen ausländischen Getreides, dort wird es in die Vereinigten Staaten geschickt, um die Forderung aus den Nahrungsmittelimporten zu decken. Der größte Teil der Acht-Millionen-Anleihe wird daher vom Kapital unseres Landes in Abzug gebracht, um ausländischen Verpflichtungen nachzukommen.«[46] Der wohl interessanteste Abschnitt in dem *Economist*-Artikel deutete jedoch auf eine bessere Zukunft: Die Versorgung Europas war abhängig von einem besseren Zugang zu ausländischen Lebensmitteln. Konnte das gelingen? »Abgesehen von Russland, Ägypten und den Vereinigten Staaten gibt es kein Land auf der Welt, das eine nennenswerte Menge Getreide erübrigen könnte, und auf diese überschüssigen Zentner warten nun beinahe 100 Millionen Menschen, in diesem und in Nachbarländern. Es gibt nur zwei Möglichkeiten: Entweder steigen die hiesigen Preise gar noch über den jetzigen Stand hinaus, oder die ausländischen Lieferungen müssen sehr umfangreich sein.« Würde der Rest der Welt das kostengünstige Getreide ebenso wie andere Nahrungsmittel und Waren, deren es zur Ernährung der Bevölkerung Europas bedurfte, verlässlich liefern?

Mit Blick auf den Münz- und Goldabfluss infolge der britischen Handelsposition unterstrich die *Times* dieselben Punkte wie der *Economist*:

> Wir haben keine Vorräte, die wir aufbrauchen könnten, und müssen folglich alles bezahlen, was wir verbrauchen. Neben unseren Einfuhren von Getreide und anderen Lebensmitteln (die nun in viel größerem Maße und zu viel höheren Preisen als noch 1846 vor sich gehen) sind daher Einfuhren von Rohstoffen erforderlich, und zwar just in der Größe, wie die Getreideeinfuhren eine Nachfrage für unsere Manufakturen erzeugen. Es heißt, für die Verschiffung im Frühjahr seien große Mengen Hanf und Flachs in Nordeuropa gekauft worden, und die Baumwolle aus den Vereinigten Staaten verzögere sich nur wegen begrenzter Schiffskapazitäten. Wolle aus Spanien und dem Mittelmeerraum, Salpeter, Ölsaat etc. aus Indien und eine Reihe weiterer Kleinprodukte sehen sich aus demselben Grunde zurückgehalten; sie werden ins Land strömen und alle Engpässe beheben, sobald es zu einer (noch unabsehbaren) Entspannung der allgemeinen Getreideeinfuhren kommt.[47]

Die Handelskrise hatte zweierlei politischen Effekt. Die Bank of England reagierte in Überstimmung mit den Vorgaben aus dem Peel Act von 1844 auf den Goldabfluss und hob den Diskontsatz an – dieser Schritt sollte ausländisches Gold anlocken, verteuerte und verkomplizierte aber auch die gewerbliche Kreditaufnahme. Die Maßnahme führte also zu zahlreichen Betriebsschließungen. Die Regierung fürchtete, eine Kreditaufnahme für neuerliche Krisenausgaben würde den Kapitalmarkt unter Druck setzen und die Zinssätze noch weiter erhöhen; sie wäre kostspieliger zu finanzieren und würde die allgemeine Nervosität verschlimmern.[48] Der Kampf gegen die Panik erforderte also eine Haushaltskonsolidierung.

Diese Konsolidierung hatte unmittelbar verheerende Folgen. Die Suppenküchen, die den Menschen in Irland das Überleben gesichert hatten, schlossen im September als direkte Folge der Finanzkrise. Stattdessen zwang man die hungernden irischen Bauern nun ins Arbeitshaus. Von 473 Amtsärzten starben 36 an Fleckfieber.[49] Die Auswanderung nahm beträchtliche Ausmaße an, 1846 emigrierten 100 000 Menschen, im Folgejahr 250 000 und weitere fünf Jahre verharrte die Zahl mit je 200 000 auf sehr hohem Niveau.[50]

In der nächsten Welle der britischen Finanzkrise, im November, erhörte die Regierung den Appell der Banken und hob die Beschränkungen des Peel Act von 1844 auf. Doch der Schritt kam zu spät, ein Großteil des Schadens war bereits angerichtet. Neben sehr vielen kleinen Bankhäusern waren auch vier Großbanken ruiniert: die Royal Bank of Liverpool, die Liverpool Banking Company, die North and South Wales Bank sowie die Newcastle Joint-stock Bank. Das Gold strömte nach London, größtenteils auf Schiffen aus New York, aber auch aus Hamburg und Rotterdam, doch für die Verhinderung einer britischen Bankenkrise war es bereits zu spät, denn die Abflüsse aus Kontinentaleuropa übertrugen nun die Krise auf ausländische Finanzplätze. Der *Manchester Guardian* zitierte aus dem Rundschreiben einer örtlichen Bank, in dem es hieß, das Gold »wird von ausländischen Käufern auf den Markt gebracht, die es in ihren Ledergürteln selbst aus fernen Ländern herbeischaffen, weil sie es in der Krise nicht für sicher erachtet haben, Wechsel oder Kredit von den Kaufmannsfürsten der weltweit größten Handelsstadt aufzunehmen«.[51]

Der Goldfluss von Europa nach London trug die Krise nur weiter. Die französische Zeitung *Le Siècle* klagte:

> Die Sorge, die von Paris nach London lief, wird größer aus London nach Paris zurückkehren, und eine vorübergehende finanzielle Unpässlichkeit wird sich künstlich in eine Handelskrise verwandelt sehen. Wir wollen nun betrachten, unter welchen Umständen die Banque de France das Chaos gestiftet hat, das die staatliche Kreditwürdigkeit zu erschüttern droht: Sie wählte einen Augenblick, als Geld in Paris im Überfluss vorhanden war und der Finanzminister jedwede Summe zu drei Prozent hätte leisten können, als die Raten der Eisenbahngesellschaften von Lyon und aus dem Norden mit größter Leichtigkeit zu bezahlen waren, als schließlich die Preisunterschiede der Anleihe zu fünf Prozent (*five per cent stock*), die man von Monat zu Monat mitschleppte, beinahe auf den Nennwert gefallen waren![52]

So schrieb denn auch ein Vertreter der herausragendsten Bankerdynastie Europas, der Rothschilds: »›Die Reg.[ierung] muß ihre Art und Weise ändern, wie sie Geschäfte macht‹, beschwerte sich Anthony [Rothschild], ›sie hat ihren Kredit vollständig verloren mit der Art, in der sie sich gegenüber den Eisenbahngesellschaften verhalten hat.‹« Und Betty Rothschild berichtete, ihr vierjähriger Sohn bete »für Papa [und] für die *chemin de fer du Nord!* [Nordbahn]«.[53]

Die finanzielle Notlage in Paris zwang die Regierung, die Eisenbahnausgaben zu kürzen, wodurch Arbeiter auf der Straße landeten.[54] Im Mai 1847, als der Getreidepreis einen Höchststand erreicht hatte, kam es im traditionell revolutionären Zentrum von Faubourg Saint-Antoine (Paris) bereits zu Ausschreitungen, hauptsächlich gegen Getreidehändler und Bäcker. Im November 1847 erreichte die Finanzkrise mit Hamburg das größte Tor zu den Märkten Mitteleuropas und breitete sich von dort weiter aus. Der Bankrott des Schaafhausen'schen Bankvereins in Köln führte zur Schließung von Fabriken mit rund 40 000 Arbeitern.[55] Im Dezember sah sich auch die indische Finanzökonomie infiziert, so war etwa das Bank- und

Handelsinstitut Saunders, May, Fordyce & Co. ruiniert. In Österreich brach Anfang 1848 das Bank- und Großhandelshaus Arnstein & Eskeles zusammen, das lose mit der Wiener Rothschild-Bank verbunden war.

Das revolutionäre Potenzial in Großbritannien lag auf der Hand. Die Zeitung *The Observer* kommentierte die Entlassung von 10 000 Eisenbahnern und die massenhafte Kurzarbeit unter Baumwoll- und Textilarbeitern in Lancashire wie folgt: »Dort steht ein echtes Heer und hat alles, was man nur für Schrecken braucht: Verstand und Körperkraft, Scharfsinn und Verzweiflung – groß genug, auch die Herzen der Furchtlosesten mit Angst und Schrecken zu schlagen.«[56] Nur in Irland (und Russland) blieb es ruhig. In der Anfangsphase der Hungersnot war es in Irland vielfach zu Unruhen gekommen, und Geheimgesellschaften wie die Ribbonmen schossen aus dem Boden. Später nun war die schwächende Wirkung von Krankheit und Hunger so immens, dass es kaum effektiven Widerstand gab. Andernorts führte der wirtschaftliche und gesellschaftliche Zusammenbruch zu politischen Turbulenzen, als sich 1848 – ausgehend von Paris und Palermo – ansteckende revolutionäre Bewegungen über ganz Mitteleuropa ausbreiteten, nachdem die schlimmsten Auswirkungen der Nahrungsmittelkrise schon überstanden waren. Ein gesamteuropäischer Revolutionsschub fegte einen Haufen unfähiger Herrscher und unentschlossener Regierungen hinweg.

Im Ergebnis stellte sich europaweit die Frage, wie Politik wirksamer zu gestalten sei und wie den Armen geholfen werden könne – weniger wohl aus altruistischen Beweggründen als unter dem einfachen Gesichtspunkt einer Selbsterhaltung der Eliten. Es war klar, dass verfehlte politische Maßnahmen die Energie des Schocks erhöht hatten; die Krise ist ein anschauliches Beispiel für Amartya Sens These, dass Hungersnöte menschen- (oder politisch) gemacht sind.[57] Der unfassbarste Fall ereignete sich in Irland, hier sind sich die Historiker einig, dass die britische Doktrin des Laissez-faire in die Katastrophe geführt hatte.[58] Schatzkanzler Charles Wood, ein liberaler »Ideologe« (so der Historiker Cormac Ó Gráda), glaubte, dass alle Klassen in Irland »Schicksalsergebenheit und Weitsicht« zu üben hätten, einschließlich »derer, die am meisten zu leiden haben«. Doch das größte Übel überhaupt lag aus Sicht der britischen Beamten im Versagen der irischen Ober- und Mittelschichten, »die in ihrer jeweiligen Nachbarschaft« die moralische Pflicht gehabt hätten, »das Leid der Armen zu lindern«.[59] Eine weitere Facette zeigte jüngst der Historiker Charles Read auf, dem zufolge der finanzpolitische Kurs der britischen Regierung, die kleine und mittlere Bauern und insbesondere Händler am stärksten besteuerte, für diese den Gnadenstoß bedeutete: In den Bankrott getrieben, wanderten diese Unternehmer aus und die Lieferketten brachen zusammen.[60] Ein irischer Patriot, der in die Vereinigten Staaten emigriert war, fasste es so: »Weder die Magdeburger Hochzeit noch die Verheerung der Pfalz erreichten an Schrecken und Trostlosigkeit die Massaker, die man in Irland verübt hat, einfach mit Papier, mit Schreibgerät und den Prinzipien der politischen Ökonomie.«[61]

Bessere, kompetentere Institutionen waren nötig. Die relativ unerfahrenen Zentralbanken – die Bank of England und die Banque de France – hatten die Krise nicht gut gesteuert und wurden heftig kritisiert. Die *Times* klagte über eine »außerordentliche Apathie« der Bank of England, als diese die Reserven schmelzen ließ.[62] Die Leitung war dilettantisch, vielleicht sogar korrupt. Gouverneur William Robinson musste sein Amt niederlegen, nachdem sich sein Handelshaus durch »unsachgemäßen Handel mit Getreide« ruiniert fand.[63]

Nach den Katastrophen der 1840er-Jahre mussten sich die Regierungen insgesamt neu erfinden und ihr Verhältnis zu kommerziellem Wohlstand anders betrachten: Was zeichnet eine gute Regierung aus? Einige Globalisierungsforscher wie Kevin O'Rourke definieren Politik einfach als Messlatte für die Lücke zwischen den technologischen Möglichkeiten und dem Maß realer globaler Integration.[64] Insofern machte die Politik nach 1850 große Fortschritte. Die Ereignisse in den 1840ern bereiteten den Boden für eine Welle produktiver institutioneller Reformen, welche die Koordinierungsprobleme lösen sollten, die ihrerseits durch die Vielzahl kleiner Staaten mit begrenzten Kräften im Umgang mit der Mobilität verursacht wurden: die Gründung von Nationalstaaten in Europa, die neuen Verfassungen insbesondere in Deutschland und Italien und die Verwaltungsreform des Kaisertums Österreich, die im Verfassungskompromiss des sogenannten Ausgleiches von 1867 und in der Gründung der Doppelmonarchie Österreich-Ungarn ihren Höhepunkt fand.

Der Bürgerkrieg in den Vereinigten Staaten und die Öffnung Japans im Zuge der Meiji-Restauration können ebenfalls in diesem Kontext des *nation building* betrachtet werden, wodurch die Effizienz und Kompetenz der Institutionen gesteigert wurden. Tatsächlich gab es Bezüge zur Krise in Europa: Im Jahr 1854 erreichte die Auswanderung aus Deutschland einen Höhepunkt (250 000) in genau dem Jahr, in dem die Ansiedlung in Kansas freigegeben wurde. Die Welle deutscher und skandinavischer Einwanderung nach Kansas stellte sicher, dass Kansas eher ein freier und kein sklavenhaltender Staat werden würde, und konterkarierte damit den sorgfältigen Verfassungskompromiss des Kansas Nebraska Act von 1854. Insofern trug die Masse neuer Einwanderer dazu bei, die Weichen für den Bürgerkrieg zu stellen.

Das drastischste Beispiel der öffentlichen Neuordnung fand sich in Frankreich, als mit Louis Napoléon Bonaparte ein Neffe des Revolutionsgenerals Napoléon zunächst zum Präsidenten der Republik gewählt wurde, bevor er sich zum Präsidenten auf Lebenszeit und schließlich unter dem Namen Napoléon III. zum Kaiser ernannte. Er war eine weitgehend unkommunikative Figur. Der deutsche Reichskanzler Otto von Bismarck nannte ihn »die Sphinx von der Seine«, Adolphe Thiers (ein konservativer Liberaler, den Louis Napoléon ins Exil zwang und der später den Übergang zur Dritten Republik bewerkstelligte) hieß ihn einen »Schwachkopf«, und von dem Republikaner Jules Favre ist der Ausruf »Was für ein Idiot!« überliefert.[65] In Wahrheit war Louis Napoléon eine französische Ausgabe von Peel, eine durchschnittliche Figur, die die Massenmeinung in sich aufsaugte. Sein Augenmerk für den einfachen Mann führte dazu, dass sich der Staat in der Förderung ökonomischen Wachstums engagierte. Aktiv ermunterte er die Gebrüder Pereire zur Gründung einer neuen Bank, der Crédit Mobilier, mit der große Summen für Infrastrukturprojekte und insbesondere den Eisenbahnausbau zusammenkommen sollten. Louis Napoléon sah in dieser Bank eine Möglichkeit, die traditionelle *haute banque* zu umgehen, die in seinen Augen eng mit der früheren, seinerzeit untätigen und passiven konstitutionellen Monarchie unter Louis Philippe verbunden war.

Der bonapartistische Ansatz strahlte auf ganz Europa aus, wo die alten Regimes ganz ineffizient und inkompetent wirkten. Die Märzrevolution in Österreich brachte eine Parodie des »Vaterunser« hervor, die sich gegen Fürst Metternich richtete, der damals rasch aus Wien geflohen war:

> Vater Metternich, der Du bist in Wien, entheiliget werde Dein Name, zukomme uns eine bessere Regierung; es geschehe der Wille der Unterthanen, wie in Bayern, so auch in Oesterreich – gieb uns ein größeres Brod und vergieb uns unsere Wünsche und Schreien, wie auch wir vergeben Dein neues Anlehen, führe uns nicht in Versuchung durch die Banknoten, sondern erlöse uns durchs wirkliche Silbergeld von dem Uebel, Amen.[66]

In Österreich erwachte ein neuer bürokratischer Reformeifer, den in erster Linie Karl Ludwig von Bruck verkörperte, der zunächst von 1848 bis 1851 als Handelsminister amtierte und dann 1855 als Finanzminister der Regierung angehörte bis zu seiner Entlassung 1860. Er projektierte große Unternehmungen und verfolgte die Vision eines wirtschaftlich und politisch verbundenen Mitteleuropa; auch seine Reformen waren Peel'schen Zuschnitts: 1854 beaufsichtigte er die Liberalisierung des Börsenhandels und setzte sich für die Eisenbahnen ein, 1855 schuf er nach dem Vorbild der Crédit Mobilier die bald wichtigste österreichische Bank, die Kreditanstalt für Handel und Gewerbe. Von Bruck hielt es für unmöglich, einfach zur vorrevolutionären Ära zurückzukehren, was er so erklärte: »Nicht etwa der beschriebenen Pergamente wegen, sondern nur weil die Bedingungen des Güterlebens, der Geldwirtschaft, des Kapitals, die volkswirtschaftlichen Verhältnisse, das erstarkte Bürger- und Bauerntum solches nicht mehr erlauben.«[67]

Durch mehr Bewegung konnte die Welt gerettet werden – mehr Bewegung von Waren, von Menschen (im Falle der verarmten ländlichen Gegenden Europas: Auswanderung), aber auch von Geld. Durch verbesserte Transportmittel konnte man die Güter effizienter herbeischaffen: mit der Bahn an Land und mit dem Dampfschiff über die Meere. Der internationale Handel wurde zum Gegenstand enthusiastischer Huldigung: »Welchen Gewinn für den Konsumenten – also für die ganze Gesellschaft – verheißt es, die Kosten der Beförderung der Güter von einem zum anderen Ende des Königreichs zu senken und folglich einen segensreichen, anderenfalls völlig unmöglichen Austausch von Artikeln zu ermöglichen, der glänzende Erfolge zeitigt, nicht weniger auf dem Herdfeuer des armen Mannes als auf dem Tische eines reichen! Welch Zeitersparnis für den Kaufmann, dem es nun möglich ist, von Glasgow nach London oder von Newcastle nach Southhampton zu fahren – in nur zwölf Stunden!«[68]

Das Zusammenspiel von Wirtschaftskrise und dem Scheitern der größeren politischen Reformbewegung führte zu einer weiteren Welle der Emigration aus Europa (die auch dazu beitrug, den Lebensstandard in Europa zu heben). Das deutschsprachige Mitteleuropa erlebte besonders starke Wanderungsbewegungen. Arme Gegenden mit einer starken Auswanderung, wie etwa Skandinavien, erfuhren einen rascheren Anstieg des Lebensstandards als arme Gegenden mit geringer Auswanderung; O'Rourke und Williamson etwa kontrastieren Schweden und Portugal.[69]

Auf die Krise folgte ein Geldmengenzuwachs, der teils auf die Goldfunde zurückging (Kalifornischer Goldrausch von 1849), teils auf die finanzökonomische Innovation der Crédit Mobilier und deren Ausweitung des Bankgeschäfts. Sehr rasch sank damit die Wahrscheinlichkeit, in Europa erneut einen gleichzeitigen Schub politischer Revolution zu erleben.

Die Liberalisierung des internationalen Handels – die im frankobritischen Abkommen von 1860 (dem Cobden-Chevalier-Vertrag) ihr Modell gefunden hatte –, die grenzüberschreitenden Kapitalbewegungen und die Migration, alle diese Phänomene nahmen nach den politischen Revolutionen einen Aufschwung, gleichwohl es bereits vor 1860 einen beachtlichen Zuwachs des Welthandels gegeben hatte.[70] Viele Zeitgenossen priesen und begrüßten das Gewicht der Handelspolitik für die innen- wie die weltpolitische Stabilität, obwohl es insbesondere außerhalb Großbritanniens einige Rückschläge zu verzeichnen gab; dort wurde der Freihandel von Kritikern als Doktrin dargestellt, die der fortschrittlichen britischen Industrie einen unfairen Vorteil verschaffe. In Deutschland versuchte Friedrich List mit seinem »nationalen System der politischen Ökonomie« eine Alternative zu formulieren und war damit noch lange nach seinem Tode überaus einflussreich. Sein französisches Pendant, Charles Gouraud, unterstrich die Vorzüge der merkantilistischen Tradition, die er mit dem Ansehen Frankreichs unter Louis XIV. und Colbert sowie Napoléon in Verbindung brachte; angefangen hatte er aber mit der These, die Verfechter des Freihandels seien die bodenlosesten Revolutionäre ihrer Zeit.[71] Die Moral des unbeschränkten Handels schlug sich in der Idee der Weltausstellungen nieder.

Die Freihandelslehre verkörperte sich im Konzept der Weltausstellung. Die »Great Exhibition« in London war unter den euphorischen Bedingungen von Mitte der 1840er-Jahre als Hymne auf britischen Erfindergeist und Betriebsamkeit sowie auf die Tugenden des friedlichen Handels gedacht. Als das Unternehmen 1851 Wirklichkeit wurde, hatten sich die Bedingungen schon verändert und die britischen Hersteller diskutierten, ob ausländische Aussteller nicht abgeschreckt oder ausgeschlossen werden sollten: Sie waren beinahe einstimmig dagegen.[72] Die Abhängigkeit von Getreide aus dem Ausland war überaus deutlich geworden. Dazu bemerkte *The Times*: »Das Angebot von jederart Getreide ist groß und die Wettbewerber der verschiedenen Länder, erwartungsgemäß aus allen Teilen der Welt, sind äußerst zahlreich, nämlich wir, die Russen, Spanier, Belgier und Kanadier sowie die Vereinigten Staaten.«[73]

Tatsächlich stammten einige der erstaunlichsten Produkte der Londoner Industrieausstellung 1851 aus dem Ausland und waren nicht sonderlich friedenverheißend: die Gussstahlkanone des Deutschen Alfred Krupp und der Revolver des US-Amerikaners Samuel Colt. *The Economist* kommentierte, »man mag einwenden, dass die Überlegenheit der Vereinigten Staaten gegenüber England letztendlich genauso sicher ist wie die nächste Sonnenfinsternis. Wir sollten das Eintreten dieser unvermeidlichen Überlegenheit auf den spätestmöglichen Zeitpunkt verschieben, indem wir so viel Wohlstand wie möglich mit den Staaten teilen. Löhne, Gewinne und Geldeszins, sie liegen in den Staaten allesamt höher als in England, sie sind die Instrumente des Fortschritts – und je mehr wir sie teilen können, desto weiter wird unser Fortschritt mit dem der Staaten, pari passu, voranschreiten.«[74] Der Wissenschaftler Lyon Playfair rechnete damit, dass die Kontinentaleuropäer aufholen und Großbritannien hinter sich lassen würden. In seinen Augen zeigte die Weltausstellung »sehr deutlich und anschaulich, dass der industrielle Fortschritt vieler europäischer Nationen, selbst derer, die offensichtlich hinter uns zurückliegen, rascher zunahm als der unsrige; und wenn dem so ist, wovon ich überzeugt bin, dann braucht es nicht viel Scharfsinn, zu erkennen, dass langfristig das schnellste Segelschiff gewinnen wird, auch wenn es zeitweilig noch hinten liegt«. Playfair erkannte bereits eine Globalisierung auf der Grundlage eines »Wettbewerbs des Verstandes«.[75] Die Ausstellung selbst vermittelte eine überzeugende Lektion: Die Öffnung für den internationalen Handel war Bestandteil dessen, Anregungen aus anderen Ländern aufzunehmen und also die eigene Leistung zu steigern. Die Konkurrenz war ein zentraler Bestandteil der Befähigung zur Kompetenz.

Friedrich Engels schrieb in seiner Einleitung zu Marx' *Klassenkämpfe in Frankreich*, diesem sei 1850 klargeworden, »daß die Welthandelskrise von 1847 die eigentliche Mutter der Februar- und Märzrevolutionen gewesen und daß die seit Mitte 1848 allmählich wieder eingetretene, 1849 und 1850 zur vollen Blüte gekommene Prosperität die belebende Kraft der neuerstarkten europäischen Reaktion war«.[76] Vielleicht ist Reaktion nicht die beste Bezeichnung für die neue und recht revolutionäre Form der Steuerung (*governance*), die in den 1850ern und 1860ern entstand. Denn die echten Reaktionäre verblassten, so etwa General Joseph Maria von Radowitz, ein steinzeit-konservativer Minister und »Garderobier der Phantasie des Königs« Friedrich Wilhelm IV.[77] An deren Stelle traten ambitionierte Personen wie Louis Napoléon (Napoléon III.) und Otto von Bismarck: Modernisierer, welche die Welt nach einer neuen Logik errichteten. Ein führender Kommentator seiner Zeit, der liberale Journalist und Begriffsschöpfer der »Realpolitik« (1853), Ludwig August von Rochau, schlussfolgerte, der Nationalstaat sei »im Grunde genommen eine reine Geschäftssache«.[78]

Für diese verzweifelten Zeiten lassen sich breite allgemeine Preisbewegungen und auch Einzelschicksale belegen. Doch die Hungernden hinterließen kaum schriftliche Zeugnisse, und die Schriftsteller mieden die Katastrophe weitgehend (Kriege oder auch Epidemien boten besseren literarischen Stoff). Der prominente kritische Intellektuelle Terry Eagleton untersuchte, warum die Hungersnot in der

Literatur derart vernachlässigt wird.[79] Die empfindsameren Autoren wie William Carleton stellten sich letztlich auf den Standpunkt (er in dem Roman *The Squanders of Castle Squander*), die Erfahrung hungernder Menschen liege jenseits der Grenzen des Darstellbaren. Carletons bekanntes Buch *Der schwarze Prophet* zeichnete nach, wie der Hunger einen Abstieg in die Irrationalität gebiert:

> Wer mit solch fürchterlichen Gestalten Umgang pflegt, muss wissen, dass deren schreckliche Realitäten sie durch unbändige Einflüsse, die ganze Massen erfassen, dazu bringen, allen Anstand und jedes Maß des gewöhnlichen Lebens, ja selbst Furcht und Scham zu vergessen, dass die der Ordnung gebührende Achtung und mit ihr die sittliche Sicherheit der Gesellschaft beiseite gespült werden oder untergehen im mächtigen, ja tyrannischen Trieb zum Selbsterhalt, welcher, derart angereizt, sich auswächst zu einem Irrsinn der Verzweifelung.[80]

Thomas Hardy, der Autor aus Dorset war zur Zeit der Hungerkrise sieben Jahre alt, siedelte später einen seiner bekanntesten Romane (*Der Bürgermeister von Casterbridge*) in einer Welt an, die er als verlorene Welt beschrieb: Hier bestimmte der Getreidepreis das Schicksal einer Gesellschaft. Eine der entscheidenden Wendungen der Geschichte hängt an der Fähigkeit eines Außenseiters, mit Getreide zu handeln, das vom rauen Wetter vernichtet worden ist. Auch der Sohn des seinerzeit prominenten Romanautors Frances Milton Trollope, Anthony Trollope, der als Postangestellter im von Hunger verheerten Westen Irlands arbeitete, schrieb einen Roman über die Hungersnot: *Schloss Richmond.* Sein Verlag, das Cornhill Magazine, ließ ihn jedoch wissen, das Thema sei für das Zielpublikum von Frauen und Kindern ungeeignet. Er wandte sich also wieder seinen »Barchester«-Romanen zu, die in einer englischen Domstadt sowie der ländlichen Umgegend spielten und kommerziell sehr viel erfolgreicher waren. Die kaufmännische Mittelschicht wollte nichts von Knappheit und Hunger lesen. Trollope eröffnete seinen irischen Roman, der letztlich doch veröffentlicht wurde (allerdings erfolglos blieb, während er sich seltsamerweise in Deutschland etwas besser verkaufte), mit einer Entschuldigung:

> Ich bin neugierig, ob die romanlesende Welt – wenigstens der Theil derselben, welcher meine Geistesproducte mit seiner Aufmerksamkeit beehrt – Anstoß daran nimmt, daß ich den Schauplatz der vorliegenden Erzählung nach Irland verlege. Daß bei uns in England eine starke Abneigung gegen Alles, was irisch heißt, besteht, läßt sich unmöglich leugnen. Irische Dienstboten brauchen sich nicht zu melden; irischen Bekannten begegnet man mit beschränktem Vertrauen; irische Cousins werden als entschieden gefährlich betrachtet, und irische Geschichten sind bei den Buchhändlern nicht beliebt.[81]

Von Irland oder von früherem Elend wollte das britische Lesepublikum nichts wissen, also versah Trollope seine Erzählung mit einem dicken Heilsanstrich, der aber die heutigen Leser genauso wenig anspricht:

> An Zeichen des Zorns Gottes glaube ich zwar nicht, doch ich glaube an Zeichen seiner Gnade. Wenn die Menschen sich durch ihre Torheit und ihre Kurzsichtigkeit Bestrafung auferlegten, die überwältigend scheint, deren Ende nicht abzusehen, die überwältigend wäre, wären wir zur Hilfe auf uns allein verwiesen, eben dann erhebt Gott die Hand, doch nicht im Zorn, sondern in Gnade, und durch seine Weisheit vollbringt er für uns, wozu unser Verstand unzureichend war. Doch auf keinem christlichen Fundament kann ich gerecht oder angemessen heißen, unseren Herren zu bitten, seinen Zorn im Einzelnen zu dämpfen oder

> sein gesetztes Ziel zu wandeln. Wenn er weise ist, so ist seine Weisheit unabänderlich. Wenn er gnädig ist, so ist seine Gnade unbeschränkt.

Trollope bemühte sich um ein positives Fazit, langfristig sei die Hungersnot vorteilhaft gewesen, und schilderte zunächst jene »Verhältnisse in Irland, die Arbeitskräfte benachteiligten, die Neuerungen in der Landwirtschaft behinderten, die außer der Kartoffel jede Feldfrucht beschnitten; die für eine Klasse von Menschen vorbehielten, was diese als vornehme Muße betrachteten, und für die andere Klasse, für die Menschen vom Lande, nur erbärmlichste Armut«. Dann jedoch kam die Rettung:

> Mit tiefer Freude, ja beinahe triumphierend stelle ich fest, daß die müßige, vornehme Klasse mit Stumpf und Stiel ausgerottet, hochkantig aus ihren Gemächern in die weite Welt getrieben und mit Vernichtung gestraft ward. Der arme Pächter litt bitterlich unter dem Hunger und unter der Seuche, die auf den Hunger folgte; doch er, als Klasse, erhob sich von seinem Krankenbett als besserer Mensch. Er blüht auf, als Arbeiter in seinem Heimatland oder in einem neuen – für ihn besseren – Land, in das er ausgewandert ist. Er verdient nun, selbst in Irland, acht oder neun Shilling pro Woche einfacher und zuverlässiger als vor fünfzehn Jahren vier. Der andere Mensch aber ist fort, und sein Platz ist zum Glück frei.[82]

Trollopes Gottvertrauen ist eine mildere Variante der furchteinflößenden Lehre, die anglikanische und calvinistische Pfarrer in Irland verbreiteten. Im Jahr 1846 warnte der anglikanische Pfarrer Alexander Dallas vor der bevorstehenden Apokalypse und nutzte das Postwesen, für das Trollope tätig war, zur Verbreitung seiner Flugschrift »Eine himmlische Stimme ruft Irland«, die alle irischen Haushalte am selben Tag erreichen sollte.[83] Der Calvinist Hugh McNeile hielt 1847 eine Predigt mit dem Titel »Der Hunger als die Strafe Gottes«: »Erstens – Gott selbst lenkt persönlich alle Angelegenheiten dieser unserer Welt. Daher sind Plage, Krankheit, Hunger, Krieg als Werkzeuge Gottes anzusehen, die nicht bloß aus zweitrangigen Ursachen wie dem Zustand der Atmosphäre oder dem Streben des Menschen sich ergeben. Hört, ihr Bürger und Räte der Stadt! Zweitens – Plage, Krankheit, Hunger, Krieg werden von Gott eingesetzt als nationale Strafe für die Sünde. Horcht! Der Herr ruft der Stadt zu.«[84] Doch was sollten die Armen hören? Die meisten vernahmen »Flieh!« und zogen fort.

Die Auswanderung aus den betroffenen Gebieten nahm zu, getrieben vom Elend im Lichte verlockender Hoffnung auf bessere Aussichten jenseits des Atlantiks. Wenden wir uns nun einigen nichtfiktionalen Lebenswegen zu: Im Juli 1847, auf dem Höhepunkt der Handelskrise, versuchte ein junger deutscher Einwanderer, Bethel Henry Strousberg, wie so viele andere zu fliehen. Weit kam er nicht: Weil sein Dampfer, die SS Washington, nicht genügend Kohle für den Transatlantikfahrt gebunkert hatte, kehrte er in den Hafen von Southampton zurück. Dort wurde Strousberg, der sich mit den Geldern der von ihm verwalteten Bausparkasse davongemacht hatte, verhaftet und zu drei Monaten Schwerstarbeit verurteilt. Danach ging er im Januar 1849 – offenbar nur kurz – in die Vereinigten Staaten und ließ sich, zurück in Großbritannien, als talentierter Journalist nieder. Allerdings floh Strousberg erneut, nachdem Einzelheiten einer gerichtlichen Verurteilung an die Öffentlichkeit gelangt waren; er kehrte nach Deutschland zurück und erfand sich noch einmal neu, als wichtige Persönlichkeit der Erschließung Mitteleuropas durch die Eisenbahn.[85]

Ein weiterer Lebensweg sollte sich später als wirkmächtig erweisen: Im Jahr 1848 musste der wohlhabende Liverpooler Eisenhändler Thomas Jevons, ein kultivierter und anständiger Mann, mitansehen, wie seine Firma in den Ruin stürzte. Für seinen empfindsamen zwölfjährigen Sohn William Stanley brach eine Welt zusammen – dieser ging schließlich nach Australien. Strousberg und Jevons waren bald – in sehr unterschiedlicher Weise – die Visionäre einer neuen ökonomischen Ordnung. Der am unmittelbarsten revolutionäre Visionär in den Krisen der 1840er war allerdings ein 30-jähriger deutscher Philosoph, der sein beachtliches väterliches Erbe wie auch die Schenkungen seines Unternehmerfreundes Friedrich Engels darauf verwandte, grundstürzende Schriften zu verfassen.

Marx, die »Krisenhefte« und die Globalisierung

Kein anderer als Karl Marx legte die wirkmächtigste Analyse der multiplen Krisen gegen Ende der 1840er vor. Marx' Werk zeichnet sich durch eine grundsätzliche Ambivalenz aus, für die man oft die großen intellektuellen Herausforderungen bzw. Wandlungen verantwortlich macht, die den »jungen Marx« vom »späten Marx« trennen – dabei gilt Ersterer als heldenmütiger Visionär und Letzterer als Urvater des katastrophalen Sowjetexperiments. Marxens dramatischste und hellsichtigste Verkündigung – das *Manifest der Kommunistischen Partei*, gemeinsam mit Friedrich Engels im Revolutionsjahr 1848 geschrieben – ist auch eine aussagekräftige und ausgearbeitete Analyse des Globalisierungsprozesses; eine Analyse, die noch immer zutreffend erscheint: »An die Stelle der alten lokalen und nationalen Selbstgenügsamkeit und Abgeschlossenheit tritt ein allseitiger Verkehr, eine allseitige Abhängigkeit der Nationen voneinander. Und wie in der materiellen, so auch in der geistigen Produktion. Die geistigen Erzeugnisse der einzelnen Nationen werden Gemeingut.«[86] Ebendieser kurze und bestechende Text wird zumeist herangezogen, um Marx' Relevanz für das 21. Jahrhundert zu belegen. Es handelt sich um ein Pamphlet, ein Manifest, das – davon war Marx zunehmend überzeugt – durch wissenschaftliche Studien untermauert werden müsse: Denn worauf sonst sollte sich sein Deutungs- und Wahrheitsanspruch stützen? Marx beharrte darauf, man benötige die Wissenschaft, um den Schleier der Ideologie zu durchlöchern.

Im Unterschied zum *Manifest* ist sein Alterswerk, *Das Kapital*, bemerkenswert unabgeschlossen: Es bietet keine zufriedenstellende Theorie der Grundbegriffe – Wert, Klasse, Krise –, die den versprochenen Erkenntnissen zugrunde liegen. Es sagt nicht viel über den Prozess der Globalisierung oder über den Welthandel und den globalen Charakter der Finanzströme, die für die Botschaft des Manifests so zentral gewesen waren. Der erste Band (1867) umreißt eine historische Skizze dessen, wie staatliches Handeln eine »ursprüngliche Akkumulation« ermöglichte, und wirft grelle Schlaglichter auf die Entbehrungen und Schrecken der Industriegesellschaft. Im Kern aber verfehlt das Buch sein Ziel, wie Gareth Stedman Jones, einer der führenden Marx-Biografen unserer Tage, erklärt: Dem Werk gelang es nicht, »die ›Bewegungsgesetze‹ des Kapitals zu identifizieren«.[87] Dieselbe Einschätzung von Jonathan Sperber: Als Ökonom war Marx auf einer Odyssee, doch nach Ithaka gelangte er nicht.[88] Auf eine erste Skizze des Vorhabens hatte Engels mit einer ominösen Warnung reagiert: »it is a very abstract abstract indeed«.[89] Der zweite und dritte Band wurde nach Marx' Tod von Engels vollendet, zu einem Abschluss bringen aber auch sie das Ganze nicht wirklich.

Als Marx' Leistung gilt oftmals eine Verschmelzung bzw. Synthese der politischen Ökonomie aus Großbritannien, der demokratischen und radikalen revolutionären Tradition aus Frankreich und der Romantik aus Deutschland. Letztere zeigte sich vor allem in Marx' frühen Schriften und am stärksten in den weitgehend mystischen Manuskripten von 1844/45. *Das Kapital* ist der Versuch, auf der britischen politischen Ökonomie aufzubauen und den politischen Fantasien der Franzosen und Deutschen ein materialistisches Geschichtsverständnis einzupflanzen. Marx beklagte sich bitterlich über die deutsche Rückständigkeit im ökonomischem Denken, galt hier doch die politische Ökonomie noch immer als »eine ausländische Wissenschaft«: »Wie zur klassischen Zeit der bürgerlichen Ökonomie blieben die Deutschen auch zur Zeit ihres Verfalls bloße Schüler, Nachbeter und Nachtreter, Kleinhausierer des ausländischen Großgeschäfts.«[90] Es war natürlich kaum zu erwarten, dass die Synthese solch disparater nationaler Denktraditionen überhaupt abgeschlossen werden könnte. Insbesondere der deutsche romantische Begriff der »Entfremdung«, die das wahre Wesen des Menschen verleugne, konnte natürlich eben nicht nachgewiesen werden in einer (nach Marx) materialistischen Darlegung des gesellschaftlichen und geschichtlichen Prozesses.

Die problematische Verknüpfung unterschiedlicher Analysemodalitäten liegt in Marxens Krisenkonzept offen zutage. Erst vor kurzem wurde das gigantische Editionsprojekt der Marx-Engels-Gesamtausgabe (MEGA) erweitert und umfasst nun auch ein zentrales und entscheidendes Verbindungsstück in Marx' intellektuellem Werdegang: seine Notizhefte über die internationale Wirtschaftskrise von 1857, die 2017 als *Krisenhefte* in MEGA, Abt. IV, Bd. 14 erschienen. Die 159 Manuskriptseiten umfassen Exzerpte aus ökonomischen und finanzökonomischen Fachzeitschriften sowie statistische Reihen. Das erste Heft trägt den Titel »1857 France«, das zweite »Book of the Crisis of 1857« und das dritte »Book of the Commercial Crisis«; seine statistischen Arbeiten waren teils eine Fortsetzung der *History of Prices* von Thomas Tooke und William Newmarch.[91] Besonders aufschlussreich sind die Krisenhefte, weil Marx sie zur selben Zeit abfasste wie seine journalistischen und allgemeinverständlichen Zeilen über eine mögliche Krisentheorie. Er arbeitete als Europakorrespondent für die *New York Daily Tribune*, was ihm einen Großteil seiner mageren Einkünfte sicherte, während er unter körperlichem Unwohlsein, Kopfschmerzen, Schlaflosigkeit,

Leberbeschwerden sowie Furunkeln und Karbunkeln litt, die er mit einem Arsenpräparat behandelte.

Das Ergebnis dieser entscheidenden Phase in Marx' Denken – die den Propheten auf das Gleis der vernachlässigten Berliner Publikation von 1859 *Zur Kritik der Politischen Ökonomie* und später des *Kapital* setzte – war für den Autor in zweierlei Hinsicht unbefriedigend. Erstens war er damals von Zahlen fasziniert und glaubte, der belgische Mathematiker und Astronom Adolphe Quetelet habe die Grundlage einer neuen Wissenschaft, der »Sozialphysik« gelegt. Marx hoffte, durch die Zusammenstellung von Daten über verschiedene Rohstoffpreise, über die Bewertung finanzökonomischer Instrumente, Anteile und Anleihen, über die Praxis und die Reserven der Bank of England sowie der Banque de France, schließlich über Produktion und Beschäftigung ließen sich Verbindungen auf- und empirische Kausalitäten entdecken. Er war fasziniert von den Preisschwankungen, die ja belegten, dass Preise unmöglich das Abbild eines unveränderlichen »Gebrauchswerts« der Güter sein konnten. Der Blick auf die Daten müsse also die grundlegenden und endgültigen Bewegungsgesetze der kapitalistischen Gesellschaft aufdecken. Doch ihm fehlten die statistischen Instrumente, um seine Analyse wirklich auszuführen.

Zu den Menschen, denen Marx bei seinen täglichen Besuchen im Lesesaal des British Museum durchaus hätte begegnen können, zählte William Stanley Jevons, der ebenfalls von Quetelets Arbeit beeindruckt war und über viel bessere Mathematik- und Analysiskenntnisse verfügte. Ebenso wie Marx arbeitete Jevons an langen Preisreihen und versuchte die Muster in konjunkturellen Schwankungen aufzuspüren. Jevons begründete später die Grenznutzenschule. Doch Marx ist offenbar nicht auf dessen Arbeiten gestoßen, er erwähnt sie kein einziges Mal.

Man macht es sich wohl auch zu leicht, wollte man die heutigen Ansichten und insbesondere Techniken auf die Suche nach Verbindungen und Entsprechungen Mitte des 19. Jahrhunderts übertragen. Ein moderner Wissenschaftler wäre wohl, bewaffnet mit Stata und vielleicht sogar bloß Excel, in der Lage gewesen, mehr Muster und Verbindungen in den damals verfügbaren Daten zu entdecken und auf der Grundlage dieser Analyse allgemeine Schlussfolgerungen über allgemeine ökonomische Trends abzuleiten. Thomas Piketty, der sein großes (und überaus erfolgreiches) Buch ganz unbescheiden *Das Kapital im 21. Jahrhundert* nannte, ist in diesem Sinne ein echter Nachfolger von Marx. Piketty entdeckte in seiner Langzeitstudie über r (Kapitalrendite) und g (Wachstumsraten) just das langfristige »Bewegungsgesetz«, den Stein der Philosophen, nach dem Marx gesucht hatte: dass der Kapitalertrag das Wirtschaftswachstum über lange Zeiträume hinweg kontinuierlich überstieg und also erhöhte Ungleichheit erzeugte. In einem solchen Umfeld kann man es nur zu etwas bringen, wenn man Geld erbt oder ehelicht. Kurzfristig aber geht diese Rechnung nicht so gut auf. In modernen Modellen zur Berechnung von Kapitalerträgen gilt: E[r^Kapital] > g, der Vorteil ist dann also oft auf eine Risikoprämie zurückzuführen, und in Krisenzeiten nehmen die Risiken zu.

Ein Problem mit Marx' Erbe besteht in der Tatsache, dass in den 1850ern oder 1860ern niemand in der Lage gewesen ist, auch nur eine einzige der Schlussfolgerungen, die Marx bereits bewiesen haben wollte, statistisch zu konsolidieren: ein Gesetz der fallenden Profitrate (als Motiv insbesondere in den *Grundrissen*, seinem unvollendeten Manuskript von 1857/58, sehr prominent) und ein Gesetz der zunehmenden Verelendung der Arbeiterklasse. Mit David Harvey bemerkte ein aufgeschlossener Interpret des Marx'schen Denkens wie folgt: »Leider war seine Argumentation unvollständig und keineswegs streng umrissen. Zwar brachte Engels die Argumentation als Herausgeber in eine sehr eindeutige Form, dennoch ist der Text weiterhin von allerlei Zweideutigkeiten gekennzeichnet.«[92]

Zweitens interessierte sich Marx zunehmend für die Voraussetzungen eines Wandels politischer Ordnung. Zunächst glaubte er 1857, die endgültige Krise des internationalen Kapitalismus mitzuerleben: Marx war besonders begierig, den Nachweis zu erbringen, dass die potenteste der neuen politischen Formen, die aus den gescheiterten Revolutionen von 1848 hervorgegangen waren, dass also das Zweite Kaiserreich unter Louis Napoléon zum Zusammenbruch verurteilt war. Im Fazit einer Artikelserie über die französischen Entwicklungen zwischen 1848 und 1850 formulierte Marx in der *Neuen Rheinischen Zeitung* eine Theorie über die internationale Ausbreitung von Krisen: »Wie die Periode der Krise später eintritt auf dem Kontinent als in England, so die der Prosperität. In England findet stets der ursprüngliche Prozeß statt; es ist der Demiurg des bürgerlichen Kosmos. Auf dem Kontinent treten die verschiedenen Phasen des Zyklus, den die bürgerliche Gesellschaft immer von neuem durchläuft, in sekundärer und tertiärer Form ein. Erstens führte der Kontinent nach England unverhältnismäßig mehr aus als nach irgendeinem anderen Land. [...] Wenn daher die Krisen zuerst auf dem Kontinent Revolutionen erzeugen, so ist doch der Grund derselben stets in England gelegt.« Und Marx prophezeite: »*Eine neue Revolution ist nur möglich im Gefolge einer neuen Krisis. Sie ist aber auch ebenso sicher wie diese.*«[93]

Sowohl die Weltwirtschaft als auch der Bonapartismus erwiesen sich anfangs als recht widerstandsfähig, es gab also auch 1857 oder unmittelbar danach keinen allgemeinen Zusammenbruch. Die globalisierte Ökonomie nahm bald ihre Dynamik wieder auf, und Napoléon III. versuchte sich gar an der Aufstellung gemeinsamer Regeln über die Internationale Währungskonferenz von 1867, welche die Grundlage für eine einzige Universalwährung schaffen sollte und tatsächlich einige Verfahrensgrundsätze festlegte,[94] die später im internationalen Goldstandard Wirklichkeit werden sollten. Zu

Fall kam der Kaiser schließlich nicht wegen einer Wirtschaftskrise, sondern wegen einer außenpolitischen Fehleinschätzung.

Marx' Analyse von 1857 fokussierte nicht so sehr darauf, was später zu den Kernelementen des *Kapital* zählen sollte: die Überproduktionstheorie und das Gesetz des tendenziellen Falls der Profitrate. Vielmehr baute Marx damals recht umstandslos auf die zeitgenössische Konjunkturzyklentheorie.

Marxistisch inspirierte Autoren bezeichnen das Jahr 1857 typischerweise als erste globale Wirtschaftskrise.[95] Dies ist jedoch nicht korrekt: Die Krise von 1825 infolge des Ausfalls lateinamerikanischer Staatsschulden war ebenso global wie der Crash von 1837, der in den Vereinigten Staaten seinen Ausgang nahm. Vor allem aber war in den späten 1840ern eine allgemeine Krise zu beobachten, die allerdings nicht leichthin in marxistischen Begriffen als Unterkonsumptions- oder Überproduktionskrise zu beschreiben war.

Eine Schlüsselrolle spielte im Jahr 1847 (wie auch ein Jahrzehnt später in der Krise von 1857) der finanzielle Druck, der die mächtigste Zentralbank der Welt, die Bank of England, zum Regelbruch nötigte. Eine der zentralen Lehren aus diesen Krisen bestand für Marx in der bankseitigen Suspendierung des Peel Act von 1844, welcher als zentraler Gesetzestext die Notenausgabe durch die Bank an deren Goldreserven band und beschränkte. Dies erschien als beträchtliche Fehlkonstruktion in den grundlegenden Institutionen des Kapitalismus, aus der systemische Störungen hervorgingen; Marx kommentierte den Krach von 1857 wie folgt: »Die Wahrheit ist, daß sich die Engländer sehr weitgehend an Spekulationen im Ausland beteiligt haben, sowohl auf dem europäischen Festland als auch in Amerika, während im Inland ihr überschüssiges Kapital hauptsächlich in Fabriken investiert worden ist, so daß die gegenwärtige Erschütterung mehr denn je den Charakter einer industriellen Krise trägt und daher unmittelbar an die Wurzeln der nationalen Prosperität rührt.«[96] In Marx' Augen fand sich der zentrale Störungsmechanismus in den internationalen Strömen: »Wenn sich die erste Auswirkung unserer amerikanischen Erschütterung auf Großbritannien in einer Geldpanik äußerte, die von einer allgemeinen Depression auf dem Warenmarkt begleitet wurde und der etwas später Elend und Not in der Industrie folgten, so steht jetzt die industrielle Krise an erster Stelle und die Geldschwierigkeiten an letzter.«[97] Währungspolitische Probleme führen demnach eine allgemeine Krise herbei.

Das währungspolitische Chaos, dessen Zeuge Marx wurde, rührte von der Abhängigkeit der Währungspolitik im 19. Jahrhundert her, die sich auf ein komplexes Geflecht von Wechselmaklern und Banken stützte, die mit Finanzinstrumenten, den Wechselnoten oder sog. Tratten, handelten. Diese Handelspapiere ließen sich vielfältig einsetzen: Sie konnten in Verbindung zu echten Handelstransaktionen stehen (Warenladungen, die über die Meere verschifft wurden), oftmals waren sie aber auch einfach nur ein Kreditinstrument (Finanzwechsel). Jeder Leser von Romanen des 19. Jahrhunderts – von Balzac oder Trollope – ist vertraut mit den ökonomischen und emotionalen Nöten, die uneinlösbare Wechsel hervorrufen. Marx bezog einen Großteil seiner Informationen aus den Erfahrungen von Engels, einem bedeutenden Industriellen und also auch Händler. 1857 schrieb dieser an Marx, die Geschäftswelt sei abhängig von der »*Wechselreiterei:* Die Manier, Geld zu machen durch Tratten auf einen Bankier oder ein ›Wechselgeschäfte‹ machendes Haus, und diese vor Verfall zu decken, oder auch nicht, je nachdem die Sache arrangiert war, ist auf dem Kontinent und bei den kontinentalen Häusern in England *Regel.* Die Kommissionshäuser hier alle tun es.«[98] Marx selbst erlebte, wie Wechsel mit großen Abschlägen gehandelt wurden, als er versuchte, in London die Zahlung in britischen Pfund auf die Dollarwechsel zu besichern, die ihm sein New Yorker Arbeitgeber zusandte.

Das Jahr 1857 wirkte auf Marx zunächst wie eine Wiederholung von 1848 – was einer gewissen Ironie nicht entbehrt, hatte er doch jene Träumer voller Verachtung geschmäht, denen 1848 als Wiederholung der großen Französischen Revolution gegolten hatte, und sich in legendärer Weise über Louis Napoléon als Abziehbild des echten Napoléon lustig gemacht: Die Geschichte ereigne sich zweimal, erst als Tragödie und dann als Farce. Der Konjunktureinbruch von 1857 rief Erinnerungen wach: »Die Furcht in der Geschäftswelt der letzten Wochen hat, wie man sich im Angesicht der katastrophalen Nachrichten aus den Vereinigten Staaten und aus England wohl vorstellen kann, außerordentliche Ausmaße angenommen; sie ist beinahe vergleichbar mit der unmittelbar vor der Revolution von 1848.«[99] Marx zog Parallelen, während institutionelle Akteure Lehren für das Krisenmanagement zu ziehen suchten.

Die Banque de France wollte den Goldexport begrenzen, während Marx dieses Vorgehen für vergeblich hielt: »Trotz alledem the drain will set in [der Abfluß wird einsetzen], und wenn es nur in die Gosse geschieht wie 1856 (Oktober), so ist die ganze Geschichte im Arsch.«[100] Die moderne wirtschaftshistorische Forschung aber zeigt, dass sowohl die Bank of England als auch die Banque de France faktisch eine zunehmend versierte Steuerung des Geldmarktes leisteten. Die Bank of England realisierte mit ihrem Notprogramm für den Markt einen beachtlichen Gewinnsprung.[101] Und auch der französischen Regierung wurde klar, dass sie mit höheren Haushaltsausgaben die Auswirkungen der Krise bekämpfen konnte.

Die Krise erschien nun allmählich als zyklisches Phänomen – und ganz sicher nicht als Ende des Kapitalismus. Marx schrieb in der *New York Daily Tribune* zum Jahresende, nachdem die intensive Phase der Krise vorüber war: »Das Eintreffen von [Gold-]Münzen in London, der etwas entspanntere Zustand des Währungsmarktes und die weiter fortschreitende Besserung in Amerika haben in Verbindung mit weiteren leicht günstigen Entwicklungen heute eine kleine Freudigkeit hervorgebracht, und die Hoffnung nicht mehr weit entfernt zu sein vom tiefsten Punkt der Depression.«[102] Er formulierte gar ein allgemeines Gesetz: »Wenn durch Überproduktion und Überspekulation eine Krise herbeigeführt worden ist, so haben sich doch die Produktivkräfte der Nation und die Aufnahmefähigkeit des Weltmarkts in der Zwischenzeit so sehr ausgedehnt, daß sie nur zeitweilig von dem höchsten erreichten Punkt zurückgehen und daß nach einigen Schwankungen, die sich über Jahre erstrecken, die Produktionsstufe, die das Maximum der Prosperität in einer Periode des industriellen Zyklus bezeichnet, zum Ausgangspunkt der nächstfolgenden Periode wird.«[103] Wir haben es hier mit einer Konjunkturtheorie zu tun, nicht mit einer Theorie des allgemeinen Zusammenbruchs.

Gegen Ende der französischen Krise exzerpierte Marx einen Abschnitt aus *The Economist:* »Die Bankrotte [failures], zu denen es kam, waren weder an der Zahl beachtlich noch in der Größe von Bedeutung; und es gab nicht die geringste Neigung zum Ausbruch einer Panik, gleichwohl die Umstände eine solche sicherlich zu rechtfertigen schienen, und gleichwohl die Franzosen in der Vergangenheit äußerst schnell dabei waren, sich unter dem geringsten Vorwand in eine Panik zu stürzen.«[104]

Es folgten weitere internationale Finanzkrisen: 1866 am Vorabend des US-amerikanischen Bürgerkriegs, dann die viel schwerere und langwierigere Krise von 1873. Doch Marx beachtete sie nicht; die Krise von 1866 erwähnt er kurz im *Kapital*, Band 1: Deren Ausbruch »wurde signalisiert durch den Fall einer Londoner Riesenbank, dem der Zusammensturz zahlloser finanzieller Schwindelgesellschaften auf dem Fuß nachfolgte«.[105] Diese Krise führte in Großbritannien zu einer Ausweitung des Wahlrechts sowie der Pächter- und Selbstverwaltungsrechte in Irland, für die Marx sich leidenschaftlich interessierte. Ende der 1860er-Jahre war Marx zu der Überzeugung gelangt, dass schrittweise politische Verbesserungen und insbesondere die Ausdehnung des Wahlrechts sowie die Bildung von Arbeitervereinen zu ebenso umfassenden wie fortschrittlichen politischen Reformen führen würden. Im Januar 1873, genauer: im Nachwort zur zweiten Auflage des *Kapital*, sah er der nahenden allgemeinen Krise entgegen: »Die widerspruchsvolle Bewegung der kapitalistischen Gesellschaft macht sich dem praktischen Bourgeois am schlagendsten fühlbar in den Wechselfällen des periodischen Zyklus, den die moderne Industrie durchläuft, und deren Gipfelpunkt – die allgemeine Krise. Sie ist wieder im Anmarsch, obgleich noch begriffen in den Vorstadien.«[106]

Nahmen die Finanzkrisen eine zunehmend normale, weniger schwerwiegende, weniger transformative Gestalt an? Im Zuge der Krise von 1866 zeigte sich jedenfalls eine veränderte finanzökonomische Struktur: Die Wechselmakler spielten im Vergleich zu den Banken eine eher untergeordnete Rolle auf dem Londoner Geldmarkt. Seit Ende der 1860er-Jahre wuchsen die Banken sehr viel schneller. Der bedeutendste sozialistische Denker, der Marxens Analyse auf den Finanzsektor ausgeweitet hatte und dessen 1911 erschienenes *Finanzkapital* die wichtigste und einflussreichste Aktualisierung der Marx'schen Doktrin im 20. Jahrhundert bleiben sollte – Rudolf Hilferding –, untersuchte vor allem, wie die Finanzinstitutionen einen stabileren, »organisierten« Kapitalismus hervorbrachten. Seine eigentümliche Aktualisierung von Marx' Krisentheorie besagte, dass Spekulationskrisen durch finanzökonomische Fortentwicklungen und den Aufstieg der Großbanken unwahrscheinlicher würden.

Sehr schwere Finanzkrisen – insbesondere die große Welle von Bankenzusammenbrüchen in zahlreichen Ländern Anfang der 1930er sowie die Turbulenzen der Weltfinanzkrise von 2008 – schienen anfangs dem Kapitalismus das Licht auszuknipsen. Die politische Reaktion darauf lautete, die Spielregeln zu verändern: höheres staatliches Engagement in der Wirtschaft und stärkere Regulierung. Derartige Maßnahmen stellen sozialdemokratische Regierungsparteien vor ein akutes Dilemma, das Fritz Tarnow auf dem Leipziger Parteitag der SPD 1931 prägnant formuliert hat: »Nun stehen wir ja allerdings am *Krankenlager des Kapitalismus* nicht nur als Diagnostiker, sondern auch – ja, was soll ich da sagen? – als Arzt, der heilen will?, oder als fröhlicher Erbe, der das Ende nicht erwarten kann und am liebsten mit Gift noch etwas nachhelfen möchte?«[107] Der Kapitalismus ist, selbst nach größeren Finanzkrisen, wandelbar und anpassungsfähig. Es lag nicht wenig Ironie in der Tatsache, dass Hilferding als Finanzminister der Weimarer Republik, im Jahr 1923 sowie von 1928 bis 1930, zwei Mal bemüht war, den Kapitalismus zu retten. Insbesondere war er ein wichtiger Kopf hinter der Stabilisierung zum Ende der Hyperinflation in Deutschland.

Die Sehnsucht nach dem radikalen Zusammenbruch ist ein steter Begleiter der augenscheinlichen Krisenmomente des Kapitalismus. Ich erinnere mich noch an eine Zufallsbegegnung im Herbst 1987, unmittelbar nach einem drastischen Börsenkrach, wobei der kurzfristige Kursrückgang beinahe die Ausmaße des berühmt-berüchtigten Wall Street Crash von 1929 erreichte – dieser »Schwarze Montag« hatte allerdings beinahe keinerlei langfristige ökonomische Auswirkungen. Ich stand damals im Hof des Historischen Instituts von Princeton in Dickinson Hall und sah, wie sich ein hervorragender älterer Kollege – der marxistische Historiker Arno Mayer – mit dem unlängst pensionierten Vorsitzenden der Fed, Paul Volcker, unterhielt, der von Verstand wie Körperbau ein Zwei-Meter-Riese ist. Mayer erklärte, endlich sei der Kapitalismus nun am Ende. Volcker lächelte und murmelte: »Hmmm.«

Ein Jahrhundert nach Hilferding ist es nun möglich, die alten Debatten über die Finanzkrisen und den kapitalistischen Zusammenbruch Revue passieren zu lassen. Die alten Gegenspieler Kapitalismus und Sozialismus verschmelzen heute miteinander. Ursprünglich sollten beide den Menschen die Gelegenheit bieten, Impulse und Informationen in ein dezentrales Allokationssystem einzuspeisen, mit dem spontane Bedürfnisse und Wünsche erfüllt werden könnten. Doch beide verkehrten sich ins Destruktive, sobald sie zu Machtkonzentration führten – eine solche Konzentration sollten die

Regierungssysteme eigentlich regulieren und kontrollieren, in der Praxis aber steigern sie oftmals deren drückendes Gewicht.

Die Suche nach einem dekonzentrierten und dezentralisierten Rahmen menschlicher Interaktion (der auch die riesigen Monopole etwa von Google, Facebook und Amazon sprengt) wirkt wie eine Rückkehr zum alten Traum von einem sozialen Mechanismus, der beträchtliche Produktivitätsgewinne realisieren kann, ohne dabei in politisches Unrecht abzugleiten.

Band 1 des *Kapital* umfasst einige berüchtigt-schwülstige Passagen, in denen Marx jenem Punkt entgegensieht: Die kapitalistische Hülle »wird gesprengt. Die Stunde des kapitalistischen Privateigentums schlägt. Die Expropriateurs werden expropriiert.« Hieraus ergab sich eine spätere Orthodoxie, die im Wort Zusammenbruchstheorie zusammengefasst ist. Heutige Interpreten meinen, dieser Abschnitt habe »wenig Bezug zum Rest des Bandes«[108] – es war ein Relikt des revolutionären Begehrens der 1840er-Jahre, der Sehnsucht nach dem transformativen Augenblick eines Erbebens der Welt, in dem die Französische Revolution wiederauferstünde. Auch Richard Wagner hatten die Fantasien der 1840er radikal geprägt, der Komponist lässt denn seinen Fliegenden Holländer sehnsüchtig rufen: »Wann dröhnt er, der Vernichtungsschlag, mit dem die Welt zusammenkracht?« Die Genialität des Kapitalismus bestand nun darin, apokalyptische Visionen zu entkräften: Er wendete die Krisen produktiv oder gar kreativ.

2.

Krach an den Grenzen

Mit der Finanzkrise von 1873 ging ein neues Wort um die Welt: Krach. Dessen anglizierte Form, *crash*, diente bald als Standardbezeichnung für eine akute finanzökonomische Störung. Im Januar 1873 hatte Karl Marx im Nachwort zur zweiten Auflage seines *Kapital* geschrieben, die nächste allgemeine Krise sei bereits im »Anmarsch« und werde nach seiner Überzeugung »durch die Allseitigkeit ihres Schauplatzes, wie die Intensität ihrer Wirkung, selbst den Glückspilzen des neuen heiligen, preußisch-deutschen Reichs Dialektik einpauken«.[109] *Das Kapital* war 1867 zuerst erschienen und fand Absatz in Deutschland – im Unterschied zu Marx' früherer *Kritik der politischen Ökonomie* von 1859, die in seiner Heimat weitgehend unbeachtet geblieben war. Ein Exemplar des *Kapital* fand seinen Weg sogar in die Bibliothek des führenden Kapitalisten und Spekulanten im Deutschen Reich, anders gesagt: des führenden »Glückspilzes« – des Eisenbahnunternehmers Bethel Henry Strousberg. Einige Jahre später schrieb Engels mit einigem Stolz, um nicht zu sagen einiger Selbstgefälligkeit, an Marx, er habe einige Bände über deutsche Geschichte bei einem Antiquar gekauft, der sie aus der

Konkursmasse erworben habe, in die auch Strousbergs gut sortierte Bibliotheken eingegangen waren.

In den 1870ern war die Welt stärker miteinander verbunden als je zuvor. Das Transatlantikkabel hatte schon 1858 Nachrichten übertragen, das zweite Kabel (1865) war nun noch leistungsfähiger und zuverlässiger. Die Dampfschiffe schickten die Transportkosten für Schüttgut auf Talfahrt und gleichzeitig erschlossen die Eisenbahnen das Innere der Kontinente. Der Suezkanal wurde 1869 fertiggestellt, im selben Jahr schlug man den letzten Nagel in die transkontinentale Eisenbahnlinie. Der amerikanische Nationaldichter Walt Whitman jubilierte in seiner »Durchfahrt nach Indien«:

> Die Erde soll umspannt, umflochten sein von einem Netzwerk,
> Die Rassen, Nachbarn, sollen heiraten und in Ehen gegeben werden,
> Die Ozeane sollen durchquert, das Entfernte nahegebracht,
> Die Länder zusammengeschweißt werden.[110]

Im Gedicht »An eine Lokomotive im Winter« besang Whitman das »Muster der Moderne – Symbol von Kraft und Bewegung – Puls des Kontinents«.[111] In Zahlen: Das Eisenbahnnetz in den USA umfasste 1860 49 000 Kilometer, 1870 bereits 85 000 und 1880 gar 150 000 Kilometer. Die entsprechenden Zahlen für Deutschland lauten 11 000, 19 000 und 34 000; Frankreich hinkte mit 9000, 16 000 und 23 000 hinterher, noch weiter abgeschlagen fand sich Österreich-Ungarn mit 3000, 6000 und 11 400. Russland entwickelte sich zur Kornkammer Europas und hatte 1870 11 000 bzw. 1880 23 000 Kilometer erschlossen. Im Jahr 1871 veröffentlichte die Union Pacific Railroad ein Heft *Mit Dampf um die Welt auf der Pacific Railway*, und Ende 1872 begann der französische Schriftsteller Jules Verne mit seinem später weltberühmten Fortsetzungsroman über die Geschichte einer Wette im Londoner Reform Club: *In achtzig Tagen um die Welt.*

Whitmans »Muster der Moderne«, sein »Urbild der neuen Zeit« erzeugte einen positiven Angebotsschock für die europäischen Länder. Die Öffnung der Weltwirtschaft in den 1860ern, die dank des Dampfschiffs sinkenden Kosten für die transozeanischen Transporte und die eisenbahnliche Erschließung der Kontinente für den Transport landwirtschaftlicher Exporterzeugnisse – die Handelsbedingungen entwickelten sich zugunsten der Westeuropäer, und diese begannen über die Auswirkungen dessen nachzudenken.

Die Große Depression in den 1870ern ergab sich recht unmittelbar aus den scheinbar vorteilhaften Effekten des positiven Angebotsschocks: Die Spannung angesichts der neuen Horizonte in Verbindung mit den Gesetzesänderungen, die Unternehmensgründungen in vielen europäischen Ländern erleichterten, führten zu Euphorie, Börsenblasen, Gründerboom und Spekulation, ja Überspekulation. Die Spannung in Europa wie in den Vereinigten Staaten konzentrierte sich auf den Eisenbahnbau, mithin die naheliegendste Art und Weise der Erschließung neuer Gebiete, kraft derer das Angebot zulegen werde. Diese neue Infrastruktur erforderte neue Finanzierungsmethoden, und Aktiengesellschaften ermöglichten die Akkumulation größerer Mengen Kapitals. Die Eisenbahn dominierte die neuen, weltweit florierenden Aktienmärkte, die Ersparnisse einer erquicklichen Mittelklasse aufsogen. Die Kehrseite: Die Waren, die weltweit auf den Markt drängten, bauten einen deflationären Druck auf.

Mit den neu verfügbaren Nahrungs- und Warenlieferungen schien nichts mehr unmöglich. Gestützt wurde diese Stimmung von den politischen Veränderungen (unter anderem das Ende der Bürger- bzw. Einigungskriege in den Vereinigten Staaten, Deutschland und Italien) und dem anschließenden Immobilienboom (insbesondere in den neuen Hauptstädten, in Berlin, Florenz und Rom, aber auch in anderen Hauptstädten). Ein internationaler Wettbewerb drückte sich auch in Investitionen aus – in monumentalen Gebäuden ebenso wie in Arbeitersiedlungen in den hastig errichteten Industriestädten. Zunächst schnellten die Löhne in der heißen Phase des euphorischen Ausschwungs überall in die Höhe.

Die Instabilität zeitigte Lerneffekte, insbesondere da Großbritannien – das nun offenkundig im Zentrum eines weltweiten Finanz- und Handelsnetzes stand – sehr viel stabiler erschien als andere Staaten. Sowohl das neue Deutsche Reich als auch das japanische Kaiserreich nach der Meiji-Restauration begannen, ausländische Institutionen gezielt zu studieren, zu kopieren und an die eigenen Bedürfnisse anzupassen. Dieser Rezeptionsvorgang führte oft zu Spannungen und Rückschlägen, so beklagte man in Deutschland den Vorrang ausländischer Vorbilder, und japanische Intellektuelle beweinten die Überwältigung »unserer unverwechselbaren Sitten und Bräuche«. Der deutsche Satiriker Bogumil Goltz erklärte, wenn »nämlich der Mensch das Geschöpf der Geschöpfe ist, so darf man den Deutschen für den bevorzugten Menschen ansehen, weil er in der That die charakteristischen Eigenschaften, die Talente und Tugenden aller Racen und Nationen in sich zu einem Ganzen vereint«. Der Philosoph Hegel stellte die deutsche »Gedankentiefe« in den Mittelpunkt seiner Antrittsvorlesung in Heidelberg. In Japan wurde mitunter Klage, mitunter Jubel darüber laut, dass das Land von einer Reihe unterschiedlicher westlicher (etwa französischer oder deutscher) Modelle lerne, während die chinesische Qing-Dynastie von der Nachahmung Großbritanniens besessen schien.[112] Andernorts wurden ausländische Institutionen und »Lerneffekte« den militärisch schwachen Ländern einfach auferlegt, nach dem Vorbild des Imperial Maritime Customs Service, der 1854 in Shanghai von westlichen Konsuln im Anschluss an die lokale Niederschlagung des Taiping-Aufstands gegründet worden war, oder der Administration de la Dette Publique Ottomane, die Großbritannien sowie Frankreich und andere Gläubiger 1881 einrichteten.

Es gab also eine Reihe zeitgleicher Gründe für die Spannung – dabei fiel es Analysten und Kritikern nicht schwer, sich auf einen einzigen zu konzentrieren, während andere mitunter eine lange Liste verschiedener Trigger für den Überschwang vorlegten: die Eisenbahn, das Dampfschiff, die Rechtslage, den kompetenten Beamtenapparat, den Goldstandard, den Zeitgeist, den nationalen Willen. Die preußisch-deutsche Debatte konzentrierte sich oft auf die Änderungen im Gesellschaftsgesetz von 1870, womit eine staatliche Erlaubnis zur Firmengründung im gesamten Norddeutschen Bund (sowie nach 1871 im neuen Deutschen Reich) nicht mehr nötig war. Ebenso wie das britische Aktiengesellschaftengesetz von 1844 entfesselte die deutsche Gesetzesnovelle eine Flutwelle oftmals recht spekulativer Unternehmensgründungen. Eine allgemeine internationale Euphorie ergab sich aus dem Übergang zum Goldstandard, der zeitlich mit der deutschen Einigung zusammenfiel, neue Stabilität versprach und durch die Zahlung der französischen Reparationen nach dem Deutsch-Französischen Krieg in Silber noch stärker glänzte.

Diese Euphorie erhöhte die Unsicherheit des Geldes. Der allgemeine Griff nach dem Gold trug dazu bei, den Silberpreis auf dem Weltmarkt zu drücken – im Ergebnis wollte sich kein Land der Welt mehr auf den Silberstandard oder einen Bimetallismus verlassen. Da die weltweit produzierte Goldmenge kontinuierlich zurückging, fiel es den Zeitgenossen nicht schwer, den Wirtschaftsschock hauptsächlich als währungsspezifisches Problem zu betrachten; Ende der 1870er gaben sich viele Beobachter überzeugt, eine währungspolitische Rückkehr zum Silber könne genügen, um das weltweite Preisniveau aus der Deflation zu heben und in eine hilfreiche und anregende Inflation zu überführen. Die Deflations- und Stagnationsdebatte fand im 21. Jahrhundert einen Widerhall, und die Klagen über die Deflation verschleierten damals – wie heute – das Ausmaß, in dem der technische Fortschritt und die geografische Ausweitung der Produktion mehr und folglich auch billiger verfügbare Güter hervorbrachten.

Offenbar benötigte eine vernetzte Welt ein einziges, gemeinsames Währungssystem. Der Höhepunkt des Strebens zu einer Weltwährung im 19. Jahrhundert war die 1867 von Napoléon III. einberufene Internationale Währungskonferenz. Sie sollte den Grundsatz fortschreiben, auf dem schon die Lateinische Münzunion Frankreichs, Belgiens, Italiens und der Schweiz aufbaute. Bereits der Internationale Statistische Kongress 1863 in Berlin hatte sich darauf geeinigt, einen US-Dollar als Äquivalent für fünf französische Francs zu definieren, und das britische Pfund als fünf Dollar oder 25 Francs. Eine Neubestimmung hätte nur geringe Veränderungen in Metalläquivalent der US- und britischen Währungen bedeutet (das Pfund lag damals bei einem Nennwert von 25,22 Francs). Es wäre relativ einfach gewesen, das Münzgewicht zu ändern und damit eine klare rechnerische Äquivalenz zwischen fünf Francs und einem Dollar sowie von fünf Dollar bzw. 25 Francs und einem britischen Pfund herzustellen. Die neue Münze hätte 112,008 Grain Gold enthalten, während der britische Sovereign 113,001 Grain enthielt. Großbritannien hätte also eine leichte Abwertung vornehmen müssen, um das britische Münzsystem in die neue Ordnung einzupassen.

Der Reiz einer einzigen Weltwährung besteht darin, dass sie jederzeit den augenblicklichen Preisvergleich ermöglicht. Schon 1848 hatte John Stuart Mill in den *Grundsätzen der politischen Ökonomie* beiläufig bemerkt, einer unvermeidlichen weltweiten Währungsunion stünden lediglich politische Hindernisse im Wege (»Wir wollen nun annehmen, daß alle Länder ein gleiches Geldwesen hätten, wie dies im Fortgange der politischen Verbesserungen eines Tages gewiß der Fall sein wird …«).[113] Walter Bagehot und seine einflussreiche Zeitschrift *The Economist* plädierten Mitte des 19. Jahrhunderts entschieden für die allgemeinverständliche Lösung: »Der Handel ist allerorts identisch: Kaufen und Verkaufen, Ausleihen und Verleihen, das alles geht in aller Welt gleich vonstatten und alle relevanten Mittel sollten ebenso universell gleich sein.«[114] Dieser klare Appell wurde seinerzeit von allen Koryphäen akzeptiert. Im Jahr 1866 brachte ein Coinage Committee des US-Kongresses ebendiese Auffassung zum Ausdruck, »das alleinige Interesse in jedweder Nation, das durch die Einführung einer solchen Einheitlichkeit in irgendeiner Weise negativ berührt sein könnte, ist das der Wechselstuben – die ihrerseits wenig zur allgemeinen Wohlfahrt beitragen«.[115]

Die Internationale Währungskonferenz von 1867 einigte sich, die 25-Francs-Goldmünze zur Grundlage für eine neue Weltwährung zu machen. In Großbritannien zeigte sich eine Mehrheit der Beteiligten im »Report of the Royal Commission on International Coinage« als Befürworter einer Währungsreform. Stanley Jevons, der in fast allen Punkten mit Mill uneins war, stimmte hier zu und schrieb 1868: »Ich befürworte unseren Beitritt zu der Währungskonvention bis hin zur Gleichsetzung des Sovn & der 25FF-Münze ausdrücklich, weil ich glaube, dass der Sovn dann zur wichtigsten Münze & Tauschmittelform in der ganzen Welt werden wird. Mir scheint es unerlässlich, Gold als künftige Währung allerorts zu akzeptieren, & ebendies findet nun Anerkennung in der Internationalen Konvention.«[116]

Tatsächlich wurde Gold de facto zur Weltwährung, auch wenn es die nationalen Währungssysteme nicht ersetzte. Und es geriet gleich ins Zentrum einer Kontroverse. Der Wirtschaftshistoriker Marc Flandreau erklärt diese Verschiebung überzeugend als Koordinationsproblem, insofern Frankreich mit dem Aussetzung der Silberprägung Vergeltung gegen Deutschland übte, gleichzeitig aber den Bimetallismus in der Innenpolitik zu schützen suchte.[117] Der Schweizer Experte Carl Feer-Herzog erklärte 1871: »In Deutschland warten zwei Milliarden darauf, in Gold konvertiert zu werden [...] Derjenige Staat, der die Münzen als Erstes einzieht, wird dies zu geringen Kosten tun, während der zögerliche und abwartende Staat alle Verluste aus den vorgängigen Entwertungen zu tragen und für alle anderen zu zahlen haben wird. Die deutschen Volkswirte haben vollkommen verstanden [...], wie viel ihr Land durch sofortiges Handeln zu gewinnen vermag.«[118] Die Banque de France war beunruhigt, weil man auf einer großen Menge Silbermünzen saß, die an Wert verlieren könnten, und befürchtete, die Öffentlichkeit könnte – ihrerseits beunruhigt durch den Rückgang des Silberpreises – zu einem Bankensturm veranlasst werden. An diesem Punkt erschien es logisch, die Prägung von Silbermünzen zu reduzieren oder auszusetzen. Das französische Vorgehen setzte die Welt damit auf ein Gleis in Richtung eines neuen internationalen Währungssystems mit einer schwindenden Rolle von Geldsilber. Napoléons Berater Michel Chevalier bemerkte, »just in dem Moment, da der Wert beschädigt und eine Bewegung der Entwertung im Gange ist«, müsse der Übergang (ob nun de jure oder de facto) der Nationen zu einem neuen Standard für Instabilität sorgen.[119] Der Wirtschaftshistoriker Giulio Gallarotti umreißt die wirksame Logik als währungspolitische »Sträflingskolonne«, in der alle Länder gezwungen seien, in eine Richtung zu marschieren: Die Vereinigten Staaten hingegen, die mit ihrem später sogenannten Verbrechen von 1873 zum Gold zurückkehrten, waren weniger von solchen Überlegungen getrieben als vielmehr von der Aussicht auf einen Aufschwung der Silberproduktion in der Comstoke Lode in Nevada und einem wahrscheinlichen Einbruch des Silberpreises.[120]

Kennzeichnend für die Welt nach 1873 war die Koexistenz beachtlicher Preisrückgänge und nur unwesentlicher Verringerungen beim Output. In den Vereinigten Staaten gab es nach dem Ende des Bürgerkriegs eine lang andauernde Phase der Preisanpassung nach unten – eine Wiederholung des europäischen Deflationsprozesses nach dem Ende der Napoleonischen Kriege im Jahr 1815 (siehe Abbildung 2.1). Die Rezession in den USA, die auf die 1873er-Krise folgte, blieb moderat, wobei die Talsohle im Rückgang der industriellen Produktion mit 10,8 Prozent erreicht wurde: vergleichbar mit den 10,5 Prozent der Jahre 1856 bis 1858, aber bei weitem nicht so tief wie die großen Rezessionen von 1892–1897 sowie 1907–1908.[121] Die Arbeitslosigkeit stieg wohl an, doch die schlimmsten Auswirkungen dieser Phase betrafen verschuldete Landwirte, deren Einnahmen infolge des Einbruchs der Getreidepreise deutlich geringer ausfielen. In Großbritannien, Frankreich und Deutschland gab es überhaupt keinen Rückgang der industriellen Produktion, nur eine kurze einjährige Zuwachspause 1876/77. Die Neuerungen in der landwirtschaftlichen Produktion führten weiterhin zu dramatischen Anstiegen des Angebots. Das oftmals für diese Zeit gebrauchte Wort der Großen Depression erscheint wie eine Fehlbezeichnung. Doch sie bewirkte einige spektakuläre Bewegungen bzw. Verschiebungen bei den Aktienpreisen.

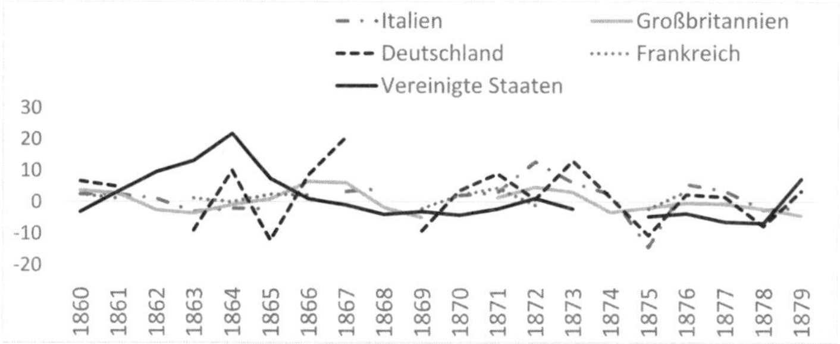

Abb. 2.1: Die allgemeine Inflation/Deflation in den 1870ern

Die Euphorie der Gründerzeit endete 1873 mit größeren und beinahe zeitgleichen Einbrüchen an den Aktienmärkten in Nordamerika und Mitteleuropa. Die Panik begann mit einem Absturz am 5. Mai in Wien und einer weiteren Schockwelle am 9. Mai, wodurch die Aktienbestände der Banken sowie einiger spekulativer Eisenbahngesellschaften besonders schlimm getroffen wurden. Zum Crash in den USA kam es nach dem Bankrott eines großen Eisenbahnbauers, Jay Cooke, am 18. September 1873. London war kaum in Mitleidenschaft gezogen. An der Berliner Börse krachte es erst im Oktober. In allen diesen Fällen zeigte sich die Panik ganz unerwartet und erwies sich als äußerst ansteckend, so formulierte ein zeitgenössischer Beobachter in den USA: »An der Wall Street ist die Panik plötzlich da, wie der Donner aus heiterem Himmel. Kein noch so scharfer Verstand kann sie vorhersehen, kein Talent sie verhüten. Ohne jede Vorwarnung kann eine Gemengelage sich bilden, welche die Vermögen der Kaufleute binnen einer Stunde hinwegfegt, die Spekulanten Schiffbruch erleiden lässt, Witwen und Waisen ruiniert, die Bauern legt und jedwedes industrielle und mechanische Segment im Land beschädigt.«[122]

Vom Standpunkt anderer Finanzzentren erschien Wien als ein Mikrokosmos der Welt, großenteils auch weil sich die Stadt ebenso vermarktete. Im Mai 1873 eröffnete die Weltausstellung in der Hauptstadt des Kaisertums Österreich, genauer: im Vergnügungspark Wurstelprater. Bereits 1851 war die britische Ausstellung im Crystal Palace als Wunder der Ingenieurskunst gepriesen worden, der Veranstaltungsort aus Eisen und Glas verkörperte die neue Zeit. Wien beanspruchte nun industrielle Macht. Die stählerne Rotunde im Zentrum der Weltausstellung war – entworfen von dem schottischen Ingenieur John Scott Russell und dem österreichischen Architekten Karl Freiherr von Hasenauer – die größte Kuppel der Welt. Die gesamte Stadt war verwandelt. Die alten Stadtmauern waren niedergerissen und durch eine grandiose Ringstraße mit großen neuen Gebäuden ersetzt. Das neue Opernhaus eröffnete 1869, im Folgejahr wurde das neue Musikvereinsgebäude eingeweiht. Für die Weltausstellung 1873 wurde das Palais von Herzog Philipp von Württemberg an der Ringstraße in eines der weltweit elegantesten Hotels verwandelt: das Hotel Imperial. Einen prominenten Platz auf der Weltausstellung hatten die Eisenbahnabenteuer in aller Welt, darunter auch Jay Cookes Ausstellung der Pläne zum Netz der Northern Pacific Railroad.

Wiens finanzökonomischer Überschwang wurde durch die Eröffnung der Weltausstellung am 1. Mai noch gesteigert. Die führende Wiener Zeitung, die *Neue Freie Presse*, kritisierte »die Polterer wider Schwindel und Korruption« und lud die Welt ein in »die Stadt der bequemen Sitte, der schönen Frauen und der heiteren Gesänge«.[123] Auch die Messe selbst befeuerte die Überdehnung, und die Presse verwandte sich plötzlich auf die Kritik. So war in der *New York Times* zu lesen: »Den lichten Hoffnungen erlegen, die zunächst mit der Veranstaltung der Ausstellung einhergingen, und in dem festen Glauben, tausende reicher Ausländer würden für Erwerbungen nach Wien kommen, wie sie nach Paris oder London gekommen waren, überdehnten viele Firmen ihre Kräfte beträchtlich bei der Produktion von Artikeln für die Ausstellung.« Die *New York Tribune* klagte am 1. Mai gar auf ihrer Titelseite über das »erpresserische und korrupte System«, das unter den US-Beauftragten für die Weltausstellung geherrscht hatte.[124] Das Ereignis war teils als Jubiläumsfeier zum 25. Jahrestag von Kaiser Franz Josephs Thronbesteigung angelegt gewesen: ein unglücklicher Rückverweis auf die gewaltsamen Umstände von 1848, die den 18-Jährigen an die Stelle seines beschränkten und unfähigen Onkels Ferdinand gesetzt hatten. Das Wetter zur großen Eröffnung durch Kaiser Franz Joseph und Kaiserin Elisabeth war eher widrig.

Gut waren die Börsennachrichten, die am 5. Mai von Paris und Frankfurt nach Wien gelangten; doch schlechte Nachrichten von der Französisch-Ungarischen Bank in Budapest, denen beinahe unmittelbar die Insolvenzmeldung der alteingesessenen Wiener Bank Russo & Mayersberg folgte, verursachten eine abrupte Wendung der Stimmungslage: Der Börsenkrach war da. Es war unmittelbar verlockend, ein ganzes System verantwortlich zu machen. »Besinnungsloses Verhalten« an der Wiener Börse musste, so äußerte die *New York Times* (als Warnung für die Amerikaner), »zu einem katastrophalen Ergebnis führen«.[125] Und der unmittelbare Impuls des Finanz-Establishments war es, nach Strohhalmen Ausschau zu halten, die neues Vertrauen schaffen würden. Am 17. Mai suchten die Rothschilds glaubhaft zu machen, die politischen Entwicklungen in Frankreich – mit dem Sturz der liberalen Regierung von Adolphe Thiers kam es zu einem Rechtsruck, denn Marschall Mac-Mahon wurde Präsident der Französischen Republik – würden die internationale Finanzökonomie stabilisieren. Der österreichische Finanzminister intervenierte »für gewöhnlich erfolgreich [...], um Firmen und Unternehmungen zu erhalten, deren Solidität über jeden Zweifel erhaben war«.[126] Dennoch kam es zu einer Suizidwelle – allabendlich stürzten sich im Mai und Juni gescheiterte Spekulanten in den Donaukanal. Zumindest ein Selbstmörder war ein Schwindler mit dem passenden Namen Modern, der einfach die Gelegenheit zum Verschwinden zu ergreifen suchte: Er drapierte seine Kleidung am Kanalufer, schwamm davon und entkam unerkannt nach Ungarn.[127] Außerdem nutzte man die Krise, um dem bestehenden politischen System einen großen Prozess zu machen. Albert Schäffle, der Ökonom, war vorübergehend Handels- und Ackerbauminister in dem kurzlebigen föderalistischen (d. h. gegen die zur »großdeutschen Lösung« tendierenden Liberalen gerichteten) Kabinett von 1871 gewesen und verfasste umgehend eine Geschichte der Krise. Er beklagte, das volle Ausmaß sei noch nicht erreicht, und geißelte die Krise als »Beleg des rohesten, von besizenden [sic] Klassen betriebenen Kommunismus und Raubgeschäftes«.[128]

Die finanzökonomischen Ereignisse von 1873 scheinen bei Lichte besehen weniger stark zusammenzuhängen, als es der Mythos vermuten ließ. Der erste Wien-Bericht der *New York Times* bemerkte, »die Wall Street war gestern in Sachen Aktienspekulation recht schläfrig. [...] Eine der wichtigsten Börsennachrichten gestern war, dass an der Wiener Börse eine Panik im Gange sei und dass die Regierung eingeschritten sei, um finanzielle Probleme zu beheben.«[129] Doch für eine kurze Weile sah es so aus, als gäbe es eine enge transatlantische Verbindung. Der *New York Herald* berichtete am 13. Mai, nicht nur die österreichischen Wertpapiere hätten 100 Mio. USD an Wert eingebüßt, auch US-Wertpapiere seien in der Größenordnung von 10 Mio. betroffen gewesen, die wirklich ernsthaften Verluste beschränkten sich demnach allerdings auf amerikanische Eisenbahnanleihen und »zwielichtige Wertpapiere verschiedenster Art«.[130] Die deutsche Regierung erwog, französische Reparationen für den Ankauf von Wertpapieren einzusetzen und sich damit gegen die Panik zu stemmen.[131] Und viele Beobachter wiesen auf Parallelen hin: »Wien hat einen genauso schlechten Ruf wie New York: als einer der kostspieligsten Orte für die Einheimischen, den es im Kreise zivilisierter Städte gibt. Ein Gulden hat hier weniger Gegenwert als irgendwo sonst in Europa. […] Wir halten es für sehr wahrscheinlich, dass die Katastrophe noch nicht vorbei ist. Ein aufgeblähter Markt wie der in Wien muss zusammenbrechen, und mit ihm wird so manche Finanzblase in Berlin, Hamburg und Frankfurt zerplatzen. Es ist ganz und gar nicht unwahrscheinlich, dass im Kaisertum Österreich eine Phase schwerer finanzieller Depression beginnt und dass der Preis der abgewerteten Währung noch viel weiter sinkt.«[132] Es gab einige finanzielle Verflechtungen zwischen Wien und den deutschen Börsen in Frankfurt, Hamburg und Berlin.[133] Doch London behauptete sich ohne das geringste Anzeichen einer Krise: »Selbstverständlich hatte dieser Bericht eine besorgniserregende Wirkung auf die Spekulation, und es galt als eher unwahrscheinlich, dass die Bank of England den Diskontsatz abermals anheben würde. Die kleinen Händler und Financiers wundern sich, dass die Wertpapierpreise sich in London so gut behauptet haben, während beinahe jede andere Hauptstadt inmitten einer finanziellen Katastrophe steckt.«[134]

Wo es den Krach gab, kam es zu einem umfassenden Aussiebungsprozess: Einige Wertpapiere fielen dramatisch im Preis, während sich diejenigen kaum bewegten, die als sicher galten. Dies trifft insbesondere auf die Eisenbahnen zu, sie hatten in Wien im Mai und in New

York sowie Berlin später im Jahr im Zentrum der Aufmerksamkeit gestanden. Von 1873 bis 1875 gerieten 36 Prozent des gesamten US-Unternehmensaktienmarktes unter Druck, doch die Beobachter betonten, dass einige Wertpapiere noch äußerst sicher seien, oder wie die *New York Times* es formulierte: »Tatsache [ist], dass in Zeiten finanzieller Turbulenzen allein alteingesessene Eisenbahnunternehmen ihren Verpflichtungen nachkommen können.« Die österreichischen Preise demonstrieren die Spannbreite der verschiedenen Qualitäten ganz anschaulich: Die Anteile der Österreichischen Nationalbank, die am 1. Mai mit 947 Gulden notierten, standen am 13. Oktober bei 952, und die führende Eisenbahnaktie (Ferdinandsnordbahn) hatte sich nur von 2250 auf 2010 bewegt. Dahingegen waren der Bankverein von 356 auf 92 und die Allgemeine Österreichische Baugesellschaft von 262 auf 39 Gulden abgestürzt.[135]

Die Unterschiede im Ausmaß des Kursrückgangs schrien förmlich nach einer Erklärung. Die Analysten versuchten, zwei Akteursgruppen zu unterscheiden: die etablierten Firmen mit festen Positionen an der Börse bzw. am »Schranken«, und andererseits die »Coulisse«, ein der Pariser Börse entlehntes Wort, mit dem das Börsenparkett beschrieben wurde, »wo die tobenden und schreienden Gruppen von Speculanten« Märkte bewegten, wobei sich die Betätigung der »Faiseurs« und »Matadore«, die in das Spiel einsteigen wollten und keine Zweifel kannten, auch auf die umliegenden Kaffeehäuser und die Börsenagenturen in der Provinz erstreckte.[136] Schäffle beschrieb diesen Prozess als »Decapitalisation«, dabei gelte »der Satz: ›Und der Grosse frisst den Kleinen und der Grösste frisst den Grossen.‹«[137]

Tatsächlich gab es eine Geschichte, welche die Euphorie ausgelöst hatte – und dann zum Bewusstsein führte, dass die Begeisterung doch bloß eine Blase sein könnte: Im Mittelpunkt der Rally standen die Eisenbahn und die Kommunikation, sprich die Telegrafie. Es kam zu einem beachtlichen quantitativen Zuwachs neu gegründeter, börsennotierter Unternehmen, und die Aktienpriese gingen durch die Decke (Abb. 2.2 und 2.3). US-amerikanische Wertpapiere hatten nach dem Ende des Bürgerkriegs eine beachtliche Zahl europäischer Investoren angelockt. Als der amerikanische Eisenbahnsektor zu überhitzen drohte, wandten sich diese Akteure wieder europäischen Wertpapieren zu.[138] Besonders anfällig waren die größten bzw. die randständigsten Investoren: Bethel Strousberg in Europa und Jay Cooke in den Vereinigten Staaten. Einige, aber nicht alle Eisenbahnen waren mit betrügerischen Versprechungen aufgebaut worden – und sahen sich nun Skandal und Abscheu ausgesetzt.

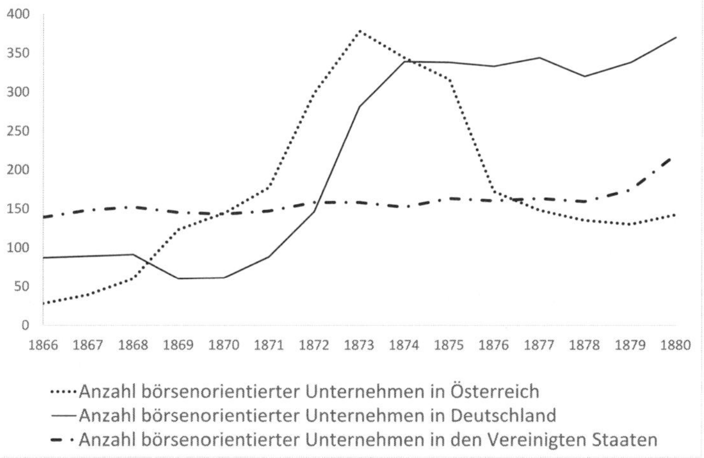

Abb. 2.2: Anzahl der börsennotierten Unternehmen, 1866-1880

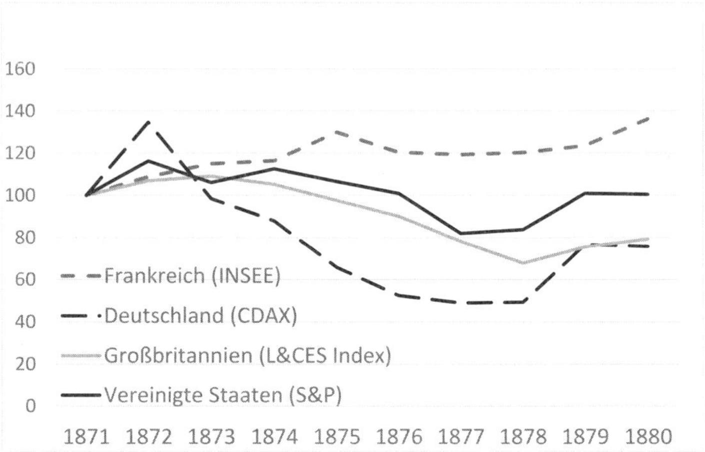

Abb. 2.3: Aktienkurse in Frankreich, Deutschland, Großbritannien und den USA, 1871-1880

Anfang 1873 schien es, als komme es im neuen Deutschen Reich zu einem ähnlichen politischen Aktienskandal wie in Österreich: Damals hielt der führende liberale Abgeordnete Eduard Lasker eine überzeugende Anklagerede gegen das korrupte »System Strousberg«, in der er am 7. Februar vor dem preußischen Abgeordnetenhaus die Verwicklung des Hochadels und führender Regierungsmitglieder detailliert nachzeichnete. Strousberg war Mitte des Jahrhunderts ein relativ erfolgreicher Finanzjournalist in England und gründete dort auch eine neue Zeitschrift, ein konservatives Konkurrenzblatt zum liberalen *Economist*, allerdings musste er nach der Aufdeckung eines Betrugs von 1847 aus Großbritannien fliehen und kehrte zurück in die deutsche Heimat. Bald mauserte er sich zu einem energischen Financier für Eisenbahn- und sonstige spekulative Bauunternehmen, wobei er eine Methode anwandte, die er aus der Londoner Finanzwelt kannte und an die mageren Barbestände in Deutschland zur Jahrhundertmitte angepasst hatte. Seine Unternehmen delegierten den Bau einer neuen Eisenbahnlinie an einen Generalunternehmer, der das nötige Geld durch die Ausgabe von Aktien aufbrachte – Aktien zu einem Preis, der die Baukosten deutlich überstieg. Dieses Vorgehen generierte einen beachtlichen Gewinn für den Unternehmer, mehr noch aber für Strousberg, der auch Industrieunternehmen gründete und die benötigten Baumaterialien (Eisen, Schienen, Holz) verkaufte. Das System provozierte geradezu sowohl spekulative wie auch politische Angriffe, Letztere führte Lasker glänzend aus. In einer ersten Rede im Januar hatte Lasker erklärt, die Namen der am Korruptionsnetzwerk Beteiligten seien ihm unbekannt: »Ich kenne die Zickzackgänge nicht, ich kann ihnen nicht folgen, aber soviel weiß ich gewiß, daß mit den Konzessionen Handel getrieben wird.«[139]

Strousberg war ein größenwahnsinniger Bauherr, nicht nur von Eisenbahnen. Er beauftragte den Architekten August Orth, der den Görlitzer Bahnhof, also den Endpunkt von Strousbergs Hauptstrecke zwischen Berlin und Wien, entworfen hatte, auch mit einer ganzen Reihe weiterer Arbeiten. Orth baute den neuen Berliner Viehmarkt samt Schlachthofanlage in der Brunnenstaße sowie das Palais Strousberg in der Wilhelmstraße 70 (unweit des Regierungssitzes in dem Gebäude, das später die Britische Botschaft werden sollte) und führte auch die umfangreiche Renovierung eines mittelalterlichen Schlosses im böhmischen Zbiroh durch, dem Zentrum einer riesigen Liegenschaft, wo der Financier eine große Eisen- und Stahlfabrik zu errichten gehofft hatte.

Strousbergs problematischstes Engagement lag in Rumänien. Das Land und insbesondere die fruchtbaren Felder der wallachischen Kornkammer schienen die Antwort auf Europas Lebensmittelknappheit zu sein, zumal eine Landreform 1864 die Stellung der großen Weizen anbauenden Ländereien gestärkt hatte. Die Exporte schnellten in den 1860ern in die Höhe, und die Preise mit ihnen.[140] Der Eisenbahnunternehmer gewann prominente deutsche Adelige, darunter die Herzöge von Ratibor und Ujest, für ein Konsortium zum

Bau verschiedener Bahnstrecken, die mit einer Aktienausgabe zu finanzieren wären, für die die rumänische Regierung bürgen würde. Da Rumänien unlängst erst einem deutschen Herrscher unterstellt worden war – nämlich Prinz Karl von Hohenzollern-Sigmaringen, einem Katholiken, der mit der preußischen und nunmehr deutschen Kaiserfamilie entfernt verwandt war –, hatte es den Anschein, als hätte das Konstrukt ein offizielles Plazet. Unglücklicherweise wurden die Strecken erst später fertiggestellt als die der Konkurrenz in Gestalt des österreichischen Financiers Graf Ofenheim, der letztlich ebenfalls wegen Betrugs und arglistiger Täuschung vor Gericht stehen sollte. Als sich abzeichnete, dass die Eisenbahnaktien mitten im Deutsch-Französischen Krieg von 1870/71 einbrechen würden, schritt Bismarck mit einem Rettungspaket ein, das von seinen persönlichen Financiers Gerson Bleichröder und Adolph Hansemann von der Disconto-Gesellschaft gedeckt wurde.

Lasker war ein enger politischer Verbündeter Hansemanns. Strousberg verfasste später eine ebenso ausführliche wie eloquente Verteidigungsschrift seines Handelns, während er (unter relativ luxuriösen Bedingungen) in einem russischen Gefängnis auf einen Prozess wegen Bankenbetrugs wartete. Sein Hauptargument gegenüber Lasker und Hansemann fußte auf einer ostentativen Unschuldsgeste: Die Liberalen seien bei der Wertpapierausgabe und -hebelung (*security pumping and boosterism*) nicht weniger umtriebig gewesen als etwa Konservative wie Strousberg. Einleitend erklärte Strousberg, sein Name werde systematisch mit der Karikatur von Wirtschaftsbetrug in Verbindung gebracht: »Gründerthum, Actienschwindel, Speculations-Manie, Finanz-Krisen, Concessionsunfug, Verschleuderung des Actiencapitals, theurer und schlechter Bau, Discreditierung eines wichtigen Industriezweiges, Demoralisation des Publicums u. s. w.«[141] Er wollte beweisen, dass in Wirklichkeit alle Großbanken »die niedrige Anbetung des goldenen Kalbes« betreiben und Methoden anwenden, die zwar nicht gesetzeswidrig oder gefährlich seien, allerdings weniger gut situierten Personen nur unter dem Einsatz von Mitteln zur Verfügung stünden, die man als betrügerisch bezeichne: »Das böse Beispiel, mit Lorbeeren gekrönt, ist aber der wahre Verführer.«[142]

Nach der Finanzkrise von 1873, die Strousberg nur um Haaresbreite überstand, gingen die Angriffe weiter und verschärften sich noch. In der auflagenstärksten Zeitschrift Deutschlands – *Die Gartenlaube* erreichte 1875 ihren Höhepunkt mit 382 000 verkauften Exemplaren – begann der antisemitische Journalist Otto Glagau seinen Artikel wie folgt: »Speculation und Schwindel sind die beiden Mächte, die heute auf dem Throne der Welt sitzen, unter deren Herrschaft die civilisirte Menschheit seufzt und stöhnt, siecht und verkümmert. Wenn Speculation und Schwindel einen außerordentlichen Fang gethan haben, wenn in ihrem Netze Hunderttausende und Millionen zappeln, wenn auf der ausgeplünderten und ausgesogenen Gesellschaft ein allgemeiner Nothstand lastet – dann spricht die moderne Volkswirthschaft von einer Krisis, die sie bald eine Handels-, bald eine Geschäftskrisis nennt. Solche Krisen kehren seit dem letzten Vierteljahrhundert immer häufiger, mit erschreckender Regelmäßigkeit wieder, und die Herren Nationalökonomen scheinen sie schon als ein nothwendiges Uebel zu betrachten, indem sie dieselben als krankhafte Zeitströmungen erklären und nach Art eines medicinischen Lehrbuchs die ›Diagnose‹ der angeblichen Krankheit stellen und die ›therapeutischen Mittel‹ zu ihrer Bewältigung abhandeln.«[143] Glagau überarbeitete seine Artikel zu Flugschriften und präsentierte sie als Aufdeckung einer jüdischen Verschwörung, die polnische Bettler und konvertierte Minister vereine.[144]

Auf die Finanztragödie der 1870er reagierten die Amerikaner mit einer Faszination für Spekulanten und deren Sturz. Jay Cooke war die nordamerikanische Entsprechung eines Strousberg und setzte auf eine ganz ähnliche Methode zur Finanzierung des Eisenbahnbaus, konkret der Northern Pacific Railroad. Damals bildeten die Eisenbahnen weit mehr als nur das Zentrum des Aktienmarktes: 1873 waren 96 Prozent der an der New Yorker Börse (Wall Street) gehandelten Unternehmensanleihen Eisenbahnanleihen und bildeten 66 Prozent des Handelsvolumens.[145] Cooke war im Bürgerkrieg ein wichtiger Financier für die Union gewesen und nutzte die seinerzeit aufgebauten politischen Kontakte, um die Eisenbahnen auf dem Kontinent, ja bis nach Kanada und Mexiko voranzutreiben. Die Verachtung für Spekulanten im Stile eines Strousberg ist ein mächtiger Strang der amerikanischen Geschichtsschreibung, so erhob etwa der Historiker Richard White eine vehemente Anklage gegen die Eisenbahnbarone, die zu den Triebkräften der neuen Zeit gehörten: »Zunächst hatten sie mit ihrem modernen Firmenlobbyismus dazu beigetragen, das moderne politische System zu korrumpieren und zu transformieren, indem sie auch in der Lobby ihren Wettbewerb austrugen. Doch bald hielten sie dies für eine kostspielige Last, die beinahe nicht zu schultern sei. [...] Verblüffend viele Eisenbahnstrecken hatten etwas mit dem Bürgerkrieg zu tun und führten in die Pleite, entweder im Westen, in Mexiko oder in Kanada.«[146] Der amerikanische Westen entsprach dem Strousberg'schen Rumänien.

Cookes Bankhaus Cooke & Company vergab Kredite gegen die erwarteten Erträge des Verkaufs von Eisenbahnaktien. Würde die Aktiennachfrage schwächeln, könnte die Bank ihre Verbindlichkeiten nicht bedienen. Und die Eisenbahnen wirkten zunehmend unsicher. Von 1868 bis 1870 wurde jährlich nur ein Unternehmen insolvent, doch 1871 fielen drei aus und 1872 zwölf.[147] Cookes Northern Pacific war eine große Unternehmung und verlief weitgehend durch unwirtliches Gelände. 1872 erreichte die Trasse das Dakota-Gebiet in Fargo, einer reichen landwirtschaftlich geprägten Gegend, aus der die europäische Nachfrage nach Weizen bedient werden könnte – das Spiegelbild von Strousbergs Angebotsvision auf der Grundlage rumänischen Getreides. Doch die alternative Strecke der Union Pacific Railroad und Central Pacific Railroad war bereits

1869 fertiggestellt worden und die Liquidation der Strecke ging sehr viel rascher vonstatten. Außerdem lag weiter südlich das Netz der Missouri Pacific. Für die Bahnkapazitäten war die Northern Pacific ein unbedeutender Zuwachs.

Der Sturm auf Cookes Bank mit ihrem großen Engagement in Northern-Pacific-Anleihen löste eine größere Panik in New York aus. Zunächst hatten die Banken versucht, die Notlage durch die Ausgabe von Zertifikaten einer Art gemeinsamer Girozentrale in den Griff zu bekommen – diese Stelle fungierte vor der Einrichtung einer Zentralbank faktisch als »Lender of last resort« (Kreditgeber der letzten Instanz). Die großen New Yorker Banken, die mit Einlagen aus dem ganzen Land handelten, waren folglich in der Lage, weiterhin Zahlungen zu leisten. Der Aktienmarkt blieb – erstmals infolge einer Finanzkrise – zehn Tage lang geschlossen; die Ansteckung sprang dann auf Philadelphia und Washington D. C. über. Cooke war im Bürgerkrieg ein bedeutender Financier für die Unionsstaaten gewesen, hatte Anleihen für 500 Millionen Dollar platziert und war ein enger Vertrauter des Finanzministers und späteren Vorsitzenden des Obersten Gerichtshofes Salmon Portland Chase. Tatsächlich dürfte Chases Tod am 7. Mai 1873 für Cooke eine größere Katastrophe gewesen sein als der Wiener Krach wenige Tage zuvor. Am 8. September gingen zwei Banken, die mit der Eisenbahnfinanzierung in Verbindung standen, bankrott: die New York Warehouse and Security Company sowie Kenyon Cox. Am Donnerstag, dem 18. September frühstückte US-Präsident Ulysses S. Grant mit Cooke in dessen 52 Zimmer zählender, italienisch anmutender Villa Ogontz in Philadelphia, während in New York eine eilends versammelte Gruppe von Bankiers Cookes örtlichen Partner Harris Fahnestock drängten, die Cook Bank zu schließen – und ebendiese Maßnahme, kurz vor 11 Uhr ergriffen, setzte die Panik in Gang, die sich am Folgetag fortsetzte, am ersten »schwarzen Freitag« der Börsengeschichte.[148] Die Regierung stemmte sich gegen die Panik und ging in Vorleistung, der größte Schaden blieb auf Eisenbahnaktien beschränkt: Western Union fiel von 92,5 am 4. September auf 54,25 am 20., und Union Pacific fiel in derselben Zeitspanne von 26,75 auf 18. Ohne Bezug zur Finanzwirtschaft wirkten Cookes Unternehmen sogar sicher. Für die Treuhänder der Northern Pacific gab General Nettleton eine Stellungnahme ab: »Der intrinsische Wert und die letztgültige Sicherheit der Northern Pacific-Anleihen sind von der Panik nicht berührt. Das gesamte Eigentum, das für ihre Einlösung garantiert, existiert noch immer. Die unklügste Maßnahme wäre der Versuch, diese Anleihen oder auch andere Eisenbahnwertpapiere in der gegenwärtigen Phase von Depression und Besorgnis zwangsweise auf den Markt zu werfen.«[149]

Derartige Ereignisse lassen sich nach Anna Schwartz und Michael Bordo sinnvoll unterscheiden nach »Pseudokrisen« und echten Krisen. In Pseudokrisen mag es insolvente oder illiquide Banken geben, doch solche Vorkommnisse sind im Rahmen einer dynamischen, unweigerlich ungewissen Entwicklung nicht zu vermeiden und bilden weder eine notwendige noch eine hinreichende Bedingung für eine Finanzpanik. Zur echten Panik kommt es, wenn eine Währungsbehörde die plötzliche und beträchtliche Kontraktion der Geldmenge nicht verhindern kann. Im Lichte dieser Kriterien war 1847 zweifellos eine echte Krise, denn die staatlichen Stellen versagten. Dahingegen war 1866 ebenso wenig eine echte Krise wie 1873: Selbst in den Vereinigten Staaten, wo man einer echten Panik oder Krise am nächsten kam, wo die New Yorker Börse nach Panikverkäufen zehn Tage lang geschlossen blieb und Zahlungsbeschränkungen galten, nahmen die Zahlungen bald wieder ihren gewohnten Gang und am 22. Oktober war die Normalität wiederhergestellt. Ein ganz überwiegender Großteil des Landes war kaum betroffen: der Großteil der Unruhe beschränkte sich auf New York, Philadelphia und Washington. Es gab keinerlei Anzeichen für eine derartige Entwicklung in London, und in Wien sowie Berlin funktionierten die

Märkte unausgesetzt. Es gab noch nicht einmal ein grundsätzliches Problem mit der Eisenbahn als Triebfeder der US-amerikanischen Modernisierung; wie die Historikerin Mary O'Sullivan betont, schrieben Großunternehmen wie die Pennsylvania Railroad regelmäßig schwarze Zahlen und schütteten von 1866 bis 1913 verlässlich Dividenden aus.[150]

Die New Yorker Panik von 1873 war für kurze Zeit eine echte Krise im Schwartz-Bodo'schen Sinne, in der die Währungskompatibilität entfällt, weil die Banken sich nicht darauf einlassen, alle anderen Banknoten zu akzeptieren. Die Währung verzeichnete ein Agio, da New Yorker und Inlandsbanken Zahlungen in Dollarnoten einschränkten.[151] Doch die Mehrheit der Insolvenzen in New York betraf Maklergesellschaften und nicht konventionelle Banken.[152] Schwartz' Fazit lautet: »Echte Finanzkrisen müssen nicht unbedingt ausbrechen, weil es für das Problem eine bewährte Lösung gibt: nämlich die Garantie, dass die Einlagen frei in Geld konvertiert werden können, ungeachtet bankseitiger Schwierigkeiten.«[153] Abgesehen von dieser nordamerikanischen Episode schlug sich der Stress von 1873 nirgends in einer mangelnden Konvertibilität nieder. Der große Finanzhistoriker Charles Kindleberger bemerkte ganz treffend: »Die Finanzkrisen in Österreich und Deutschland waren hauptsächlich ein Phänomen des Wertpapierhandels, das wenig oder keinen Einfluss auf die Verringerung der Geldmenge hatte.«[154] Der Wertpapierhandel reagierte auf eine Neubewertung nicht des Gesamtphänomens »Eisenbahnbaufinanzierung« an sich, sondern der marginalen Erweiterungen im Schienennetz wie Strousbergs rumänisches Reich oder das Vordringen der Northern Pacific nach Montana. Das Bewusstsein, dass die Probleme sich von den Grenzen her ausbreiteten, wurde zum Allgemeingut und veränderte den Blick darauf, wie die Finanzwirtschaft mit der ökonomischen Entwicklung in der Breite sich überschneidet.

Allein die finanzwirtschaftliche Entwicklung wurde von vielen Zeitgenossen mit Skepsis betrachtet, zudem hinterließ die Krise tiefe Spuren in der ökonomischen und politischen Psychologie. Die Narben finden sich in der seinerzeit erfolgreichen Literatur. 1875 veröffentlichte der britische Romancier Anthony Trollope sein dunkelstes und kraftvollstes Buch, *Unsere moderne Art zu leben (The Way We Live Now)*: eine Anklage dagegen, dass ein finanzökonomischer und spekulativer Rausch jeden Lebensbereich ergriffen hatte. Dies betraf auch die literarische Welt, in der Romane ebenso »aufgebauscht« wurden wie die Aktien an der Börse sowie die aristokratische Londoner Clublandschaft, die von ausstehenden Schulden abhängig war. Der Romanmittelpunkt verschiebt sich von einer unredlichen Romanautorin zu einem Eisenbahngroßindustriellen, dessen Tricks und Reichtum im Nirgendwo endeten. In seiner Autobiografie schrieb Trollope:

> Nichtsdestotrotz erlangte eine bestimmte Art der Unehrlichkeit, eine in ihren Ausmaßen grandiose und hoch aufsteigende Unehrlichkeit, zu dieser Zeit eine derartige Verbreitung und einen solchen Glanz, dass Grund zu der Befürchtung schien, Männer und Frauen würden daraus die Lehre ziehen, dass Unehrlichkeit, so sie denn zu Glanze gelangt, ihre Abscheulichkeit verlieren könne. Wenn die Unehrlichkeit in einem wunderbaren Palast mit Bildern an den Wänden, mit Juwelen in all ihren Kommoden, mit Marmor und Elfenbein in jedem Winkel leben kann, wenn sie lukullische Gastmähler geben, wenn sie ins Parlament gelangen und mit Millionen umgehen kann, dann ist Unehrlichkeit nicht schändlich und der unehrliche Mann ist nach dieser Mode kein niedriger Schuft.[155]

Literaturwissenschaftler haben versucht, das Vorbild für Trollopes Antihelden, den Börsenspekulanten Augustus Melmotte, in der

»echten Welt« ausfindig zu machen: Einige meinen, der »Eisenbahnkönig« George Hudson habe Modell gestanden, andere tippen auf den konservativen Abgeordneten, Banker und Betrüger John Sadleir, der in der Hochkonjunktur von 1845–46 einen Reibach machte und dann 1856 mit Blausäure Suizid beging. Einige Züge sind auch von Strousberg übernommen, jenem konservativen Abgeordneten in Deutschland, der sich auf dem Zenit seines ostentativen Reichtums Ende der 1860er und seiner frenetischen Immobilienleidenschaft auch in London niederließ, genauer am Grosvenor Place – und Melmottes Palast lag am Grosvenor Square.

Melmottes Herkunft aus fernen Landen bleibt ganz im Dunkeln, allerdings streut Trollope den Hinweis ein, dieser könne Jude sein. Er scheint übermenschliche Kräfte zu haben. Scheinbar kann er Sachen aus dem Nichts heraus erschaffen. Sein Haus am Grosvenor Square ist ein »Wunderland«, in dem das Geld buchstäblich Dinge verwandelt. In der Finanzökonomie geht es nur um ein Entfesseln der wildesten Vorstellungskraft: »Eine Eisenbahn von Salt Lake City nach Mexiko musste wohl wie ein Luftschloss anmuten. Mexiko steht bei uns nicht im Ruf eines sicheren Handelsplatzes oder jener Verlässlichkeit, die mit der Regelmäßigkeit eines Uhrwerks ihre vier, fünf oder sechs Prozent liefert.«[156] Doch es handelt sich um eine illusorische Welt. Letztlich ereilen gigantische Naturgewalten den Möchtegern-Übermenschen. Melmotte »studierte das Strafrecht, damit er sich nicht verkalkuliert; doch er hatte stets gespürt, dass ihn die Umstände in tiefere Wasser tragen könnten, als er hatte beschreiten wollen«;[157] und letzten Endes bricht der Sturm los.

Trollope mochte die Metapher des Sturms für die Finanzwirtschaft: Melmottes »Leben war schon früher von ähnlichen Wolken verdunkelt worden, und er hatte die Stürme durchgestanden, die auf sie gefolgt waren«. Dennoch: »Selbstverständlich gerät ein Mann früher oder später in ein mächtiges Gewitter«, es vernichtet ihn, und er tötet sich mit Blausäure. Die Sturmmetapher wurde zum finanzliterarischen Gemeinplatz. Die dramatischsten zeitgenössischen Schilderungen der britischen Aktienpaniken von 1847 und 1857 stammen von einem Korrespondenten der *Times* und beginnen mit dem folgenden Gezeitengleichnis:

> Verfolgt der Einwohner unserer Küsten das Wirken einer Springflut, erkennt er mit Überraschung und Vergnügen – die keine noch so große Vertrautheit mit dem Phänomen zu mindern vermag – das rasche Vordringen der Wasser über ihre angestammten Grenzen hinaus; während Stück für Stück das Gestein und breite Sandbänke in den Flutströmen versinken, während Elan und Bewegung den Platz des ehedem Feststehenden einnehmen, verspürt er, sofern nicht vollends stumpfsinnig, ganz natürlich ein Jubelgefühl, wie es aus der Gegenwart ungewohnter Energie erwächst. Wenn der alte Ozean von Ferne her die Wasser zurückgerufen und mit Macht das Gleichgewicht des fließenden Elementes wieder hergestellt hat, erkennt unser Betrachter unterhalb der normalen Rückzugslinie eine leere und unfruchtbare Einöde, die in keinem Verhältnis zum getanen Fortschritt steht und großenteils aus Ablagerungen sich zusammensetzt, die allein als Bettstatt schleimiger Ungeheuer sich eignen und die frische Luft verpesten. Ganz ähnlich verhielt es sich mit dem Höchststand des augenscheinlichen Handelsüberschusses insbesondere in Verbindung mit den Vereinigten Staaten.[158]

Das deutsche Pendant zu *The Way We Live Now* lautet tatsächlich auch *Sturmflut* und erschien zwei Jahre nach Trollopes Roman, 1877. Vom Titelblatt bis zur letzten Seite lässt der Autor Friedrich Spielhagen die Metapher nicht für einen Moment los oder gar fallen. Die Spekulation ist wie der Deichbau: Früher oder später zerstört ein tosender Sturm alles. Spielhagens Figuren zeichnen diese Parallele immer und immer wieder: »Auch hier«, im Handel, so erklärt ein weiser alter Beamter aus Preußen, der uns auf den Seiten des Romans als Kommentator begleitet, »ist der gewöhnliche Lauf der Dinge auf die unerwartetste Weise unterbrochen worden, auch hier hat eine Aufstauung von Fluten stattgefunden, die sich in einem ungeheuren Strom – einem Goldstrom, meine Damen – von Westen nach Osten ergossen haben.«[159] Der Roman handelt von dem Plan zum Neubau einer Bahnstrecke und eines Hafens auf einer deutschen Ostseeinsel. Die Finanzierung des Manövers wird von einem betrügerischen Banker namens Philipp Schmidt organisiert, der mit einem korrupten, unmoralischen und feigen Aristokraten im Bunde steht. Wie bei den meisten Geldromanen nahm auch Spielhagen zumindest Anleihen bei der zeitgenössischen Realität: Tatsächlich hatte es 1872 in der Ostsee einen fürchterlichen und zerstörerischen Sturm gegeben, in der Nacht vom 12. auf den 13. November – ein Jahr vor einem dramatischen Börsenkrach, in dem viele Aristokraten, die ihr Vertrauen in ein Eisenbahnbauprojekt gesteckt hatten, den Ruin fanden.

Auf dem Höhepunkt des Romans wird Philipp Schmidt auf dem spektakulären Ball anlässlich der Vollendung seines neuen und verschwenderisch ausstaffierten Stadtpalastes als Schurke entlarvt. In derselben Nacht wäscht eine Flut über die Ostseeinsel: »Der Sturm, der heute durch die Kammerdebatte gebraust ist, wird die Dächer mancher Fabrik auf Aktien noch ganz anders abdecken, manch' großes Haus, das heute morgen noch sehr fest zu stehen schien und die Börse beherrschte, bis in seine Grundmauern erschüttern und andere zum schmählichsten Falle bringen!«[160] Die Flut wirkt reinigend und spült die stehenden Wasser der Korruption hinweg. Der käufliche und lüsterne Aristokrat ist nur mehr ein eingeschüchtert stammelndes Wrack, bevor er von den stürmischen Wellen buchstäblich hinweggespült wird. Nach dem Sturm, nach der Demaskierung Schmidts, ist die Luft zumindest klar.

Sturm- und Wellenmetaphern sind weiterhin rege in Gebrauch – bis heute. Der große Börsencrash vom 19. Oktober 1987, gewissermaßen der erste wirklich übergreifende internationale Finanzausfall, folgte auf einen sehr starken Westeuropa-Orkan in der Nacht auf den 16. Oktober, den der legendäre BBC-Wettermann im Vorfeld noch als Fehlalarm abgetan hatte. Die umgestürzten Bäume hinderten einige Trader noch am Morgen des Black Monday, dem 19. Oktober, zur Arbeit zu kommen. Die Parallelen zwischen der meteorologischen und der finanzökonomischen Vorhersage waren zu klar, um wahr zu sein. In Martin Scorseses Filmerzählung von 2013 über die exzessive Aktienspekulation, *The Wolf of Wall Street*, gerät die Jacht der Hauptfigur in einen Sturm auf dem Mittelmeer, als diese ihr illegales Vermögen am Zoll vorbeischmuggeln will. In seiner Kritik am Umgang der internationalen Institutionen mit der Asienkrise zeichnete Joseph Stiglitz überschaubare Entwicklungsländer als »kleine Boote auf rauer und schlauer See. Selbst wenn sie gut konstruiert sind und gut kommandiert werden, ist es wohl nur eine Frage der Zeit, bis sie eine große Welle auf der Breitseite erfasst und umwirft. Das IWF-Programm der Kapitalmarktliberalisierung aber hieß diese Länder Kurs nehmen auf die stürmischsten Gegenden der See, in leckenden Booten, ohne Rettungswesten oder sonstige Absicherung, und ohne Ausbildung.«[161] Wellen lassen sich wissenschaftlich untersuchen und verstehen, derweil stellt sich seit den 1870ern eine andere große Frage: Was hindert Wirtschaftswissenschaftler und Ökonomen am intensiven Studium der finanzökonomischen Wellen?

Jevons' Suche nach Wellen und Mustern

Die Entwicklungen der 1870er sahen letztlich nicht wie eine allgemeine Krise aus. Das Geld- und Währungssystem hielt stand. Der Krach war kein »Kladderadatsch«, kein großer Zusammenbruch der gesellschaftlichen und politischen Ordnung. Eine anhaltende

Deflation blieb aus. Es kam noch nicht einmal zum allgemeinen Kursrutsch: Das Jahr 1873 findet sich nicht einmal in der Liste der 100 volatilsten Monate des US-Aktienmarktes zwischen 1834 und 1988.[162] Derweil beschrieb eine neue Denkrichtung die wirtschaftlichen und finanziellen Entwicklungen – jene Wellen, die wie Sturmfluten aussahen – als Reaktionen auf Verschiebungen in subjektiven Bewertungen. Die Gründer dieser neuen Schule unterstrichen die Individualität oder Granularität von Entscheidungen sowie die informationellen Einträge, die zu den Entscheidungen führten; zu Recht blieben sie skeptisch gegenüber den großen Theoriegemälden, die man in der klassischen politischen Ökonomie zustande gebracht hatte. In einem Vortrag erklärte der britische Banker und Statistiker William Newmarch 1871, die Ökonomik habe sich in eine beobachtende Wissenschaft verwandelt, und betonte, dass »die politische Ökonomie zuletzt dem gleichen Pfad wie alle übrigen Wissensgebiete folgte, sie ließ, soweit möglich, ihre frühere apriorische Abstraktion, ihren deduktiven Charakter hinter sich und verwandelte sich – wie jeder andere Gegenstand der intellektuellen Durchdringung unserer Zeit – in eine Wissenschaft des Beobachtens, der Erfahrung, des Faktums und der Induktion«.[163]

Marx kombinierte bzw. synthetisierte verschiedene nationale Traditionen, nämlich die revolutionäre Tradition Frankreichs, die deutsche Philosophie und die politische Ökonomie Großbritanniens. Er sah sich, durchaus zu Recht, als den geschichtlichen und wissenschaftlichen Höhepunkt der drei. Doch in den frühen 1870ern war ein völlig anderer Blick auf den Wirtschaftsprozess aufgekommen – zufälligerweise in ebenjenen drei sehr unterschiedlichen Kulturen, und zwar zur selben Zeit. Friedrich Hayek schrieb in einem Aufsatz über den österreichischen Ökonom Carl Menger: »Das Jahr 1871, in dem sowohl Jevons *Theory of Political Economy* als auch Mengers *Grundsätze* [*der Volkswirtschaftslehre*] erschienen, gilt heute allgemein und zu Recht als der Beginn einer neuen Epoche in der

Entwicklung der Nationalökonomie.«[164] Menger und Jevons sowie der französische Ökonom Léon Walras gelangten beinahe zeitgleich, aber völlig unabhängig voneinander zu einer ähnlichen Sichtweise, die man meist als »Grenznutzenschule« bezeichnet, die sich allerdings aus recht unterschiedlichen Traditionen und Textgrundlagen ableitet. Als Kern der Methode gilt bisweilen auch ein Subjektivismus, der an ein Beharren auf der Parzellierung (*disaggregation*) von Marktphänomenen gebunden sei. Diese neuen Ökonomen zeigten sich skeptisch gegenüber übergreifenden Verallgemeinerungen einer angeblich ewigen Grundlage für den Wert und blickten auf eine Welt, deren Wahrnehmungen sich kontinuierlich änderten. Alle drei können als die Urheber des modernen Bereichs der Mikroökonomik gelten, des Gedankens also, dass mikroökonomische Grundlagen – eine Vielzahl separat erklärlicher wirtschaftlicher Entscheidungen – das Fundament ökonomischer Prozesse seien. Zwar unterschieden sich ihr Schreibstil und die akademischen Einflüsse, auf die sie sich stützten, stark voneinander, doch sie waren (ebenso wie Marx) geradezu besessen von der Idee, aus dem genauen Studium der Preise könnten sich womöglich Entdeckungen ergeben; und sie waren fasziniert von den Währungs- und Geldinnovationen, die sich an den Bruch in der Mitte des 19. Jahrhunderts anschlossen. Diese »Marginalistische Revolution« transformierte die Wirtschaftswissenschaft; sie ereignete sich in den 1860ern und 1870ern, als sich drei Heroen mehr oder minder zeitgleich, doch unabhängig voneinander einer neuen Theorie der Wertbestimmung annäherten. Die Gleichzeitigkeit im Entdeckungsprozess erinnert eindeutig an die Theorien eines erratischen Fortschritts und Entdeckungsprozesses der Märkte.

Mit Blick auf die offenkundige Koinzidenz der Entdeckung kam es zu einer ernsten akademischen Auseinandersetzung darüber, welche Bedingungen zur Grenznutzenschule geführt hatten: Was lag damals in der Luft? Die plausibelste und übliche rationale Antwort lautet, deren Begründer hätten Konzepte von Naturwissenschaften übernommen und eine wissenschaftliche Fremdbestäubung zustande gebracht. Tatsächlich waren die wirtschaftswissenschaftlichen Neuerer der 1870er allesamt von der Anwendung naturwissenschaftlicher Analogien fasziniert. Doch diese Erklärung lässt den Zeitaspekt außen vor: Die mathematischen Grundlagen der Entdeckung waren bereits mit den Arbeiten von Quetelet und Cournot in den 1830ern gelegt worden, und es gab marginalistische Vorläufer, deren Ideen nicht verfingen. Der Deutsche Hermann Heinrich Gossen (1810–1858) ging dem berühmten Trio voraus und taucht heute häufig in ökonomietheoretischen Lehrbüchern auf, doch zu Lebzeiten scheiterte er vollständig. Seine kurze Beamtenlaufbahn endete 1847, als er einer Entlassung wegen seines akademischen Übereifers und seiner hopfenlastigen Trinkgewohnheiten zuvorkam, bevor er sich 1849 einer erfolglosen Unternehmung als Versicherungsdirektor zuwandte, die er bereits ein Jahr später wieder aufgab. Ebenso wie Marx finanzierte Gossen seine Schriftstellerei mit einer Erbschaft, fand zunächst allerdings keinen Verleger. Er war der Überzeugung, sein Buch *Die Entwickelung der Gesetze des menschlichen Verkehrs, und der daraus fließenden Regeln für menschliches Handeln* von 1854, das 1983 erstmals auf Englisch erschien, mache ihn zu einem zweiten Kopernikus – doch Gossen starb gebrochen, demoralisiert und verkannt an Tuberkulose. Schließlich sollte Jevons ihn als unbekannten Vorläufer benennen, nachdem ein glücklicher Zufall es wollte, dass der Philosoph und Ökonom Robert Adamson in einem Antiquariat über Gossens Buch gestolpert war und es Jevons übergab. Walras verfasste gar einen Artikel für das *Journal des Économistes*, »Un économiste inconnu: Hermann-Henri Gossen«. Die Ausstrahlung seines Werks litt wohl unter Gossens überzogenen philosophischen und pseudo- bzw. antireligiösen Thesen, insbesondere der, dass Egoismus das Paradies auf Erden schaffen werde und er selbst der »Priester« einer »neuen Religion« sei.[165]

Die drei Gründer der Grenznutzenschule gingen sehr viel sachlicher vor, doch ihre Bodenständigkeit allein erklärt ihren Einfluss noch nicht. Strahlkraft hatten ihre Arbeiten, weil sie die geheimnisvollen Schwankungen der 1850er und 1860er offenkundig und umstandslos zu erklären vermochten. Wissenschaftliche Parallelen zog man häufig zwischen der Ökonomik und der Ozeanografie. Menger bot hier eine der klarsten Formulierungen:

> Wenn man die Schleusen zwischen zwei ruhig stehenden Gewässern, deren Niveau ein verschiedenes ist, wegräumt, so werfen sie Wellen, so lange, bis der Spiegel sich schliesslich wieder glättet. Diese Wellen sind aber nur ein Symptom der Einwirkung jener Kräfte, die wir die Schwere und die Trägheit nennen. Solchen Wellen gleichen auch die Güterpreise, diese Symptome des ökonomischen Ausgleiches des Güterbesitzes zwischen den Wirthschaften. Die Kraft, die sie aber an die Oberfläche der Erscheinung treibt, ist die letzte und allgemeine Ursache aller wirthschaftlichen Bewegung, das Bestreben der Menschen, ihre Bedürfnisse möglichst vollständig zu befriedigen, ihre ökonomische Lage zu verbessern. Weil aber die Preise die einzigen sinnlich wahrnehmbaren Erscheinungen des ganzen Processes sind, ihre Höhe sich genau messen lässt und das tägliche Leben uns dieselben ohne Unterlass vor Augen führt, so war der Irrthum naheliegend, die Grösse derselben als das Wesentliche am Tausche, und, in weiterer Consequenz dieses Irrthums, die im Austausch erscheinenden Güterquantitäten als *Aequivalente* zu betrachten.[166]

William Stanley Jevons (1835–1882) wäre als wichtigster Schöpfer der modernen Ökonomik anzusehen: nicht nur ihrer Methode, sondern auch ihrer Nomenklatur / Begrifflichkeiten. Wie viele andere große Ökonomen war er ein Bilderstürmer. Vor Jevons war die Disziplin allgemein bekannt als »politische Ökonomie«; erhalten hat sich diese Bezeichnung im Namen einiger wichtiger Lehrstühle an britischen Universitäten. In seiner *Theorie der politischen Ökonomie* erklärt Jevons 1879 zur zweiten Auflage einleitend, der Titel sei irreführend und redundant:

> Unter den weniger bedeutenden Änderungen möchte ich hervorheben, daß ich an Stelle des Namens: »Politische Ökonomie« den einfachen passenden Ausdruck: Ökonomik gewählt habe. Meiner Meinung nach würde man gut tun, den alten, verwirrenden, aus zwei Worten bestehenden Namen unserer Wissenschaft so rasch wie möglich verschwinden zu lassen. Einige Schriftsteller haben versucht, ganz neue Namen einzuführen, wie Plutologie, Chrematistik, Katallaktik usf. Aber brauchen wir einen besseren Ausdruck als »Ökonomik«? Ganz abgesehen davon, daß dieser Ausdruck dem bereits gebrauchten mehr verwandt ist und sich ihm enger anschließt, ist er in seiner Form der Mathematik, Ethik, Ästhetik vollkommen ähnlich, wie auch den Namen verschiedener Zweige der Wissenschaft, und leitet außerdem das Ansehen seines Gebrauches aus der Zeit des Aristoteles her.[167]

»Politische Ökonomie« impliziere viel zu sehr, es handele sich um eine Wissenschaft davon, wie die Politik einen allgemeinen Prozess lenken könne, der sich im Kern durch einen Mangel an bewusster Koordination auszeichne.

Der Kern von Jevons' Vorstellung lag in der Vielfalt der Bedürfnisse. Zu Anfang seiner späteren Populärfassung des neuen Ansatzes bemerkt er: »Unsere Bedürfnisse sind vielfältig. Schon kurzes Nachdenken lässt erkennen, dass wir im Allgemeinen nur ein Weniges von jederart Ware möchten und es vorziehen, ein Stück von dieser und ein Stück von jener Ware unser eigen zu nennen. [...] Eine Bibliothek nur aus Exemplaren ein und desselben Buches wäre absurd.«[168] Das Preisverhalten lasse sich folglich in dem Maße erklären, in dem

Preise der Ausdruck relativer Vorlieben seien. Die heftigen Börsen- und Handelsturbulenzen zu Anfang der 1870er hätten erwiesen, dass sich die Preise nicht in die gleiche Richtung bewegen. Die zentrale Aufgabe der Analysten liege also darin, zu erklären, warum einige Preise stiegen und andere fielen, und zudem sicherzustellen, dass die in den Preissignalen enthaltene Information auch ans Ziel gelange.

Jevons war ein energischer Vertreter der neuen Klassen in Großbritannien: des Industriebürgertums, aber auch einer neuen Art provinzieller Hochkultur, die sich vom konservativen und eher banausischen Establishment der britischen Politik, Finanzwelt und altehrwürdigen Universitäten von Oxford und Cambridge deutlich unterschied (und auch viel kultivierter war). Jevons Vater Thomas war als wohlhabender Kaufmann aus den Midlands in die boomende Hafenstadt Liverpool gezogen. Thomas Jevons begeisterte sich für Konstruktionsverbesserungen und kannte die Erbauer der ersten Eisenbahn, Robert Stephenson und Joseph Locke. Jevons senior selbst baute 1815 das erste seetaugliche Eisenschiff. Jevons Mutter Anne war die Tochter von William Roscoe, einem Liverpooler Dichter und Renaissance-Historiker, übersetzt wurde dessen biografische Arbeit als *Wilhelm Roscoés Lorenz von Medici* 1817 von Kurt Sprengel. Vater und Mutter waren beide Unitarier und Stanley Jevons blieb zeitlebens tief religiös, wenn er auch der organisierten Religion skeptisch gegenüberstand. Jevons kombinierte das Religiöse mit der Faszination für Maschinen, die er von seinem Vater geerbt hatte, und rühmte die »Great Exhibition« im Kristallpalast von 1851 als das vollkommene Abbild einer gigantischen Gesellschaftsmaschine.

Über dieser intensiv intellektuell tätigen Familie hing indes der Schatten körperlicher und geistiger Gebrechen. Stanley war das neunte Kind von Thomas und Mary Anne, doch nur drei seiner älteren Geschwister überlebten das Kindesalter. Seine Mutter starb, als er zehn Jahre alt war. Jenvons' ältester Bruder Roscoe verfiel nach dem Tod seiner Mutter einem unheilbaren Wahn. Sein zweitältester

Bruder Herbert gründete keinen Hausstand und litt ständig unter gesundheitlichen Beschwerden. Die jüngere Schwester Henrietta verbrachte den Großteil ihres Erwachsenenlebens in einem Heim.

Als Universalgelehrter leistete Jevons beachtliche Beiträge zu Logik, Geometrie und Meteorologie sowie zur Ökonomik, Statistik und Wirtschaftsgeschichte. Sein Interesse an der Ökonomie erwachte 1856 durch extensive Lektüre, als er als Wardein für die Australische Münze tätig war und das Problem der Eisenbahnfinanzierung zu durchdringen suchte. Seine Arbeit in der Münze brachte ihn in Berührung mit zahlreichen komplexen Finanzproblemen, die durch die Anwendung der Analysis relativ leicht zu lösen waren. Nach getanem Werk war er frei genug, seine übrigen, außergewöhnlich breit gefächerten intellektuellen Interessen zu vertiefen.

Von dem heroischen Trio gelangte Jevons als Erster zu einer klaren Theorie der Wertbestimmung. Die erste – und gewissermaßen auch überzeugendste – Darstellung der Grenznutzentheorie (oder Marginalismus) findet sich nach Jevons' Rückkehr aus Australien. In einem Brief an seinen Bruder Herbert schreibt er 1860:

> Zuletzt habe ich ordentlich an politischer Ökonomie gearbeitet; in den letzten Monaten habe ich glücklicherweise *die wahre Wirtschaftstheorie* wohl so gründlich und durchgängig umrissen, dass ich andere Bücher zu dem Thema nun nicht mehr ohne Empörung lesen kann. Die Theorie ist im Grunde völlig mathematisch und ich zeige zudem, dass die Berechnungsdaten so kompliziert sind, dass es gegenwärtig ganz hoffnungslos ist. Dennoch gelange ich mit den mathematischen Grundsätzen zu allen Hauptgesetzen, zu denen die politischen Ökonomen zuvor gelangt waren, nur bestehen sie bei mir aus einer Reihe von Definitionen, Axiomen und Theorien, die beinahe derart so eng miteinander verknüpft sind wie geometrische Probleme. Eines der wichtigsten Axiome lautet: In dem Maße, wie die Menge einer Ware – bei-

> spielsweise von Nahrung, die ein Mensch verbraucht – zunimmt, in jenem Grade sinkt der Nutzen oder Vorzug, den man aus dem letzten Happen zieht. Der Abnahme der Genusshöhe zwischen Beginn und Ende einer Mahlzeit kann als Beispiel genommen werden. Und ich nehme an, der Nutzenfaktor (*ratio of utility*) ist eine geradlinige mathematische Funktion der Waren- oder Güterquantität. Ein solches Nutzengesetz ist tatsächlich von den politischen Ökonomen immer vorausgesetzt worden, in der komplexeren Form und Bezeichnung eines Gesetzes von Angebot und Nachfrage. Sobald es nun in seiner einfachen Form festgestellt ist, eröffnet es den Gegenstand zur Gänze. Die meisten Schlussfolgerungen sind natürlich nicht neu, nun allerdings konsistent formuliert; doch meine Definition des Kapitals und mein Gesetz vom Kapitalzins sind, soweit ich das einschätzen kann, ziemlich neu. Ich habe nicht die Absicht, diese Sachen brachliegen zu lassen, bis ein anderer seinen Vorteil daraus zieht, und werde denn versuchen, sie nächstes Frühjahr zu veröffentlichen.[169]

Es war klar, dass Jevons sich als Neuerer und intellektueller Unternehmer etablieren wollte.

Umfassender umrissen wurde die Theorie in einem akademischen Aufsatz, der 1862 vorgestellt und 1866 veröffentlicht wurde: das Kernstück von Jevons' erster umfassender Darlegung ökonomischer Theorie in einem Buch von 1871. Jevons selbst stellte diese Zeitabfolge später oft so dar, etwa in einem deutliche Besitzansprüche formulierenden Brief an den Franzosen Walras, nachdem er 1874 dessen bahnbrechenden Artikel gelesen hatte. Der Gedanke, ein kontinentaleuropäischer Ökonom könne seine Entdeckung vorweggenommen haben, peinigte Jevons ungemein:

> Bitte akzeptieren Sie den besten Dank für Ihre Freundlichkeit, mir ein Exemplar ihrer Abhandlung zukommen zu lassen, sowie

> für ihr überaus freundliches Schreiben, mit dem Sie meine Aufmerksamkeit auf dieselbe lenkten. Schon aus dem *Journal des Economistes* habe ich von Ihrer bedeutsamen Theorie erfahren. Das Thema interessiert mich um so mehr, als meine eigenen Studien mich seit mehr als 10 Jahren in derselben Richtung geführt haben. Es gereicht mir zur Genugtuung, zu erfahren, daß meine Theorie des Austausches, die zur Zeit ihres Erscheinens in England teils totgeschwiegen, teils bestritten wurde, durch Ihre Arbeiten Bestätigung findet. Ich weiß nicht, ob Sie meine Schriften über diese Frage kennen. Alle wesentlichen Punkte meiner mathematischen Theorie standen mir seit dem Jahre 1862 klar vor Augen […]. Sie werden sicher erkennen, daß Ihre Theorie im Grunde sich mit der meinen deckt und dieselbe bestätigt, wiewohl die Wahl der Symbole unterschiedlich ausfiel und einige nebensächliche Abweichungen zu beobachten sind. Sie werden sich überzeugen, dass die gesamte Theorie auf dem Begriffe fußt […,] dass der Nutzwert einer Sache nicht proportional zu ihrer Anzahl sich verhält; was Sie die *rareté* einer Ware nennen, scheint genau das gleiche zu sein, was ich zuerst Nutzenkoeffizient, später Nutzengrad genannt habe, der, wie ich ebenfalls erklärte, eigentlich der Differentialkoeffizient des Nutzens ist, wenn man diesen als eine Funktion der Warenmenge betrachtet. Die Theorie des Tausches ist in Abschnitt 14 meines Textes dargelegt, fassen lässt sie sich indes wohl in einen Satz. Es lässt sich also auf beiden Seiten eine Gleichung aufstellen zwischen dem gewonnenen und dem geopferten Nutzen im Verhältnis des Tauschs der gesamten Ware und der zuletzt getauschten Teile.[170]

Jevons hätte seine Intuition ohne den wesentlichen Input von einer Masse empirischen Materials nicht ausbauen können – zumindest wäre es Jevons nicht gelungen, andere von Bedeutung und Nutzen seiner Methode zu überzeugen. Der Ökonom Lionel Robbins sprach später vom »schieren Genie« in Jevons' »Vermögen im Umgang mit Fakten«.[171] Tatsächlich war Jevons erschüttert von dem relativen Desinteresse, auf das sein erster theoretischer Vorstoß auf dem Feld der Ökonomik traf, wofür er allerdings sein übermäßig abstraktes Herangehen verantwortlich machte: »Ich bin besser im Umgang mit Theorien als mit Fakten; doch Theoretiker stehen in schlechtem Ruch, bis ihre Solidität durch den langsamst möglichen Prozess erwiesen ist. Daher ist es eine gute Sache, mit Diagrammen, Preistabellen und solcherart Dingen zu beginnen, sodass einem keiner vorwerfen kann, ohne Bezug oder Kenntnis der Fakten zu argumentieren.«[172]

Es ist besonders bestechend, Jevons' Fortschritte zu verfolgen. Die erste seiner Arbeiten, mit denen er öffentliche Aufmerksamkeit zu gewinnen suchte, behandelte die relative Bewegung der Goldpreise in den 1850ern nach den bedeutenden Goldfunden in Kalifornien und Australien.[173] Aus seiner Arbeit als Wardein für die Australische Münze zu einer Zeit, als der Goldrausch die australische Wirtschaft völlig veränderte, verfügte Jevons über erstklassige Kenntnisse. Er lieferte die erste exakte Berechnung dafür, inwieweit eine neue Lagerstätte den Goldpreis senkte (oder den Goldwert anderer Güter steigen ließ), und erklärte abermals mithilfe der Wellenmetapher:

> Der enorme und beinahe allgemeine Anstieg der Preise von 1853 überraschte mich derart, dass ich nur von einer Veränderung des Wertstandards ausgehen konnte. Zur gleichen Zeit schien mir die späte effektive Handelsdepression mit einer größtmöglichen Absenkung der Preise (geradezu einer Ebbe [abermals die Wellenmetapher; Anm. H. J.]) den Gegenstand zunehmend entscheidungsreif zu gestalten. Sie zeigt, dass der große Preisanstieg von 1858 nicht von einem vergleichbaren Rückgang kompensiert wurde und folglich wohl auch kaum kompensiert werden wird, dass also folglich ein dauerhafter Preisanstieg sicherlich einen Rückgang

> des Goldwertes darstellt und sich wahrscheinlich aus den Goldfunden ergibt. [...] Die geringste Schätzung dieses Rückgangs, zu der ich gelange, liegt bei 9 vom Hundert und ich soll's zufrieden sein, wenn meine Leser dies akzeptierten. Zugleich ist es meine Auffassung, dieser Rückgang liege näher an 15 pro Hundert.[174]

Seine zweite Arbeit, die eine Saite im öffentlichen Interesse anschlug, war eine Abhandlung über die Zukunft der Kohle, aus der sowohl der führende Intellektuelle (und Ökonom) John Stuart Mill als auch der Premierminister William Gladstone in parlamentarischen Verhandlungen zitierten. Das Buch zeigte überzeugend auf, wie zentral die fossile Energie und insbesondere die Kohle für die britische industrielle Revolution war, erklärte allerdings auch, dass die Kohlevorkommen begrenzt seien und folglich das britische Primat unweigerlich zu einem Ende kommen werde:

> [A]llein die Kohle vermag in ausreichendem Maße über das Eisen oder den Dampf zu herrschen; und die Kohle beherrscht daher unsere Epoche – das Kohlenzeitalter. In Wahrheit steht die Kohle nicht neben, sondern völlig über allen anderen Gütern. Sie ist die materielle Energie unseres Landes – das universelle Hilfsmittel – der Faktor in all unserem Tun. Mit der Kohle ist beinahe jede Großtat möglich oder einfach, doch ohne sie sind wir zurückgeworfen in die mühselige Armut früherer Zeit.[175]

Die fossile Energie ersetze die menschliche oder tierische Körperkraft als Triebmittel der wirtschaftlichen Entwicklung; doch der Fortschritt werde sich nicht auf den ursprünglichen Bereich beschränken, in dem die Grenzkosten (sprich der Holzmangel infolge der Entwaldung) die Kohlerevolution vorangetrieben hatten. Diese Zuwachskosten der Produktion werden steigen, wenn Produktionsstandorte auch anderswo entstehen; Kohle werde für Großbritannien also verhältnismäßig teuer werden. Das Land müsse dringend und umgehend Vorkehrungen gegen eine Welt treffen, in der sich seine Abhängigkeit von nur einer Energiequelle nachteilig auswirken werde. Jevons' Lösung bestand darin, das gegenwärtige Niveau der Staatsverschuldung zu verringern, womit ein »Puffer« für den künftigen Rückgang der Kohleproduktion entstünde:

> Ein jährlicher Budgetposten für die Reduzierung der Verschuldung wäre drei Zielsetzungen dienlich: nämlich das Produktivkapital des Landes zu steigern, unseren gegenwärtig allzu rasanten Fortschritt leicht zu parieren und die künftigen Probleme des Landes zu schmälern. Unter der Voraussetzung eines unverzüglichen Beginns und der hartnäckigen Fortführung können die immensen Schulden, die sich heute auf beinahe 800 Millionen Pfund Sterling belaufen, in der vor uns liegenden Periode – von der wir annehmen müssen, sie werde den Gipfel von Englands Wohlstand darstellen – leichthin auf ganz unbedeutende Ausmaße reduziert werden.[176]

Durch seine Arbeit über die Preise war Jevons die Bedeutung globaler Entwicklungen deutlich bewusst geworden: Selbst wenn das Ausmaß faktischer Verbindlichkeiten gering war, konnten Entwicklungen andernorts wesentliche Auswirkungen auf die Investitionspsychologie haben. Mit Blick auf die Entstehung von Hochstimmungen formulierte er: »Der Impuls aus dem Ausland ist das Streichholz, das die entzündlichen Geister der spekulierenden Klassen in Brand setzt. Viele historische Blasen belegen, dass zwischen dem ursächlichen Anlass und dem Gipfel der Torheit, zu dem die Kredit- und Preisinflation sich aufschwingen können, kein festes Verhältnis besteht. Kurz, ein Börsenfieber ist eine Art Explosion kaufmännischer Torheit, auf die der natürliche Zusammenbruch folgt.«[177]

Dem Konjunkturverlauf widmete Jevons große Aufmerksamkeit, denn er war von diesem auch persönlich unmittelbar betroffen gewesen: Im Januar 1848, im Zuge der Rezession infolge einer Reihe von Ernteausfällen und des Zusammenbruchs zahlreicher Eisenbahngesellschaften ging mit Jevons and Sons die Firma seines Vaters pleite. Dieser Moment war für den Zwölfjährigen ein Schock; später erinnerte er sich noch an jenen Sonntag, an dem Vater und Großvater nicht in die Kirche gingen, sondern verzweifelt über den Firmenbüchern saßen.

Die anderen Wege zur Grenznutzentheorie wirkten sehr viel akademischer, sehr viel sicherer. Walras wurde 1834 in Évreux geboren, als Sohn des Ökonomen Auguste Walras, der 1831 mit dem Buch *Über das Wesen des Wohlstands und den Ursprung des Werts* ansetzte, eine in seiner Vorstellung mathematische Wirtschaftswissenschaft zu schaffen. Léon Walras war 22 Jahre alt, als sein Vater ihn »vollständig in seine Theorie des Tauschwerts und seine Eigentumstheorie einführte [...] da erkannte ich durch eine klare und augenblickliche Intuition die Wahrheit seines Systems und fasste den Entschluss, mein Leben den notwendigen Ableitungen zu widmen und seine rein ökonomischen Grundsätze mit seinen sozialökonomischen Schlussfolgerungen zu verbinden«.[178] Später erinnerte sich Walras: »Mein Vater bot mir die ökonomischen Definitionen, die das Fundament des Systems bilden; Cournot bot mir die mathematische Sprache, die sich zur Formulierung des Systems am besten eignete; ich allerdings erarbeitete nicht nur die vollständige Darstellung, sondern den strengen Beweis der praktischen Nutzenmaximierung durch das System freier Konkurrenz in Tausch und Produktion.«[179] Walras' Methode ging noch weiter, insofern das Ergebnis der Anwendung der Grenznutzentheorie in einem Gleichgewichtssystem bestand, das sich mathematisch darstellen ließ.

Der Anwaltssohn Menger entstammte einer alten österreichischen Familie und erlangte an der Jagiellonen-Universität in Krakau seinen

Doktor der Rechtswissenschaft. Von der Mathematik hielt er sich fern. Cournots Werk, das Walras und Jevons entscheidende Werkzeuge an die Hand gegeben hatte, kannte er offenbar nicht. Hayek ging fälschlicherweise davon aus, Menger habe »nirgends eine Bemerkung über den Wert der Mathematik als Werkzeug der Wirtschaftstheorie gemacht, obwohl ihm vermutlich weder das technische Rüstzeug noch die Neigung fehlte«.[180] Tatsächlich erklärte Menger 1884 in einem Brief an Walras rundweg und recht offensiv, »die mathematische Methode ist falsch«.[181] Diese grundlegend skeptische Sichtweise ergab sich unmittelbar aus der deutschen Romantik. Seine Ansicht vom Gewicht der »Volksindividualität« und insbesondere der »Entwicklungsstufe der Gesellschaft«, kurz: »örtliche und zeitliche Verschiedenheiten«, stimmten ihn skeptisch gegenüber realen volkswirtschaftlichen Verallgemeinerungen.[182] Sein Blick auf Waren und Güter hatte zutiefst religiös-mystische Züge, was ihn von der Weltsicht eines Jevons oder Walras dramatisch unterschied: »Alles was uns beglückt, erfreut [oder] fördert[,] nennt man im gemeinem Leben ein Gut[.] Gott ist das höchste Gut.«[183]

Auch Menger gelangte durch das Studium der Preise zum Problem der Wertbestimmung. Als österreichischer Beamter versah er die Aufgabe, für die amtliche *Wiener Zeitung* Marktanalysen zu verfassen, und soll einmal erklärt haben, »daß er beim Studium der Marktberichte betroffen gewesen sei von dem auffallenden Kontrast zwischen den traditionellen Preistheorien und den Tatsachen, die erfahrene Männer der Praxis als entscheidend für die Preisbestimmung hielten«.[184] Der Aktienmarkt und dessen Launen brachten also eine neue Ökonomik hervor, die dadurch bestimmt war, dass man die Verhaltensunterschiede erklären und ausdeuten musste, inwieweit diese Unterschiede die Investoren, vor allem aber die Hersteller und Verbraucher beeinflussen würden. Deren veränderliche Vorlieben würden dann neue Signale erzeugen.

Doch warum dauerte es so lang, bis Jevons' Errungenschaften (und die seiner beiden Zeitgenossen) in ganzem Maße wahrgenommen wurden? Zwei Umstände spielten eine zentrale Rolle: Erstens lagen seine Gedanken bereits gewissermaßen in der Luft, und Jevons hatte sie nur teilweise und unvollständig formuliert. Nicht zuletzt war Alfred Marshall, der Begründer des Fachs an der Universität Cambridge, dafür bekannt, bei der Nennung der Vorgänger seines großen Werks der Synthese und Systematisierung nicht gerade großzügig zu sein. Hinzu kam, als zweiter Grund für die Vernachlässigung Jevons', sein Streit mit dem großartigen, doch chaotischen Guru des viktorianischen Geisteslebens in England, nämlich J. S. Mill. Jevons' Feindseligkeit gegenüber Mill bestärkte Marshall in seiner Abneigung gegen eine Würdigung des Ersteren. Dieser erkannte das Problem durchaus, so schrieb er in einem Brief an Walras: »Ich zweifle nicht im Geringsten am endgültigen Erfolg unserer Bemühungen, einige Auseinandersetzungen aber sind noch nötig; die Anhänger Mills widersetzen sich vehement jeder Erneuerung seiner Lehre. Für meine Äußerungen über ihn bin ich vom *London Examiner* bereits sehr heftig kritisiert worden, der dessen Ansichten die Treue hält, doch ich werde J. S. Mill weiterhin kritisieren und zweifle nicht im Geringsten am letztendlichen Ergebnis.«[185] An anderer Stelle benannte Jevons, dass er den »klassischen« Gedankengang der britischen Wirtschaftstheorie auf ein neues Gleis setzen wollte: »Ich gelange immer stärker zu der Überzeugung, dass die eigentliche Linie der ökonomischen Wissenschaft von Smith über Malthus zu Senior verläuft, während eine andere Fraktion über Ricardo zu Mill ebenso viel Falsches in die Wissenschaft eingeführt hat wie die anderen Wahrheit.«[186] Bald jedoch sollten die Grenznutzenschule und ihr Augenmerk auf die Wellen, die sich aus dem Zusammenspiel individueller Entscheidungen ergeben, einen Rückschlag erleiden. Mit der nächsten Bewegung des Globalisierungspendels richtete sich das Augenmerk neu aus: weg von jener Lesart, die internationale

Wirtschaftsmechanismen und Geldflüsse als Preissignalnetz für Millionen von Menschen versteht, hin zu Überlegungen, wonach diese Mechanismen und Ströme durchaus die kollektive Umverteilung von Ressourcen ermöglichen.

3.

Der Erste Weltkrieg und die Große Inflation

Der Erste Weltkrieg ist ein Wendepunkt in der Geschichte der modernen Globalisierung. In seiner Folge kam es zur verheerendsten Demonstration, wie zerstörerisch die Auswirkungen der Inflation sein können: die Hyperinflation in Deutschland. Diese Erfahrung ist bis heute, neben der Großen Depression, das große Schreckgespenst der Wirtschaftsgeschichte und -analyse. Die Erinnerung an diese beiden Ereignisse verfolgt politische Entscheidungsträger bis heute, und beide Ereignisse sind Teil des allgemeinen Diskurses, selbst für Generationen und Länder, die diese politischen Katastrophen nicht direkt erlebt oder auch nur Erinnerungen daran haben.

Die dramatischste und auch bekannteste Inflationserfahrung des 20. Jahrhunderts machten die Deutschen nach dem Ersten Weltkrieg, obwohl auch andere mitteleuropäische Länder, darunter Österreich, Ungarn und Polen, Ähnliches erlebten. Im November 1923 hatte die Deutsche Mark nur noch ein Billionstel ($1/10^{12}$) ihres Vorkriegswertes. In der letzten Phase der Inflation änderten sich die

Preise mehrmals täglich. Die Einzelhändler folgten den Devisenkursen und passten ihre Preise umgehend an. Schon für den Kauf einer einzelnen Ware brauchte man riesige Mengen an Papiergeld.

Die Hyperinflation in Deutschland ist zwar das bekannteste, aber nicht das extremste derartige Ereignis in der Geschichte. Ungarn erlebte nach dem Zweiten Weltkrieg eine noch stärkere Geldentwertung, und die jüngste Hyperinflation in Simbabwe (2007–2008) lief mit einer täglichen Preisänderungsrate von 98 Prozent noch rasanter ab. (Für Deutschland zeigt eine aktuelle Berechnung »nur« 20,9 Prozent als höchste Tagesrate.) Die *Assignat*-Inflation während der Französischen Revolution mit einer höchsten täglichen Preisänderungsrate von 4,77 Prozent ist ebenfalls ein wichtiger kultureller Referenzpunkt.[187] Die deutsche Inflation bekam ihren Symbolcharakter, weil man sie mit dem Schicksal der Weimarer Republik verband, die weniger als zehn Jahre nach dem Ende der Hyperinflation zusammenbrach. Schon vor dem Ende der Weimarer Republik wedelte der britische Premierminister Ramsay MacDonald im Jahr 1931 bei seiner Wahlkampagne mit deutschen Inflationsbanknoten, um die Folgen fiskalischer Verantwortungslosigkeit zu demonstrieren, und warnte davor, dass man im Extremfall einen Umzugswagen bräuchte, um »die Wochenlöhne in Papiergeld« heranzukarren.[188] So wurde die Erfahrung aus der Weimarer Republik zum wichtigsten historischen Vorzeigeargument für das, was heute oft abwertend als »Austerität« bezeichnet wird.

Der große strategische Denker George Kennan beschrieb den Ersten Weltkrieg treffend »als *die* Ur-Katastrophe dieses [20.] Jahrhunderts, das Ereignis, in dem stärker als in irgendeinem anderen [...] Versagen und Niedergang unserer westlichen Zivilisation begründet liegen«.[189] Der Krieg veränderte die Politik auf der ganzen Welt. Vier große dynastische Reiche fielen: das Habsburger-, das Hohenzollern-, das Osmanische und das Romanow-Reich. Dass die Weltreiche der Briten und Franzosen überdauerten und siegreich aus dem Konflikt hervorgingen, lag womöglich auch daran, dass sie nicht einfach als dynastische Unternehmen betrachtet werden konnten. Der Krieg brachte die Vereinigten Staaten endgültig auf die Bühne der Weltpolitik.[190] Auf der Pariser Friedenskonferenz von 1919 wurde dann die Weltkarte neu gezeichnet.

Der Erste Weltkrieg revolutionierte die Wirtschaft und steigerte den Produktionsumfang weltweit: Die europäischen Kriegsparteien waren auf Nahrungsmittel und Rohstoffe, aber auch auf Arbeitskräfte in globalem Maßstab angewiesen. Die Textilproduktion in Indien und Japan erlebte einen enormen Aufschwung. Die Unterscheidung zwischen industrieller nordatlantischer Zone und agrarischer Peripherie schwand. Eine Welt des Überflusses und der Fülle schien nun zu existieren, die einen Kern aus Feuer und Zerstörung umgab. Im Zentrum des Konflikts war die materielle Verwüstung enorm, aber noch größer waren die Chancen und das Wachstum, die durch die Beteiligung an einem über vier Jahre andauernden unproduktiven und alles verzehrenden Konflikt verloren gegangen waren.

Die Zerstörung der Produktivkräfte in Europa verursachte enorme Kosten, und bei den politischen Kämpfen ging es vor allem darum, wie diese Kosten verteilt werden sollten. Vereinfacht gesagt gab es zwei Möglichkeiten: die Kosten durch eine innerstaatliche Regelung aufbringen oder versuchen, andere Völker zur Kasse zu bitten. Das Geld der anderen: Diese Option wirkte wie ein wundersamer Ausweg aus Elend und Mangel. Der Krieg teilte die Länder in Verlierer und Gewinner ein, und die Kriegspropaganda suggerierte, dass die Gewinner den Verlierern all ihre Kosten aufbürden durften. Der Krieg veränderte das Denken über die Globalisierung hin zur Geopolitik – der Begriff selbst wurde erst kurz vor dem Krieg geprägt. Die Idee einer Militäraktion kam einer Einladung zum Glücksspiel gleich. Ein Aphorismus von Sun Tzu besagt, »dass siegreiche Krieger zuerst gewinnen und dann erst in den Krieg ziehen, während unterlegene Krieger zuerst in den Krieg ziehen und dann versuchen zu gewinnen«. Für die Kriegstreiber von 1914 war der Sieg Teil eines Geschäfts, bei dem sie auch die Kosten des Sieges den Besiegten auferlegen würden.

Ungewissheit und Angst führten zu fantastischen Vorstellungen darüber, wie man der militärischen Sackgasse entkommen konnte, und lösten eine verzweifelte Suche nach neuen Verfahren und Maschinen aus. Sogar die Idee, künstliche Menschen, Roboter oder Homunkuli zu erschaffen, regte die Fantasie der verunsicherten und kriegsmüden Völker an.[191] Stummfilme verbreiteten diese Vision: Ein erster Meilenstein der Vorstellungskraft war *Der Golem* von Paul Wegener und Heinrich Galeen aus dem Jahr 1915, der auch in den Vereinigten Staaten unter dem Titel *The Master of Fate* (etwa: Meister des Schicksals) populär war. In den Jahren 1916–1917 erschien in Deutschland die erfolgreichste Filmreihe der Kriegszeit über einen künstlich hergestellten Menschen aus dem Labor, der kämpft, weil er keine Gefühle hat, und der nur von einem anderen künstlichen Menschen zerstört werden kann: die *Homunculus*-Reihe von Otto Rippert und Robert Reinert. Eine absonderliche Realität brachte absonderliche Fiktionen hervor.

Mangelwirtschaft

Mangel und Not waren beim Ersten Weltkrieg fest eingeplant. Ein negativer Angebotsschock war Teil des Kalküls oder Plans für einen totalen Krieg. Lange vor Ausbruch des Krieges erarbeiteten die Staaten Blockadestrategien, mit denen die andere Seite so lange ausgehungert werden sollte, bis sie aufgab. Verknappung wurde zur wichtigsten militärischen Waffe und ihre Überwindung der Schlüssel zum Erfolg.

Verknappungen führen sofort zu einer Krise, die schnellstmöglich gelöst werden muss. Sie demoralisieren die Bevölkerung und lösen

Proteste, Demonstrationen und sogar gewaltsame Umstürze aus. Die Dringlichkeit einer Lösung zwingt die politischen Entscheidungsträger, spontane Entscheidungen zu treffen – schlechte Entscheidungen. Zusätzlich sorgen Verknappungen dafür, dass sich die Betroffenen organisieren und mobilisieren, um eine Lösung einzufordern, wobei die Mächtigsten und Lautesten gewinnen. Auf diese Weise werden Macht und lautes Auftreten gefördert – und ebenso gruppeninterne Streitigkeiten und politische Desintegration.

Ein Notfall – und ein Krieg ist ein sehr dramatischer Notfall – verändert die Dynamik der politischen Entscheidungsfindung. In normalen Zeiten müssen die Entwickler strategischer Visionen über die langfristigen Folgen und die Zukunftsfähigkeit ihrer Politik nachdenken. Im Notfall hat das, was kurzfristig geschieht, dramatische Auswirkungen auf die langfristigen Aussichten und kann darüber entscheiden, ob die Zukunft gut oder zumindest erträglich oder von Elend, Not und Demütigung geprägt sein wird. Daher kommt man nicht umhin, angesichts der Notlage alles zu tun, was nötig ist, auch wenn die getroffenen Maßnahmen nicht mit einer langfristigen Stabilität vereinbar sind. Die politischen Entscheidungsträger müssen Risiken eingehen. Offensichtlich gibt es hier Parallelen zur Medizin: Bei einer medizinischen Krise greifen Patienten zu extremen Maßnahmen, zu Medikamenten oder Verfahren, die viele Nebenwirkungen haben, aber eine Überlebenschance bieten. Entsprechend musste man auch im Krieg zu außergewöhnlichen Maßnahmen greifen, um zu überleben.

Erstaunlich schnell beseitigten die Regierungen 1914 mögliche Quellen für eine unmittelbare finanzielle Destabilisierung. US-Finanzminister William McAdoo schloss die New Yorker Börse am 31. Juli 1914 für vier Monate, um zu verhindern, dass ausländische Aktionäre ihre Aktien verkauften und dann aus dem US-Dollar ausstiegen.[192] Die Londoner Börse wurde am selben Tag für fünf Monate geschlossen, das britische Finanzministerium gab Notgeld in kleinen

Stückelungen aus, und die Bank of England kaufte große Mengen an Wechseln auf.[193] Auch Deutschland setzte die Goldkonvertibilität aus und brachte Notgeld in Umlauf; Kommentatoren feierten den Präsidenten der Reichsbank als das finanzielle Äquivalent eines Supergenerals, einen »Generalgeldmarschall«.[194] Die kurzfristigen Vorteile, die sich aus der Vermeidung einer Finanzpanik ergaben, lagen auf der Hand, und niemand kümmerte sich um die langfristigen Folgen, da man davon ausging, dass der Krieg nur von kurzer Dauer sein würde. In jedem Fall war in Deutschland und Großbritannien der Sieg oberste Priorität, und Geld konnte dabei nur helfen.

Die Kriegsparteien des Ersten Weltkriegs traten unterschiedlich aufgestellt in den Krieg ein, sodass man eigentlich hätte annehmen müssen, dass sie unterschiedliche Strategien verfolgten. Westeuropa war bereits stark von Nahrungsmittelimporten abhängig, mit Nordamerika und Russland als Hauptlieferanten. Russland exportierte enorme Getreidemengen, doch der Krieg unterbrach diesen Handel; die Einnahmen aus den Getreideexporten fielen weg, was zu Engpässen bei Industriegütern führte. Die russische Weizenproduktion sank während des Krieges (und noch stärker während der bolschewistischen Revolution): von 227 Millionen Doppelzentnern im Jahr 1914 auf 166 Millionen im Jahr 1917 und 87 Millionen im Jahr 1920.[195] Die Vereinigten Staaten wurden zur wichtigen Quelle für Getreide und andere Rohstoffe. Doch wie sollten die Einfuhren finanziert werden, wenn die europäischen Kriegsparteien ihre üblichen Erzeugnisse nicht ausführen konnten? Großbritannien importierte große Getreidemengen, verfügte aber auch über eine starke Marine, von der man erwarten konnte, dass sie die Seewege sicherte. Auch die Mittelmächte Deutschland und Österreich-Ungarn importierten große Mengen an Nahrungsmitteln, doch ihre Zugänge zum Meer konnten leicht blockiert werden. Es lag auf der Hand, dass die deutschen Kriegsstrategen Taktiken wie den berüchtigten Schlieffen-Plan ausarbeiten würden, um den Krieg möglichst abzukürzen. Aber konnte es für den Fall, dass diese Pläne nicht die erhoffte Wirkung erzielten, einen Plan B geben, der Wirtschaft und Gesellschaft auf eine langfristige Mobilisierung ausrichtete?

Die Mittelmächte waren versucht zu glauben, es gäbe eine einfache Lösung, mit der sie den Spieß umdrehen und eine Blockade gegen Westeuropa verhängen könnten. Konnten die Handelswege mit U-Booten unterbrochen und so eine Hungersnot in Großbritannien und Frankreich herbeigeführt werden? Und würde der Zusammenbruch schnell erfolgen? Diese Entscheidung für einen uneingeschränkten U-Boot-Krieg gegen die neutrale Schifffahrt der Vereinigten Staaten führte dazu, dass die USA im April 1917 in den Krieg eintraten. Das deutsche Oberkommando, das lange auf diese Lösung gedrängt hatte, beharrte darauf, dass der britische Zusammenbruch schnell erfolgen würde, noch bevor amerikanische Truppen in großer Zahl den Kriegsschauplatz betreten hätten.

Debatten über Mobilisierung und Versorgung mit Ressourcen kannten alle politischen Entscheidungsträger schon lange vor dem Krieg. Für Deutschland war eines der Standardargumente für den Agrarprotektionismus, dass man eine kostspielige Produktion aufrechterhalten solle, um im Falle eines militärischen Konflikts die Versorgung zu sichern. Die deutschen Landwirte hatten vielleicht einen Wettbewerbsnachteil, aber zumindest waren die Versorgungswege sicher. Bei Großbritannien wurde die Notwendigkeit, die Lebensmittelversorgung einer Insel zu sichern, die sich nicht selbst ernähren konnte, oft als Argument für ein Empire mit enger Anbindung an das Mutterland angeführt.

Der radikale britische Jurist Frederick Harrison hatte gewarnt, dass eine deutsche militärische Überlegenheit auf See zu einer Katastrophe für Großbritannien führen könnte und dass »Hungersnot, soziale Anarchie, unberechenbares Chaos in der industriellen und finanziellen Welt die unabwendbaren Folgen sein würden. Britannien mag weiter leben […] aber bevor es wieder frei aufatmen könnte, würde es seine halbe Bevölkerung verlieren, die es nicht ernähren, und alle überseeischen Besitzungen, die es nicht verteidigen könnte [...] Wie lächerlich sind alle schönen Worte von Rüstungseinschränkungen, Friede und Brüderlichkeit, während wir dem unentrinnbaren Ruin entgegengehen, dem verzweifelten Kampfe für unsere nationale Existenz und dem Kriege in seiner zerstörerischsten und grausamsten Form.«[196] Die deutsche Bedrohung mobilisierte eine entsprechende britische Antwort.

Das Vereinigte Königreich plante eine Blockade nach Plänen der Admiralität, um einen konventionellen Krieg zu umgehen, für den ein großes Heer notwendig gewesen wäre (über das Großbritannien nicht verfügte). Die Befürworter der Blockade hatten schon Jahre vor Kriegsausbruch deutlich gemacht, dass Hunger die wichtigste britische Waffe sein würde. Der Direktor des Marine-Nachrichtendienstes, Sir Charles Ottley, schrieb: »In einem langwierigen Krieg würden die Mühlen unserer Seemacht die deutsche Bevölkerung (wenn auch langsam) ›außerordentlich klein‹ mahlen – früher oder später würde Gras in den Straßen Hamburgs wachsen und Hunger wäre weit verbreitet.« Der brillante Stratege Kapitän Maurice Hankey, der als stellvertretender Marinesekretär des Komitees für die Verteidigung des Weltreichs fungierte, kam zu dem Schluss, dass »angesichts unserer maritimen Vormachtstellung die angemessene Unterstützung für Frankreich darin bestand, Deutschland wirtschaftlich so stark unter Druck zu setzen, dass es den Krieg nicht fortsetzen konnte«.[197]

Eine Zeit lang war natürlich nicht klar, ob der Konflikt kurz oder lange dauern würde. Der Krieg musste kurz sein, so das häufigste Argument, weil es unmöglich war, moderne Industriegesellschaften am Laufen zu halten, wenn die Versorgungwege unterbrochen waren. Dieser Fall wurde in dem berühmten Buch *Die falsche Rechnung* des Journalisten Norman Angell brillant dargestellt. Im Falle eines Krieges »würde auch das deutsche Kapital infolge der internationalen, sehr innigen gegenseitigen Abhängigkeit der auf Kredit beruhenden Finanz und Industrie aller Länder zu einem großen Teile verschwinden, und der deutsche Kredit würde eine schwere Krise durchzumachen haben. Die einzige Möglichkeit, letzteren wiederherzustellen, würde für Deutschland darin liegen, das Chaos in England zu beseitigen, durch die Beseitigung seiner Ursachen. Überdies würde ebenfalls wegen der wechselseitigen Abhängigkeit des auf Kredit beruhenden finanziellen Mechanismus unserer Tage die Konfiskation privaten Eigentums durch einen Eroberer auf die Finanzen des eroberten Landes weit ungünstiger einwirken, als dem Werte des konfiszierten Eigentums entspricht.«[198] Es sei daher die größte Torheit, in einem Zeitalter des kommerziellen Wohlstands die Reichtümer durch einen Krieg zu zerstören: »Deutschland würde den Einfluss auf den Welthandel verlieren, den es in jahrelanger mühevoller Arbeit aufgebaut hat.« Angell zitiert den deutschen Wirtschaftswissenschaftler Bernard Harms, der schrieb: »Die Deutschen gewinnen den Wettbewerbskrieg in Friedenszeiten so eindeutig, dass es töricht von ihnen wäre, den Kampf vom Schauplatz der bestätigten deutschen Überlegenheit auf einen Schauplatz zu verlegen, wo der Ausgang des Konflikts zumindest zweifelhaft sein muss.«[199]

Diese Überlegung deckt sich mit einem Großteil des deutschen Wirtschaftsdenkens. Der deutsche Ökonom Karl Helfferich schrieb, Kriege müssten kurz sein: »Wir haben so viele Nachbarn [...] sodass es gänzlich undenkbar erscheint, dass uns alle die vielen Getreidezuwege zu Wasser und zu Lande auf einmal versperrt werden könnten. Die ganze Welt müsste gegen uns im Bunde sein, und eine solche Möglichkeit überhaupt nur einen Augenblick fest ins Auge fassen, das heißt doch unsrer auswärtigen Politik ein grenzenloses Misstrauen entgegenzubringen.« Wenige Jahre später arbeitete Helfferich bei der Deutschen Bank, wo er sich intensiv mit der Gestaltung der deutschen Politik im Nahen Osten befasste, und äußerte diese Ansicht erneut als eine Lehre, die aus dem Russisch-Japanischen Krieg zu ziehen sei.[200]

Vor dem Ausbruch des Krieges sagte John Maynard Keynes zu David Garnett, der ebenfalls zur Bloomsbury Group gehörte, »er sei ziemlich sicher, dass der Krieg nicht länger als ein Jahr dauern könne [...] Die Welt, erklärte er, sei enorm reich, aber ihr Reichtum sei glücklicherweise von einer Art, die sich nicht so schnell für Kriegszwecke nutzen lasse: Der Reichtum habe die Form von Produktionsanlagen zur Herstellung von Dingen, die für die Kriegsführung wertlos seien. Wenn der gesamte verfügbare Reichtum aufgebraucht sei – was nach seiner Meinung rund ein Jahr dauern wird –, würden die Mächte Frieden schließen müssen.«[201]

Die Erwartung eines kurzen Krieges wurde nicht von allen geteilt. Vor allem die Militärs waren pessimistischer als die Ökonomen, aber im Allgemeinen konnten die Generäle keine guten Lösungen anbieten, wie der Konflikt zu finanzieren sei. Generalstabschef Helmut von Moltke prognostizierte: »Dieser Krieg wird sich zu einem Weltkriege auswachsen, in den auch England eingreifen wird. Nur Wenige können sich eine Vorstellung über den Umfang, die Dauer und das Ende dieses Krieges machen. Wie das alles enden soll, ahnt heute niemand.« Moltke prophezeite, der Krieg werde »die gegenseitige Zerfleischung der europäischen Kulturstaaten« zur Folge haben.[202] Kurz nach Ausbruch des Krieges erlitt Moltke einen Nervenzusammenbruch. Er wurde durch General Erich von Falkenhayn ersetzt, der im August 1914 schätzte, der Krieg werde mindestens eineinhalb Jahre dauern.[203]

Im August 1914 war die größte Sorge, wie man die Logistik organisieren konnte, um eine große Anzahl von Männern (und Pferden) an der Front zu unterhalten. Alles andere war zweitrangig. Erst als der Krieg länger andauerte, wurden die größeren Probleme der Versorgung sichtbar. Wenn die Familien zu Hause hungerten, gefährdete das die Moral, denn die Soldaten würden dann durch Briefe demoralisiert, die sie aus der Heimat erhielten, oder wenn sie das häusliche Elend beim Heimaturlaub selbst erlebten.

Lebensmittel wurden recht bald knapp. Die Hungerkrise war in Österreich bereits in den ersten Kriegsmonaten spürbar, da die Russen große Teile Galiziens, ein wichtiges Getreideanbaugebiet, zügig besetzten. Im April 1915 wurden Rationskarten für Brot und Mehl ausgegeben, 1916 folgten Zucker, Milch, Kaffee und Schmalz. Im Jahr 1916 richtete Wien Volksküchen ein, um die Bevölkerung zu ernähren, und auf einem großen Teil der städtischen Grünflächen wurde Gemüse angebaut. Proteste gegen Profitgier und Spekulation nahmen zu, und für die Behörden war es bequem, die Missstände darauf zurückzuführen. Im Januar 1917 wurden Listen von Spekulanten gedruckt und öffentlich ausgehängt. Die Behörden versuchten auch, eher erfolglos, die langen Warteschlangen zu verbieten, in denen die Menschen oft die ganze Nacht auf die morgendliche Öffnung der Geschäfte warteten: Die Warteschlangen galten als Unruheherde.[204]

In Deutschland war die Lage nicht viel besser als in Österreich. Vor dem Krieg hatte Deutschland, gemessen an den Kalorien, ein Fünftel seiner Nahrungsmittel importiert, aber 27 Prozent der Proteine und 42 Prozent der Fette. Im Februar 1915 wurde eine Brotkarte eingeführt, und ein in Berlin entwickeltes Rationierungssystem wurde bald auf andere Städte und die meisten anderen Lebensmittel ausgeweitet. Kombiniert mit Obergrenzen für Lebensmittelpreise erweckte das eine Zeit lang den Anschein, als sei das Versorgungsproblem unter Kontrolle. Doch hinter den Preisen verschlechterte sich die Qualität: Kartoffelmehl wurde ins Brot gemischt, die Milch verwässert, und verbrannte Eicheln ersetzten Kaffee. »Ersatz« war das beherrschende Wort im Kriegskonsum. Die Kohlrübe, ein beliebter Ersatzstoff, fand so weite Verbreitung, dass der Winter 1916/17 als »Kohlrübenwinter« bekannt wurde. Vieles wurde sehr knapp. Die landwirtschaftliche Produktion ging zurück, da den Pflanzen die

Nitrate fehlten, die nun zur Herstellung von Sprengstoff benötigt wurden. Im Jahr 1916 wurden nur noch halb so viele Kartoffeln geerntet wie in Friedenszeiten. Im Winter 1917 bekamen die Menschen, nach einer weiteren Missernte, in einigen Städten nur noch 1000 Kalorien pro Tag. Die Kinder wurden aufs Land geschickt, 1917 sogar in neutrale Länder wie die Niederlande oder die Schweiz.

Die »Polonäse« wurde zu einem Euphemismus für die Warteschlangen; und während die Menschen Schlange standen, beschwerten sie sich und jammerten über die Unzulänglichkeiten der Bürokratie. Die Warteschlange wurde zu einem Brennpunkt der gesellschaftlichen Radikalisierung. Wie in Wien entwickelte sich beim Anstellen ein Pulverfass. Die Klagen über die Anarchie auf dem Markt für Konsumgüter nahmen zu, und die Menschen forderten mehr und bessere Strategien, um eine gerechte Verteilung zu gewährleisten.[205] Die Schwarzmärkte florierten und mit ihnen die Vorwürfe der Marktmanipulation und Spekulation. Im Oktober 1915 kam es zu Unruhen in Berlin-Lichtenberg und im Juni 1916 im Zentrum von München. In Wien kam es im Mai 1916 zu Aufständen. Im Frühjahr 1917 drohte die Nachricht von der bolschewistischen Revolution die deutschen Städte zu entflammen. Im Juni 1918, nachdem die Rationen erneut gekürzt worden waren, zogen zahlreiche Wiener organisiert und kämpferisch ins Umland, um dort gehortete Lebensmittel an sich zu bringen.[206]

Die Lebensmittelknappheit wirkte sich langfristig auf das Weltbild der Deutschen und auf die zentrale Bedeutung der Ernährung aus.[207] Alles drehte sich ums Essen: die Politik der Revolution, aber auch die Politik des Haushalts. Der selbstbewusste Patrizier und deutsche Romancier Thomas Mann berichtete, wie sein Frühstück durch einen Streit mit seiner Frau Katia über den Butterverbrauch ruiniert wurde. Als seinem Haushalt eine Feige zugeteilt wurde, gab er sie seiner Lieblingstochter Erika zu essen und erklärte ihren Geschwistern, dies sei eine frühe Lektion, wie man sich an Ungerechtigkeit gewöhnen könne.[208]

Die meisten Historiker sehen in der mangelhaften Lebensmittelverteilung während des Krieges einen Hauptgrund für die Politikverdrossenheit, der außerdem Gewalt und extremem Radikalismus Vorschub leistete. Einige Autoren halten jedoch dagegen und behaupten, die Verwaltung habe ganz ordentlich funktioniert und in der Kriegszeit habe sich um die standardisierten Eintopf-Rationen ein neuer egalitärer gesellschaftlicher Konsens gebildet. Klar ist auch, dass die Deutschen im Ersten Weltkrieg, abgesehen von kurzen Zeiten des Mangels, im Allgemeinen nicht hungerten. Der Historiker Avner Offer liefert detaillierte Tabellen über das Durchschnittsgewicht deutscher Männer und Frauen mittleren Alters in den Jahren 1917 und 1918, in denen nichts auf einen Gewichtsverlust hindeutet, und zitiert Briefe von Deutschen, in denen die Schreiber erklären, dass der Verzicht auf fette Speisen und Bier kein Problem sei: »Wenn ich dünn aussehe, darfst du nicht glauben, dass es mir nicht gut geht. Ich habe mich in meinem Leben nie besser gefühlt.« Avner zitiert einen amerikanischen Physiologen, der zu der hilfreichen Schlussfolgerung kam, dass »es kein Problem gegeben hätte, wenn die Deutschen Vegetarier gewesen wären«.[209] Der Yale-Professor Russell Henry Chittenden, der als Vater der modernen Biochemie gilt und Mitglied des US Advisory Committee on Food Utilization (etwa: Beratungskomitee für Ernährung) war, empfahl eine eiweißarme Ernährung als gesündere Lebensweise und vertrat die Ansicht, dass die gängigen Ernährungsstandards zu hoch seien. So konnte der Krieg als Experiment einer gesunden Lebensweise dargestellt werden.

Der junge britische Ökonom Claude Guillebaud besuchte Berlin im Jahr 1919 und berichtete:

> Ich war überrascht von der guten äußeren Erscheinung der überwiegenden Mehrheit der Menschen, die ich auf den Straßen sah. Dicke Menschen gibt es heute nur wenige in Berlin, aber es gibt auch keine offensichtlichen Anzeichen von Hunger oder Erschöpfung in den Gesichtern der Menschen. Der Großteil der Mittel- und Oberschicht sah ganz normal gesund aus, ihre Gesichter wirkten weder eingefallen noch ausgemergelt. Bei den Armen sind die Folgen der Entbehrungen stärker sichtbar. Der Nahrungsmangel und die deprimierende Wirkung der Niederlage hat den meisten Menschen den Wunsch nach und die Fähigkeit zu harter Arbeit genommen, dennoch ist der Großteil der Erwachsenen zumindest äußerlich weit davon entfernt, tatsächlich zu verhungern. Das Essen der Armen ist sehr eintönig und wenig schmackhaft, aber es reicht zumindest aus, um einen gesunden Erwachsenen am Leben zu erhalten, der weder alt noch krankheitsanfällig ist.[210]

Aus den Krankenhäusern berichtete das Personal anschaulich, dass die Patienten nicht an die frische Luft gelassen werden durften, weil sie sonst unreifes Obst, Kastanien, ja sogar Gras und Unkraut zu sich nahmen, um den unerträglichen Hunger zu stillen, der dort offenbar herrschte. Und es gab gesundheitliche Probleme, die auf die schlechte Ernährung zurückzuführen waren. Lungenkrankheiten breiteten sich aus, allen voran die Tuberkulose. Der verschlechterte Gesundheitszustand ist auch auf die Arbeitsbedingungen zurückzuführen. In der Metallverhüttung, aber auch bei der Herstellung von Sprengstoffen wurden viele Arbeiter mit Nitratverbindungen, Trinitrotoluol, Trinitroanisol, Dinitrobenzol oder Pikrinsäure sowie Naphthalin- und Phenolverbindungen vergiftet. Die Anfälligkeit für Grippe während der Infektionswellen, die am Ende des Krieges und in den ersten Friedensjahren auftraten, wurde durch die Spätfolgen der Lebensbedingungen in Kriegszeiten noch verstärkt.

Die Ernährung veränderte das Weltbild vieler. Für die Mittelschicht gingen genau jene Dinge verloren, die ihren Lebensstil von dem der Arbeiterklasse unterschieden: Die gutbürgerliche Küche (das Markenzeichen respektabler Arbeiterlokale) verschwand von den Speisekarten, als der Frieden endete. In einer ersten Erhebung berichtete der Kriegsausschuss für Konsumenten-Interessen von einer »Zerreibung des Mittelstandes [...] und damit das Aufkommen einer ›barbarischen‹ Wirtschaft, in der es nur noch ›Reiche‹ und ›Arme‹ gibt«.[211] Um einer künftigen Getreideknappheit vorzubeugen, wurde der Schweinebestand zu Anfang des Jahres 1915 beim sogenannten Schweinemord drastisch reduziert, wobei ein Großteil des dabei anfallenden Fleisches weggeworfen wurde, weil es nicht ausreichend haltbar gemacht oder eingedost werden konnte. Der allgemeine Mangel sorgte für Groll, etwa gegen die »Experten«, die empfohlen hatten, die Schweine zu schlachten. Später richtete sich die Wut gegen die über zwei Millionen Kriegsgefangenen, die neben den Deutschen auch noch durchgefüttert werden mussten. Fremdenfeindlichkeit verbreitete sich gemeinsam mit Hunger und Krankheit und bereitete den Boden für die Zukunft in den Köpfen der Menschen.

In Russland, das über große Getreideanbaugebiete verfügt, hätte es nicht zu solch gravierenden Verknappungen kommen dürfen. Da Russland weniger Getreide exportieren konnte, hätte mehr für die heimische Produktion zur Verfügung stehen müssen. Tatsächliche Engpässe waren eher die Folge von schlechter Logistik. Anders als bei anderen Kriegsteilnehmern nahm der Tierbestand in Russland zu, was den Druck auf die Getreidevorräte erhöhte. Im Zuge der Volkszählung von 1916 wurden eine Zunahme des Rinderbestands um 25 Prozent und auch eine höhere Anzahl an Schafen und Ziegen verzeichnet. Die Erntemengen waren nach wie vor hoch und lagen im Jahr 1917 nur 12 Prozent unter denen von 1914. Doch die Versorgung der Städte und Industriezentren, deren Bevölkerungszahlen wegen des Bedarfs an Rüstungsgütern in die Höhe schossen, versagte völlig. Im Dezember 1916 erhielt Petrograd, zum Beispiel, weniger als 15 Prozent des Getreides, das die Planer für erforderlich hielten. Die Regierung machte dafür mangelnde Transportmöglichkeiten und fehlende Lastkraftwagen verantwortlich. Zwar gab es grundsätzlich genügend Laster, aber sie befanden sich am falschen Ort, weil sie für das Militär gebraucht wurden, und auch andere Störungen wirkten sich negativ aus. Engpässe gab es in allen Bereichen: So mutmaßte man, Bahnarbeiter kämen nicht zur Arbeit, weil sie keine Schuhe hatten, die sie für ihre Arbeit benötigten. Eine Folge von all dem war, dass Ratten einen großen Teil der russischen Ernte auffraßen.[212] Berichte über Lebensmittelknappheit in den Städten und miserable Wohnbedingungen machen einen großen Teil der Geschichte der Revolution von 1917 aus. Die Revolution gegen den Zaren begann am 23. Februar [8. März] mit Zehntausenden von Frauen in Petrograd, die mit den Parolen »Nieder mit den hohen Preisen« und »Nieder mit dem Hunger« protestierten. Aber das war nur der Höhepunkt jahrelanger »Marktunruhen«, »Hungeraufstände«, »Pogrome« und »Frauenaufstände«, zu denen es bereits im Jahr 1915 überall im Zarenreich gekommen war.[213]

Im nicht besetzten Teil Frankreichs und in Großbritannien gab es keine lebensbedrohlichen Engpässe, aber vieles wurde knapp und die Bevölkerung protestierte auf den Straßen. Paris rationierte Zucker erst ab 1917 und Brot ab 1918, Großbritannien begann mit den Rationierungen erst im Februar 1918. Doch der britische Agrarsektor war stark geschrumpft, und die Briten hatten sich darauf verlassen, dass das Land immer in der Lage sein würde, sich durch Importe zu versorgen. Ein großer Teil der Schiffskapazitäten – 17 Prozent nach Gewicht – wurde für Getreide verwendet.[214] Der Krieg hatte auch unmittelbare Auswirkungen: Zunächst fehlte es an Schiffen, dann an Hafenarbeitern, was dazu führte, dass die Schiffe länger im Hafen lagen, da das Entladen länger dauerte. Zu Beginn des Jahres 1915 kam das britische Handelsministerium zu der Erkenntnis, dass »die Lebensmittelpreise so stark ansteigen, dass das Wohl der breiten Bevölkerung ernsthaft gefährdet ist«.[215] Die Preise stiegen nicht zuletzt deshalb, weil sich die verschiedenen Alliierten einen Bieterkrieg um Getreide lieferten. Als Folge wurden nicht nur Ausschüsse gebildet, die sich mit Lebensmittelpreisen, Lebensmittelversorgung und so weiter befassten, sondern die britische Regierung traf auch die verhängnisvolle Entscheidung, die Kämpfe gen Osten auszudehnen, um sich den Zugang zu den großen russischen Getreideüberschüssen zu sichern. Solange die Meerenge des Bosporus nicht in freundlicher Hand war, konnte das russische Getreide nicht über das Schwarze Meer ins Mittelmeer gelangen. Daher beschlossen die Briten die Dardanellen-Offensive gegen das Osmanische Reich – die fast erfolgreich gewesen wäre, dann aber doch in einem demütigenden Fiasko endete. Der britische Premierminister Asquith schrieb darüber in einem Brief an seine Geliebte:

> Es besteht kein Zweifel, dass wir jetzt die Folgen des Krieges zu spüren bekommen, vor allem, weil alle deutschen Schiffe, die früher Lebensmittel transportierten, gekapert oder festgesetzt sind, und die Admiralität mehr als 1000 von unseren Schiffen für den Transport etc. requiriert hat. Außerdem ist die australische Ernte ausgefallen, und die russische (die sehr gut war) ist blockiert, bis wir Konstantinopel erobern und das Schwarze Meer öffnen können.[216]

Im Jahr 1916 waren die Vorräte des Vereinigten Königreichs erschöpft, und es stellte sich die Frage, wie sie ersetzt werden konnten. Fleisch wurde knapp, was zum Teil darauf zurückzuführen war, dass man glaubte, die Armee müsse besser verpflegt werden als die Zivilbevölkerung. Zudem musste der Fleischmangel in Frankreich gelindert werden.[217] Außerdem gab es immer weniger Schweine, und einiges Weideland wurde zu Ackerland umgepflügt. Die Alternative zur Rationierung war, das Handelsdefizit durch die vielen Importe, die nicht nur für die Kriegsführung, sondern auch für die Aufrechterhaltung der Moral in der Zivilbevölkerung erforderlich waren, über Auslandskredite zu finanzieren. Im Jahr 1917 rief die Regierung zu einer »Nationalen Fastenzeit« auf und kündigte an, König Georg V. esse ein Viertel weniger als sonst. Im ganzen Land wurde in Vorträgen für Zurückhaltung bei der Ernährung geworben. Ohne Erfolg. Ende 1917 kam es zu Großdemonstrationen und gelegentlich gewalttätigen Protesten.[218]

Kriegskosten

Die Kosten eines Krieges – insbesondere eines langen Krieges – sind zu hoch, als dass man sie zum Zeitpunkt ihres Entstehens tragen könnte. Verbreitet war man der Meinung, dass ein teurer, alles verschlingender Krieg am besten durch Pfandrechte auf die Zukunft finanziert wird: Anleihen. In gewisser Hinsicht muss der Krieg jedoch sofort bezahlt werden: Granaten werden abgefeuert, Soldaten verpflegt und bezahlt, Feldlazarette gebaut. Nitrate, die in die Sprengstoffproduktion gehen, können nicht gleichzeitig Ackerland düngen. Mit dem Rindfleisch, das die Soldaten an der Front verzehren, können keine Bergleute ernährt werden, die nach Kohle für die wirtschaftliche Kriegsanstrengung graben. Kurzum, der nichtmilitärische Verbrauch von Gütern, der mit dem militärischen Bedarf konkurriert, muss reduziert werden. Wie dies geschehen sollte, darüber gab es erbitterte Auseinandersetzungen, insbesondere über die beste Mischung aus Krediten und Besteuerung. Verbraucher konnten einfach diszipliniert werden, indem man ihnen das Geld für den Konsum entzog – durch Steuern oder Abgaben. Oder sie konnten den Konsum freiwillig verzögern, indem sie Anleihen oder andere Finanzinstrumente erwarben (schon das Zurückhalten von Bargeld würde reichen), die ihnen einen Anspruch auf künftige Güter verliehen (und damit das Güterangebot für andere konkurrierende Verbraucher schmälerten). Was ist besser: sich etwas wegnehmen zu lassen oder ein Versprechen von ungewissem Wert zu erhalten und nicht zu wissen, ob dieses Versprechen eingehalten werden kann?

In Großbritannien hatte sich die klassische politische Ökonomie mit der Frage der Kriegsfinanzierung nach der Französischen Revolution und den Napoleonischen Kriegen befasst: teure Kriege, die zwar lange andauerten, deren relative Kosten jedoch geringer waren als bei den Kriegen des 20. Jahrhunderts. Nur um einen groben Vergleichswert zu nennen: Die durchschnittlichen jährlichen Kriegsausgaben lagen in den französischen Kriegen bei 12 Prozent vom BIP des letzten Kriegsjahres; im Ersten Weltkrieg lag die entsprechende Zahl bei 32 Prozent.[219] Der große Ökonom David Ricardo hielt eine Abgabe oder Steuer für die vernünftigste Option. Eine dauerhafte Steuer, um die Zinsen für die Kriegsschulden abzudecken, würde das »Nationalvermögen« mindern. Er schrieb:

> Der größte Vorteil, den Kriegssteuern mit sich bringen würden, läge darin, dass sie nur eine geringe dauerhafte Störung für die Industrie des Landes bedeuteten. Die Preise unserer Waren würden durch die Besteuerung nicht durcheinandergebracht, oder wenn doch, dann nur in einer Phase des Krieges, in der alles durch andere Ursachen durcheinanderkommt. Bei Friedensbeginn bekäme alles wieder seinen natürlichen Preis, und wir würden nicht durch direkte Anreize und noch weniger durch die indirekten Anreize von Steuern auf verschiedene Waren dazu veranlasst, Beschäftigungen aufzugeben, für die wir besondere Fähigkeiten und Möglichkeiten haben, und uns für andere zu verpflichten, in denen dieselben Fähigkeiten und Möglichkeiten fehlen […] Lasst uns die Schwierigkeiten angehen, wenn sie auftreten, und

> unsere Güter frei von dauerhaften Belastungen halten, deren Auswirkungen wir erst wirklich realisieren, wenn wir sie nicht mehr beheben können.[220]

Er lieferte auch eine pragmatische Begründung:

> Es kann keine größere Sicherheit für den Fortbestand des Friedens geben, als dass den Ministern die Notwendigkeit auferlegt wird, das Volk um Steuern zur Finanzierung eines Krieges zu bitten. Lässt man zu, dass sich während des Friedens eine beträchtliche Summe im Tilgungsfonds anhäuft, wird eine geringe Provokation ausreichen, dass sie in einen neuen Kampf eintreten. Die Minister wüssten dann, dass sie mit wenig Aufwand den Tilgungsfonds für die Beschaffung neuer Vorräte zur Verfügung stellen könnten, anstatt ihn für die Begleichung der Schulden zu verwenden. Heute sagen Minister, wenn sie neue Steuern für einen neuen Tilgungsfonds erheben wollen, anstelle des bestehenden Fonds, den sie gerade ausgegeben haben, häufig: »Das wird andere Länder dazu bringen, uns zu respektieren; sie werden sich scheuen, uns zu beleidigen oder zu provozieren, wenn sie wissen, dass uns umfangreiche Ressourcen zur Verfügung stehen.«[221]

Man könnte Ricardos Argument auf den Kopf stellen: Eine hohe Verschuldung, mit dem Volk als Gläubiger, wäre ein Beweis für nationales Selbstbewusstsein und Selbstbehauptung. Die Kriegsparteien des Ersten Weltkriegs sahen ihre Anleiheemissionen als wichtige Propaganda; und sie beobachteten die Emissionen ihrer Gegner genau, um daraus ableiten zu können, wie es um die Moral und Bereitschaft der Bevölkerung zur umfassenden Mobilmachung stand.

In Großbritannien griff ein Jahrhundert später der Cambridge-Ökonomen Arthur Pigou, der wie Ricardo kein Militarist war und das Ausmaß der militärischen Mobilmachung mit Misstrauen betrachtete, Ricardos Argumente fast wörtlich wieder auf. Er fügte der Argumentation eine Reihe von Erwägungen zur sozialen Gerechtigkeit hinzu: Der Krieg sei eine Gelegenheit, um eine gerechtere Gesellschaft aufzubauen, und das ließe sich besser durch Besteuerung erreichen, als wenn man reiche Anleiheneigner mit großen zukünftigen Anteilen am nationalen Kuchen belohnte.

> Von dem Geld, das der Staat benötigt, muss der Reiche so oder so mehr bereitstellen als der Arme und der sehr Reiche mehr als der mäßig Reiche; und der bereitgestellte Betrag muss nicht nur proportional, sondern progressiv mit zunehmendem Wohlstand steigen.[222]

Bei der Kriegsfinanzierung ging es auch um eine grundlegende Frage der sozialen Verteilung:

> Das Grundprinzip, nach dem die Regierung entscheiden sollte, inwieweit sie den Krieg durch Steuern und inwieweit sie ihn durch Anleihen finanzieren sollte, ist das Urteil, das sie über die richtige endgültige Verteilung der Kriegskosten zwischen Menschen mit unterschiedlichen finanziellen Möglichkeiten trifft.[223]

Im 20. Jahrhundert musste eine neue Realität berücksichtigt werden, die als Folge der neuen Innenpolitik, des Aufstiegs der Arbeiterklasse und der sozialistischen Parteien entstanden war und die eine geringere Kreditaufnahme erforderte, da diese Kredite die reichen Rentiers begünstigten:

> Im gegenwärtigen katastrophalen und außergewöhnlichen Krieg sollten die Reichen und sehr Reichen einen sehr viel größeren Anteil an der objektiven Last tragen als [in Friedenszeiten]. Dieses Ergebnis kann nur auf einem Weg erreicht werden: Der Anteil an

> der Kriegsfinanzierung, der von Menschen mit hohem Einkommen geliehen wird, sollte stark verringert werden; und der Anteil an der Finanzierung, der durch eine progressive Besteuerung bestritten wird, sollte stark erhöht werden.[224]

Das Problem bestand schon vor 1914. Die Staatsausgaben waren gestiegen, Infrastruktur und Sozialausgaben wurden teurer, und im Jahr 1892 hatte der deutsche Wirtschaftswissenschaftler Adolph Wagner sein Gesetz der »Ausdehnung der Staatstätigkeiten« formuliert. Er bezeichnete dies auch als den zunehmenden »›communistischen‹ Charakter« der Wirtschaft bei »fortschreitenden Culturvölkern«.[225] Zu Beginn des 20. Jahrhunderts kam mit dem zunehmenden Rüstungswettlauf zwischen den Großmächten ein weiterer Ausgabenfaktor hinzu, und es wurde politisch immer umstrittener, wie die Rechnung beglichen werden sollte.

Bei der Kriegsfinanzierung gab es zwei gegensätzliche Prinzipien oder Ansätze: Bei dem einen wurde die Anleihefinanzierung favorisiert, weil sie das beste Zeichen für finanzielle Stärke war, beim anderen setzte man im Namen der sozialen Gerechtigkeit auf höhere Steuern. Beim erheblichen Widerstand gegen höhere Steuern wurde selten gesagt, man sei gegen mehr Gerechtigkeit, eine gerechtere Gesellschaft oder eine angemessene Entschädigung für diejenigen, die ihr Blut vergossen, deren Familien dezimiert wurden und die den Preis für den Krieg bezahlten. Stattdessen führte man an, eine Besteuerung vermindere den Anreiz, sich an den Kriegsanstrengungen zu beteiligen. Die Unternehmen seien weniger patriotisch und würden zögern, auf Kriegsproduktion umzustellen; die Arbeitnehmer würden durch zu hohe Lohnabzüge oder eine zu hohe Steuer auf ihr Bier demoralisiert. Durch die Debatte, wie wichtig die Moral der Zivilbevölkerung sei, bekam die Kreditfinanzierung mehr Gewicht. Die Moral nicht durch eine übermäßige Einschränkung des Konsums zu schwächen, war entscheidend. Das sprach gegen Steuererhöhungen.

In Großbritannien kam es zu erheblichen Steuererhöhungen: Die Einkommenssteuer wurde von einem Shilling und 2 Pence (entspricht 5,42 Prozent) auf 6 Shilling (30 Prozent) pro Pfund Sterling angehoben, zusätzlich wurde eine Steuer auf Gewinnüberschüsse eingeführt. Zwischen 1914 und 1918 verdreifachte sich das Aufkommen aus Einkommens- und Vermögenssteuern von 3,0 Prozent auf 9,6 Prozent des BIP, aber das reichte bei weitem nicht aus, um einen Krieg zu finanzieren, der mindestens 50 Prozent des BIP verschlang. Daher wurde die Wette oder Hypothek auf die Zukunft erhöht: Im Jahr 1914 belief sich die Staatsverschuldung auf 706 Millionen Pfund Nennwert, stieg bis 1916 auf 2190 Millionen Pfund und bis 1919 auf 7481 Millionen Pfund.

Die Kriegsanleihen, die an der Londoner Börse ausgegeben wurden, waren eine große Propagandaaktion mit ausgefeilten Werbeslogans: »The British sovereign will win« (wörtlich: »Der britische *souvereign* wird siegen«) – ein Wortspiel, denn *souvereign* konnte sich auf eine britische Münze (ein Pfund Sterling), den Monarchen (Souverän) und das souveräne Volk beziehen. Die ersten Anleihen, die im November 1914 angekündigt wurden, hatten einen Umfang von 350 Millionen Pfund mit 3,5 Prozent Nominalzins. Eine zweite Anleihe folgte im Juni 1915 im Umfang von 901 Millionen Pfund mit einem Zinssatz von 4,5 Prozent. Um die Käufer von den rosigen Zukunftsaussichten zu überzeugen, wurde den Inhabern der ersten Anleihen die Möglichkeit eingeräumt, ihre Wertpapiere umzutauschen; bei der dritten Anleihe im Juni 1917, die mit 5 Prozent verzinst wurde, galt dieselbe Regelung. Später wurde diese Praxis heftig kritisiert: Waren die Anleihegläubiger überbezahlt worden? Der damalige Premierminister David Lloyd George räumte später ein, die hohen Renditen der Kriegsanleihen hätten das Geld »für alle Unternehmungen, ob in Industrie, Handel oder Staat« verteuert.[226]

Der schottische Politiker der Independent Labour Party, Tom Johnston, der 1931 kurzzeitig Minister des Kabinetts war und im Zweiten Weltkrieg als Minister für Schottland ins Amt zurückkehrte, verfasste im Jahr 1934 eine vernichtende Anklage gegen die »Financiers«. Er zitierte die überschwänglichen Schlagzeilen der Finanzpresse in Kriegszeiten (»Das Geld kommt endlich zu seinem Recht«) als Beispiel für die Umtriebe der »Lenker der Geldmacht, der Männer, die ihre Forderungen an ihre Landsleute kaltblütig mit jedem deutschen Vorstoß im Feld und mit jeder deutschen U-Boot-Schlacht auf See erhöhten; der Männer, die das Entstehen von Hunderten von Millionen unnötiger Schulden organisierten; der Männer, die die Zinssätze aufblähten«.[227] Das Buch wurde von dem altgedienten Sozialdemokraten Sidney Webb ausdrücklich empfohlen.

Großbritannien und seine Alliierten deckten ihren Kriegsbedarf auf anderen Wegen – aber auch diese basierten auf der Verlockung hoher Zinssätze, durch die Wertpapiere an ausländische Käufer verkauft werden sollten. In den ersten Kriegsjahren wurde der britische Schuldenzuwachs hauptsächlich durch die Ausgabe kurzfristiger Anleihen gedeckt, aber 1915 schien eine andere Möglichkeit unvermeidlich. Das Land wurde von einer Debatte über den Mangel an Granaten erschüttert, der die Militäroperationen einschränkte. Das Mittel dagegen war brutal offensichtlich: Der Verbrauch musste dringend reduziert werden. John Maynard Keynes, inzwischen Beamter beim Finanzministerium, schrieb in einem Memorandum, »wenn private Einkommen nicht konfisziert werden sollen, ist die *Alternative* eine verkleinerte Armee und weitere finanzielle Unterstützung durch Verbündete«.[228] Die Beschränkungen könnten aufgehoben werden, wenn man Geld importierte, um die Ressourcen zu bezahlen. Der Dollarkurs verschlechterte sich gegenüber dem britischen Pfund ab Dezember 1914, als die britischen Handelsdefizite zunahmen. Zunächst konnte Großbritannien das Handelsdefizit durch den Verkauf von ausländischen Wertpapieren begleichen, die von der Regierung beschlagnahmt worden waren. Als diese Quelle versiegte, nahm Großbritannien international Kredite auf. Die ersten Erfahrungen waren entmutigend: Eine große anglo-französische Anleihe, die Ende 1915 auf dem US-amerikanischen Markt ausgegeben wurde, enttäuschte die Erwartungen, weil die Hearst-Presse sowie prodeutsche und proirische Gruppen, vor allem im Mittleren Westen, dagegen polemisierten, obwohl die nominale Rendite hoch war (5,46 Prozent) und die effektive Rendite durch den festgelegten Ausgabepreis bei 6,75 Prozent lag.[229] Erst nach dem Kriegseintritt der Vereinigten Staaten im April 1917 zeichnete sich eine wirklich bessere Möglichkeit ab: Das US-Finanzministerium forderte die Amerikaner dringend dazu auf, als patriotische Geste »Liberty Bonds« zu kaufen – Freiheitsanleihen. Die erste Emission am 28. April 1917, nur wenige Tage nach der Kriegserklärung, verlief relativ enttäuschend (und bot nur eine Rendite von 3,5 Prozent). Die dritte und vierte Emission mit einer höheren Rendite (4,25 Prozent) waren spektakulär erfolgreich. Im Verlauf des Krieges konnte das Vereinigte Königreich auf dem US-amerikanischen Markt so 1292 Millionen Pfund aufbringen.

Frankreich, das sowohl bei Großbritannien als auch bei den Vereinigten Staaten Kredite aufnahm, verschaffte sich schon in den ersten Monaten des Konflikts Zugang zu den ausländischen Schuldenmärkten. 1915 hatte sich Großbritannien bereit erklärt, nicht nur Frankreich finanziell zu unterstützen, sondern auch Italien (quasi als Bestechung, damit das Land in den Krieg eintrat) sowie ein zunehmend verzweifeltes Russland.

In Frankreich galten deutlich niedrigere Steuersätze als in Großbritannien: Vor dem Krieg hatte es gar keine Einkommenssteuer gegeben. Sie wurde 1914 eingeführt und trat erst 1916 in Kraft, und zwar mit relativ niedrigen Steuersätzen (2 Prozent, für untere Einkommensgruppen ermäßigt). Wie in Großbritannien wurden auch in Frankreich Steuern auf Kriegsgewinne erhoben.

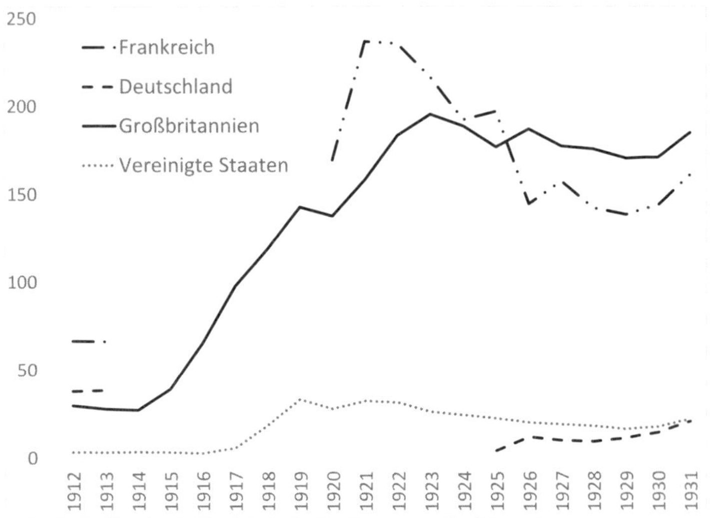

Abb. 3.1: Staatsverschuldung als Anteil des BIP 1912-1931

Auf der anderen Seite der Schützengräben sah die Lage etwas anders aus (siehe Abbildung 3.1). Im Gegensatz zu Frankreich und Großbritannien hatte Deutschland keinen leichten Zugang zu externer Finanzierung, obwohl einige deutsche Finanziers anfangs auf die Unterstützung von Deutschamerikanern in New York hofften. Ende März 1914 beliefen sich die öffentlichen Schulden in Deutschland auf weniger als zwei Fünftel des BIP und die Staatsverschuldung des Reichs auf weniger als 10 Prozent des BIP. Mehr als 90 Prozent der Reichsschulden waren in Form von langfristigen Darlehen aufgenommen worden. Deutschland schien seine Verschuldung niedrig zu halten. Der Schuldenzuwachs der Deutschen während des Krieges war zwar geringer als der des Vereinigten Königreichs, aber er war mit einer hohen Zinslast verbunden. Im Jahr 1919 machten die Kriegsschulden Deutschlands mehr als 50 Prozent des BIP aus; fast 40 Prozent davon waren kurzfristig. Die Zinszahlungen für die Schulden im Haushaltsjahr 1918 (April 1918 bis März 1919) verschlangen fast 80 Prozent der regulären Steuereinnahmen. Auffallend an der deutschen Staatsverschuldung ist, dass sie von Anfang an verschleiert wurde, sodass es unmöglich war, das Ausmaß der gemachten Versprechungen wirklich zu beziffern: ein dramatischer Gegensatz zur britischen Tradition, die die fiskalische Transparenz betonte und in der das große Volumen der Staatsverschuldung die Kreditkosten in die Höhe trieb. Gleich zu Beginn des Krieges gab die Regierung auf der Grundlage eines Dekrets vom 4. August 1914 Darlehenskassenscheine in kleiner Stückelung aus, die fiktiv durch gewerbliche und landwirtschaftliche Vermögenswerte besichert waren: Sie kamen einer praktischen Parallelwährung gleich, tauchten aber in den Statistiken über die konsolidierte Verschuldung oder die Ausgabe von Banknoten nicht auf.

Im Gegensatz zu den Westmächten, die während des Krieges die Steuersätze massiv erhöhten, waren in Deutschland die wichtigsten neuen Einkommens- und Vermögenssteuern erst kurz vor dem Krieg eingeführt worden. Im Jahr 1913 verabschiedete der Reichstag eine einmalige Rüstungsabgabe (den Wehrbeitrag), die auf Vermögenswerte erhoben wurde, von 0,15 Prozent für kleine Vermögen bis 1,5 Prozent in der Spitze auf das Einkommen, mit 1 bis 8 Prozent gestaffelt. Während des Krieges brachen die Einnahmen des Zentralstaates weg, die sich in Friedenszeiten weitgehend auf Zollzahlungen gestützt hatten. Der Staatssekretär im Reichsschatzamt (Finanzminister) erklärte 1915 vor dem Reichstag, weitere Steuererhöhungen seien weder sinnvoll noch wünschenswert. Die Kriegsgewinnsteuer kam spät, erst im Jahr 1916, und wurde von Steuern auf Tabak und Zigaretten begleitet; die Steuersätze wurden 1917 erhöht, und auch die Zentralbank wurde mit einer Steuer belegt.

Finanzminister Karl Helfferich war ein wichtiger Verfechter der Theorie, Deutschland gehe aus einer einzigartigen Position finanzieller Stärke heraus in den Krieg. Diese Ansicht vertrat er auch noch am Ende des zweiten vollen Kriegsjahres. Er wählte Anleihen anstelle von Steuern, um Deutschlands Macht bei der Mobilisierung von Ressourcen zu demonstrieren: Die Möglichkeit, Anleihen zu verkaufen, kam einem öffentlichen Vertrauensbeweis gleich und band die wohlhabenden Klassen in die Geschicke des Vaterlandes ein. Im März 1915 sagte er vor dem Reichstag über die Ausgabe der vierten Kriegsanleihe, diese sei:

> Eine Schlacht, die für den Ausgang dieses Völkerringens, das ja nicht nur mit den Waffen des Krieges, sondern auch mit den Waffen der Wirtschaft und den Finanzen ausgefochten wird, von nicht leicht zu unterschätzender Bedeutung sein wird. Der Feind hat erkannt, worum es sich für ihn und für uns handelt. Wir haben bisher im finanziellen Kampf allen die Spitze geboten; keiner der Gegner hat das Maß unserer Leistungen auch nur annähernd erreicht. Wir haben ohne alle Kunstgriffe mit steigendem Erfolge in drei gewaltigen Anleihen rund 25 Milliarden Mark aufgebracht. Frankreich hat in seiner einzigen großen inneren Anleihe, der sogenannten Siegesanleihe, noch keine 10 Milliarden Mark seiner Kriegsausgaben konsolidieren können; England hat durch konsolidierte Anleihen bisher 18 bis 19 Milliarden gegen unsere 25 Milliarden aufzubringen vermocht. Englands erste Anleihe haben wir mit dem Ergebnis unserer zweiten, seine zweite Anleihe mit dem Ergebnis unserer dritten Anleihe geschlagen. Auf unsere dritte Anleihe hat England, dessen zweite schon im Juni vorigen Jahres ausgegeben wurde, bisher eine dritte nicht folgen lassen. Seine kurzfristigen Schulden wachsen ins Ungemessene; sie werden Ende dieses Monats, einschließlich der fünfjährigen Amerikaneranleihe, nicht weit von 15 Milliarden entfernt sein, vielleicht liegen sie bereits jenseits. […] Trotzdem zögert und stockt der englische Schatzsekretär.[230]

Sein berühmtestes Versprechen war, dass der Konflikt das siegreiche deutsche Volk am Ende gar nicht viel kosten würde: Die besiegten Mächte würden für alles bezahlen.

> Meine Herren, wie die Dinge liegen, bleibt also vorläufig nur der Weg, die endgültige Regelung der Kriegskosten durch das Mittel des Kredits auf die Zukunft zu schieben, auf den Friedensschluss und auf die Friedenszeit. Und dabei möchte ich auch heute wieder betonen: wenn Gott uns den Sieg verleiht und damit die Möglichkeit, den Frieden nach unseren Bedürfnissen und nach unseren Lebensnotwendigkeiten zu gestalten, dann wollen und dürfen wir neben allen anderen auch die Kostenfrage nicht vergessen;
> (lebhafte Zustimmung)
> das sind wir der Zukunft unseres Volkes schuldig.
> (Sehr wahr!)
> Die ganze künftige Lebenshaltung unseres Volkes muss, soweit es irgend möglich ist, von der ungeheuren Bürde befreit bleiben und entlastet werden, die der Krieg anwachsen lässt.
> (Sehr wahr!)
> Das Bleigewicht der Milliarden haben die Anstifter dieses Krieges verdient;
> (sehr richtig!)
> sie mögen es durch die Jahrzehnte schleppen, nicht wir.
> (Sehr gut!)
> Meine Herren, ich verkenne dabei nicht, dass die ungeheure finanzielle Schwächung, die der Krieg in seinem bisherigen Verlaufe bereits über unsere Gegner gebracht hat, die Aufgabe, die ich eben bezeichnete, zu einer ganz besonders schwierigen gestalten wird.
> (Sehr richtig!)
> Aber was nach dieser Richtung hin geschehen kann, das wird getan werden.
> (Bravo!)[231]

Die Zahlung konnte in Form von Reparationen oder als Abtretung von Gebieten erfolgen. Helfferich gehörte zu einer Gruppe, die sich nach dem Krieg ein Mitteleuropa unter Führung Deutschlands vorstellte, dem Belgien (vor allem wegen der Häfen) zugeschlagen würde; auch war er zunehmend an großen Gebieten in einer unabhängigen Ukraine interessiert, die den deutschen Nahrungsmittelbedarf decken sollten. Mit ähnlichen Versprechen konnte man auch Verbündete gewinnen und an sich binden: Im Februar 1917 bot Deutschland Mexiko in der berüchtigten Zimmermann-Depesche die Gebiete von Texas, Neu-Mexiko und Arizona an, wenn Mexiko sich Deutschland in einem künftigen Krieg mit den Vereinigten Staaten anschloss. Gleichzeitig sollte das Geld der Deutschen für eine zeitlich befristete Nutzung eingezogen werden:

> Meine Herren, es gilt, dem ganzen Volke klar zu machen, dass dieser Krieg mehr als irgendeiner zuvor nicht nur mit Blut und Eisen, sondern auch mit Brot und mit Geld geführt wird. Für diesen Krieg gibt es nicht nur eine allgemeine Wehrpflicht, sondern auch eine allgemeine Sparpflicht und eine allgemeine Zahlpflicht. (Sehr richtig!)
> Keiner darf sich entziehen, auch der Kleinste nicht. Der Verschwender notwendiger Lebensmittel und der Mammonsknecht, der sich nicht von seinen Ersparnissen trennen kann, ist um kein Haar besser als der Deserteur, der sich seiner Wehrpflicht entzieht.[232]

Diese spezielle Wehrpflicht erforderte also, dass man Kriegsanleihen zeichnete. Die erste Serie im Jahr 1914 hatte eine Nominalrendite von 5 Prozent und konnte nach zehn Jahren in reguläre 4-Prozent-Anleihen umgewandelt werden. Sie war ein Erfolg, und Helfferich (damals noch bei der Deutschen Bank) erklärte, sie habe doppelt so viel Geld eingebracht wie erwartet. Im Februar 1915 wurde die

Aktion wiederholt. Im April 1915 versuchte man so auch in den Vereinigten Staaten 10 Millionen US-Dollar aufzubringen, scheiterte damit jedoch, und es blieb bei einem einmaligen Versuch. Der Deutsche Überseedienst verbreitete Helfferichs Reichstagskommentar in New York.[233] Der erfolgreiche deutsche Bankier Max Warburg beeinflusste seinen einflussreichen jüngeren Bruder Paul, der in die Vereinigten Staaten ausgewandert war und dort zum Mitbegründer des Federal-Reserve-Systems wurde. Die *New York Times* berichtete relativ positiv über die deutsche Anleiheemission, stellte aber fest, die Nachfrage aus dem Ausland sei mäßig gewesen.[234] Das *Wall Street Journal* berechnete die täglichen Kriegsausgaben mit etwa 8 Millionen US-Dollar für Deutschland und 4 Millionen US-Dollar für Österreich-Ungarn, verglichen mit 10 Millionen US-Dollar für Großbritannien, 8,65 Millionen US-Dollar für Frankreich und 8,5 Millionen US-Dollar für Russland.[235] Mit der Versenkung der Lusitania am 7. Mai 1915 verschwand jede realistische Chance für Deutschland, den New Yorker Geldmarkt anzapfen zu können.

Das Scheitern der österreichischen Kriegsanleihe zu Beginn des Jahres 1915 wurde hingegen allgemein als Zeichen gewertet, dass das alte Habsburger Kaiserreich zerfiel. Vor allem tschechische Industrielle und Großgrundbesitzer kauften nur in symbolischem Umfang, obwohl sogar der Klerus von den Kanzeln zu patriotischen Opfern aufrief.[236]

Helfferich vertrat die Auffassung, dass Bestrebungen, Löhne und Gewinne zu beschränken, die Mobilisierungsanstrengungen unterminieren würden. Er wehrte sich vehement gegen die Vorschläge des Industriellen Richard Merton, den Ermessensspielraum der Hersteller bei der Preisgestaltung einzuschränken. Nachdem Merton offiziell eine lange Stellungnahme zur Preisgestaltung vorgelegt hatte, wurde er auf Erkundungsmission an einen besonders gefährlichen Frontabschnitt abkommandiert. Jede Alternative zum freien Markt würde, laut Helfferich, ein unmögliches »Maß an Selbstlosigkeit,

Pflichtgefühl und Unterordnung« erfordern. Eine neue Steuer würde es dem Deutschen Reich unmöglich machen, »in absehbarer Zeit einen neuen Krieg zu führen, es sei denn, er würde vollständig auf der Grundlage einer verstaatlichten Wirtschaft geführt«.[237] Steuern würden allzu deutlich an die Kosten und Leiden des Krieges erinnern – da war es besser, einen Krieg auf Pump zu führen, *Tod auf Raten, mort à credit* (so der Titel eines surrealen Romans von Louis-Ferdinand Céline aus dem Jahr 1936 über die Bedeutungslosigkeit der Existenz).

Nachdem man effektive Steuern ausgeschlossen hatte und extern auf keine weiteren realen Ressourcen zurückgreifen konnte, sei es, indem man neue Kredite im Ausland aufnahm oder den Krieg gewann, blieb die Inflation als einziger Weg, die Kosten des Konflikts zu bewältigen. Die Finanzierung des Krieges ging also in Deutschland nicht mit einem wesentlichen Anstieg des Realwertes der Staatsschulden einher: Der Krieg wurde durch die Abwertung von Währungsforderungen bezahlt. Diese Dynamik setzte sich auch in der Nachkriegszeit noch fort. Sie führte in Deutschland wie auch anderswo in Mitteleuropa, insbesondere in Österreich und Ungarn, zu Hyperinflationen.

Inflation und Hyperinflation

Der Hyperinflation hätte man nur durch eine politische Heldentat widerstehen können, bei der gleichzeitig bestehende Forderungen hätten gestrichen und reale steuerliche Belastungen eingeführt werden müssen. Nur ein einziges Land, die neu gegründete Tschechoslowakei, versuchte das tatsächlich – und mit Erfolg, auch wenn die steuerlichen Maßnahmen unpopulär waren und der zuständige Finanzminister, der konservativ-liberale Ökonom Alois Rašín, im Jahr 1923 ermordet wurde. Rašín beklagte sich im Januar 1919 bei

Außenminister Edvard Beneš: »Das Volk glaubt, Freiheit bedeute, keine Steuern zahlen zu müssen, niemand macht sich daran, die Steuerpolitik umzusetzen, und ich weiß nicht, wie ich so weitermachen soll. Der Staat ist in Gefahr, weil der größte Teil der Gesellschaft von ihm erwartet, dass er alle Probleme auf wundersame Weise löst. Alle wollen Arbeit und Versorgungszahlungen, kurz gesagt, sie wollen, dass der Staat für ihren Lebensunterhalt zahlt.«[238] In der Tschechoslowakei war die Stabilisierung jedoch einfacher, da es eine große Gruppe von reichen Grundeigentümern gab, die als Ausländer betrachtet wurden, nämlich die aristokratischen und oft deutschsprachigen Gutsbesitzer der alten Monarchie, deren Land verstaatlicht und als Grundlage für die Stabilisierung verwendet werden konnte. Kurzum, es gab einen inneren Feind, der den Preis für Reformen und Stabilität zahlen konnte. Mit dem Enteignungsgesetz Nr. 215 vom 16. April 1919 wurden alle landwirtschaftlichen Flächen über 150 Hektar und andere Flächen (einschließlich Wälder) über 250 Hektar beschlagnahmt. Bis 1922 verloren 1730 Eigentümer insgesamt 1 229 688 Hektar landwirtschaftliche Flächen und 2 733 376 Hektar nichtlandwirtschaftliche Flächen, was 28,2 Prozent der tschechoslowakischen Staatsfläche entsprach. Ein Teil dieser Ländereien wurde wieder zurückgegeben, aber den größten Teil verkaufte der Staat an Kleinbauern, um so eine wohlhabende tschechische Bauernschaft zu schaffen.[239]

Inflationen ließen sich analog zur Kostenrechnung in Kriegszeiten rechtfertigen: Sie boten die Möglichkeit, Kosten auf jemand anderen abzuwälzen. Vor allem in Deutschland wurde diese Dynamik ausdrücklich diskutiert. Die Deutschen sahen ihre Inflation als Ausweg aus den Reparationsvereinbarungen. Reichskanzler Wilhelm Cuno gestand im Juli 1923, als die deutsche Hyperinflation ihren letzten Höhepunkt erreichte, im persönlichen Gespräch, dass »man natürlich zuerst die Reparationszahlungen loswerden und sich danach um das Steuerproblem kümmern wollte«.[240] Selbst beim Inflationsprozess wurden zunächst leichtgläubige ausländische Investoren zum Kauf deutscher Papierbanknoten verleitet, die erwarteten, dass sich der Wechselkurs gewinnbringend erholen würde. Im Oktober 1921 prangerte das *Wall Street Journal* einen »gigantischen Betrug« an, bei dem Banknoten im Wert von 50 Milliarden Mark in den Besitz US-amerikanischer Investoren gelangten, für die sie wertlos waren.[241]

Die mitteleuropäischen Nachkriegsinflationen und -hyperinflationen hatten zwei grundlegende Ursachen: eine niedrige Sparquote (als Folge der kriegsbedingten Veränderungen in der Einkommensverteilung) und eine schlechte Geld- und Finanzpolitik. Durch den Weltkrieg waren die Realeinkommen erodiert und die Sparquote drastisch gesunken. Gleichzeitig konnten die Deutschen jedoch, zumindest eine Zeit lang, ihren Lebensstandard aufrechterhalten und verbuchten große Handelsdefizite. Diesen Luxus konnten sie sich leisten, weil Investoren aus dem Rest der Welt ihr Geld in deutsche Vermögenswerte investierten: Devisen, Wertpapiere, Immobilien.[242] Britische und US-amerikanische Investoren setzten auf einen deutschen Aufschwung. Schließlich war Deutschland vor 1914, neben den Vereinigten Staaten, eine der beiden stärksten Volkswirtschaften der Welt gewesen. Erst relativ spät im Verlauf der deutschen Inflation, nämlich im Sommer 1922, erkannten die Ausländer, dass Deutschland wahrscheinlich nicht alle Schulden gegenüber dem Ausland (einschließlich der Reparationszahlungen, die die Alliierten im Rahmen des Versailler Vertrags einforderten) würde zurückzahlen können. Im Sommer 1922 unterstrich ein politisches Ereignis – die Ermordung von Außenminister Walther Rathenau (am 24. Juni 1922) –, wie politisch instabil die Republik war. Von diesem Zeitpunkt an hatte man im Ausland kein Interesse mehr an deutschen Vermögenswerten. Der große Kapitalfluss der frühen Jahre kam plötzlich zum Erliegen. Die Mark stürzte ab. Bei den Diskussionen der Deutschen über die Inflation ging es viel um die Beziehungen Deutschlands zu einer Außenwelt, die man zunehmend als feindlich und böswillig empfand. Ab Anfang 1923 verlor die Regierung die Kontrolle über die Preisentwicklung gänzlich, nachdem Deutschland keine Reparationskohle geliefert hatte und Frankreich mit einer militärischen Besetzung des Ruhrgebiets reagierte, um Kohle und andere Ressourcen zu beschlagnahmen. Die deutsche Regierung bezahlte daraufhin Arbeiter und Unternehmen im Ruhrgebiet dafür, dass sie *nicht* arbeiteten, und damit ließ sich die Steuerlücke endgültig nicht mehr schließen.

Die zweite treibende Kraft der Inflation war also die Politik der deutschen Regierung und der Reichsbank. Beide reagierten sehr empfindlich auf politische Erwägungen. Bei beiden machte man sich Sorgen, dass eine steigende Arbeitslosigkeit die prekäre politische Ordnung destabilisieren könnte. Daher war man bereit, in der Steuer- und Geldpolitik alles zu tun, um jeglicher Konjunkturabschwächung entgegenzuwirken. Die Regierung häufte hohe Haushaltsdefizite an, um die Beschäftigung bei Eisenbahn und Post aufrechtzuerhalten, die sich im Staatsbesitz befanden, und mehr Kaufkraft zu schaffen. Sie suchte nach immer neuen und ausgeklügelten Wegen, um wiederholt fiskalische Anreize zu setzen, die dann von der Zentralbank monetisiert wurden. Die großen Industrieunternehmen forderten indessen weiterhin billige Kredite von der Deutschen Reichsbank, und zwar zu niedrigen Zinssätzen, die, in realer Rechnung, rasch grotesk negativ wurden: Der Diskontsatz der Reichsbank lag bis zum Sommer 1922 bei gerade einmal 5 Prozent. Der Präsident der Reichsbank, ein älterer preußischer Bürokrat namens Rudolf Havenstein, brüstete sich damit, dass er es mithilfe neuer Druckereien (132 Betriebe sowie die bankeigenen Einrichtungen), Druckplattenhersteller (29) und Papierfabriken (30) schaffte, den enormen Bedarf an neuem Geld zu decken. Er fand immer raffiniertere Möglichkeiten, um die Kreditvergabe der Banken an Großunternehmen mit immer zweifelhafteren Sicherheiten zu fördern. Und er wurde nicht müde, zu erklären, es sei eine patriotische

Pflicht, die Gelddruckmaschinen laufen zu lassen. Die Reichsbank hielt also ihren Zinssatz auf einem ausreichend niedrigen Niveau, damit die deutsche Wirtschaft weiter expandieren konnte. Heute würde man ein solches Vorgehen wohl »Havenstein-Put« nennen, entsprechend dem »Greenspan-Put« im frühen 21. Jahrhundert.

Auf längere Sicht vernichtete die Inflation die Ersparnisse der Deutschen und machte die Wirtschaft der labilen Weimarer Demokratie anfällig für weitere Schocks. Sie hatte auch dramatische psychologische Folgen für Öffentlichkeit und Politik. Der Versuch, die Verlierer der deutschen Inflation zu entschädigen, indem man einige Vermögenswerte aufwertete, andere jedoch nicht, brachte Gruppen gegeneinander auf und führte zu der Überzeugung, in der Politik gehe es um Verhandlungen zwischen organisierten Interessengruppen.

Die ständigen Preisänderungen, die dramatische Geschichte von Vermögen, die durch Spekulationen gewonnen und wieder verloren wurden, machte das einfache Volk in Deutschland und Mitteleuropa verletzlich und neurotisch. Auch die Beziehungen zwischen den Geschlechtern veränderte der Preiswahnsinn. Männer betrachteten Frauen und Frauen betrachteten Männer nun als grundlegend berechnend, materialistisch und verloren jede romantische Illusion.[243] Geld allein zählte. Die Ungewissheit durch die Inflation schürte den Antisemitismus, weil sie uralten Klischees über die jüdische Vorherrschaft im Finanzwesen in die Hände spielte. Später kamen scharfsinnige Beobachter wie der Wissenschaftler und Schriftsteller Elias Canetti zu dem Schluss, die Große Inflation habe den Holocaust erst möglich gemacht, indem sie eine Welt erschuf, in der große Zahlen unwirklich und unverständlich erschienen.[244] Bürokraten notierten unvorstellbar große Summen, ohne über die menschlichen Folgen nachzudenken.

Der genaue Mechanismus, der dazu führte, dass instabile Preise destruktives und letztlich mörderisches soziales Verhalten zur Folge hatten, ist eine nähere Betrachtung wert. In stabilen Zeiten sollte bei einer kommerziellen Transaktion der Preis für alle Partner fair wirken und beide Seiten sollten von dem Austausch profitieren. Ich kaufe eine Mahlzeit, die meinen Hunger stillt, und der Gastwirt bekommt im Gegenzug Geld, das er zur Befriedigung seiner Bedürfnisse verwenden kann. Wenn sich die Preise ändern, bin ich verärgert, weil ich mehr bezahlen muss. Der Gastwirt ist verärgert, weil er mit dem Geld, das ich ihm gegeben habe, nicht mehr so viele Waren kaufen kann. Wir beide haben das Gefühl, dass wir bei dieser Transaktion schlecht weggekommen sind und dass wir von einer bösen Macht manipuliert wurden. Wir haben außerdem ein schlechtes Gewissen, weil wir andere ausnutzen, wenn wir unser Bargeld so schnell wie möglich loswerden wollen. Wir fangen an zu glauben, dass wir uns spekulativ und habgierig verhalten. Nichtjüdische Deutsche nahmen nach dem Ersten Weltkrieg inmitten der Währungsunruhen Tätigkeiten auf, die man bisher nur mit Juden in Verbindung gebracht hatte, verachteten sich dann selbst dafür, dass sie gegen traditionelle Normen verstießen, und externalisierten diese starken Emotionen, indem sie jene Gruppen verantwortlich machten, die mit Finanzen und Geld in Verbindung gebracht wurden. Eine weitere Bewegung wandte sich gegen die Mobilität, insbesondere über die neue Ostgrenze Deutschlands hinweg, und man behauptete, polnische und jüdische Händler aus dem Ausland würden die Deutschen ausnutzen; aber auch andere ausländische Touristen (aus Westeuropa oder den Vereinigten Staaten) schienen es sich in Berlin und anderen Vergnügungszentren für wenig Geld gutgehen zu lassen. Auch das rief Missgunst hervor.

Die Inflation zerstörte nicht nur ethische Werte, sondern untergrub auch die politischen Strukturen und höhlte sie aus. Deutschland war (und ist) ein föderaler Staat. Im Föderalismus muss genau geregelt sein, wie Einnahmen und Ausgaben verteilt werden. Die ständige Unsicherheit über den realen Wert von Steuern und staatlichen Zahlungen, die während einer Inflation entsteht, erzeugt bei den Gebietskörperschaften dasselbe Gefühl, schlecht wegzukommen, das die einzelnen Menschen verspüren. Die Steuereinnahmen scheinen ins Zentrum zu wandern – nach Berlin oder nach Moskau (im Fall der zerfallenden Sowjetunion in den späten 80er und frühen 90er Jahren) oder nach Belgrad (im Fall des unter Druck stehenden Jugoslawien). Gleichzeitig scheint es so, als bestünde ein Zusammenhang zwischen der Höhe von Geldzuweisungen und der räumlichen Nähe zum Sitz der Bundesregierung. Solche Interpretationen schüren separatistische Bestrebungen. Im Jahr der Hyperinflation versuchte Sachsen, sich unter einem linksradikalen Regime (mit Unterstützung der »Proletarischen Hundertschaften«) vom Reich zu lösen, während Bayern sich nach rechts radikalisierte (und im November 1923 einen Putschversuch durch Adolf Hitler erlebte). Separatisten im Rheinland strebten indessen ein eigenes Abkommen mit Frankreich an.

Berechnungen über den Zugang zu Krediten und zur staatlichen Druckerpresse verstärken den separatistischen Drang. Die Deutsche Reichsbank vergab Kredite zu stark negativen Realzinsen: Das kam einer Subvention gleich. Aber nur Unternehmen, die ihre nationale Bedeutung und ihre Nähe zum politischen Geschehen in Berlin geltend machen konnten, hatten eine Chance, diese Subvention zu erhalten. Alle anderen hatten das Nachsehen.

Mit zunehmendem politischem Zerfall wird die Steuererhebung immer schwieriger – insbesondere in den weiter entfernten oder abgelegenen Regionen –, und auch die Zuteilung der Staatsausgaben bricht zusammen. So wird es für die Regionalverwaltungen sehr reizvoll, neue Steuermechanismen zu erfinden.

Die Dynamik, die im Spätsommer und Herbst 1923 Deutschland an den Rand des Zusammenbruchs brachte, führte am Ende des Kalten Krieges zum Zerfall sowohl der sowjetischen als auch der jugoslawischen Föderation. Die Menschen horteten, da Bargeld- oder Kredittransaktionen nicht mehr durchführbar waren oder man ihnen nicht mehr vertrauen konnte: Als Folge stellte die Ukraine ab 1990 die Lieferung von Lebensmitteln an Russland ein. Die Notenbanken begünstigten Unternehmen, die gut vernetzt waren. Die föderale Zentralregierung machte die Außenwelt oder die internationale Gemeinschaft für all das Chaos und die Unruhen verantwortlich. Für die serbische Regierung waren es die internationalen Sanktionen, die die Inflation ausgelöst hatten. Nach dem Zusammenbruch der Sowjetunion kam schnell das Narrativ auf, die Russen seien einer Strategie des Kalten Krieges durch Russlands Feinde zum Opfer gefallen, die mit Verrätern in der sowjetischen Führung unter Michail Gorbatschow zusammengearbeitet und sich an den Westen »verkauft« hätten. Wie Serben und Russen die Inflation und die wirtschaftliche Verwundbarkeit erklärten, erinnert stark an die ständige Behauptung, die sowohl die Führung in der Weimarer Republik als auch die zunehmend radikale Opposition gegen das »System« vorbrachten: Ausländische Mächte oder die internationale Ordnung hätten die Inflation durch die unvorstellbar hohen Reparationsforderungen verursacht. Die Inflation führte dazu, dass Minderheiten ins Visier gerieten, aber sie brachte auch die Wut über die Ungerechtigkeit der internationalen Ordnung zur Explosion.

Ohne eine groß angelegte Beschlagnahme nach tschechischem Vorbild konnte nur ein dramatischer wirtschaftlicher und politischer Zusammenbruch, wie er 1922 in Österreich und Ungarn und ein Jahr später in Deutschland eintrat, die Grundlage für eine erfolgreiche Währungs- und Finanzstabilisierung schaffen. In all diesen Ländern wurde eine Verstaatlichung diskutiert, aber abgelehnt – zum großen Teil mit dem Argument, ein solches Vorgehen werde es den Reparationsgläubigern zu einfach machen, Ressourcen zu beschlagnahmen. Besonders nachdrücklich vertraten dieses Argument natürlich jene, die Vermögenswerte besaßen. Die ganze Debatte hinterließ bleibende Spuren in der Politik: Die Vorstellung, dass die Beschlagnahme des Vermögens einer bestimmten Gruppe jedes fiskalische Problem lösen könnte, spielte der wachsenden antisemitischen Bewegung in die Hände. Sie bildete die Grundlage für die Enteignungspolitik der Nationalsozialisten.

Was als ökonomischer Denkfehler begann, endete in der katastrophalen Entfesselung einer Politik von Gewalt. Keiner ist für diese Entwicklung mehr verantwortlich als der Vordenker der letztlich gescheiterten Strategie der finanziellen Kriegsmobilmachung in Deutschland, Finanzminister Karl Helfferich.

Der überforderte Ökonom: Karl Helfferich

In Deutschland war man schon vor den Katastrophen des Ersten Weltkriegs und der Hyperinflation besessen von Geld und finanzieller Stabilität. Thomas Manns märchenhafter zweiter Roman *Königliche Hoheit,* der 1909 erschien, ist eine überspitzte Darstellung dieser dominanten deutschen Geisteshaltung. Er folgte auf seinen erstaunlichen Erstlingsroman *Buddenbrooks,* in dem es um den Verfall einer Kaufmannsfamilie geht. Das zweite Buch schildert zu Beginn den Niedergang eines fiktiven deutschen Kleinstaates, eines Großherzogtums, und seiner Wirtschaft. Am Ende steht eine überraschende optimistische Wendung zu einem Happy End. Der Staat wird gerettet, als der Fürst beginnt, Bücher über politische Ökonomie zu lesen, und damit eine amerikanische Erbin (deren Vater Andrew Carnegie nachempfunden ist) davon überzeugt, dass ihm wirklich das Wohl seines ganzen Volkes am Herzen liegt – so wie ihr. Sie heiratet ihn, die Anleiherenditen des Staates sinken, und der Wohlstand kehrt zurück.

Die politische Ökonomie war das Herzstück der deutschen Staatskunst: Aber was passierte, wenn die Wirtschaftsbücher falsch lagen?

Karl Helfferich wurde zum Hauptvertreter einer deutschen Einstellung zum Geld.

Helfferich wurde 1872 als Sohn eines Kaufmanns geboren, der in der wirtschaftlichen und politischen Hochstimmung nach der Reichsgründung im Jahr zuvor in seiner Heimatstadt Neustadt an der Weinstraße am Rande des malerischen Pfälzerwaldes eine Textilfabrik gegründet hatte. Der Sohn war also buchstäblich ein Produkt der unternehmerischen Begeisterung der Gründerzeit. Als Kind war er altklug und streitsüchtig und führte sich gegenüber seinen jüngeren Brüdern und Schwestern als Tyrann auf. Beim Spiel mit Zinnsoldaten soll er immer darauf bestanden haben, die deutsche Seite zu übernehmen.

Als erstes Mitglied seiner Familie studierte Karl Rechtswissenschaften in München und lernte dann über einen Freund der Familie Georg Friedrich Knapp kennen, unter dessen Leitung er nun promovierte. Knapp war Professor für politische Ökonomie in Straßburg, interessierte sich für Wirtschaftsgeschichte und verfasste im Jahr 1891 ein einflussreiches Werk über die *Staatliche Theorie des Geldes*. In diesem Werk beschrieb er mit einem eigentümlichen neuen Vokabular, dass dem Staat die Aufgabe obliege, Geld zu schaffen. Knapp bezeichnete sich selbst als Chartalist oder Nominalist, im Gegensatz zu den »Metallisten«, die behaupteten, Edelmetalle besäßen einen Eigenwert. Seine neue Sprache der Ökonomie leitete er aus dem Griechischen her, und sie bot sich für Spott und Parodie geradezu an. So etwa seine Stufentheorie der Geldentwicklung: »Die Hylogenese des Zahlungsmittels setzten wir voraus: nur hylische Zahlungsmittel lassen die pensatorische Verwendung zu. Dann tritt der Morphismus auf; nur morphische Zahlungsmittel können proklamatorisch sein und dadurch chartal werden. Nur bei chartalen Zahlungsmitteln endlich kann die hylische Grundlage verschwinden, nur sie können autogenisch werden.«[245] Knapp genoss außerhalb Deutschlands nie großes Ansehen, und es verschlechterte sich zunehmend, da Knapp weithin als einer der »intellektuellen Hauptfaktoren für die Katastrophe der Inflation verantwortlich« gemacht wurde, wie der Ökonom T.E. Gregory schrieb.[246] Howard Ellis kommt bei seinem Überblick über die deutsche Geldtheorie zu dem Schluss: »Wir sollten uns von der Staatstheorie niemals zu der Annahme verleiten lassen, dass das Gresham'sche Gesetz [dass minderwertiges Geld höherwertiges Geld vertreibt] manchmal direkt dem Willen der Staaten zuwiderläuft oder dass der Handel staatliches Geld gänzlich ablehnt, wenn es hoffnungslos unterbewertet ist.«[247]

Aber Knapps Vision vom Staat als Zentrum des Geldwesens passte zu einer zeitgenössischen Forderung, nach der die Staaten die Souveränität über das Geld haben sollten und Geld als Werkzeug im Kampf um die Macht galt. Diese Sicht taucht trotz all ihrer Probleme in regelmäßigen Abständen immer wieder auf – meist in Zeiten des Zweifels darüber, in welche Richtung sich die Globalisierung entwickelt. Knapps Argumentation, wie der Staat Geld erzeugt, und seine Erklärung der wunderbaren Folgen ähneln strukturell den heutigen Argumenten für die sogenannte Modern Monetary Theory oder MMT. Knapp betrachtete Geld auf zwei verschiedene Arten: zunächst einmal als inländische Währung, die er als autogenes Geld bezeichnete.

> Statt immer nur die Mängel des autogenischen Geldes hervorzuheben, sollte man doch gelegentlich auch daran denken, was es noch immer leistet: es befreit uns von unsern Schulden; wer aber seine Schulden los wird, der braucht nicht lange darüber nachzudenken, ob er einen Stoff empfangen habe oder nicht. Vor allem befreit es uns von den Schulden gegen den Staat, denn der Staat als Emittent erkennt mit allem Nachdruck an, dass er als Empfänger sich dies Zahlungsmittel gefallen lasse. Je mehr im Staate die Steuern bedeuten, desto mehr hat dieser Umstand zu sagen. Indem der Staat autogenische Zahlungsmittel schafft,

> gibt er diesen Mitteln die Macht der Schuldentilgung mit auf den Weg [...].

Zweitens gab es internationales (oder, wie Knapp es nannte, pantopolisches) Geld, das nur durch eine »Kursverwaltung« oder »exodronische Verwaltung« gesteuert werden konnte.[248] Die Vorstellung, dass es einen Zusammenhang zwischen inländischer Währungssituation und Wechselkursen gibt, lehnt Knapp strikt ab.

Zu dieser Analyse, die Ende des 19. Jahrhunderts entwickelt wurde, gibt es eine moderne US-amerikanische Entsprechung: die sogenannte Modern Monetary Theory. Ihr Kerngedanke ist die Vorstellung von einer monetären Souveränität. Die führende Vertreterin der MMT, die Wirtschaftswissenschaftlerin Stephanie Kelton, liefert dem zeitgenössischen US-amerikanischen Leser eine sprachlich abgespeckte Version der Knapp'schen Auffassung von den emanzipatorischen Vorteilen des inländischen Geldes, die sich unmittelbar daraus ergeben, dass es eine Verbindlichkeit des Staates ist. Kelton schreibt, Geld und Staatsschulden sollten nicht als Verbindlichkeiten des Staates betrachtet werden, welche die Bürger dazu zwingen, in der Zukunft höhere Steuern zu zahlen, sondern vielmehr als ein Vermögenswert, der es den Bürgern ermöglicht, ihre Träume zu verwirklichen. Der Teil mit den Verbindlichkeiten sei eine Fiktion, die keinerlei Bedeutung habe. »Wenn wir wollten, könnten wir die Verschuldung mit einem simplen Tastendruck sofort tilgen.« Und weiter: »[I]n Wahrheit könnte die gesamte Staatsverschuldung gleich morgen getilgt werden, ohne dass irgendjemand von uns auch nur einen einzigen Cent beisteuern müsste.« Die Ausgabenkapazität des Staates sei unendlich, begrenzt seien nur die produktiven Ressourcen der Wirtschaft: »Die Finanzierung ist keine Beschränkung; reale Ressourcen schon. Zur Schließung des Gesundheitsversorgungs-Defizits brauchen wir mehr praktische Ärzte, mehr Krankenpflegepersonal,

Zahnärzte, Chirurgen, medizinische Ausrüstung, Krankenbetten usw.«[249]

Doch dann folgt eine entscheidende Einschränkung: Kelton wird »exodronisch« wie Knapp. Sie behauptet, nur Staaten, die ihren Devisenmarkt selbst kontrollieren, könnten in den Genuss dieser wunderbaren Segnungen kommen. Da hört man Knapp durch! Das bedeutet, dass Staaten, die Kredite in ihrer eigenen Währung aufnehmen, einen womöglich unendlich großen Handlungsspielraum haben. Vor 50 Jahren konnten nur relativ wenige reiche Industrieländer langfristige Kredite in ihrer eigenen Währung aufnehmen. Alle anderen litten unter dem, was Barry Eichengreen und Ricardo Hausmann als »Ursünde« bezeichneten: Die Märkte hatten kein Vertrauen in die Solidität der Währung, und die Länder mussten Schulden in Auslandswährungen aufnehmen.[250] Heute können viele Staaten mit mittlerem bis gehobenem Einkommen, wie zum Beispiel Mexiko, langfristige Kredite in eigener Währung aufnehmen. Doch das Problem hört nicht bei der Schuldenaufnahme der Staaten auf: Wenn eine wirtschaftlich wichtige Gruppe von Unternehmen in erheblichem Umfang Kredite aufnimmt, kann die drohende Zahlungsunfähigkeit den Staat implizit dazu verpflichten, Geld zur Rettung bereitzustellen. So gesehen haben die meisten, vielleicht sogar alle Länder mit Ausnahme der Vereinigten Staaten keine echte Währungssouveränität mehr, und die MMT wird zu einer rein US-amerikanischen Möglichkeit. Beim Vereinigten Königreich sieht es zum Beispiel zwar so aus, als habe das Land geldpolitische Souveränität laut dem MMT-Ansatz, allerdings laufen dort eine Menge privater Kredite in US-Dollar, durch die ein Risiko aus Verbindlichkeiten in einer Fremdwährung entsteht, deren Wert die britische Regierung nicht beeinflussen kann. Die Situation in den Vereinigten Staaten ist eine völlig andere. Das langfristige Handelsdefizit der USA ist nach dieser Sichtweise kein Problem, sondern ergibt sich einfach aus dem Wunsch der übrigen Welt, Dollar zu besitzen. Wenn es dort im privaten Sektor ein Defizit gibt, dann ist es darauf zurückzuführen, dass die Regierung zulässt, dass dieses Defizit das Handelsdefizit überschreitet. Es gibt also einen beträchtlichen Spielraum bei Haushaltsdefizit und Steuerausgaben. Auch hier handelt es sich um ein spezifisch US-amerikanisches Problem.

Gegen diese monetäre Analyse gibt es einen noch grundlegenderen Einwand als die Feststellung, dass sie nur in einer weitgehend geschlossenen Wirtschaft gelten kann. Im frühen 20. Jahrhundert wiesen Kritiker bereits darauf hin, dass Knapp die Frage einer Begrenzung der Geldmenge völlig außer Acht gelassen hatte: Howard Ellis stellte begründet fest, die Arbeit sei »steril«.[251] Doch diese Sterilität sollte weitreichende – und katastrophale – Folgen haben.

Unter Knapps Betreuung verfasste Helfferich eine Dissertation, die er unter dem Titel *Die Folgen des deutsch-österreichischen Münz-Vereins von 1857* veröffentlichte. Knapp war von seinem Schüler begeistert und empfahl ihn seinem ehemaligen Studenten Karl von Lumm, der Leiter der Statistischen Abteilung der Reichsbank und damit Chefökonom der Bank war. Was die Persönlichkeit betraf, hätte sich Helfferich nicht stärker von Knapp unterscheiden können. Während der sanftmütige und weltfremde Knapp mit seinem professoralen Bart gerne in seinem absurden Lexikon neu geprägter Wirtschaftsbegriffe schwelgte, wollte der kahlgeschorene Helfferich stets im Zentrum des Geschehens stehen. Er war ein durch und durch politischer Mensch. Knapp lebte zufrieden als Professor in Straßburg, weit weg vom politischen Zentrum; Helfferich hingegen wollte unbedingt nach Berlin und an die Schaltstellen der Macht. Er entwickelte sich rasch zu einem begabten und energischen Propagandisten für den Goldstandard, der damals von Populisten und Landwirten kritisiert wurde, die eine Silberwährung und steigende Preise wollten, weil sie hofften, so ihre Schuldenlast verringern zu können. Dies führte zu einem Bruch mit Knapp, der sich weniger für Gold begeisterte. Der junge Mann schrieb mit enormer Geschwindigkeit, diktierte im »Maschinengewehrtempo« und entwickelte ein erhebliches Talent für Polemik, die Knapp sehr missfiel (und vor der er ihn warnte). Helfferich erkannte zutreffend, dass ein freies Prägerecht für Silbermünzen das Grundproblem der deutschen Getreidebauern – die hohen Kosten – nicht lösen würde, und führte eine recht argumentative Diskussion über deutsche Preise, Löhne und Kreditkosten. Er war der Meinung, dass die Aufhebung des Goldstandards zu »den verhängnisvollsten wirtschaftlichen und sozialen Katastrophen führen müsste«.[252] Die Schärfe der Polemik gegen einen der führenden Bimetallisten, den konservativen Reichstagsabgeordneten Otto Arendt, führte zu einer Verleumdungsklage und kostete Helfferich beinahe seine Habilitation. Nun bemühte er sich, seine wissenschaftliche Arbeit in einem systematischen Werk zusammenzufassen, einem Lehrbuch über Geld.

Helfferichs *Das Geld* war höchst einflussreich und wurde mehrfach neu aufgelegt und ständig überarbeitet, um den dramatischen Veränderungen der monetären Realitäten bis zu den frühen 1920er-Jahren Rechnung zu tragen: Die letzte Überarbeitung erfolgte im Jahr 1923, als in Deutschland die Hyperinflation wütete. Das Buch ist in vielerlei Hinsicht eine kontinuierliche Auseinandersetzung mit der Weltsicht Knapps, wobei Helfferich konsequent für den Goldstandard plädierte, dessen Ursprünge das Hauptthema seiner historischen Arbeit gewesen waren.

Das Besondere an dem Werk ist, dass es Geld im Wesentlichen als Ware behandelt, die den nationalen und internationalen Handel erleichtert und damit Analogien zum Transportwesen aufweist. Mit dem Grenznutzen hielt er sich nicht lange auf: Stattdessen diene Geld »der Bedürfnisbefriedigung in derselben Weise, wie alle anderen Arten von Mittelsgütern«.[253]

Helfferich versuchte mehrfach, in Knapp'scher Manier eine ideale Geldordnung zu definieren, die keine sozial und politisch destabilisierenden Störungen hervorrufen würde.

> Veränderungen des Geldwertes sind mithin – einerlei nach welcher Richtung hin sie erfolgen – geeignet, bedenkliche Verschiebungen in der Einkommens- und Vermögensverteilung, Erschütterungen der Grundlagen einer jeden wirtschaftlichen Kalkulation und damit erhebliche Störungen im ganzen Wirtschaftsleben hervorzurufen. Sowohl im allgemeinen Interesse der Volkswirtschaft, als auch aus Gründen der Gerechtigkeit erscheint deshalb die möglichste Stabilität des Geldwertes, d. h. die möglichste Unveränderlichkeit der auf Seiten des Geldes wirksamen Bestimmungsgründe für die Austauschverhältnisse, als das erstrebenswerte Ziel. [...] Je weniger sich in den tatsächlichen Vorgängen und Erscheinungen ein Einfluss des Geldes nachweisen lässt, je indifferenter das Geld für den Gang des Wirtschaftslebens ist, desto mehr nähert sich das Geld dem Ideale, das man vulgär als »Unveränderlichkeit des Geldwertes« bezeichnet.[254]

Eine Papierwährung mochte theoretisch wünschenswert sein, da sie die Möglichkeit bot, eine wertbeständige Währung zu schaffen, die von den Unwägbarkeiten der Edelmetallfunde abgeschirmt war. Doch in der Praxis, so schrieb er in den frühen Fassungen des Werkes (in einem Wortlaut, der bis zur letzten Auflage und den Erfahrungen mit der Papiermark und der deutschen Großen Inflation beibehalten wurde):

> Die auf der Seite des Geldes vor sich gehenden Veränderungen werden also bei einer Papierwährung im allgemeinen unmittelbarer und infolgedessen stärker auf die Austauschverhältnisse zwischen dem Gelde und den übrigen Verkehrsobjekten einwirken als bei einer durch eine zweckmäßig geordnete Bankverfassung ergänzten metallischen Währung.[255]
>
> Im Gegensatze zu den metallischen Währungen haben wir in der Papierwährung eine Geldverfassung kennen gelernt, die, rein

> theoretisch betrachtet, die Regulierung des Geldwertes in die Hand der staatlichen Organe zu geben scheint. Die Geldversorgung ist in einer solchen Geldverfassung nicht abhängig von Vorgängen, die mehr oder weniger außerhalb unseres Machtbereiches stehen, wie etwa von der Höhe der Edelmetallgewinnung oder von den internationalen Edelmetallbewegungen; sie liegt vielmehr ganz im Belieben derjenigen Instanzen, welche die Ausgabe des Papiergeldes besorgen. An und für sich erscheint es mithin möglich, bei einer solchen Geldverfassung die Geldversorgung jederzeit in voller Übereinstimmung mit dem Geldbedarfe zu halten und so eine volle Stabilität des Geldwertes und eine gänzliche Indifferenz des Geldes in den wirtschaftlichen Vorgängen herbeizuführen.[256]

Das mochte verlockend erscheinen, und »in gewissem Sinne« bilde »das reine Papiergeld den äußersten Punkt in der Entwicklungsgeschichte des Geldes«, aber das Ergebnis werde die Interessenskonflikte und Verteilungskämpfe forcieren:

> In der Hand des Staates selbst ist die unbeschränkte Möglichkeit, aus nichts Geld zu machen, zu verlockend, als dass ein jeder Missbrauch zu fiskalischen Zwecken ausgeschlossen sein sollte. Dazu kommt, dass gerade in unserer Zeit der rücksichtslosen Verfechtung wirtschaftlicher Sondervorteile um die Regulierung des Geldwertes ein Interessenkampf entstehen würde, der bei dem Mangel eines objektiven Kriteriums von vornherein nicht durch Vernunft und Gerechtigkeit, sondern nur durch brutale Macht entschieden werden könnte. Auf der einen Seite würden alle, die Geld schulden, für eine möglichst starke Geldausgabe und die möglichste Verringerung des Geldwertes kämpfen, auf der anderen Seite würden alle Gläubiger und alle diejenigen, welche feste Gehälter, Renten und Löhne empfangen, an einer Hochhal-

> tung und Steigerung des Geldwertes interessiert sein. Der Kampf um den Geldwert müsste mehr als jeder andere wirtschaftliche Interessenkonflikt zur Demoralisation des wirtschaftlichen und gesellschaftlichen Lebens führen. Solche zerstörenden Kämpfe können vermieden werden – freilich nicht ganz, sonst hätte es ja niemals eine »Währungsfrage« gegeben –, wenn der Geldwert in Abhängigkeit von einem der Edelmetalle gesetzt wird, dessen Wertbildung außerhalb des Einflusses der wirtschaftlichen Parteien steht und dessen besondere Eigenschaften eine größere Sicherheit für eine annähernde Stabilität seines Wertes bilden, als sie bei einem anderen Gute bisher wahrscheinlich gemacht worden ist.[257]

Diese Passage nahm auf unheimliche Art vorweg, wie die Inflation später Interessengruppen stärkte, die dann Druck auf die Politik ausüben konnten: industrielle Interessenvereinigungen, Gewerkschaften und danach Bauernverbände. Sie konnten schwache Regierungen leicht unter Druck setzen – seien es Kriegsregierungen, die sich die fortgesetzte Unterstützung für den Krieg sichern wollten, oder die Regierungen der neuen Weimarer Republik, die mit der Enttäuschung und Desillusionierung durch einen verlorenen Krieg umgehen mussten.

Helfferich wechselte von der akademischen Welt erst in das deutsche Kolonialamt und dann zu der Großbank, die wegen der Ausweitung des deutschen Einflusses in Übersee enge Kontakte zur Regierung anstrebte: die Deutsche Bank. Nach 1906 wurde Helfferich zum Hauptverantwortlichen für die Berlin-Bagdad-Bahn, einem Projekt, das die Deutsche Bank finanzierte und vorantrieb. Im Dezember 1905 attackierte der Abgeordnete der katholischen Zentrumspartei Matthias Erzberger die deutsche Kolonialpolitik im Reichstag scharf, vor allem die Nordbahn in Kamerun, um die sich Helfferich umfassend gekümmert hatte und die er dann öffentlich verteidigte. Die Diskussion im Reichstagsausschuss hinterließ bei

Helfferich ein Gefühl der Verachtung für Erzbergers Demagogie und den starken Eindruck, dass der Parlamentarismus nur Ressourcen verschwendete und die Verwaltung behinderte.

Zu diesem Zeitpunkt schwärmte er von den Möglichkeiten, die Deutschland offenstünden. Im September 1912 wurde er durch eine euphorische Rede vor dem IV. Bankiertag in München überregional bekannt: »Im Büßergewand und Schmachtriemen ist noch nie ein Volk in der Welt vorangekommen. Dazu gehört Lebens- und Schaffensfreude, und die wollen wir uns nicht nehmen lassen.«[258]

Er beschäftigte sich weiterhin mit Statistik und Wirtschaftslehre – nicht zuletzt, um sich für das Potenzial Deutschlands starkmachen zu können. Der vierten Auflage von Helfferichs bahnbrechender Studie zum deutschen Volkseinkommen, die im Juni 1914 erschien, fügte er ein Vorwort hinzu, in dem es um die finanzielle Einsatzbereitschaft und Mobilisierung ging. Er schrieb darin:

> Was Wunder, wenn in unserer Zeit der stärksten Anspannung aller Kräfte in dem Kampfe um die nationale Selbsterhaltung und Weltgeltung auch die Finanzmacht in das große Spiel eingesetzt wurde, wenn die Nationen, die sich uns finanziell überlegen fühlten, diese Überlegenheit in ihr politisches Kalkül einstellten. Noch vor wenigen Jahren habe ich wiederholt aus dem Munde von Ausländern gehört: »Ihr Deutschen könnt die Partie finanziell nicht durchhalten!«[259]

Helfferich verglich Deutschland mit Frankreich, das sich seiner finanziellen Gewandtheit gerühmt hatte und nun durch die Militärausgaben belastet sah. Helfferich sah es als Aufgabe des Buches an, auf die deutsche Stärke hinzuweisen:

> Es ist geradezu ein Weltinteresse, dass die Illusion verschwindet, durch Mittel der finanziellen Politik könne erreicht werden, was

> bisher weder durch militärische Macht, noch durch Allianzen und Ententen zu erreichen war: die Niederkämpfung Deutschlands.[260]

Wenig verwunderlich betrachtete Helfferich den Frieden und den Versailler Vertrag, in dem Frankreich Deutschland zur Kasse bittet, als eine Fortsetzung des Krieges. In einer Neuauflage seines Lehrbuchs über *Das Geld* schrieb er:

> Aber der damals geschaffene »Friede« ist von keinem Anderen als dem Manne, der ihm das Gepräge gegeben hat, von Herrn Clémenceau als die »Fortsetzung des Krieges mit anderen Mitteln« bezeichnet worden.

Im Währungssystem träfen die verschiedenen politischen Interessen offen aufeinander:

> [S]tatt der durch das Geld zusammengehaltenen internationalen Geldverfassung der Vorkriegszeit haben wir ein chaotisches Nebeneinander nationaler Geldsysteme, denen in ihrer wechselseitigen Beziehung jeder Gleichgewichtspunkt fehlt.[261]

Helfferich wandelte sich nun zu einem Politiker der nationalistischen Rechten. Die nationalliberale Ausrichtung der Vorkriegszeit nahm nun eine untergeordnete Rolle ein: Von der alten Gesinnung blieb nur noch eine leidenschaftliche Ablehnung von Steuern. Mit seiner flüssigen Feder und seinem propagandistischen Talent inszenierte er Kampagnen gegen die großen Akteure der frühen Republik: »Es ist schwer, keine Satire auf das deutsche parlamentarische Regime zu schreiben«,[262] schrieb er und beschwor »das Bild des geachteten und gefürchteten deutschen Kaiserreichs […] das Glück unserer Vergangenheit und die Sehnsucht unserer Zukunft«.[263] Matthias Erzberger von der katholischen Zentrumspartei, der sich vor dem

Krieg gegen den Imperialismus ausgesprochen, Helfferich als Kolonialist beschimpft und als Kriegsfinanzminister angegriffen hatte, unterzeichnete nun den Friedensvertrag und erarbeitete danach ein finanzielles Stabilisierungsprogramm. Helfferich warf Erzberger vor, er sei persönlich unehrlich und ein Reichsverderber, und beendete seine Anklage mit der Frage: »Soll das Deutsche Reich und das deutsche Volk an dem Krebsschaden Erzberger zugrunde gehen?«[264] Es folgte ein Verleumdungsprozess, bei dem das mit nationalistischen Richtern besetzte Gericht zu dem Schluss kam, dass Helfferich viele seiner Vorwürfe des Interessenkonflikts belegt habe, und er wurde für seine Verleumdung nur zu einer geringen Geldstrafe von 300 Mark verurteilt. Erzberger war politisch zerstört und wurde wenige Monate nach dem Ende des Prozesses von zwei jungen Offizieren ermordet, die der terroristischen Organisation Consul angehörten.

Helfferich setzte seine Angriffe gegen die Weimarer Regierungen fort. Im Jahr 1922 wandte er sich insbesondere gegen Außenminister Walther Rathenau wegen dessen »Erfüllungspolitik«, die darin bestand, Reparationszahlungen zu leisten und um eine günstigere Regelung zu verhandeln. Am 23. Juni 1922 sagte Helfferich im Reichstag: »Eine deutsche Regierung, die ohne Ermächtigung des Reichstages wesentliche Bestandteile der deutschen Souveränität veräußert, gehört vor den Staatsgerichtshof!«[265] Am folgenden Morgen wurde Rathenau auf dem Weg zum Auswärtigen Amt ebenfalls von der Organisation Consul erschossen, als sein Wagen in Berlin-Grunewald um eine Kurve bog. Für die Regierung war Helfferich eindeutig der wahre Mörder. Der Ökonom nimmt danach wie gewohnt seinen Platz im Reichstag ein, obwohl der Reichstagspräsident ihm nahelegt, fernzubleiben. Reichskanzler Joseph Wirth richtete sich mit den abschließenden Worten seiner bewegenden Trauerrede für Rathenau an Helfferich und seine Partei: »Da steht der Feind, der sein Gift in die Wunden eines Volkes träufelt. – Da steht der Feind – und darüber ist kein Zweifel: dieser Feind steht rechts!«[266]

Die feigen Attentate, die vorhersehbar auf Helfferichs bösartige Rhetorik gefolgt waren, beendeten dessen Karriere nicht etwa – ganz im Gegenteil, er spielte in den letzten Phasen der deutschen Hyperinflation, die nach dem Rathenau-Attentat einsetzte, eine entscheidende Rolle, als er einen Stabilisierungsplan vorlegte, der eine neue Währung auf der Grundlage einer Hypothek auf die Roggenproduktion vorsah. Übergangsweise wurde Notgeld ausgegeben, doch letztendlich wurde eine konventionellere Form der Stabilisierung mit einer goldbasierten Währung eingeführt, die von einer Mitte-rechts-Koalition vorangetrieben wurde. Ohne eine neue Reparationsregelung, den Dawes-Plan von 1924, den Helfferich als »zweites Versailles« betrachtete und gegen den er weiterhin propagierte, wäre diese Stabilisierung nicht durchführbar gewesen. Helfferich schrieb: »Das deutsche Volk ist ohne Rettung verloren, wenn es heute diesen Fluch erneut auf sich lädt.«[267] In den ersten Monaten des Jahres 1924 hielt sich Helfferich wiederholt in Italien auf, vor allem aus gesundheitlichen Gründen, aber auch, um den italienischen Diktator Benito Mussolini zu besuchen. Am frühen Morgen des 24. April starb Karl Helfferich bei einem Eisenbahnunglück in der Schweiz, als sein nach Norden fahrender Expresszug Mailand–Basel mit dem Gegenzug Richtung Mailand zusammenstieß. Damit endete eine Karriere, die mit einer politisch opportunen Falschdarstellung der Funktion des Geldes begonnen hatte. Zunächst hatte er Geld als Ursache eines innerstaatlichen Verteilungskampfes dargestellt, war dann aber zu der Ansicht übergegangen, dass ein internationaler Mechanismus, nämlich der Krieg, das Gleichgewicht verschieben und dazu führen könnte, dass die Ressourcen zur Verfügung stehen, die alle inneren Wunden heilen würden. Helfferich war der düstere Ökonom, der die Logik des souveränen Geldes an ihr endgültiges und zerstörerisches Ende führte.

4.
Die Weltwirtschaftskrise

Die Weltwirtschaftskrise bestimmt als Ereignis bis heute, wie wir über Globalisierung denken. Sie schien eine völlige Umkehr zu bewirken – was ich 2001 das »Ende der Globalisierung« nannte – mit einer Hinwendung zu etwas, das alternativ als Autarkie, wirtschaftlicher Nationalismus und Beggar-thy-Neighbour-Politik bezeichnet wurde. Diese Denkweisen aus der Zeit der Wirtschaftskrise hielten sich hartnäckig. In den 1930er-Jahren sprachen einige Autoren hierbei vom »Ende des Kapitalismus« – so lautete der Titel eines aufsehenerregenden Buches des deutschen Journalisten Ferdinand Fried aus dem Jahr 1931. Fried erklärte, wie die Weltwirtschaft und die Verschuldung zusammenhängen und dass sich die Gesellschaften von den Schulden befreien können, indem sie sich vom Handel und von der finanzialisierten Weltwirtschaft abkoppeln.[268] Fried schrieb für die »neue« konservative oder revolutionäre Zeitschrift *Die Tat*; er wurde schnell zum Nazisympathisanten, stieg in den Rang eines SS-Sturmbannführers auf und erfand sich nach dem Krieg neu als leitender Wirtschaftsredakteur für die bürgerlich-konservative Zeitung *Die Welt*.[269]

Der wirtschaftliche Einbruch in der Zwischenkriegszeit stellte die konventionelle Wirtschaftswissenschaft auf den Kopf. Wie der Ökonom Ben Bernanke schrieb, wurde die Suche nach der Erklärung, was zum Schock der Weltwirtschaftskrise geführt habe, zur Suche nach dem Heiligen Gral der Makroökonomie: Doch wie die mittelalterlichen Sagen berichten, waren die Ritter bei ihrer Suche fast nie erfolgreich.[270] Oder wie Alfred Tennyson es in seinem Gedicht »Sir Galahad« ausdrückte: »O gerechter und treuer Ritter Gottes! Reite weiter, der Siegespreis ist nah.« Doch auch Sir Galahad findet den Gral nicht.

Die Antwort auf die moderne analytische Gralssuche liegt in gewisser Hinsicht auf der Hand: Die Weltwirtschaftskrise war die Folge der gewaltigen Störungen (ein Angebotsschock), die auf den Ersten Weltkrieg folgten. Sie war eine Fortsetzung der abrupten Deglobalisierung, die der Erste Weltkrieg verursachte und die durch die vergeblichen Versuche, den Internationalismus wiederzubeleben oder neu zu erfinden, noch verschärft wurde. Die offensichtlichste Auswirkung des Krieges war, dass er Industrie und Landwirtschaft in Europa störte und dazu führte, dass beide Wirtschaftszweige in anderen Ländern zulegten. So gesehen erweiterte der militärische Konflikt die partielle Globalisierung des späten 19. Jahrhunderts, bei der eigentlich nur Kapital und Menschen in die gemäßigten europäischen Siedlungsländer strömten, aber einen Großteil der Länder weltweit nur am Rande berücksichtigten. Doch während des Krieges steigerten Indien und Japan ihre Textilproduktion erheblich. Die Produktionsleistung der indischen Fabriken stieg von umgerechnet 1039 Millionen Laufmetern im Jahr 1914/15 auf 1476 Millionen Meter im Jahr 1917/18.[271] Die Baumwolltuchproduktion in Japan erhöhte sich zwischen 1913 und 1929 um das Vierfache, die Garnproduktion verdoppelte sich.[272] Der Wert der Baumwolltextilausfuhren verzehnfachte sich zwischen 1913 und 1918.[273] Außerhalb Europas wurde mehr Getreide produziert, wobei die Produktion auf der südlichen Hemisphäre von 57,5 Millionen Doppelzentnern im Jahr 1914 auf 88,2 Millionen im Jahr 1920 anstieg, und auch in Nordamerika nahm der Getreideanbau zu.[274]

Nach dem Ende der Kämpfe begann Europa, sich zu erholen, die Felder wurden wieder gedüngt und die Ernteerträge stiegen, was zu einer Überproduktion, einer Schwemme führte. Dies hätte einen Ausgaben- oder Konsumboom auslösen können: In den 1930er-Jahren war eine der Ursachen für die wirtschaftliche Erholung von der Rezession in einigen stark importabhängigen Industrieländern, insbesondere im Vereinigten Königreich, die günstige Entwicklung der Geschäftsbedingungen, da die Kosten für importierte Lebensmittel sanken. In den 1920er-Jahren schränkten jedoch die hohen Kosten für die Bedienung der Kriegsschulden die Nachfrage ein, also die Zahlungen an die wenig ausgabefreudigen Rentiers, die Charles Pigou so eindeutig als die Hauptnutznießer der angloamerikanischen Kriegsfinanzierung identifiziert hatte. Der kriegsbedingte Angebotsschock verwandelte sich so in ein Problem der unzureichenden Nachfrage.

Der Konjunktureinbruch in der Zwischenkriegszeit war ein weltweites Phänomen, aber seine Auswirkungen unterschieden sich stark von Land zu Land, und auch die politischen Optionen – so sie denn zur Verfügung standen – waren recht unterschiedlich. Mancherorts muss man nur genau analysieren, wodurch die Politik eingeschränkt und blockiert wurde, um sie zu verstehen: Das traf vor allem für hoch verschuldete Länder zu, die nun zwischen sehr unattraktiven und politisch unangenehmen Alternativen wählen mussten.[275] Eine Abwertung, um sich Exportvorteile zu verschaffen (oder die Auslandsnachfrage zu steigern), würde nur die Last der Fremdwährungsschulden erhöhen und hätte unweigerlich Zahlungsverzüge zur Folge; ein solcher Schritt würde jedoch die Möglichkeiten zur Finanzierung des Handels, einschließlich der benötigten Importe, einschränken. Infolgedessen kamen Wirtschaftsstrategen in Ländern mit untragbaren Schuldenniveaus, wie Raúl Prebisch aus Argentinien, zu dem Schluss, dass nur eine längerfristige Entwicklungsstrategie über Importsubstitution eine Lösung bot: die Steigerung der Binnennachfrage. Prebisch, der in den 1930er-Jahren ein umfassendes und ausgeklügeltes System von Devisenkontrollen entwickelt hatte, sah diese Art von Kontrolle als unabdingbar für die Entwicklung einer Strategie an, die es Erzeugern landwirtschaftlicher Produkte ermöglichte, der Falle niedriger Rohstoffpreise zu entkommen. Selbst dort, wo scheinbar mehr politische Optionen offenstanden, gab es starke Anreize, die Verbindungen zu einem externen System zu kappen, das Deflation und einen Konjunkturrückgang erzwang.

Großbritannien, dessen ökonomische Denktraditionen später die weltweite Debatte über die Strategie zur Krisenbekämpfung beeinflussten, hatte mehr Möglichkeiten, die wirtschaftlichen Dilemmata zu bewältigen, doch das Land ließ diese Chance weitgehend ungenutzt verstreichen. Die Analyse, die aus der Weltwirtschaftskrise siegreich hervorging und für immer mit dem Cambridge-Ökonomen John Maynard Keynes in Verbindung gebracht wird, spiegelte einen sehr speziell britischen materiellen Kontext wider. Das Land befand sich in einem langfristigen relativen wirtschaftlichen Niedergang, und es gab bereits erhebliche strukturelle Probleme, bevor der weltweite Abschwung einsetzte. Mitte der 1920er-Jahre waren mehr als eineinviertel Millionen Arbeitnehmer arbeitslos (von insgesamt fast 12 Millionen Versicherten); drei Viertel davon arbeiteten in den alten Grundindustrien, insbesondere in der Baumwoll- und Wollindustrie.[276] Die politisch Verantwortlichen sahen als einzige Lösung Kostensenkungen, insbesondere durch Lohnkürzungen (statt Investitionen, um die Produktivität zu steigern). Premierminister Stanley Baldwin, der aus einer Eisen-und-Stahl-Familie stammte, erklärte: »Alle Arbeiter in diesem Land müssen Lohnkürzungen hinnehmen, um der Industrie wieder auf die Beine zu helfen.«[277] Der Wechselkurs – der Vorkriegskurs –, den die Regierung im Jahr 1925 wählte, um zum Goldstandard und zur Goldkonvertibilität zurückzukehren, erzeugte zusätzlich den ständigen Deflationsdruck. Vielleicht war es ein Fehler, ausgelöst durch das damalige Bedürfnis, zu den scheinbaren Sicherheiten des Vorkriegskurses zurückzukehren, überhaupt eine Parität zu wählen: Das Land wurde so anfällig für Finanzkrisen, die durch den festen Wechselkurs gefördert wurden.

Das Vereinigte Königreich wirkte also in den 1920er-Jahren, schon vor dem Abschwung, geschwächt und fühlte sich auch so. Ganz anders sah es in den zwei anderen großen Industriestaaten der Welt aus, Deutschland und die Vereinigten Staaten: Deutschland erlebte in den späten 1920er-Jahren einen Boom, angetrieben durch ausländische Anleihen auf das Versprechen einer besseren Zukunft, und träumte von einer rationalisierten technologischen Zukunft.[278] Die Vereinigten Staaten, die den finanziellen Überfluss, der den weltweiten Aufschwung speiste, größtenteils erzeugten, vermittelte indessen Euphorie. Durch den Zustrom von Geldern konnte es sich Deutschland erlauben, vorerst effektiv keine Reparationszahlungen oder zumindest keine Nettotransferzahlungen zu leisten.[279] Auch Japan baute eine starke und dynamische Exportindustrie auf. Ende der 1920er-Jahre sah die Sowjetunion in der forcierten Industrialisierung im Rekordtempo einen Ausweg aus der Stagnation. Im undynamischen Großbritannien glaubte Keynes, er biete nicht nur Lösungen für eine britische Malaise an, sondern einen politischen Rahmen, der wesentlich breiter, vielleicht sogar weltweit anwendbar war. In einem Brief an George Bernard Shaw schrieb er 1935, am Vorabend der Veröffentlichung seines Meisterwerks *Allgemeine Theorie der Beschäftigung, des Zinses und des Geldes:* »Ich glaube, dass ich ein Buch über Wirtschaftstheorie schreibe, das – vielleicht nicht sofort, aber im Laufe der nächsten zehn Jahre – weitgehend revolutionieren wird, wie die Welt über wirtschaftliche Probleme denkt.«[280] Er war also der Meinung, dass ein britisches Problem eine globale Lösung erfordere.

Globalisierte Euphorie

In den Vereinigten Staaten herrschte in den wilden Zwanzigern ausgelassene Stimmung. Alles lief gut, die Möglichkeiten waren grenzenlos. Durch eine Computeranalyse von Zeitungsinhalten lassen sich die Momente herausfiltern, in denen Psychologie oder Stimmung die Märkte beeinflussten.[281] In der optimistischen Phase der rasanten Expansion war der günstige Zustand der öffentlichen Finanzen ein ständiges Thema in der Berichterstattung, denn die Vereinigten Staaten hatten im Verhältnis zum Staatsvermögen die niedrigste Schuldenquote aller großen Industrieländer und mussten die wenigsten Zinsen zahlen.[282] Zum 150. Jahrestag der Unabhängigkeitserklärung von Großbritannien erklärten euphorische Artikel im Jahr 1926 die amerikanische Erfolgsgeschichte: »Die Vereinigten Staaten haben jetzt die dreifache Bevölkerung Großbritanniens, den fünffachen Wohlstand und das sechsfache Einkommen, so lassen sich die beiden Länder in einem Satz vergleichen. […] Ford machte dieses Jahr 94 Millionen Dollar Gewinn. Niemand in Großbritannien kann solche Zahlen fassen. Es ist mehr als das Dreifache der Kapitalausstattung des größten Automobilherstellers in England. […] Der Wohlstand der Amerikaner hat sich in den letzten zwölf Jahren verdoppelt – eine Fortschrittsrate, wie es sie in Europa nie gegeben hat. Verglichen mit diesen beispiellosen Zahlen wirkt der britische Fortschritt wie ›des Armen kurze, doch belehrende Geschichte.‹«[283] Derartige Artikel hatten einen messbaren Einfluss auf die Stimmung der US-amerikanischen Wirtschaft und damit auf das Investitionsverhalten. Die US-Investoren waren äußerst zuversichtlich, was die neue amerikanische Fähigkeit als globale Führungsmacht betraf.

Aber Mitte der 1920er-Jahre gab es auch gute Nachrichten aus Europa, das die Verwüstungen des Krieges hinter sich zu lassen schien, und über die Aussichten auf eine stabile Lösung für das wichtigste politische Problem: die Reparationen.[284] In Presseartikeln wurde das neue Investitionsumfeld ausdrücklich mit »Optimismus« und einer »heiteren Atmosphäre« beschrieben, und man war erleichtert über die Stabilisierung der politischen Lage in Europa, die den Kontinent wieder fest in die internationale Finanzwirtschaft zurückführen würde.[285] Die Internationalisierung erzeugte ein starkes Selbstvertrauen. Mitte der 1920er-Jahre wurde ausführlich über den Eintritt europäischer, insbesondere deutscher Unternehmen in den amerikanischen Kapitalmarkt diskutiert.[286] Die Presse war im Allgemeinen positiv eingestellt. Edward V. Decker, Präsident der Northwestern National Bank Minneapolis, wurde dort mit den Worten zitiert: »Wir lernen immer besser zusammenzuarbeiten, Landwirte, Bankiers, Geschäftsleute, Eisenbahner, und wir wollen mit vereinten Kräften vorwärtsmarschieren, in dem Glauben und der Erwartung, dass wir in den nächsten Jahren unseren Anteil am Wohlstand der Welt haben werden.«[287]

Als sich die Lage gegen Ende der wilden Zwanzigerjahre verschlechterte, gab es keine offensichtliche Quelle für katastrophale Nachrichten. Analysten haben lange und vergeblich nach dem genauen Auslöser für den Zusammenbruch des Aktienmarktes in den Vereinigten Staaten im Oktober 1929 gesucht: aber es lässt sich keine eindeutige Ursache identifizieren.[288] Anfang des Jahres 1929 verkündete der einflussreiche Generaldirektor Alfred Sloan von General Motors: »Im Allgemeinen läuft das Geschäft hervorragend und wird in den meisten Branchen noch zulegen. Produzenten, Groß- und Einzelhändler sind nicht übermäßig mit Krediten belastet. Die Industrie leidet nicht unter der Überproduktion, die in der Vergangenheit manchmal typisch für sie war. Ich sehe für das laufende Jahr nur gute Signale für die Wirtschaft.«[289]

Im Februar 1929 häuften sich in den Zeitungen Formulierungen, die auf Beunruhigung oder Vermeidung hindeuteten, vor allem im Zusammenhang mit den Bemühungen der Federal Reserve, den übertriebenen Boom durch die Beschränkung von Maklerkrediten einzudämmen. In der täglichen Börsenklatsch-Kolumne »Abreast of the Market« des *Wall Street Journal* vom 11. Februar hieß es dazu: »Die Stimmung bleibt allgemein pessimistisch. Man hat das Gefühl, dass die jüngste Warnung des Federal Reserve Board mehr Aufmerksamkeit erregt hat als die des vergangenen Monats, und infolgedessen ist eine allgemeine Tendenz zu beobachten, Ballast abzuwerfen, insbesondere bei jenen, die von Anfang an ausgesprochen optimistisch waren. Konservative Beobachter wollen weiterhin lieber Gewinne mitnehmen, wann immer sich die Gelegenheit dazu bietet, weil sie der Meinung sind, dass Aktien zu vernünftigeren Preisen zurückgekauft werden können, bevor der Markt ein gutes Kaufniveau erreicht.«[290] Die Zeitung schrieb über einen Bericht der National City Bank, in dem »Besorgnis« ausgedrückt wurde über die »außerordentliche Zunahme von unregulierten Krediten, die von Nichtbanken zu Spekulationszwecken vergeben werden, und zwar nicht weil der Umfang der Maklerkredite an sich gefährlich ist, sondern weil die Kreditgeber, die keine Banken sind, sich dem Geldmarkt gegenüber wenig verantwortlich fühlen, ihre Gelder von einem Augenblick zum anderen abziehen können und somit den Banken die Verantwortung aufbürden, den Geldmarkt im Gleichgewicht zu halten«.[291] Man beklagte sich über das »selbstgefällige Schweigen« der Federal Reserve Bank von New York, wo man befürchtete, dass man nicht über die Instrumente verfügte, um die Euphorie des Marktes einzudämmen.[292] Weitere Sorgen warfen die Schwierigkeiten bei Eisenbahnfusionen auf, wie etwa Einwände gegen eine Fusion der Chesapeake & Ohio mit der Baltimore & Ohio.[293]

Triebkräfte der manischen Phasen der 1920er-Jahre waren sowohl Innovationen als auch Psychologie. Neue Variationen von Termingeschäften, Put- und Call-Optionen, verbreiteten sich. Es gab auch neue Denkmodelle: Der Investor und Experte Benjamin Graham wurde zu einer Autorität, indem er wertorientiertes Anlegen propagierte. Und es gab alle möglichen Anreize für Irreführung und Fehlverhalten: Graham erinnerte sich später daran, dass »die meisten Kundenbetreuer treuhänderische Konten für ihre Kunden führten, die sie bevollmächtigten, ohne spezielle Genehmigung oder Aufträge zu kaufen oder zu verkaufen, wie sie es für richtig hielten«. Diese Männer waren zur Hälfte an den Gewinnen der Kunden beteiligt, aber nicht an den Verlusten.[294] Damit war der Anreiz groß für sie, größere Risiken einzugehen, denn die Kosten trugen andere.

Einer der innovativsten und am stärksten globalisierenden Unternehmer der Zwischenkriegszeit war der Geschäftsmann und Ingenieur Ivar Kreuger. Der 1880 geborene Ivar Kreuger reiste zunächst viel und gründete dann in seiner schwedischen Heimat mit dem Ingenieur Paul Toll das Bauunternehmen Kreuger & Toll. Kurz vor dem Ersten Weltkrieg übernahm er zwei angeschlagene Streichholzfirmen und beherrschte die schwedische Streichholzproduktion mit dem neuen Unternehmen Svenska Tändsticks Aktiebolaget (Schwedische Streichholz-AG). Anfang der 1920er-Jahre fand er eine Möglichkeit, in den Vereinigten Staaten Geld zu beschaffen, und gründete US-Tochtergesellschaften seiner beiden schwedischen Unternehmen: American Kreuger & Toll sowie die International Match Corporation mit einer in Liechtenstein ansässigen Holdinggesellschaft, der Continental Investment AG. Mit dem amerikanischen Geld erwarb er im inflationsgebeutelten Mitteleuropa unterbewertete Firmenanteile, vor allem in der Streichholzherstellung. Ab Mitte der 1920er-Jahre vergab er auch Kredite an Regierungen, oft unter der Bedingung, dass seine Streichholzfirmen ein Monopol erhielten. Zu den Ländern, die bei Kreuger Kredite aufnahmen, gehörten Frankreich mit einem Kreditumfang von 75 Millionen US-Dollar, aber auch Griechenland, Ecuador, Lettland, Estland, Jugoslawien, Ungarn, Bolivien, Guatemala, Polen, die Türkei und Rumänien.

Im Oktober 1929 war Kreuger im Begriff, das europäische Paradestück, den deutschen Markt, zu knacken, und bot der klammen deutschen Regierung einen 125-Millionen-Dollar-Kredit zu 6 Prozent Zinsen an im Gegenzug für ein Streichholzmonopol. Das Geld wollte er auf dem amerikanischen Markt durch eines der neumodischen Instrumente, eine Mischung aus Anleihe und Option, aufbringen. Am 24. Oktober erschien eine große Werbeanzeige in der amerikanischen Presse, und gleichzeitig wurde in den Nachrichten über das Geschäft berichtet, das auch eine politische Dimension hatte, da das geplante Streichholzmonopol eine Möglichkeit darstellte, billige sowjetische Streichhölzer vom deutschen Markt zu verdrängen. Bei einer Kapitalerhöhung für Kreuger & Toll sollte für je drei bereits gehaltene Zertifikate (zum Preis von 36 Dollar) ein weiteres Zertifikat zum Preis von 23 Dollar ausgegeben werden. Bei den Zertifikaten handelte es sich um Schuldverschreibungen, die gleichberechtigt mit den Stammaktien berücksichtigt wurden, wenn die Ausschüttungen den »normalen« Satz von 5 Prozent überstiegen. In den zehn Jahren zuvor hatten sie regelmäßig bei 25 Prozent gelegen. Somit ergab sich eine wahrscheinliche Rendite von 5,9 Prozent. Die Berichterstattung war optimistisch: Das *Wall Street Journal* berichtete über die umfangreichen Holz- und Zellstoffbestände und schrieb, alle Aktiva seien in der Bilanz »auf konservativer Basis« bewertet worden.[295] Leider war der 24. Oktober kein normaler Tag auf dem New Yorker Markt: Er wurde später als »Schwarzer Donnerstag« bekannt, der Beginn des Börsencrashs, an dem ein Rekordvolumen an Aktien gehandelt wurde und mehrere gescheiterte Spekulanten Selbstmord begingen. An jenem Freitag schickte Kreuger ein bemerkenswertes Telegramm an seine amerikanische Bank, die Bostoner Zentrale von Lee Higginson, in dem er anbot, für sein schwedisches Syndikat die Hälfte der Schuldverschreibungen zu übernehmen, die die amerikanischen Konsortialbanken erworben hatten. Die amerikanischen Banker waren erstaunt über diese glückliche Rettung. Joseph R. Swan von der Guaranty Company säuselte beispielsweise: »Er trägt ganz schön dick auf, aber ich glaube, er macht das klug.«[296] Als Ergebnis wurde die

Emission ein großer Erfolg, und der Kurs blieb am Montag, dem 29., einem weiteren Tag mit massiven historischen Ausverkäufen an der Wall Street, stabil.

Kreuger wirkte, als verstünde er die Psychologie und könnte selbst die wildesten Märkte zähmen. Jeder, der ihm begegnete, erzählte von seiner ungewöhnlichen Überzeugungskraft. Carl Bergman, einer seiner schwedischen Partner, schrieb später:

> Ivar strahlte eine eigentümliche Größe aus. Ich glaube, er konnte Menschen zu allem überreden. Sie verfielen ihm, konnten seinem besonderen Charme und seiner Anziehungskraft nicht widerstehen. Sein Geheimnis war seine psychologische Führungskraft, seine außergewöhnliche Intuition. Er konnte Dinge sofort erfassen. Vor allem aber hatte er einen Blick, der ihn von anderen unterschied. Ich habe die Augen von J. P. Morgan in New York oft gesehen. Sie waren wie glühende Kohlen. Aber Ivars Augen waren nicht so. Sie waren anders. Obwohl sie klein und schmal waren, schienen sie einen zu durchschauen, wenn er das wollte.[297]

Der Beamte des deutschen Finanzministeriums Hans Schäffer, der sich um Kreuger kümmerte, war erstaunt, als dieser überaus reiche Mann ihn zu einem bescheidenen und eher kargen Mahl in Berlin einlud: Da wurde nicht mit unendlichen Mengen von Champagner geprahlt, dafür flossen schön konstruierte Sätze.[298] Kreuger besaß – wie Bethel Strousberg – Wohnsitze auf der ganzen Welt, in Stockholm, Paris, Berlin und New York, aber er besaß auch Landhäuser in Schweden. Der aufwändige »Streichholzpalast« im Zentrum Stockholms, in der Vastra Tradgardsgatan Nr. 15, war ein neoklassizistisches vierstöckiges Gebäude mit 125 Büroräumen, das aus hellem Marmor und Granit um einen offenen hufeisenförmigen Hof mit Statuen mythischer Figuren gebaut war: Im Zentrum stand eine Bronzestatue der Göttin Diana, die auf einem Bein balanciert und in den Himmel weist, von Carl Milles. Das Sitzungszimmer des Aufsichtsrats wurde von dem expressionistischen Maler Isaac Grünewald dekoriert. Kreugers eigenes großes Büro war mit einer Weltzeituhr ausgestattet, die für sein globales Imperium stand.[299]

Nach dem großen Zusammenbruch von Banken und Krediten im Sommer 1931 schien Kreuger die einzige Persönlichkeit zu sein, die das Format hatte, die Welt zu retten. In der neu gegründeten Zentralbank der Zentralbanken, der in Basel ansässigen Bank für Internationalen Zahlungsausgleich (BIZ), schlug der belgische Bankier Emile Francqui eine öffentlich-private Körperschaft vor, die das Geld für die Rettung gefährdeter Staaten aufbringen sollte, und Kreuger nahm an den ersten Diskussionen maßgeblich teil.

Im Jahr 1932 geriet das Kreuger-Imperium jedoch ins Wanken. Kreuger wollte über die Kreuger'sche Telegrafengesellschaft L. M. Ericsson ein Geschäft mit JP Morgan und der International Telephone and Telegraph Corporation (ITT) abschließen, stellte aber den Stand des Ericsson-Geschäfts falsch dar. Aufgrund dieser falschen Angaben hatte ITT 600 000 Ericsson-Aktien gekauft. Kreuger versuchte zunächst, alles mit Übersetzungsproblemen zwischen Englisch und Schwedisch zu erklären, floh dann jedoch aus New York nach Paris, wo er am 12. März, völlig verzweifelt, in seiner Wohnung an einer Schusswunde starb. Neben seinem Bett lag der prophetische Roman *Die heiligsten Güter* des russischen Schriftstellers Ilja Ehrenburg über einen Geschäftsmann mit skandinavischem Namen, der ein Streichholzimperium errichtet, das das sowjetische System bedroht, und der schließlich in einer Pariser Wohnung an einem Herzanfall stirbt. Ivar Kreugers Bruder setzte sich lange dafür ein, dass sein Tod als Mord anerkannt werden sollte. Nach Kreugers Tod stellte sich heraus, dass die italienischen Staatsanleihen, die er als Sicherheiten hinterlegen wollte, gefälscht waren. (Der Bruder bestand darauf, es habe sich dabei lediglich um Musterskizzen für einen möglichen Kredit gehandelt.) Mussolini bestritt jegliches Interesse an Kreugers Geschäften: »Selbst wenn wir vor Hunger sterben würden, würden wir niemals eine Lira als Kredit von Frankreich annehmen.«[300]

Unklar war, ob der gesamte Kreuger-Komplex zahlungsunfähig war: Lee Higginson, einer der Hauptgläubiger, bestand überraschenderweise darauf, dass der Konzern korrekt bewertet wurde. Die Schwedische Streichholz-AG überlebte und wurde von der Familie Wallenberg aufgekauft. Der Rechtsanwalt Frank Partnoy kommt in seiner jüngsten Studie über Kreuger zu dem Schluss, die Ursache für das scheinbare Scheitern sei gewesen, dass Vermögenswerte zu Schleuderpreisen verscherbelt wurden: Wie bei Lehman im Jahr 2008 war auch hier die Pleite wahrscheinlich auf die Panik zurückzuführen und das Grundgeschäft eigentlich solvent.[301] Die Kreuger-Geschichte zeigt, wie groß das neue globale Engagement der USA war, das sich auf Geschichten stützte, die von charismatischen Außenseitern geschrieben wurden.

In dieser ganzen Phase glaubten die politischen Führer, durch optimistische Äußerungen das Vertrauen wiederherstellen zu können. Im November 1929 kündigte Präsident Herbert Hoover eine Senkung der Steuern für Privatpersonen und Unternehmen an und versuchte dann, die Menschen zu beruhigen: »Die Probleme, mit denen wir konfrontiert sind, sind Probleme des Wachstums und des Fortschritts.« Er verwendete den beruhigenden psychologischen Begriff »Depression« anstelle der dramatischeren und aktuelleren Begriffe »Crash«, »Krise« oder »Panik«.[302] Nach dem Crash im November 1929 hatte der führende Geld- und Betriebswirtschaftler Irving Fisher die Schuld auf die »Psychologie des Mobs« geschoben und darauf beharrt, die Panik sei »nicht in erster Linie auf das ungewöhnlich hohe Preisniveau des Marktes zurückzuführen«.[303] Diese Psychologisierung führte dazu, dass »Depression« bald erheblich schlimmer klang als »Krise« oder »Panik« und zu einem Unwort für politische Entscheidungsträger wurde, die stattdessen im Zusammenhang mit

Problemen des späten 20. Jahrhunderts das harmloser klingende Wort »Rezession« bevorzugten.

In seiner Rede zur Lage der Nation im Dezember 1929 warnte Hoover, die Erinnerung an vergangene Krisen gefährde das Vertrauen der Wirtschaft:

> Die plötzlich drohende Arbeitslosigkeit und vor allem die Erinnerung an die wirtschaftlichen Folgen früherer Wirtschaftskrisen im Rahmen eines weit schlechter gesicherten Finanzsystems erzeugten unbegründeten Pessimismus und Angst. Man erinnerte sich daran, dass frühere Stürme ähnlicher Art dazu geführt haben, dass die Bautätigkeit eingestellt, Löhne gekürzt, Arbeitnehmer entlassen wurden. Das führte selbstverständlich dazu, dass wirtschaftliche Akteure im ganzen Land ihre Pläne und Vorhaben für die Fortführung und Erweiterung ihrer Geschäfte auf Eis legten, und dieses Zögern könnte sich unkontrolliert zu einer Depression mit großflächiger Arbeitslosigkeit und Leid ausweiten. Ich habe daher systematische, freiwillige Kooperationsmaßnahmen mit wirtschaftlichen Institutionen sowie staatlichen und kommunalen Behörden auf den Weg gebracht, um so sicherzustellen, dass die wichtigsten Gewerbe des Landes wie gewohnt weitergeführt werden, dass die Löhne und damit die Konsumkraft nicht sinken und dass die Bautätigkeit gezielt ausgeweitet wird, um andere Arbeitsplatzverluste auszugleichen.[304]

Doch Hoover misslang es völlig, diese Zusammenarbeit in einem von der Wirtschaftskrise zerrissenen Land zustande zu bringen. Versprechungen wie die seinen, vor allem wenn sie ständig wiederholt und bekräftigt wurden, verwandelten eine kühne Hoffnung in verlogene Worte. Wenn Versprechen nicht gehalten werden können, schwindet das Vertrauen schnell. Richard Whitney, der Vizepräsident der New Yorker Börse, der im Oktober 1929 versucht hatte, den Markt durch umfangreiche Stützungskäufe zu beruhigen, sagte in seiner ersten öffentlichen Erklärung ein Dreivierteljahr später lediglich, eine Panik sorge für »eine starke Desillusionierung der Gesellschaft insgesamt« und es seien »keine praktischen Maßnahmen vorgeschlagen worden, die sie verhindert oder gemindert hätten«.[305]

Verbreitet herrschte Unsicherheit darüber, wie die Nachrichten zu interpretieren seien. So war man im Frühjahr 1930, als es sicher schien, dass das umstrittene Smoot-Hawley-Zollgesetz verabschiedet würde, geteilter Meinung darüber, ob es der Wirtschaft helfen oder ihr schaden würde.[306] Das *Wall Street Journal* vertrat die Ansicht, dass die Einführung der Zölle Zweifel und Hindernisse beseitigen würde: »Wenn in den nächsten Tagen das Zollgesetz endgültig verabschiedet und die Ungewissheit beendet wird, die seit vielen Monaten um diesen Gesetzentwurf besteht, wird das voraussichtlich einen deutlichen Anreiz für die Wirtschaft geben. So sieht man das auf hoher und gut informierter Regierungsebene.«[307] Einige Tage zuvor hatte die New Yorker Investment- und Handelsbank Dominick and Dominick in einem Bericht Vergeltungsmaßnahmen Kanadas und Argentiniens für wahrscheinlich gehalten und argumentiert, der US-amerikanische Wohlstand sei auf die ausländischen Märkte angewiesen: »Schon jetzt decken unsere Fabriken 96 Prozent der Inlandsnachfrage, und unsere Produzenten müssen auf ausländische Märkte ausweichen, damit diese die steigende Produktion aufnehmen.«[308] In Wirklichkeit konnte natürlich niemand *wissen,* wie sich die Zölle auf die Weltwirtschaft oder den US-Handel auswirken würden, und dieser Schleier der Unwissenheit schürte Ängste und Hoffnungen – und sorgte für Volatilität an den Märkten. Oder ein anderes Beispiel für die Eskalation von Ängsten und Phobien in dieser Zeit der erhöhten Unsicherheit: Der Einbruch der Holzpreise im Zuge des wirtschaftlichen Abschwungs wurde mit einem sowjetischen Komplott begründet: »Ein Großangriff auf die Wirtschaftsstruktur der Vereinigten Staaten und anderer sogenannter kapitalistischer Länder, indem man sie mit unterpreisigen Waren überschwemmt, ist erklärtermaßen Teil des russischen Programms.«[309]

Der britische Ökonom John Maynard Keynes machte den Wall-Street-Crash zum Kernstück seiner Anklage gegen den US-amerikanischen Kapitalismus. Er schrieb, das Problem liege in einem Bewertungssystem begründet, in dem Wert nicht notwendigerweise oder direkt auch langfristige Produktivität bedeute. Die Vereinigten Staaten seien besonders starken Schwankungen ausgesetzt, weil die Bevölkerung besonders stark am Aktienmarkt beteiligt sei, während exklusive oder »aristokratische« Märkte weniger anfällig dafür waren. Zu einem amerikanischen Finanzier, der zu Besuch war, sagte Keynes, sie seien »alle subnormal und sogar submenschlich; auch dass er und seine Freunde eine Gangster-Mentalität hätten«.[310] Später kam er in *Allgemeine Theorie* zu dem Schluss: »Selbst außerhalb des Finanzsektors haben Amerikaner ein übertriebenes Interesse daran herauszufinden, wie die Durchschnittsmeinung über die Durchschnittsmeinung lautet, und diese nationale Schwäche findet ihre schlimmste Ausprägung auf den Aktienmärkten.«[311]

Zwischen 1929 und 1932 sank das BIP der USA um ein Drittel, von 103,1 Milliarden US-Dollar auf 58,0 Milliarden US-Dollar. Inwieweit war dieser Einbruch auf den Zusammenbruch des Aktienmarktes zurückzuführen? Der Dow-Jones-Index erreichte seinen Tiefstand (40,56 Punkte) im Juli 1932. Dieser ausgedehnte Niedergang führte zu erheblichen Vermögensverlusten, die sich unmittelbar auf den Konsum auswirkten. Die Nachfrage ging zurück. Anleger (manchmal als die 600 000 Witwen und Waisen bezeichnet) verloren durch den Börsenkollaps mehr als 20 Milliarden US-Dollar. Das ist ein enormes Vermögen, erklärt aber immer noch nicht, warum die Nachfrage so stark einbrach und das BIP so stark sank.

Finanzielle Spannungen

In den 1920er-Jahren, in der Welt vor dem Börsencrash, wurde das Finanzwesen von Legenden wie Ivar Kreuger beherrscht, während sich die Politik stets abzukämpfen schien. Der Charme der Finanziers konnte die Nachfrage durch die Zauberkraft des Kredits erhöhen. Doch dann wurden die Finanziers zu Fall gebracht, und es blieb nichts davon übrig. Hoover war am Ende seiner einzigen Amtszeit als US-Präsident völlig diskreditiert. Der britische Premierminister Ramsay MacDonald war sichtlich erschöpft und litt an einer beginnenden Altersdemenz. Der deutsche Reichskanzler Heinrich Brüning verstand die finanziellen Aspekte des deutschen Zusammenbruchs nicht: Als er später im amerikanischen Exil seine Memoiren schrieb, stützte er sich dabei auf Gespräche mit dem Finanzier, der für den Bankenzusammenbruch am unmittelbarsten verantwortlich gewesen war: Jakob Goldschmidt.[312] Die Zusammenbrüche der Banken waren die eigentliche Hauptursache für die große Wirtschaftskrise auf beiden Seiten des Atlantiks, nicht die Panik an den Börsen.

Erstaunlicherweise führte der Absturz der US-amerikanischen Börse vom Oktober 1929 nicht zu dramatischen Paniken an anderen Börsen in Europa oder Asien, wo die Nachrichten von der Wall Street nur ein weiterer Baustein in einem zunehmend düsteren Wirtschaftsgeschehen waren. In einer Welt mit hoher Kapitalmobilität waren die verschiedenen Aktienmärkte erstaunlich unabhängig voneinander, und sie behandelten den Oktober 1929 als ein rein US-amerikanisches Phänomen, das aus den Eigenheiten der US-amerikanischen Psyche resultierte. Durch die flaue US-amerikanische Importnachfrage und die sinkenden Kapitalexporte übertrug sich die Wirtschaftskrise auf andere Länder. Die Bewegungen der Börsen Großbritanniens und Deutschlands waren eng miteinander korreliert, aber nicht mit der Wall Street (siehe Abbildung 4.1).

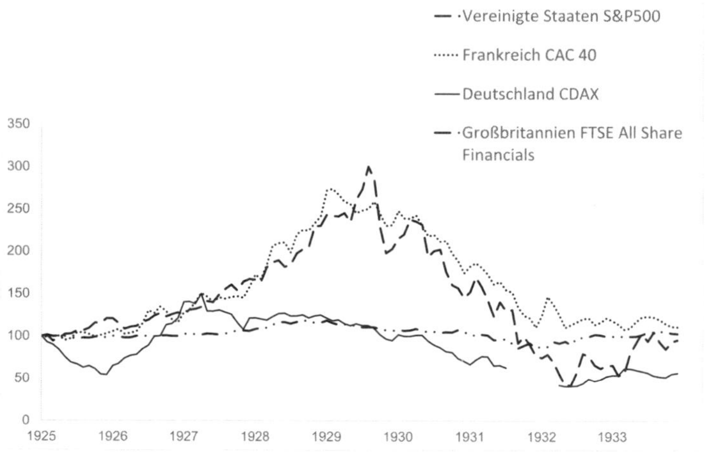

Abb. 4.1: Aktienkursindizes in Frankreich, Deutschland, Großbritannien und den Vereinigten Staaten 1925–1934

Wenn alles unsicher erscheint, kehren alte Verhaltensmuster zurück. Im Oktober 1929 erwartete der New Yorker Markt, dass J. P. Morgan ihn retten würde, weil er dies bereits bei der Panik von 1907 getan hatte. Und tatsächlich schickte Morgan am Schwarzen Donnerstag den Vizepräsidenten der New Yorker Börse Richard Whitney auf das Börsenparkett und ließ ihn einen später berühmten Kauf von US-Steel-Aktien durchführen. Doch als er diese Aktion am folgenden Montag nicht wiederholte, kam erst recht Panik auf.

Ben Bernanke kam in seiner Studie der finanziellen Instabilität während der Weltwirtschaftskrise zu dem Schluss, die Vereinigten Staaten seien das einzige Land gewesen, in dem der Entscheidungsspielraum der Politik ernsthaft destabilisierend wirkte, da die Politik andernorts durch die Logik des Goldstandards eingeschränkt war, Keynes' »goldene[n] Fesseln«, wie Barry Eichengreen in seiner Analyse deutlich dargelegt hat.[313] Frankreich hatte (durch seine beträchtlichen Überschüsse) ebenfalls einen beträchtlichen politischen Handlungsspielraum und war vielleicht in einer ähnlichen Position wie die

USA. Damit stellt sich die Frage, warum der Goldstandard in der Zeit vor 1914 zumindest für die industriellen Kernländer einigermaßen gut funktioniert hat. Länder in der wirtschaftlichen Peripherie wurden durch finanzielle Schocks meist aus dem Goldstandard hinausgetrieben. In der Vorkriegszeit hatte Großbritannien versucht, ein funktionierendes System aufrechtzuerhalten, während sich in der Zwischenkriegszeit die Vereinigten Staaten mit ihrem Isolationismus und Frankreich mit seiner Angst vor dem deutschen Revanchismus aus einer konstruktiven internationalen Politik ausklinkten.

Nach dem Krieg waren mehr Länder an die »Peripherie« gedrängt worden, so lässt sich die neue Ordnung der 1920er-Jahre produktiv beschreiben. Schulden hielten sie in einer Welt gefangen, in der sie keine Kontrolle über ihre eigene Nachfrage hatten. Sie waren auf ausländische Finanzierungsquellen angewiesen. Deutschland, das im späten 19. Jahrhundert eindeutig zum Kern gehört hatte, wurde durch die Kosten des Krieges und des Friedensvertrags aus diesem Kern verdrängt. In euphorischen Phasen fluteten Finanzströme in die Peripherie, und verstärkte Kreditvergabe stärkte das Vertrauen im Kern. Die Schuldenzunahme führte zu Umschwüngen und Krisen, als klar wurde, dass die Werte, mit denen die Schulden abgesichert waren, wegbrachen. Das galt für internationale Schuldner – in Südamerika und Mitteleuropa, wobei Deutschland der mit Abstand größte Schuldner war. Aber es war auch bei Binnenschulden nicht anders. In den Vereinigten Staaten wirkte sich die Flaute am deutlichsten in den Agrarstaaten aus, wo die Eigentümer von 45 Prozent aller US-Farmen, die 52 Prozent des Wertes der landwirtschaftlichen Hypothekenschulden ausmachten, mit ihren Zahlungen im Verzug waren.[314] Das Gesamtvolumen der Privatverschuldung verringerte sich drastisch: von 27 Milliarden US-Dollar vor der Wirtschaftskrise auf weniger als 9 Milliarden US-Dollar im Jahr 1934.[315]

Als die Preise fielen, mussten die Erzeuger mehr verkaufen, um die Schulden zu bedienen, und trieben damit die Preise in einem Teufelskreis noch weiter nach unten.

Zum endgültigen Zusammenbruch führte eine Reihe von Finanzkrisen, die von Mitteleuropa ausgingen und sich auf die Vereinigten Staaten übertrugen. Das Jahr 1931 wirkte sehr planlos, zumindest in seinen Anfängen. Bankenkrisen spielten am Ende eine wichtige Rolle bei der Verschärfung der Wirtschaftskrise in den Vereinigten Staaten, aber die meisten US-amerikanischen Banken waren verletzlich, weil sie klein und regional aufgestellt waren. In Europa hingegen begann die Krise mit dem Zusammenbruch von Megabanken, der nahezu unlösbare politische Probleme für die nationalen Regierungen aufwarf. Die Bankenzusammenbrüche in Europa im Sommer 1931 wirkten sich wiederum als neuer Schock für die US-Wirtschaft aus, und einige der großen Geldinstitute gerieten durch die Panik der Investoren und Bankkunden in Gefahr. Leider wird in relativ vielen wissenschaftlichen Darstellungen über die US-amerikanische Große Depression nicht umfassend berücksichtigt, wie sich die europäische Krise auswirkte, wie sie die finanzielle Unsicherheit weiter anheizte und die Banken dazu veranlasste, Kredite zurückzufordern. Tatsächlich machte erst die internationale Panik im Sommer 1931 aus einer schweren Rezession in den Vereinigten Staaten die Große Depression.[316]

Im Laufe des Winters 1930/31 hatten einige Insider, darunter der einflussreiche Züricher Bankier Felix Somary, gegenüber Finanzexperten eindrücklich vor den Gefahren für das deutsche und italienische Bankensystem gewarnt; Somary hatte auch auf den bevorstehenden Zusammenbruch des Kreuger-Reiches hingewiesen.[317] Die ersten wirklichen Anzeichen für größere europäische Probleme gab es jedoch in Österreich und nicht in seinem nördlichen oder südlichen Nachbarland.

Die Probleme des österreichischen Bankwesens gehen auf die Zeit nach dem Ersten Weltkrieg zurück, als sich das multinationale Habsburgerreich auflöste und den Zwergstaat Deutschösterreich hinterließ. Die großen Banken des ehemaligen Kaiserreichs mussten sich an die verkleinerten Lebensumstände in Österreich anpassen. Im Jahr 1929 drängte die Regierung die größte und berühmteste österreichische Bank, die Creditanstalt, zu einer Fusion mit der kleineren insolventen Allgemeinen Bodenkreditanstalt. Alle anderen österreichischen Banken hatten eine Beteiligung an diesem Geschäft abgelehnt, zweifellos wegen des schlechten Zustands der Bodenkreditanstalt. Doch die Creditanstalt wurde durch Bestechung fügsam gemacht. Ein geheimer Teil dieses Geschäfts sah vor, dass die Österreichische Nationalbank Einlagen bei ausländischen Banken, vor allem auf dem Londoner Markt, tätigen würde, die als Kredite zur Stützung der Creditanstalt weitergegeben wurden. Diese Beträge konnten so als Währungsreserven in der Bilanz der Nationalbank ausgewiesen werden, während sie als Unterstützung für die größte Geschäftsbank rückgeführt wurden. Der Gouverneur der Bank of England, Montagu Norman, bezeichnete dies als »schmutziges Geld«, als er nach dem Zusammenbruch von der Gefahr erfuhr, der die britischen Banken dadurch ausgesetzt waren.[318]

Doch die Verluste der Geschäftsbank stiegen weiter an. Nach 1929 hätte die Creditanstalt jederzeit in Konkurs gehen können. Im Mai 1931 drängte die Direktion der Creditanstalt auf eine Überprüfung ihres Vermögensstatus, da »in Anbetracht des anhaltenden industriellen Konjunkturrückgangs eine konservative Bewertung ihrer Schuldner notwendig sei, um eine echte Bilanz erstellen zu können«. Die Überprüfung ergab Verluste bei den Krediten von 52 Millionen Shilling, Verluste bei Industriebeteiligungen von 28 Millionen, zusätzlich zu den 60 Millionen Shilling Verlust, die die Bank bei der Fusion mit der Bodenkreditanstalt übernommen hatte.[319] Warum die Direktoren plötzlich der Drang überkam, ehrlich zu sein und eine

Marktbewertung ihrer Vermögenswerte (zum denkbar ungünstigsten Zeitpunkt) vornehmen zu lassen, ist immer noch nicht ganz geklärt. Die wahrscheinlichste Erklärung ist, dass die neue Führungsfigur, Zoltan Hajdu, ein religiöses Bekehrungserlebnis hatte und sich als göttliches Werkzeug gegen das frühere Management der Bank sah, insbesondere gegen den spektakulär korrupten Friedrich Ehrenfest, der im Juli 1930 als Direktor abgesetzt wurde und dessen Aktivitäten später im Mittelpunkt des Gerichtsverfahrens der Regierung gegen das Management der Creditanstalt standen: Er hatte bei der Bank ohne Genehmigung hohe Kredite aufgenommen, um seine persönlichen Investitionen zu finanzieren.[320]

Die Geschichte der Creditanstalt zeigt exemplarisch, was passiert, wenn ein Multiplikator die Kreditvergabe reduziert: Die Bank hatte bei ihren vielen großen Industriekunden kaum Spielraum, aber als sie Einlagen verlor, kürzte sie ihre Kredite an kleinere Kunden, die kleinen Geschäftsleute, die nicht nur das Zentrum des Wirtschaftsgeschehens bildeten, sondern auch in der Politik eine zentrale Rolle spielten. Dasselbe Muster war auch in Deutschland zu beobachten, wo Banken, die in Konkurs gingen (und ihre Kredite an kleine und mittlere Kunden überproportional gekürzt hatten), die politische Radikalisierung vorantrieben. In Städten mit gescheiterten Banken stieg der Wähleranteil für die Nationalsozialisten deutlich stärker an als anderswo.[321]

Die Ausweitung der Bankenkrise auf Deutschland war nicht unvermeidbar, auch wenn es ein Nachbarland Österreichs war, denn die Deutschen waren kaum direkt am österreichischen Finanzwesen beteiligt. Tatsächlich besaßen deutsche Banken weniger als 4 Prozent der Einlagen der Creditanstalt. Aber bei den deutschen Banken war, wie bei den österreichischen, die Kapitalbasis durch Inflation und Hyperinflation in den frühen 1920er-Jahren aufgezehrt worden; und zusätzlich zur beginnenden Bankenkrise gab es noch eine Währungskrise, die entstand, nachdem die Regierung mit Österreich eine Zollunion ausgehandelt hatte und auf einer Neuverhandlung der Nachkriegsreparationsregelung beharrte.

Bis Anfang Juli 1931 hatten die deutschen Behörden und die Reichsbank mehr oder weniger ausdrücklich erklärt, sie würden niemals den Zusammenbruch einer deutschen Großbank zulassen.[322] Als jedoch klar wurde, dass die Reichsbank weder von der britischen noch von der US-amerikanischen Notenbank Unterstützung erwarten konnte, schwenkte sie innerhalb weniger Tage auf den gegenteiligen Kurs um: Die Reichsbank musste tatenlos zusehen, als das deutsche Kreditsystem wie ein Kartenhaus zusammenbrach. Entsprechend kam im Jahr 1931 eine heftige Debatte über die Regulierung der Banken auf, über das Verhältnis der Finanzinstitute zum Staat und eine Verstaatlichung. Die entscheidenden Diskussionen fanden am Wochenende vom 11. bis 12. Juli statt. Diskutiert wurde, inwieweit die Panik das Ergebnis der politischen oder diplomatischen Unsicherheit war oder ob sie aus den speziellen, tief verwurzelten Problemen des deutschen Bankensystems resultierte. Die Lage war latent so empfindlich, dass jede negative Nachricht die Situation kippen lassen konnte.

Die entscheidende Figur in diesen Debatten über die Zukunft des deutschen Bankwesens war Jakob Goldschmidt, der Chef der Darmstädter und Nationalbank (oder DANAT Bank) und ein meisterhafter Händler, der 1931 in den Vorständen von 123 deutschen Unternehmen saß. Er war eine extravagante Persönlichkeit und setzte sich im Deutschland der 1920er-Jahre in öffentlichen Reden für Globalisierung und Offenheit ein wie kein anderer. Mit missionarischem Eifer erklärte er: »Dieses private Ertragsstreben ist die Triebfeder unseres wirtschaftlichen Handelns, die den Arbeitnehmer nicht weniger als den Arbeitgeber beherrscht, und die durchaus geeignet ist, mit dem Aufstieg des Individuums auch eine höhere Entwicklungsform der Zusammenarbeit zu zeitigen.« Eine entscheidende Rolle spielte dabei die Einbindung Deutschlands in die internationale Wirtschaft: »Wir sind angewiesen auf den Kredit der Welt, und dieser muss im System, in der Methode, eine Vertrauensbasis finden. Die Welt muss offen und klar die Strömungen und Entwicklungen zu übersehen vermögen, die die Wirtschaft des Einzelnen und der Gesamtheit beeinflussen.«[323] Doch nun beleuchtete ein grelles Licht diese äußerst instabile Welt, die Goldschmidt mitgestaltet hatte.

Im Juni und Anfang Juli 1931 wurde deutlich, dass die DANAT-Bank eine Menge Geld verloren hatte, vor allem durch ihr Engagement bei dem großen Textilhersteller Nordwolle, und es verbreitete sich das Gerücht, die Bank sei zahlungsunfähig (was auch in einer Schweizer Zeitung veröffentlicht wurde). Goldschmidt hatte bereits am 11. Mai (an dem zufällig auch die Krise der Creditanstalt bekannt wurde) erfahren, wie groß die Verluste von Nordwolle waren, und auch, dass die Dresdner Bank Nordwolle erhebliche Kredite gewährt hatte.

Der deutsche Reichskanzler Heinrich Brüning, ein strenggläubiger Katholik, sagte später, die Banken hätten das Vertrauen wiederherstellen sollen, indem sie ein Netz von gegenseitigen Garantien für die Einlagen der anderen einrichten. Diese Idee ging auf einen Hinweis des schwedischen Bankiers Marcus Wallenberg zurück, es gebe einen guten schwedischen Präzedenzfall, wie sich ein Bankproblem lösen ließ: Im Jahr 1920 war die Svenska Handelsbanken durch eine gemeinsame Garantie der anderen großen schwedischen Banken gerettet worden. Doch der zuständige leitende Beamte im Finanzministerium sowie der Reichsbankpräsident hatten bereits erklärt, dieser Vorschlag (der von der DANAT-Bank kam) sei nicht realisierbar, bevor die anderen deutschen Bankiers überhaupt angehört worden waren.

Am 13. Juli ordnete die Regierung zwei Bankfeiertage an und baute dann die großen Banken mit staatlichem Kapital wieder auf. Der Zusammenbruch des deutschen Finanzsystems hatte unmittelbare Auswirkungen auf einige spezialisierte Londoner Handelsbanken, aber keine wesentlichen Folgen für große amerikanische Finanzinstitute, die an Bankkrediten und Anleiheemissionen für Mitteleuropa beteiligt gewesen waren.[324] Dennoch sendete der finanzielle Kollaps eines so großen Landes starke Signale. Deutschland könnte als Beispiel dafür dienen, wie öffentliche Ausgaben und die Notwendigkeit, Staatsschulden zu finanzieren, private Kredite verdrängen können: Die deutschen Banken waren gezwungen worden, kurzfristige Staatsanleihen zu halten, und mussten daher ihre anderen Vermögenswerte abbauen. Im Fall des kreditbeschränkten Deutschlands war diese Lektion richtig, für die Vereinigten Staaten, wo es mehr fiskalischen Handlungsspielraum hätte geben müssen, war sie jedoch falsch.

In einer Welt, in der sowohl die Nachrichten als auch ihre emotionale Valenz globalisiert waren, konnten schlechte Nachrichten aus der restlichen Welt die Erwartungen der USA beeinflussen. Im Jahr 1931 war dies ganz besonders der Fall, als gleich zwei unterschiedliche Sorgenwellen über das Land hereinbrachen: eine im Februar, bei der es hauptsächlich um inländische Steuerfragen ging, als konservativ orientierte Anleger besorgt wegen der Auswirkungen höherer Staatsausgaben waren, mit denen dem Wirtschaftsabschwung entgegengewirkt werden sollte; und eine weitere im Sommer, im Juni und Juli, als Nachrichten aus dem Ausland – die auch dazu beitrugen, dass die *New York Times* in ihrer Berichterstattung eine zunehmend negative Sprache verwendete – einen neuen Umschwung in Richtung Pessimismus brachten. Die Diskussion der ausländischen Probleme lenkte die Aufmerksamkeit auf die Gefahren von Regierungsausgaben in den USA.

Im Februar 1931 war die plötzliche Zunahme von Vermeidungsverhalten vor allem auf die Sorge zurückzuführen, dass eine vorgeschlagene vorzeitige Auszahlung der Kriegsveteranenprämie, die im Kongress diskutiert wurde, den Rentenmarkt belasten würde. Es gab womöglich Parallelen zu den Finanzproblemen der europäischen

Regierungen in der Krisenzeit: In einem Presseartikel wurde beispielsweise detailliert beschrieben, wie »einhellige Opposition gegen den Vorschlag zur Auszahlung der angepassten Veteranenversicherung von führenden Vertretern der Industrie und des Finanzwesens im ganzen Land zum Ausdruck gebracht wurde«.[325] Die Presse befasste sich auch eingehend mit dem Untersuchungsausschuss des Kongresses unter der Leitung des demokratischen Senators Carter Glass zu den Maklerkrediten, die die Spekulationswelle in den Jahren 1928 und 1929 ausgelöst hatten.[326] Begriffe, die »Angst« oder »Vermeidung« ausdrückten, kamen im Sommer 1931 vor allem in Nachrichten aus Europa vor.

Die Banken- und die Börsenkrise verstärkten sich gegenseitig in einem komplexen Krisentransmissionskanal. Mit dem Wohlstand verringerte die Börsenpanik auch die Sicherheiten, die Einzelpersonen und Unternehmen für Kredite hinterlegen konnten, was wiederum dazu führte, dass die Menschen verstärkt auf andere Finanzierungsquellen ausweichen mussten, eine Entwicklung, die kennzeichnend für die Große Depression war. Die Banken vergaben weniger Kredite, und wenn sie Kredite zurückforderten, zwangen sie die Kreditnehmer, Aktien und andere Vermögenswerte zu veräußern, wodurch die Preise weiter fielen. Der Ökonom Irving Fisher bezeichnete diesen Vorgang seinerzeit als Schuldendeflation. Ben Bernanke integrierte diesen Begriff später in ein Modell vom Transmissionsmechanismus der Schuldendeflation.

Internationale Rettungsmaßnahmen?

Hätte eine international koordinierte Anstrengung den Zusammenbruch der Nachfrage verhindern, aufhalten oder gar umkehren können? Dazu hätte man den Kreditmotor wieder in Gang setzen müssen, der in einer Welt, in der niemand mehr Risiken eingehen wollte, stotterte und zum Stillstand kam.[327] Die Regierungen der beiden großen Überschussländer, Frankreich und die Vereinigten Staaten, verfügten als einzige über einen wesentlichen Handlungsspielraum. Doch beide waren paralysiert. Frankreich war erstarrt, weil man dort wusste, dass Europa durch die Depression gefährlicher und bedrohlicher für Frankreich wurde, und weil man befürchtete, dass jede internationale Unterstützung durch Paris Frankreichs Feinde nur stärkte. Die Vereinigten Staaten beschäftigten sich nur mit den innenpolitischen Folgen der Rezession und sahen in den Bankern eine privilegierte internationale Interessengruppe, die von der Krise profitierte.

US-Präsident Hoover versuchte es mit einem kühnen Schachzug: Am 20. Juni 1931 verkündete er ein einjähriges Moratorium für Reparationszahlungen und Kriegsschulden. Die US-Finanzwelt reagierte auf die gute Nachricht: An der Wall Street stiegen die Aktienkurse, und die Presse bejubelte zunächst »eine der wirksamsten Maßnahmen, die ergriffen werden konnten, um der internationalen Unsicherheit und der Weltwirtschaftskrise gegenzusteuern«. Aber pessimistische und deflationäre Erwartungen saßen inzwischen tief, und »die Spekulanten haben sich der Hoffnungslosigkeit ergeben».[328] Als sich die Lage in Deutschland weiter verschlechterte, statt sich zu verbessern, verpuffte der kurzlebige Optimismus, und internationale Maßnahmen seitens der Vereinigten Staaten erschienen aussichtslos.

Die einzige realistische Alternative auf dem Höhepunkt der deutschen Bankenkrise war, dass Frankreich mit Geld aushalf, aber das war ein ziemlich dünner Strohhalm. Der höchste Beamte im deutschen Finanzministerium drängte auf diese Lösung und hatte über Mittelsmänner in der Finanz- und Journalistenwelt einige informelle Kontakte zu Pierre Laval, dem starken Mann der französischen Rechten; aber eine derartige Unterstützung war wohl ebenso wenig realistisch wie die Hoffnung im Jahr 2008, dass Chinas Staatsfonds amerikanische Finanzinstitute retten würden. Schon vor dem Ausbruch der deutschen Bankenkrise, als die Nervosität zunahm, erwog die neue internationale Bank, die in Basel ansässige Bank für Internationalen Zahlungsausgleich (BIZ), einen Plan, an dem Kreuger beteiligt war, bei dem private Bankiers in einen international koordinierten Rettungsmechanismus eingebunden werden sollten: den sogenannten Kindersley-Plan. Ein BIZ-Vertreter schrieb an Kreuger: »Unsere französischen Freunde standen dem Vorschlag etwas skeptisch gegenüber und argwöhnten dahinter einen Trick der Briten, um Geld aus dem französischen Markt in ein Unternehmen zu leiten, das überwiegend von nichtfranzösischen Persönlichkeiten geführt wurde.»[329] Diese Sondierungsgespräche gingen ergebnislos zu Ende.

Im Januar 1932 fragte John Maynard Keynes bei einem Kurzbesuch in Hamburg und Berlin seine deutschen Zuhörer: »Können wir verhindern, dass die Finanzstruktur des modernen Kapitalismus fast vollständig zusammenbricht?« Die Antwort lag in der Struktur der Vermögenspreise: »Die unmittelbaren Ursachen der Finanzpanik – denn darum handelt es sich – sind offensichtlich. Sie liegen in einem katastrophalen Verfall des Geldwerts nicht nur von Waren, sondern von praktisch jeder Art von Vermögenswerten, der so weit fortgeschritten ist, dass die Vermögenswerte, die gegen Geldschulden jeder Art, einschließlich Bankeinlagen, gehalten werden, keinen realisierbaren Geldwert mehr haben, der dem Schuldbetrag entsprechen würde.«[330] Die Finanzinstitute standen im Mittelpunkt der Transmission der Auswirkungen des Wertverfalls bei den Sachgütern auf die übrige Wirtschaft. Keynes sah im Schuldenerlass eine Möglichkeit, den Druck zu verringern. Oder alternativ eine Politikwende hin zur Geldmengenausweitung oder Reflation:

> Damit wurde ein Prozess in Gang gesetzt, der letztlich den deflationären Druck verringern könnte. Fraglich ist allerdings, ob das rechtzeitig eintritt, bevor Finanzinstitute und das internationale Kreditsystem unter der Belastung zusammenbrechen. Wenn das

> geschieht, dann ist der Weg frei für eine konzertierte Politik von Kapitalexpansion und Preiserhöhung – die man abgekürzt als Inflation bezeichnen kann – auf der ganzen Welt. Denn die einzige alternative Lösung, die ich mir vorstellen kann, ist ein allgemeiner Schuldenerlass und die Aufgabe des bestehenden Kreditsystems, gefolgt von einem Wiederaufbau auf völlig neuen Grundlagen.[331]

Nachdem internationale Rettungsmaßnahmen nicht praktikabel oder gescheitert waren, schien die einzige Alternative der Rückzug in den wirtschaftlichen Nationalismus zu sein. Als zweitbeste Lösung ließ sich der Handelsprotektionismus rechtfertigen, weil er die Ausbreitung der Währungsdeflation begrenzte, die aus einer Mischung aus Politik und den Zwängen des Goldstandards resultierte. Nach den Finanzkrisen von 1931 schränkten die Länder das Auslandsrisiko sehr viel stärker ein als zuvor, indem sie mehr quantitative Beschränkungen (Quoten) einführten und die Zölle erhöhten.[332]

Die Begrenzung der Geldströme war ebenfalls eine attraktive Option, obwohl das Ausmaß der Krise die Chance auf wesentliche neue Zuströme an Auslandskapital in die Schuldnerländer zunichtegemacht hatte. Entsprechend beschränkten sich die Kapitalverkehrskontrollen in der Praxis darauf, die Kapitalabflüsse zu stoppen und Kreditgelder in der nun abgeschotteten Wirtschaft des Schuldnerlandes zu halten.

Auch andere Aspekte der Globalisierung wurden eingeschränkt. Eine Begrenzung der Bevölkerungsbewegungen schien die logische Reaktion auf die wirtschaftliche Unsicherheit und war in vielen Ländern, darunter Frankreich und die Vereinigten Staaten, bereits in den 1920er-Jahren, also vor der Wirtschaftskrise, systematisch eingeführt worden. Die Angst vor dem Wirtschaftsabschwung verstärkte nur den Drang, die Migration zu kontrollieren.

Bestand überhaupt Hoffnung für multilaterale Lösungen? Ihren Höhepunkt sollte die internationale Zusammenarbeit im Jahr 1933 mit der Londoner Weltwirtschaftskonferenz erreichen.[333] Doch ihr Scheitern war nahezu vorprogrammiert. Währungsexperten brachten vor, eine Einigung über die Stabilisierung der Währungen sei höchst wünschenswert, dafür müsse man sich jedoch vorher auf den Abbau von Handelsschranken einigen – all die hohen Zölle und Beschränkungen, die im Laufe der Wirtschaftskrise eingeführt worden waren. Parallel dazu trafen sich Handelsexperten, die genau umgekehrt argumentierten. Auch sie waren der Meinung, dass Protektionismus ein Übel sei, aber ein notwendiges, das ohne Währungsstabilität nicht aufgegeben werden könne. Das Einzige, das die Konferenz hätte retten können, wäre eine entschlossene Großmacht gewesen, die bereit war, die Führung zu übernehmen und ihre eigenen nationalen Interessen zu opfern, um die festgefahrene Situation zu durchbrechen. Doch das war unwahrscheinlich. In Zeiten großer wirtschaftlicher Schwierigkeiten waren die Regierungen nicht bereit, Opfer zu bringen, die kurzfristige Kosten nach sich ziehen konnten. Die unmittelbaren politischen Folgen waren zu unerfreulich, selbst wenn so eine längerfristige Stabilität möglich gewesen wäre. Bei den ungünstigen wirtschaftlichen Bedingungen fühlten sich die Regierungen verwundbar und unsicher, und sie konnten es sich nicht leisten, den Rückhalt bei der Bevölkerung zu verlieren.

Angesichts des unausweichlichen Scheiterns suchten die Teilnehmer nach einem Sündenbock. Die Konferenz von 1933 glich einem klassischen Kriminalroman, in dem sich jeder verdächtig gemacht hat. Großbritannien und Frankreich hatten sich vom Internationalismus abgewandt und ein Handelssystem eingeführt, das als »Imperiale Präferenz« bekannt war und bei dem sie ihre riesigen Überseeimperien begünstigten. Der deutsche Reichspräsident hatte gerade die radikale und aggressive Regierung Adolf Hitlers eingesetzt. Die deutsche Delegation wurde von dem rechten Demagogen Alfred Hugenberg angeführt, der zwar kein Nazi war, aber zeigen wollte, dass er in Wirklichkeit ein noch unerbittlicherer Nationalist war als Hitler selbst. Die japanische Regierung hatte gerade Truppen in die Mandschurei entsandt. Von allen Großmächten in London wirkten die Vereinigten Staaten bei weitem am vernünftigsten und internationalistischsten. Die USA hatten einen neuen, charismatischen Präsidenten, der als englandfreundlicher Kosmopolit bekannt war. Franklin Roosevelt hatte bereits energische Maßnahmen gegen die Wirtschaftskrise ergriffen und versuchte, das gescheiterte US-Bankensystem zu sanieren. Roosevelt wusste aber nicht, welchen Kurs er auf der Konferenz einschlagen sollte, und seine zahlreichen Berater gaben widersprüchliche Ratschläge. Schließlich verlor er die Geduld und verkündete, die Vereinigten Staaten hätten derzeit nicht die Absicht, den Dollar zu stabilisieren. Die Rundfunkansprache mit dieser Erklärung vom 3. Juli 1933 wurde als »die Bombenansprache« bekannt. Roosevelt sprach von der Notwendigkeit, »das gesunde interne Wirtschaftssystem einer Nation« wiederherzustellen, und verurteilte die »alten Fetische der sogenannten internationalen Bankiers«.[334]

Alle taten erschrocken, dass der Internationalismus gescheitert war. Gleichzeitig war man jedoch froh, jemanden gefunden zu haben, dem man die Schuld in die Schuhe schieben konnte. Keynes begrüßte das Scheitern der Konferenz und Roosevelts »Bombenansprache« ausdrücklich. Am 4. Juli 1933 veröffentlichte er in der *Daily Mail* eine Lobeshymne mit dem Titel »President Roosevelt is magnificently right« (etwa: Präsident Roosevelt hat grandios recht).[335] Keynes und Roosevelt waren die Begründer eines neuen Zeitalters der deglobalisierten Politik.

Der Magier: Keynes

Keynes wuchs in der sonnigen, optimistischen und intellektuell selbstbewussten Atmosphäre von Cambridge um die Wende zum

20. Jahrhundert auf. Er war der Sohn des Universitätsprofessors John Neville Keynes, der nicht nur Mathematiker und Wirtschaftswissenschaftler war, sondern auch eine Karriere in der Universitätsverwaltung machte. In der Cambridge-Mentalität gab es für jedes Problem eine Antwort, die durch Analyse und Reflexion gefunden werden konnte. Keynes' einflussreichster Biograf unserer Tage, Robert Skidelsky, spricht von der »Arroganz eines Ortes«.[336] Keynes' erster Biograf, der Wirtschaftswissenschaftler Roy Harrod, stellte seinem Lebensbericht ein klares Programm voraus: »Wenn ich mein Ziel erreiche, wird das Lebenswerk von Keynes zum Teil als Ausdruck dieser Cambridge-Zivilisation gesehen werden, sowohl in ihrer Stabilität und ihrem Selbstbewusstsein als auch in ihrer Fortschrittlichkeit.« Allerdings, so merkte er melancholisch an, handele es sich dabei um eine schwindende, verblassende Zivilisation, und so stelle sich die Frage: »Wird dieses Lebenswerk zu gegebener Zeit als prächtiges Nachglühen einer schnell schwindenden Zivilisation betrachtet werden müssen, oder wird es vielleicht ein Bindeglied zwischen einer Phase der britischen Zivilisation und der nächsten sein, das eine Zeit der Verwirrung und Unsicherheit überbrückt?«[337]

Sein grundsätzlicher Optimismus zeichnete Keynes nach dem Ersten Weltkrieg aus: nach dem Tod einer ganzen Generation brillanter junger Männer, aber auch nach dem Ende der Realitäten und Gewissheiten der Vorkriegszeit, der globalen Vorrangstellung Großbritanniens. Keynes' Schüler Colin Clark schrieb später: »Die meisten britischen Ökonomen befanden sich – im Gegensatz zu Keynes – zu jener Zeit in einer extrem pessimistischen Stimmung, die wahrscheinlich noch von den Leiden des Ersten Weltkriegs herrührte, in dem so viele ihrer Freunde gefallen waren. Ihr Pessimismus bezog sich nicht nur darauf, dass es unmöglich sei, den Auswirkungen der weltweiten Rezession entgegenzuwirken, sondern auch auf die wirtschaftliche Lage Großbritanniens, noch bevor diese begann.«[338]

Der britische Hintergrund und die allgemeine Niedergeschlagenheit durch den Großen Krieg sind entscheidend, wenn man die Entwicklung von Keynes' Denken verstehen will. Er wollte schlagkräftige Antworten auf die britische Stagnation liefern. Gleichzeitig war er besessen von den Schwachstellen und dem Versagen des internationalen Systems und von der Heuchelei der diplomatischen Bemühungen, die internationale Ordnung zu retten oder neu zu gestalten.

Keynes wurde durch seine Schrift über den Pariser Friedensprozess bekannt, das brillante Traktat *Die wirtschaftlichen Folgen des Friedensvertrages*, das Ende 1919 veröffentlicht wurde. Er war zutiefst angewidert von der Friedenskonferenz und ihrer Politik. Keynes legte sein Mandat in der britischen Delegation nieder und kehrte nach London und Cambridge zurück. Er hatte das Bedürfnis, den »Nebel und die dreckige Luft« (Tiecks Shakespeare-Übersetzung: Nebel und Wolkenhöhn) von Paris gegen das ethische Klima im gehobenen intellektuellen Kreis der Bloomsbury-Gruppe und im Cambridge des Philosophen G. E. Moore einzutauschen. Virginia Woolf, ebenfalls Mitglied der Bloomsbury-Gruppe, schrieb am 8. Juli 1919, nachdem Keynes sein Amt im Finanzministerium aufgegeben hatte und der Versailler Vertrag als Text veröffentlicht worden war, in ihr Tagebuch, Keynes leide an der Ernüchterung, »die ihm das trostlose und entwürdigende Spektakel der Friedenskonferenz aufgezwungen hatte, wo die Männer schamlos nicht für Europa oder gar England spielten, sondern für ihre eigene Wiederwahl ins Parlament«.[339] Ende Mai hatte Keynes an das Bloomsbury-Mitglied Duncan Grant, mit dem er früher ein Liebesverhältnis gehabt hatte, geschrieben: »Ich habe mich in den letzten zwei oder drei Wochen so elend gefühlt, wie ein Mensch nur sein kann. Der Frieden ist empörend und unmöglich und kann nichts als Unglück bringen.«[340] Innerhalb weniger Wochen formulierte Keynes seine Antwort auf Papier – ein Produkt seiner tiefen Überzeugungen.

In seinen Augen war die Herausforderung eine strukturelle und wirtschaftliche, das Problem jedoch ein psychologisches und persönliches. Einer der fesselndsten Abschnitte des daraus entstehenden Buches waren die Porträts der führenden Alliierten. Keynes verstand sein Werk als eine Tragödie (schließlich zitiert er Shakespeares Macbeth), die Tragödie eines einzelnen Mannes: Woodrow Wilson. Wilson war der erste US-Präsident, der während seiner Amtszeit Europa besuchte, und schien zunächst der Mann zu sein, der Europa wiederaufbauen und eine am Boden zerstörte Zivilisation zu alter Größe zurückführen konnte:

> Wie drängte sich die Menge in den europäischen Großstädten um den Wagen des Präsidenten, mit welcher Neugier, Angst und Hoffnung suchten wir nur einen Blick auf die Züge und die Erscheinung dieses Schicksalsmannes zu tun, der, vom Westen kommend, Heilung für die Wunden der alten Mutter seiner Zivilisation bringen und uns den Grund der Zukunft legen sollte.

Und dann kam die Enttäuschung durch einen Friedensvertrag, der in Keynes' Augen auf den französischen Vorstellungen von Strafe und Rache basierte. Keynes suchte nach den Ursprüngen dieses Verrats und fand sie in einer Charakterschwäche (der presbyterianischen Einstellung) des Präsidenten: »Was war mit dem Präsidenten geschehen? Welche Schwäche oder welches Unglück hatte zu einem so außergewöhnlichen, so unvorhergesehenen Verrat geführt?«[341] Keynes' Interpretation, die sich auf die Ideen und Ideale Wilsons und deren Verrat konzentrierte, war ein Auswuchs seiner langjährigen Überzeugung, die er am besten in den abschließenden Passagen der *Allgemeinen Theorie* zum Ausdruck brachte: Ideen und nicht Interessen bestimmen den Lauf der Welt.

Keynes' Buch *Die wirtschaftlichen Folgen des Friedensvertrages* wurde ein Bestseller. Die erste Auflage von 20 000 Stück war schnell vergriffen, und rasch wurde eine neue Auflage von 30 000 Stück hergestellt. Bis heute wird es immer wieder nachgedruckt. Austin Harrison bezeichnete das Buch in *The English Review* als »absolut maßgebend« und popularisierte die Botschaft in *The Sunday Pictorial* als »Reverse the Treaty – Or Crash« (etwa: Revidiert den Vertrag – oder seht zu, wie alles zusammenbricht).[342]

Die konkreteste politische Empfehlung in *Die wirtschaftlichen Folgen* war ein internationaler Kredit für den Wiederaufbau. Keynes dachte dabei an 200 Millionen britische Pfund (was 3,6 Prozent des damaligen Bruttoinlandsprodukts des Vereinigten Königreichs entsprach). Dieser Vorschlag hätte realistisch sein können, aber es brauchte mehr als ein Buch, um ihn in die Praxis umzusetzen. Der Grundgedanke dahinter war, eher Interessen als Ideen für den Wiederaufbau zu mobilisieren.

Keynes gehörte zum Kern einer Gruppe von Bankiers und Finanziers, die sich Ende 1919 in Amsterdam im Haus des prominenten niederländischen Bankiers Gerard Vissering trafen, um ein alternatives Instrument zur Rettung und Sanierung auszuarbeiten. Die Gruppe hoffte, wenn sie den Bericht beim Völkerbund vorlegte und ein Treffen von Finanzfachleuten aus der ganzen Welt organisierte, so das Chaos der Nachkriegsordnung beseitigen und die europäische Wirtschaft wieder auf den Weg zum Wohlstand bringen zu können. Sie stellte die grundlegenden Fakten der Staatsschuldenkrise heraus, bei der »eine Reduktion des übermäßigen Konsums und eine Erhöhung von Produktion und Steuern als die hoffnungsvollsten – wenn nicht die einzigen – Abhilfemaßnahmen anerkannt werden«. Besonders ein Thema stand im Mittelpunkt bei den Beratungen in Amsterdam und der Suche nach einer alternativen Strategie zu dem, was in Versailles beschlossen worden war. Deutschland – und Mitteleuropa im Allgemeinen – würde erhebliche externe Finanzmittel benötigen, um den Übergang von einer ausgelaugten Kriegswirtschaft in den Frieden zu schaffen.

James Alexander, einflussreiches Mitglied der Amsterdamer Gruppe und Präsident der National Bank of Commerce in New York, brachte eine innovative Möglichkeit ins Spiel, wie sich die Kapitalzuflüsse aus dem Ausland bewältigen ließen, die für den Wiederaufbau Europas notwendig waren. Die hohe Schuldenlast und die Instabilität Europas machten Kredite an europäische Staaten und Unternehmen äußerst riskant. Um das Ausfallrisiko zu verringern und Kredite für alle europäischen Risikoklassen zu ermöglichen, plädierte Alexander dafür, den gesamten Kreditbedarf Europas zu bündeln, zu verbriefen und dann an US-amerikanische Investoren zu verkaufen. Mit anderen Worten: Anstatt mit jedem einzelnen Kreditnehmer in Europa eine eigene Vereinbarung zu treffen, würden US-amerikanische Investoren Anteilsrechte am Cashflow-Strom aus den Zins- und Tilgungszahlungen aller europäischen Kreditnehmer erwerben. Darüber hinaus müssten die Schulden durch hochwertige Sicherheiten stark abgesichert sein, um dem Kreditgeber im Falle eines Ausfalls einen Vermögenswert zu bieten und es gleichzeitig für den Kreditnehmer weniger reizvoll zu machen, überhaupt in Verzug zu geraten, da er in dem Fall die Sicherheiten opfern würde. Alexander schrieb: »Der einzelne europäische Käufer [von amerikanischen Waren] muss bereit sein, sein gesamtes Vermögen zu verpfänden. Außerdem sollte ein Bankenkonsortium im eigenen Land seinen Kredit absichern, und zwar nach Möglichkeit verstärkt durch staatliche Garantien.«[343]

Selbst mit einem innovativen Finanzierungskonzept fehlte ein eindeutiges Ergebnis der Reparationsverhandlungen und der Schuldenproblematik zwischen den Verbündeten, was für eine massive Verunsicherung der Anleger sorgte. Selbst wenn die europäischen Wertpapiere durch legitim wertvolle europäische Vermögenswerte gedeckt waren, konnte niemand sagen, ob dem durchschnittlichen US-amerikanischen Anleger wohl bei dem Gedanken war, in Europa zu investieren, nachdem der Kontinent gerade einen schrecklichen Bürgerkrieg erlebt hatte und die Zeitungen weiterhin von Unruhen auf der anderen Seite des Atlantiks berichteten. Um das in Europa benötigte Kapital aufzutreiben, mussten die Ersparnisse der Durchschnittsamerikaner im ganzen Land angezapft werden. In diesem Fall war der durchschnittliche US-amerikanische Investor ein durchschnittlicher amerikanischer Farmer, Kleinunternehmer oder Berufstätiger. Auf US-amerikanischer Seite brauchte man so viele unterschiedliche Investoren, dass es quasi aussichtslos war, gute Argumente für die europäischen Sicherheiten zu finden, so stark sie theoretisch auch sein mochten.

Am 16. Januar 1920 wurden Kopien der Memoranden an die wichtigsten neutralen und alliierten Regierungen gesandt, mit Ausnahme von Frankreich, wo noch nicht genügend Unterschriften für die Aktion gesammelt worden waren. Keynes schätzte die Chancen auf eine Unterstützung durch die Regierungen nicht optimistisch ein und schrieb am 31. Januar an Vissering: »Ich habe keine großen Hoffnungen auf angemessene Ergebnisse.«[344] Er fuhr fort: »Offensichtlich sind die Amerikaner entschlossen, untätig zu bleiben, und das, zusammen mit der äußerst unbefriedigenden Situation in Frankreich, mache es wohl für jedes andere Land sehr beschwerlich, etwas [zur Unterstützung des Wiederaufbaus der europäischen Wirtschaft] zu unternehmen.«[345] In einer seiner vielen prophetischen Aussagen kam Keynes zu dem Schluss: »All dies macht es immer wahrscheinlicher, dass die Dinge erst schlimmer werden müssen, bevor sie besser werden können.«[346]

Nach der Veröffentlichung seiner Jeremiade *Die wirtschaftlichen Folgen des Friedensvertrages* am 12. Dezember 1919 befand sich Keynes schnell in einer politischen Zwickmühle. Wie konnte ein Text, der die US-Regierung so scharf und satirisch kritisierte, Washington dazu bewegen, sich wohlwollend und großzügig zu zeigen? Keynes wandte sich an Lord Robert Cecil, einen führenden britischen Abgesandten beim Völkerbund, und bat ihn um Rat, ob er das

Memorandum seiner Fraktion unterzeichnen sollte. Cecil war besonders besorgt über die Reaktionen auf Keynes' Buch in Washington. Er antwortete Keynes: »Ich gebe zu, dass ich ein wenig Angst vor den Folgen [von *Die wirtschaftlichen Folgen des Friedensvertrages*] auf die Einstellung von Präsident Wilson und seiner Gefolgschaft habe. Er ist ein eitler Mann, und das Bild, das Sie in dem Buch von ihm zeichnen, wird seiner Eitelkeit nicht gerade schmeicheln. Es heißt, er sei sehr nachtragend. Wie Sie selbst sagen, müssen wir an die Großzügigkeit der Amerikaner appellieren, und wenn wir die Regierung gegen uns aufbringen, werden wir offenkundig scheitern.« In einem Brief an Keynes vom 6. Januar 1920 bekräftigte Cecil seine Position noch einmal: »Wir stützen uns auf eine fast aussichtslose Hoffnung auf große Ergebnisse und dürfen keine Chancen vergeben.« Keynes' Unterschrift unter das Memorandum »könnte mächtige Einflüsse vor den Kopf stoßen«.[347]

Keynes verlagerte danach seine Aufmerksamkeit von internationalen auf inländische Themen: Zuhause, im eigenen Land konnte man einfach mehr verändern oder richtig machen. Die Reaktion auf die Misere im Großbritannien der 1920er-Jahre und dann auf die Weltwirtschaftskrise veranlasste ihn erstmals, sich mit der Wechselwirkung zwischen Geld und gesamtwirtschaftlicher Leistung zu beschäftigen. Im Mittelpunkt seiner *Abhandlung vom Gelde* aus dem Jahr 1930 standen Überlegungen darüber, wie geldpolitische Misswirtschaft die monetäre Basis einer Volkswirtschaft aus dem Gleichgewicht bringen konnte; der Text sollte vor allem zu der Debatte beitragen, ob die falsche Parität, für die sich Großbritannien entschieden hatte, als es 1925 zum Goldstandard zurückkehrte, die Bank of England zu einer übermäßig restriktiven Geldpolitik getrieben hatte.

In den 1920er-Jahren wandte Keynes als Finanzberater des King's College in Cambridge die Theorie des Kreditzyklus für Investitionen an, die er als Mitbegründer des London and Cambridge Economic

Service auch für ein breiteres Publikum propagierte, um zu entscheiden, wie Investitionen zwischen Aktien, festverzinslichen Wertpapieren und Bargeld aufgeteilt werden sollten. Allerdings führte sie zu keinen nennenswerten Erfolgen.[348] Daraufhin begann Keynes, seine Position zu überdenken.

Keynes stützte sich bei seiner Analyse zunehmend auf zwei Annahmen: einerseits auf seine Abneigung gegen die Instabilität, die durch die zufälligen Wechselwirkungen der Finanzmärkte mit ihren regelmäßigen Euphorieausbrüchen und anschließenden Zusammenbrüchen hervorgerufen wird; und andererseits auf seine Einschätzung, was eine systematische Planung in Deutschland während des Ersten Weltkriegs und später in Mussolinis Italien und der Sowjetunion bewirken könnte. Im Jahr 1932 kam er zu dem Schluss, es sei bemerkenswert und bedeutsam, dass die beiden außergewöhnlichsten politischen Bewegungen der Neuzeit, die ihre Aufgabe von entgegengesetzten moralischen und emotionalen Polen aus angehen, in diesem entscheidenden Punkt übereinstimmen – dass staatliche Planung, dass Intelligenz und Bedacht an zentraler Stelle das bewunderte Chaos des 19. Jahrhunderts ersetzen könnten.[349] Im Jahr 1932 warnte er auch vor heißen Geldströmen: »Das Macmillan-Komitee [die von der Regierung eingesetzte Kommission, die die Ursachen der industriellen Talfahrt untersuchte] wies darauf hin, dass sich die Mittel der Bank of England im Notfall als nicht ausreichend groß erweisen könnten, um mit den riesigen Geldüberschüssen umzugehen, die den Börsenspekulanten und internationalen Sicherheitsfanatikern gehören und dieser Tage in der Welt herumschwappen und mal dieses, mal jenes Bankensystem in Verlegenheit bringen.«[350]

Das größte Rätsel war wohl, warum die Vereinigten Staaten – das Land des Wohlstands, mit einer enormen wirtschaftlichen Übermacht, nachdem die europäischen Mächte sich gegenseitig ausgeblutet hatten – so anfällig für einen Zusammenbruch sein sollten. In Anlehnung an den konzeptionellen Rahmen von der *Abhandlung vom Gelde* hätte man vermuten können, die Zentralbank fahre eine falsche Strategie. Dieser Gedanke stand später im Kern der berühmten Analyse von Milton Friedman und Anna Schwartz in ihrer *Monetary History of the United States.* Warum Deutschland nach dem verlorenen Krieg und den Kosten der Reparationsvereinbarungen so elend dastand, ließ sich leicht erklären; aber die Vereinigten Staaten waren wohl Gefangene ihrer eigenen Denkart, einer Sucht nach einem rauen Individualismus, der den Kern des amerikanischen Wesens und des American Way of Life zu bilden schien. Keynes fragte:

> Welche wirtschaftlichen Ereignisse in der modernen Welt müssen auch beim dümmsten Beobachter Sorge auslösen? Die außerordentliche Fähigkeit zur Produktion von materiellem Reichtum – wenn auch zum Zwecke der späteren Zerstörung –, die wir während des Krieges entwickelt haben, und das gegensätzliche Bild des Hungers inmitten des Überflusses heute, unsere unfassbare Unfähigkeit, die Nahrung, die wir mit unseren Händen produziert haben, zu unseren Mündern zu bringen. Denn während des Krieges waren wir so nahe an einer Planwirtschaft wie nie zuvor. Das Umfeld war ungünstig, es herrschte übertriebene Eile und überstürzte Improvisationen waren unvermeidlich. Dennoch hat uns diese Zeit gezeigt, was moderne Technik zu leisten vermag. Andererseits ist heute in den Vereinigten Staaten, wo die nationale Tradition der Planwirtschaft äußerst feindlich gegenübersteht und die Regierungsform sich mitnichten für eine improvisierte Planung eignet, das Wirtschaftssystem, verglichen mit seinem Potenzial, ganz offensichtlich gescheitert.[351]

Keynes sinnierte dann über die Machtlosigkeit des Einzelnen angesichts der Massenpsychologie und wählte ein außergewöhnliches Beispiel: Ivar Kreuger, der schwedische »Zündholzkönig«, der ein neues Monopol für Zündhölzer errichtet hatte, für das er geschickt die Vergabe von Finanzkrediten an Länder mit der Bedingung verknüpft hatte, dass seine Unternehmen exklusiv die Zündhölzer für die Schuldnerländer liefern durften. Der Kreuger-Mechanismus schien der raffinierteste Weg zu sein, um die Vision zu verwirklichen, die die Keynes-Vissering-Gruppe im Jahr 1919 formuliert hatte: den Aufbau einer soliden europäischen Gesellschaft, die als Sicherheit für amerikanische Kredite dienen würde. Keynes war von Kreugers Vision und Wagemut außerordentlich beeindruckt und wollte aus seinem Scheitern eine einfache Lehre ziehen:

> Aber in einer Zeit wie der gegenwärtigen liegt die herausragendste Chance für eine staatliche Wirtschaftsplanung weltweit darin, dass sie Konjunkturflauten in der Industrie vermeidet oder lindert, während derer so viele Möglichkeiten, Wohlstand zu schaffen, für die Welt verloren gehen. Auch hier haben wir es mit einem Problem zu tun, das völlig außerhalb des Einflussbereichs des Einzelnen liegt. Der Einzelne ist hilflos, und zwar fatalerweise, wie die zahlreichen Beispiele zeigen, die heute überall auf der Welt zu beobachten sind. Er kann praktisch nichts tun, sosehr er es sich auch wünschen mag und so wichtig es für sein persönliches Interesse auch wäre. Er wird gleichsam mit allen Mitmenschen von einer Flut mitgerissen, die er weder kontrollieren noch steuern kann. Und nur eine konzertierte Aktion im Zentrum kann auch nur das Geringste ausrichten. Der tragische Tod des Herrn Ivar Kreuger ist ein ergreifendes Beispiel für die Hilflosigkeit des Einzelnen, so mächtig und genial er auch sein mag. Dieser Mann, das vielleicht größte konstruktive Wirtschaftstalent seiner Zeit, dessen weitreichende Aktivitäten im weitesten Sinne dem öffentlichen Interesse dienten, der es sich zur Aufgabe gemacht hatte, im Chaos der Nachkriegswelt einen Kanal einzurichten zwischen den Ländern, in denen Ressourcen im Überfluss vorhanden waren, und jenen, in denen sie dringend benötigt wurden, der auf soliden

> Fundamenten aufbaute und sich mit den unter den gegebenen Umständen denkbar besten Schutzmaßnahmen umgab, – der das erlitt, was Unwissende für das Schicksal eines gewöhnlichen Spekulanten halten könnten, der aber in Wahrheit zwischen den Eisbergen einer gefrorenen Welt zerquetscht wurde, die kein einzelner Mensch auftauen und in die Wärme des normalen Lebens zurückführen konnte. Das Spektakel von Kapitalisten, die danach streben, flüssig zu werden, wie es höflich heißt, die also ihre Freunde und Kollegen in den kalten Strom stoßen, um ihrerseits von einem noch vorsichtigeren Kollegen von hinten bedrängt zu werden, ist kein erbaulicher Anblick.[352]

Aus den Finanzstürmen des 19. Jahrhunderts waren für Keynes jetzt Eisberge in einer gefrorenen Welt geworden.

Entsprechend wenig Geduld hatte Keynes mit kleinen Reformvorschlägen. Schon 1929 hatte er sich im Wahlprogramm der Liberalen Partei für ein umfangreiches öffentliches Bauprogramm ausgesprochen. Im Jahr 1932 schrieb er an den Abgeordneten Harold Macmillan von der Konservativen Partei (und Mitinhaber des Verlags, in dem Keynes' Werk erschien), der dringend nach einer Alternative zur Sparpolitik der Depression suchte:

> Ich habe vor allem den Eindruck, dass Sie mit Ihren Vorschlägen zur Entwicklung der Investitionsfunktionen des Staates nicht mutig genug sind. Sie versuchen offenbar die Rolle des Staates zu minimieren und Ihre Ergebnisse durch eine Art Kombination von Privatwirtschaft und Subventionen zu erreichen; und ich bezweifle, dass dies überhaupt machbar ist, zumindest in der heutigen Zeit. Wenn es nur mäßige Anreize braucht, könnten Ihre Maßnahmen hilfreich sein. Aber zum jetzigen Zeitpunkt wäre es außerordentlich schwierig, ein angemessenes Investitionsvolumen

> zu erreichen, selbst wenn man die gesammelten Kräfte des Staates hinter sich hätte.[353]

Die Lösungen konnte nur ein nationaler Rahmen bieten. In einer Welt finanzieller Instabilität mussten sich die Länder abkoppeln, um eine rationale Planung vornehmen zu können. Die Einführung von Zöllen war für Keynes weniger bedeutsam: Als Liberaler seiner Zeit betrachtete er Handelsbeschränkungen als eine minderwertige Regulierungsmethode. Im Vorfeld der British Empire Economic Conference in Ottawa 1932, bei der die imperiale Präferenz beschlossen wurde, bezeichnete Keynes die erhöhten Zölle im britischen Haushalt als einen »Fluch erster Klasse« und sagte, es sei »Ekel erregend, wenn auch möglicherweise notwendig, sie zu erhöhen«. Er hoffte, dass – mit Ausnahme der Steuern auf Lebensmittel – die Entwicklung hin zu hohen Zöllen »dort enden« würde. Alles, was ein Zoll bewirken könne, sei durch eine Abwertung der Wechselkurse besser zu erreichen.[354] Dann setzte bei Keynes ein dramatisches Umdenken ein, bei dem der internationale Handel zum Hauptschuldigen für das Nachfragedefizit wurde. In seinem Aufsatz »Nationale Selbstgenügsamkeit« von 1933 erklärte er, wie sich die Umstände verändert hatten:

> Jedoch ist es heute durchaus nicht erwiesen, dass die große Konzentration der nationalen Bemühungen auf die Eroberung fremder Märkte, die Durchdringung der Wirtschaftsstruktur eines Landes durch die Ressourcen und den Einfluss ausländischer Kapitalinhaber und eine enge Abhängigkeit unseres eigenen Wirtschaftslebens von der wechselhaften Wirtschaftspolitik anderer Länder den Frieden zwischen den Völkern schützen und gewährleisten. Im Lichte der Erfahrung und der Vorausschau ließe sich viel eher das Gegenteil behaupten. […]

> Deswegen fühle ich mich auch mehr jenen verbunden, die dafür eintreten, die volkswirtschaftliche Verflechtung auf ein Mindestmaß zu beschränken, als jenen, die eine möglichst große Verflechtung anstreben. Ideen, Wissen, Wissenschaft, Gastfreundschaft und Reisen sollten ihrem Wesen nach international sein. Güter jedoch sollten besser, wenn immer es vernünftiger- und praktischerweise möglich ist, einer heimischen Produktion entspringen. Vor allem aber sollte die Finanzwirtschaft vorrangig national sein. Dabei sollten all jene, die die Verflechtungen eines Landes gerne lockern würden, jedoch sehr behutsam und umsichtig vorgehen. Es geht nicht darum, eine Pflanze mitsamt ihren Wurzeln auszureißen, sondern um eine behutsame Umgewöhnung, damit sie in eine andere Richtung wächst.[355]

Dann blickte er auf die Vorkriegsphase der Globalisierung zurück und interpretierte den Ursprung der Katastrophe von 1914 als Handelskonflikt: »In jedem Fall war das Zeitalter des Wirtschaftsinternationalismus nicht sonderlich erfolgreich darin, Kriege zu vermeiden.« Aus diesen Gründen könnte »ein größeres Maß an nationaler Selbstgenügsamkeit und wirtschaftlicher Isolierung unter den Ländern als im Jahre 1914 eher friedenfördernd wirken«.[356] Die Harmonie zwischen den Nationen erfordere daher eine Begrenzung des weltweiten Handelsverkehrs.

Die bedeutendste, aber auch problematischste Darstellung von Keynes' Denken nach der Krise, die *Allgemeine Theorie der Beschäftigung, des Zinses und des Geldes* von 1936, ist von einer tiefen Spannung geprägt. Die Logik könnte in zwei Richtungen weisen: Zum einen auf einen politischen Rahmen, der relativ einfach in einer politischen Weichenstellung umgesetzt werden kann, wie in der Situation der 1930er-Jahre – das war der Keynes, der den Weg zu einer neuen Synthese wies, wie sie kurze Zeit später von John Hicks und Roy Harrod artikuliert wurde.[357] Nach der Interpretation von Hicks würde die Grenzproduktivität des Kapitals längerfristig sinken, aber staatliche Maßnahmen könnten die Wirtschaft in ein besseres Gleichgewicht bringen.

In *Allgemeine Theorie* entwarf Keynes eine Vision, nach der internationale Harmonie erreicht werden könnte, wenn die Länder nicht mehr um den Handel konkurrierten:

> Wie ich im vorangegangenen Kapitel erläutert habe, stand in einem von inländischem Laissez-faire und einem internationalen Goldstandard geprägten System, wie es in der zweiten Hälfte des 19. Jahrhunderts die Regel war, den Regierungen kein anderes Mittel zur Linderung wirtschaftlicher Not im eigenen Land zur Verfügung als der Kampf um Märkte. Denn alle zur Bekämpfung eines Zustands chronischer oder periodischer Unterbeschäftigung geeigneten Maßnahmen waren ausgeschlossen mit Ausnahme von Maßnahmen auf der Einnahmeseite durch eine Verbesserung der Handelsbilanz.
>
> Zwar haben Ökonomen gewöhnlich das vorherrschende internationale Wirtschaftssystem dafür gelobt, dass es die Früchte der internationalen Arbeitsteilung lieferte und zugleich für einen Interessenausgleich zwischen den verschiedenen Nationen sorge, aber dahinter verbargen sich weniger harmlose Auswirkungen. Politiker, die um den Wohlstand eines reichen alten Landes fürchteten, das den Wettstreit um Märkte vernachlässigte, zeigten gesunden Menschenverstand und eine richtige Einschätzung des wahren Laufs der Dinge. Wenn aber Nationen erlernen können, durch innenpolitische Maßnahmen Vollbeschäftigung zu erzielen (und wir sollten hinzufügen, wenn sie auch bei der Bevölkerungsentwicklung ein Gleichgewicht erreichen), brauchen keine nennenswerten wirtschaftlichen Kräfte einkalkuliert zu werden, durch die die Interessen eines Landes in Konflikt mit denen seiner Nachbarn gerieten. Es gäbe immer noch Spielraum für die inter-

> nationale Arbeitsteilung und den internationalen Kreditverkehr zu angemessenen Bedingungen. Hingegen bestünde kein zwingender Grund mehr, warum ein Land einem anderen seine Waren aufzwingen oder das Angebot seines Nachbarn zurückweisen müsste, und das nicht etwa, weil es das für die Bezahlung seiner Einkäufe nötig hätte, sondern mit dem ausdrücklichen Ziel, das Zahlungsgleichgewicht zu stören, um die Handelsbilanz zu seinen eigenen Gunsten zu verbessern.[358]

Keynes' zweite Vision ist die einer Welt mit radikaler finanzieller Instabilität. Dies war der Mechanismus, der das internationale System in der Weltwirtschaftskrise zerstörte und der nach den 1970er-Jahren wieder wirksam werden sollte. Die Logik dieser Art von Keynesianismus wurde am deutlichsten im Nachhinein von Hyman Minsky formuliert.[359] In den 1930er-Jahren befasste sich Keynes in erster Linie mit einer britischen Debatte: Einige britische Ökonomen betrachteten das Phänomen der Massenarbeitslosigkeit als Anzeichen für ein dauerhaftes Überangebot an Gütern und die vollständige Befriedigung der menschlichen Bedürfnisse. Gegen diese Sichtweise setzte sich eine Alternative durch, nach der das Problem durch Spekulation und unternehmerische Fehler verursacht wurde. Als Folge wurde anstelle einer effektiven Preisanpassung zur Marktbereinigung die Mengenanpassung zum Mittel der Wahl, um wieder ein Gleichgewicht herzustellen – allerdings ein suboptimales Gleichgewicht. Elizabeth und Harry Johnson kamen zu dem Schluss, Keynes habe »eine Theorie der Börsenspekulanten über Vermögenspreise und Preisbewegungen« geliefert.[360]

Die Beseitigung der finanziellen Instabilität erforderte einen deutlich radikaleren Ansatz. Keynes schrieb in *Allgemeine Theorie*: »Das einzig wirksame Mittel gegen die Vertrauenskrisen, die die modernen Volkswirtschaften heimsuchen, bestünde darin, dem Einzelnen keine andere Wahl zu lassen als sein Einkommen für Konsumzwecke auszugeben oder einen Auftrag zur Herstellung derjenigen Kapitalanlage zu erteilen, die ihm – wenn auch vielleicht auf Basis unsicherer Informationen – als die verheißungsvollste ihm zur Verfügung stehende Investitionsmöglichkeit erscheint.«[361]

Für die Quadratur des Kreises, um also eine robuste politische Orientierung und tiefgreifende wirtschaftliche Fragilität zu vereinen, musste man eine internationale Ordnung ohne finanzielle Instabilität errichten. Dieser Aufgabe widmete sich Keynes, als er während des Zweiten Weltkriegs eine Nachkriegsordnung ausarbeitete.

Keynes' zentrale Rolle bei der Lösung der wirtschaftlichen Probleme der Zwischenkriegszeit hatte einen mächtigen Mythos geschaffen: Ein allwissender Guru entwickelte von einem Elfenbeinturm aus eine geniale Lösung. John Hicks sprach in seiner Rezension zu *Allgemeine Theorie* von der »mutmaßlich mehr als Jevon'schen Revolution«.[362] Keynes' Arbeit hatte etwas Magisches an sich, einen Zauber. Sein erster Biograf, vielleicht sogar Hagiograf, der Wirtschaftswissenschaftler Roy Harrod, hat diese Stimmung perfekt eingefangen, als er über Keynes auf der Konferenz von Bretton Woods schrieb, auf der die genauen institutionellen Pläne für einen multilateral gestalteten internationalen Wiederaufbau festgelegt wurden. Keynes »hatte stets einen seiner schön geschliffenen Sätze parat; er entdeckte jede Inkonsistenz bei der Gegenseite, selbst in der abstrusesten Angelegenheit, mit blitzschneller Geschwindigkeit und wies mit scheinbarer Sanftheit in verblüffenden und manchmal beleidigenden Sätzen darauf hin«.[363] Der Begriff »Magie« taucht erstaunlich oft in biografischen und analytischen Abhandlungen auf. Skidelsky schreibt über die *Allgemeine Theorie*: »Keynes war eine magische Figur, und es ist passend, dass er ein magisches Werk hinterlassen hat.«[364] Die amerikanischen Politiker Adolf Berle und Harry Dexter White sagten etwas deftiger zu dem britischen Ökonomen Lionel Robbins: »Ihr Baron Keynes pinkelt bestimmt Parfüm.«[365] Robbins, ursprünglich ein Verfechter der freien Marktwirtschaft, der dann dramatisch zum Keynesianismus konvertierte, drückte denselben Gedanken in hochtrabenden Formulierungen aus. Nach einem Abendessen in Washington schrieb er, Keynes »bedient sich zwar des klassischen Stils unseres Lebens und unserer Sprache, aber er ist von etwas durchdrungen, das nicht traditionell ist, einer einzigartigen, unirdischen Qualität, von der man nur sagen kann, dass sie rein ist. Die Amerikaner saßen gebannt da, als der gottgleiche Besucher sang und goldenes Licht ihn umspielte.«[366]

Eine Globalisierungspause

Als Keynes 1935 an George Bernard Shaw schrieb, er wolle in den nächsten zehn Jahren revolutionieren, wie die Welt mit wirtschaftlichen Problemen umging, konnte er sich das Ausmaß und den Umfang des Flächenbrandes, der nach 1939 über die Welt hereinbrechen sollte, nicht vorstellen. Er hatte sich – hoffnungsvoll, aber auch mit Bedenken – ausgemalt, dass ein Block friedlicher Nationen unter der Führung Großbritanniens, der auch Frankreich, die Sowjetunion und die Vereinigten Staaten umfasste, »gemeinsam so Respekt einflößend wäre, dass nur ein Verrückter sich ihm entgegenstellen würde«.[367] Aber diese Rechnung erklärte natürlich nicht, wie man die Vereinigten Staaten oder die Sowjetunion zum Eintritt in diese friedliche Liga hätte bewegen können.

Die Frage, die die Welt in den späten 1930er-Jahren und während des Zweiten Weltkriegs beschäftigte, war, wie man die oft gegensätzlichen nationalen Versionen des Kapitalismus wiederbeleben könnte, und nicht, wie sich die Globalisierung wiederherstellen ließe. Keynes war optimistisch, was die Möglichkeiten betraf, ein System wiederzubeleben, das aus den einzelnen Ländern heraus kontrolliert würde. Ein nationales Wirtschaftsmanagement handhabte Mängel und Überschüsse, und ein internationaler Mechanismus könnte sicherstellen, dass sich der internationale Handel nicht störend oder zerstörerisch auswirkte.

Keynes verteidigte das Konzept des Kapitalismus und sah sich selbst als Arzt, der den Patienten wieder gesund machen würde. »Es ist besser, wenn ein Mensch sein Bankguthaben tyrannisiert als seine Mitbürger, und während Ersteres manchmal als Mittel zum Letzteren angeprangert wird, ist es manchmal zumindest eine Alternative.« Das war die Stimme der Vernunft: Aber in den 1930er-Jahren gab es vielfältige attraktive Alternativen. Überall in Europa liefen die alten Eliten zu neuen Religionen über. Nur einige Beispiele: Die ungarische Gräfin Catherine Károlyi (die »Rote Gräfin«) erinnerte sich an ihren Besuch an der Universität Cambridge, wo ihr ein junger kommunistischer Student erklärte, es sei äußerst bedauerlich, aber »zwingend notwendig«, dass die alten Universitäten Oxford und Cambridge nach der Revolution völlig dem Erdboden gleichgemacht würden, und wo britische Studenten mit Oberschichtakzent von der Sowjetunion als dem »Gelobten Land« sprachen.[368] Barbara Pym, die untadelige Romanautorin der britischen Mittelschicht, lief als Studentin in Oxford mit einem Hakenkreuz als Anstecknadel herum und fuhr sogar nach Hamburg, um Hitler dort reden zu hören: »Ich fand, er sah fesch und sauber aus, und ich war sehr beeindruckt.«[369]

Keynes' grundsätzlicher Optimismus stand in krassem Gegensatz zum Pessimismus des großen österreichischen Ökonomen Joseph Schumpeter. Schumpeter hatte sich – vielleicht auch getrieben durch eine Verkettung persönlicher Tragödien – eine zutiefst pessimistische Meinung über das Zusammenspiel von politischen und wirtschaftlichen Entwicklungen gebildet. Der Kapitalismus war der große Motor der Innovation gewesen, den Schumpeter in seinem Frühwerk als »schöpferische Zerstörung« gefeiert hatte. Doch nun zerstörte sich der Kapitalismus selbst. Seine Streitkunst entwickelte Schumpeter während des Zweiten Weltkriegs, als er der US-Politik grundlegend widersprach und eine drohende Übernahme Europas durch die Sowjetunion befürchtete. Er warf die eindrückliche Frage auf: »Kann der Kapitalismus weiterleben?« Und seine Antwort lautete: »Nein, meines Erachtens nicht.« Weiter erklärte Schumpeter, als persönliche Ansicht sei dies »uninteressant«, und setzte dann das Wort »Unvermeidlichkeit« (in Bezug auf den Untergang des Kapitalismus) in Anführungszeichen.[370] Sein Hauptargument war, dass der Kapitalismus eine Gegenreaktion der Intellektuellen hervorriefe. »Im Gegensatz zu allen anderen Gesellschaftstypen schafft, erzieht und subventioniert der Kapitalismus unvermeidlich und kraft gerade der Logik seiner Zivilisation ein festgewurzeltes Interesse an sozialer Unruhe.«[371] Schumpeter identifizierte auch andere Mechanismen, die der Zersetzung Vorschub leisteten: Das Wirtschaftsunternehmen wurde bürokratisiert und verlor die Familiendynamik, die die Kapitalbildung vorantrieb, da die traditionelle Familienstruktur unter Druck geriet. »Mit dem Schwächerwerden der im Familienmotiv enthaltenen Antriebskraft schrumpft der Zeithorizont des Geschäftsmannes, grob gesprochen, auf seine Lebenserwartung zusammen. Und er wäre heutzutage wohl weniger willens als früher, die Funktion des Verdienens, Sparens und Investierens zu erfüllen, selbst wenn er keinen Grund zur Befürchtung hätte, dass die Resultate nur seine Steuern anschwellen ließen. Er gerät in Anti-Spar-Gesinnung hinein und akzeptiert mit zunehmender Bereitwilligkeit Anti-Spar-*Theorien,* die kennzeichnend für eine kurzfristige *Philosophie* sind.«[372] Das Geschäftsleben untergräbt den kreativen Prozess. »So sozialisiert die moderne Unternehmung, obschon sie selbst ein Produkt des kapitalistischen Prozesses ist, das bürgerliche Denken; sie verengert unerbittlich den Spielraum der kapitalistischen Motivation, und nicht nur das, – sie wird letzten Endes ihre Wurzeln zerstören.«[373] Die Analyse legt nahe, dass der Kapitalismus das Produkt anderer sozialer Strukturen und Verhaltensweisen ist, die inzwischen erodiert sind. Schumpeter schreibt, es zeige sich »in einzigartiger Weise, dass die kapitalistische Ordnung nicht nur auf Pfeilern ruht, die aus außerkapitalistischem Material bestehen, sondern dass sie auch ihre Energie aus außerkapitalistischen Mustern des Verhaltens bezieht, die sie zu gleicher Zeit zerstören muss«.[374] Kurzum, Marx habe Recht gehabt. Keynes sah in übermäßigem Sparen und unzureichenden Investitionen die Ursache für Stagnation; Schumpeter sah im unzureichenden Sparen die Dynamik, die den Kapitalismus zerstörte.

Nach dem Krieg identifizierte Schumpeter eine neue Dynamik, die für die Erosion von Unternehmensstrukturen und Kreativität von zentraler Bedeutung sei. In einer Anmerkung, die er 1949 einer Neuauflage hinzufügte, warnte Schumpeter vor der Nachkriegsinflation: »Ständiger inflatorischer Druck kann eine gewichtige Rolle bei der schließlichen Bezwingung des privaten Unternehmungssystems durch die Bürokratie bilden, indem die aus diesem Druck folgenden Reibungen und Stockungen der privaten Unternehmungswirtschaft zur Last gelegt und zur Begründung weiterer Restriktionen und Regulierungen benutzt werden.«[375]

Schumpeter hatte sich immer mit radikalen Strukturbrüchen, mit Diskontinuitäten beschäftigt. Er glaubte, damit im Gegensatz zur neoklassischen Tradition zu stehen. Léon Walras hatte die Abläufe in einem statischen Zustand beschrieben. Selbst Keynes lieferte eine im Grunde statische Analyse.[376] Schumpeter fragte indessen beharrlich: »Wie werden die Dinge anders?« Und er kam zu dem Schluss: »Wenn fundamental Neues in der Welt geschieht, dann stehen wir vor einem Rätsel.«[377]

In vielerlei Hinsicht war Schumpeters düstere Vision näher an den Realitäten der zerrütteten wirtschaftlichen und politischen Existenz im Mitteleuropa zur Jahrhundertmitte als die von Keynes. Doch wie konnte man die reale Welt der stabilen Welt ähnlicher machen, auf die Keynes hoffte?

Der entscheidende Punkt war die Begrenzung der Kapitalmobilität. Das Thema war bereits in den 1930er-Jahren deutlich aufgekommen. Der Ökonom Harry Dexter White vom US-Finanzministerium hatte schon früh im Verlauf des New Deal gefordert, man müsse zu einem Gleichgewicht zurückfinden. Stabile Wechselkurse, Preisniveaus und Zahlungsbilanzen würden »den höchsten und breitenwirksamsten Wohlstand unter den beteiligten Ländern« bedeuten.[378] Frank Coe und Laughlin Currie, ebenfalls vom US-Finanzministerium, plädierten in einer Reihe von Memoranden in den Jahren 1935 und 1936 dafür, dass dieses Gleichgewicht nur mit Kapitalverkehrskontrollen zu erreichen sei.[379] Der New Deal galt schon immer als Modell für den Rest der Welt.[380]

White schrieb 1942: »Es gibt Situationen, in denen sich viele Länder häufig befinden und die alle Länder gelegentlich erleben und die die Einführung von Kontrollen unumgänglich machen.« Das Problem der Volatilität hatte in den 1930er-Jahren im Kern der Bedingungen für eine gute Strategieplanung gestanden: »Zur Kapitalflucht, die entweder durch die Aussicht auf spekulative Kursgewinne motiviert wird, oder weil man Inflation vermeiden, Steuern hinterziehen oder die Gesetzgebung beeinflussen will, kommt es vor allem in unruhigen Zeiten. Fast jedes Land übt zu irgendeinem Zeitpunkt Kontrolle über die Zu- und Abflüsse von Auslandsinvestitionen aus, aber ohne die Zusammenarbeit mit anderen Ländern ist eine solche Kontrolle schwierig, teuer und wird in beträchtlichem Umfang umgangen.«[381] Von der Kapitalmobilität profitieren würde nur eine kleine wohlhabende Elite: jener Teil der US-amerikanischen Bevölkerung, der in den 1920er-Jahren mit katastrophalen Folgen ausländische Anleihen gekauft hatte. Eine erhöhte Wirksamkeit der Kontrollen bedeutete weniger Freiheit für die Besitzer von flüssigem Kapital: »Damit würden die Eigentumsrechte der 5 oder 10 Prozent der Menschen im Ausland weiter eingeschränkt, die über genügend Vermögen oder Einkommen verfügen, um einen Teil davon im Ausland anzusparen oder zu investieren, aber diese Einschränkung läge vermutlich im Interesse des Volkes, zumindest, soweit die Regierung befähigt ist, dieses Interesse zu beurteilen.«[382]

Keynes verbreitete unterdessen, Großbritannien habe während des Krieges den Einsatz von Kapitalverkehrskontrollen »weitgehend perfektioniert« und könne als Modell für den Rest der Welt dienen.[383] Die Forderung von Kapitalverkehrskontrollen wurde in der Völkerbundstudie *International Currency Experience: Lessons of the Inter-War Period* akademisch oder intellektuell untermauert, die größtenteils von Ragnar Nurkse verfasst und 1944 veröffentlicht wurde, sowie in der Völkerbundstudie, *Economic Stability in the Post-War World* von 1945. Nurkse zog in seinem Buch eine Reihe von Lehren aus den Erfahrungen der Zwischenkriegszeit, die der Bretton-Woods-Lösung zugrunde lagen. Es besteht tatsächlich eine enge persönliche Verbindung zwischen dem Völkerbund, den Lehren, die er aus der Wirtschaftskrise zog, und der neuen Ordnung. Nurkse wurde eine leitende Position in einer der in Bretton Woods geschaffenen Institutionen angeboten, dem Internationalen Währungsfonds (IWF), die er jedoch ablehnte, um einen Lehrstuhl an der Columbia University zu übernehmen; mehrere seiner Kollegen vom Völkerbund gingen jedoch zum IWF. Einige von ihnen – insbesondere Jacques Polak aus den Niederlanden – sahen den IWF als Fortsetzung und Erweiterung der Erfahrungen und der Arbeit des Völkerbundes in der Zwischenkriegszeit.[384]

Nurkse schrieb, bei den Wechselkursen in der Zwischenkriegszeit habe man die falsche Wahl getroffen, doch die Versuche, diese Entscheidung zu korrigieren, hätten die Situation nur weiter verschärft. Es habe wettbewerbsbedingte Abwertungen gegeben mit dem Ziel, sich so kurzfristige Handelsvorteile zu verschaffen. Die häufigen Wechselkursanpassungen seien sogar eine der Hauptursachen für die Zerstörung des internationalen Handelssystems gewesen. »Je häufiger die Wechselkurse angepasst werden, umso stärker sind die destabilisierenden Tendenzen nicht nur im Kapitalverkehr, sondern auch in den Handelsströmen; umso häufiger und störender sind die internen Verlagerungen von Arbeitskräften und anderen

Ressourcen; umso stärker behindern die Wechselkursrisiken den Außenhandel.«[385]

Der neue Konsens wurde in die Abkommen von Bretton Woods und die Satzung des Internationalen Währungsfonds aufgenommen. Während die Artikel im Allgemeinen eine rasche Wiederherstellung der Handelszahlungen (Leistungsbilanztransaktionen) verlangten, erlaubte Artikel VI Abschnitt 3 Kontrollen des Kapitalverkehrs auf unbestimmte Zeit (in den 1990er-Jahren gab es eine ausgedehnte Debatte darüber, ob dieser Abschnitt durch eine Liberalisierung der Kapitalbilanz ersetzt werden sollte). Auf der Internationalen Währungskonferenz der Vereinten Nationen in Bretton Woods ging es in erster Linie um den Einfluss des Staates beim nationalen Wiederaufbau. Der Londoner *Observer* erläuterte die britische Position: »Nur wenige Länder in Europa werden bereit sein, den Wiederaufbau vollständig in die Hände konkurrierender Privatfirmen zu legen.«[386] China und die Sowjetunion – beide gehören zu den »Großen Vier« – vertraten in Bretton Woods ebenfalls diese Auffassung. Auf Druck der Sowjetunion mit ihrer Planwirtschaft fanden viele Zugeständnisse ihren Weg in das Abkommen, und Keynes beklagte, »die Amerikaner haben bei den Verhandlungen stets darauf geachtet, die Russen zu beschwichtigen und einzubinden«.[387] Harry Dexter White erklärte der Presse zu Beginn der Konferenz: »Die einzigen Verlierer wären [...] die Sorte Spekulanten, die sich in der Vorkriegszeit wie ›Geier‹ auf die starken Schwankungen der Wechselkurse gestürzt haben. Der Fonds [...] würde derartige Spekulationen unterbinden.«[388]

Die Konferenz von Bretton Woods war somit ein echtes internationales Ereignis: Bis heute ist sie die einzige erfolgreiche Konferenz zur Neugestaltung der Weltwährungsordnung: Die vielen nachfolgenden Versuche scheiterten. Das Treffen fand an einem abgelegenen Ort statt, in den Bergen von New Hampshire, weit weg von der sumpfigen Hitze des nicht klimatisierten Washington zu Kriegszeiten. (Finanzminister Morgenthau jammerte gar, er habe keine

Wollsocken mitgebracht.)[389] Die Konferenz war erfolgreich, weil sie nicht versuchte, den Regierungen ein allgemeines Verhaltensmuster oder eine Schablone aufzudrücken.

Die Vorstellung, dass nationale Wirtschaftsentwicklung den Grundstein für eine bessere und stabilere Welt legt, war keine rein US-amerikanische. Im Jahr 1918 hatte Sun Yat-sen eine Abhandlung über die internationale Entwicklung Chinas verfasst, darin die »vier großen Bedürfnisse des Volkes – Ernährung, Kleidung, Wohnung und Verkehrsverbindungen« dargelegt und einen Plan vorgeschlagen, nach dem »die verschiedenen Regierungen der Mächte, die das Kapital zur Verfügung stellen, sich auf ein gemeinsames Vorgehen und eine einheitliche Politik einigen müssen, um eine internationale Organisation zu bilden«. Auf diese Weise sollte die Kontrolle aus den Händen der ausländischen Bankiers übernommen werden, die diese in der Vorkriegszeit missbraucht hatten. Oder in den Worten Sun Yat-sens: »In meinem internationalen Entwicklungsplan beabsichtige ich, alle nationalen Industrien Chinas in einem großen Trust zusammenzuführen, der dem chinesischen Volk gehört und mit internationalem Kapital zum gegenseitigen Nutzen finanziert wird.«[390] Auch zwischen den lateinamerikanischen und den US-amerikanischen Visionen gab es Gemeinsamkeiten, die auf dem beruhten, was der Historiker Frederick Pike als »Ablehnung der Geschäftszivilisation« zusammenfasst.[391] Diese Gemeinsamkeiten bildeten die Grundlage für eine verstärkte Zusammenarbeit zwischen den Vereinigten Staaten und den lateinamerikanischen Ländern in den 1930er-Jahren, als die Nazis, zur Sorge der US-Amerikaner, sich bemühten, die westliche Hemisphäre wirtschaftlich zu durchdringen. Die Mexikaner begrüßten die Idee, dass die Vereinigten Staaten die Entwicklung des öffentlichen Sektors durch Institutionen wie die vorgeschlagene Interamerikanische Bank finanzieren könnten, die in vielerlei Hinsicht eine Blaupause für die Weltbank darstellte. Der mexikanische Ökonom und Staatsbeamte Alejandro Carrillo formulierte es 1941 so: »Wir in Mexiko sind sehr dagegen, dass Kapitalisten auf eigene Faust ins Land kommen und Geld investieren, wie sie es für richtig halten, denn wir glauben, dass derartige Investitionen das mexikanische Wirtschaftsleben eher stören als zu seiner Entwicklung beitragen.«[392] Staatlich gelenkte Investitionen waren ein anderes Thema.

Die neue Rhetorik von Bretton Woods geht auf die frühen Tage des New Deal zurück, auf Roosevelts Bombenansprache vom Juli 1933 an die Wirtschaftspolitiker der Welt, die sich auf der Londoner Weltwirtschaftskonferenz versammelt hatten, in der er die »alten Fetische der sogenannten internationalen Bankiers« attackierte.[393] US-Finanzminister Henry Morgenthau wurde in Bretton Woods noch deutlicher, als er dazu aufrief, »die wucherischen Geldverleiher aus dem Tempel der internationalen Finanzen« zu vertreiben. »Die von der Bretton-Woods-Konferenz vorgeschlagene Institution würde in der Tat die Kontrolle einschränken, die bestimmte Privatbankiers in der Vergangenheit über das internationale Finanzwesen ausgeübt haben.« In seiner Abschlussrede erklärte Morgenthau: »Kapital sollte, wie jede andere Ware, frei von monopolistischer Kontrolle und zu vernünftigen Bedingungen für jene verfügbar sein, die es für das allgemeine Wohl einsetzen.«[394] In einer Broschüre der Gewerkschaftsorganisation Congress of Industrial Organizations Political Action Committee, in der die Argumente der Regierung für das Bretton-Woods-Abkommen aufgegriffen wurden, hieß es: »Wir haben gesehen, wie sich das internationale Finanzwesen, das von den ›richtigen Leuten‹ mit den ›richtigen Schutzmaßnahmen‹ gelenkt wurde, nach dem Ende des früheren Krieges entwickelt hat. Wozu hat das geführt? In eine Weltwirtschaftskrise – zum Aufstieg des Faschismus – zum schlimmsten Krieg in der Geschichte der Menschheit.«[395]

Es gab erheblichen Widerstand gegen die Vision, die Welt auf der Grundlage nationaler Planung neu zu gestalten. Die Republikanische Partei in den Vereinigten Staaten, die Großfinanz und ein großer Teil der Presse lehnten die Pläne von Bretton Woods ab. Die *New York Times* erklärte, dass der Plan »keine echte Kontrolle« über die destabilisierende und inflationäre Politik der Regierungen ausübe, und warf ein, die Vereinigten Staaten könnten am besten zur internationalen Zusammenarbeit und Stabilisierung beitragen, indem sie ihren eigenen Haushalt ausglichen.

> Die Konferenz wird in mehrfacher Hinsicht einen unglücklichen Start erleben. So wichtig das Problem stabiler Wechselkurse und einer soliden Weltwährung auch sein mag, kann man sich keinen schwierigeren Zeitpunkt für die einzelnen Nationen vorstellen, um zu entscheiden, auf welchem Niveau sie ihre nationale Währung festlegen und stabilisieren können. […] Jede Nation sollte die irrige Vorstellung aufgeben, dass es zu ihrem eigenen Vorteil ist, ihre Währung auf- oder abzuwerten, oder dass sie davon profitiert, wenn sie enorme Zollschranken errichtet, Exporte subventioniert oder den Handel mit ihrer Währung aussetzt, oder wenn sie ihren eigenen Bürgern verbietet, Gold, Kapital oder Kredite zu exportieren. Jede Nation sollte sich von der irrigen Vorstellung verabschieden, dass sie gewinnt, wenn sie einen Wirtschaftskrieg gegen ihre Nachbarn führt.

In ähnlicher Weise kam die *Washington Post* zu dem Schluss, dass Bretton Woods »unnötig ist, wenn die Länder eine solide Politik verfolgen, indem sie ihre Haushalte ausgleichen und ihre Handelsbilanzen anpassen«.[396]

Von den Handelszahlungen abgesehen wurden bei dem Abkommen von Bretton Woods keine weiteren Globalisierungsmechanismen berücksichtigt. Einige kleinere Länder beklagten sich darüber, dass der Handel vollständig von der Tagesordnung gestrichen wurde. Sie erkannten, dass der Welthandel in der Nachkriegszeit wahrscheinlich von den Vereinigten Staaten dominiert werden würde – die anderen Lieferanten von Werkzeugmaschinen, Deutschland und Japan, hatte der Krieg ruiniert. Die Länder klagten, das Handelsungleichgewicht werde »fast zwangsläufig so störende Tendenzen entwickeln, dass sie jeden Plan zunichtemachen könnten«.[397] Erst im Dezember 1945, eine ganze Zeit nach Kriegsende, starteten die Vereinigten Staaten eine Initiative für eine internationale Handelsorganisation, aber da war es schon recht spät. Andere Länder forderten Ausnahmen und Schutzmaßnahmen, und der US-Kongress war verstimmt ob der Undankbarkeit der alten Verbündeten. Bis zur Gründung der Welthandelsorganisation nach dem Ende des Kalten Krieges gab es keine Organisation, um die Liberalisierung des Handels zu beaufsichtigen, die stattdessen im Wesentlichen über bilaterale Handelsvereinbarungen stattfand, die im Rahmen des Allgemeinen Zoll- und Handelsabkommens (General Agreement on Trade and Tariffs, GATT) auf weitere Länder ausgedehnt werden konnten. Die europäischen Länder begannen erst in den späten 1950er-Jahren mit der Liberalisierung ihrer Handelszahlungen (Kontokorrentzahlungen); Japan tat dies erst 1964. Der Rest der Welt behielt die Devisenkontrollen noch wesentlich länger bei. Im Rahmen des GATT fanden wichtige Zollsenkungsrunden statt, vor allem Anfang der 1960er-Jahre (Kennedy-Runde), aber wichtige Produkte – Textilien und landwirtschaftliche Erzeugnisse – wurden im Verhandlungsrahmen meist nicht berücksichtigt.

Der zunehmende Handel war im allgemeinen Aufschwung nach 1945 ein wichtiger Wachstumsmotor, aber sein Anteil am Weltoutput blieb bis in die 1970er-Jahre deutlich unter dem Niveau von 1913 (13,4 Prozent) oder 1929 (10,8 Prozent). Im Jahr 1950 lag dieser Anteil bei 6,5 Prozent, bis 1960 war er auf 8,1 Prozent gestiegen, und 1970 lag er bei 9,5 Prozent. Zu einer erneuten großen Welle der Globalisierung (die man vielleicht als Überspekulation bezeichnen könnte) kam es erst später.

Auch für große Bevölkerungsströme war die Welt nicht offen. Zunächst kam es im Rahmen der Nachkriegsregelung oder der neuen Unabhängigkeit ehemaliger Kolonien zu umfangreichen Umsiedlungen von Menschen: Deutsche aus der Tschechoslowakei, der Sowjetunion und Polen (insgesamt etwa 12 Millionen bis 1950) oder Muslime und Hindus auf dem indischen Subkontinent, wo die Zahl der »Vertriebenen« auf 10 bis 20 Millionen geschätzt wird. Diese Bevölkerungsströme veränderten den Arbeitsmarkt grundlegend. Das deutsche Wirtschaftswunder profitierte in hohem Maße von dem Zustrom an Vertriebenen.[398] Frankreich und Großbritannien verzeichneten einen starken Zustrom aus Kolonien oder ehemaligen Kolonien. Der US-Arbeitsmarkt veränderte sich durch die »große Migration« aus dem alten Süden nach Norden. Aus der Sicht der 1940er- und 1950er-Jahre waren weitere große internationale Wanderungsbewegungen jedoch unwahrscheinlich. Für den Moment waren die Einwanderungszahlen in die Vereinigten Staaten und die Zahl der Flüchtlinge weltweit niedrig.

Die Globalisierung war durch den Krieg und seine Folgen gebremst und unterbrochen worden. Der größte – und vielleicht der erste – wirklich globale Krieg hatte nicht dazu geführt, dass die Umkehr der Globalisierung aus den 1930er-Jahren ins Gegenteil verkehrt wurde. Bretton Woods war ein Produkt des Bewusstseins der globalen Verbundenheit und gegenseitigen Abhängigkeit, aber es zielte nicht darauf ab, eine Welt der Globalisierung wiederherzustellen, die nun weithin als Relikt eines Weltbildes aus dem 19. Jahrhunderts galt.

Ein Hauptgrund für die skeptische Einstellung zur globalen Verflechtung war die nichtpolitische Entwicklung, die die Welt zu dieser Zeit revolutionierte: Technologie. Die internationale Geschichte des 20. Jahrhunderts lässt sich in Form von zwei U-förmigen Kurven beschreiben. Die eine ist das U der Globalisierung, mit einem hohen Maß an Verflechtung vor dem Ersten Weltkrieg, einem Einbruch in den Zwischenkriegsjahren mit der Weltwirtschaftskrise und dem Zweiten Weltkrieg und einem Wiederaufleben ab den 1970er-Jahren. Die zweite Entwicklung ist das Spiegelbild der ersten: das umgekehrte U des US-amerikanischen Produktivitätswachstums bzw. des Produktionspotenzials der führenden und dynamischsten Wirtschaft der Welt. In der Zwischenkriegszeit stieg die Produktivität ungeachtet der Großen Depression sprunghaft an, und der Zweite Weltkrieg beschleunigte dieses Wachstum noch. Nach den 1970er-Jahren verlangsamte es sich, und nach einer Analyse des Wirtschaftswissenschaftlers Robert Gordon wuchs die totale Faktorproduktivität nur noch um ein Drittel im Vergleich mit der außergewöhnlichen Wachstumsrate zwischen 1920 und 1970.[399]

Für die verschränkten U-Kurven gibt es drei Erklärungen: technischer Wandel, Krieg und die Logik der Deglobalisierung.

Zum Ersten war die außerordentliche Entwicklung Amerikas zur Mitte des Jahrhunderts auf einen dramatischen technischen Wandel zurückzuführen (siehe Abbildung 4.2). Übergreifende Innovationen veränderten die Wirtschaft, vor allem die Elektrifizierung, die Verbreitung des Automobils und das Wachstum des Transportwesens. Der Wirtschaftshistoriker Alex Field schrieb: »Die Jahre 1929 bis 1941 waren im Ganzen die Periode mit den größten technologischen Fortschritten in der US-Wirtschaftsgeschichte.«[400] Unternehmen weiteten ihre Forschungs- und Entwicklungsaktivitäten aus, und auch mitten in der Großen Depression wurden viele neue Labors gegründet. Telefonie, Kraftfahrzeuge, Elektrogeräte, Versorgungswirtschaft, Kommunikation – sie alle entwickelten sich weiter. Im Zusammenspiel veränderten sie das Leben der Menschen. In den Städten waren Ende der 1930er-Jahre alle US-amerikanischen Haushalte an das Stromnetz angeschlossen, 94 Prozent verfügten über Wasserzuleitungen und Abwasserrohre, 80 Prozent über Toiletten mit Wasserspülung im Haus, 58 Prozent über Zentralheizungen und 56 Prozent über Kühlschränke. In den Haushalten wurden Waschmaschinen aufgestellt. Auf dem Land revolutionierte der Traktor die Produktivität.

Das Trauma der Großen Depression hat den US-amerikanischen Erfindungsmotor nicht gebremst. Im Gegenteil, das Innovationstempo nahm in der zweiten Hälfte der 1930er-Jahre sogar noch zu.[401] Und dann sorgte der Krieg für einen weiteren Schub. Henry Fords Mammutfabrik Willow Run, in der B-24-Bomber gebaut wurden, wurde in weniger als einem Jahr hochgezogen, ab März 1941, und stellte im Mai 1942 das erste Flugzeug fertig. Ursprünglich war das Werk für die unfassbare Produktionsrate von einem Bomber pro Stunde konzipiert worden, aber bis dahin war es ein langer Kampf. Die Produktionsrate wurde durch Learning-by-doing allmählich gesteigert und erreichte im Februar 1943 zunächst 75 Flugzeuge pro Monat, im November 1943 dann 150 Flugzeuge pro Monat und im August 1944 schließlich den Höchststand von 432 Flugzeugen pro Monat.[402] Das kriegsbedingte Produktionsmodell lieferte eine neue Vorlage, die sich auch anwenden ließ, um Wohlstand für die Verbraucher zu schaffen.

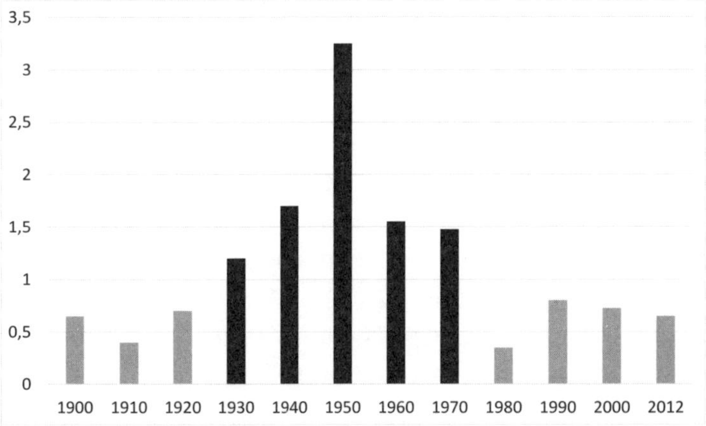

Abb. 4.2: Jährliche Wachstumsrate der totalen Faktorproduktivität in den Vereinigten Staaten für die vorangegangenen zehn Jahre 1900–2012

Zum anderen trieb die internationale Politik den Produktivitätsmotor weiter an. Man kann es durchaus so darstellen, dass der Zweite Weltkrieg, so verheerend er auch in Bezug auf die Anzahl der Toten und Verletzten unter den US-amerikanischen Soldaten war (wenn auch wesentlich weniger verheerend als bei den anderen Kriegsteilnehmern), dennoch in ökonomischer Hinsicht ein Wunder war, das die US-amerikanische Wirtschaft vor der drohenden säkularen Stagnation der späten 1930er-Jahre rettete.[403]

Und schließlich brachte die Deglobalisierung auch echte Verbesserungen für die Arbeitnehmer, die nun durch neue Beschränkungen der internationalen Mobilität geschützt wurden. Der fehlende Wettbewerb um Arbeitsplätze durch Neueinwanderer machte es den Gewerkschaften in den 1930er-Jahren einfacher, sich zu organisieren und eine Lohnerhöhung durchzusetzen. Durch die hohe Zollmauer konnte die US-amerikanische Industrie alle verfügbaren Innovationen in den Fabriken im Land einführen, ohne die Produktion auszulagern, wie es in den letzten Jahrzehnten üblich geworden ist. Der fehlende Wettbewerb durch Einwanderer und Importe ließ die Löhne der Arbeitnehmer am unteren Ende der Einkommenspyramide steigen und trug zu der bemerkenswerten »großen Kompression« der Einkommensverteilung in den 1940er-, 1950er- und 1960er-Jahren bei. Robert Gordon kommt zu dem Schluss, die umfassende Deglobalisierung habe den Grundstein für einen amerikanischen »Großen Sprung nach vorn« gelegt (wie es Alex Field in einer satirischen Anspielung auf Chinas Wachstumsterminologie formulierte).[404] Mit anderen Worten: Es gab einen Nachfrageschub, der sich aus der Abschottung des Arbeitsmarktes und der weiteren Einwanderung ergab und der den technischen Wandel womöglich noch weiter vorantrieb. Die Nachfragesteuerung, zunächst als antizyklische Antidepressionspolitik, dann als Teil der militärischen Mobilisierung, schuf die Grundlage für eine steigende Produktivität und eine allgemeine Erhöhung des Lebensstandards. Wegen des Krieges legten die Haushalte Sparrücklagen an, die nach 1945 für Konsumgüter ausgegeben wurden, die während des Krieges nicht erhältlich gewesen waren – ein klassischer Fall von »aufgestauter Nachfrage«. Doch sogar im Wirtschaftswunder der Nachkriegszeit ließ das außergewöhnliche Produktivitätswachstum der Zwischenkriegszeit rasch nach.

Die beiden letztgenannten Effekte, der Weltkrieg und die einmaligen Einkommensgewinne aus der Deglobalisierung, ließen sich nicht endlos wiederholen. Die Auswirkungen der neuen Innovationen in der Mitte des 20. Jahrhunderts auf Geografie und Entfernungen boten jedoch neue Chancen. Diese Verbesserungen unterschieden sich grundlegend von den Innovationen des 19. Jahrhunderts, der Eisenbahn und dem Dampfschiff, die die Welt zusammengeführt hatten und die Walt Whitman gefeiert hatte. Die Innovationen des 20. Jahrhunderts ermöglichten eine stärkere Lokalisation der Produktion. Durch die Elektrizität ließ sich Energie über große Entfernungen hinweg verteilen, sodass die Produktion nicht mehr unbedingt in den großen Hallen konzentriert werden musste, die für die mechanische Kraftübertragung erforderlich waren, die mithilfe großer Motoren oder Turbinen über Riemen und Rollen erfolgte. Das Straßennetz glich eher Kapillaren, die von den Arterien der Schienenwege abgingen. Im Jahr 1925 richteten die Vereinigten Staaten einen Ausschuss für Bundesautobahnen, das Joint Board on Interstate Highways, ein und starteten im November 1926 ein Programm zur Rationalisierung der Verkehrsinfrastruktur, das ein Netz von rund 80 000 Meilen ausgebauter Highways vorsah.[405] Die Technologie des 19. Jahrhunderts umspannte die ganze Welt; die Revolution des 20. Jahrhunderts personalisierte und individualisierte die Technologie. Einzelpersonen oder Familien besaßen nun Telefone, Autos, Kühlschränke, Radios, Waschmaschinen.

Die Partikularisierung und die logistischen Neuerungen schufen eine Grundlage, auf der dann etwas anderes geschah. Der Krieg erforderte eine kompetente, staatlich geführte Logistik. Im Zweiten

Weltkrieg wurde ein noch nie dagewesenes Ausmaß an nationalen Ressourcen mobilisiert, die von der Regierung koordiniert wurden. Am 26. Mai 1940 kündigte Präsident Roosevelt in einem Kamingespräch an, die US-Regierung werde »die effiziente Maschinerie der amerikanischen Hersteller nutzen«, um in den folgenden zwölf Monaten 50 000 Kampfflugzeuge zu produzieren und so dem »aufziehenden Sturm« eines globalen Krieges zu begegnen. »Die Regierung ist entschlossen, in Zusammenarbeit mit der Industrie diese Kapazität zu erhöhen, um unseren Bedarf zu decken.« »Daher ist die Regierung der Vereinigten Staaten bereit, die Gelder vorzuschießen, die notwendig sein werden, um die Fabriken zu erweitern, neue Anlagen zu errichten, Tausende notwendige Arbeiter zu beschäftigen, neue Bezugsquellen für die benötigten Rohstoffen zu erschließen und ein schnelles Massentransportsystem für Nachschub zu entwickeln. An den Details von all dem wird derzeit in Washington Tag und Nacht gearbeitet.«[406] Im Krieg legte die US-Regierung erstaunliche Kompetenz an den Tag.

Das Potenzial war in den 1930er-Jahren bereits von einigen anderen Ländern erkannt worden. Insbesondere die Sowjetunion und Deutschland sahen im Fordismus eine Möglichkeit, ihre Volkswirtschaften aufzubauen. Der Historiker Stefan Link beschreibt in seinem jüngsten Buch, wie fasziniert sowjetische und deutsche Ingenieure von der US-amerikanischen Technologie waren und dass sie eine ähnliche Transformation anstrebten.[407]

Das abwärts gerichtete U der Globalisierung und das aufwärts gerichtete U der US-amerikanischen Produktivität waren folglich eng miteinander verwoben. Die Vereinigten Staaten wurden so zu einem Vorbild oder einer Vorlage für den Rest der Welt, und zwar nicht nur aufgrund ihrer neuen politischen Vormachtstellung (auch wenn diese zur Verbreitung der Vision sehr beitrug). Die Globalisierung unmittelbar nach 1945 vollzog sich weniger durch große Handels-, Personen- oder sogar Geldströme, sondern durch Ideen.

Die Vereinigten Staaten als große Volkswirtschaft mit einem riesigen Binnenmarkt waren nie besonders abhängig vom Außenhandel gewesen und in diesem Sinne auch nie sehr globalisiert. Ihr wichtigster Beitrag zur Entwicklung der Welt in der Mitte des 20. Jahrhunderts war der Beweis, dass der amerikanische Traum das Gegenmittel zur Weltwirtschaftskrise sein konnte.

Die Weltwirtschaftskrise, die als Geschichte eines Nachfrageausfalls begann, verlangte nach einer wirtschaftlichen Analyse der Katastrophe und erforderte eine umfassende Mobilisierung des öffentlichen Sektors. Diese Mobilisierung konnte nur in einem nationalen Kontext stattfinden und war – wie die militärische Mobilmachung – ausgesprochen gefährlich. Sie konnte anderswo nachgeahmt werden, mit zerstörerischen Folgen. Oder später, in einem friedlicheren Kontext, konnte sie zu einer blassen zivilen Version der militärischen Mobilisierung führen, bei der die Länder darauf beharrten, dass jedes Land seinen eigenen Plan, seine eigene wirtschaftliche Zukunftsvision, seine eigene Fluggesellschaft oder sogar seinen eigenen Automobilhersteller brauchte. Das war Entwicklung, sogar schnelle Entwicklung: ein Begriff, der in den 1940er-Jahren modern wurde. Aber es war eine Entwicklung ohne substanzielle Globalisierung, also genau das, was der Doktor (Keynes) verordnet hatte.

5.

Die »große Inflation« der 1970er-Jahre

Die *Great Inflation* in den Vereinigten Staaten, die dann auf den Rest der Welt überschwappte, begann mit einer konjunkturellen Überhitzung, ihr Ergebnis waren allgemeine Verknappung und Preissprünge, die das Vertrauen in die Regierung zerstörten. Die Krise ging auf Überfluss und Übermut zurück; im Nachhinein erschien die Globalisierung in neuem Licht. Die 1960er-Jahre charakterisierten sich durch expandierenden Welthandel und einen allgemeinen Optimismus dahingehend, dass die menschliche Gesellschaft kontrolliert und gesteuert werden könne. Die so erzeugte Euphorie zielte darauf, sicherzustellen, dass die Volkswirtschaften auf Hochtouren liefen, dass sich stets noch etwas mehr Wachstum aus dem Mechanismus makroökonomischen Managements herausquetschen ließe. Größenwahn lag in dem Glauben, die Regierungen könnten ihre Ziele erreichen. Der Aufwärtsdruck führte letztlich zu einer Angebotsbeschränkung und dann in den 1970ern zu einem Angebotsschock.

Die Erwerbslosigkeit in den Vereinigten Staaten sank deutlich unter die moderne Schwelle einer »natürlichen Arbeitslosenrate«, nämlich auf rund 5,7 Prozent in den Jahren 1965 und 1966.[408] Die Inflation (Verbraucherpreise) stieg von 1,7 Prozent im Jahr 1965 auf 3 Prozent 1966 und erreichte 1970 sogar 5,9 Prozent. Relativ spät, nämlich 1969, verschärfte die Federal Reserve ihre Politik und führte also 1970 eine milde Rezession herbei, die den Inflationsdruck allerdings kaum dämpfte. Es gibt ein währungspolitisches Paradox, dem zufolge eine allzu solide Geldwertstabilität eine falsche Sicherheit generiert, in der die Spekulation als risikofrei erscheint und also zur Bildung von Blasen und deren unweigerlichem Platzen führt. Die fiskalpolitische Version dieser Falle, die im optimistischen Klima zu Ende der 1960er zuschnappte, bestand in der Annahme, dass die fiskalische Feinsteuerung nach den Rezepten von Keynes sicherstellen könne, dass man jedem Abschwung und jeder wirtschaftlichen Flaute mittels aktiver Nachfragesteuerung begegnen könne. Alles schien möglich zu sein – bis es das nicht mehr war und die Analysten eine »unerfreuliche Arithmetik« wiederentdeckten.[409]

Anfangs meinten die Regierungen, sie müssten noch mehr tun. Selbst eine Regierung, die mit den konservativen Grundsätzen des freien Marktes angetreten war – etwa Präsident Nixon in den USA oder Edward Heaths Tory-Regierung in Großbritannien –, griff alsbald zur Einführung von Kontrollen und Beschränkungen, um (letztlich erfolglos) den bekannten Wohlstand zu erhalten. Durch Nixons Preiskontrollen wurden Konsum und Import effektiv gesteigert, was letztlich zu Verknappungen, insbesondere des Heizöls im Winter 1972/73, führte. Der zeitliche Ablauf ist hier durchaus von Belang, denn ein Großteil der amerikanischen Mythen über die 1970er geht auf die Überzeugung zurück, der Rest der Welt – und insbesondere die Ölproduzenten, aber auch andere Rohstofflieferanten – hätte seine Stellung missbraucht. In Wirklichkeit reagierten diese Akteure auf Entwicklungen, die von den USA (und vielen anderen westlichen Ländern) vorangetrieben worden waren, die den gleichen Pfad einer selbstsicheren Ausdehnung eingeschlagen hatten. Zunächst war es verlockend zu glauben, die Ölproduzenten wären »der eindeutige und zentrale Bösewicht in dem Stück«.[410] Ein realistischerer Betrachter erkennt jedoch: Der Ölpreis reagierte auf das globale Angebot- und Nachfrageverhältnis und insbesondere auf die allgemeine wirtschaftliche Ausdehnung Ende der 1960er und Anfang der 1970er.[411]

Die Verblüffung, die die neuen ökonomischen Schocks hervorriefen, lässt sich an den Verschiebungen des einfachen Vokabulars ablesen, mit dem die US-Amerikaner ihre Weltsicht beschrieben. Man vergleiche nur das Auftreten der Wörter »Fortschritt« und »Krise« in den Buchveröffentlichungen der verschiedenen Länder: Die Amerikaner hatten »Fortschritt« stets häufiger genutzt als »Krise«, ein überaus deutlicher Kontrast zu den düsteren Deutschen des 20. Jahrhunderts. Doch seit 1967 bricht die Verwendung von »Fortschritt« rasant ein, während die von »Krise« zunimmt (und auch auf Französisch und Deutsch kam es nach 1967 zu einer zunehmend geringeren Wertschätzung, dabei setzte der Rückgang in Frankreich früher ein). Seit 1967 nutzen die Amerikaner, zumindest im gedruckten Wort, die Nominalphrase »Fortschritt ist gut« sehr viel weniger häufig. In den 1970ern verschlimmerte sich die Lage weiter, das belegen Daten des Google Ngram Viewer: Vietnam, Benzinknappheit, Watergate und Stagflation summierten sich zu einem allgemeinen Vertrauensverlust.[412]

Die bestimmenden ökonomischen Parameter, aus denen sich der Pessimismus und das Unbehagen der 1970er ergaben, fußten auf innenpolitischen Gegebenheiten, auf dem Zusammenspiel von hoher Inflation mit hoher Arbeitslosigkeit und geringem Wachstum. Triebfeder war die weitverbreitete Überzeugung, das Wirtschaftswachstum könne die Produktivität erhöhen, das Wachstum weiter steigern und, als Folge der Produktivitätsgewinne, die Preise nach unten drücken. Mit seinem einflussreichen Modell nahm Nicholas Kaldor das Langfristverhältnis von technischem Fortschritt und Wachstumsrate in den Blick – und leitete daraus eine »technische Fortschrittsfunktion« ab: Ein stärkerer produzierender Sektor würde zu einem selbsttragenden positiven Kreislauf höherer Wachstumsraten und also höherer Löhne führen.[413] Der einflussreiche Ökonom Roy Harrod zog dann die logische Konsequenz, ein größerer Nachfragezuwachs könne die Inflation verringern (und werde sie nicht steigern).[414] Derart optimistische Erwartungen wurden herb enttäuscht.

Zuvor hatten die Entscheidungsträger angenommen, es gebe einen Zusammenhang zwischen Inflation und Wachstum, der durch eine Phillips-Kurve bestimmt werde, das Verhältnis also, das der neuseeländische Ökonom William Phillips herausgearbeitet hatte: ursprünglich für das Verhältnis zwischen Löhnen und Beschäftigung. Starkes Wachstum oder zunehmende Beschäftigung führen demnach zu einem Arbeitskräftemangel und Lohndruck, der sich in Preissteigerungen übersetzt. Ein ökonomischer Schock werde die Arbeitsmarktnachfrage reduzieren, den Lohnanstieg bremsen und den Preisanstieg verlangsamen. Für die weltweit größten Industrieländer ließ sich dieses Verhältnis in den 1960er-Jahren eindeutig empirisch nachweisen. Doch in den 1970ern stiegen die Löhne weiter an, obwohl es beträchtliche Arbeitslosigkeit gab. Keynes' Anpassungstheorie war abhängig vom irrationalen bzw. willkürlichen Verhalten der Beschäftigten, die nach ursprünglicher Auffassung einer »Nominallohnillusion« erlagen – sofern unbemerkt blieb, dass die Inflation die Realeinkommen untergrub, und solange die niedrigeren Reallöhne höhere Beschäftigungsraten erzeugten. Wenn sich nun die Nominalillusion mit höheren Inflationsraten überschnitt, bräuchte es eine neue Antwort auf die Anpassungsfrage: Tarifabschlüsse ließen sich nur durch Disziplin, durch die Aufstellung von Richtlinien oder gar Kontrollen einschränken. Auch Geldverleiher erlagen spezifischen Illusionen. Der Anstieg der Inflation senkte die Realzinssätze unter jedweden historischen Trend, bis tief in den negativen Bereich hinein, reduzierte die Staatsschulden und befeuerte damit die Illusion, Defizite spielten keine Rolle.

Das neue Phillips-Verhältnis war auch die Folge einer unterschätzten Auswirkung des transformativen technischen und ökonomischen Wandels. Neue Technologien ermöglichten neue Produkte und, in den reichen Ländern, einen Übergang zur Dienstleistungsgesellschaft. Doch die Arbeitskraft für diese neuen Tätigkeiten war nicht unverzüglich verfügbar, und ein substanzieller Übergang der Menschen von einem in den anderen Bereich war mit der politischen Schwerpunktsetzung Vollbeschäftigung unvereinbar. Am scharfsinnigsten wurde das Problem indes nicht am Beispiel der westlichen Marktwirtschaften diagnostiziert, sondern für die Welt der sowjetischen Planung – hier analysierte János Kornai, dass es kein realexistierendes Wirtschaftssystem geben könne, in dem »Nachfrageüberschuss und Angebotsüberschuss« ausgeschaltet wären: »Die ›Optimierung‹ ist nicht möglich: Wir wollen Vollbeschäftigung, aber keinen Arbeitskräftemangel. Es sind Kuppelprodukte, die offenbar notwendig zusammen auftreten.«[415]

Wachstum und Produktivität

Zwar war die Inflation innenpolitischen Ursprungs, doch die betreffenden Debatten und Maßnahmen waren außenpolitischer Natur und prägten das Verhältnis der jeweiligen Volkswirtschaft zum Rest der Welt. Dabei wiesen die USA den Weg: Im August 1971 hob US-Präsident Nixon die Goldkonvertibilität des Dollar – die damals bereits auf ausländische staatliche Institutionen begrenzt war – völlig überraschend auf und verfügte eine 90-tägige Festsetzung der Löhne und Preise sowie einen Importzoll von 10 Prozent, um »sicherzustellen, dass amerikanische Produkte durch unfaire Wechselkurse nicht benachteiligt werden«.[416] Im Dezember gab es neue Wechselkurse, die US-amerikanischen Herstellern helfen sollten.

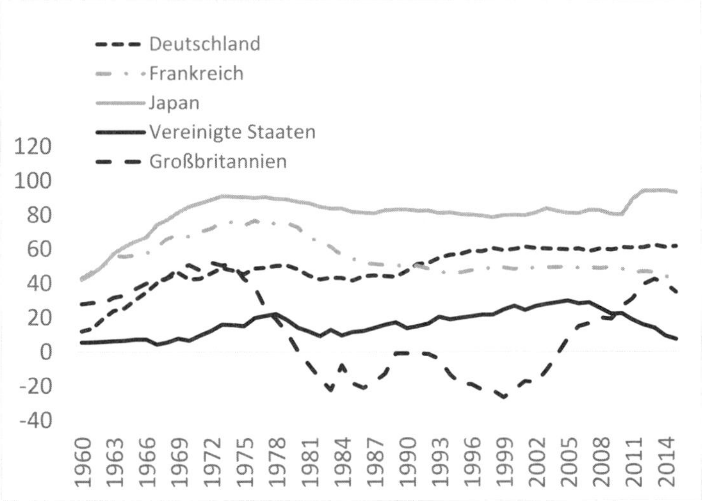

Abb. 5.1: Anteil der Energieimporte 1960-2014, in Prozent

Nixons Handelsminister Peter Peterson kündigte Ende 1972 neue Energie-Initiativen an und warnte vor einem möglichen Wettlauf um Exporteinnahmen, falls es zu einer ölpreisinduzierten Devisenverknappung kommen sollte: Das Rohöl hatte nun den Platz inne, den in den turbulenten Debatten der 1840er während der europäischen Hungerjahre das Getreide einnahm (siehe Abbildung 5.1). Peterson formulierte es so: »Ein mögliches Ergebnis ist, dass sich alle großen Defizitländer gezwungen sehen, sich auf einen heftigen und kannibalistischen Kampf nicht nur um Energie einzulassen, sondern auch um außenwirtschaftliche Einnahmen, mit denen sie ihre Rechnungen begleichen. Dadurch könnte nicht nur eine äußerst scharfe Konkurrenz im Bereich industrieller Exporte entstehen, sondern auch Exportsubventionen, die langfristig den Interessen aller

Beteiligten abträglich sind.« Er erklärte zudem, »der komparative Kostenvorteil schrumpft«, und schloss apodiktisch: »Die Epoche der kostengünstigen Energie ist beinahe vorbei. Popeye geht der billige Spinat aus.«[417] Noch ein Jahr später, als Nixon über die nunmehr offenkundige »Energiekrise« sprach, erklärte der US-Präsident, »unsere grundsätzlichen Energieprobleme rühren nicht vom Krieg her, sondern vom Frieden und vom Überfluss. Für uns wird die Energie heute knapp, weil unsere Wirtschaft so enorm gewachsen ist und weil im Wohlstand heute als Bedürfnis angesehen wird, was früher als Luxus galt.« Die von Nixon verkündeten Maßnahmen – Verbot der Kohlevergasung, Reduzierung des Treibstoffkontingents für die Luftfahrt, landesweite Geschwindigkeitsbegrenzung, Verringerung des Heizölverbrauchs – wurden, wie ehedem die Nahrungsmittelbeschränkungen, gar als gesundheitsförderlich dargestellt: »[S]enken Sie das Thermostat zuhause um mindestens 3 Grad Celsius, sodass wir am Tag landesweit auf einen Durchschnitt von 20 Grad kommen. Übrigens sagt mein Arzt, eine Temperatur von 19 oder 20 Grad ist gesünder als 24 oder gar 26 Grad, das beruhigt sie hoffentlich.«[418] Im Angesicht von Unannehmlichkeiten in einer globalisierten Welt ist es – insbesondere für Politiker, die Verantwortlichkeit und Schuld von sich weisen wollen – stets verlockend, die Außenwelt als Verursacher eines neuen Ungemachs hinzustellen.

Die einfachste Erklärung für die Krise, die sogenannte Malaise, lautete denn auch: Angebotsschock, verursacht von den (mehrheitlich nahöstlichen) erdölproduzierenden Ländern. Doch der Schritt der Organisation erdölexportierender Länder (OPEC), nämlich die Ölpreise zu steigern und Ölerzeugnisse als politische Waffe einzusetzen, erfolgte vor dem Hintergrund eines Währungschaos, das der Nixon-Schock hervorgerufen hatte: Das System fester Wechselkurse mit dem US-Dollar im Mittelpunkt brach im August 1971 in sich zusammen und der Versuch, es im Dezember 1971 auf einer Smithsonian-Währungskonferenz wiederzubeleben, war so wenig überzeugend wie kurzlebig. Da die Rohölpreise für gewöhnlich in Dollar angegeben wurden, wollten die Ölproduzenten zunächst nur den Realwert ihrer Exporte schützen und erkannten dann im März 1973, als das reanimierte System der Tauschparität endgültig zerfiel, dass sich die Anhebung der Rohölpreise als ökonomische und auch als politische Waffe einsetzen ließ. Es entstand also ein neuer »Erdölnationalismus«. 1974 verdreifachten sich die Öleinnahmen der OPEC auf 108 Milliarden US-Dollar, sprich ein Achtel des globalen Außenhandels. Alle großen Industrieländer waren auf die Ölimporte stark angewiesen.

Der höhere Ölpreis kann als Einführung einer neuen (vermögens- und einkommensschmälernden) Steuer angesehen werden; daher entschlossen sich die Industrieländer mehrheitlich gegen eine sofortige Anpassung. Die unmittelbare Reaktion der meisten Länder bestand in einer Abfederung des Schocks. Die währungs- und fiskalpolitische Akkommodierung befeuerte die Inflation, die 1974 in den Vereinigten Staaten auf 11 Prozent kletterte (und 1980 nach einem zweiten Ölschock gar 12 Prozent erreichte) und in anderen Ländern noch höher ausfiel: In Großbritannien stieg der Verbraucherpreisindex 1975 um 24,2 Prozent und 1980 noch um 18 Prozent (siehe Abbildung 5.2).

Einzelne Länder verfolgten unterschiedliche Strategien zur Verringerung ihrer Rohölimporte: Frankreich trieb die Kernkraft als Kohlenstoffalternative weiter voran, Großbritannien erschloss die Öl- und Gasfelder in der Nordsee und die Deutschen wie die Japaner akzeptierten größere Öleinsparungen – allein die Vereinigten Staaten glaubten, man müsse nicht reagieren, bis Ende der 1970er eine verspätete Treibstoff-Sparkampagne einsetzte. Im Verlauf der 1970er kletterte derweil die japanische Kleinwagenproduktion von 2,4 auf 6,4 Millionen und der Sektor entwickelte sich zu einer Exportnische.

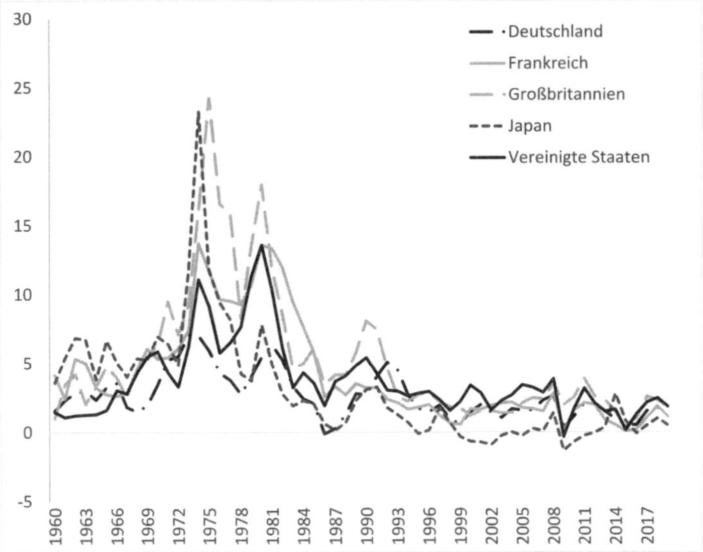

Abb. 5.2 Relativer Anstieg der Verbraucherpreisindizes 1960-2020

Bald war allerorts von Engpässen die Rede. Einige ölimportierende Länder wie Deutschland und die Schweiz verordneten »autofreie Tage«, um den Benzinverbrauch zu drosseln. Es herrschte »Panik an den Tankstellen«. Afroamerikanische Aktivisten glaubten, die Heizungseinschränkungen würden zu »Grippeepidemien in den Ghettos« führen, und Reverend Jesse Jackson erklärte, die Energiekrise biete »das Allzweckalibi für die weitere Aushöhlung der Bürgerrechte der Schwarzen«.[419] Die Verknappung beschränkte sich bei weitem nicht auf den Treibstoff, und dies war teils – ja großenteils – eine Folge der Regierungspolitik. In »Phase IV« der Nixon'schen Preiskontrollen, die im August 1973 in Kraft getreten waren, unterlagen einige (»alte«) Ölpreise der Kontrolle, und andere (»neue«) wurden nicht reguliert, während vorrangig die Landwirtschaft, die Wasserwerke sowie Einrichtungen der Daseinsvorsorge beliefert wurden – die Zuweisungen schienen sehr vernünftig, nur die Speditionsbranche blieb außen vor. Die Trucker waren wütend, sie schwangen Knüppel und Schusswaffen, es kam zum offenen Konflikt.[420] 1974 wurden gar weitere Güter knapp. In New York sank das Fleischangebot um 40 Prozent, andernorts rationierten die Geschäfte Produkte wie Rindfleisch, Eier und Mehl.[421]

Bereits 1972 veröffentlichte der Club of Rome seinen überaus einflussreichen Bericht über *Die Grenzen des Wachstums*, der in malthusianischer Manier das exponentielle Bevölkerungs- und Nachfragewachstum dem begrenzten Angebot nichterneuerbarer Ressourcen der Erde gegenüberstellte. Der Bericht fußte auf der Computersimulation einer Reihe von Rück- und Wechselwirkungen sowie den Vorarbeiten von Jay Forrester am MIT. Wurde im Weltsystem als grundsätzliche Verhaltensmodellierung für Bevölkerung und Kapital ein exponentielles Wachstum angenommen – führte dies zum Zusammenbruch. Das Szenario war eindeutig nicht nachhaltig, insbesondere auf lange Sicht. Der Bericht schloss mit einer ernsten Warnung, es stehe »stark zu vermuten, daß die Wachstumsphase kein weiteres Jahrhundert mehr anhalten kann. Wenn die Menschheit wartet, bis die Belastungen und Zwänge offen zutage treten, hat sie – wegen der zeitlichen Verzögerungen im System – zu lange gewartet.«[422] Die Autoren formulierten auch einige zeitrelevante Schätzungen: Das Kapital werde zunehmend zur Rohstoffentnahme eingesetzt, im Ergebnis werde es ab etwa 2015 zu einem Rückgang der industriellen Pro-Kopf-Produktion kommen. Bereits um 2020 werde – als Folge sinkender Ausgaben für Bildung und Gesundheit – die Sterblichkeit zunehmen und von 2030 an werde die Weltbevölkerung abnehmen. Von der Warte des Jahres 2022 erscheint diese Prognose erstaunlich umsichtig.

Waren die 1970er eben der Moment, in dem die sofortige Anpassung, die der Club of Rome zur Abwehr der Bedrohung empfahl, hätte stattfinden müssen? Die Ölproduzenten taten die düstere Prognose mit einem Achselzucken ab. Der saudische Erdölminister

Scheich Ahmed Zaki Yamani wird häufig mit dem folgenden Ausspruch zitiert: »Die Steinzeit ging nicht zu Ende, weil die Steine ausgingen, und das Erdölzeitalter wird nicht zu Ende gehen, weil das Erdöl aufgebraucht ist.«[423] Das Zitat wurde bald zum Leitspruch der Rohölproduzenten wie auch der Petrochemie, auch die Politiker machten mit dem entsprechenden Weltbild weiter. Tatsächlich drängten die auf Wachstum geeichten politischen Institutionen auf: stetes Wachstum. Im internationalen Handel gaben die Staaten mehr Geld für Erdöl, Getreide und sonstige Güter aus, was die Zahlungsbilanzen belastete. Wenn sie sich wichtige Güter aus dem Ausland nicht leisten konnten, mussten die Regierungen schwere Entscheidungen treffen. Viele scheiterten an dem Versuch, Mangelgüter zu rationieren und Fragen wie diese zu beantworten: Wer darf wann Auto fahren? Sollen Krankenschwestern besser verdienen als Lehrkräfte, Polizisten und Verwaltungsbeamte?

Die unmittelbare und instinktive Reaktion auf die Mangelerscheinungen lautete: Protektionismus. In Großbritannien, wo das Zahlungsbilanzproblem früher als andernorts aufgetreten war, verlegte sich die Regierung auf eine »Buy British«-Kampagne, die von allen größeren Parteien unterstützt wurde. Spitzenpolitiker riefen die Bürger auf, Aufkleber und Buttons mit dem Union Jack und dem Motto »Ich helfe England« zu tragen. (Der Pressemagnat Robert Maxwell verteilte T-Shirts mit diesem Slogan, die allerdings in Portugal hergestellt waren.) Nach dem ersten Ölpreisschock liebäugelte die Regierung Mitte der 1970er kurzzeitig mit einer »Belagerungsökonomie« (*siege economy*), so nannte der linke Flügel der Labour Party die umfangreichen Importbeschränkungen. In den Vereinigten Staaten herrschte akute Sorge vor der Konkurrenz aus Japan, und bis 1981 hatte Washington Tokio so weit, dass man die japanischen Automobilexporte mit einem internationalen Abkommen begrenzte. Doch das Manöver ging nach hinten los: Aufgrund der neuen »freiwilligen« Zahlenbeschränkungen verlagerten die japanischen

Hersteller ihren Schwerpunkt von den billigen, treibstoffeffizienten Autos hin zu Luxusfahrzeugen.

Die umfangreichste intellektuelle Begründung für den Protektionismus kam aus Cambridge – der Heimat von Keynes und des Keynesianismus. Das Department of Applied Economics und insbesondere dessen Leiter Wynne Godley, ein talentierter und kultivierter Mensch (er war der erste Oboist an der königlichen Oper Covent Garden gewesen), traten nachdrücklich für notwendige Zölle und Handelsschranken ein. Die Zeitschrift des Instituts, die *Economic Policy Review*, erklärte 1975, »es gibt nun offenbar keine andere Möglichkeit, die aktuelle Bilanz zu verbessern und gleichzeitig die Arbeitslosigkeit unter einer Million zu halten, als Importbeschränkungen einzuführen«.[424] Später schrieb Godley, der Boom der 1960er habe die falschen Signale gesetzt: »Wir ließen uns von der Tatsache blenden, dass man in den Boomphasen leichter zu Geld und Arbeit kam, wenn man ausländische Güter verkaufte als sie selber herzustellen.«[425] Und Godleys Kollege Francis Cripps erklärte: »Damit das System wieder wachsen kann, muss man irgendwie die Vorteilsbilanz verändern, sodass die Menschen, die Wachstum am meisten brauchen, sich wieder in irgendeiner Weise ihr Stück vom Kuchen verdienen können. Dann kann das ganze Handelssystem wieder durchstarten.«[426] Die Idee bestand darin, hinter einem protektionistischen Vorhang rasch Kapazitäten aufzubauen; die Empfehlung von 1976 lautete: »Wenn man zu einer tragfähigen Übereinkunft gelangen kann, mit der sich das Hindernis der Zahlungsbilanz aus dem Weg eines künftigen Nachfragezuwachses räumen lässt, dürfte die britische Wirtschaft nun (gemessen an früheren Raten) zu einer Phase rasanten Wachstums in der Lage sein: mit einem konsolidierten Zuwachs von mindestens 5 Prozent jährlich über einen langen Zeitraum hinweg. Damit böte sich die Gelegenheit für eine Transformation von Industrie und Wirtschaft, mit der die heute bestehenden, wesentlichen Strukturprobleme gelöst werden können.«[427]

Aufgegriffen wurde ein derart extremer Ratschlag nicht. Vielmehr verlagerte sich die Cambridge-Perspektive zu Anfang der 1980er, nach dem zweiten Ölpreisschock infolge der Iranischen Revolution: Man rückte das internationale Handelssystem als Ganzes ins Zentrum und argumentierte, dass höhere Öl- und überhaupt Rohstoffpreise allgemein eine neue Art von Wachstum befördern könnten: »sehr hohe Weltmarktpreise für Öl können in den entwickelten Ländern einen stärkeren Impuls setzen, den Energieverbrauch zu senken, und eine ganze Reihe von Ländern dabei unterstützen, weniger leicht zugängliche Ölreserven ebenso zu erschließen wie andere natürliche Energiequellen«.[428]

Da die Kosten importierter Produkte stiegen, wollten die Regierungen keine Anpassung erzwingen und die Löhne und Einkommen nicht komprimieren. Eine verbreitete historische Lesart meint, die Fed wäre von Richard Nixon und später Jimmy Carter dahingehend unter Druck gesetzt worden, die Inflation zu stützen. Edward Nelsons neue und umfassende Studie zu Milton Friedman und der US-Debatte über die Geld- und Währungspolitik[429] weist diese Lesart zurück: Der Fed-Vorsitzende Arthur Burns – ein lupenreiner Vertreter monetaristischer Orthodoxie und ein früher Lehrer und Freund, ja eine Vaterfigur für Friedman – betonte unablässig, die Federal Reserve sei entschlossen, eine neue Inflationsspirale zu verhindern. Doch seine Theorie von der Inflationsgenese war unzutreffend: Burns rechnete fest mit einem Erfolg, denn die Preis- und Lohnkontrollen (die er befürwortete) würden den Lohnauftrieb in Schach halten, der durchaus von einem einmaligen Schock herrühren könne. Hinzu kam ein Bemessungsproblem, insofern die Fed ihre Einschätzungen zum Spielraum (zur Produktionslücke) auf Werte gestützt hatte, die später nach einer Revision deutlich nach unten korrigiert werden mussten.[430] Bis 1981 reagierte die Fed auf die Inflation nicht mit einer Anhebung der Zinssätze, die die Realzinsen (und die erwarteten Zinssätze) im positiven Bereich gehalten hätte.[431] Die Fed hielt sich in der *Great Inflation* der 1970er-Jahre also an den falschen Lehrsatz, und Milton Friedman erwarb sich seinen Ruf mit der Vorhersage eines bösen Erwachens. Die von der Fed entfesselte Inflation führte zu Instabilität, und sie untergrub auch – insbesondere gegen Ende der 1970er – die Rolle des Dollar als internationaler Leitwährung.

Zu Beginn der inflationären Entwicklung stiegen die Wertpapierpreise (*asset prices*, insbesondere die Aktienpreise), da jedoch das Bewusstsein von dem inflationären Prozess die Marktpsychologie zunehmend durchdrang, gerieten die US-amerikanischen und britischen Märkte nach 1972 ins Stocken. Im Gegensatz dazu kam es in Japan zu deutlichen Zuwächsen, wie auch später und etwas bescheidener in Deutschland (siehe Abbildung 5.3).

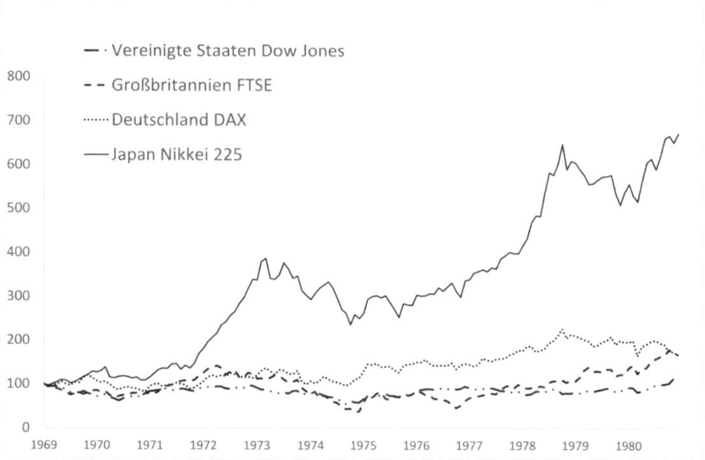

Abb. 5.3 Aktienindizes 1969-1980

In Europa, insbesondere in Frankreich und Deutschland, wurde die Inflation als weitgehend von außen, über das internationale Währungssystem importiert begriffen. Bereits in den 1960ern hatten französische Politiker und Intellektuelle die Rolle des Dollar im internationalen Währungssystem offen kritisiert: Präsident Georges Pompidou drängte seinen Finanzminister Giscard d'Estaing, auf dem IWF-Jahrestreffen zu erklären: »Sie können Ihre Uhren nicht nach einem defekten Uhrwerk stellen.«[432] Bundesdeutsche Ökonomen wie Egon Sohmen betrachteten die Inflation als Import, und die Kritik wurde seitens der einflussreichen Deutschen Bundesbank energisch aufgegriffen.

Im Mai 1973 sah die einflussreiche westdeutsche Zentralbank ihre Chance gekommen, das feste Tauschverhältnis gegenüber dem Dollar zu beenden und einen Kurs der Geldmengensteuerung einzuschlagen. Nicht alle Deutschen hießen das Manöver der Bundesbank gut: Der Bankensektor befürchtete eine Pleitewelle, und die Exportbranche sorgte sich um die Höhe des Wechselkurses. Doch die Zentralbank blieb hart: Seit 1974 operierte die Bundesbank mit einem Zielkorridor für das Zentralbankgeld, eine strenge Maßnahme aufseiten des Geldangebots, mit der man gegenüber den Märkten (und gegenüber den Tarifparteien) eine angemessene Inflationsmarke kommunizieren wollte. Später argumentierten die Deutschen – mit sehr viel geringeren Inflationsraten und folglich auch niedrigeren Zinssätzen als in den USA –, ihr früher Erfolg habe es ihnen erlaubt, den im Jahresverlauf 1973 einsetzenden Ölpreisanstieg als einmaliges Sonderereignis aufzufassen, sich anzupassen und folglich eine mildere Variante des weltweiten Konjunkturabschwungs von 1975 zu gegenwärtigen.[433]

Die verschiedenen Reaktionen spielten eine prominente Rolle in der Debatte über die Regierungskompetenz und -effizienz. Die erfolglosen Versuche, das Energiepreis- und Inflationsproblem durch Kontrollen und Setzungen in den Griff zu bekommen, diskreditierten die verantwortlichen Spitzenpolitiker. In den USA wurde Gerald Ford, von 1974 bis 1978 der 38. Präsident der Vereinigten

Staaten, ungerechterweise zur Witzfigur: als jemand, den man in den Comedy Shows spätabends als einen Mann darstellen konnte, der in der Highschool zu viel Football gespielt hatte, der keine Straße entlanglaufen und dazu noch Kaugummi kauen konnte (es gab noch sehr viel derbere Sticheleien dieser Art). Fords Nachfolger Jimmy Carter wirkte gar noch unglücklicher: In einem Moment des Innehaltens sagte er 1979 eine geplante Rede zum Unabhängigkeitstag ab und fuhr stattdessen für zehn Tage nach Camp David, wohin er auch Amerikaner aus dem ganzen Land einlud, um dem Präsidenten ihre ehrliche Meinung zu sagen. Danach präsentierte er das Ergebnis am 15. Juli in einer Fernsehrede – die als »Vertrauenskrisenrede« oder auch als »Malaise-Rede« bekannt wurde (gleichwohl Carter das Wort *malaise* nicht in den Mund nahm). Er begann mit einer brutalen Selbstkritik: »Folgendes sagt ein Gouverneur aus dem Süden: ›Mister President, Sie führen diese Nation nicht, Sie leiten nur ihre Regierung.‹« Carters Unterlippe zitterte. Er zitierte weitere: »Das hier ist gut: ›Nur Mut, Mister President. Wir machen vielleicht Fehler, aber wir sind zu Experimenten bereit.‹« Die Vertrauenskrise »trifft das Herz, die Seele und den Geist unserer Nation. Wir können diese Krise in den wachsenden Zweifeln über den Sinn unseres eigenen Lebens und in dem Verlust eines einheitlichen Ziels unserer Nation ablesen. Die Erosion unseres Zukunftsvertrauens droht das gesellschaftliche und politische Band in Amerika zu zerreißen.«[434]

Begeisterung war die anfängliche Reaktion auf diese Rede; die Meinungsumfragen zeigten, die offene Abrechnung kam weitgehend gut an. Doch als sich der Staub gelegt hatte, stand Carter mit seinem Eingeständnis als Führungskraft da, der die Kontrolle abhandengekommen war. Und dieses Motiv dominierte den Präsidentschaftswahlkampf von 1980 mit seinen zahllosen »ABC«-Schildern: »Anyone But Carter«, »Hauptsache nicht Carter«. Sein republikanischer Herausforderer Ronald Reagan nutzte das »Malaise«-Motiv sehr effizient, und die Inflation bot den Schlüssel für die Anklage.

Anfang 1980 lag die Teuerung bei 18 Prozent, wie Reagan in der entscheidenden Fernsehdebatte mit Carter hervorhob: »Er suchte die Schuld für die Inflation beim Volk, bei der OPEC, er bezichtigte das Federal Reserve System, er bezichtigte eine unzureichende Produktivität des amerikanischen Volkes, er warf den Menschen außerdem vor, es gehe ihnen zu gut, und dass wir alle eben teilen müssen, wenn es nicht reicht, dass wir Opfer bringen müssen und mit weniger auskommen sollen. Wir haben die Inflation nicht, weil es den Menschen zu gut geht. Wir haben die Inflation, weil es der Regierung zu gut geht.«[435] Alle Politiker polemisierten gegen die Inflation, doch keiner wusste, was man tun könnte – denn ein deflationärer Kurs galt als steiniger und unattraktiver Weg. Diese Kombination aus allseitigem Händeringen und dem völligen Fehlen einer politischen Abhilfe ließ »die Politik« ineffizient erscheinen.

Die britische Regierung wirkte sogar noch inkompetenter, weil sich sowohl Tory- als auch Labour-Kabinette sehr stark auf die Preis- und Lohnregulierung stützten. Nach erbitterten Auseinandersetzungen mit den Gewerkschaften (und insbesondere den Bergarbeitern), die das Land lahmgelegt hatten, setzte der konservative Premierminister Edward Heath 1974 vorgezogene Neuwahlen an, um die entscheidende Frage zu beantworten: Wer regiert Großbritannien? Die Wählerschaft lehnte ihn ab. Die nachfolgende Labour-Regierung arbeitete ebenfalls mit Lohn- und Preiskontrollen. Sowohl in konservativer wie sozialistischer Färbung erforderten Lohnvorgaben und -kontrollen schwere Entscheidungen: Waren Krankenschwestern wertvoller als Lehrer, Polizisten wertvoller als Bergarbeiter? Die Schiedsverfahren führten zu Verteilungskonflikten und schraubten die Löhne auch deswegen in die Höhe, weil jede Gruppe auf eine vorherige Schlichtung verwies und diese für ungenügend erklärte. Zudem ermöglichte es die zeitliche Dehnung der Schlichtungen, einige Inflationsstufen zu überspringen – und das steigerte die allgemeine Unzufriedenheit und die Politisierung der Tarifpolitik.

Als die Kosten in Großbritannien 1976 explodierten, kam es zur Währungskrise. Schatzmeister Denis Healey machte auf dem Weg zum IWF-Jahrestreffen noch am Londoner Flughafen Heathrow kehrt, um die akute innenpolitische Krise zu meistern. Einige Zeit später, im »Winter der Unzufriedenheit« (*winter of discontent*) von 1978/79 mit seinen Streiks und seinem Warenmangel, als die Mülltonnen in den Straßen überliefen und die Leichen der Bestattung harrten, da kehrte Premierminister James Callaghan am 10. Januar braungebrannt von einem internationalen Treffen in der Karibik (Guadeloupe) zurück und wurde schließlich mit einer Phrase falsch zitiert, die später den Grabstein seiner Regierung und sogar der altbekannten Labour Party zierte: Das Boulevardblatt *The Sun* titelte mit der Schlagzeile »Krise? Welche Krise?« Tatsächlich hatte Callaghan gesagt: »Ich glaube kaum, dass man andernorts in der Welt die Auffassung teilt, Großbritannien versinke im Chaos.« Das Bild des um sich greifenden Chaos sei, so Callaghan, eine »recht provinzielle Sicht«.[436] Zuletzt war der Premier stark depressiv, er fühlte sich im Stich gelassen von seinen Genossen, von der Gewerkschaftsbewegung, der er sein ganzes politisches Leben gewidmet hatte.[437] Das verheerende Wortspiel, das (von der Werbeagentur Saatchi & Saatchi kreiert) dem konservativen Wahlkampf Schwung verlieh, lautete »Labour Isn't Working« und lastete einer untätigen Labour Party die langen Schlangen vor den Arbeitsämtern an.

Doch nicht nur die Parteien und Regierungen schienen zu versagen.

Auch der Kapitalismus funktionierte offenbar nicht mehr: Heath brandmarkte »Tiny« Rowland, einen unkontrollierbaren Einzelgänger, der seine Firma Lonrho in eine wilde Expansion nach Afrika getrieben hatte, als das »inakzeptable Gesicht des Kapitalismus«. Rowland war als Kind deutscher Eltern während des Ersten Weltkriegs in einem Internierungslager in Indien zur Welt gekommen und hatte sich zunächst als weißer Landwirt in Rhodesien (heute

Simbabwe) bemüht, »die kommerzielle Lücke zwischen dem Ende des British Empire und dem Aufstieg internationaler Konzerne« zu überbrücken.[438] Lonrho hatte mit der Eröffnung der neuen Western-Platinum-Mine ein äußerst teures Expansionsprojekt in Südafrika vorangetrieben und auf volatilen Rohstoffmärkten gewettet. 1973 bemühte sich der Vorstand, allerdings erfolglos, Rowland zu verdrängen. Dieser kaufte später mit *The Observer* eine große britische Zeitung, wodurch er sich bessere Presse erhoffte.

Italien und Deutschland hatten mit einer je eigenen *malaise* zu kämpfen: Es war eine »bleierne Zeit«, die *anni di piombo*, unter der steten Drohung des Terrorismus, in Deutschland hauptsächlich seitens der linken Rote Armee Fraktion, in Italien hingegen komplizierter – südlich der Alpen waren neofaschistische Terroristen, aber auch die Brigate Rosse aktiv, und Gerüchten zufolge sollen die Geheimdienste in beiden Lagern involviert gewesen sein. Der ehemalige Ministerpräsident Italiens (zuletzt 1974–1976) Aldo Moro, der als Christdemokrat eine »Koalition der Stabilität« mit der kommunistischen Partei angestrebt hatte, wurde 1978 von den Roten Brigaden entführt und nach 55 Tage Geiselhaft ermordet. Sowohl Italien als auch Großbritannien benötigten 1977/78 ein IWF-Hilfspaket, um eine gewisse äußere Disziplin durchzusetzen.

Im Gegensatz zu den britischen und italienischen Spitzenpolitikern schien der deutsche Bundeskanzler Helmut Schmidt fest im Sattel zu sitzen. Doch er war durchweg tief besorgt um die Tragfähigkeit der Demokratie und die Gefahr, die Bonner Republik (Westdeutschland) könne in einem zweiten Weimar enden – die Opposition in seiner eigenen Partei irritierte ihn, und mehrmals erwog er ernstlich seinen Rücktritt als Bundeskanzler. Man nannte ihn »den Macher«: Er hatte einen guten Ruf aufgrund der kompetenten und unideologischen Arbeitsweise in seiner Zeit als Hamburger Innensenator und insbesondere während der Sturmflut im Februar 1962. Über Versprechen und große Entwürfe spottete er: »Wer Visionen hat, sollte zum Arzt gehen.« Kurz vor seiner Wahl zum Bundeskanzler erstellte Schmidt im April 1974 ein Memorandum mit dem Titel »Ökonomisches Papier«, in dem er vor den Folgen des Ölpreisschocks und einer inflationären internationalen Währungsdynamik warnte. Er befürchtete, dass »die demokratischen Strukturen in den Industriegesellschaften zerbrechen« würden, und zwar insbesondere in den Ländern, die auf Exporte angewiesen waren, um mit den eingenommenen Devisen ihre Importe zu bezahlen: Japan und Europa. Seine Prognose war »keine apokalyptische Vision, sondern eine reale Möglichkeit der Weltwirtschaft«. Für den deutschen Bundeskanzler war »die Preisstabilität [...] wegen der in der Weltwirtschaft bestehenden wechselseitigen Abhängigkeit nur durch koordiniertes internationales Handeln zu erreichen«. Und »im privaten Rahmen« hielt er auch eine »Weltwirtschaftsregierung« für notwendig.[439] In einem langen Interview mit dem *Spiegel* erklärte Schmidt, ökonomisch sei Deutschland eine Weltmacht. Er betonte zudem (und sprach dabei in der dritten Person von sich), »daß der gegenwärtige Bundeskanzler sich in den letzten drei Jahren sehr intensiv mit weltwirtschaftlichen und monetären Problemen beschäftigt hatte und insofern die glückliche Voraussetzung besonderer Urteilskraft auf diesem Felde mitgebracht hat«.[440] Schmidt sah sich als »Welt-Ökonom« und scheute sich nicht, auch »den amerikanischen Präsidenten zu belehren«.[441] Die Investitionen der ölproduzierenden Staaten in anderen Ländern, darunter in Deutschland und in die deutsche Automobilindustrie, seien begrüßenswert, »weil sie [die Ölstaaten] anders nicht verstehen lernen, was sie [mit ihrer Preispolitik] anrichten«. Und mit Blick auf die Bundesrepublik sprach Schmidt: »Die Leute meinen, die Welt gehe unter, wenn Ausländer einen Anteil erwerben an großen deutschen Industriefirmen. So ist das ja nicht.«[442]

Auch Japan machte Erfahrungen mit allgemein verbreiteten Zweifeln an der Politik. Die frühen 1970er waren die Jahre der verrückten Preise (Kyōran Bukka), 1974 stiegen die Verbraucherpreise um

23,2 Prozent. Zwar hatte die Regierung von Tanaka Kakuei einen ambitionierten Infrastrukturinvestitions- und -entwicklungsplan (den »Wiederaufbauplan für den japanischen Archipel«) versprochen, allerdings zerbrach sie 1974 an einem Korruptionsskandal. Sein Nachfolger Miki Takeo war unbestechlich und bei der Öffentlichkeit beliebt, verlor allerdings die Unterstützung seiner Partei. Das Zögern der Politik wurde indes kompensiert durch die konzertierte Aktion der großen Wirtschaftsverbände Keidanren und Nikkeiren im Sinne einer Modernisierung und Umgestaltung der japanischen Wirtschaft.

Die 1970er waren also das Jahrzehnt, in dem sich die Inflation in den großen Industrieländern unterschiedlich darstellte: Deutschland erschien hier 1974 mit nur 7,0 Prozent als Außenseiter (die Inflationsrate in Italien lag bei 19,2, in Großbritannien bei 15,9 und in den USA bei 11,0). Selbst in der stabilitätsorientierten Schweiz war die Inflation höher als in Deutschland. Diese Diskrepanz veränderte sich allmählich erst mit jenem dramatischen Kurswechsel der US-Politik, der sich aus einer theoretischen Neubewertung der Geldpolitik, aber auch aus der Ansicht ergab, die Schwäche des Dollar untergrabe die Stellung der Vereinigten Staaten in der Welt. So wandelte sich die Achse USA–UK vom internationalen Spitzenreiter in Sachen Inflation zu einem Hort der Stabilität: Die Desinflation war allerdings ein langer und schmerzlicher Prozess.

Am 6. Oktober 1979 gab der Vorstandsvorsitzende der Federal Reserve, Paul Volcker, einen politischen Kurswechsel bekannt: Man werde sich auf »die Bereitstellung von Zentralbankgeld konzentrieren und das Wachstum der Geldmenge mittels des Reservemechanismus einschränken«, damit wolle man »in kürzerer Zeit eine strengere Kontrolle über das Geldmengenwachstum« erlangen.[443] Der Tagesgeldsatz am Interbankenmarkt wurde deutlich angehoben, von etwa 11 Prozent im September 1979 auf etwa 17 Prozent im April 1980. Das Ergebnis war eine scharfe Rezession, worauf die Fed mit einer

Senkung des Zinssatzes reagierte. 1981 wurden die Zügel erneut gestrafft und es folgte ein weiterer Wirtschaftseinbruch, woraufhin die Fed den nominalen Tagesgeldsatz bis Ende des Jahres von 19 Prozent im Sommer auf den Bereich von 14 Prozent senkte. Im Sommer 1982 erfolgte eine weitere Reduzierung auf rund 10 Prozent.

Unter der neuen Regierung von Margaret Thatcher wollte man in Großbritannien seit März 1980 die Inflation mittels einer »[m]ittelfristigen Finanzstrategie« niederringen: Man legte sich auf eine Reihe abnehmender Zielzonen für die wesentliche Geldmenge (£M3) binnen Vier-Jahres-Frist nach dem Grundsatz fest, »die Regulierung der Geldmenge wird über den Zeitraum mehrerer Jahre die Inflationsrate verringern«.[444] Sowohl der amerikanische als auch der britische Ansatz riefen breite Kritik hervor, nicht zuletzt aufgrund der paradox erscheinenden Zunahme der Geldmenge im Rahmen des Desinflationsprozesses. In Großbritannien beispielsweise nahm die wichtigste Geldmenge £M3 von Januar 1980 bis Juli 1981 um 34 Prozent zu. Im Rückblick auf die Erfolge der Zentralbanken und der Geldpolitik im Sinne einer Stabilisierung erklärte Volcker später, »die Faktenlage ist ziemlich eindeutig, dass nämlich die Zentralbanken – ungeachtet ihrer verschiedenen Anstrengungen sowohl hierzulande als auch im Ausland – keinerlei heiligen Gral des Monetarismus gefunden haben. Letzten Endes schien kein Land, in dem sich die Inflation festgesetzt hatte, in der Lage zu sein, diese Inflation ohne eine schmerzliche Übergangsphase mitsamt hoher Arbeitslosigkeit, Rezession und Gewinnrückgang zu zügeln.«[445]

Volcker zeigte sich gegenüber dem Ansatz der Geldmengensteuerung zunehmend ernüchtert, zumal die Carter-Administration ihrem Ende geschwächt entgegenging und Ronald Reagan im November 1980 die Präsidentschaftswahlen gewann. Damals beklagte der Zentralbankchef:

> Was wir gegenwärtig erleben, kann man wohl summarisch als die berühmte Kollision zwischen wirtschaftlicher Erholung und geldpolitischen Zielen bezeichnen, die quasi so restriktiv sind, dass sie eine Erholung erst mit Abnahme der Inflationsdynamik ermöglichen. Ich hatte nicht damit gerechnet, so früh [an diesen Punkt] zu gelangen, doch da sind wir nun. Nicht wenige Menschen vertraten die Meinung, ebenjene Vorgaben würden, ganz knapp gesagt, die Ausdehnungskraft unserer Wirtschaft einschränken. Das werden sie, damit rechne ich zumindest trotz aller Ungewissheit, weiterhin tun, wohingegen sich unsere Vorgaben erst mit einem Inflationsrückgang ändern werden. Und das ist – anders als die monothematische Sorge über die Einhaltung der Vorgaben – kein zufriedenstellendes Szenario, wie man es auch dreht und wendet.[446]

Also begab er sich auf den Rückzug, doch welche Richtung die Fed einschlagen sollte, war unklar.

Im Dezember erklärte Volcker im Offenmarktausschuss der Fed, »in Sachen Glaubwürdigkeit wird meiner Meinung nach viel zu viel über diese Geldmengenziele gesprochen«. Er geriet zunehmend in Wallung, bis es aus ihm herausbrach:

> Wenn ich die Menschen über Glaubwürdigkeit sprechen höre, und über ihre Mutlosigkeit angesichts der Inflation – und viele verließ der Mut –, da höre ich in den letzten Monaten insbesondere über die Linie der Fed, außerhalb unseres Dunstkreises von Geldmarktanalysten, da höre ich Folgendes: »Wegen Ihnen standen wir im Winter am Abgrund, da sind wir etwas besorgt. Wir erleben so etwas nicht zum ersten Mal, und in zwei Monaten löst sich alles in Luft auf, als wäre nichts geschehen.« Diese Leute blickten nicht auf den Rückgang der Geldmenge, sie sagten sich nicht, die Geldmärkte können aufatmen und es geht wirklich

> voran. […] Sie dachten, binnen Jahresfrist gebe es Ergebnisse und die Märkte entspannen sich nach zwei Monaten wieder, sie sagten sich: »Wir hätten uns keine Sorgen machen sollen.« Wovon war noch die Rede? Von Chrysler. Ein Grußunternehmen gerät in Schwierigkeiten und die Regierung eilt zu Hilfe, genauso wie vor ein paar Jahren, als New York City in Schwierigkeiten steckte. Was nun im Frühjahr passiert ist – und zumindest ich war daran beteiligt, Sie möchte ich nicht verantwortlich machen –, da hatten wir eine Unpässlichkeit auf einem Rohstoffmarkt [dem Silbermarkt]. Die Leute machten sich verdammt große Sorgen deswegen. Die Hunt-Brüder arrangierten schließlich einen Bail-out. Wir zeigten uns einverstanden, indem wir sie gewähren ließen. Warum taten wir das? Weil wir uns Sorgen machten über das zweitgrößte Maklerinstitut in den Vereinigten Staaten, und weil das größte Maklerinstitut im Land eben nicht ganz so weit auf Abstand war. Und für zumindest eine der größten Banken in den Vereinigten Staaten bestand ein potenzielles Risiko. Das Geld war sowieso sehr liquide; vielleicht wäre es auch nicht dazu gekommen. […] Letztlich lässt sich das so zusammenfassen: Die Leute glauben, dass wir im Falle eines Konflikts zwischen dem Geldmengenziel und einem echten Problem in der Wirtschaft nachgeben werden, ob wir unsere Zielvorgabe nun einhalten oder nicht. Und sie übersetzen diese Vorgaben nur ganz schwerlich in eigenes Verhalten, selbst wenn sie recht gewieft sind.[447]

Andererseits machte Volcker deutlich, dass er es für notwendig hielt, einen Nachfrageüberhang zu vermeiden.

Ein entscheidender Aspekt der Notenbankpolitik zielte darauf, die Marktpsychologie zu verändern. Die außerordentliche Entwicklung des Silberpreises war, dieses Problem hatte Volcker in der Dezember-Sitzung 1980 angerissen, zur Obsession geworden – sie war ein Indikator für das Ausmaß der Inflationsängste. Dieser Rausch intensivierte sich während des spektakulären Versuchs dreier Brüder aus Texas – nämlich den Söhnen eines Erdölmagnaten Nelson B., William H. und Lamar Hunt –, den Silbermarkt zu monopolisieren. Anfang 1979 hatte der Preis für eine Unze Silber bei etwa 6 USD gelegen, die Hunts begannen mit ihrem Silberaufkauf im Spätsommer. Am 21. Januar 1980 verbot die New York Commodity Exchange den Handel neuer Terminkontrakte und hob die Einschussforderungen an: Der Preis schnellte kurzfristig auf 49 USD und fiel dann zurück auf 37 USD[448] – ein rekordverdächtiger Tagesabfall. Die Hunts boten dann an, 5 Millionen Unzen zu 40 USD zu kaufen, und William H. Hunt fluchte über die »unrealistischen Einschussforderungen«, die zu einem »illiquiden Markt« geführt hätten.[449] Die Hunts waren bankrott und konnten Ende März eine 100-Millionen-Dollar-Nachschussforderung nicht bedienen, sie hatten 1 Milliarde Dollar Schulden angehäuft. Volcker triumphierte und erklärte, er »freue [s]ich auf die Liquidierung« der Hunt'schen Silberbestände. Er erklärte nun, »den besten Schutz vor derartigem Verhalten [vor exzessiver Spekulation] bietet unbedingt die Disziplin des Marktes selbst«.[450] Der Markt könne einen Schutzmechanismus gegen überhöhte Forderungen mächtiger Interessengruppen darstellen.

Die Inflation konnte zurückgehen, sobald das Rohstoffrisiko ausgeräumt war; teils auch dadurch, weil das Platzen der Silberblase (und der entsprechende Rückgang der Goldpreise) klargemacht hatte, dass es zum US-Dollar keine Alternative gab.

Im Juli 1981 berichtete Volcker über »erste Anzeichen für Fortschritte in Sachen Inflation und Inflationspsychologie«.[451] Die Eindämmung der Inflation erfolgte vor dem Hintergrund einer tiefen Rezession: Das National Bureau of Economic Research (NBER) gab deren Dauer mit Juli 1981 bis November 1982 an. Im November und Dezember 1981 erreichte die Arbeitslosigkeit mit 10,8 Prozent der Erwerbsbevölkerung einen Höhepunkt in der Nachkriegszeit seit 1945. Die Fed rückte leicht von ihrer Linie ab, als es im Juni

1982 mit dem Zusammenbruch der Penn Square zu einem größeren Bankenproblem kam, bevor im August 1982 die mexikanische Schuldenkrise ausbrach, die zumindest teilweise auch auf die Zinsanhebung seitens der Fed zurückzuführen war. Volcker fokussierte nun weniger auf die Entwicklung der Geldmengen und stärker auf eine simplere Zinssteuerung (*interest rate targeting*).[452] Der entscheidende Punkt seiner politischen Linie aber war die feste Entschlossenheit, Geldpolitik und Finanzpolitik getrennt voneinander zu halten. Folglich weigerte sich Volcker im August 1982 während der mexikanischen Krise, eine Absprache mit dem US-Kongress in Erwägung zu ziehen und die Zinssätze zu senken, wenn sich der Kongress auf eine Verkleinerung des US-Haushalts verständigen würde.[453]

Es erscheint paradox, doch der Ölpreisschock führte zu mehr Globalisierung und nicht zu einer wirtschaftsnationalistischen Wende. Ein Mechanismus, der die neuen Verbindungen voranbrachte, war eine Finanzrevolution, mit der die riesigen akkumulierten Überschüsse der Ölproduzenten in die ausleihungsfähigen Mittel internationaler Großbanken übergingen. Die Entwicklung internationaler Kapitalmärkte erfolgte »offshore«, entzog sich also weitgehend dem direkten Regierungszugriff und war damit die seinerzeit wichtigste finanzökonomische Innovation. Die Verfügbarkeit dieser Geldmittel gab Regierungen weltweit die Mittel an die Hand, um Entwicklung und Wachstum voranzutreiben – entsprechend stieg die internationale Nachfrage. Alternative Strategien wie die »Belagerungsökonomie« der britischen Labour Party galten hingegen als eine Option, die den Zugang zu Weltmarkt und Wohlstand abschneiden musste.

Die Möglichkeit eines Handelszuwachses basierte auch auf Technologien. Die grundlegende Innovation für die Revolutionierung des internationalen Handels war in den 1950ern eingeführt worden: Der Standardcontainer erlaubte das beschleunigte Laden und Löschen in den Häfen sowie den unmittelbaren Weitertransport zu Kunden und Kaufleuten.[454] Der erste Containerhafen in der Vereinigten Staaten war 1962 das Seeterminal der Elizabeth Port Authority in New Jersey, seit 1966 gab es feste Linien zwischen den USA und dem ersten britischen Terminal in Felixstowe, das 1967 eröffnete. Doch erst in den 1970ern kam der Containerverkehr richtig in Schwung, und 1973 übertraf die Containerleistung im US-Gütertransport die der traditionellen Massenstückgutfrachter. Der intensivere Wettbewerb in den 1970ern und der Druck der Speditionen auf die Reedereien drückten die Preise. Der große Sprung bei der Containerschiffsgröße erfolgte allerdings erst in den 1990ern.[455]

Die offenkundigsten und unmittelbarsten Gewinner der Energiekrise waren die japanischen Automobilhersteller. Ein relativer Branchenaußenseiter, der Motorradhersteller Honda, entwickelte 1973 den neuen »Schichtlademotor«, der einen höheren Luftanteil im Gemisch erlaubt und damit wesentliche Kraftstoffeinsparungen ermöglicht; die Firma verlegte sich dann mit Nachdruck auf die Autoproduktion. Japan hatte als ölimportierendes Land natürlich mit größeren Energiebeschränkungen zu tun als die Vereinigten Staaten und mauserte sich rasch zur ersten Adresse für treibstoffeffiziente Fahrzeuge, die den amerikanischen »Spritfressern« eindeutig überlegen waren. 1980 waren 200 000 amerikanische Automobilarbeiter arbeitslos, eine direkte Konsequenz des Anstiegs japanischer Importe: Von 1975 bis 1980 stiegen die jährlichen Verkaufszahlen japanischer Autos in den USA von 800 000 auf 1 900 000. Vor der gleichen Herausforderung stand man in Großbritannien, wo der erste japanische Automobilimport, nämlich 1965 der Daihatsu Compagno, nicht gut angenommen wurde: Nur sechs Wagen wurden verkauft, die Presse schmähte das Auto als »technisch rückständig« und beklagte, die Beschleunigung von 0 auf 100 km/h dauere »zu lang für eine Stoppuhr«.[456] Doch dann zogen die Verkäufe der Japaner an, und die britischen Automobilhersteller kamen angesichts der ausländischen Konkurrenz aus dem Tritt.

Personenkraftwagen boten das offenkundigste Beispiel für die neue Dynamik: Die Firmen mussten lernen, mittels Qualität und Innovation wirksam miteinander zu konkurrieren – was nur mit offenen Märkten möglich war.

Doch derselbe wettbewerbliche Öffnungsprozess war auch andernorts zu beobachten. Ein für Amerikaner tröstliches Beispiel bietet der Wein: Bei einer Blindverkostung, die ein exquisiter britischer Weinhändler 1976 in Paris organisierte, bewerteten neun französische Juroren die Qualitäten von insgesamt 20 herausragenden Weinen. Die amerikanischen Weine schlugen die französischen Weine, die roten sowie die weißen. Der US-Reporter, der für *Time* berichtete, gab die Urteile einzelner Juroren genüsslich wieder: In dem besten Weißwein, einem Chateau Montelena aus dem kalifornischen Napa-Tal, zeige sich »die Größe Frankreichs«, und von dem kostspieligen 73er Bâtard Montrachet aus Frankreich sagte einer: »Dieser Wein ist definitiv ein Kalifornier. Er hat keine Nase.«[457]

Hegemonialen Ländern fällt das Lernen immer relativ schwer. Paul Krugman monierte gern, »wir sind als Nation selten gewillt, von ausländischen Erfahrungen zu lernen«.[458] Im Zuge der 1970er wurde ein solcher Lernprozess unumgänglich. Doch dafür war es förderlich, das Lernen in optimistische Worte zu fassen. Ronald Reagan predigte den »neuen Morgen in Amerika«, und Margaret Thatcher erklärte (noch aus der Opposition heraus), »wir wollen keine Pessimisten in unserer Partei«.[459]

Die Krisen der 1970er führten also zur selben Erkenntnis wie in den 1840ern: Offenheit erzeugte Resilienz, und ein expandierender Handel benötigte Finanzierung. Der reale Einfluss war nicht zu übersehen, denn der Warenhandel, der 1970 noch 9,5 Prozent des weltweiten BIP ausgemacht hatte, stieg bis 1980 auf 14,9 Prozent. Noch deutlicher war der Zuwachs beim Handel mit Waren und Dienstleistungen im selben Zeitraum: von 12,1 Prozent 1970 auf

18,2 Prozent 1980.[460] Das Pendel schlug wieder einmal in Richtung Globalisierung aus.

Die 1970er führten außerhalb der Industrieländer zu einem Wandel. Viele Länder erkannten in der Verfügbarkeit billiger Finanzmittel auf den internationalen Märkten die Kreditchance, um rasch industrielle Kapazitäten aufzubauen. Der IWF schlug einen neuen Kurs ein und machte ärmeren Ländern, die von der Ölpreiskrise getroffen waren, vermittels einer neu eingerichteten Ölfazilität nur niedrige oder minimale Auflagen. Doch viele der Länder im Mittelfeld hatten leichteren Zugang zu Konsortialkrediten amerikanischer, europäischer sowie japanischer Banken und ergriffen ihre Chance zur Expansion. Jegliche Form der Aufsicht oder Kontrolle lehnten sie ab, denn sie traten in den Importwettbewerb ein und entwickelten erste Exportmärkte. Der brasilianische Finanzminister Mario Enrique Simonsen erklärte, der IWF solle nicht auch nur versuchen, der Privatwirtschaft »Bewertungen, Analysen und Prognosen« vorzugeben.[461]

Auch wenn es nicht zu umfassenden Kreditaufnahmen kam, veränderten sich Kurs und Haltung. Jüngere indische Ökonomen (in erster Linie Jagdish Bhagwati) entwickelten eine Kritik an der Jagd nach Renten, die auf Lobbygruppen und Sonderinteressen zurückgehe, welche von Beschränkungen des internationalen Handels profitieren könnten – doch die politische Dynamik reichte damals nicht aus, die akkumulierte Macht der Nutznießer des postkolonialen Lizenz- bzw. Regulierungsregimes zu überwinden.[462] Zu Anfang der 1990er fragte der indische Finanzminister Manmohan Singh: »Was hat Südkorea, was Indien nicht hat?«, er verfolgte daraufhin eine Strategie der Öffnung und Reformierung.[463]

Die überraschendste Entwicklung erfolgte in China mit der Entmachtung der radikalen »Viererbande« (zu der auch Maos Witwe, die Schauspielerin Jiang Qing, gehörte) und dem Aufstieg von Deng Xiaoping. Im November 1978 war Deng in Singapur zu Gast, dessen Offenheit und Modernität ihn stark beeindruckte und dazu veranlasste, über die Übernahme dieses ausländischen Modells nachzudenken. Später erklärte Deng, die »gesellschaftliche Ordnung Singapurs kann man getrost als hervorragend bezeichnen. Dort existiert ein strenges System der Verwaltung und Kontrolle. Das sind Erfahrungen, die wir übernehmen und verbessern sollten.«[464] Auf einer Arbeitskonferenz, die das KP-Zentralkomitee einberufen hatte und die im November und Dezember 1978 im Jingxi Hotel in Beijing zusammentrat, wurde unter starker Beteiligung der regionalen Parteichefs ein Plan zur wirtschaftlichen Modernisierung ausgearbeitet: Man wandte sich der Privatwirtschaft zu, weil man technologische Expertise brauchte, aber auch wegen der Vorteile, mit denen sich die Unternehmensleiter in China in jene internationalen Netzwerke einbinden ließen, die die Auslandschinesen (gehören zu »Großchina«) geschaffen hatten; wie Deng sagte: »Das Wichtigste ist, dass sie keine Ausbeuter mehr sind. Davon abgesehen gibt es keinen Grund, sie weiter als Kapitalisten zu etikettieren.«[465]

All diese Expansionen, Liberalisierungen und Öffnungen erfolgten vor dem Hintergrund einer verhältnismäßig hohen Inflation. Die Inflation erleichterte anfangs die Anpassungen in der Produktion wohl tatsächlich, denn die relativen Preise konnten sich unschwer bewegen und riefen doch keine Befürchtungen über Preis- oder Lohneinschnitte hervor – zumindest solange die Nominallohnillusion teils noch fortbestand. Sobald diese Illusion verflogen war, stiftete die Inflation nur noch Preis-Chaos und Ungewissheit über Zukunftsinvestitionen. Der Kampf gegen die Inflation wurde daher bald zum zentralen politischen Thema der industrialisierten Welt: zum Lackmustest für die Befähigung und Fähigkeit der Regierungen, mit den Vorzügen der Offenheit umzugehen. Die Überwindung der Inflation wurde zur Grundlage für eine »Neugestaltung des demokratischen Kapitalismus«, der zahlreiche Beobachter im Rückblick mit Skepsis begegnen, da sie diese Neugestaltung als Anfang eines zerstörerischen »neoliberalen« Experiments betrachten: als »einen Lernprozess mit tödlichem Ausgang«.[466]

Die Überwindung der Inflation

Keynes war beileibe kein Anhänger oder Hasardeur der Inflation. Nach Ende des Ersten Weltkriegs lautete seine Hauptkritik an den alliierten Friedensverhandlern, diese würden Mitteleuropa in Chaos und Inflation untergehen lassen. Keynes erinnerte sich an ein Lenin-Zitat (»daß der beste Weg zur Vernichtung des kapitalistischen Systems die Vernichtung der Währung sei«) und erklärte dann, ein solcher »Vorgang stellt alle geheimen Kräfte der Wirtschaftsgesetze in den Dienst der Zerstörung«.[467] Im Zweiten Weltkrieg bestand sein wichtigster Beitrag zur Wirtschaftsplanung in der Schrift *Wie man den Krieg bezahlt*, der zufolge höhere Steuern den zentralen Hebel dafür darstellten, eine übermäßige Expansion der Verbraucherkaufkraft und deren unvermeidlich inflationäre Folgen zu vermeiden: eine bessere und nachhaltigere Politik würde den Massenkonsum auf Friedenszeiten verschieben.[468] Der Ökonom Roy Harrod erinnerte sich an seine erste Begegnung mit Keynes, in einem karg möblierten, modernistischen Empfangszimmer in der ersten Etage von Keynes' Haus im Londoner Stadtteil Bloomsbury, 46 Gordon Square. Keynes sprach über Ideen und über aktuelle Ereignisse, »die Anspannung war beinahe unerträglich«. Dann legte Keynes Colin Clarks Theorie dar, der zufolge »keine Nation willens ist, mehr als einen bestimmten Prozentsatz des Nationaleinkommens als Steuer aufzuwenden, und falls die Belastung größer wird, sucht das Land beinahe automatisch vor dieser Plage zu fliehen, und zwar in die Inflation«.[469] Zu den Verleumdungen, die Kritiker nach seinem Tod in Umlauf brachten, zählte, Keynes wäre ein Inflationsbefürworter gewesen.

Die Nachfragesteuerung hätte ein wirksames Instrument gegen die Inflation sein können, erwies sich angesichts beachtlichen politischen Drucks im Sinne einer Nachfragesteigerung allerdings als schwaches Werkzeug. Die Inflation wurde zum zentralen Problem der neuen Gurus, die an einer postkeynesianischen Welt arbeiteten. Die beiden Theoretiker, die am deutlichsten gegen die in den 1970ern noch führende Philosophie ankämpften, waren Milton Friedman und Friedrich von Hayek. Beide werden heute oft als Wegbereiter eines zerstörerischen Neoliberalismus verteufelt. Paul Krugman zeichnete Friedman als modernen Ignatius von Loyola: »Wie die Jesuiten agierten Friedmans Gefolgsleute als eine disziplinierte Armee der Gläubigen, die die keynesianische Ketzerei auf breiter Front zurückdrängten.«[470] Glaubt man dem Historiker Perry Anderson, war Hayek Teil eines finsteren Quartetts der »unnachgiebigen Rechten«, auf dessen »Stimme man in den Amtsstuben hörte«.[471] Thatcher hatte Hayeks berühmteste politische Schrift, *Der Weg zur Knechtschaft*, während ihres Studiums in Oxford gelesen und zog in den 1970ern gern seine *Verfassung der Freiheit* aus ihrer Handtasche und sagte: »*Davon* sind wir überzeugt.«[472]

Politisch spielten die neuen Gurus allerdings keine große Rolle: Ronald Reagan folgte Friedmans Rat eben nicht, die Federal Reserve abzuschaffen, und Margaret Thatcher ignorierte Hayeks Ansicht, die Inflation beende man am besten, indem man die Geldpolitik einer unabhängigen Zentralbank überantworte. Nur ein Bereich politischer Initiative leitete sich direkt von Friedman/Hayek ab, nämlich die Privatisierung der verstaatlichten Sektoren in Großbritannien. Die intellektuelle Aura, die beide geschaffen hatten, war weit bedeutender als irgendeine politische Maßnahme.

Gleichwohl beide Persönlichkeiten lange Zeit an der University of Chicago lehrten und beide leidenschaftliche Verfechter einer Philosophie des freien Marktes waren, unterschieden sie sich doch deutlich voneinander, nicht nur im Temperament, sondern auch in ihren grundsätzlichen Ansichten und Ansätzen. Waren beide von der Weltwirtschaftskrise geprägt worden, so doch auf ganz verschiedene Weise: Der 1912 geborene Friedman studierte, allerdings in der trostlosesten Phase der US-amerikanischen Wirtschafts- und Politikgeschichte, von 1928 bis 1932. Später erinnerte er sich: »Meine Eltern waren sehr arm, sie hatten niemals ein Einkommen, mit dem sie heute [als oberhalb] der Armutsschwelle gegolten hätten. Ich war 15, als mein Vater starb. Meine Mutter hielt die Familie mit einem kleinen Laden über Wasser. [...] Von meinen Eltern bekam ich keinen Penny. Ich arbeitete mich durch das Studium. [...] Ich studierte von 1929 bis 1932, in der größten Rezession unseres Landes.«[473] Ihre kargen Ersparnisse hatten die Eltern in die kleine (aber wichtig klingende) Bank of United States investiert, die sich vor allem auf New Yorker Einwanderer fokussierte und im Dezember 1930, ohne Einlagensicherung, Bankrott anmeldete. Friedmans spätere akademische Aufarbeitung stellt diesen Bankrott einer Bank – die er (wahrscheinlich fälschlicherweise) als illiquides, doch solventes Haus ansah, dem wegen des Antisemitismus der New Yorker Finanzbehörden jegliche Liquiditätshilfe versagt worden sei – als das zentrale Ereignis in der Geschichte der *Great Depression* dar.[474] Unweigerlich interessierte ihn die Rolle von Bankinsolvenzen und die Inkompetenz der Währungsbehörden.

Im Gegensatz dazu hatte der wesentlich ältere (1899 geborene) Hayek während der starken Inflation und Hyperinflation nach dem Ersten Weltkrieg in Wien studiert. Er erlangte seinen Dr. jur. 1921, promovierte 1923 in Politikwissenschaft und arbeitete dann, dank Ludwig von Mises, als Direktor am neu gegründeten Institut für Konjunkturforschung. Auf Einladung von Lionel Robbins, damals intellektueller Verfechter des freien Marktes, kam Hayek als Dozent der London School of Economics nach Großbritannien: Er erreichte die britische Hauptstadt im September 1931 per Eisenbahnfährverbindung und erfuhr erst vor Ort, dass das britische Pfund den

Goldstandard verlassen habe – weshalb sein Gehalt nun deutlich weniger wert war.[475] Es überrascht nicht, dass Fragen der Inflation und der internationalen Währungsbeziehungen Hayek lebenslang fasziniert haben, dass er aber andererseits in der mitteleuropäischen Entwicklung der Zwischenkriegszeit ein überaus ernstes Risiko für Großbritannien erkannte (Hayek wurde 1938 britischer Staatsbürger). Womöglich sah Friedman einen Hayek, der gern klassische Referenzen und lateinische Zitate verwendete, als aristokratische Figur, die notwendigerweise mit Friedmans eher volksnahem oder gar proletarischen Ziel einer klaren Aussage kollidieren musste. Friedman zu hören oder zu lesen war stets leicht, während Hayeks noch niemals einfache Prosa mit dem Alter noch verwickelter und komplexer wurde.

Hayeks Deutung der Wirtschaftskrise unterschied sich denn deutlich sowohl von Keynes als auch von Friedman. Im Januar 1931 reiste er für einen Vortrag nach Cambridge, wo er einem verblüfften Publikum die Fehler des von ihm sogenannten neuen Evangeliums auseinandersetzte: Nach Herbert Hoover und Henry Ford, aber auch Unterkonsumptionstheoretikern wie Willian Trufant und Waddill Catchings, könne der Krise begegnet werden, indem man die Kaufkraft der Verbraucher stärke oder »zusätzliches Geld« nachschieße. Diese Auffassung, für die man in Cambridge durchaus Sympathien hegte, sei »bereits seit Jahren die geheime Grundlage der politischen Praxis gewesen«. Als Alternative stellte Hayek ein komplexes Modell vor, in dem die Probleme auf den Zeitverzug in der Herstellung von Investitions- und Produktionsgütern zurückgeführt wurden, und erklärte, die Nachfrage nach Produktionsgütern sei »durch zusätzliche Kredite für das produzierende Gewerbe künstlich erhöht worden.« Die schlimmsten Folgen hätte es allerdings, dass die Verbrauchernachfrage »durch amtlichen Einfluss künstlich und kontinuierlich erhöht« werde.[476] Die Argumentation wirkte wie eine Bekräftigung der Bedeutung, die Jevons der Zeitdimension der Produktion zugeschrieben hatte, erzeuge diese doch wesentliche Preisbewegungen. Nach Hayeks Darstellung war die Rezession so tief, weil die US-Währungshüter das natürliche Ende des Booms 1927 verhindert und den bewussten Versuch unternommen hätten, »den normalen Prozess der Liquidierung mit allen Mitteln zu verhindern«.[477] Diese Punkte griffen grundsätzlich die ausführlichere Behandlung in *Preise und Produktion* wieder auf, wo Hayek die Bedeutung relativer Preise für die Ausgestaltung der Produktionsstruktur gleichermaßen betonte und auch seine Warnung vor den »periodischen Fehlleitungen der Produktion durch zusätzliche Kredite« erneuerte. Die Bewegung von Preisniveaus könnte keine zufriedenstellende Grundlage für die Beurteilung einer geldpolitischen Haltung sein.[478] Seinen Vortrag in Cambridge, eine bis zur Unverständlichkeit verkürzte Fassung seines Buches, schloss Hayek mit einem Paukenschlag: »Es ist durchaus möglich, dass wir in einer Krise des Kapitalismus stecken, allerdings nicht weil sich das kapitalistische System als fehlerhaft erwiesen hätte, sondern weil wir über lange Jahre hinweg systematisch Kapital zerstört haben.«[479]

Keynes war bei dem Vortrag 1931 nicht zugegen, doch sein Schüler Richard Kahn brach schließlich das eisige Schweigen mit folgender Wortmeldung: »Sie sind also der Auffassung, es würde die Arbeitslosigkeit steigern, wenn ich morgen hingehe und mir einen neuen Wintermantel kaufe?« Hayek erwiderte: »So ist es, doch es bedürfte einer langen mathematischen Beweisführung, zu klären, warum dem so ist.«[480] Ein anderer Keynesianer – der Ungar Nicholas Kaldor, der zunächst ein Schüler Hayeks gewesen war – lieferte später eine bestechende und vollständige Widerlegung von Hayeks Argumentationskette, die offenkundig zutiefst über Kreuz lag mit den Auffassungen über die Funktionsweise der Ökonomien, sowohl in Cambridge als auch in Chicago.[481]

Hayeks klarstes Werk war *Der Weg zur Knechtschaft* (1944), das weniger eine Analyse der Nazi- oder der Sowjetökonomie war, sondern eine Untersuchung dessen, warum die Mischwirtschaft der Weimarer Republik in den 1920ern zum wirtschaftlichen und politischen Zusammenbruch (und damit zur nationalsozialistischen Herrschaft) geführt hatte und inwiefern dies eine Warnung für die politischen Entscheidungsträger der Nachkriegszeit darstellen müsse.

Friedman glaubte (wie auch Keynes) nicht, dass Hayek ein echter Ökonom sei, und versicherte, dass dieser nicht von der wirtschaftswissenschaftlichen Fakultät der University of Chicago ernannt worden sei, sondern von einem hochrangigen und fachübergreifenden Thinktank, dem Committee on Social Thought. Hayek nahm in Chicago einmal an Friedmans Seminar teil und verfolgte eine Diskussion über die Geldmenge in Großbritannien – allerdings wirkte er gelangweilt von den technischen Einzelheiten und ward nie mehr dort gesehen.[482] Andererseits bewunderte Friedman (wie auch Keynes) Hayeks Zugang zur politischen Philosophie und insbesondere dessen gedankliche Ausarbeitung im *Weg zur Knechtschaft*. Friedman meinte, »als Person war Hayek ein liebenswerter Mensch, ein lupenreiner Intellektueller. An der Wahrheit und am Verstehen war er ernsthaft interessiert. Darin unterschied er sich sehr deutlich von Mises.«[483]

Die grundlegende Gemeinsamkeit zwischen Friedman und Hayek bestand in ihrer Perspektive, wonach die Probleme der 1970er grundsätzlich aus fehlgeleiteten Eingriffen der Regierungen erwachsen waren. Im November 1973, unmittelbar nach dem Jom-Kippur-Krieg und dem ersten Ölpreisschock, bezog sich Friedman ausdrücklich auf Hayeks *Weg zur Knechtschaft* und verteidigte den Gedanken, dass Märkte auf Preissignale reagieren und die Beeinträchtigung dieser Signale wegen der dadurch hervorgerufenen schädlichen Effekte tatsächlich kontraproduktiv sei:

> Das Ölproblem veranschaulicht besonders gut, wie das Preissystem sowohl Freiheit als auch Effizienz sicherstellt und wie es

> Millionen Menschen ermöglicht, miteinander freiwillig und im gemeinsamen Interesse zusammenzuarbeiten. Ebenso verdeutlicht es auch, warum die einzige Alternative zum Preissystem im Zwang und im Einsatz von Gewalt besteht. Es führt uns vor Augen, wie weit wir auf dem Weg zur Knechtschaft schon gekommen sind, wenn die amtliche Zuweisung und Rationierung von Erdöl die automatische Antwort auf die Ölkrise ist. Damit werden Preissteigerungen nicht verhindert, sondern eben die Preise werden ihre Wirkung tun. Doch Sie können sicher sein, dass sich die Rationierungsämter das Verdienst ans Revers heften werden.[484]

Im Frühjahr 1974, als es in den Vereinigten Staaten und vielen westeuropäischen Ländern zu chaotischen Szenen an den Tankstellen kam, strich Friedman den Kontrast zwischen der amerikanischen und der deutschen Reaktion heraus: »Nachdem die Araber die Produktion gedrosselt hatten, hat Deutschland keine Preiskontrollen über Erdölprodukte verhängt. Anfangs hat man das Autofahren am Sonntag eingeschränkt. Der Ölpreis kletterte um 20 bis 30 Prozent, aber es gab keine langen Schlangen, kein Durcheinander. Der geizige Verbraucher erkannte als sein Eigeninteresse, Erdöl auf möglichst schmerzfreie Weise zu sparen. Der gierige Ölmagnat erkannte als sein Eigeninteresse, dafür zu sorgen, dass Erdölprodukte für diejenigen verfügbar waren, die in der Lage und willens waren, den Preis zu zahlen.«[485] Der internationale Vergleich wirkte wie ein gutes natürliches Experiment zur Politikgestaltung und Regierungskompetenz.

Obwohl beide ein im Großen und Ganzen ähnliches Interesse an den wirtschaftlichen Auswirkungen von Störungen oder Verfälschungen der Preissignale infolge politischen Handelns hatten, betrachteten Friedman und Hayek das Problem quasi von verschiedenen Enden eines analytischen Teleskops: Für Friedman kam das Grundproblem in den Preisbewegungen zum Ausdruck, die sich einfach als Inflation bzw. Deflation bemessen ließen – und es gab ein einfaches Gegenmittel, nämlich die beinahe mechanische Kontrolle des Geldmengenwachstums. Friedman bevorzugte eine politische Maßgabe, etwa eine kontinuierliche zweiprozentige Ausdehnung als Maßstab für die Geldmenge. Hayek hingegen interessierte die politische und gesellschaftliche Ordnung, die den Rahmen für politische Entscheidungen abgab, und er zeigte sich skeptisch gegenüber jeglichem umfassenden Zugriff auf makroökonomische Mengen und Variablen. Der Kern der Österreichischen Schule lag für ihn in der differenziellen Preisentwicklung: Immer wenn sich die Preise mehr oder weniger einheitlich in eine Richtung bewegten, könne man von wirksamen Störungen ausgehen, die falsche Signale erzeugten. Als Grundlage für Entscheidungen in einer veränderlichen Welt benötigten Wirtschaftsakteure stets veränderliche und differenzierte Preisbewegungen.

Friedman erklärt in »Die Methodik positiver Wirtschaftswissenschaft« (1953), das Ziel jeder Wissenschaft müsse es sein, »von einer bestimmten ethischen Position und von normativen Urteilen grundsätzlich unabhängig zu sein«.[486] Eine Hypothese sei – egal wie unrealistisch ihre Vorannahmen seien – gut, wenn sie zu besseren Vorhersagen führe: »Versteht man eine Theorie als Korpus konsolidierter Hypothesen, muss man sie anhand ihrer prognostischen Fähigkeiten in Bezug auf diejenige Kategorie von Phänomenen beurteilen, die sie zu ›erklären‹ beabsichtigt. Nur die konkrete Sachlage kann erweisen, ob sie ›richtig‹ oder ›falsch‹ ist, oder besser gesagt: vorläufig als gültig ›akzeptiert‹ oder aber ›verworfen‹ wird.«[487] Friedman nennt ein Beispiel: »Die Artikel beider Seiten in der [grenznutzentheoretischen] Kontroverse vernachlässigen weitgehend, was in meinen Augen das Hauptproblem ist – die Übereinstimmung zwischen Erfahrung und den Ergebnissen der Grenznutzenanalyse –, und konzentrieren sich auf die weitgehend irrelevante Frage, ob Geschäftsleute nun vor der Entscheidungsfindung tatsächlich Tabellen, Grafiken oder multivariable Funktionen über die Grenzkosten und Grenzgewinne zurate ziehen oder eben nicht.«[488] Mehr noch zeigte sich Friedman überzeugt, Marshalls empirische Beobachtung könne auch ohne die Gegebenheit eines perfekten Wettbewerbs als nützlicher Leitfaden für das Ergebnis des Preisbildungsprozesses dienen. Es komme nur darauf an, die empirischen Entwicklungen zu betrachten und daraus empirische Ergebnisse abzuleiten, die sich bestenfalls unmittelbar in eine bessere Politik übersetzen lassen.

Hayek hingegen hielt die Frage der Motivation und die Art der Wissenserzeugung für zentrale Faktoren zunächst des Analyseprozesses und dann der Formulierung entsprechender Antworten. Er unterstrich, dass das menschliche Bewusstsein in allen Gesellschafts- und Sozialwissenschaften, einschließlich der Ökonomik, eine zentrale Rolle einnehme: »Es ist wahrscheinlich keine Übertreibung zu sagen, daß in den letzten hundert Jahren jeder bedeutende Fortschritt in der Wirtschaftstheorie ein weiterer Schritt in der konsequenten Anwendung des Subjektivismus war. Daß die Gegenstände der wirtschaftlichen Tätigkeit nicht objektiv definiert werden können sondern nur in Bezug auf einen menschlichen Zweck, versteht sich hier von selbst.«[489] Er begriff Geld analog zur Sprache als ein Mittel, menschliche Bedürfnisse und Wünsche zu prägen und zu übersetzen, dabei bildeten Preise bzw. Bedeutungen die Signale bzw. Zeichen, auf die Menschen reagieren würden. Daher suchte er viel weniger politische Regeln zu formulieren, als vielmehr den Rahmen zu ergründen, in dem ökonomische Akteure interagieren.

Friedmans Eröffnungsrede als Vorsitzender der American Economics Association (1967) gilt weithin als »Wendepunkt in der Geschichte makroökonomischer Forschung«.[490] Mit seiner Methodik kreierte er eine geld- und währungspolitische Leitlinie: eine politische Regel. Das zentrale analytische Argument zielte auf die Existenz natürlicher Niveaus im Wirtschaftsleben: betreffend die Arbeitslosenquote und auch die Zinssätze. Der natürliche Zinssatz wurde einem Markt- oder Nominalsatz entgegengestellt: »Die

Währungsbehörde kann den Marktzins nur durch Inflation unter den natürlichen Zins absenken. Sie kann den Marktzins über den natürlichen Zins hinaus nur durch Deflation anheben.« Stets »gibt es ein gewisses Unterbeschäftigungsniveau, das die Eigenschaft besitzt, mit dem Gleichgewicht in der Struktur der *Real*lohnsätze konsistent zu sein«.[491] Die Geldpolitik sollte in der Konsequenz nicht versuchen, das Beschäftigungsniveau mittels kleiner Anpassungen zu beeinflussen: »Wir wissen einfach noch nicht genug, um kleinere Störmomente bereits bei ihrem Auftreten erkennen zu können oder um mit einiger Genauigkeit sowohl ihre Wirkungen als auch die zu ihrer Kompensation erforderlichen Maßnahmen der Geldpolitik voraussagen zu können.«[492] Friedman prognostizierte einen Zusammenbruch der Phillips-Kurve – die sich in den Daten der 1950er sowie der 1960er gezeigt hatte und der zufolge Preissteigerungen die Arbeitslosigkeit verringerten –, falls die Entscheidungsträger dem hergebrachten keynesianischen Rat folgen würden und sie ausnutzen wollten.[493]

Dieser Teil von Friedmans Analyse fand eine beachtliche Stütze dahingehend, dass die Rede an einen unabhängig abgeleiteten Nachweis über eine langfristig vertikale Phillips-Kurve anschloss, der von Edmund Phelps entwickelt worden war, und zwar auf der Grundlage einer Annahme der beidseitigen Unkenntnis der tatsächlichen Inflationsrate im Lohnbestimmungsprozess.[494] Erwartungen waren für Phelps' Argumentation zentral, der damit viele Aspekte des revolutionären Modells der Rationalen Erwartung quasi vorweggenommen hatte, das sich in den 1970ern anschließen sollte.

Im letzten Teil seiner Rede kam Friedman zur Ableitung einer Regel, wonach »sich die Währungsbehörde von Größen leiten lassen sollte, die sie in den Griff bekommt, nicht aber von solchen, die sich ihrer Kontrolle entziehen. Wenn, wie es oft geschehen ist, die Währungsbehörde die Zinssätze oder den Prozentsatz der aktuellen Unterbeschäftigung als unmittelbares Eingriffskriterium auswählt, so wird sie wie ein Raumschiff agieren, das auf den falschen Stern gerichtet ist. Ungeachtet dessen, wie empfindlich und ausgeklügelt sein Leitsystem auch sein mag, das Raumschiff wird sein Ziel verfehlen. Und ebenso wird es der Währungsbehörde ergehen.«[495] Die Zentralbank könne große Schwankungen in der Wirtschaftstätigkeit (wie etwa die Weltwirtschaftskrise) vermeiden, »indem sie sich öffentlich für eine Politik entscheidet, die auf die Verwirklichung einer konstanten Wachstumsrate einer bestimmten monetären Gesamtgröße gerichtet ist. Die adäquate Wachstumsrate ebenso wie die adäquate monetäre Gesamtgröße sind weniger ausschlaggebend als die Annahme einer festen und bekannten Rate.«[496] In einer Fußnote schlug er eine Wachstumsrate von zwei Prozent als Richtschnur vor.

Diesem Teil der Eröffnungsrede war die Geschichte weniger gewogen. Der Ökonom Martin Eichenbaum tat sie als »Flachs« ab.[497] Franco Modigliani akzeptierte die Hypothese vom natürlichen Satz, fügte aber hinzu: »Friedman sagte dann in diesem Paper auch andere Dinge, die falsch waren.«[498] Rückblickend erscheinen die Ausführungen entsetzlich schwammig. Die Aussage, es sei egal, welche geldpolitische Maßnahme ergriffen werde, wirkt wie ein Abwinken; und als die Zentralbanken Anfang der 1980er etwas wie die Festlegung von Geldmengenzielen in Angriff nahmen, wurden sie von Zank und Streit darüber heimgesucht, welche geldpolitische Maßnahme nun ergriffen werden solle.[499] Die Geldmengen reagieren nicht einheitlich und es gab eine beachtliche Menge finanzökonomischer Innovationen (so etwa die Tagesgeldkonten oder »NOW accounts«, wie man in den Staaten sagt), welche die traditionelle Annahme zu widerlegen schienen, dass Geld keine Zinsen erwirtschafte.

Friedman war stets der Überzeugung, dass empirische Beobachtungen dazu dienen könnten, politische Regeln zu verbessern. Die praktische Empfehlung in seiner Eröffnungsrede ergab sich unmittelbar aus der Analyse in der *Monetary History*, wonach ein sehr eindeutiger und langfristiger historischer Zusammenhang zwischen den Einkommensveränderungen und den Geldvolumenveränderungen bestehe. Die statistischen Arbeiten zeigten, wie bemerkenswert stabil der »Geldschöpfungsmultiplikator« (*money multiplier*), also das Verhältnis der prozentualen Änderung des Einkommens gegenüber der prozentualen Änderung des Geldvolumens über lange Zeiträume hinweg war: In den Vereinigten Staaten lag dieser Wert ungefähr bei 2. Die von der Zentralbank festgelegte Mindestreservebasis bestimmte (mittels des Multiplikators) das Geldvolumen, welches seinerseits (mittels der Geldumlaufgeschwindigkeit) das Nominaleinkommen bestimmte. Auch das Verhältnis zwischen Währung und Einlagen war über lange Zeiträume hinweg recht stabil.[500] Die Auffassung, es gebe eine äußerst stabile Geldnachfragefunktion, ließ sich – zwar vorläufig – auch aus historischen Daten für Großbritannien ableiten.[501] Doch mit den 1970ern verlagerte sich das Verhältnis beiderseits des Atlantiks in unvorhergesehener Weise, die Umlaufgeschwindigkeit war nun äußerst instabil.[502] Die Ökonometrie von Friedmans Ansatz sah sich heftiger Kritik ausgesetzt.[503] Die Chicago-Perspektive konzentrierte sich folglich auf ein Maß der Mindestreservebasis, deren Verhältnis zu anderen Geldmengen historisch eindeutig war, das allerdings insofern unstet wurde, wie es eine Rolle in der Politik spielte.

Die *Monetary History*, die er zusammen mit Anna Schwartz verfasst hatte, bildete Friedmans beachtlichstes Erbe in der politischen Debatte. Das Buch stützt sich auf die Tradition der Konjunkturforschung, die auf Wesley Mitchell zurückgeht. Friedman erklärte später, Mitchells »theoretisches Werk ist aufs Engste mit seiner empirischen Arbeit verwoben und war Teil der ›analytischen Beschreibung‹ der untersuchten Phänomene«.[504] Kritisiert wurde es derweil dafür, keine angemessene Erklärung dafür zu bieten, dass Bankenkrisen unabhängig voneinander auftreten konnten: In erster Linie sollte es den Beweis antreten, dass der Kapitalismus bzw. das Finanzsystem keineswegs in sich fehlerhaft, sondern dass die plötzliche Finanzmarktkontraktion als Ursache der Bankinsolvenzen auf politische Fehler im Federal-Reserve-System zurückzuführen sei. Das Gesamtfazit wurde auch als »ideologisch überfrachtet« kritisiert oder als Neuauflage der Schlussfolgerungen, die Milton Friedman bereits in seinem absatzstarken Manifest von 1962, *Kapitalismus und Freiheit*, gezogen hatte: »Tatsache ist: Die Große Depression – wie die meisten Perioden starker Arbeitslosigkeit – wurde mehr durch ein falsches Vorgehen der Regierung als durch eine der freien Marktwirtschaft innewohnende Labilität hervorgerufen.«[505] Die Kritiker beklagten zudem, dass die Kernthese der *Monetary History* auf »simplen statistischen Techniken und historischen Analysen [aufbaue], die schon ihrerseits von einigen führenden Ökonomen als altmodisch abgetan worden waren«.[506] Krugman hatte in seinem bemerkenswerten wie unanständigen Nachruf tatsächlich beklagt, »mit der Zeit hat Friedman das Ganze immer grobschlächtiger statt feinsinniger dargestellt und wirkte letzten Endes sogar – man kann es nicht anders sagen – intellektuell unredlich«.[507]

Eine gewisse Ironie liegt darin, dass Friedman sich zu Recht gegen die empirischen Beobachtungen als Grundlagen der Phillips-Kurve wandte und ausführte, dass diese nicht immer gelten müssten; gleichzeitig entwickelte er aber ein Modell zu Einkommen und Geld, das auf einem ähnlichen empirischen Verhältnis fußte. Genau wie die Phillips-Kurve beschrieb Friedmans Modell zutreffend eine Realität der 1950er und 1960er (ja auch früherer Zeiten), doch ebenso wie die Phillips-Kurve zeigte das Verhältnis in den 1970ern und später ein anderes Verhalten.

Friedman eröffnete sein Manifest einer Gegenrevolution, das er in London im Rahmen der »Harold Wincott Gedächtnisvorlesungen« formulierte, mit der Behauptung, Keynes würde ihm, Friedman, nicht nur zustimmen, sondern »daß Keynes, wenn er heute noch lebte, ohne Frage an vorderster Front der Gegenrevolution stünde. Man sollte niemals einen Meister nach seinen Schülern beurteilen.«[508] Die Botschaft schien zweischneidig: Die Geldpolitik war sehr einflussreich, doch als mächtiges Werkzeug politischer Steuerung ließ sie sich nicht einsetzen. Heute sei klar, »daß die Depression ein tragisches Zeugnis für die Wirksamkeit der Geldpolitik darstellt und nicht ein Nachweis ihrer Impotenz ist. Aber was für die Welt der Ideen eine Rolle spielte, war nicht die Wahrheit, sondern was für die Wahrheit gehalten wurde.«[509] Der kontinuierliche Verweis auf die Weltwirtschaftskrise war erforderlich, weil der Verweis auf langfristige Datenreihen und Konstanten (wie etwa die beobachtete Geldnachfragefunktion) das Publikum wohl kaum von der zentralen Botschaft überzeugen würde: Schließlich könne »von der breiten Öffentlichkeit nicht erwartet werden, daß sie den ungeheuren Anfall an statistischen Daten verfolgt. Eine dramatische Episode beeinflußt die öffentliche Meinung viel nachhaltiger als eine ganze Reihe systematisch gesammelter, aber wenig dramatischer Episoden.«[510] Das Geld eignete sich aus einem Grunde nicht für die Mikrosteuerung, nämlich weil die unmittelbaren Operationen zu einem Pendeleffekt der Zinssätze führten: »Es ist eine wichtige Eigenschaft des Mechanismus, daß eine Änderung des monetären Wachstums die Zinssätze zuerst in der einen Richtung beeinflußt, später aber in der entgegengesetzten. Ein erhöhtes monetäres Wachstum wird tendentiell die Zinssätze zuerst senken. Aber später wird es, da es die Ausgaben erhöht und eine Inflation der Preise induziert, auch eine Zunahme der Kreditnachfrage bewirken, wodurch tendentiell die Zinssätze erhöht werden. Außerdem führen die steigenden Preise zu einem Auseinanderklaffen von realen und nominellen Zinssätzen.«[511] Es wirkt hier, als nähere sich Friedman einer Theorie über den Zusammenhang von Erwartungen und politischer Wirkung: Die Erwartung höherer Inflation treibt den Nominalzinssatz nach oben. Die Lehre aus alldem war bemerkenswert klar: »Aus den von mir bisher gemachten Aussagen folgt, daß *Inflation immer und überall ein monetäres Phänomen ist*, in dem Sinne, daß sie nur durch rascheres

Wachstum der Geldmenge relativ zum Output geschaffen werden kann und wird. Jedoch gibt es sehr verschiedene mögliche Gründe für monetäres Wachstum, zu denen Goldfunde, die Finanzierung von Staatsausgaben und die Finanzierung privater Ausgaben gehören.«[512] Hinzuzufügen wäre, dass all diese Gründe in Momenten der Störung und Ungewissheit mit höherer Wahrscheinlichkeit zum Tragen kommen.

Friedrich von Hayek verfasste einige Analysen, die Friedmans Perspektive offenbar widerspiegeln. Seine Kritik an einer Neigung zum Inflationismus ähnelt der Friedman'schen Variante, die dem Rationale-Erwartungen-Modell den Weg ebnete. Die Inflation könne nur dann als Stimulus wirken, wenn der zugrundeliegende ökonomische Prozess nicht richtig verstanden werde:

> Die Inflation kann also nie mehr als ein vorübergehender Ansporn sein und selbst diese wohltätige Wirkung kann nur solange [sic] dauern, wie jemand weiterhin betrogen und die Erwartungen einiger Menschen unnötigerweise enttäuscht werden. Ihre stimulierende Wirkung beruht auf den Irrtümern, die sie hervorruft. Sie ist besonders gefährlich, weil die schädlichen Nachwirkungen selbst kleiner Dosen von Inflation nur durch größere Dosen von Inflation aufgeschoben werden können.[513]

Die Ursprünge dieser Ansicht lassen sich bis in Hayeks frühe Schriften zurückverfolgen, insbesondere bis zu dem Text, auf dem sein Ruf als Wirtschaftswissenschaftler gründete: *Preise und Produktion* von 1931. Auf den ersten Blick war diese Veröffentlichung im Krisenmoment der *Great Depression* die extreme Äußerung einer liquidationistischen Position: »Der einzige Weg, um dauernd alle verfügbaren Produktivkräfte zu ›mobilisieren‹, ist daher, weder in der Krise noch nachher den Kredit als künstliches Stimulans zu benützen, sondern es der Zeit zu überlassen, die Situation durch den langsamen Prozeß der Anpassung der Struktur der Produktion an die als Kapital verfügbaren Mittel zu heilen.«[514] Für Hayek waren Preisbewegungen die zentrale Informationsquelle, und er hielt es für irrig »zu glauben, daß wir die Einflüsse des Geldes vernachlässigen [...] können, solange der Geldwert als unverändert angenommen wird«.[515] Er hegte folglich eine beträchtliche Skepsis insbesondere gegen die Quantitätstheorie, die in seinen Augen zu einer »Isolierung der Geldtheorie von den Lehren der allgemeinen oder ›reinen‹ ökonomischen Theorie« führe.[516]

Nach dem Krieg sah er, wie Friedman, eher in der geldpolitischen Reaktion der Behörden als im Handeln individueller Akteure die Ursache für Inflation:

> Der Vorgang wird manchmal so dargestellt, als ob Lohnerhöhungen unmittelbar Inflation hervorrufen würden. Das ist nicht richtig. Wenn das Geld- und Kreditangebot nicht erweitert würde, würden Lohnerhöhungen schnell zu Arbeitslosigkeit führen. Aber unter dem Einfluß einer Lehre, die es als Pflicht der Währungsbehörden darstellt, genügend Geld zur Verfügung zu stellen, um bei jedem gegebenen Lohnniveau Vollbeschäftigung zu sichern, ist es politisch unvermeidlich, daß jede Lohnsteigerungsrunde zu weiterer Inflation führt.[517]

Andererseits werde der Prozess nicht nur von der Geldpolitik angetrieben, sondern auch von der Neigung organisierter Interessengruppen, die Löhne in einem wettbewerblichen Überbietungsprozess nach oben zu treiben. Inflation ist also nicht einfach und auch nicht in erster Linie ein monetärer Prozess. 1960 war es für Hayek unvorstellbar, dass die Gewerkschaftsmacht durch eine tiefe Rezession und hohe Arbeitslosenraten gebrochen werden könne:

> Obwohl dieser Wettlauf zwischen Löhnen und Inflation wahrscheinlich noch eine Weile weitergehen wird, kann er doch nicht unbegrenzt weitergehen, ohne daß die Leute zu erfassen beginnen, daß er irgendwie zum Stillstand gebracht werden muß. Eine Währungspolitik, die durch Hervorrufung ausgedehnter und langanhaltender Arbeitslosigkeit die Zwangsgewalt der Gewerkschaften brechen würde, muß ausgeschieden werden, weil sie politisch und sozial katastrophal wäre. Aber wenn es uns nicht rechtzeitig gelingt, die Macht der Gewerkschaften an ihrer Quelle einzudämmen, werden die Gewerkschaften bald der Forderung nach Maßnahmen gegenüberstehen, die den einzelnen Arbeitnehmern, wenn nicht sogar den Gewerkschaftsführern, viel unleidlicher sein werden als die Unterwerfung der Gewerkschaften unter die Herrschaft des Gesetzes: Es wird gefordert werden, entweder, daß die Löhne von der Regierung festgesetzt oder daß die Gewerkschaften ganz abgeschafft werden.[518]

In den 1970ern wirkte diese Alternative wie eine Prophezeiung.

Die viel ausdrücklicher (gesellschafts-)politische Inflationstheorie war abhängig von Hayeks spezifischem Zugang zu ökonomischem Wissen: »Die Erforschung spontaner Ordnungen ist seit langem die spezifische Aufgabe der ökonomischen Theorie, auch wenn sich natürlich die Biologie seit ihren Anfängen mit jener besonderen Art von spontaner Ordnung befaßt, die wir als Organismus bezeichnen.«[519] Sein Herangehen gründete auf der Überzeugung, gesellschaftliches Wissen akkumuliere sich als Ergebnis der Interaktion und des Lernens einer Vielzahl von Beteiligten eines sozialen Prozesses bzw. Marktes:

> Tatsächlich wird meine wesentlichste Behauptung die sein, dass die Tautologien, aus denen die formale Gleichgewichtsanalyse in der Wirtschaftstheorie im wesentlichen besteht, nur insoweit in

> Aussagen verwandelt werden können, die uns irgendetwas über die Kausalzusammenhänge in der realen Welt sagen, als wir imstande sind, in diese formalen Sätze bestimmte Behauptungen darüber einzusetzen, wie Wissen erworben und vermittelt wird. [...] daß das empirische Element in der Wirtschaftstheorie [...] in Aussagen über die Erwerbung von Wissen besteht.[520]

Die Verfassung der Freiheit (1960) zielte darauf ab, die für die Entwicklung einer spontanen Ordnung erforderliche Philosophie und deren Institutionen darzulegen, in der der »Zwang auf einige von seiten anderer Menschen so weit herabgemindert ist, als dies im Gesellschaftsleben möglich ist«.[521] Dabei handelte es sich um eine Warnung vor der individuellen (oder behördlichen) Annahme überbordenden Wissens: »Sokrates' Ausspruch, daß die Erkenntnis unserer Unwissenheit der Anfang der Weisheit ist, hat für unser Verständnis der Gesellschaft tiefe Bedeutung.«[522] Hayek missfiel das Denken in Mengen – einschließlich der Geldmengen. Er beklagte, dass der »Wunsch, die [wissenschaftlich-]technischen Methoden auf die Lösung sozialer Probleme anzuwenden«, zu einem ingenieursmäßigen Ansatz geführt habe, (und ergänzte, in Stalins Russland habe man die Künstler als »Ingenieure der Seele« bezeichnet): Der Ingenieur sei »nicht Teil eines sozialen Prozesses, in dem andere Menschen unabhängig Entscheidungen treffen können, sondern lebt in seiner eigenen gesonderten Welt«.[523]

Die »Quantitätstheorie des Geldwerts«, wie sie Friedman vertrete, sei folglich bloß das Beispiel für einen gefährlichen Trugschluss der Moderne, der sich aus der Neigung ergebe, in großen Mengen zu denken:

> Es ist nicht meine Absicht, den positiven Inhalt dieser Theorie zu bestreiten [...] Dagegen scheint es mir nicht nur unberechtigt, sondern geradezu schädlich für den weiteren Fortschritt der Geld-

> theorie, daß diese Lehre die zentrale Stellung in der Geldtheorie eingenommen hat, und ich glaube, daß die Anschauung, aus der sie entspringt, die Geldtheorie verhindert hat, das zu leisten, was sie leisten sollte. Eine besonders bedauerliche Wirkung des Herrschens jener Theorie scheint mir die bestehende Isolierung der Geldtheorie von den Lehren der allgemeinen oder »reinen« ökonomischen Theorie.
> Wie könnte es anders sein, wenn wir andere Methoden zur Erklärung der Werte der Güter verwenden, wie sie vermeintlich ohne Rücksicht auf den Einfluß des Geldes bestehen würden, und andere zu der Erklärung der Einflüsse des Geldes auf die Preise. Nichts weniger bedeutet es aber, wenn wir versuchen, *direkte* kausale Zusammenhänge zwischen der *gesamten* Menge des Geldes, dem *allgemeinen* Niveau aller Preise und vielleicht noch der *Gesamtmenge* der Produktion herzustellen.[524]

Geld war in Hayeks Augen nicht einfach ein Erzeugnis des Staates oder einer Behörde und konnte daher nicht einfach oder leichthin durch politisches Handeln kontrolliert werden. Doch das genügte nicht, er wollte den Regierungen auch jegliche Macht nehmen, Geld zu schaffen – stattdessen wollte er eine von ihm sogenannte Katallaxie schaffen, so die Bezeichnung (als Alternative zu »Ökonomie«) für eine losere, spontane »Ordnung […], die durch wechselseitige Anpassung vieler einzelner Wirtschaften in einem Markt entsteht«.[525] Die Aussicht darauf, Privatwährungen zu entwickeln, erscheint in den 2020ern natürlich sehr viel realistischer als noch in den 1970ern.

Erforderlich war ein Mechanismus oder Ordnungsrahmen, nämlich für den Austausch der Vielzahl von Preissignalen bzw. Währungen: »Wir kennen keine im Wesen verschiedenen Alternativen zu den Kreditinstitutionen, von denen die Organisation des modernen Geschäftslebens in hohem Maße abhängt; und die historische Entwicklung hat Bedingungen geschaffen, in denen das Bestehen dieser

Institutionen eine bewußte Lenkung der miteinander verwobenen Geld- und Kreditsysteme notwendig macht.«[526]

Gelegentlich äußerte Hayek ein nostalgisches Bedauern für die versunkene Welt des Goldstandards: So mancher wolle dahin zurückkehren, und »eine noch größere Anzahl würde heute wahrscheinlich zustimmen, daß die Mängel des Goldstandards stark übertrieben worden sind und daß es zweifelhaft ist, ob seine Preisgabe ein Gewinn war. Das heißt jedoch nicht, daß seine Wiedereinführung gegenwärtig ein praktikabler Vorschlag ist.«[527] Schließlich müsse man sich vergegenwärtigen, »daß die Funktion des internationalen Goldstandards auf einer bestimmten Einstellung und Ansicht beruhte, die wahrscheinlich nicht mehr besteht. Er funktionierte in hohem Maße auf Grund der allgemeinen Meinung, daß vom Goldstandard abgebracht zu werden ein großes Unglück und eine nationale Schande sei. Sie wird aber nicht viel Einfluß haben, selbst solange günstige Verhältnisse bestehen, wenn man weiß, daß kein Land bereit ist, mühevolle Maßnahmen zu ergreifen, um ihn zu erhalten.«[528]

Hayeks Einwände gegen Keynes' *General Theory* bezogen sich auf deren begrifflichen Rahmen und grundsätzlich, wie zuvor, auf einen übermäßigen Verlass auf makroökonomische Mengen:

> Die eigentliche Frage war die Gültigkeit der Makro-Analyse, wie wir sie heute nennen, und ich glaube nun, daß, langfristig betrachtet, die Hauptbedeutung der *Allgemeinen Theorie* darin gesehen werden wird, daß sie mehr als irgendein anderes einzelnes Werk den Aufstieg der Makro-Ökonomie und den temporären Niedergang der mikro-ökonomischen Theorie entscheidend gefördert hat.[529]

Das Problem war nur, dass offenbar weder Friedman noch Hayek einen konkreten Werkzeugkasten zu bieten hatten. Vielmehr machten beide sehr deutlich – Hayek auf viel festerem philosophischen Fundament –, dass ein solcher Kasten gefährlich wäre und wahrscheinlich missbraucht werden würde. Friedman forderte tatsächlich – eine Provokation –, die Federal Reserve solle einfach abgeschafft werden. Bisweilen überlegte er, sich »philosophisch als Anarchist« einzuordnen.[530] Später erklärte er: »Es gibt in den Vereinigten Staaten keine Institution, die ein derart hohes Ansehen genießt und auf derart erbärmliche Leistungen zurückblickt. [...] Sie hat die Inflation in den 1970ern finanziert. Insgesamt hat sie kaum etwas geleistet. Sie hat weit mehr Schaden angerichtet als Gutes bewirkt.«[531] Bei seiner ersten Begegnung mit Paul Volcker (damals im US-Finanzministerium) sagte Ronald Reagan: »Ich habe etliche Briefe bekommen, da wird die Frage aufgeworfen, wofür wir die Fed noch brauchen«, und Volcker erwiderte: »Nun, leider sind wir Ihre einzigen echten Verbündeten im Kampf gegen die Inflation.«[532] Volcker hatte recht. Die Debatten in den 1970ern zeitigten ein sehr klares Ergebnis bezüglich einer wünschenswerten Fiskalpolitik, dergegenüber Hayek ein steter Mahner geblieben war, oder wie Eichenbaum es ausdrückte: »Man ist sich heute weitgehend einig, dass eine antizyklische ermessensgeleitete Finanzpolitik weder wünschenswert noch politisch machbar ist.«[533]

Friedman und Hayek waren intellektuelle Provokateure. Wenn sie sich zu politischen Vorschlägen hinreißen ließen, waren das meist extreme und unrealistische Äußerungen: die Abschaffung der Federal Reserve und die Drogenlegalisierung (ein zunehmend wichtiges Thema für Friedman) oder Hayeks Vision konkurrierender nichtstaatlicher Währungen. Doch beide traten weitreichende Debatten los, die schrittweise in einen intellektuellen Mainstream übergingen, der eindeutig bankrott gewesen war. Das Wichtigste war der Gedanke der rationalen Erwartungen, wie er von Robert Lucas und Thomas Sargent entwickelt wurde. In Friedmans und Hayeks Weltbild war das einfach die Überzeugung, dass wirtschaftliche Akteure auf neue

Informationen reagieren und auch Veränderungen einbeziehen, die sie in der Regierungspolitik wahrnehmen – am deutlichsten zeige sich dies im Verhalten des Arbeitsmarkts, wo die Beschäftigten sensibel auf die Inflationsrate reagierten. Lucas und Sargent gingen sehr viel weiter als Friedman und erklärten, politische Schlussfolgerungen auf der Grundlage umfassender makroökonomischer Modelle hätten keinen prognostischen Wert, weil die Rückkopplungsschleifen kontinuierlich neue Informationen erzeugten. Diese Analyse bot zwar Anknüpfungspunkte zu Hayeks radikaler Skepsis gegenüber Makroberechnungen, doch in ihrer Lucas'schen Form neigte sie zu einer Koalition mit der Keynes'schen Tradition. Die Neokeynesianer konnten mit dem Rahmen rationaler Erwartungen eine Theorie entwickeln, wie – auch aufgrund unperfekter bzw. unvollständiger Information und unperfekten Wettbewerbs – Rigiditäten entstehen. Diese Rigiditäten erzeugten mitunter vorübergehende Nachfrageengpässe, denen man dann mit geld- und währungspolitischen Maßnahmen begegnen könne. Im Rahmen eines neuen Konsenses nutzten die Zentralbanken nun dynamische stochastische Gleichgewichtsmodelle (sogenannte DSGE-Modelle), um die Zentralbanktätigkeit dahingehend zu lenken, dass Erwartungen geformt und Ergebnisse stabilisiert würden. Das Resultat, nämlich geringere Inflation und nachhaltiges makroökonomisches Wachstum mitsamt dauerhafter Stabilität, wirkte äußerst beeindruckend und gebot bis 2008 einen beinahe lückenlosen Konsens.

Die allgemeine Bewegung in den 1980ern hin zu weniger Inflation und mehr Offenheit – mehr Globalisierung – ergab sich offenbar aus einem neuen institutionellen Kontext, der Stabilität schuf und einen lockeren intellektuellen Stützrahmen bot. Sein Herzstück war die zentrale Positionierung freier Preisbildung durch die Wirkung der Märkte. Und ebendies, viel mehr als jede konkrete politische Forderung, kann wohl als der eindeutigste politische Impuls sowohl Friedmans gelten, der auf politischen Einfluss brannte, als auch Hayeks, der schon bei dem Gedanken daran das Weite suchte. Der Ökonom Robert Mundell resümierte 1983: »Im Jahre 1983 haben die Vereinigten Staaten keinen Goldstandard, auch kein keynesianisches Warengeldsystem, keinen Friedman'schen Papierstandard. Sie haben einen Volcker-Standard. Doch wer mag den künftigen Wert des Pfund, des Dollar oder des Yen vorhersagen, auf der Grundlage eines Thatcher-Standards, eines Volcker-Standards und eines Nakasone-Standards?«[534] Friedmans Erkenntnisse taugten nicht als Leitfaden für die technische Inflationssteuerung, doch sie wirkten als überraschender Schlag für die bisherige US-amerikanische Selbstgefälligkeit, wonach die Vereinigten Staaten über die beste Politik und die beste Theorie verfügten: Auch die weite Welt konnte praktisch vor Augen führen, wohin Wirtschaft und Unternehmen sich entwickeln können. Mit Nachdruck erläuterte Friedman (womit Hayek ganz und gar einverstanden war) ein einfaches Verständnis des Wettbewerbs als Innovationstreiber – und dies war von besonderer Bedeutung für das Streben nach technologischer und produktiver Modernisierung durch Öffnung und Lernen. Beide Theoretiker beschrieben und besangen jene Kräfte, die eine neue Globalisierungswelle beschleunigen würden. Allerdings verzichteten sie auf eine Analyse derjenigen institutionellen Mechanismen, die sie ausnutzen bzw. lenken würden.

6. Die »große Rezession« von 2008

Seine Eröffnungsrede als Präsident der American Economic Association begann Robert Lucas 2003 mit der Aussage, die moderne Makroökonomie sei ein Kind der Angst vor der historischen Weltwirtschaftskrise und sei »in dieser ursprünglichen Hinsicht [...] erfolgreich: Ihr zentrales Problem der Depressionsvorbeugung wurde gelöst, soweit es praktisch relevant war, und diese Lösung hielt viele Jahrzehnte lang.« Die Rede galt damals als der Ausdruck eines umfassenden theoretischen Konsenses, wonach das Zeitalter großer Abschwünge endgültig vorbei sei; nach 2008 wurde sie vielfach mit Spott überzogen, doch einige Jahre später zitiert man sie nun wieder häufig und zustimmend.[535] Die *Great Depression* war eine Krise der Globalisierung gewesen – und der Verdacht einer tiefen und vielleicht unlösbaren Krise rief 2008 unweigerlich das historische Beispiel vor Augen. Doch in der *Great Recession* infolge der Weltfinanzkrise von 2008 wurde die Globalisierung infrage gestellt, aber nicht zerschlagen. Der unmittelbare Impuls zu ihrer Rettung bzw.

Wiederherstellung kam von den Zentralbanken. Diese Institutionen bildeten nun das Zentrum der Entscheidungsfindung.

Ein finanzökonomischer Schock, der seinen Ursprung eindeutig in den Vereinigten Staaten hatte, führte 2008 zu einem drastischen Einbruch der globalen Nachfrage und des Welthandels. Das erschütterte den US-Führungsanspruch in der Weltwirtschaft und mithin die reale Basis nicht nur des Bretton-Woods-Konzepts, sondern auch des »Nichtsystems«, das in Währungsfragen seit den 1970ern vorgeherrscht hatte (den Begriff *nonsystem* prägte der Ökonom John Williamson). Die Erfahrungen mit einem offenkundig ähnlichen Nachfrageeinbruch in der *Great Depression* geboten ein beispielloses Maß an Tatkraft und Koordination in der Bankenrettung, den Einsatz der Geldpolitik zur Sicherstellung von Liquidität, steuerliche und haushalterische Anreize sowie den allgemeinen Willen, die Märkte offen zu halten. Doch die politisch-ökonomischen Auswirkungen dieser anfangs offenbar überraschend erfolgreichen Intervention waren zweischneidig: Wenn der fiskalische Aufwand in der Praxis meist auf die Bankenrettung zielte, was war das nun anderes als ein vom Steuerzahler finanzierter Bonus für die Schuldigen und Schurken?

Was gemeinhin als Weltfinanzkrise bekannt ist – oder auch als *Great Recession* bezeichnet wird, um eine Parallele zur *Great Depression* in der Zwischenkriegszeit zu ziehen –, wurde von vielen Entscheidungsträgern der Globalisierung angelastet. So erklärte etwa Mervyn King als Gouverneur der Bank of England: »Ihren Ursprung hat die Krise in unserer Unfähigkeit, mit den Folgen des Eintritts von Ländern wie China, Indien und des ehemaligen Sowjetreiches in das Welthandelssystem – in einem Wort: mit der Globalisierung – umzugehen.«[536] Die Globalisierung lief heiß, zu heiß. In den 1920ern mündete das gleiche Phänomen in einem Zusammenbruch der Kreditstrukturen und einer radikalen Nachfragekontraktion. In den 1970ern führte die ökonomische Überhitzung zu einem inflationären Kreditaufwuchs und zu einem gerüttelt Maß an Unsicherheit und Zweifel gegenüber politischen Institutionen, nicht aber zum Zusammenbruch. Òscar Jordà, Moritz Schularick und Alan M. Taylor vermuten, die lockeren Kreditbedingungen, mithin das Produkt einer globalisierten Finanzökonomie, seien der zentrale Auslöser für die Spekulationsblasen und den finanzökonomischen Stress gewesen, deren Auswirkungen von den strukturellen Veränderungen in der Finanzwirtschaft noch verstärkt wurden.[537] Im neuen Jahrtausend versagten die alten Systeme und brachen in sich zusammen. Bedeutete die neue Krise das Ende der Globalisierung oder das Ende des Kapitalismus? Die Parallelen zum Crash Ende der 1920er erschienen zwingend. In der *Great Depression* bzw. Weltwirtschaftskrise hatten die Währungsbehörden versagt, man bezichtigte sie unrechtmäßiger Eingriffe in die Politik: eine *bankers' ramp* oder eine *mur d'argent* behindere politisches Handeln. Im Nachgang der Depression wurden die Zentralbanken verstaatlicht und einer strikten politischen Kontrolle unterworfen. Nun entschlossen sie sich, die Erfahrungen der Zwischenkriegszeit praktisch anzuwenden.

Die geläufige Metapher für eine moderne finanzökonomische Malaise war nun nicht mehr der gewaltige Meeressturm mit seinen überwältigenden Wellen, die in der Globalisierungswelle im 19. Jahrhundert das zentrale Bild dargestellt hatten, sondern die harmlosere und bisweilen gar attraktive Gestalt der Blase. Der Princeton-Ökonom Markus Brunnermeier erklärt die Entstehung von Blasen so, dass »die Bewegung der Wertpapierpreise von den Marktteilnehmern – egal ob zu- oder unzutreffend – als übermäßig angesehen wird, und dass im Ergebnis häufig (aber nicht immer) ein scharfer Preisrückgang stand, wenn die Blase platzte«. Blasen sind meist schuldenfinanziert.[538] Nach der Finanzkrise von 2008 fand der Begriff auch Eingang in die Populärkultur; im Film *The Big Short* sitzt die Schauspielerin Margot Robbie in einem Schaumbad und erklärt mit einem Glas perlenden Champagners in der Hand, die Großbanken »verdienten Milliarden über Milliarden an der Zwei-

Prozent-Gebühr, die sie für jede verkaufte Anleihe bekamen. Aber dann gingen ihnen die Hypotheken aus, mit denen sie sie gefüllt hatten. Mehr als logisch: Es gibt nur eine gewisse Anzahl Häuser und eine gewisse Anzahl Menschen mit Jobs, die gut genug sind, sie zu kaufen. Also fingen die Banken an, diese Anleihen mit immer risikoreicheren Hypotheken zu füllen. Auf diese Art läuft der Profitmotor weiter, hm? Übrigens, diese risikoreichen Hypotheken nennt man ›subprime‹. Hören Sie das Wort ›subprime‹, denken Sie: ›Scheiße!‹«[539]

Es galt jedoch weiterhin der politische Konsens, die Zentralbanken müssten gegen Blasen erst dann vorgehen, wenn sie darin ein allgemeines Inflationsrisiko erkennen. In der sogenannten *Great Moderation* (Große Zurückhaltung) schienen Inflation und Preisturbulenzen der Vergangenheit anzugehören. Unter den Zentralbankern kursierte eine neue Abkürzung für ihr neues Universum namens »Kontinuierliche inflationsfreie Expansion« für *non-inflationary continuing expansion*: NICE.

Die Globalisierung umfasste zur Jahrhundertwende eine Reihe zusammenhängender Phänomene: in allererster Linie eine Ausdehnung der Produktion auf neue Herstellungszentren. Das weltweite Angebot stieg stark an, ebenso wie während des Ersten Weltkriegs. Häufig konzentrierte sich die Debatte auf den größten dieser Neuankömmlinge in der Weltwirtschaft, auf China, und man bezeichnete die gesamte Entwicklung als China-Effekt oder »China-Schock«.[540] Die neuen Produzenten und aufstrebenden Volkswirtschaften verzeichneten große Handelsüberschüsse, teils weil sie Reserven akkumulieren und dem Schicksal der rasant expandierenden ostasiatischen Ökonomien in den 1990ern entgehen wollten, die mit großen Defiziten und folglich großen, auf Dollar notierten Auslandsschulden heißgelaufen waren. Das politische Gebot der Stunde nach der Asienkrise 1997/98 nahm man sich insbesondere in China zu Herzen: Der Wechselkurs muss niedrig gehalten werden, oftmals auch durch eine informelle und uneingestandene Ausrichtung am US-Dollar. Eine anderslautende Erklärung geht davon aus, dass die in China und anderen aufstrebenden Volkswirtschaften angehäuften Reserven jedes vernünftige Maß überschritten hätten und es ein anderes Motiv geben müsse: Arme Länder mit einer potenziell sehr großen Erwerbsbevölkerung, die in unproduktiven landwirtschaftlichen Tätigkeiten gefangen sei, müssten Beschäftigung für möglichst viele Menschen schaffen. In vielen der aufstrebenden Marktwirtschaften machte man sich eine »Theorie des exportwirtschaftlichen Wachstums» zu eigen, nach dem Vorbild sowohl Deutschlands wie auch Japans nach 1945 und später auch Koreas seit den 1960ern. Forcierte Exporte hatten in der Vergangenheit Bedenken hervorgerufen und riefen nun wieder Bedenken hervor, während man Deutschland und Japan vorhielt, dass nicht alle Länder der Welt Überschüsse verzeichnen könnten.

Die steigenden Überschüsse gingen mit hohen Sparraten einher. Diese Überschüsse wären verschwunden, hätte das Konsumniveau in den frisch industrialisierten Gegenden der Welt höher gelegen. Doch die unlängst produktiven Beschäftigten sorgten sich um die Zukunft in Ländern, die keine gesellschaftlich organisierte Altersabsicherung und nur ein dürftiges staatliches Gesundheitssystem kannten. Auch die Sparraten seitens der Unternehmen und der Staaten waren hoch – dies deckelte die Nachfrage und führte zu Appellen seitens der reicheren traditionellen Industrieländer (und besonders der USA), die Neuankömmlinge möchten doch bitte mehr tun, um die weltweite Nachfrage und damit das Wachstum zu stützen.

Die Überschüsse in den neuerdings global eingebundenen Volkswirtschaften entsprachen den Defiziten einiger, aber nicht aller großen Industriestaaten. Am ausgeprägtesten, und am besten erforscht, war das Phänomen in den Vereinigten Staaten und in Großbritannien. Anfang der 2000er warnte der damalige Chefökonom des IWF, Kenneth Rogoff, vor einer auf Expansion ausgerichteten »Bush-Ökonomie«, die sich durch weitreichende Steuersenkungen in den Jahren 2001 und 2003 auszeichnete, während sich die Haushaltslage der Regierung zwischen 2000 und 2003 von einem Jahresüberschuss in Höhe von 1,2 Prozent des BIP verschoben hatte zu einem Defizit in Höhe von 4,7 Prozent. Rogoff warf ein: »Stellen wir uns nur kurz vor, wir würden über ein Entwicklungsland sprechen, das Jahr für Jahr klaffende Haushaltsdefizite zu verzeichnen hätte [...] dessen Haushaltszahlen von Schwarz in Rot übergehen [... mit] frei fluktuierenden Anleiherenditen (*open-ended security costs*) und einem effektiven Wechselkurs, der von Kapitalzuflüssen inflationär aufgebläht wäre. Nun, ich glaube, wir wären da wohl ziemlich besorgt.«[541] In Großbritannien hatte Mervyn King ähnliche Warnungen ausgesprochen. Nach der Krise fasste er das Problem in einer einfachen Sudoku-Analogie zusammen und stellte die hohen Ersparnisse in Asien den niedrigen angloamerikanischen Ersparnissen gegenüber (siehe Tabelle 6.1).

	Binnennachfrage	Nettohandelsbilanz	BIP
Länder mit hoher Sparrate	18 000	1000	19 000
Länder mit niedriger Sparrate	28 500	-1000	27 500
Insgesamt	46 500	0	46 500

Tab. 6.1: »Sudoku für Ökonomen» (Zahlen von 2008 in Milliarden US-Dollar)

Nach Kings Darstellung sind die neun Zahlen in der einfachen Tabelle voneinander abhängig: Das »Sudoku für Ökonomen« war einfacher als ein gewöhnliches Sudoku, weil nur drei Zahlen gewählt werden können. Wenn beide Ländergruppen ein hohes oder Vollbeschäftigungsniveau erreichen wollen und die sparaffine Gruppe auf einen Handelsüberschuss abzielt, kann die Gruppe mit niedriger Sparrate mathematisch nicht auf eine Verringerung ihres Handelsdefizits abzielen: »Entweder müssen die hohen Handelsdefizite bestehen bleiben, was sich wohl kaum als tragfähig erweisen dürfte, oder man muss anderweitig Abstriche machen.« In Kings Darstellung »zeigt das Sudoku für Ökonomen, dass es sich um ein wesentlich politisches und kein technisches Problem handelt«, wobei die Länder mit geringer Sparquote (etwa Großbritannien und die USA) nicht weiter »die Rolle als Verbraucher der letzten Instanz« ausfüllen dürften.[542]

Für die Finanzwelt hatte die Globalisierung eine spezifische Bedeutung, über die Ausdehnung der Produktion hinaus. Die Finanzsysteme wirkten stabil: In den Vereinigten Staaten glaubte man, die Bankengesetze infolge der Weltwirtschaftskrise (dazu zählte die Einlagensicherung) hätten das Problem des Schaltersturms gelöst; in Großbritannien ließ sich darauf verweisen, dass es seit 1866 bzw. vielleicht gar seit 1825 keinen größeren oder allgemeinen Schaltersturm mehr gegeben hatte. Erkenntnisse über finanzökonomische Instabilität, die man aus vorherigen Crashs hätte ziehen können, wurden daher ignoriert oder verdrängt. Die Vereinigten Staaten produzierten Schulden, mit denen dann die Nachfrage gestützt wurde, und verkauften diese Schulden munter an den Rest der Welt, nicht nur an die exportfokussierten superindustrialisierten Überflieger. »[W]enn bei Lehman die Finanzstrategen auf die Notwendigkeit der Globalisierung zu sprechen kamen, um von der bitteren Wahrheit abzulenken, und die weltweite Expansion betonten, die uns angeblich so viel dynamischer machte als die anderen«, wurde der Sachverhalt brutal deutlich: »Das aber bedeutete, die CDOs [*collateralized debt obligations*, strukturierte Anleihen] woanders abzuladen, vor allem in Europa und Japan.« Der Lehman-König Richard Fuld glaubte, »dass man sich unter den Bedingungen der Globalisierung vom US-Markt unabhängig machen, ja abkoppeln müsse. Da dieser an Einfluss und Macht verloren habe«.[543] Der Trader von Goldman

Sachs, der naive europäische Banken und Investoren verächtlich als »Dummdödel« (*muppets*) bezeichnet hatte, erklärte später: »Einen einfältigen Kunden abzubekommen, war der Hauptgewinn. Um an der Wall Street schnellstmöglich Geld zu machen, nimmt man das komplizierteste Produkt und verkauft es an den einfältigsten Kunden.«[544] Die Globalisierung konnte größeren Zugang zu einfältigem Geld verschaffen. Das Schnüffelstück war der Erwerb amerikanischer Wertpapiere durch europäische Banken, die sich ihrerseits auf dem US-Geldmarkt finanzierten, und zwar großenteils durch Einlagen in die Geldmarktfonds der amerikanischen Endverbraucher.[545]

Schlussendlich krachte die Kreditstruktur in den Vereinigten Staaten zusammen. Die Krise, die 2007/2008 die Welt erschütterte, hatte ihre Wurzeln zweifelsfrei in einem aufgeblasenen Finanzsystem. Zum damaligen Zeitpunkt wirkte sie wie ein kollektiver Nervenzusammenbruch, der auf den Einbruch der Immobilienpreise zurückzuführen war (siehe Abbildung 6.1). Rätselhaft war nur, wie die Verluste im Subprime-Bereich, einem verhältnismäßig kleinen Sektor des US-Wohnimmobilienmarktes, zu einem allgemeinen Zusammenbruch der Bankdienstleistungen führen konnten. Die gesamte Finanzökonomie erschien plötzlich wie ein Minenfeld, von dem niemand wissen konnte, wo genau die Sprengsätze lauerten; was zur Folge hatte, dass die institutionellen Akteure (und auch die Einzelanleger) niemandem mehr trauen konnten. Große und komplexe Finanzinstitutionen, die vertikal integriert waren und oftmals Hypothekenausgabe und -umgruppierung betrieben hatten, waren anfällig. Der Wert ihrer Vermögenspositionen, die auf firmeneigenen Algorithmen beruhten, war völlig unklar und ein Marktpreis existierte nicht mehr. Und dann kam es zum Kollaps: Der Interbankenmarkt, der als absolut sicherer Pool einer kontinuierlich verfügbaren Liquidität gegolten hatte, trocknete aus, als die Banken sich weigerten, ein plötzlich unabschätzbares Engagement mit anderen Finanzinstitutionen einzugehen.

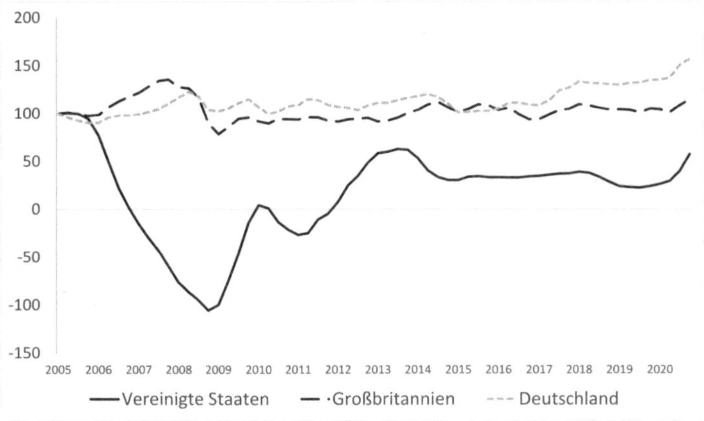

Abb. 6.1: Wohnimmobilienpreisindex für Deutschland, Großbritannien und die Vereinigten Staaten, 2005-2020 (2005 = 100)

Das emblematische Ereignis der Finanzkrise, der Bankrott von Lehman Brothers, vollzog sich am Wochenende des 13. und 14. September 2008, woraufhin am Montagmorgen, den 15. September Konkurs angemeldet wurde. Der Zusammenbruch in Zeitlupe war bereits vor den dramatischen Wochenendverhandlungen im Gange gewesen. Als in der vorherigen Woche die Liquidität versiegte, war jedem klar, dass Lehman bankrottgehen würde, denn andere Banken hatten sie isoliert. Die großen Tageszeitungen, sowohl das marktliberale *Wall Street Journal* als auch die eher linksliberale *New York Times*, begrüßten am Montagmorgen die Entscheidung der Fed und des Finanzministeriums, ein Institut zugrunde gehen zu lassen. Schließlich war Lehman keine Megabank, nicht zu vergleichen mit der Citigroup; und die Märkte sollten schlechtes Verhalten ja abstrafen. Erst als klar wurde, dass der Lehman-Konkurs auch den sehr großen und unumstritten systemrelevanten Versicherer AIG in Bedrängnis bringen würde, sahen sich die Behörden in der Pflicht einzuschreiten und einen allgemeinen Zusammenbruch zu vermeiden.

Die finanzielle Eiszeit führte zu einem abrupten Wirtschaftsabschwung. Es kam zu Handelskontraktionen, da normale Geschäftskredite nicht mehr verfügbar waren. Die Arbeitslosigkeit stieg rapide an, in der USA erreichte sie im Oktober 2009 einen Höchststand von zehn Prozent. Die Güterproduktion fiel um circa 20 Prozent und der Wohnungsneubau um 80 Prozent. Die Produktionslücke, sprich: der Betrag, um den die Wirtschaftstätigkeit hinter dem Potenzial zurückbleibt, war zweifelsfrei beträchtlich. Der IWF-Weltwirtschaftsausblick von Oktober 2009 gab die Produktionslücken für Deutschland mit -3,6 Prozent, für Großbritannien mit -4,9 Prozent und für die Vereinigten Staaten mit -4,5 Prozent an; diese Zahlen wurden 2020 revidiert und belaufen sich nun auf -3,8 Prozent für Deutschland, -3,056 Prozent für Großbritannien und -7,403 Prozent für die Vereinigten Staaten. Das Ausmaß des Krachs in den USA war seinerzeit also unterschätzt worden.

Die Revidierung fußt zum Teil auf einer Minderbewertung der Wachstumspfade westlicher Volkswirtschaften, die für die Europäer (und insbesondere Großbritannien) dramatischer ausfiel als für die Vereinigten Staaten. Die Krise hinterließ langfristige Narben, beeinträchtigte die Wachstumschancen und drängte die Ökonomien auf einen langsameren Entwicklungspfad – und je länger die Krise andauerte (etwa in Europa), umso größer wurden die dauerhaften Verluste, die der Abschwung verursachte. Produktionsverluste und verzögerte Produktivitätszuwächse waren in jenen Ländern besonders ausgeprägt, die größere Bankenkrisen erlebt hatten; besonders deutlich war dieser Effekt in der Eurozone.[546] Die Schocks beeinflussten die Einkommens- und Vermögensverteilung, sie entfalteten eine politische Wirkung im Sinne populistischer Unmutsäußerungen gegen die Wirtschaftssteuerung durch die Elite. Unter den traditionsreicheren Volkswirtschaften verzeichneten die Länder, die im unmittelbaren Gefolge der Krise größere Produktions- und Beschäftigungsverluste erlitten, eine stärkere Zunahme der Einkommensungleichheit gegenüber dem Vorkrisenniveau.[547]

Ein weiteres Triebmittel für das Krisenbewusstsein lag im radikalen Wandel der globalen Wirtschaftsgeografie. In den letzten 40 Jahren bildete die Entwicklung Chinas die längste Phase mit der höchsten Rate kontinuierlichen Wachstums in der gesamten Weltwirtschaftsgeschichte. Der prognostizierte Zeitpunkt, zu dem China die Vereinigten Staaten überholen würde, wurde stets nach vorn revidiert: 2003 verortete Goldman Sachs diesen Moment im Jahr 2041, 2007 erfolgte noch vor der tiefen Finanzkrise eine Revision auf 2027, während *The Economist* nach der Finanzkrise eine neue Berechnung präsentierte und das Datum mit 2019 angab. Noch 2014 verkündete die *Financial Times*: »Die USA verlieren bald ihren Status als weltgrößte Volkswirtschaft und landen wahrscheinlich noch in diesem Jahr, also früher als allgemein angenommen, hinter China. Davon gehen die führenden Statistikbehörden nun aus.«[548] Im Jahr 2020 prognostizierte die britische Wirtschaftsberatung Centre for Economics and Business Research, China werde sich – so sah es damals aus – von der Coronapandemie rascher erholen und die Vereinigten Staaten 2028 überholen.

Rückblickend erscheint der Zusammenbruch von 2007/2008 als Schuldenkrise. Der Griff nach Wohneigentum war nur ein Bereich, in dem die Verbraucher – die nun auf Vermögenswerte und einen Lebensstil brannten, den sie einst als unerschwinglich angesehen hätten – den Nutzen von »Leverage« erkannt hatten.[549] Aufgrund kontinuierlich steigender Immobilienpreise galt das als sichere Wette, da der Immobilienwert stetig steigen und die Kreditverschuldung erschwinglicher machen werde.

Niedrige Zinssätze ermunterten Staaten wie auch Haushalte und Unternehmen zur Kreditaufnahme. Doch anders als in den 1970ern standen die Regierungen der ärmeren oder aufstrebenden Marktwirtschaften nun nicht gerade Schlange; dazu hatte auch die Asienkrise 1997/1998 beigetragen, in der die Gefahren einer Verschuldung deutlich zutage getreten waren. Einige der problematischsten Ungleichgewichte zeigten sich derweil in der industrialisierten Welt, als die Zentralbanken solche Lösungen ins Auge fassten, die eine Schuldenaufnahme noch erschwinglicher machten.

Die staatliche Reaktion durchlief zwei Phasen: Erst die »Bazooka«-Rettungen, dann die Berechnung der fiskalischen, aber auch der politischen Kosten. Im unmittelbaren Nachgang des plötzlichen Schocks von 2007/2008 stand der Finanzsektor – Stichwort Bankenrettung – im Zentrum der Aufmerksamkeit. Das US-Finanzministerium und die Federal Reserve planten Maßnahmen zum Aufkauf problematischer Wertpapiere, sodass der Markt wieder Boden unter die Füße bekäme. Doch deren Bewertung war ein sehr kompliziertes und zeitaufwändiges Unterfangen, sodass sich die US-Regierung auf eine einfachere, doch offenbar wirksame Methode verlegte, die zuerst in Großbritannien zum Einsatz gekommen war: die Rekapitalisierung der Banken mit Staatsgeldern, sodass die Geldhäuser etwaige Verluste würden tragen können.[550] Eine vertrauensbildende Maßnahme. Im Grunde ging man hier vor wie bei einem Herzstillstand: Das Herz (der Finanzdienstleistungssektor) brauchte eine Druckmassage, um den Kreislauf wieder in Gang zu bringen.

Die gleiche Übung fand in vielen reichen Ländern Anwendung. Seinerzeit war es nicht möglich, die langfristigen haushalterischen Folgen abzuschätzen. Es war allerdings durchaus denkbar, dass sich der Wert der Bankaktiva erholen und die Regierung letztlich sogar Gewinn machen würde. So geschah es in den Vereinigten Staaten und in der Schweiz, anders hingegen in Großbritannien und Irland.[551]

Die direkte finanzielle Rettung aber entwickelte sich für die Regierungen zum PR-Desaster: Die Banken hatten die Krise mit falschen Anreizen im Wesentlichen verursacht, sie (und ihre Angestellten) hatten dabei deftige Gewinne eingestrichen und sprachen sich nun für eine Vergesellschaftung der Verluste aus. Sollten sie nicht eher bestraft als belohnt werden?

Es lässt sich durchaus argumentieren, ein besserer Umgang hätte die Verringerung der untragbar hohen Schulden sowohl amerikanischer Haushalte als auch von Ländern wie Griechenland vorausgesetzt. Wenn die Verschuldung Zahlungsunfähigkeit (*insolvency*) bedeutete, hieß die Antwort des Marktes dann nicht »Haircut«, sprich Schuldenschnitt? Ein überzeugendes Buch von Atif Mian und Amir Sufi befürwortete später ebendiese Idee im Hinblick auf das zentrale Problem der hoch verschuldeten amerikanischen Haushalte: Die Hypotheken, die Auslöser der Subprime-Krise gewesen waren, sollten teils abgeschrieben werden, außerdem würde eine solche disziplinarische Übung künftig eine übermäßige Kreditvergabe und das Fehlverhalten seitens der Geldgeber verhindern.[552] Ähnlich argumentierte ein wesentlicher Teil der Beobachter, insbesondere Kenneth Rogoff und Carmen Reinhart, in Sachen Staatsverschuldung. Als die griechische Finanzkrise im Mai 2010 auf internationaler Ebene explodierte, positionierten sich prominente Vertreter des IWF in gleicher Weise und suchten Rat bei dem weltweit führenden Experten für Umschuldungen und Abschreibungen, bei Lee Buchheit der New Yorker Kanzlei Cleary Gottlieb Steen & Hamilton.

Die Umsetzung einer solchen Maßnahme wurde indes verhindert von der Befürchtung, dass ein solcher Schritt den gesamten Markt korrumpieren würde, dass andere Kreditkategorien und andere Staaten betroffen wären und dass eine Umschuldung ein delikat ausbalanciertes Kartenhaus zum Einsturz brächte. Ähnliche Bedenken gab es im Fall der amerikanischen Privatverschuldung; hier wurde klar, dass das Problem nicht nur in den Subprime-Hypotheken lag, sondern viel weitere Kreise bis in die oberen Preissegmente des Immobilienmarktes zog: Die Ausfallquoten waren auch in jenen Gegenden gestiegen, in denen die Hauspreise infolge von Erwerbungen bei hohem Einkommen und bester Kreditwürdigkeit unverhältnismäßig gestiegen waren.[553] Mitten in der Krise erschienen die möglichen Konsequenzen einer Schuldenabschreibung allzu komplex. Besser schien es, die Kaufkraft zu stärken, die Vermögenswert- bzw. Wertpapierpreise (*asset prices*) zu stützen und den Fundamentalwert überhaupt nicht mehr in Zweifel zu ziehen. Eine Schuldenkrise löst man in dieser Denkweise am einfachsten durch eine Erhöhung der Schulden.

Die Alternative lautete, die Verbraucher durch fiskalische Maßnahmen zu unterstützen – sie war nicht nur eine entscheidende Abhilfe, sondern politisch auch unumgänglich, sofern die Entscheidungsträger aus der *Great Depression* zu lernen gewillt waren. In den Anfängen der Krise bestand die Reaktion auf die Mittelunterdeckung in einem traditionell keynesianischen Anreiz. Der frühere Finanzminister Larry Summers (1999–2001 unter Bill Clinton), der bald Berater von Präsident Barack Obama werden sollte, forderte bereits am 19. Dezember 2007 ein Konjunkturpaket (im Wesentlichen Steuersenkungen) und erklärte, dieses solle »rechtzeitig, gezielt und befristet« ausfallen.[554] Am 18. Januar 2008 kündigte Finanzminister Hank Paulson ein Maßnahmenpaket mit Steuernachlässen an: »Unsere Wirtschaft wächst langsamer als erwartet, und das bedeutet, dass wir rasch tätig werden und ein Paket schnüren müssen, das befristet wirkt, das einfach ist und schnell verabschiedet werden kann, das Wachstum und Beschäftigung in diesem Jahr spürbar steigert und das groß genug ist, um Wirkung zu erzielen.«[555] Im November 2008, unmittelbar nach der Präsidentschaftswahl, befürwortete Obamas Übergangsteam eine Finanzspritze von 300 Milliarden Dollar und erhöhte die Summe binnen Monatsfrist auf 600 Milliarden. Die Berkeley-Ökonomin Christina Romer, die nun das Council of Economic Advisers leitete, forderte auf Grundlage einer Berechnung der Produktionslücke ein sehr viel größeres Paket von 1,7 bis 1,8 Billionen US-Dollar, doch Larry Summer stellte sich dagegen – als die Summe dann noch 1,2 Bio. betrug, sagte Summers zu Romer:

»1,2 Billionen Dollar ist außerirdisch. Die Leute werden glauben, wir sind verrückt.« So sank die Zahl auf rund 800 Milliarden.[556] Die Einzelheiten jenes 787-Milliarden-Dollar-Pakets waren rasch geregelt, sodass es am 17. Februar 2009 als »das beeindruckendste Konjunkturpaket der US-Geschichte« finalisiert wurde.[557] Obama unterzeichnete das Gesetz im Naturwissenschaftlichen Museum von Denver, womit er unterstreichen wollte, dass ein Gutteil der Ausgaben in grüne Arbeitsplätze fließen werde.[558]

Rückblickend kritisierten die Demokraten das Paket: zu klein: »Und das, ironischerweise eben unsere Bescheidenheit, kam uns teuer zu stehen«, bemerkte der damalige Vizepräsident Joe Biden später. Der demokratische Senator Chuck Schumer kam zu dem Schluss: »Wir haben den Anreiz drastisch zusammengestrichen und bekamen fünf weitere Jahre Rezession.« Mit Jim Clyburn war ein anderer einflussreicher Demokrat der Überzeugung, »einer der größten – wenn nicht der größte – Fehler von Obama ist es gewesen, den Recovery Act zu verabschieden und den Menschen nicht zu erklären, was ihm da gelungen war«.[559]

Fiskalpolitische Impulse wurden auch auf internationaler Ebene für nötig gehalten. Im April 2009 erklärte der IWF, ein entsprechendes Konjunkturpaket müsse auch »2010 fortgeführt, wenn nicht gar gesteigert werden, und die Länder mit fiskalpolitischem Spielraum sollten sich bereithalten, neue Konjunkturmaßnahmen in einem Maße zu ergreifen, das für die Unterstützung des Wiederaufschwungs notwendig ist. Soweit möglich sollte dies in einer gemeinsamen Bemühung geschehen, da die Maßnahmen eines Landes sich teilweise grenzübergreifend auswirken und auch der Weltwirtschaft von Nutzen sein werden«.[560] Sollten sie anhaltenden Wohlstand gewährleisten, musste es sich um internationale Nachfrage handeln.

Doch mit einer überaus erstaunlichen Geschwindigkeit ließ die Welt den globalen Konsens über die erforderlichen Konjunkturmaßnahmen im Umgang mit dem Risiko einer neuen Weltwirtschaftskrise hinter sich und sorgte sich nurmehr um die langfristigen Folgen des Schuldenzuwachses und um die fiskalische Tragfähigkeit. Die Ursachen für diese Kehrtwende finden sich in der Psychologie der Finanzmärkte, im Wirken von Politikwissenschaftlern, in politischen Manövern, im simplen Verdruss über die Krise und die Krisenbekämpfung sowie schließlich in der weitverbreiteten Unzufriedenheit mit der Verwendung der Gelder für die Refinanzierung der Banken.

Die erste Lesart nimmt die Finanzmärkte in den Blick; in dieser Geschichte sind die »Anleihewächter« (*bond vigilantes*) der Oberschurke. Ihr Leitsatz stammte von dem vielzitierten James Carville, Bill Clintons Wahlkampfmanager, der den Sprung der Anleiherendite 1993/1994 mit dem folgenden Bonmot bedacht hatte: »Früher habe ich immer gedacht, wenn es so etwas wie eine Wiedergeburt gibt, dann will ich als Präsident oder Papst oder Baseballstar zur Welt kommen. Jetzt will ich als Anleihemarkt wiedergeboren werden. Da kann man allen Angst einjagen.«[561] Zur Jahresmitte 2009 verbreitete der Markt für Staatsanleihen nun Angst und Schrecken. Die Rendite auf zehnjährige US-Staatsanleihen war von Dezember 2008 bis April 2009 gefallen (am 18. Dezember hatte sie noch mit 2,77 Punkten geschlossen), doch Ende April begann sie zu steigen und erreichte am 10. Juni einen Schlusspunkt von 3,98. Am 21. Mai hatte der Moody's Investorenservice bekanntgegeben, man vergebe »bedenkenlos« ein AAA-Kreditrating, welches vor dem Hintergrund einer zunehmend schlechteren US-Haushaltslage (angesichts der nötigen Kreditaufnahme in Höhe von 2 Bio. Dollar bzw. 14 Prozent des BIP) indes »keine Ewigkeitsgarantie« haben könne.[562]

Edward Yardeni, der 1984 den Begriff Anleihewächter geprägt haben will, erklärte beim Anstieg der Anleiherenditen 2009: »Zehn Billionen Dollar in den nächsten zehn Jahren, das ist ein klarer Hinweis dafür, dass Washington wirklich die Kontrolle verloren hat und dass es überhaupt keine Haushaltsdisziplin mehr gibt.« Der Investmentmanager und Anleihespezialist Bill Gross behauptete: »Es gibt inzwischen eine immanente Inflationsprämie auf dem Anleihemarkt, die es vor einem halben Jahr noch nicht gab.«

Interessanterweise wurde der Markt oftmals in der Gestalt Chinas personifiziert, da die chinesischen Überschüsse weiter aufliefen und in US-Staatsanleihen gehalten wurden: Der chinesische Premier Wen Jiabao sagte im März, China mache sich »Sorgen« um seine 767,9 Milliarden Dollar schwere Investition in US-Staatsanleihen. Derweil wurde der frühere Fed-Vorsitzende Alan Greenspan mit den Worten zitiert: »Dass die Rendite-Spreads wachsen, deutet auf steigende Inflationsprämien hin. Wenn wir zu früh zu viel bewegen wollen, landen wir sicher bei langfristig höheren Realzinsen, die den Konjunkturaufschwung abwürgen«.[563] Das *Wall Street Journal* kommentierte: »Man muss es wohl so sagen, wir sind Beobachter eines Showdowns zwischen dem Fed-Vorsitzenden Ben Bernanke und den Anleihe-Investoren, auch bekannt als ›die Finanzmärkte‹. Setzen Sie im Zweifelsfall auf die Märkte.«[564] In Rio Rancho erklärte Barack Obama: »Wir können nicht immer weiter nur bei China leihen. Auf diese Schulden zahlen wir Zinsen und das heißt, wir verpfänden die Zukunft unserer Kinder mit immer höherer und höherer Verschuldung.« Die ausländischen Gläubiger der amerikanischen Schuldner würden dieses Umstands irgendwann »überdrüssig«.[565]

Die zweite Lesart geht davon aus, dass die akademische Ausdeutung der politischen Debatte letztlich die Wahrnehmung veränderte und den Fokus auf die Gefahren eines staatlichen Ausgabenüberschusses legte. Insbesondere ein einflussreiches Buch könnte dabei eine Schlüsselrolle gespielt haben: Im September 2009 erschien Carmen Reinharts und Kenneth Rogoffs Studie mit dem ironischen Titel *Dieses Mal ist alles anders.* Einerseits stellte das Buch eine deutliche Warnung vor dem Schadensmaß infolge komplexer Finanzkrisen und vor der langen Frist dar, die eine wirtschaftliche Erholung in Anspruch nehmen werde (im historischen Durchschnitt sind das sieben Jahre). Unweigerlich fragten sich die Leser, ob sich dieser Weg der Erholung nicht abkürzen ließe. Das Buch fasste zeitgenössische Probleme im Lichte jahrhundertelanger Erfahrungen mit Banken- und vor allem Staatsschuldenkrisen und zirkelte damit die Debatte nach Ausbruch der Finanzkrise ab: Jedem Zusammenbruch waren euphorische Wellen vorausgegangen, in denen die Anleiheverkäufer ihren Kunden erzählten, »dieses Mal ist alles anders«, die Regierungen können ihre Versprechen tatsächlich halten.[566] Doch das taten sie natürlich nicht, es kam über Jahrhunderte hinweg recht regelmäßig zu Zusammenbrüchen und Zahlungsausfällen. Die Botschaft lautete: Zu hohe Staatsverschuldung kann gefährlich werden.

Drittens beherrschte die akademische Debatte auch die politische Arena; hier wurde der Forderung nach Haushaltsdisziplin und Austerität neu verpackt und zum strategischen Schlachtruf umformuliert. Der Konservative George Osborne, der nach der britischen Parlamentswahl im Mai 2010 als Schatzkanzler amtierte, berief sich gern und oft auf Rogoff. Vor einem Londoner Businesspublikum erklärte er in der Mais-Vorlesung 2010, mit seiner Warnung vor den Folgen maßloser Verschuldung habe Rogoff »einen überaus wichtigen Beitrag zu unserem Verständnis der Krisenursachen geleistet«.[567] Nach dieser Lesart, die den konservativen Diskurs im angloamerikanischen Raum bald dominierte, war die Austerität ein mögliches Instrument in einem rückwärtsgewandten Klassenkampf: Demnach waren die Budgetzwänge eine Möglichkeit, ärmere und randständige Menschen abzustrafen, die meist aus ethnischen Minderheiten stammten und als »Sozialschmarotzer« und *welfare queens* verleumdet werden konnten. Einige Politiker wandten sich auch gegen die Anleihemärkte, doch viele beriefen sich gern – auch mit falschen Zitaten – auf Reinhart und Rogoff. So zitierte der texanisch-republikanische Kongressabgeordnete Kevin Brady schon aus *Dieses Mal ist alles anders*, bevor das Buch überhaupt erschienen war, und vereinnahmte Rogoff dahingehend, dass »die Regierung wahrscheinlich eine Inflation von acht bis zehn Prozent in Kauf nimmt, um den

Riesenhaufen von US-Staatsschulden zu finanzieren«. Brady mahnte, die 1970er stünden wieder vor der Tür: mit steigender Inflation, geringem Wirtschaftswachstum und hoher Arbeitslosigkeit.[568] Wenige Monate später forderte Brady im März 2012 einen Sound Dollar Act (Gesetz für einen soliden Dollar), der die Federal Reserve einerseits verpflichten würde, den Gold- und den Devisenkurs des Dollar zu überwachen, und andererseits das Doppelmandat der Fed auf das Ziel der Preisstabilität einschränken würde. Der Republikaner Tom Coburn aus Oklahoma, ein weiterer prominenter fiskalpolitischer Falke, kritisiert das Konjunkturpaket archetypisch so: »Es geht hier darum, Geld auszugeben, das wir nicht haben, für Dinge, die wir nicht brauchen. 80 Prozent des Gesetzestextes schreiben vor, Geld auszugeben, das wir nicht haben, für Dinge, die wir nicht brauchen und die die Wirtschaft nicht ankurbeln. Darum geht es in diesem Gesetz, und deshalb reagieren wir, wie wir reagieren, denn wenn wir schon Geld ausgeben, dann sollten wir zumindest sichergehen, dass es seinen Zweck auch erfüllt. Und wer den Gesetzestext gelesen hat, dem ist klar, das steht da nicht drin.«[569] Eine radikale Gruppierung der Republikaner, die sich nach fiskalpolitischen Hardlinern in der Amerikanischen Revolution als »Tea Party« benannte, verzeichnete beachtliche Erfolge mit einer Kampagne für Ausgabenkürzungen. So erklärte Judson Phillips, ein Anwalt aus Tennessee und Anführer der Tea Party Nation: »Dadurch wurde das Ganze damals, Anfang 2009, überhaupt erst ins Rollen gebracht: durch die Debatte um das Konjunkturpaket. Den Leuten ist einfach klargeworden, dass wir uns das nicht leisten können und dass wir uns den Aufschwung nicht erkaufen können.«[570]

Viertens schien die immense Summe der Staatsausgaben kaum etwas zu bewirken, und gewiss keine Transformation. Eine interessante Darstellung von Jason Furman, Obamas Chef-Berater im Council of Economic Advisors, spricht von einer einsetzenden Ermüdung: »Paradoxerweise verringerten die volkswirtschaftlichen

Ergebnisse, die hinter den Erwartungen zurückblieben, den weiteren makroökonomischen Tatendrang. Und obwohl das Gros der überraschenden wirtschaftlichen Verschlechterungen zu Anfang bis Mitte 2009 eingetreten war, also bevor das Gros des Recovery Act in Kraft getreten war, wurde dieser Abschwung von manchem als Beleg dafür angesehen, dass das Gesetz nicht funktioniert habe und dass künftige Hilfspakete kontraproduktiv seien.«[571] In dem Maße, wie sich Zweifel an der Wirksamkeit der Konjunkturspritze regten, wuchs die Besorgnis angesichts des Defizits.

Fünftens machte das Geld, das man für die Refinanzierung der Banken ausgab, den Eindruck, als wäre es ein Geschenk des Steuerzahlers an die Akteure, die eigentlich für die Finanzkrise verantwortlich waren. Da die Haushaltsdefizite großenteils auf Rettungspakete für die Finanzbranche zurückgingen, waren sie einem breiten Publikum nur sehr schwer zu verkaufen. Obamas damaliger Stabschef, Rahm Emanuel, beschrieb das später so: »Die Bankenrettung war wie Kryptonit« und das ganze Land »gierte nach Vergeltung«.[572] Einige Beobachter führten den Aufschwung der Tea Party auch auf die Vorstellung zurück, die Regierung unterstütze die Hypothekenschuldner (insbesondere aus schwachen Minderheiten), die weder eine Hypothek noch ein Eigenheim wirklich verdient hätten.[573] Die Tätigung von Staatsausgaben schien alsbald immer schädlich zu sein; dazu Larry Summers: »Ich ging davon aus, dass die Refinanzierung (*bailing out*) der Großbanken unpopulär und die Rettung echter Firmen, in denen Menschen arbeiten, populär sein würde. Aber ich lag falsch. Beides war unpopulär. Es herrschte ein großes Misstrauen: Warum die Firma und nicht die andere? Ist das Wirtschaftspolitik? Oder schon Sozialismus? Warum steigt die Regierung da ein?«[574] Die Politikwissenschaftlerin Megumi Naoi konnte statistisch belegen, dass unter republikanischen Wählern die regierungsfeindlichen Einstellungen und die Überzeugung von der Ineffizienz öffentlich finanzierter Konjunkturpakete in ebenjenen Wahlkreisen und Bundesstaaten zuerst Verbreitung gefunden haben, die während der *Great Recession* pro Einwohner mehr großzügig geförderte Arbeitsplätze erhalten hatten und die sich außerdem mit den Konjunkturhilfen brüsteten und dafür warben.[575] Die Staatsausgaben erzeugten also keine Dankeswelle, sondern waren ein Quell der Unzufriedenheit.

All diese Elemente der US-Debatte tauchten in verschiedenen Kombinationen auch weltweit auf, die Tea Party blieb indes ein amerikanisches Unikat. Die Ereignisse in Griechenland gaben der Debatte auch in anderen Ländern eine völlig neue Richtung, am deutlichsten fiel die Wende allerdings in Europa aus: weg vom kontrazyklischen Konsens hin zu Sparkurs und Austerität. Griechenland wurde – zu Unrecht übrigens – als Versuchsballon angesehen, als Vorgeschmack auf die budgetpolitische Zukunft der Welt. Am 4. Oktober 2009 gelang der sozialdemokratischen PASOK unter Giorgos Papandreou ein erdrutschartiger Sieg bei den Parlamentswahlen, die von der konservativen Regierung der Nea Dimokratia unter Kostas Karamanlis vorgezogen worden waren: Karamanlis hatte sich für einige Ausgabenkürzungen ausgesprochen, doch Papandreou sah das anders. Die PASOK räumte zwar ein, dass man Klientelismus und Misswirtschaft bekämpfen müsse, versprach aber vor allem, dass ihre Regierung nicht nur den Zuwachs der Löhne und Renten oberhalb der Inflationsrate halten, sondern auch »internationale Persönlichkeiten« als Berater für eine kreative expansive Haushaltspolitik verpflichten werde. »Das Geld ist da«, so lautete ein prominenter Wahlkampfslogan.[576] Immerhin entsprach dies ganz dem Zeitgeist.

Dann kam es zu einer dramatischen Kehrtwende. Einige europäische Finanzminister beklagten später, der antizyklische IWF-Ratschlag, dass »Länder mit fiskalpolitischem Spielraum« angesichts der Wirtschaftskrise ihre Staatsausgaben steigern und verstärkt Schulden aufnehmen sollten, hätte sich zwar an Zypern, Slowenien und Spanien gerichtet, habe dann aber auf andere Länder (darunter Griechenland) »übergegriffen«, für die größere Vorsicht geboten gewesen wäre. Nichtsdestotrotz war der Rat des IWF von 2008/2009 im Sinne eines zweiprozentigen Konjunkturpakets an alle Länder gerichtet gewesen.[577] Unmittelbar nach dem Wahltag, nämlich am 6. Oktober lag dem Chef der griechischen Zentralbank ein interner Bericht vor, in dem es hieß: »Wir stehen vor einem beispiellosen Budgetproblem, das nur zu einem sehr geringen Teil durch den Einbruch der Wirtschaftstätigkeit zu erklären ist«. Für die ersten neun Monate wurde das Haushaltsdefizit auf Kassenbasis mit 9,7 Prozent des BIP angegeben. Es war »absolut unstrittig«, dass die Haushaltslage des Landes völlig unhaltbar war.[578] Griechenland erschien in der Folge als Vorbote ähnlicher Ereignisse in weiteren Ländern; Portugal, Irland, Griechenland und Spanien wurden nun in einen Topf geworfen und unter der so hämischen wie diffamierenden Abkürzung PIGS (Schweine) subsumiert. Der Historiker Niall Ferguson erklärte zudem, es sei mit einem allgemeinen Übergreifen zu rechnen: »Denn es handelt sich nicht bloß um ein mediterranes Problem mit einer viehzuchtbezogenen Abkürzung. Es handelt sich um eine Haushaltskrise der westlichen Welt. Deren Auswirkungen sind sehr viel tiefgreifender, als die meisten Investoren derzeit wahrhaben wollen.«[579]

Die Linke war in der Defensive. In Frankreich staunte der Chef der Sozialdemokraten (und spätere Präsident) François Hollande: Obwohl der große Krach von irrationalen Märkten und einer unzureichenden Finanzaufsicht verursacht worden sei, säße das zerstörerische System weiter fest im Sattel und »internationale Institutionen mit wirtschaftsliberaler Agenda nutzten die Krise, um eine Sparpolitik zu rechtfertigen, für die sie anders keine stichhaltigen Argumente zu finden vermochten«.[580]

Besonders ernst genommen wurde die fiskalische Lektion in Großbritannien, das ein weiteres wichtiges Beispiel für die Abkehr von der expansiven Fiskalpolitik abgab. Die Labour-Regierung schlug seit 2009 zunehmend vorsichtige Töne an. Insbesondere Schatzkanzler Alastair Darling stellte »wiederholt [... klar,] die Verringerung der Ausgaben und die Halbierung der Neuverschuldung binnen vier Jahren seien nicht verhandelbar, sondern absolut unverzichtbar«.[581] Die oppositionellen Konservativen versprachen gar noch stärkere Kürzungen und gewannen 2010 die Parlamentswahlen, verfehlten allerdings die absolute Mehrheit und bildeten eine Koalition mit den Liberal Democrats. Die neue Regierung schlug einen Kurs ein – von Kritikern generell als Austerität bezeichnet –, mit dem sie ausdrücklich dem Rat von Kenneth Rogoff und anderen folgen wollte, die vor den destabilisierenden Auswirkungen hoher Staatsschulden gewarnt hatten. Die britischen Entscheidungsträger warnten damals eindringlich, dass Großbritannien womöglich das Schicksal Griechenlands teilen könne. Der Chefökonom im Finanzministerium, David Ramsden, mahnte, es gebe »bereits Schätzungen, wonach das Vereinigte Königreich inzwischen das am höchsten verschuldete Land der Welt ist«. Sein Wachstumsmodell aus Vorkrisenzeiten hatte auf »nicht tragfähigen Maßen privater Verschuldung und zunehmender Staatsverschuldung« beruht. Seine Haushaltslage sei die »zentrale Schwachstelle« Großbritanniens; daher müsse man umgehend aktiv werden, um die öffentlichen Finanzen des Königreichs wieder auf eine belastbare Grundlage zu stellen.[582] Im Juni 2010 setzte sich die neue Regierung ein »Budgetziel«, dazu zählten der konjunkturbereinigte Ausgleich des laufenden Haushalts in einer gleitenden fünfjährigen Referenzperiode und die kontinuierliche Verringerung der staatlichen Nettoverschuldung im Verhältnis zum BIP bis 2015/2016. Mit ihrem ersten Haushaltsentwurf wollte die Regierung diese Ziele ein Jahr früher erreichen, und zwar durch eine strukturelle Anpassung in Höhe von acht Prozent des BIP binnen fünf Jahren. Gleichzeitig stellte die Regierung auch einen auf Transport- und Energiesektoren fokussierten Nationalen Infrastrukturplan auf, dem zufolge die Investitionen in den Energiesektor innerhalb des fünfjährigen Planzeitraums zu verdoppeln wären. Osbornes Theorie als Schatzkanzler fußte auf der Überzeugung, der Abbau des strukturellen Defizits könne binnen vier Jahren einen echten Handlungsspielraum eröffnen, und die Gelder sollten weniger in Sozialleistungen als vielmehr in langfristige Investitionen fließen.

Ein zentraler Teil der negativen Dynamik in Griechenland (aber auch andernorts in der Eurozone und in Großbritannien) war der Teufelskreis, in dem die Banken und Regierungen vielfältig voneinander abhängig waren. Der einfachste Konnex bestand in den Refinanzierungskosten für marode Banken: Die *bailouts* erforderten Budgetausgaben, sodass die Kreditwürdigkeit der Regierung sank und die Rendite auf Staatsanleihen stieg, woraufhin deren Preise fielen. Doch die Staatsverschuldung lag als Wertpapier in den Bilanzen der Banken, deren Kapital entsprechend weiter schrumpfte. Es gab auch andere Verbindungen: Eine höhere Staatsverschuldung bedeutete höhere Steuern in der Zukunft, höhere Kosten für die Unternehmen (einschließlich der Banken) und also geringere Gewinne, sodass der Wert sonstiger *assets* in den Bilanzen ebenfalls sank.

Multilaterale Reaktionen

Die Sofortmaßnahmen zur Unterstützung des Finanzsektors – die Druckmassage für das Herz der Wirtschaft – genügten nicht mehr: Es bedurfte einer grundsätzlicheren Kur, um die Wirtschaftsordnung resilienter bzw. weniger anfällig zu gestalten. Die Malaise des Finanzsektors bezeichnete die Schwachstellen des Finanzkapitalismus sowie der Globalisierung, insbesondere für Kritiker der US-Position in der Welt. Im Anschluss an den EU-Kanada-Gipfel am 17. Oktober 2008 rief der französische Staatspräsident Nicolas Sarkozy »spontan« bei US-Präsident Bush an und verlangte ein Spitzentreffen, an dem auch der Präsident der Europäischen Kommission, José Manuel Barroso, teilnehmen sollte: Sarkozy schlug einen radikalen Kurswechsel vor, nämlich die Abschaffung der angelsächsischen freien Märkte. Die französische Finanzministerin Christine Lagarde begleitete Sarkozy nach Washington, wo dieser einige recht besondere Vorschläge machte, etwa eine Beendigung der Marktpreisbilanzierung (sowie der »Tyrannei der US-Bilanzierung«), eine Beschränkung des Wertpapierhandels (*securization*) und ein Zurechtstutzen der Ratingagenturen, welche die fiskalpolitische Stabilität von Regierungen offenbar unilateral bestimmen konnten, da ihre Bewertungen aufgrund der regulatorischen Vorschriften zur Bankenkapitalisierung unumgänglich waren. Doch Präsident Bush gab nicht nach und wollte die Aufgabe einer Reformierung »den Experten« überlassen. Sarkozy schimpfte daraufhin, es seien die Experten gewesen, die der Welt den Schlamassel überhaupt erst beschert hätten, und sah den US-Finanzminister und ehemaligen Goldman-Sachs-Vorsitzenden Henry Paulson durchdringend an.[583]

Dem Washingtoner G20-Gipfel am 14. und 15. November 2008 – dem ersten auf Ebene der Staats- und Regierungschefs – gingen beachtliche Schulterschlüsse voraus, mit denen die Länder ihr Gewicht auf der internationalen Bühne vorsorglich steigern wollten. Er fand zu einem außergewöhnlichen Zeitpunkt statt, als die politische Tektonik der Welt in Bewegung geraten schien: Die US-Präsidentschaftswahl (4. November 2008) und die Niederlage des republikanischen Kandidaten John McCain, der noch im Sommer der Favorit im Wettbewerb um die Nachfolge George W. Bushs gewesen war, wurden weithin als Zeichen US-amerikanischer Schwäche und eines relativen Niedergangs interpretiert. Der japanische Premierminister stellte 100 Milliarden Dollar in Aussicht, um die Schlagkraft des Internationalen Währungsfonds zu erhöhen, während China Pakistan ein 500 Millionen Dollar starkes Hilfspaket anbot und Islamabad mit dem IWF über ein neues Programm verhandelte. Offenbar schlug die Stunde für eine Wachablösung in der Weltwirtschaftsordnung. Der brasilianische Präsident Luiz Inácio Lula da Silva nutzte die Gelegenheit und hielt den großen Ländern eine

Standpauke wegen ihrer schlechten Politik: »Wir bitten nicht um Unterstützung, wir bitten Sie nicht um finanzielle Mittel. Sie sollen nur eines für uns tun: Ihre Volkswirtschaften wieder flottbekommen. Am besten sorgen Sie dafür, zum Wachstum zurückzukehren.«[584] Lula erklärte: »Wir sprechen über die G20, weil die G8 keine Existenzberechtigung mehr hat. Anders gesagt, die aufstrebenden Volkswirtschaften müssen in der heutigen globalisierten Welt Berücksichtigung finden.« Der chinesische Präsident Hu Jintao verlangte eine »neue Weltfinanzordnung, die ausgeglichen, gerecht, integrativ und ordentlich ist«,[585] und Sarkozy drängte auf ein konkretes 100-Tage-Programm. Schon im Vorfeld des Treffens hatte er erklärt, der Gipfel könne »den Kapitalismus neu begründen«.[586] So mancher nichtwestliche Politiker wartete mit einer noch radikaleren Kritik des modernen Kapitalismus auf; so verkündete Lula da Silva auf einer Pressekonferenz am 27. März 2009: »Verursacht wurde die Krise durch das irrationale Verhalten der Weißen mit blauen Augen, die vor der Krise allwissend zu sein schienen und nun unter Beweis stellen, dass sie gar nichts wissen.«[587]

Der Londoner G20-Gipfel im April 2009 war ein dramatischer und entscheidender Wendepunkt im globalen Umgang mit der Weltfinanzkrise. Am Vortag, dem 1. April, war es mitten in der City of London, in unmittelbarer Nähe zur Bank of England zu großen Protesten gegen Globalisierung und Kapitalismus gekommen. Eine besondere Zielscheibe für die Demonstranten war die krisengeschüttelte Royal Bank of Scotland – deren ehemaliger Vorstandsvorsitzender Sir Fred Goodwin (auch bekannt als »Fred the Shred«) in den Genuss umstrittener Pensionszahlungen kam –, ein rückwärtiger Gebäudeflügel wurde angegriffen und geplündert, zu den Hinterlassenschaften gehörten Graffiti wie »Verbrenn 'nen Banker« und »Abschaum«.[588] Am 2. April trat die Konferenz in einiger Entfernung, im Londoner Osten, zusammen, genauer: im Exhibition Centre des Royal Victoria Dock (das sich gut zehn Jahre später in ein Notkrankenhaus für Corona-Patienten verwandeln sollte). Die Beziehungen zwischen den wichtigsten Teilnehmern waren akut angespannt, und einige Jahre später wurde bekannt, dass der britische Geheimdienst die Konferenzteilnehmer elektronisch überwacht hatte.

Die Spannungen bestanden zunächst zwischen den Vereinigten Staaten und Großbritannien einerseits sowie den großen kontinentaleuropäischen Ländern Frankreich und Deutschland andererseits. Die angloamerikanische Perspektive, die auch sehr nachdrücklich vom IWF zum Ausdruck gebracht worden war, hielt ein großes Konjunkturpaket für notwendig. Die Kontinentaleuropäer hingegen betonten, ihre Steuer- und Finanzsysteme böten ein großes Arsenal von »Stabilisierungsmechanismen« und eine zusätzliche Ermessensentscheidung sei nicht angebracht; zudem sei es für einige Länder nicht ratsam, beträchtliche Ausgabenprogramme aufzulegen, weil ihr haushaltspolitischer Spielraum (*fiscal space*) begrenzt sei. Ein weiteres Spannungsfeld bestand zwischen Frankreich und Deutschland einerseits – wo sich die öffentliche Debatte im Zuge der Krise auf Steuergerechtigkeit konzentriert hatte, sodass beide Regierungen ein energisches und koordiniertes Vorgehen gegen Steuerflucht und Steuerhinterziehung forderten – sowie anderen Ländern und insbesondere China, die den Fokus auf Steuertransparenz als Versuch werteten, die Entwicklung ihrer Finanzsysteme im Keim zu ersticken. Die kleinen Steueroasen waren im Kreis der G20, die per definitionem aus 19 großen Staaten und der Europäischen Union besteht, natürlich nicht vertreten. Auch die kleinen, offenen Volkswirtschaften wie Irland, die Niederlande, Chile und Neuseeland, die von der Globalisierung der letzten zehn Jahre wesentlich profitiert hatten, waren nicht zugegen. Die G20 war ein Treffen angezählter und zwistgeplagter großer Volkswirtschaften.

Angesichts dieser Streitigkeiten verlief das Gipfeltreffen überraschend erfolgreich: Es gilt als einer der absoluten Höhepunkte der internationalen Wirtschaftskooperation, es steht in einer Reihe mit der Bretton-Woods-Konferenz und im starken Gegensatz zur Weltwirtschaftskonferenz, die 1933 inmitten der *Great Depression* scheiterte und zufälligerweise ebenfalls in London getagt hatte (allerdings am anderen Ende der Stadt, im Kensington Geological Museum). »Das System hat funktioniert«, diese Annahme stellt der Politikwissenschaftler Dan Drezner ins Zentrum seiner Überlegungen zum Umgang mit der Krise, die er in seinem gleichnamigen Buch darlegt.[589] Sehr selbstbewusst spricht die Abschlusserklärung die Sprache von Bretton Woods und geht »von der Überzeugung aus, dass Wohlstand unteilbar ist, dass Wachstum, um nachhaltig zu sein, allen Menschen zugutekommen muss«.[590] Der britische Premierminister Gordon Brown erklärte, es entstehe gerade eine »neue Weltordnung«: »Am heutigen Tag entschloss sich die Welt zu einem gemeinsamen Kampf gegen die Rezession, zu einem Kampf nicht mit Worten, sondern mit einem Plan für Aufschwung und Reform«. Als Präsident der Europäischen Kommission sagte José Manuel Barroso: »Wir haben heute in der Wirtschaftsgeschichte Beispielloses erreicht. Wir haben gesagt, was wir tun wollen, und nun werden wir tun, was wir gesagt haben.« Der französische Präsident Nicolas Sarkozy verlieh seiner Lesart eine antiamerikanische Note: »Seit Bretton Woods hat die Welt nach einem Finanzmodell gelebt, dem angelsächsischen Modell – das habe ich nicht zu kritisieren –; das haben wir heute eindeutig hinter uns gelassen.« Die deutsche Bundeskanzlerin Angela Merkel sprach von der Chance, »dem Kapitalismus ein Gewissen« zu vermitteln.[591] Noch sah es (wie schon im November) so aus, als wolle die US-Regierung weiterhin zu einer koordinierten Reaktion auf die Finanzkrise gelangen. Und tatsächlich bemerkten viele Beobachter und Analysten, einschließlich der Gipfelteilnehmer, eine Schwäche und Verwundbarkeit der Vereinigten Staaten.

Präsident Obama räumte ein, dass die Vereinigten Staaten nicht mehr die einzige bzw. dominierende Großmacht seien: »Es war hier ja viel von Bretton Woods die Rede, wo die ganze internationale

Architektur zuletzt neu aufgesetzt wurde. Tja, wenn nur Roosevelt und Churchill mit einem Brandy zusammensitzen, dann ist das Verhandeln natürlich einfacher. Das ist aber nicht mehr die Welt, in der wir leben. Und so sollte unsere Welt auch nicht aussehen«, und Obama fügte hinzu: »Ich wünsche mir, dass wir mit meiner Wahl zum Präsidenten eine Erneuerung von Amerikas Ansehen in der Welt einleiten können. Wir sind da auf einem guten Weg.«[592] Der Bezug auf Bretton Woods spricht Bände: Die Konferenz von 1944 war ein angloamerikanischer Augenblick gewesen, und bei dem Treffen im April 2009 erinnerten einige Details an diese alte Dynamik. Letzten Endes aber war der Gipfel ein in erster Linie britisches Ereignis, bei dem Gordon Brown als Heilsbringer die Welt rettete. Als Sarkozy beim Vorabenddinner sagte, »keiner von uns hat einen Plan« in dieser Krise, sprang Präsident Obama ungeniert in die Bresche: »Gordon hat einen Plan.«[593] Obama und Brown schlüpften noch einmal in die Rollen von Harry Dexter White und John Maynard Keynes.

Brown war es wichtig, das Konjunkturpaket als den zentralen Posten der internationalen Zusammenarbeit herauszustellen. Auf der abschließenden Pressekonferenz erklärte er, das 5000 Milliarden US-Dollar schwere globale Konjunkturpaket sei »das größte, das die Welt je gesehen hat«, und zudem würde ein neues 1100 Milliarden US-Dollar umfassendes Programm »Kreditvertrauen, Wachstum und Arbeitsplätze in der Weltwirtschaft wiederherstellen«. Naheliegender Kritikpunkt war natürlich, dass es sich dabei um eine Übung handelte, große Zahlen für die Überschriften zu produzieren, ohne notwendigerweise ein echtes politisches Engagement einzugehen.[594] Hinter der großen Zahl verbargen sich Ermessensausgaben und automatische Stabilisatoren, die in jedem größeren Land (besonders aber in Kontinentaleuropa) die Standardmaßnahme gegen den Wirtschaftsschock waren. Die Summe sollte zwar die Märkte und vielleicht mehr noch die Wähler beeindrucken, wichtiger aber war das Kleingedruckte: Das handfestere Ergebnis des Treffens war offenkundig die Stärkung des IWF. Im Vorfeld des Gipfels hatten Japan und die Europäische Union dem IWF zusätzliche Mittel in Höhe von 100 Milliarden Dollar zugesichert. Die Gipfelerklärung versicherte nun, »die dem IWF zur Verfügung stehenden Mittel auf 750 Milliarden US-Dollar zu verdreifachen, eine Aufstockung von Sonderziehungsrechten (SZR [die internationale Währung des IWF]) in Höhe von 250 Milliarden US-Dollar zu unterstützen, eine zusätzliche Kreditvergabe durch die multilateralen Entwicklungsbanken im Umfang von mindestens 100 Milliarden US-Dollar zu befürworten, 250 Milliarden US-Dollar für die Handelsfinanzierung zu gewährleisten«.[595] Die Rechnung summierte sich auf ein zugesagtes Paket von mehr als einer Billion Dollar.

China hingegen wollte – wie die europäischen Spitzen auch – die bestehende Ordnung, in der nach Ansicht der chinesischen Führung die Angloamerikaner eine finanzielle Instabilität erzeugt hatten, nicht einfach refinanzieren. Chinas Ablehnung der US-Vorschläge wirkte wie ein weiterer Teil der Kampagne gegen die weltweiten Ausgaben im Kampf gegen die Rezession. Der Ökonom Yu Yongding von der Chinesischen Akademie der Sozialwissenschaften erklärte, China solle dem IWF nur einen symbolischen Kredit gewähren: »Wenn wir das täten [sprich: eine große Summe verleihen], würde es den Anschein haben, als retteten die Armen die Reichen«, sagte Yu und ergänzte, dahinter stehe die chinesische Öffentlichkeit nicht.[596] In einem Interview mit der *Financial Times* erwiderte Premierminister Wen Jiabao auf die Frage, ob er nicht zu Hilfe eilen könne, dass China immer noch ein armes Land sei. Das Land sei noch nicht bereit für die Führungsrolle, die mancher nun erwarte. Seine Worte lauteten: »Ich sehe das anders. China ist immer noch ein großes Entwicklungsland mit einer Bevölkerung von 1,3 Milliarden Menschen.«[597]

Damals befand sich China in einer Zwischenposition. Lange Zeit hatte sich die chinesische Haltung auf Deng Xiaopings berühmte 24-Zeichen-Devise über die Lehren aus dem Massaker auf dem Tiananmen-Platz von 1989 beschränkt: »Beobachtet mit kühlem Kopf; reagiert gelassen; bleibt standhaft; verbergt unsere Fähigkeiten und wartet, bis unsere Zeit gekommen ist; versucht niemals, die Führung zu übernehmen; seid fähig, etwas zu Ende zu führen.«[598] Der zentrale Begriff des *tao guang yang hui* (»wartet, bis unsere Zeit gekommen ist«) schien für die Finanzkrise Geltung zu haben – denn würde nicht der Zerfall des Kapitalismus zu einer Neubewertung der Stellung Chinas führen? Zur vollen Kehrtwendung kam es erst mit Xi Jinping, der im Oktober 2017 in einer historischen Rede erklärte: »Es ist Zeit, in den Mittelpunkt der Weltbühne zu treten und einen größeren Beitrag zur Menschheit zu leisten«. Damit war die Welt eine andere: China »steht groß und fest im Osten.«[599] Doch bereits 2009 markierte eine Rede des damaligen Staatspräsidenten Hu Jintao einen Wendepunkt, als er erklärte, China müsse nun einen »aktiven Beitrag leisten«.[600] Auf der 11. Botschafterkonferenz im Juli rief Hu die Emissäre und außenpolitischen Vertreter Chinas zu Bemühungen auf, China »stärkere Einflussmöglichkeiten in der Politik, größere Wettbewerbsfähigkeit auf ökonomischem Feld, höhere Attraktivität in der Außenwahrnehmung« und »stärkere moralische Anziehungskraft« zu sichern – die chinesischen Medien bezeichneten diese vier Bereiche rasch als die »vier Stärken«. Hus Fazit lautete: »Die Aussicht auf eine multipolare Welt ist nun klarer.«[601]

Das mittel- bis langfristige Augenmerk der US-Regierung im Umgang mit der internationalen Situation lag weitgehend auf dem Bilanzgefälle (Kings Ökonomensudoku), womit ein Dissens mit China gegeben war. »Wir hoffen, dass wir mit den anderen G20-Ländern eine Einigung erreichen hinsichtlich der Rahmenbedingungen für ein ausgeglichenes, nachhaltiges Wachstum. Wir müssen einen Prozess und Parameter entwickeln, damit es nicht mehr zu einem solchen Ungleichgewicht kommt«, erklärte mit Michael Froman der stellvertretende Nationale Sicherheitsberater für Internationale

Wirtschaftsangelegenheiten im Vorfeld des Pittsburgher Gipfels am 24. und 25. September 2009, der die Reihe der G20-Treffen fortsetzte.[602] Im Entwurf zur Abschlusserklärung stand, G20-Mitglieder mit aktuell beträchtlichen Bilanzüberschüssen »verpflichten sich, Maßnahmen zu ergreifen, die ein nachfrageseitiges Binnenwachstum befördern«.[603] China lehnte unmittelbar ab, und sein Botschafter in Washington, Zhou Wenzhong, erklärte: »Man sollte sich nicht auf einen einzigen Punkt, auf den Ausgleich der Wirtschaft versteifen.« Laut Zhou sollte sich das grundsätzliche Augenmerk des IWF darauf konzentrieren, den Aufwuchs finanzökonomischer Risiken besser im Blick zu behalten.[604] Der Generaldirektor für Außenhandel und wirtschaftliche Fragen im chinesischen Handelsministerium, Yu Jianhua, erklärte auf einer Pressekonferenz: »Ist das noch marktwirtschaftlich, wenn der Spitzenpolitiker eines Landes den anderen auffordert, die Importe zu steigern?«[605] Währenddessen warnten deutsche Beamte vor einer Vertiefung der Differenzen im Vorfeld des G20-Gipfels, denn die US-Vorschläge riefen in Europa starke Kritik hervor, weil sie sich zu stark auf globale Ungleichgewichte anstatt auf eine Reform der Finanzmarktregulation konzentrieren würden.[606]

Das Treffen in Pittsburgh brachte denn auch nur Skepsis und Ernüchterung hervor, das Ergebnis bildete einen recht starken Kontrast zum Londoner Gipfel sechs Monate zuvor. Der ehemalige IWF-Chefökonom Simon Johnson bemerkte: »[F]ragen Sie mal die Menschen in einem Monat, was in Pittsburgh herauskam, Sie werden verständnislose Blicke ernten [...] der Gipfel hat alles nur verschlimmert, denn es ist wahrscheinlicher geworden, dass sich die Reform der Finanzökonomie – insbesondere der Übergang zu anspruchsvolleren Eigenkapitalvorschriften für die Banken – am Tempo des reformunwilligsten Staates ausrichten wird.« Für die Vereinigten Staaten wäre es besser, fuhr Johnson fort, im Alleingang auf eine Erneuerung der Finanzmarktregeln zu drängen.[607] Die Stimmung auf dem internationalen Parkett wurde missmutiger.

Doch das Patt von 2009 war noch nichts im Vergleich zu der Sackgasse, in die sich der G20-Gipfel von Seoul am 11. und 12. November 2010 manövrieren sollte: Am Vorabend der Konferenz wurde der Streit zwischen den USA und dem Rest der Welt durch die Fed weiter angefacht, die nach einer Sitzung des Offenmarktausschusses am 3. November angekündigt hatte, im Zuge des *Quantitative Easing* (QE) weitere 600 Milliarden Dollar für langfristige US-Staatsanleihen auszugeben – »ein stärkeres Tempo der Konjunkturerholung zu fördern und sicherzustellen, dass die Inflation langfristig auf einem Niveau bleibt, das ihrem Mandat [der Federal Reserve] entspricht«. Im Ausschuss war die Sorge geäußert worden, dass ein wesentlicher Wirkmechanismus der Quantitativen Lockerung wohl darin bestehen werde, den Wechselkurs zu senken – war das nicht schon die Erklärung eines Währungskriegs? Weiter befeuert wurde die Kritik durch ein Interview der *Financial Times* mit dem früheren Fed-Vorsitzenden Alan Greenspan, das in großen Teilen auf China zielte: Das Land »ist seit einigen Jahren eine wichtige globale Wirtschaftsmacht. Aber es hat sich noch nicht entschlossen, die gemeinsamen globalen Pflichten zu tragen, die seine ökonomische Stellung erforderlich machen.« Doch Greenspan fügte einen entscheidenden Kommentar hinzu, der rasch mehr Aufmerksamkeit band als sein China-Bashing: »Amerika verfolgt auch einen Kurs der Währungsschwächung.«[608]

Die Erwartungen in Seoul waren denn von Anfang an gering. Der britische Premierminister David Cameron dämpfte sie weiter: »Ich kann nicht sagen, die G20 befinde sich in einer heroischen Phase.« Als deutsche Kanzlerin bekräftigte Angela Merkel ihre Ablehnung jeglichen US-amerikanischen Ansinnens, den aktuellen Bilanzdefiziten und -überschüssen breite Zielkorridore zu setzen. José Manuel Barroso beklagte: »Wir haben Fahrt aufgenommen, aber nicht alle Motoren laufen mit voller Kraft.«[609] Mit Beijing kritisierte ironischerweise gerade ein Land unter parteikommunistischer Kontrolle, die US-Vorschläge seien nichts anderes als eine Rückkehr zur Planwirtschaft. Auch der deutsche Finanzminister Wolfgang Schäuble rügte die amerikanische Planwirtschaft.

Die brasilianische Spitze trat diesmal bestimmter auf. Finanzminister Guido Mantega erklärte: »Es bringt nichts, Geld aus dem Hubschrauber abzuwerfen. Damit wird nur eines erreicht: die Abwertung des Dollar und folglich eine höhere Wettbewerbsfähigkeit auf internationalen Märkten.« Auf einer Pressekonferenz mit der designierten Präsidentin Dilma Rousseff sagte der scheidende Präsident Luiz Inácio Lula da Silva, er werde mit Rousseff zum G20-Gipfel nach Seoul fahren und sei bereit, »alles Nötige zu tun, um eine Überbewertung unserer Währung zu verhindern« und »für die Interessen Brasiliens zu kämpfen«. Rousseff fügte hinzu: »Als es das letzte Mal zu einer Reihe wettbewerblicher Abwertungen kam [...] endete das Ganze in einem Weltkrieg, dem zweiten.«[610]

Die Vereinigten Staaten saßen zwischen allen Stühlen: Ihren Kritikern, insbesondere in den Schwellenmärkten, galt die US-Geldpolitik einerseits als nationalistische oder egoistische Strategie zur Förderung des Exports. Doch würde Washington andererseits auf eine restriktivere Politik einschwenken, würden die Kosten für die Refinanzierung in Dollar (*dollar funding*) ebenso steigen wie die Zinssätze weltweit, der Druck zur Rückzahlung von Dollarkrediten würde zunehmen, was die Schwellenmärkte schädigen würde. Barack Obama teilte seinerseits gegen die Kritiker der Fed-Pakets aus und erklärte, wenn die US-Wachstumsraten dadurch höher ausfielen, wäre das »gut für die Welt als Ganzes. [...] Wir können nicht weiter eine Situation tolerieren, in der einige Länder massive Überschüsse und andere Länder massive Defizite verzeichnen.« Anders gesagt, China und andere Schwellenmärkte müssten mehr Nachfrage erzeugen. Keiner könne ein Interesse daran haben, dass die Vereinigten Staaten »letztlich in einer Sackgasse ohne Wachstum oder mit nur sehr begrenztem Wachstum festsitzen«.[611] US-Finanzminister Timothy

Geithner erklärte im Fernsehen: »Ich habe einen Riesenrespekt für Greenspan, mit dem ich über lange Jahre hinweg zusammenarbeiten durfte, doch seine Sicht auf die Dinge bildet weder die Linie der Fed noch unsere Linie zutreffend ab. Niemals werden wir unsere Währung schwächen, nur um einen Wettbewerbsvorteil zu erlangen oder Wirtschaftswachstum zu generieren.« Die Abwertung des Dollar führte Geithner darauf zurück, dass sich die Kapitalströme in vormals »sichere Häfen« umgekehrt hätten.[612]

Neben der geld- und währungspolitischen US-Maßnahme befeuerte das Bekanntwerden zweier Wirtschaftskennzahlen die Anspannung: Chinas Handelsüberschuss kletterte im Oktober von monatlich 16,9 Milliarden auf 27,1 Milliarden US-Dollar – einer der steilsten Anstiege, die China jemals binnen Monatsfrist zu verzeichnen hatte, der zweithöchste Stand im bisherigen Jahr 2010 – und setzte Beijing zusätzlich unter Druck; die chinesische Politik versuchte unweigerlich, die Aufmerksamkeit auf die Maßnahmen der Fed abzulenken.[613] Und Japan gab bekannt, dass sein Leistungsbilanzüberschuss um 24 Prozent gestiegen sei.

Deutschland, Japan und China bildeten einen mächtigen Block gegen den US-Appell an die G20, die Leistungsbilanzüberschüsse und -defizite auf vier Prozent des Bruttoinlandsprodukts zu begrenzen. Der japanische Finanzminister Yoshihiko Noda sagte, jedes Land habe »seine eigenen Umstände«. Zum damaligen Zeitpunkt ging man davon aus, Japans Überschuss werde zum Jahresende bei 3,1 Prozent des BIP liegen, wohingegen China und Deutschland auf 4,7 bzw. 6,1 Prozent kommen würden (die Schätzungen für China bzw. Deutschland waren zu hoch, die endgültigen Zahlen lauteten 3,9 bzw. 5,7 Prozent).[614] Die Reaktionen auf die G20 waren in Europa allerdings überschattet von Vorwürfen, dass Deutschland die Eurozone in eine immer größere Krise treibe und Irland in einen finanzökonomischen Abgrund gestoßen habe.[615] Die Haushalts- und Finanzpolitik war nun das Pulverfass auf diplomatischem Parkett.

Aufgrund seiner Unzufriedenheit mit dem konventionellen Multilateralismus und dessen Grenzen revidierte China seine Einbindung in die Welt und verlegte sich auf einen anderen institutionellen Rahmen für die Globalisierung. Es war der neue Präsident Xi Jinping, der den unverkennbaren Bruch Chinas mit seiner 33 Jahre währenden Strategie des systemimmanenten Wirkens verlautbarte. Bei einem Besuch im kasachischen Astana (dem heutigen Nur-Sultan) sprach er über den ersten Teil der Belt and Road Initiative: Diese Initiative zielt auf den Bau einer terrestrischen Globalisierungsinfrastruktur (den »Gürtel«), mit der die Gebiete im Zentrum der eurasischen Landmasse erschlossen werden sollen, die das Herzstück der historischen Seidenstraße gebildet hatten. Wenig später präsentierte Xi in Indonesien deren ozeanische Entsprechung, die »Straße«. Die alte Geopolitik wäre passé. In beinahe poetischen Worten verriet er damals in Astana, er könne »fast die Kamelglöckchen klingeln hören und die Rauchwölkchen in der Wüste aufsteigen sehen«.[616] Xi wollte eine neue Währungssystematik, die auf der bisherigen Zusammenarbeit zwischen Russland und China fußen solle. Etwas Neues werde den Platz des alten Dollarsystems einnehmen. Mit den Worten von Abai Qunanbajuly, dem großen kasachischen Dichter und Visionär des 19. Jahrhunderts, sprach Xi: »Die Welt ist wie das Meer und unsere Zeit ist wie ein Sturm. Die Wellen vorm Bug sind der ältere Bruder und die hinterm Heck der jüngere. Getrieben von den Winden bedrängen die rückwärtigen Wellen ständig die vorm Bug.«[617] Eine neue Welle der Globalisierung brach über dem alten US-amerikanischen Gerüst zusammen.

Geld- und Währungspolitik

Eine konzertierte Haushaltserweiterung war damit gescheitert und der Multilateralismus hatte sich festgefahren, es blieb nur noch die

Geld- und Währungspolitik. In einem berühmten Zungenschlag hatte Fed-Gouverneur Jeremy Stein erklärt, Geld gelange auch in den letzten Winkel.[618] Die Geldpolitik galt als weniger zielgenau als die Fiskalpolitik, in der die Identifikation der Nutznießer eben zur Ablehnung geführt hatte. Doch ebendieser Umstand erwies sich als langfristiges Problem: Noch den letzten Winkel zu erreichen und jeden Spalt zu füllen, hieß die Wertpapierpreise nach oben zu treiben – und das hatte natürlich auch verteilungspolitische Folgen sowohl im Innern wie international. Die Zentralbanken der bisweilen sogenannten G4 (USA, Eurozone, Japan und Großbritannien) setzten nun auf ähnliche Maßnahmen, es bedurfte allerdings keiner ausdrücklichen Absprachen (siehe Abbildung 6.2). Stattdessen gab die Federal Reserve eine bestimmte Linie vor, die sich aus den japanischen Reaktionen auf die Malaise des Landes seit Anfang der 2000er ableitete und ihrerseits in anderen Teilen der Welt (einschließlich Japans) Nachahmung finden konnte. Eine beachtliche Eigenheit bestand darin, dass die neuen Währungsprogrammatiken (*monetary regimes*) dahingehend ein protektionistisches Geschmäckle hatten, dass sie zur Abwertung führen und also den Exporteuren und Industriebeschäftigten den Rücken stärken sollten.

Nachdem im März 2001 die japanische Volkswirtschaft in der Rezession verharrte und die Preise immer rascher einbrachen, hatte die Zentralbank Nippon Ginkō (kurz Nichigin, auch bekannt als Bank of Japan, BOJ) ihren Leitzins auf null gesenkt. Zusätzlich dazu kündigte die Nichigin eine »quantitative Lockerungspolitik« an, die auf drei Säulen beruhe: Erstens, operatives Ziel sind die ausstehenden Leistungsbilanzsalden, die Finanzinstitute bei der Nichigin hielten. Zweitens, die neue Linie wird beibehalten, bis der Rückgang des Verbraucherpreis-Kernindexes (ohne Lebensmittelpreise) gestoppt ist. Drittens werden verstärkt langfristige japanische Staatsanleihen gekauft. Einer der überraschendsten Aspekte dieses Vorgehens war ein scharfer Anstieg allein der M1 zu Beginn des Experiments;[619] die

Geldmenge M1 umfasst Banknoten und Sichteinlagen, nicht aber die umfassenderen Geldmengen M2 und M3 mit ihren Termineinlagen und Geldmarktfondsanteilen. In der »großen Rezession« sollte Japan auf diesen Ansatz wieder zurückgreifen, nach 2012 gar in einem viel größeren Maße, was man gemeinhin als *abenomics* bezeichnete: Nun wollte man durch eine »aggressive Geldpolitik« die 20-jährige Deflation beenden, gleichzeitig aber Haushaltsdisziplin wahren und auf Wirtschaftswachstum hinwirken.[620] In Reaktion auf die Krise ging Japan in der Ausweitung seines Wertpapierkaufprogramms mit Abstand am aggressivsten vor.

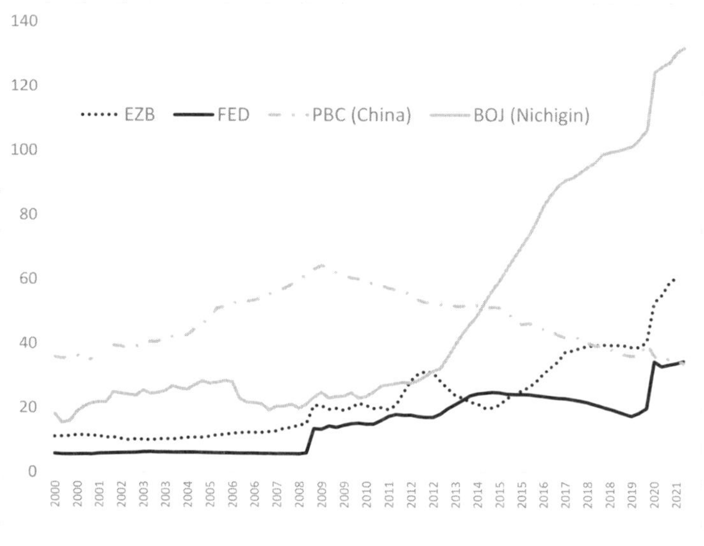

Abb. 6.2: Wertpapierkäufe der Zentralbanken

Im November 2008 kündigte die Fed erstmals umfangreiche Käufe langfristiger Wertpapiere an. Man werde besonders regulierte Anleihen und hypothekenbesicherte Wertpapiere (Agency Bonds und Agency MBS) im Wert von 600 Milliarden USD kaufen. Die Maßnahme zielte ausdrücklich darauf, »die Kosten für den Eigenheimerwerb zu senken und entsprechende Immobilienkredite zugänglicher zu machen«. Nach seiner nächsten Sitzung veröffentlichte der Offenmarktausschuss (FOMC) im Dezember 2008 eine Stellungnahme, mit der er die US-Leitzinsen auf 0 bis 0,25 Prozent senkte, was zu jener Zeit noch als absolute Untergrenze galt. Im März 2009 erweiterte die Fed das Ankaufprogramm auf »bis zu« 1,75 Billionen Dollar, sprich 1,25 Billionen USD für MBS, 200 Milliarden USD für regulierte Schulden und 300 Milliarden USD für US-Staatsanleihen. Der Zweck dieser Maßnahme, die bald als Quantitative Lockerung 1 (*Quantitative Easing*, QE1) bekannt wurde, war ausgreifender formuliert und sollte »die Bedingungen auf den privaten Kreditmärkten verbessern helfen«. Die Aufkäufe im Rahmen des QE1 entsprachen 12 Prozent des BIP. Zusätzlich enthielten die Mitteilungen der Fed seit Dezember 2008 auch explizite Hinweise zur wahrscheinlichen Höhe des Leitzinses, was man bald als Politik der *forward guidance* oder »prognostischen Führung« bezeichnete.

Man begründete die Maßnahmen ausdrücklich damit, dass es unmöglich sei, die Zinssätze so tief in den negativen Raum zu setzen, wie es die Standardmodelle angesichts des wirtschaftlichen Einbruchs nahegelegt hätten. Auf der FOMC-Sitzung im März 2009 waren Simulationen zu sehen, wonach ein optimaler geldpolitischer Korridor den Tagesgeldsatz bei völlig unmöglichen -6 Prozent liegen würde. Das QE1 mit seinem 1,75-Billionen-Wertpapierkaufprogramm sollte als Ersatz für eine drastische, aber unmögliche Senkung des Leitzinses dienen.

Im November 2010 kündigte die Fed weitere Maßnahmen an (QE2), darunter den Aufkauf von langfristigen US-Staatsanleihen im Wert von 600 Milliarden Dollar, was – bei einer Laufzeit bis Juni 2011 – vier Prozent des BIP entsprach. Neuland erkundete die Fed im September 2011 mit der sogenannten Operation Twist, einem Laufzeiterweiterungsprogramm (Maturity Extension Program,

MEP): Sie verkaufte kurzfristige Papiere und kaufte länger laufende Anleihen mit dem Ziel, die Risikobereitschaft zu steigern und die Kosten für langfristige Kredite zu senken. Konkret beabsichtigte die Fed zunächst, für 400 Milliarden USD US-Staatsanleihen zu kaufen, deren Laufzeiten über sechs Jahren lagen, und in gleicher Höhe solche Anleihen zu verkaufen, deren Laufzeiten drei Jahre nicht überstiegen – das Ganze sollte innerhalb von neun Monaten abgewickelt sein. Im Juni 2012 dehnte die Fed das Programm bis Ende 2012 aus, sodass damit letztlich insgesamt langfristige Anleihen im Wert von 667 Milliarden USD (oder vier Prozent der BIP) vom Markt genommen wurden. Zu diesem Zeitpunkt war die Rendite auf zehnjährige US-Staatsanleihen auf ein 200-Jahres-Tief gefallen und es bestand ein beträchtlicher Stimulus für den Immobilienmarkt. Außerdem kündigte die Fed an, sie werde den Leitzins das gesamte Jahr 2014 hindurch auf dem gegenwärtig niedrigen Niveau belassen.

Das QE3 begann noch vor dem Ende der Operation Twist. Im September 2012 beschloss die Fed, monatlich und unbefristet MBS für 40 Mrd. USD zu kaufen. Im Dezember 2012 beschloss sie, die Anleihenkäufe zu MEP-Konditionen für 45 Mrd. USD monatlich unbefristet fortzusetzen und den Ausverkauf kurzfristiger US-Staatsanleihen zu beenden. Erst im Dezember 2013 verringerte die Fed das Tempo beim Einkauf auf monatlich 35 Milliarden für MBS und 40 Mrd. für langfristige Staatsanleihen, weitere Bremsschritte folgten, bevor das Programm im Oktober 2014 endete. Die Erwerbungen der Fed im Rahmen des QE3 beliefen sich insgesamt auf 1,5 Billiarden an Staatsschulden und MBS bzw. auf neun Prozent des BIP.

Die solidesten empirischen Schätzungen gehen davon aus, dass Ankäufe im Wert von 300 Mrd. USD (1,5 Prozent des BIP) einen Effekt haben dürften, der ungefähr einer 0,25-prozentigen Senkung des Leitzinses entspricht.[621] Die Erwerbungen seitens der Fed sollten das Wirtschaftswachstum beschleunigen, doch die Erholung gestaltete sich frustrierend flau und langsamer als die Aufschwünge nach früheren Rezessionen. Da die Geldpolitik mit Wertpapierkäufen betrieben wurde, war es unvermeidlich, dass die Vermögenswertpreise allgemein in die Höhe getrieben wurden. Daher setzte sich der Wertpapier-Boom der sogenannten Großen Zurückhaltung (*Great Moderation*) von 2001 bis 2007 weiter fort und führte bei Aktien und Immobilien insbesondere in den großen globalen Zentren zu beachtlichen Wertzuwächsen. Als Nebeneffekt erwies sich zudem, dass in vielen Ländern das Ausmaß der Vermögensungleichheit zunahm.

Das Ausmaß der Zentralbanktätigkeit war umwerfend. Die Bank of England kaufte seit 2009 mehrheitlich Staatsanleihen, vermehrt aber auch Anleihen des Privatsektors. Von 2011 an setzte sie eine Begrenzung fest und kaufte höchstens 70 Prozent neu ausgegebener Staatsanleihen; die ökonomische Unsicherheit in direkter Folge des Brexit-Referendums 2016 machte eine weitere große QE-Runde zur Stützung der Wirtschaft erforderlich. Japan kündigte im Oktober 2010 ein fünf Billiarden Yen starkes Wertpapierkaufprogramm an; damit zielte der ursprüngliche Wegbereiter des QE ausdrücklich auch auf eine Senkung des Yen-Wechselkurses.

Europa folgte dem Beispiel der Fed mit Verzögerung. Im Juli 2009 ergriff die Europäische Zentralbank (EZB) eine außergewöhnliche Maßnahme zur Wiederbelebung des Pfandbriefmarktes, der damals rund ein Fünftel der Hypotheken in Europa finanzierte. Die direkten Erwerbungen auf dem Primär- wie auf dem Sekundärmarkt beliefen sich binnen Jahresfrist auf Pfandbriefe bzw. gedeckte Schuldverschreibungen im Wert von 60 Milliarden Euro. Ein zweites Programm startete im November 2011, doch im Jahresverlauf erwarb die EZB nur Papiere für 16,4 Milliarden Euro und damit weit weniger als die anvisierten 40 Milliarden. Die Nettokäufe im Rahmen der dritten Runde (CBPP3) beliefen sich seit Oktober 2014 auf 290 Milliarden Euro.

Das Hauptaugenmerk der EZB in der Frühphase der europäischen Schuldenkrise lag allerdings spezifischer darauf, Schuldentitel der Krisenstaaten Griechenland, Irland und Portugal zu kaufen, später ging es im Rahmen des Programms für Wertpapiermärkte (SMP) auch um italienische und spanische Schuldentitel. Die Erwerbungen seitens der EZB erfolgten auf dem Sekundärmarkt, um nicht gegen das Verbot der monetären Staatsfinanzierung zu verstoßen (Vertrag über die Arbeitsweise der Europäischen Union, Art. 123). Im September 2012 kündigte die EZB zudem ein bedingtes Outright Monetary Transactions (OMT)-Programm an, obwohl bisher tatsächlich keinerlei Käufe in diesem Rahmen erfolgten. Teils wegen des ansteckenden Charakters einer regionalen Schuldenkrise hatten es die Europäer zunächst mit dem Ausstieg aus dem Programm eiliger als die Fed. 2011 waren sich IWF und EZB weitgehend einig über eine »schrittweise Aufhebung des geldpolitischen Stimulus«, während unkonventionelle Liquiditätshilfen noch einige Zeit weitergeführt werden sollten. Der IWF betonte seinerzeit mit Nachdruck Sorgen um eine zunehmende Inflation.[622]

Im Juli 2013 begann die EZB mit Ankündigungen zur *forward guidance* und erklärte, sie rechne damit, dass der Leitzinssatz »über einen längeren Zeitraum hinweg auf dem gegenwärtigen oder einem niedrigeren Niveau verbleiben« werde. Im Juni 2014 senkte sie die Zinsen auf ihre Einlagefazilität in den negativen Bereich und zielte zudem auf längerfristige Refinanzierungsgeschäfte (GLRGs), um die Kreditvoraussetzungen für die Privatwirtschaft zu lockern und die Kreditvergabe seitens der Banken an die Realwirtschaft zu unterstützen.[623] Für Europa bestand ein wesentlicher Reiz geldpolitischer Maßnahmen darin, dass die Kostenverteilung nicht so offensichtlich oder leicht berechenbar war wie bei den fiskalischen Rettungsaktionen, die 2010 die erste offizielle Reaktion auf die europäische Schuldenkrise gewesen waren. Das kontingente Wesen der auflaufenden Forderungen verunmöglichte es, die Kosten für die Steuerzahler in den verschiedenen Ländern wirklich einzuschätzen. Diese Intransparenz rief in den Gläubigerstaaten die Befürchtung hervor, die Gläubiger würden in eine Falle gelockt, die notwendigerweise enorme, allerdings unberechenbare fiskalische Kosten nach sich ziehen werde.[624]

Eine grundsätzlich veränderte Haltung kündigte EZB-Präsident Mario Draghi 2014 in einer Rede anlässlich der jährlichen US-Notenbankkonferenz in Jackson Hole an. Draghi spiegelte das Denken wider, das oftmals (und insbesondere von Ausländern) der Fed-Linie zugeschrieben wird, dem zufolge ein Hebelpunkt der QE-Maßnahme am Wechselkurs ansetzte: »Es sind bereits Wechselkursbewegungen festzustellen, die sowohl die Gesamtnachfrage als auch die Inflation begünstigen dürften.« Der wesentliche Punkt aber war, dass Geldpolitik oder Zentralbankaktivitäten allein nicht genügten. Es bedurfte stärker koordinierter fiskalischer Maßnahmen, die durch die beruhigende Wirkung der Geldpolitik auf die Finanzmärkte erleichtert werden: »Für die allgemeine Ausrichtung der Politik wäre es deshalb hilfreich, wenn der Fiskalpolitik neben der Geldpolitik unter Berücksichtigung unserer spezifischen Ausgangsbedingungen und der rechtlichen Beschränkungen eine größere Rolle zukommen könnte, und ich denke, dass hier Handlungsspielraum vorhanden ist.«[625] Die EZB startete im März 2015 ein entsprechendes »erweitertes Programm zum Ankauf von Vermögenswerten« (EAPP) von monatlich 60 Mrd. Euro mit einer Laufzeit von 18 Monaten bzw. »bis der EZB-Rat eine nachhaltige Korrektur der Inflationsentwicklung erkennt, die mit seinem Ziel im Einklang steht, mittelfristig Inflationsraten von unter, aber nahe 2 % zu erreichen«.[626] Die Erwerbungen stiegen von April 2016 bis März 2017 auf 80 Milliarden Euro und wurden dann reduziert, bis das Programm im Dezember 2018 schließlich endete.

Die Zentralbanken erscheinen einem wie Rockstars oder zumindest wie die einzigen Erwachsenen im Raum – insbesondere nach den großen fiskalpolitischen Debatten, die 2010 eine Abkehr von den Konjunkturspritzen markiert hatten. Doch waren ihre Maßnahmen wirksam? Im Großen und Ganzen gab man sich recht zurückhaltend. Der scheidende Fed-Präsident Ben Bernanke hatte noch einprägsam erklärt: »Das Problem mit der Quantitativen Lockerung ist nur, dass sie in der Praxis funktioniert, nicht aber in der Theorie.«[627] Sein Kollege Donald Kohn war zurückhaltender: »Man kann wohl sagen, dass sie [diese Schritte] zwar in gewissem Maße wirksam waren, die Menschen – und auch die Fed – aber dennoch etwas enttäuscht sind. Wir erlebten eine sehr langsame Erholung von einer sehr tiefen Wirtschaftskrise«.[628] Die Fed-Gouverneure hielten 2014 zum Ende des QE-Programms fest, es gebe »seit dem Inkrafttreten des laufenden Anleihenkaufprogramms wesentlich bessere Aussichten auf dem Arbeitsmarkt«.[629]

Die nachfolgenden wissenschaftlichen Untersuchungen bestätigten diesen überaus verhaltenen Optimismus. 2014 konnten Ökonomen der Bank of England belegen, dass die Wertpapierankäufe einen statistisch nachweislichen Effekt auf das reale BIP hatten: Ankäufe in Höhe von 1 Prozent des BIP führten in den Vereinigten Staaten zu einem Anstieg von 0,36 Prozent des realen BIP und von 0,38 Prozent des Verbraucherpreisindexes, in Großbritannien beliefen sich die Zuwächse auf 0,18 Prozent des realen BIP und 0,3 Prozent des Verbraucherpreisindexes.[630] Die akademische Forschungsgemeinschaft zeigte sich mehrheitlich skeptisch gegenüber Größe und Ausmaß des QE-induzierten Impulses auf die langfristigen Zinssätze in den USA.[631] Japans Riesenexperiment stabilisierte das Land, garantierte aber keine Rückkehr zu höheren Wachstumsraten, die weiterhin am unteren Ende einer G7-Skala vor sich hindümpelten und nur noch vom trostlosen italienischen Wirtschaftszuwachs unterboten wurden.

Die Wirkung der Zentralbankmaßnahmen auf die Vermögenswertpreise war sehr viel eindeutiger – und war wiederholt Auslöser für Debatten über Spekulationsblasen (siehe Abbildung 6.3). Die FOMC-Sitzung im November 2010 markierte den Anstoß für einen langen Aufwärtstrend an den US-Aktienmärkten. Die europäischen Börsen erholten sich zunehmend seit 2015. Die wildesten Rallys gab es auf den großen Schwellenmärkten, man denke an die Spekulationsspitzen 2014 in Indien und, spektakulärer noch, in China – diese brachen 2015 in sich zusammen und es brauchte Schuldige, sodass die Behörden Spekulanten ins Visier nahmen und einige dramatische Verhaftungen durchführten: Xu Xian (»Big Xu«) von Zexi Investment wurde nach einer waschechten Verfolgungsjagd auf der Brücke über die Hangzhou-Bucht festgenommen. Es war leichter, Einzelpersonen zu Sündenböcken zu stempeln, als die Geldpolitik zu verändern, die zu dem Höhenflug des Marktes geführt hatte.

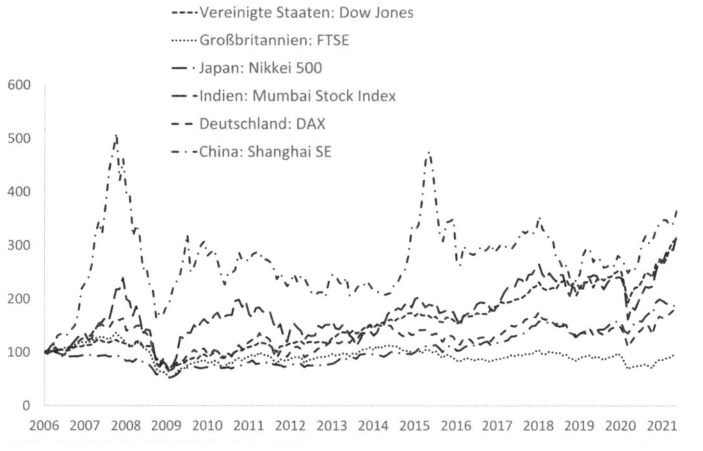

Abb. 6.3: Börsenindizes 2006-2020

Neuer Wirtschaftsnationalismus

Nationalismus liegt in der Logik von Konjunkturpaketen, die mit Steuergeld finanziert sind, das für die Sicherung von Wohlstand und Arbeitsplätzen im Landesinnern gedacht war. Aus dieser Perspektive wäre das Geld weniger effizient, würde es in andere Länder abfließen. Die Staaten versuchten also sicherzustellen, dass die gesteigerte Kaufkraft auch für örtliche Waren ausgegeben wird. Der französische Präsident Nicolas Sarkozy ersuchte die Autohersteller Renault und Peugeot-Citroën eindringlich, die Produktion von ausländischen Zulieferern und Fabriken wieder zurück nach Frankreich zu holen. Staatlich finanzierte Abwrackprämien ermunterten die Autofahrer vielerorts zu Neuanschaffungen, so in Deutschland, Frankreich, Italien, Großbritannien und den Vereinigten Staaten (wo sie als *cash for clunkers* berühmt wurden). Doch die Programme verfehlten oft ihr Ziel: Die deutsche Prämie von 2500 Euro pro Auto, die im Januar 2009 eingeführt wurde, kam offenbar eher den Herstellern billigerer Autos in Frankreich, Spanien, Tschechien und Polen zugute als den deutschen Herstellern mit ihren gehobenen Modellen. Und die mitteleuropäischen Hersteller wehrten sich, so erklärte etwa der tschechische Premierminister Mirek Topolánek: »Alle Versuche, die Finanzkrise zum Ausbau jeglicher Form von Protektionismus zu nutzen, läuft Gefahr, den Wiederaufschwung der europäischen Wirtschaft zu verlangsamen und ebenso zu unterhöhlen wie das Vertrauen der Verbraucher und Investoren.«[632]

Die Regierungen wollten außerdem die *bailouts* in anderen Ländern nicht finanzieren. Das galt in erster Linie für die Bankenrettung, wobei es sich in den problematischsten Fällen um multinationale Unternehmen wie die französisch-belgische Dexia- und die belgisch-niederländische Fortis-Bank handelte – beide *bailouts* hätten vorausgesetzt, die fiskalischen Verbindlichkeiten auf je zwei Staaten zu verteilen. Ebendiese Überlegung lässt den europäischen Übergang zu einer Bankenunion im Sommer 2012 so verblüffend erscheinen, erklärt aber auch, dass die Umsetzung – es handelt sich um die unerlässliche Lösung für die europäische Staatsschuldenkrise – derart schleppend vonstattenging.[633] Der Widerstand gegen die Bankenrefinanzierung vergiftete die gesamte Debatte über europäische Rettungsmechanismen: Zunächst trat Deutschland auf die Bremse, es standen Landtagswahlen und Gerichtsentscheidungen an; dann beschwerten sich kleine Länder aus dem Norden und Osten, dass das Geld an deutsche bzw. französische Banken oder an nichtsnutzige griechische Verbraucher und Politiker weitergereicht werde, wobei ja eigentlich die ehemals kommunistischen Volkswirtschaften viel ärmer seien und keine Hilfe ins reichere Griechenland schicken sollten.

Die Volkswirtschaft brauchte unbedingt neue Investitionen, gleichzeitig aber reagierten Bevölkerung und Regierung allergisch auf die Option, Unternehmen an Ausländer zu verkaufen. Die chinesischen Investitionen in Griechenland, beispielsweise in den Hafen von Piräus, wurden mitunter als Invasion und nicht als Rettungsaktion wahrgenommen. In Deutschland sorgte der Verkauf von Spitzentechnologiefirmen wie des Robotikherstellers Kuka für Empörung. Und der französische Präsident Nicolas Sarkozy brachte die Einrichtung eines Europäischen Interventionsfonds ins Gespräch, mit dem er sicherstellen wollte, dass führende europäische Unternehmen trotz kriselnder Aktienpreise nicht von ausländischen Staatsfonds übernommen werden.[634]

Viele Länder griffen auch zu altmodischem Handelsprotektionismus. Die Weltbank sprach am 2. März 2009 in einem Bericht davon, dass 17 von 19 Industrie- und Schwellenländern (sowie die Europäische Union) Handelshindernisse eingeführt hatten, obwohl sie sich auf internationalen Konferenzen wiederholt verpflichtet hätten, auf Protektionismus zu verzichten. Einzelheiten über die große Anzahl negativer Handelsmaßnahmen veröffentlichte die Universität St. Gallen mit dem »Global Trade Alert«: Bis 2013 stieg deren Anzahl von Jahr zu Jahr, wobei Subventionen zwar den größten Anteil ausmachten, allerdings auch direkte Zollerhöhungen zu verzeichnen waren.[635]

Zwar ging die traditionelle Globalisierung in den Bereichen Finanzdienstleistung und Handel nach der Weltfinanzkrise zurück, doch es gab einen neuen Typus der Globalisierung: Die elektronische Kommunikation nahm weiter zu, und tatsächlich steigerte sich das Tempo eher, als dass es sich verlangsamt hätte. Die Jahre der Finanzkrise waren auch die Zeit einer bedeutenden Innovation. Anfang 2007 wurde das iPhone vorgestellt und revolutionierte seither zwischenmenschliche Beziehungen und Verbraucherverhalten ebenso wie die Nachrichtenübertragung. Steve Jobs nannte es bei der Präsentation einen »Quantensprung in Form eines Telefons, das sehr viel intelligenter als jedes andere tragbare Gerät und superleicht zu bedienen ist«.[636] Anfangs galt der Kultur und dem Spaß – dem Zugang zu Musik und Unterhaltung – die größte Aufmerksamkeit, doch es handelte sich um ein geschäftstaugliches Gerät: Es war eine Revolution für den Zugang zum Geldmarkt. Auf der Hand lag das schon bei älteren Handys, die nicht bloß als Telefon dienten: Denn ebenfalls 2007 starteten Vodafone und Safaricom, der größte Mobilfunkanbieter in Kenia, ein handybasiertes Überweisungs- und Zahlungsangebot namens M-Pesa (*pesa* ist Swahili und heißt Geld). So verschob sich die weltweite Globalisierung von Handel und Finanzen hin zu Daten und Kommunikation – diese Revolution sollte ihrerseits aber auch die Möglichkeiten der Handels- und Finanzdienstleistungen verändern. Gleichzeitig beschleunigte die Krise den Aufstieg der Schwellenmärkte und insbesondere Chinas in dramatischer Weise – und teilweise war dies auch eine Folge dessen, dass die Technologie den Aufholprozess erleichterte. Der Güterhandel fiel zurück, während die schwerelose Welt des elektronischen Austausches auf eine viel stärkere Integration drängte. Auch das Geld ließ sich als Teil der schwerelosen Welt auffassen, ein Teil, den die Zentralbanken aktiv förderten.

Bernankes Heilmittel

Ben Bernanke stammt aus dem Süden der USA, wurde 1953 in Georgia geboren und wuchs in dem 6500 Seelen zählenden Städtchen Dillon, South Carolina auf. Sein Vater war Apotheker, seine Mutter stammte aus einer tiefreligiösen jüdischen Familie, Ben war ein außergewöhnlich guter Schüler.

Die Weltwirtschaftskrise (*Great Depression*) hatte in seiner Familie eine traumatische Wunde hinterlassen: Die Rezession in den USA traf seinen Großvater Jonas Bernanke schwer, einen Einwanderer aus dem österreichisch-ungarischen Kaiserreich, der als Apotheker in New York gearbeitet hatte und dann auf der Flucht vor der krisengeschüttelten Großstadt nach South Carolina kam. Dort stellte sich der geschäftliche Erfolg ein und Jonas' Sohn, Bens Vater, führte das Familienunternehmen weiter. Bens Großeltern mütterlicherseits waren vor der Verfolgung durch die Nationalsozialisten und kroatischen Faschisten geflohen, zunächst nach Italien, dann in die Vereinigten Staaten. Eingedenk seines familiären Hintergrunds überrascht es kaum, dass Ben Bernanke lange Zeit seine Energie darauf verwandte, die Weltwirtschaftskrise zu verstehen: jene Katastrophe, die die US-Wirtschaft zerstört und Europas Abgleiten in Gewalt, Barbarei und Rassenwahn beschleunigt hatte.

Ökonom wollte er nicht werden, als er sich in Harvard immatrikulierte; Martin Feldsteins Einführung in die Wirtschaftswissenschaften belegte er eher zufällig, erkannte aber rasch, dass er in der Ökonomik seinem Interesse für Mathematik und für Geschichte nachgehen konnte. Er sattelte einen PhD am MIT darauf, studierte bei Stanley Fischer und las Milton Friedmans und Anna Schwartzs *Monetary History of the United States*, jene Analyse mit Schwerpunkt auf der *Great Depression* in den USA.

Bernanke war keineswegs ein Friedman-Fan, sondern betrachtete sich eher als Teil der breiten neokeynesianischen Bewegung, die in seinen Augen »den besten Rahmen für praktische Politik« bot.[637] Seine Arbeit über die Wirtschaftskrise der Zwischenkriegszeit modifizierte Friedmans Schlussfolgerungen beträchtlich, Bernanke nahm Abstand von der unrealistischen Annahme, die von der Fed kontrollierte Geldbasis sei der Hauptimpuls dafür gewesen, dass die USA in die Krise stürzten. Friedman und Schwartz hatten den Zusammenbruch der Geldmenge untersucht und die Krise als *Great Contraction* bezeichnet, sie waren aber nicht bis zu den Bankvergabe- und Kreditentscheidungen vorgedrungen. Bernanke füllte also eine wichtige Lücke in Friedmans Argumentation. Seine Kritiker verspotteten die Theorie bisweilen als »Kreditismus«, wiesen jedoch darauf hin, wie wichtig ein Verständnis der institutionellen Mechanismen in der Geldschöpfung für jegliche praktische Politik wäre.[638]

Bernankes theoretische Innovation lässt sich anhand eines sogenannten finanzökonomischen Akzelerators darstellen. Der genannte Mechanismus ist vielen Historikern vertraut, es ist nichts anderes als Ian Goldings »Schmetterlingsdefekt«: scheinbar kleine Ereignisse können weltweite Auswirkungen haben. Veranschaulicht wurde dieser Umstand lange Zeit mittels der Debatten darüber, ob und wie die Form von Kleopatras Nase den Geschichtsverlauf beeinflusst hat – sie veranlasste Marcus Antonius, Rom in Richtung Ägypten zu verlassen, und ermöglichte so die Gründung des Prinzipats im Römischen Reich durch Octavian. In der Wirtschaftsgeschichte gibt es eine Entsprechung dafür: Relativ kleine Impulse oder Störungen können große Verschiebungen in den makroökonomischen Abläufen verursachen. Ebendeshalb besteht ein Interesse, den Mechanismus auszumachen, der die Ursachenabfolge anstoßen und aus einem kleinen Ereignis große Konsequenzen entfalten kann – die Ursachenforschung kann sich kaum erschöpfen in der anatomischen Ergründung der königlich-ägyptischen Nasenhöhlen.

Zusammen mit seinem langjährigen Ko-Autor, dem Professor Mark Gertler von der New York University, entwickelte Bernanke einen Ansatz, der die Effekte unvollkommener Information in der Finanzökonomie betrachtete und dafür den Begriff der Absicherungskosten (*agency costs*) entwickelte, jener Maßnahmen also, derer es vor Beginn eines Darlehensgeschäfts bedarf, um den Wert eines bestimmten Unternehmens oder Individuums zu bestimmen: Im Zuge eines Wirtschaftsabschwungs nehmen Unsicherheit und Insolvenzfurcht zu. Für potenzielle Kreditnehmer, die mit beträchtlichen Darlehenskosten konfrontiert sind (beispielsweise Verbraucher und kleine Firmen oder auch Unternehmen mit schwachen Bilanzen), steigen diese Kosten, sodass ein Ausschluss von der Kreditvergabe oder aber strengere Vertragsbedingungen die Folge sein können. Bernanke und Gertler schreiben: »In dem Maße, wie negative Schocks auf die Wirtschaft den Nettowert der Kreditnehmer verringern (bzw. wie positive Schocks deren Nettowert steigern), verstärken sich die Effekte des ursprünglichen Schocks auf Ausgaben und Produktion.« Der »Schuldenüberhang führt zu der Möglichkeit eines außerordentlichen Gleichgewichts mit niedrigem Ausstoß«.[639]

Für Nichtökonomen ist es bisweilen hilfreich, sich ein praktisches Beispiel vorzustellen: Einer Apotheke wie der von Jonas Bernanke fiel es in der Weltwirtschaftskrise schwerer, einen Kredit aufzunehmen, weil potenzielle Geldgeber von einem höheren Konkursrisiko ausgingen. Jonas Bernanke konnte folglich nur geringere Bestände vorhalten. Der Laden erschien daher weniger attraktiv und verlor Kundschaft. Die von den Bankern erwogene Möglichkeit einer Insolvenz könnte in der Folge Wirklichkeit werden. Diese Dynamik war von Irving Fisher – eine zentrale Figur für die Entwicklung der Geldmengentheorie – überzeugend untersucht und als Schuldendeflation bezeichnet worden.[640] Bernanke und seine Ko-Autoren überführten diese Erkenntnis in ein formales Modell.

In den 1990ern war es nicht einfach, weitere Beispiele für die schleichenden Schäden infolge einer Deflation zu finden, die neben dem amerikanischen Trauma der *Great Depression* hätten bestehen können – abgesehen vom Platzen der Börsenblase in Japan 1991. Das Land der aufgehenden Sonne wirkte wie das Bilderbuchbeispiel einer Volkswirtschaft, die von einem Zusammenspiel aus Schulden und Demografie niedergedrückt wurde. Das Problem ging, so wie die Depression der Zwischenkriegszeit, auf einen vermeidbaren Fehler der Politik zurück. Bernanke und sein langjähriger Ko-Autor Mark Gertler erklärten: Hätte sich die japanische Geld- und Währungspolitik nach 1985 »darauf konzentriert, die Gesamtnachfrage und die Inflation zu stabilisieren, statt sich vom Wechselkurs oder den Wertpapierpreisen ablenken zu lassen, hätten die Ergebnisse sehr viel besser ausgesehen.«[641] Besser wäre es gewesen, sich auf einen Kernindikator zu konzentrieren: die Verbraucherpreise. Anders gesagt: »Unsere Lesart der Geschichte lautet, dass Einbrüche der Wertpapierpreise der Wirtschaft stets nur dann nachhaltig geschadet haben, wenn die Geldpolitik nicht reagiert oder den Deflationsdruck aktiv verstärkt hat.«[642] Diese Übung erforderte ein Augenmerk nur auf die binnenwirtschaftlichen Preissignale, die internationalen Preisentwicklungen oder Wechselkurse konnten unbeachtet bleiben.

Zunächst zeigte Bernanke für die Zeit von 1991 bis 1994, dass die japanische Geldpolitik im Nachgang des Wertpapierverfalls zu restriktiv gewesen war. Doch dann senkte die japanische Politik die Zinssätze in dem Glauben, das sei eine Lockerung ihrer Linie. Hier kamen nun die Lehren aus der Depression zum Tragen: In einer Deflation wirken sich sehr niedrige oder gar nullprozentige Zinssätze noch als positiver Realzins aus und bremsen das Wirtschaftswachstum. Es gab andere und bessere Möglichkeiten, die Nachfrage zu verbreitern. In den 1990ern galt diese Analyse für Japan allein, doch nach 2008 ließen sich die politischen Dilemmata der Industrieländer verstehen.

Bernankes Vorschläge erschienen den japanischen Bürokraten unglaublich aggressiv. Eine solche Anregung betraf die Möglichkeit, einfach mehr Geld zu schöpfen: »Geld zahlt, anders als andere Formen der Staatsverschuldung, null Prozent Zinsen und ist unendlich lang haltbar. Die Währungsbehörden können so viel Geld schöpfen, wie sie wollen. Daraus folgt, wenn das Preisniveau wirklich unabhängig von der Geldschöpfung wäre, könnten die Währungsbehörden das von ihnen geschaffene Geld dafür einsetzen, unendlich viele Güter und Wertpapiere zu erwerben. In einem Gleichgewichtsrahmen ist das eindeutig unmöglich. Daher muss die Geldschöpfung letzten Endes das Preisniveau anheben, selbst wenn die nominalen Zinssätze bei null verbleiben sollten. Hierbei handelt es sich um ein grundsätzliches Argument, das allerdings, wie wir sehen werden, die behauptete geldpolitische Ohnmacht aushebelt.«[643] Anders gesagt, die Geld- und Währungspolitik ist immer handlungsfähig. Die Zentralbanken haben demnach immer die Möglichkeit, die Inflation anzutreiben.

Der naheliegendste Schritt wäre die Ausgabe eines förmlichen Inflationsziels, wogegen sich die Nichigin allerdings sperrte. Bernanke resümierte die Einwände, »die Ankündigung eines Ziels, von dem unklar war, ob man es erreichen würde, würde die Glaubwürdigkeit der Bank gefährden; und man zeigte sich skeptisch, dass bloße Ankündigungen irgendeinen Effekt auf die Erwartungen haben würden«.[644] In diesem Zusammenhang kam Bernanke auf ein berühmtes (und in seinen Worten »altehrwürdiges«) Gedankenexperiment von Milton Friedman zu sprechen: dass man frisch gedrucktes Geld »aus dem Helikopter abwerfen« solle. »Die meisten Ökonomen werden wohl zustimmen, dass eine ausreichende Menge von Helikoptergeld das Preisniveau anheben muss.«[645]

Dieser Ansatz lief darauf hinaus, dass Sorgen um die Vermögenswertpreise in der praktischen Geld- und Währungspolitik als nachrangig anzusehen seien. Bernanke war in dieser Hinsicht ein zentraler Akteur für den Konsens während der Großen Zurückhaltung: Solange sie sich aufbauen, sind Aktienblasen schwer zu erkennen, weil der Preisanstieg auch »reale« Erwägungen widerspiegeln kann; und nach dem Platzen der Blase lässt sich leicht damit umgehen (da man nun wissen kann, dass es sich um eine Blase gehandelt hat).[646] Diese Strategie fasste man oft in das Bild, man solle besser die verschüttete Milch »aufnehmen«, als sich gegen den Wind der Blasen »auflehnen«.

Bernanke hatte auch eine Theorie dazu, warum die Globalisierung die Vermögenswerte nach oben trieb. Eine »Sparschwemme« in den Schwellenmärkten und insbesondere in China sei insofern erklärlich, als eine Mittelschicht entstehe, die für spätere Ausgaben in den Bereichen Gesundheit, Bildung und Wohnung sparen müsse. Wegen der Unsicherheiten am Markt seien zudem auch die Sparraten der Unternehmen hoch. Die daraus resultierenden Finanzströme senkten die Zinssätze weltweit, und folglich sei mit einem Anstieg der Wertpapierpreise zu rechnen. Es gab also eine rationale Erklärung für den weltweiten Boom – eine solche Erklärung liegt auch dem Sudoku-Schema von Mervyn King zugrunde, und King teilte sich in den 1990ern am MIT ein Büro mit Bernanke.[647]

Ein zweiter Lösungsansatz für die japanische Zwickmühle zielte auf die Steuerung des Wechselkurses: Den Preis einer Währung als zentralen Punkt anzunehmen, wirkte wie eine Rückkehr zu den Streitpunkten der Zwischenkriegszeit, als sich die Rückkehr Großbritanniens zum Goldstandard auf dem Niveau von vor 1914 als handfester Fehler erwiesen hatte. Die Zwickmühle der 1990er berührte eine Frage, die in Japan politisch äußerst heikel war – denn nach allgemeiner Ansicht japanischer Ökonomen habe sich die Blase aus der Wechselkurspolitik der späten 1980er ergeben. Ganz besonders die Regierung Reagan war über den Anstieg japanischer Importe sehr beunruhigt gewesen und drängte auf eine konzertierte geldpolitische und fiskalische Expansion: Die Amerikaner wollten den Dollar gegenüber dem Yen abwerten oder aber die Unterbewertung des Yen umkehren. Nach dem Zusammenbruch würde, so erklärte Bernanke, »eine Politik der aggressiven Abwertung des Yen wahrscheinlich allein schon genügen, um die japanische Wirtschaft wieder in Fahrt zu bringen«.[648] Dieser Vorschlag war wohl der Hauptgrund, warum die japanischen Vertreter Bernankes Forderungen für derart gefährlich hielten: Er schien den konventionellen Rahmen der internationalen Währungszusammenarbeit zu sprengen. Und Bernanke fuhr fort: »Mir ist keine historische Phase bekannt, einschließlich der Zeiten mit äußerst niedrigen Zinssätzen in den 1930ern, in denen eine Zentralbank nicht in der Lage gewesen wäre, ihre Währung abzuwerten.«[649] Und tatsächlich gab es einige berühmte und überaus anschauliche Beispiele dafür, wie eine Entwertung der wirtschaftlichen Ausdehnung Schub verleihen konnte: in Großbritannien 1931, in den Vereinigten Staaten 1933 oder auch Nixons einseitiges Zuschlagen des Goldfensters 1971. Bernanke konnte sich auf umfangreiche Forschungen stützen und hatte selbst einen wichtigen Beitrag zum Verständnis geleistet, wie die Aufgabe des Goldstandards in der Zwischenkriegszeit die Geld- und Währungspolitik entfesselt hatte und damit einen Weg zum Aufschwung bahnte.[650]

Bernanke dachte auch über eigenwillige Offenmarktoperationen nach, die eine fiskalische Komponente bergen könnten. Die theoretische Grenze zwischen geld- bzw. währungs- und fiskalpolitischen Maßnahmen, die als Ergebnis der Debatten der 1970er im Denken der *Great Moderation* ein wesentlicher Bestandteil gewesen war, würde demnach teils verschwimmen. Die Zentralbanken sollten auf ein Gebiet vorstoßen, das lange Zeit den Finanzministerien zugerechnet worden war: »Mit einer fiskalpolitischen Komponente meine ich eine implizite Subvention, die gegeben wäre, wenn die BOJ [Bank of Japan, Nichigin] beispielsweise notleidende Bankkredite zum Nennwert aufkaufen würde (das entspricht selbstverständlich einer von der Zentralbank finanzierten, fiskalischen Bankenrettung). Ein solches geldfinanziertes ›Geschenk‹ an die Privatwirtschaft würde die Gesamtnachfrage steigern, und zwar durch denselben Mechanismus wie jeder andere geldfinanzierte Transfer.«[651]

Bernanke schloss dieses erstaunliche, radikale Paper mit der Bemerkung, die »japanische Geld- und Währungspolitik zeigt sich paralysiert durch eine weitgehend hausgemachte Lähmung. Am erstaunlichsten ist die offenkundige Mutlosigkeit der Währungsbehörden: keine Experimente, keine Versuche, die nicht absolut sicher funktionieren. Vielleicht ist es an der Zeit für eine Roosevelt'sche Lösung in Japan.«[652] Und tatsächlich bot Japan, nachdem man in den 2000ern zunehmend maßnahmentechnische Experimente gewagt hatte, ein bemerkenswertes Rätsel für Analytiker: Wie war es möglich, dass ein Land mit einer derartig hohen Staatsschuldenquote immer noch über eine Marktbewertung verfügte, der zufolge die Regierungsbilanz noch immer positiv dastand? In Japan schien sich zu beweisen, dass zumindest einige Regierungen mit dauerhaft hohen, ja steigenden Verschuldungsniveaus leben konnten.

In der Argumentation zugunsten der direkten Inflationssteuerung,[653] die Bernanke mit Adam Posen – einem Ökonomen, der die japanische Katastrophe sehr genau untersuchte – entwickelt hatte, wurden Preisstabilität und finanzökonomische Stabilität als stark komplementäre und einander stützende Zielsetzungen begriffen, die in einem einheitlichen politischen Rahmen verfolgt werden können: Dieser ermuntere »sowohl Öffentlichkeit wie auch Politiker zu einem Augenmerk darauf, was Geldpolitik bewirken kann (Aufrechterhaltung langfristiger Preisstabilität), anstatt darauf, was sie nicht bewirken kann (Schaffung kontinuierlicher Zuwächse bei Output und Beschäftigung vermittels expansiver Maßnahmen)«. Relevant seien die Verbraucherpreise, und die Lehrmeinung drängte zur wohltuenden Vernachlässigung der Vermögenswertpreise, sodass ein Immobilienboom oder eine Aktienhausse an sich noch nicht als besorgniserregend gelten und keine Maßnahmen der Zentralbank veranlassen sollten: »[D]ie Fokussierung auf die traditionellen Ziele der Geldpolitik – Produktionslücke und Inflationserwartung – ist das effektivere Mittel, um deutliche Ausschläge der Wertpapierpreise und den daraus resultierenden Schaden für die Wirtschaft zu vermeiden.«[654]

Die Konzentration auf Japan erwies sich als wertvoll für den Umgang mit Problemen, die sich in der Geld- und Währungspolitik nach 2008 stellten. Japan bot ein Modell für eine *shrinkonomics*, und schrumpfende Volkswirtschaften dürften die ganze Welt betreffen, weil die demografische Stagnation nicht allein ein japanisches Problem darstellt.[655] Andererseits waren die japanischen Schlussfolgerungen für Fragen des Umgangs mit den spezifischen finanzökonomischen Problemen der Hypothekenbesicherung, die in den USA zum Zusammenbruch von 2008 geführt hatten, weniger relevant. In Japan spielten diese Probleme praktisch keine Rolle, und obwohl die wirtschaftliche Kontraktion in Japan real viel schärfer war als in den Vereinigten Staaten nach 2008, blieben große Bankeninsolvenzen aus. Jedenfalls hatte die Regierung klargestellt, dass sie keine Großbank scheitern lassen werde.

Als er nun kein Professor aus Princeton mehr war, sondern ein Gouverneur im Federal-Reserve-Vorstand, wiederholte Bernanke 2002 in einer Rede über das Deflationsrisiko die wesentlichen Punkte seines Japan-Papers und erwarb sich so den Spitznamen Helicopter Ben. Seinen Vortrag eröffnete er mit einer Fed-Studie und deren Warnung vor der japanischen Erfahrung, insbesondere vor einer – sowohl für ausländische wie auch für japanische Beobachter – beinahe völlig unerwarteten Fortdauer der dortigen Deflation. Und dann präsentierte Bernanke dieselben Heilmittel: »Durch eine zahlenmäßige Steigerung der in Umlauf befindlichen US-Dollarnoten, ja schon durch die glaubwürdige Androhung einer solchen Maßnahme kann die US-Regierung auch den Wert eines Dollars gegenüber Gütern und Dienstleistungen verringern, was einer dollarmäßigen Preissteigerung für diese Güter und Dienstleistungen entspricht. Unser Fazit lautet, eine konkrete Regierung kann – im Papiergeldsystem – stets höhere Ausgaben und also positive Inflation erzeugen.« Die Fed könnte am Langfristmarkt aggressiv auftreten und Zinsobergrenzen durchsetzen, indem sie sich zu unbegrenzten Aufkäufen von Wertpapieren mit bis zu zwei Jahren Restlaufzeit verpflichtete – und zwar zu Preisen, die den Renditetargets entsprächen. Dies sei nichts anderes, wie Bernanke anmerkte, als die Neuauflage jener Maßnahmen, die man unmittelbar nach dem Zweiten Weltkrieg ergriffen hatte und die letztlich zu einer erbitterten Auseinandersetzung zwischen dem früheren Fed-Vorsitzenden und amtierenden Zentralbanker Marriner Eccles und der Regierung unter Truman führten.[656]

Später sollte Bernanke seine Rede von 2002 verteidigen: »Die Verwendung unrealistischer Beispiele ist oftmals sinnvoll, um zum Kern eines Problems vorzustoßen. Die Tatsache, dass keine verantwortungsbewusste Regierung jemals buchstäblich Geld aus einem Hubschrauber abwerfen würde, sollte uns nicht daran hindern, die Logik von Friedmans Gedankenexperiment nachzuvollziehen, das – in zugegebenermaßen extremen Zügen – aufzeigen wollte, dass Regierungen niemals vor der Deflation kapitulieren müssen.«[657]

Bernanke war von Präsident George W. Bush in das Fed-Board of Governors bestellt worden und wurde dann 2006 als dessen Vorsitzender nominiert. Voller Selbstbewusstsein wollte er die Zentralbankentätigkeit normalisieren und einen Bruch mit dem Personenkult vollziehen, der die Greenspan-Jahre gekennzeichnet hatte, als der Starjournalist und Watergate-Reporter Bob Woodward eine schmeichelhafte Biografie über den »Maestro« schrieb.[658] Ein junger Künstler, der bei CNBC auftrat und live ein Porträt von Alan Greenspan anfertigte, erklärte, mit dessen Nachfolger werde das schwieriger: »Sein Bart verdeckt das ganze Gesicht und er hat sicher keine gleichwertige Mimik.«[659] Tatsächlich zeigte sich Bernanke meistens trocken und lakonisch. Als Vorsitzender der Volkswirtschaftsabteilung des Wirtschaftswissenschaftlichen Instituts in Princeton wurde er sowohl bewundert als auch (manchmal) geschmäht für seine Fähigkeit, langatmige Diskussionen abzubrechen und der Debatte mit wenigen prägnanten Worten ein Ende zu setzen.

Bernankes Ernennung war Teil eines allgemeinen internationalen Trends, nicht mehr Bürokraten oder finanzökonomisch gut vernetzte Gestalten, sondern Wirtschaftswissenschaftler in die Zentralbank zu berufen. In Großbritannien wäre ein akademischer Ökonom wie Mervyn King vor 1997 nie und nimmer zum Gouverneur der Bank of England berufen worden, hatte die Hauptaktivität der Bank bis dahin doch in der Interaktion mit der (und der Aufsicht über die) City bestanden. Gelegentlich äußerte King auch seine Verachtung für die Banker; so weit ging der zurückhaltendere Bernanke nicht, doch auch er räumte später ein, dass es ihm schwergefallen sei, mit Hank Paulsons »gnadenloser Energie« zurechtzukommen.[660] Den unverhohlenen Lobbyismus finanzökonomischer Interessen fand er abstoßend. Das Finanzmilieu spiegelte dann ebenfalls vielfältige Kritik an die Adresse der Zentralbank: Der Finanzjournalist Brian Wesbury schrieb, »ich wünschte, die Fed wäre einfach weg«, und der in Singapur ansässige Investor Jim Rogers bemerkte, »Ben Bernanke kann noch nicht einmal einen Limonadenstand managen, geschweige denn das US-Finanzwesen«.[661]

Die Logik eines akademischen Herangehens an die Zentralbankentätigkeit, die mehr Transparenz und Berechenbarkeit erforderte, hätte auch darauf hinauslaufen können, auf einen menschlichen Zentralbanker ganz zu verzichten. Milton Friedman forderte mitunter, die Fed abzuschaffen und durch einen Algorithmus zu ersetzen, der einen stabilen Geldmengenzuwachs garantieren könne. Eine ausgefeiltere Variante desselben Ansatzes lag der geldpolitischen Regel des Stanford-Ökonomen John Taylor zugrunde, die als Taylor-Regel in den 1990ern und 2000ern breit diskutiert wurde. Allerdings kann das Verfolgen eines regelbasierten Ansatzes auch zu einem übermäßigen Vertrauen in die Modelle führen, die der Regel zugrunde liegen. Der Fed-Historiker Alan Meltzer kontrastiert die eher akademischen Ansätze der Federal Reserve in den 2000ern mit den stabilisierenden, aber »atheoretischen« Maßnahmen der 1950er und der »eklektischen« Steuerung seit den 1980ern – und der Vergleich fiel nicht zum Vorteil Ersterer aus.[662]

Bernanke war weder eine Maschine noch ein Algorithmus. Doch seine Philosophie und seine strategischen Optionen hatte er im Vorhinein und ungewöhnlich klar ausbuchstabiert. Als Entscheidungsträger stützte er sich stark auf seine akademischen Arbeiten, und seine Linie speiste sich stets aus einer besonderen historischen Erfahrung. An dem Wochenende, als klar wurde, dass kein Institut Lehman Brothers kaufen würde (weder die Bank of America noch die britische Bank Barclays), zog Bernanke eine Parallele zur Österreichischen Creditanstalt im Jahre 1931: Lehman war keine große Bank, doch 1931 hatte der Konkurs einer einzelnen Bank in einem kleinen und entlegenen Land derartige Wellen geschlagen, die die gesamte Weltwirtschaft in Mitleidenschaft gezogen hatten.[663]

Hätte Lehman gerettet werden sollen? Das Lehman-Management behauptet, die Bank sei nicht insolvent gewesen, und neuere Forschungen haben gezeigt, dass diese Lesart nicht unbedingt falsch ist.[664] Die Literatur zu Bankenrettungen folgt für gewöhnlich der von Walter Bagehot entwickelten Analyse, welcher im 19. Jahrhundert als Herausgeber des *Economist* über die Rettung des Bankensystems durch die Bank of England geschrieben hatte: Damals, in der Panik von 1866, verwehrte die Notenbank der insolventen Bank Overend Gurney, die den Schaltersturm ausgelöst hatte, ebenfalls die Unterstützung. Bagehots berühmte Regel lautete, dass der Kreditgeber letzter Instanz seine Fazilitäten auf illiquide, nicht jedoch auf insolvente Institute ausdehnen solle. Lehman war sicherlich illiquide, da der Rest des Bankenwesens die Finanzierung in der Woche vor dem 15. September 2008 eingestellt hatte. Spätere Berechnungen ergeben eine beträchtliche Unsicherheit hinsichtlich der grundsätzlichen Solvenz: Mit Papieren, die zu Notverkaufs- und Panikpreisen bewertet wurden, war Lehman eindeutig insolvent, die Bank hätte aber durchaus auch als solvent gelten können, sobald an den Finanzmärkten wieder Normalität eingekehrt wäre.

Bernanke betonte mehr als einmal, dass die Fed nur Bagehots Ratschlag folge, nämlich gegen gute Wertpapiere und mit Strafzinsen ganz zwanglos Kredite zu vergeben: »Die Federal Reserve reagierte so, wie Bagehot reagiert hätte, und legte Sonderprogramme auf. Im Grunde waren wir die Auffanggeldgeber und sagten: ›Gebt die Kredite ruhig an die ... diese Firmen, und wir stehen als Auffangnetz bereit, wenn es mit dem Überwälzen dieser Gelder ein Problem geben sollte.‹«[665] Tatsächlich ließ man die Idee hoher Strafaufschläge rasch fallen. Bei der Wiederherstellung der finanzökonomischen Normalität hatte die Fed vielmehr ein gegenteiliges Problem: Die Finanzinstitute scheuten sich nämlich, die Spitzenrefinanzierungsfazilität (*discount window*) der Fed in Anspruch zu nehmen, weil ein Stigma die Folge hätte sein können. Die Glaubwürdigkeit einer Bank könnte allein durch den Eindruck Schaden nehmen, dass sie von der Unterstützung durch die Zentralbank abhängig sei.

In der Frühphase der Weltfinanzkrise, nur zehn Tage nachdem sie die Inflation als ihre weiterhin größte Sorge bezeichnet hatte, erklärte die Fed am 17. August 2007 – nachdem kurzfristig Panik ausgebrochen war, weil die Banken vom Interbankenmarkt abgeschnitten waren –, »die Risiken eines Konjunkturabschwungs haben merklich zugenommen«, und deutete die Möglichkeit an, dass sie ihre Vorgaben für Kurzfristzinsen bald senken könne. Bernanke ermunterte die Banken, Kredite direkt bei der Fed aufzunehmen, und machte solche Darlehen attraktiver. Am Vortag hatten JPMorgan Chase & Co., die Citigroup Inc. und die Bank of America Corp. noch mit der Fed über die Möglichkeit beraten, ein Darlehen von 75 Milliarden

Dollar aufzunehmen und damit forderungsgedeckte Geldmarktpapiere, hypothekenbesicherte Wertpapiere und andere Instrumente aufzukaufen. Das Manöver hatte ausdrücklich das Ziel, jegliches Stigmarisiko auszuschalten.[666] Wie Bernanke erklärte, würden die Kreditfazilitäten der Fed für 2008 »das Risiko beträchtlich senken, dass ein systemrelevantes Finanzinstitut Konkurs anmeldet.«[667]

Die Aufgabe, die sich die Fed selbst stellte, war die Steigerung der Liquidität im Gesamtsystem. Die Parallele zu einer japananalogen Deflation war permanent präsent. Die Fed setzte die Lehren daraus nun um: die schrittweise Anwendung des »Bernankismus«. In der Gefahr einer zu niedrigen Inflation bestand seit dem Ausbruch der Weltfinanzkrise in den Vereinigten Staaten die größte Herausforderung – und die japanischen Erkenntnisse waren nun von größter Bedeutung. Bernanke formulierte es so: »[E]s wurde klar, dass eine niedrige Inflation kein ungetrübtes Positivum ist. In Verbindung mit historisch niedrigen Zinssätzen – dem Ergebnis demografischer, technologischer und weiterer Faktoren, welche die gewünschte Gesamtsparsumme im Verhältnis zur gewünschten Investition erhöhten – übersetzte sich die niedrige Inflation (Rate wie Erwartung) in dauerhaft niedrige Nominalzinssätze.«[668] Der Kniff bestand nun darin, Sondermaßnahmen in ein nahezu normales Instrument zu verwandeln. Das war der große Wendepunkt. Dadurch erlangte die Geldpolitik, wie Bernanke später bemerkte, eine größere Durchschlagskraft; andernfalls hätte sie beschränkten Spielraum gehabt, war sie doch nicht in der Lage, die Zinssätze (wenn überhaupt) sehr stark unter null zu drücken. Einige europäische Zentralbanken experimentierten mit Negativzinsen, doch dieser Ansatz findet seine praktischen Grenzen immer dort, wo die Banken, Unternehmen und Personen auf physisches Geld zurückgreifen können.

In der entscheidenden und äußerst kontrovers geführten Debatte warnte Bernanke, bevor die Fed im November 2010 zu einer eigenen quantitativen Lockerung (QE, *Quantitative Easing*) überging, zunächst vor einer Deflation und adressierte das »Risiko – das durchaus größer sein könnte als manch einer meint –, dass die Erholung faktisch zum Stillstand kommt. [...] Obwohl ich denke, dass eine echte Deflation recht unwahrscheinlich ist, kann eine solche ungünstige Spirale bereits einsetzen, wenn wir es nur mit Desinflation zu tun haben – denn selbstverständlich hebt Desinflation die Realzinssätze. Ich wiederhole, die Risiken sind insofern asymmetrisch, als ein Umgang mit diesen Abwärtsrisiken nicht einfach ist, wohingegen man den Aufwärtsrisiken eines zu schnellen Wachstums oder zu hoher Inflation in bestimmten Grenzen mit einer Anhebung der Zinssätze begegnen kann.«[669] Der Übergang zum QE setzte eine viel engere Abstimmung zwischen der Fed und dem Finanzministerium voraus und erforderte also die teilweise Abkehr von einer Unabhängigkeit der Zentralbank, die in der inflationsfeindlichen Mentalität infolge der Erfahrungen in den 1970ern sehr tief verwurzelt war.

Zwei Aspekte dieses Vorschlags sind erstaunlich: erstens die bewusste Annahme, einer der Wege zum operativen Erfolg sei die Schwächung des US-Dollar.[670] Und zweitens die zunehmende Vermischung von Geld- und Fiskalpolitik. Auf Kritiker, insbesondere im Ausland, wirkte die neue Währungspolitik wie ein aggressiver wirtschaftsnationalistischer Akt, wie die Rückkehr zu den Währungskriegen und konkurrenzgetriebenen Abwertungen der Zwischenkriegsdepression. Die Dollarabwertung konnte als Währungskrieg gedeutet werden, sollte tatsächlich aber als Mechanismus dienen, die anderen Länder (einschließlich und insbesondere China) zu einer politischen Linie zu bewegen, die für US-Interessen weniger schädlich ist:

> [D]iese sogenannten Spillover-Effekte sind vielmehr eine Funktion der Unzulänglichkeiten im internationalen Währungssystem als eine Funktion der US-Politik. Insbesondere gibt es eine Gruppe aufstrebender Marktwirtschaften, die sich an die Regeln

> halten wollen und eine angemessene Bewertung ihrer Währung ermöglichen; damit aber sitzen sie in der Klemme zwischen der lockeren Linie der fortgeschrittenen Volkswirtschaften und der Neigung anderer aufstrebender Marktwirtschaften, entweder ihre Währungen zu niedrig zu bewerten oder ihre Währungen zu stützen. Damit sitzen diese Länder in einer furchtbaren Zwickmühle: Einerseits müssen sie mit den Kapitalzuflüssen umgehen, doch andererseits haben sie mit ihrem Wechselkurs einen Wettbewerbsnachteil gegenüber den Ländern, die ihre Währungen unterbewerten. Unsere Antwort kann daher nur lauten, dass wir unbedingt weiterhin mit China und den anderen aufstrebenden Volkswirtschaften zusammenarbeiten, um ein besseres System zu erwirken und insbesondere eine höhere Flexibilität des Renminbi zu ermöglichen.[671]

Ein wohlwollender Betrachter mag der Auffassung sein, der Wechselkurs sei eine Waffe im Ringen um ein besseres Weltwährungssystem – dazu kam es aber weder in noch nach der Weltfinanzkrise.

Wenige Tage vor der FOMC-Sitzung im November hatte Thomas Hoenig, Vorsitzender der Kansas City Fed und geldpolitischer Falke, einen solchen Schritt als Geschäft mit dem Teufel bezeichnet; die Formulierung griff mit Charles Plosser aus Philadelphia ein weiterer Fed-Regionalchef auf. Ein anderer Kritiker warf die Frage nach der Abstimmung mit der Fiskalpolitik auf – Richard Fisher von der Fed aus Dallas befürwortete den Kurs der Bank of England, nämlich das QE voranzutreiben und damit die außergewöhnliche Austerität im Haushalt (*fiscal austerity*) zu kompensieren: »Gouverneur King verrechnet das QE mit einer angekündigten fiskalpolitischen Restriktion, die sogar Thatcher in den Schatten stellt. Unsere Lage ist eine andere – wir leiden, um bei meiner Windelmetapher zu bleiben, an fiskalpolitischer Inkontinenz. Sollte sich das ändern, wäre ich für eine akkommodierende [nachfrageorientierte] Geldpolitik, doch das ist noch nicht der Fall. […] Für die Marktteilnehmer ist es mit dem *quantitative easing* wie mit Kudzu – und die Metapher kennen Sie, Herr Vorsitzender, denn Sie stammen aus dem Süden –: Kudzu wächst und wächst und man wird es vielleicht nicht wieder los, wenn es erst einmal Wurzeln geschlagen hat in den Köpfen der Marktteilnehmer.« Fisher wandte sich dann gegen die Grundidee des Plans, »den Dollar abzuwerten, um die Nachfrage nach unseren Exporten zu steigern – und ich bin davon überzeugt, wir sollten in der Öffentlichkeit niemals darüber nachdenken«.[672]

Als einer der engsten Verbündeten von Bernanke stimmte Kevin Warsh – ein früherer Investmentbanker, der dann in die Politik gegangen war – zwar für die Maßnahme, äußerte seine Ablehnung aber sehr deutlich (und schrieb sie für das *Wall Street Journal* auch auf,[673] womit er nach Ansicht von Bernanke und anderen die Stellung des Fed-Vorsitzenden untergrub): »Ich würde Ihnen doch raten, die schwere Verantwortung dort zu belassen, wo sie rechtmäßig liegt, nämlich bei anderen Entscheidungsträgern hier in Washington, und ich rate Ihnen, dabei die verschiedenen Zuständigkeiten zu respektieren.«[674] Walsh verwies auch auf die Gefahren einer fiskalpolitischen Überreaktion.

Das Kernargument für die quantitative Lockerung war eine Fed-interne Berechnung: »[D]er einmalige Aufkauf in Höhe von 600 Mrd. USD führt bis Ende 2012 zu einem Anstieg des realen BIP von 0,7 Prozent, während 1 Bill. USD den Output um 1,1 Prozent heben.« Dieses Manöver wurde umgehend heftig kritisiert, nämlich von anderen Ländern auf dem G20-Gipfel in Korea. Der deutsche Finanzminister, Wolfgang Schäuble, bezeichnete die Fed mit ihrem Vorstoß als »ratlos« und verbalisierte den »Eindruck, dass die USA [im Währungsstreit] so ähnlich handelten, wie sie es China vorhielten«.[675] In den Vereinigten Staaten fuhren ihrerseits die Republikaner eine heftige Attacke, so zeterte der Journalist und Verschwörungstheoretiker Glenn Beck auf Fox News: »Ich habe Ihnen gesagt, dass der Tag kommen würde, an dem es uns wie der Weimarer Republik ergehen wird [...] Das hier ist sehr unkonventionell und nicht erprobt. Ich bin sicher, dass Simbabwe etwas in der Art ausprobiert hat. Es ist ein sehr riskantes Spiel«. Auch Paul Ryan, der als Republikaner der designierte Vorsitzende des Haushaltsausschusses im Repräsentantenhaus war, beschwerte sich: »Der Kongress betreibt eine Politik von Steuern und Ausgaben, Verschuldung und weiteren Ausgaben. Und jetzt macht die Federal Reserve eine Politik von Gelddrucken und Ausgaben.«[676] Diese Kritik war deplatziert. Es bestand zu jener Zeit keine Inflationsgefahr in den Vereinigten Staaten – ebenso wenig wie in Europa, wo die Kritiker (insbesondere in Deutschland) auf die Anleihenkäufe der EZB ähnlich reagierten.

Bernanke wies die verschiedenen Anwürfe als »grobschlächtigen Monetarismus« zurück.[677] Er bemühte sich zu versichern, man habe die Lehren aus der Weltwirtschaftskrise nicht vergessen. Ergebnis war ein Drahtseilakt mit offenem Ausgang: Waren die Lehren vielleicht zu sehr verinnerlicht worden? Hatte der Kapitalismus noch genug Biss, wenn Institute vor dem Konkurs gerettet wurden? Andererseits, waren die neuen Instrumente wirklich wirksam? 2013 schrieb der IWF-Chefökonom Olivier Blanchard, seines Zeichens Unterstützer des neuen Zentralbankenansatzes: »Fakt ist, dass die Effekte unkonventioneller Geldpolitik, im Vergleich zu denen konventioneller Politik, sehr begrenzt und ungewiss sind.«[678]

Noch wichtiger war eine weitere politische Entscheidung: 2011 war das Vertrauen in die Finanzökonomie in den Vereinigten Staaten wieder ganz hergestellt. Im Mai 2009 hatte es einen wichtigen Schritt dahin gegeben, als die ersten Stresstests bei 19 Banken oder Bankholdings veröffentlicht wurden und klar war, dass die schwächeren Banken rekapitalisiert würden. Die Gefahr einer Bankeninsolvenz schien gebannt – das reichte aber nicht, um alle Wachstumshindernisse aus dem Weg zu räumen. Bernanke vertrat später eine Lesart, der zufolge die ersten Runden des aggressiven geldpolitischen Vorgehens derart ineffektiv gewesen seien, weil zahlreiche einflussreiche Marktbeobachter angenommen hätten, die neue Linie wäre bald wieder passé.[679] Die Maßnahmen von Ende 2010 (und das große Trara darum) überzeugten die Märkte schließlich, dass es die Fed ernst meinte und sich langfristig und verbindlich auf eine neue Politik festgelegt hatte. Rasch nannte man das »odysseeisch«, schließlich hatte sich Odysseus in der griechischen Mythologie an einen Mast binden lassen, um dem Gesang der Sirenen zu widerstehen. Seit August 2011 war die Fed zusätzlich noch zur *forward guidance* über- und also ausdrücklich die Verpflichtung eingegangen, ihre politische Einschätzung für eine bestimmte, längere Zeitspanne beizubehalten. Im Jahr 2020 konnte Bernanke sagen, es führe kein Weg zurück in die versunkene Welt der alten Zentralbanksteuerung: »In einem können wir uns sicher sein: Die alten Methoden funktionieren nicht mehr. [...] Die Szenarien im makroökonomischen Hauptmodell der Fed deuten darauf hin, dass der Rückgriff auf politische Regeln, die vor der Krise entwickelt wurden, dazu führen würde, dass die kurzfristigen Zinssätze in einem Drittel der Fälle bei null liegen.«[680]

Wir haben hier ein spiegelverkehrtes Bild des alten Modells für Zentralbankverhalten, bei dem dieselbe klassische Analogie oftmals als Begründung für die Unabhängigkeit der Zentralbank diente und für die Linie eines »konservativen Zentralbankers«. Nun mussten sich die Zentralbanken festbinden lassen – oder selbst festbinden –, damit sie nicht zu konservativ agierten.

Das Ergebnis der Rettungsaktionen in aller Welt war, dass es (außerhalb der begrenzten Fälle in Irland, Island und Spanien) keine massiven Bankenpleiten gab. Die Finanzinstitute wurden größer – ungeachtet des Bewusstseins, dass das Problem unter anderem auch in der »Too big to fail«-Dynamik wurzelte, in deren Zuge die Banken übergroße Risiken eingingen, weil sie wussten, dass sie aufgrund ihrer zentralen Stellung im Wirtschaftsprozess über ein Sicherheitsnetz verfügten.

Es mussten sich auch nicht viele Banker strafrechtlich verantworten. Fred Goodwin war bis 2009 Vorstandsvorsitzender der Royal Bank of Scotland gewesen und verlor nach deren Verstaatlichung lediglich seinen Titel als *knight* (den er »für Verdienste um das Bankwesen« erhalten hatte). Weltweit, so berechnete die *Financial Times* später, wurden 47 Banker für ihre Rolle in den Finanzökonomien zu Haftstrafen verurteilt; aktiv wurden im Wesentlichen drei Länder mit 25 Verurteilungen in Island, elf in Spanien und sieben in Irland. In Island, wo die Häftlingszahl insgesamt bei etwa 120 lag, bildeten die Banker folglich einen beachtlichen Teil der Gefängnisbevölkerung.[681] Im Gegensatz dazu wurde in den Vereinigten Staaten nur ein Banker für seine Beteiligung an der Weltfinanzkrise zu einer Haftstrafe verurteilt, und dieser Kareem Serageldin hatte hauptsächlich in London für eine ausländische Bank (Crédit Suisse) gearbeitet. Zu der Häftlingsgesamtzahl von 2,3 Millionen gesellte sich nur ein Banker mehr. Die Finanzkrise erschien als Krise ohne größere Pleiten und ohne größere Strafverfahren. Allerdings wurden saftige Geldbußen verhängt: Weltweit zahlten die Banken rund 321 Milliarden Dollar an Geldstrafen, wobei fast zwei Drittel dieser Strafzahlungen gegen nordamerikanische Banken ausgesprochen wurden.[682]

Bernanke hatte die Zentralbanken – und insbesondere die US-amerikanische Federal Reserve – zum Platzhirsch gemacht. Unter seiner Leitung wurde die Geldsteuerung (genauer wohl: die Kreditsteuerung) zentral für die Geschicke und die Zukunft der Volkswirtschaft. Die Zentralbanker, einschließlich Bernanke, plädierten vermehrt für Staatsausgaben und eine Fiskalpolitik, die einen größeren Teil der Last schultert. Denn sie erkannten das Risiko: Die Zentralbank im Umgang mit einem Nachfrageschock derart zentral zu setzen könnte zu einer heftigen Gegenreaktion führen. 2021 herrschte beträchtliche Skepsis darüber, ob die japanische Strategie gegen Stagnation, nämlich eine sehr expansive Haushaltspolitik und vergrößerte Zentralbankbilanz, aufgegangen war. Der neue japanische Premierminister Fumio Kishida versprach, das Land aus der *abenomics* herauszuführen, deren Fokus auf Geldmengenwachstum und Deregulierung nunmehr als »neoliberal« gegeißelt wurde.[683]

Die Logik einer Aufhebung der Unabhängigkeit der Zentralbank (UZB) liegt mitunter reizvoll, mitunter auch reizlos auf der Hand: Wenn ein schädliches Inflationsniveau zur Abhilfe der UZB bedarf, erfordern dann nicht gefährlich deflationäre Tendenzen ein Ende der UZB (geläufiger ist vielleicht dessen schmeichelhaftere Bezeichnung als »fiskal- und geldpolitische Konzertation«) – und wohl auch eine Rückkehr zur Multifunktionalität der Zentralbanken? Die Zentralbanken müssten damit experimentieren, zunehmend mehr Hebel zu betätigen, um die Wirtschaftstätigkeit nach einem deflationären Schock wieder in Schwung zu bringen.

Die institutionellen Gefahren standen den Zentralbankern nach der Weltfinanzkrise deutlich vor Augen, und häufig brachten sie ihren Frust darüber zum Ausdruck, dass sie sich als zentrale Stütze gegen den wirtschaftlichen Zusammenbruch stemmen mussten. Sie suchten denn auch, die Aufmerksamkeit von den Zentralbanken weg und auf die Regierungen hinzulenken: Es brauche mehr fiskalpolitischen Dampf. Nirgendwo wurde diese Forderung so nachdrücklich formuliert wie in Europa, wo der Maastricht-Vertrag die weltweit unabhängigste (und in den Augen ihrer Kritiker: verantwortungsloseste) Zentralbank hervorgebracht hatte. Insbesondere Mario Draghi drängte nachdrücklich auf stärkere fiskalpolitische Konzertation, doch schon sein Vorgänger Jean-Claude Trichet hatte, wenn auch weniger empathisch, dieselbe Argumentation vorgebracht. Bei seinem Abschied als EZB-Präsident erklärte Mario Draghi nun seinerseits: »Die Geldpolitik kann ihr Ziel nach wie vor erreichen – es ginge jedoch schneller und mit weniger Nebenwirkungen, wenn die Fiskalpolitiken der Länder darauf abgestimmt wären.«[684] Europa ist abermals das Versuchskaninchen für die Entwicklung einer Zentralbankentheorie, die den gegenwärtigen politischen Herausforderungen entspricht. Der EZB-Standpunkt ist allerdings nicht einzigartig: Der Fed-Vorsitzende Ben Bernanke brachte ganz ähnliche Argumente vor wie Mario Draghi.[685]

Die Logik einer Aufweichung der UZB erhielt auch Auftrieb, als die Rolle der Zentralbanken wieder komplexer und vielfältiger wurde. Der Hintergrund für die außerordentlich breite Zentralbankkritik in den 2010ern war der, dass die Politik komplizierter geworden war und dass viele praktische Schritte im Kampf gegen die Krise Elemente enthielten, bei denen distributive Spillover-Effekte viel eindeutiger waren als im Fall der klassischen Geld- und Währungspolitik. Die Bankenrettungen enthielten offenkundig ein fiskalpolitisches Element, und die wesentlichen Anstöße kamen von der Regierung, von den Finanzministerien und vor allem von den Premierministern und Präsidenten. Strategien, die die Aufnahme bestimmter Wertpapierklassen in die Zentralbankbilanz erforderlich machten, beeinflussten auch die relativen Preise. Während sich die Zentralbanken wieder verstärkt auf die Regulierung des Geldmarktes zurückzogen und Urteile darüber fällten, welche Arten der Kreditausgabe wünschenswert seien, begünstigten und benachteiligten ihre Maßnahmen doch eindeutig unterschiedliche Wirtschaftsbereiche. Wenn es um Verteilung geht, wirkt die Entscheidung politisch und die Logik der Subsidiarität erscheint schwach.[686]

Gegen Ende der 2010er, am Vorabend der Corona-Pandemie, war diese Ansicht zu einem pragmatischen, handlungsleitenden Konsens geworden. Als unmittelbare Reaktion auf Corona nahm die Unsicherheit hinsichtlich einer künftigen Inflationsentwicklung zu: Der vorgegebene Zielkorridor ist nun breiter. Die Frage ist: Stehen wir vor Inflationsrisiken, dann würde man in Richtung UZB drängen, stehen wir vor kriseninduzierten Deflationsrisiken, dann wäre eine Fortsetzung des Kurses der Zeit nach 2008 erforderlich.

Angesichts dieser Ungewissheit und insbesondere da die Inflationsrisiken größer erscheinen, tauchen einige der alten Argumente *gegen* die UZB vermehrt wieder auf. Nach dem Ersten Weltkrieg hatten die Zentralbanken die akkommodierende Geldpolitik unter fiskalischer Dominanz weitergeführt und rechtfertigten ihre Linie als patriotisches Gebot der Stunde. Grundsätzlich kontrollierten die Zentralbanken die Kosten der Staatsverschuldung und waren also einem überwältigenden Druck ausgesetzt. Um die Fed von einer Zinserhöhung abzuhalten, führte die Truman-Regierung mitten im Koreakrieg natürlich auch den Patriotismus im Munde. Als Truman den gesamten Offenmarktausschuss empfing, begann er mit einer erstaunlich unumwundenen Darstellung der US-Außenpolitik und »betonte, dass wir den kommunistischen Einfluss an vielen Fronten bekämpfen müssen. Er sagte, das tue man unter anderem dadurch, dass man das Vertrauen in die Kreditwürdigkeit der Regierung und die Staatsanleihen erhält. Er befürchtete, dass alles das, was wir durch unsere militärische Mobilisierung, und notfalls durch den Krieg, zu gewinnen hoffen, auf dem Spiel stehe, wenn die Menschen das Vertrauen in die Staatsanleihen verlieren würden.«[687] Überraschenderweise legte der frühere Fed-Vorsitzende Marriner Eccles, der nun als wichtiger Abweichler eine sehr scharfe Position gegen die Inflation einnahm, auch eine alternative Sicht auf die Außenpolitik dar: Er war gegen den Koreakrieg und sorgte sich, die Vereinigten Staaten könnten sich »in einen unbekannten asiatischen Morast begeben, ohne die Kosten zu überblicken«.[688]

Hat dieses Argument der nationalen Sicherheit heute noch eine Entsprechung? In einigen Ländern scheint der Diskurs von Rudolf von Havenstein und von Truman über die Verteidigung und über nationale Interessen wieder auf. Drastisch deutlich wird dies in den Äußerungen des türkischen Präsidenten Recep Tayyip Erdoğan, der die hohen Zinssätze als »Mutter allen Übels« bezeichnet und erklärte, »Devisenspekulanten, die Zinslobby und Feinde der Türkei unter dem Deckmantel von Ratingagenturen sind unsere Sache nicht«.[689] Ein Vorstoß zur Kontrolle der Zinssätze – die Motivation auch von

Havenstein und Truman – stand eindeutig hinter der Entlassung des türkischen Zentralbankgouverneurs Naci Ağbal im März 2021, nachdem dieser die Zinssätze auf zwei Prozent festgesetzt hatte.

Vor dem russischen Angriff auf die Ukraine 2022 hätten die meisten europäischen Länder und Politiker sicher nicht in der Terminologie eines Erdoğan (oder eines Viktor Orbán) über nationale Erfordernisse gesprochen. Allerdings verwiesen sie auf ein anderes Feld offener strategischer Fragen – das Pendant im 21. Jahrhundert zu dem, was der Vorrang nationaler Interessen gewesen war –, wenn sie dafür plädierten, dass die existenzielle Bedrohung durch den Klimawandel eine Neuausrichtung des Handlungsrahmens der Zentralbanken und ein neues Element der fiskal- und geldpolitischen Interaktion erfordere. In dieser Hinsicht ist die EZB besonders innovativ gewesen, hat dabei aber auch das Problem, dass einige der ins Anleihenkaufprogramm aufgenommenen Papiere (etwa von Fluggesellschaften und anderen Kohlendioxidemittenten) noch nicht einmal einen klimaneutralen Anstrich vermitteln. Auf der anderen Seite des Atlantiks denkt die Fed zunehmend über strategische Maßnahmen nach, die gegen Rassenungleichheit wirksam sein könnten. In beiden Fällen lassen sich die Prioritäten der Zentralbanken im Umgang mit drängenden strategischen Fragen nicht abgrenzen vom allgemeinen Kurs der Regierungslinie.

Die Zentralbanken haben viele neue Funktionen übernommen, und zwar auf der Grundlage eines Modells, das ursprünglich im Hinblick auf die lange Stagnationsphase in Japan seit 1991 entwickelt worden war. Dieser neue Kurs trat entschieden dafür ein, die Zinssätze auf einen natürlichen Zinssatz (r*) zu senken. Die Hauptnutznießer waren die Besitzer von Wertpapieren und Immobilien, durchaus aber auch die Regierungen (darunter auch viele populistische Politiker), die sich somit von Budgetzwängen befreien konnten. Der Gedanke des »Helikoptergeldes« schien den Regierungen neue Möglichkeiten zu eröffnen. Die Lektion wurde schließlich mit einer neuen Welle von Zentralbankmaßnahmen in der Corona-Krise verinnerlicht. So verkündete beispielsweise der Italiener Matteo Salvini, er gebe seine bisher ablehnende Haltung gegen den Euro auf und wolle nun höhere Ausgaben sehen: »Wegen Corona mussten die europäischen Institutionen auf uns hören. Hoffentlich hat Corona jedem vermittelt, dass Austerität und Sparpolitik nicht funktionieren.« Da die Zentralbanken so mächtig waren, wollte nun jeder sicherstellen, dass die Zentralbankmaßnahmen in ihrem Sinne wirkten. Daher standen die Institutionen im Zentrum der Auseinandersetzungen um die Verteilung, auf innenpolitischer wie internationaler Ebene – und das war eine äußerst unbequeme Position. Ein wesentlicher Mechanismus der weltweiten Verbundenheit – der Globalisierung – geriet also zunehmend unter Druck.

An diesem Punkt zerfiel die Globalisierung in konkurrierende Entwürfe, und es bildete sich eine neue Alternative zum multilateralen Freihandel, der als US-hegemoniales Modell aus der Mitte des 20. Jahrhunderts stammte. Mit dem chinesischen Fokus auf die Infrastruktur für transkontinentale und maritime Verbindungswege, den die neue Seidenstraße der Belt and Road Initiative in die Welt trägt, erscheint die Distributionslogistik als Schlüssel für die Steuerung der Globalisierung und den Einsatz einer neuartigen politischen Macht. Geltung konnte diese Sicht auch in der neuen Krise beanspruchen, als ein Angebotsschock die Krisenmaßnahmen wesentlich prägen sollte.

7.
Der große Lockdown: 2020–2021

Für die Weltfinanzkrise wurde vor allem die Globalisierung verantwortlich gemacht und ebenso für den neuen Wirtschaftsschock von 2020. Die Covid-Krise war ganz offensichtlich ein Produkt der Globalisierung – des Netzes globaler Verflechtungen –, und die Herausforderung wurde dann durch eine Kombination aus Technologie, Politik und Vernetzung bewältigt. Und natürlich gab es Kontroversen darüber, wie diese Elemente kombiniert wurden.

Einige Deglobalisierer stellten eine ausdrückliche Verbindung zwischen Covid und Globalisierung her: Donald Trumps Handelsberater Peter Navarro bezeichnete die Globalisierung als »Ursünde« und die Pandemie als Strafe dafür.[690] Der intuitive Gedanke, dass die Globalisierung ansteckende Krankheiten hervorbringen könnte, war bereits 1993 in der Popkultur aufgegriffen worden, und zwar in einer Folge von *Die Simpsons,* in der Homer Simpson zum Superspreader der »Osaka-Grippe« wird, die auf der Verpackung eines in Japan hergestellten und per Post verschickten Konsumguts eingeschleppt wird. Nach der Covid-Störung kam es überall zu Engpässen: Es fehlten Medikamente, Schutzausrüstung, Sauerstoff, Impfstoffe, dann Toilettenpapier, Halbleiterchips, Transportkapazitäten, Kraftstoffe, Sportgeräte, kurzum alles, was man bei einem Lockdown brauchen könnte. Die Schwachstellen waren offensichtlich und allgegenwärtig. Zufällige Ereignisse wie ein im Suezkanal gestrandetes Containerschiff oder ein Covid-Ausbruch in einem chinesischen Hafen unterbrachen die Versorgungsketten mit Folgen in aller Welt. Kleine Zwischenfälle unterstrichen, wie real die globale Vernetzung und wie verwundbar die Globalisierung ist.

Dann konnten – wie bei früheren Krisen – die vielen technischen und organisatorischen Möglichkeiten, die bereits entwickelt worden waren, zur Rettung der Welt eingesetzt werden. Dann überfiel Russland 2022 die Ukraine und löste den schwersten Konflikt in Europa seit dem Zweiten Weltkrieg aus mit neuen und bedrohlichen Störungen der Lieferketten.

Wenn winzige Auslöser wie ein Virus unkontrollierbare Prozesse in Gang setzen können, welche Rahmen und Methoden sind dann am besten geeignet, um die Bedrohung zu analysieren und dann Lösungen zu finden? Könnten, wie bei früheren Krisen, die vielen technischen und organisatorischen Möglichkeiten, die bereits entwickelt wurden, wieder freigesetzt werden, um die Welt zu retten? Und könnte die Globalisierung neu erfunden werden? Die Nanotechnologie bot eine medizinische Lösung für Covid. Könnte eine neue Wirtschaftslehre (vielleicht die Nanoökonomie?) diese Herausforderung bewältigen?

Anfangs, im Winter und Frühjahr 2020, schien Covid ein vorübergehender Schock zu sein; nach zwei Jahren, in denen sich die Pandemie in unvorhersehbaren Wellen über die ganze Welt ausgebreitet und das Virus Mutationen und Varianten entwickelt hat, sieht es eher nach einem semipermanenten Phänomen aus. Im Dezember 2020 wurde in Indien die neue, ansteckendere Delta-Variante identifiziert, die sich innerhalb weniger Monate zur vorherrschenden Form der Krankheit entwickelte. Ende 2021 wurde Omikron erstmals in Südafrika als noch ansteckendere Variante nachgewiesen und verbreitete sich rasch über die ganze Welt. Da immer mehr Menschen gegen die Krankheit geimpft waren, bevor sie sich infizierten, und in einigen Fällen eine niedrige Antikörperresistenz aufwiesen, wurde es immer wahrscheinlicher, dass sich resistente Formen des Virus entwickelten. Anfangs rechneten Schulen und Unternehmen damit, dass sie für drei oder vier Wochen geschlossen bleiben würden, um die Krankenhäuser vor einer Überlastung durch die erste Krankheitswelle zu schützen: Ganz ähnlich glaubte man im Sommer und Herbst 1914, der Krieg werde bis Weihnachten vorbei sein. Man konnte sich eine derart langanhaltende Störung nur schwer vorstellen, weil es so etwas bisher in der modernen Welt nicht gegeben hatte.

Wie bei Kriegen gab es anfangs beeindruckende Solidaritätsbekundungen. Das Gesundheitspersonal, die Soldaten an vorderster Front in diesem neuen Konflikt, wurde in vielen Ländern bejubelt. Im weiteren Verlauf des Krieges gegen Covid bröckelte diese Solidarität, und es kam zu heftigen Auseinandersetzungen zwischen Gegnern von Lockdowns, Impfungen und Tests und jenen, die die offizielle Politik unterstützten. Verstärkt wurde diese Verwirrung noch dadurch, dass die verschiedenen Regierungen sehr unterschiedlich mit der Covid-Situation umgingen. Manche verhängten strenge Lockdowns, während andere Länder ein Laissez-faire-Vorgehen verfolgten. In letzteren Ländern waren Betriebsschließungen freiwillige Maßnahmen der Bürger, die ihr Expositionsrisiko reduzieren wollten. Die Experten waren sich uneins, wie wirksam die Maßnahmen zur Pandemiebekämpfung waren, und die Bürger wurden zu Sofa-Strategen. Müdigkeit, Desillusionierung und Zynismus machten sich breit. Das bereits prekäre Sozialgefüge wurde weiter belastet.

Einige Befürworter der Globalisierung behaupteten, unternehmerische Initiative, insbesondere im offensichtlichen Fall der Biotechnologie, weise den Weg aus der Krise. Es gab neue Helden, bei denen es sich oft um Menschen mit einem international mobilen Hintergrund handelte: die in Ungarn geborene Katalin Karikó von der Universität Pennsylvania, die an RNA-vermittelten Mechanismen für therapeutische Zwecke arbeitete; Stéphane Bancel, der in Frankreich geborene CEO von Moderna; oder der Onkologe Uğur Şahin und die Immunologin Özlem Türeci, das in der Türkei geborene deutsche Ehepaar, das 2008 das Start-up BioNTech gegründet hatte. Sie entwickelten einen erfolgreichen mRNA-Impfstoff gegen Covid-19, wenige Tage nachdem chinesische Wissenschaftler am 10. Januar 2020 die genetische Sequenzierung des Covid-19-Virus veröffentlicht hatten. An dem Tag wurde auch der erste Todesfall in Wuhan auf das Virus zurückgeführt. Moderna und BioNTech machten beide den Eindruck von hochspekulativen Unternehmen. BioNTech hatte mit der GO-Bio-Fördermaßnahme des deutschen Ministeriums für Bildung und Forschung und einer Erstinvestition der Gründer eines großen deutschen Generikaherstellers begonnen. Das Unternehmen hat eine Vielzahl von Patenten angemeldet und wurde 2019 an der US-NASDAQ notiert, war aber kein großer Arzneimittelhersteller. Moderna hatte 2018 den bisher größten Börsengang eines Biotech-Unternehmens hingelegt und war mit 7,5 Milliarden US-Dollar bewertet, obwohl das Unternehmen nie eine Zulassung für ein Medikament oder einen Impfstoff erhalten hatte. Mit diesem Geld von den Kapitalmärkten forschte Moderna an Impfstoffen gegen Viren wie Zika und Cytomegalovirus und eröffnete im Jahr 2018 eine große Produktionsanlage in Massachusetts. Angesichts von Covid beschaffte das Unternehmen 1,3 Milliarden US-Dollar, um die Produktion auszuweiten. Dies war ein Triumph des Erfindergeistes, aber auch des Risikokapitals. Im Vereinigten Königreich war die Ernennung von Kate Bingham, einer Risikokapitalgeberin von SV Health Investors, zur Vorsitzenden der britischen Impfstoff-Taskforce, wo sie die Infrastruktur und die Beschaffung von 350 Millionen Dosen von sechs verschiedenen Impfstoffen organisierte, eine der wenigen eindeutig erfolgreichen Entscheidungen der britischen Regierung.

Aber vielleicht hatten eher die Regierungen die Entwicklung von Medikamenten und Impfstoffen entscheidend vorangetrieben? Schon im Jahr 2013 hatte die US-Regierung über ihren legendären Forschungsinkubator DARPA (Defense Advanced Research Projects Agency) Zuschüsse an private Unternehmen vergeben, die an medizinischen Lösungen für seltene Krankheiten forschten: Moderna erhielt 25 Millionen US-Dollar für die Arbeit an einem mRNA-Medikament gegen die durch Mücken übertragene Tropenkrankheit Chikungunya. Am 15. Mai 2020 startete die US-Regierung angesichts der Pandemie die Operation Warp Speed, ein 10-Milliarden-Dollar-Programm, um die Impfstoffentwicklung und -produktion zu beschleunigen. Moderna bekam aus dem Topf 1,53 Milliarden Dollar und auch AstraZeneca und Johnson & Johnson erhielten beträchtliche Summen; Pfizer, das mit BioNTech zusammenarbeitete, bekam jedoch nichts. BioNTech wurde von der deutschen Regierung mit dem wesentlich geringeren Betrag von 375 Millionen Euro unterstützt, um seine Produktion zu steigern und Phase-III-Studien einzuleiten. Warp Speed war ein spektakulärer Erfolg für eine Regierung, deren Reaktion auf die Pandemie größtenteils durch vorsätzliche Verharmlosung der Gesundheitsgefahr, Werbung für Wundermittelchen und nationalistische Rhetorik gekennzeichnet war. Die Ergebnisse zeitigten sich jedoch zu spät, um Donald Trump bei den Wahlen noch zu helfen: Pfizer beantragte die Notfallzulassung des Impfstoffs bei der US-Arzneimittelbehörde FDA am 20. November 2020, zwei Wochen nach der Wahl, und Moderna am 30. November (die Zulassungen erfolgten am 11. und 18. Dezember).

Die zugrunde liegenden Technologien, die Lösungen boten, waren nicht völlig neu. Die Nanotechnologie, das Verfahren, mit dem eine genetische Sequenz von Virusproteinen in Wirtszellen eingebracht wird, wurde wahrscheinlich durch einen eher skurrilen Vortrag des späteren Nobelpreisträgers Richard Feynman im Jahr 1959 mit dem Titel »There's Plenty of Room at the Bottom« (»Am unteren Ende ist noch viel Platz«) inspiriert. Ein entscheidendes Instrument, das Rastertunnelmikroskop, wurde 1981 entwickelt, und in den 1990er-Jahren nahm die Forschung im Bereich der Nanotechnologie sprunghaft zu. Im Jahr 2020 gab es dann ein klares Problem, nämlich die Frage der Einbringung von Impfstoffen, das mit dieser Technologie in Angriff genommen werden konnte.

Die Geldsummen, die Regierungen ausgaben, um die rasche Entwicklung des Impfstoffs voranzutreiben und die Produkte vorzubestellen, waren wahrscheinlich das wirksamste staatliche Programm aller Zeiten, gemessen an den daraus resultierenden Einsparungen für die Gesellschaft, aber auch für die Regierung. Da überrascht es nicht, dass der Impfstoff eine allgemeine Euphorie über das transformative Potenzial öffentlicher Ausgaben auslöste. Impfstoffe und medizinische Geräte waren nicht die einzigen Beiträge des Staates: Man erwartete von der Politik außerdem, ein Sozialgefüge wieder zusammenzuführen, das unter der Belastung bereits Spaltungstendenzen zeigte. Die politischen Systeme waren durch die populistischen Revolten aufgewühlt worden, die 2016 im Brexit-Votum und in der Wahl von Donald Trump gipfelten: Das Ergebnis waren breite Forderungen nach einem stärkeren Engagement des Staates. Trumps Popularität, die selbst unter den düsteren Umständen des Jahres 2020 noch beträchtlich war, beruhte in hohem Maße auf großzügigen staatlichen Zahlungen (»Stimulus«-Schecks, die mit dem Namen des Präsidenten bedruckt verschickt wurden). Der britische konservative Premierminister Boris Johnson erzielte einen spektakulären Wahlerfolg, weil er versprach, die im Niedergang begriffenen nordenglischen Industrieregionen wiederzubeleben: Wählen Sie einen Tory, hieß es, und Sie bekommen eine FacTory. Dieses Modell wurde globalisiert und in der ganzen Welt wiederholt. Es war auch eine etwas verspätete Reaktion auf die Logik von Zinssätzen und Verschuldung aus den 2010er-Jahren, als das niedrige Zinsniveau die Staatsausgaben faktisch kostenlos zu machen schien.

Die Pandemie war offensichtlich eine globale Herausforderung, die eigentlich hätte eine international koordinierte Reaktion erfordern und hervorbringen müssen, nicht nur bei der Einschränkung der Bewegungsfreiheit, sondern auch bei der Entwicklung von Impfstoffen und medizinischen Behandlungen. Der G20-Gipfel hatte eine beeindruckende Antwort auf die Finanzkrise von 2008 geliefert, und auch bei der Covid-Krise wurde dort viel über Koordinierung geredet. In beiden Fällen machte man sich auch ähnlich viele Gedanken um große Zahlen in den Schlagzeilen. Der britische Premierminister Boris Johnson verkündete im Vorfeld des G7-Treffens in Carbis Bay, Cornwall, im Juni 2021: »Wenn die Welt bis Ende nächsten Jahres geimpft würde, wäre das die größte Leistung in der Geschichte der Medizin.« Er versprach eine Milliarde zusätzlicher Impfdosen.[691] Impfstoffe bereitzustellen ist allerdings schwieriger, als einfach mehr Geld zu generieren. Entsprechend wurde großzügig Geld geschaffen, aber es fehlte an den materiellen Produkten – Medikamente, Impfstoffe –, die zur Bekämpfung des Virus benötigt wurden. In einer Krise, die ihren Ursprung in einem Zusammenbruch der Nachfrage hat, muss man einfach mehr Aktivität anstoßen, da jede Art von Nachfrage wirksam ist und Vertrauen wiederherstellt. Bei der Covid-Krise ging es in erster Linie nicht darum, dass eine effektive Nachfrage ausblieb. Keine Magie kann wirksame Impfstoffe oder dramatische Heilmittel hervorbringen (oder auch die militärische Ausrüstung, die einem präzisen Bedarf entspricht), und eine expansive Finanzpolitik könnte mit katastrophalen Folgen in die falsche Richtung leiten, wenn die so erworbenen Produkte und Dienstleistungen unwirksam sind.

Der Zusammenhang von Krankheit und Wirtschaft

Covid hatte aus heiterem Himmel zugeschlagen. Am 4. Januar 2020 meldete die Weltgesundheitsorganisation (WHO) eine Häufung von Lungenentzündungsfällen »unbekannter Ursache« im chinesischen Wuhan. Am 21. Januar gab das Gesundheitsministerium des US-Bundesstaates Washington den ersten bestätigten Fall von COVID-19 in den Vereinigten Staaten bekannt, im Snohomish County bei einem Patienten, der aus dem chinesischen Wuhan angereist war. Am 30. Januar rief die WHO im Zusammenhang mit dem Ausbruch des neuartigen Coronavirus einen »internationalen Gesundheitsnotstand« aus, und am darauffolgenden Tag rief der US-Gesundheitsminister ebenfalls den Gesundheitsnotstand aus. Am 21. Februar wurde der erste italienische Fall in der Nähe von Mailand entdeckt. Am 29. Februar gab der Gouverneur von Washington den ersten bestätigten Todesfall in den Vereinigten Staaten durch COVID-19 bekannt und rief den Notstand aus. Am 1. März meldete der Gouverneur von New York den ersten Fall bei einer Gesundheitshelferin. Heute weiß man, dass all diese Ankündigungen erst lange nach den ersten Ausbrüchen erfolgten: In Kalifornien trat die Krankheit lange vor den Fällen in Washington auf, in Wuhan zirkulierte das Virus bereits in den letzten Monaten des Jahres 2019, und die italienischen Gesundheitsbehörden fanden in Blutproben aus Krebsvorsorgeuntersuchungen in der Lombardei ab September 2019 Hinweise auf das Virus. Am 11. März 2020 stufte die WHO den Ausbruch als Pandemie ein.

Schnell erwies sich, dass die Ansteckung durch »Superspreader-Ereignisse« erfolgte. Am 19. Februar 2020 fand in Mailand ein Fußballspiel zwischen Valencia und Atalanta (der Lokalmannschaft von Bergamo) statt, zu dem rund 44 000 Bergamoer kamen und das zwei Wochen später eine Welle von Fällen auslöste. Luca Lorini, der Leiter der Intensivstation im Krankenhaus von Bergamo, erklärte: »Ich bin sicher, dass 40 000 Menschen, die sich umarmten und küssten, während sie nur einen Zentimeter voneinander entfernt standen – und das gleich viermal, weil Atalanta vier Tore schoss – definitiv ein enormer Beschleuniger für die Ansteckung waren.«[692] In der Lombardei gab es weitere große Versammlungen, wie das Volksfest San Faustino in Brescia, bei dem rund 100 000 Menschen auf den Straßen feierten. Nach einer Biogen-Konferenz in Boston am 26. und 27. Februar traten mehr als 100 Fälle auf, die direkt mit der Konferenz in Zusammenhang gebracht werden konnten. Später wurde errechnet, dass die Konferenz landesweit zwischen 200 000 und 300 000 Coronavirus-Fälle verursacht hatte.[693] Am 7. März zeigte ein Barkeeper im österreichischen Skigebiet Ischgl Symptome; die österreichischen Behörden unternahmen mehrere Tage lang nichts, außer dass die Bar (das Kitzloch) geschlossen wurde; am 13. März wurde dann das gesamte Skigebiet abrupt dichtgemacht und die Touristen nach Hause geschickt, oft in völlig überfüllten Bussen und Zügen. Der Ausbruch in Ischgl zog dann Folgeausbrüche in 45 Ländern nach sich.[694] Eine Chorprobe in Skagit County, Washington, am 10. März, an der 61 Personen teilnahmen, von denen eine symptomatisch war, führte zu 53 Infektionen, obwohl die meist älteren Chormitglieder Abstand voneinander gehalten hatten. Die katastrophale zweite Welle von 2021 in Indien wurde durch die übertriebene Zuversicht verstärkt, das Virus sei besiegt. Im Januar 2021 sagte der indische Premierminister Narendra Modi auf dem Weltwirtschaftsforum in Davos: »Es gab Prognosen, nach denen Indien weltweit am stärksten vom Coronavirus betroffen sein würde. Heute gehört Indien zu den Ländern, denen es gelungen ist, das Leben seiner Bürger zu retten.« Seine Partei verkündete daraufhin, Indien habe »Covid besiegt«.[695] Doch dann verwandelten sich große

Wahlkampfveranstaltungen und das religiöse Hindu-Fest Kumbh Mela in Superspreader-Ereignisse.

Paul Krugman spekulierte in seinem bissigen Nachruf auf Milton Friedman über die Beziehung zwischen einem äußeren Schock und der Meinung über Wirksamkeit und Kompetenz der Regierungspolitik: »Angenommen, eine Grippeepidemie bricht aus, und eine spätere Analyse ergibt, dass die Epidemie durch geeignete Maßnahmen der Centers for Disease Control [Seuchenkontrollzentrum, CDC] hätte eingedämmt werden können. Dann könnte man den Regierungsbeamten zu Recht vorwerfen, dass sie keine angemessenen Maßnahmen ergriffen haben. Aber zu behaupten, dass die Regierung die Epidemie verursacht hat, oder das Versagen der CDC als Beweis für die Überlegenheit der freien Märkte gegenüber dem Staat anzuführen, wäre ziemlich weit hergeholt.«[696] Die Politik stand im Zentrum der Reaktion auf die Krise – und auf sie reagierte die öffentliche Kritik am stärksten. Tatsächlich reagierte die CDC bemerkenswert unbeholfen und konnte nicht mit Daten umgehen, die von einer Vielzahl staatlicher Behörden auf unterschiedliche Weise und mit unterschiedlichen Computersystemen gesammelt wurden. So konnte man sich nur schwer ein Gesamtbild der Krise verschaffen oder wirksame Maßnahmen entwickeln.

Die anfängliche Reaktion der USA sah eher auf wirtschaftlicher als auf medizinischer Ebene kompetent aus. Der S&P schloss am 19. Februar auf einem Rekordhoch, aber in der letzten Februarwoche fielen die Aktienmärkte weltweit so stark wie seit der Finanzkrise 2008 nicht mehr. Am 3. März senkte die Fed den Leitzins, und am 9. März fiel der S&P-500-Index um 7 Prozent, der Handel mit allen dort gelisteten Aktien wurde ausgesetzt, um den ungeordneten Preisverfall zu unterbinden; ein weiterer solcher Vorfall ereignete sich am 12. März. Am 15. März fand eine außerordentliche Sitzung des Offenmarktausschusses der Fed statt, der den Leitzins auf null senkte, die Banken aufforderte, das Diskontfenster der Fed zu nutzen, und außerdem Swap-Vereinbarungen mit der Bank of Canada, der Bank of England, der Bank of Japan, der EZB und der Schweizerischen Nationalbank traf. Der Fed-Vorsitzende Jerome Powell erklärte: »Wir erwarten, dass die Krankheit und die Maßnahmen, die jetzt ergriffen werden, um ihre Ausbreitung einzudämmen, in naher Zukunft einen erheblichen Einfluss auf die Wirtschaftstätigkeit haben werden. […] Darüber hinaus dämpfen die Auswirkungen des Ausbruchs die Wirtschaftstätigkeit in vielen ausländischen Volkswirtschaften, was zu Schwierigkeiten für US-Branchen führt, die auf globale Lieferketten angewiesen sind. […] Die Inflation, die weiterhin unter unserem symmetrischen Ziel von 2 Prozent liegt, wird in diesem Jahr wahrscheinlich durch die Auswirkungen des Ausbruchs gedämpft werden.«[697] Die Wirtschaftstätigkeit kam zum Erliegen, nicht nur wegen der offiziellen Lockdowns, sondern auch, weil sich die Beschäftigten aus ansteckenden und gefährlichen Arbeitsumgebungen zurückzogen. Die »Große Kündigungswelle« (*Great Resignation*), bei der im Sommer 2021 jeden Monat etwa vier Millionen US-Beschäftigte ihren Arbeitsplatz verließen, schien sich zu einem langfristigen Phänomen auszuwachsen.

Es bestand also gleichzeitig ein wirtschaftlicher und ein medizinischer Notfall. Die unmittelbare und effektive finanzielle Reaktion, eine massive, von den Zentralbanken finanzierte Erhöhung der Staatsverschuldung, wirkte wie ein sofortiges Wunder und beruhigte die Panik: ganz ähnlich, wie die wirksamen Maßnahmen der Finanzministerien im Juli und August 1914 die finanzielle Notlage sofort eingedämmt hatten. Diese Reaktion hatte gezeigt, dass Regierungen und Zentralbanken sehr mächtig sein können – aber mächtig genug, um ein Virus zu bekämpfen? Wie bei den Finanzmaßnahmen von 1914 beseitigte die finanzielle Stabilisierung auch jetzt die Ursache der Spannungen nicht.

Gegen den medizinischen Notfall gab es verschiedene mögliche Maßnahmen: Zunächst mussten durch Reiseverbote, Einschränkungen oder Lockdowns weitere Ansteckungen verhindert und eine Überlastung der Krankenhäuser vermieden werden. Bald waren im Fernsehen dramatische Bilder von Krankenhäusern in einigen Zentren, aus New York, Bergamo und Mailand, zu sehen, wo sich Patienten auf den Fluren und in langen Schlangen wartender Krankenwagen vor dem Gebäude drängten. Viele medizinische Einrichtungen mussten Zelte aufstellen, um den Andrang zu bewältigen. Neue Krankenhäuser wurden gebaut: In Wuhan wurde das erste Notfallkrankenhaus Huoshenshan in nur zehn Tagen hochgezogen. Londons neues provisorisches Nightingale-Hospital, nach der heldenhaften Krankenschwester aus dem Krimkrieg benannt, wurde im ExCel-Center in Ostlondon eröffnet und war eine symbolisch interessante Umnutzung des Konferenzzentrums, in dem das richtungsweisende G20-Treffen im April 2009 stattgefunden hatte.

Als Nächstes wurde dringend medizinische Ausrüstung gebraucht, um den temporären Notfall zu bewältigen: Gesichtsmasken, andere Schutzausrüstung, Beatmungsgeräte. Der britische Unternehmer und Innovator Sir James Dyson gab 20 Millionen Pfund vom Vermögen seines Unternehmens für die Entwicklung eines Beatmungsgeräts aus – und erfuhr dann im April, dass die britische Regierung diese Geräte gar nicht benötigte.

An dritter Stelle stand die verzweifelte Suche nach Behandlungsmethoden für Covid-Patienten, wobei viele noch unerprobte Techniken und Medikamente recht unsystematisch und chaotisch eingesetzt wurden, sodass ihre Wirksamkeit nur schwer zu beurteilen war. Manche waren völliger Unsinn: Dr. Vladimir Zelenko, ein Hausarzt im Bundesstaat New York, behandelte seine überwiegend chassidischen Patienten mit dem Malariamittel Hydroxychloroquin, einem Antibiotikum (Azithromycin) und Zinksulfat.[698] Das Experiment erregte die Aufmerksamkeit von US-Präsident Donald Trump, der eine Zeit lang begeistert für »Hydroxy« warb, ebenso wie andere Populisten, vor allem der brasilianische Präsident Bolsonaro.

In Frankreich pries der langhaarige Arzt Didier Raoult ebenfalls Hydroxychloroquin an, entwickelte eine Kultanhängerschaft und wurde von Präsident Macron besucht.[699] Remdesivir, das im Oktober 2020 in den Vereinigten Staaten zugelassen wurde, enttäuschte weitgehend. Die schnellen Wundermittel waren meist ein Schwindel, aber nach und nach kamen zuverlässigere antivirale Behandlungen auf den Markt: Paxlovid von Pfizer sowie Molnupiravir von Merck und Ridgeback im Jahr 2021. Sie waren einfacher herzustellen und zu verteilen als die Impfstoffe, die ebenfalls eine Möglichkeit boten, das Virus zu kontrollieren, aber nicht unbedingt gegen die neu auftretenden Varianten des Virus wirksam waren.

Schließlich konnte eine Erkrankung potenziell durch eine Impfung verhindert oder abgemildert werden. Die Entwicklung eines Impfstoffs dauert meist 10 bis 15 Jahre; bisher am schnellsten entwickelt wurde der Mumps-Impfstoff in den späten 1960er-Jahren, an dem vier Jahre lang geforscht wurde. Am 10. Januar 2020 stellte China die Genom-Sequenzierung des Virus auf der Website Virological.org ein, einer Plattform für vorveröffentlichte Daten zur Förderung von öffentlicher Gesundheit und Forschung.[700] Das relativ kleine deutsche Unternehmen BioNTech, das auf Boten-RNA (mRNA) spezialisiert ist, begann zwei Wochen nach der Bekanntgabe der Genom-Sequenzierung mit der Entwicklung eines Covid-Impfstoffs und entwickelte das Produkt in Partnerschaft mit Pfizer weiter. Die ersten Daten der klinischen Phase I/II wurden für Moderna am 14. Juli und für BioNTech/Pfizer am 12. August veröffentlicht. Am 9. November gab Pfizer bekannt, die Ergebnisse der Phase-III-Studie hätten eine 90-prozentige Wirksamkeit des Impfstoffs ergeben. Am 2. Dezember wurde der Impfstoff von Pfizer für den Notfalleinsatz in den Vereinigten Staaten zugelassen.[701] Doch der Impfstoff bot keinen vollständigen Schutz: Die Zahl der gebildeten Antikörper nahm mit der Zeit ab, das Virus mutierte, und es waren Auffrischungsimpfungen erforderlich. Dennoch verhinderten die Impfstoffe außerordentlich wirksam schwere Krankheitsverläufe und Todesfälle und verringerten die Übertragbarkeit des Virus.

Die Kosten für die Operation Warp Speed wurden für das Jahr 2020 auf etwa 12 Milliarden US-Dollar geschätzt.[702] Im Juli 2020 kündigte die EU an, sie werde bis zu 2,7 Milliarden US-Dollar Vorauszahlungen für COVID-19-Impfstoffe leisten.[703] Im Dezember 2020 verbreitete die belgische Budgetministerin Eva De Bleeker per Twitter versehentlich, welche Preise die EU in Wirklichkeit pro Impfdosis bezahlte: für Pfizer/BioNTech 12 Euro (14,70 US-Dollar), für AstraZeneca 1,78 Euro, für Moderna 18 US-Dollar, das niederländisch-deutsche Unternehmen Curevac bekam 10 Euro, Johnson & Johnson 8,50 US-Dollar und Sanofi/GSK 7,56 Euro.[704] Curevac war in der Entwicklung vor allem deswegen langsamer, weil es nicht über die Mittel für groß angelegte Versuche verfügte, während die erfolgreiche Blitzentwicklung des ursprünglich deutschen BioNTech-Impfstoffs auf die umfangreichen Mittel zurückzuführen war, die Pfizer bereitstellte. Curevac hatte auch das Pech, dass sein Gründer und Geschäftsführer Ingmar Hörr in einer entscheidenden Entwicklungsphase mit einem schweren Schlaganfall ins Krankenhaus eingeliefert wurde. Schließlich stellte die deutsche Regierung 530 Millionen Euro zur Verfügung, davon 300 Millionen Euro in Form einer Kapitalerhöhung, sowie 80 Millionen Euro als EU-Darlehen.[705] Schließlich sprangen Bayer und Novartis ein und unterstützten die Entwicklung des Curevac-Impfstoffs. Pfizer zahlte an BioNTech 185 Millionen US-Dollar, einschließlich einer Kapitalinvestition von 113 Millionen Dollar, und versprach künftige Zahlungen von bis zu 563 Millionen Dollar.[706] Das Vereinigte Königreich rechnete mit Ausgaben in Höhe von 11,7 Milliarden Pfund (15 Milliarden US-Dollar) für sein Impfprogramm.[707]

Die Ausbreitung der Krankheit löste eine prompte Wirtschafts- und Finanzkrise aus, und es bestand die Gefahr, dass die Ziele der Maßnahmen durcheinandergeraten: Sollte man die Probleme parallel angehen? Die Lockdowns erschwerten die Versorgung. Der wirtschaftliche Abschwung konnte die Pandemie noch weiter verschlimmern, da vor allem ärmere Menschen betroffen waren, weil sie in beengten Wohnverhältnissen lebten, im Allgemeinen weniger gesund, eher Schadstoffen ausgesetzt und dadurch anfälliger für ansteckende Krankheiten waren.

Sehr schnell wurde jedoch auch deutlich, dass es sich nicht um einen herkömmlichen, nachfragegesteuerten Abschwung handelte, wie in den Weltwirtschaftskrisen der 1930er-Jahre und späten 2000er. Die Nachfrage ging nicht in allen Bereichen zurück, aber besonders stark bei Dienstleistungen und Waren, die mit einem erhöhten Ansteckungsrisiko verbunden waren. Noch bevor die Lockdowns das Reisen oder den Restaurantbesuch einschränkten, ging der Konsum dieser Produkte stark zurück, während langlebige Verbrauchsgüter stärker nachgefragt wurden. Die Haushalte fragten größere Kühl- und Gefrierschränke zur Aufbewahrung von Lebensmitteln nach, automatische Reinigungsgeräte (Staubsaugerroboter) als Ersatz für menschliche Reinigungskräfte, elektronische Produkte für die Unterhaltung, aber auch für die neue Arbeitswelt im Homeoffice, nachdem die Büros geschlossen wurden. Dies führte zu einer radikalen Abkehr von vielen Dienstleistungen, während die Nachfrage nach Waren hoch blieb und sogar noch zunahm.

Dass die globalen Finanzmärkte weiterhin funktionierten, war eine wichtige Errungenschaft einer länderübergreifenden politischen Gemeinschaft, die sich gesorgt hatte, wie man auf eine Finanzkrise reagieren konnte. Die Notsituation erforderte eine starke Ausweitung der Instrumente der Zentralbanken, die nach der Krise von 2008 entwickelt worden waren. Ab dem 20. März legten die Aktienmärkte rasch wieder zu, da Schnäppchenjäger Ausschau nach guten Gelegenheiten hielten und dann andere erkannten, dass die neue Strategie von Dauer sein würde. Die Euphorie erinnerte an frühere Börsenblasen: Das Geld floss in Technologiewerte, bei denen mit dauerhaften Gewinnen gerechnet werden konnte, da Verbraucher und Unternehmen ihr Verhalten änderten, sowie in alternative Währungen wie den satirisch benannten Dogecoin, aber auch in die klassischen Spekulationsobjekte des 19. Jahrhunderts. Hedgefonds trieben zwei rivalisierende kanadische Eisenbahngesellschaften, die Canadian National und die Canadian Pacific, in einen Bieterkrieg um die Kansas City Southern.

Am 19. März legte der Mehrheitsführer im US-Senat Mitch McConnell einen Entlastungsplan vor und löste so einen Stimmungsumschwung an den US-Märkten aus. Dieser wurde von Präsident Trump am 27. März 2020 als Coronavirus Relief and Economic Security Act (CARES Act) unterzeichnet. Das Gesetz entsprach einem Konjunkturprogramm in Höhe von 2,2 Billionen US-Dollar, das »Soforthilfe und Gesundheitsversorgung für Einzelpersonen, Familien und Unternehmen, die von der Corona-Pandemie 2020 betroffen sind«, vorsah. Es gab direkte Bargeldzahlungen an US-Amerikaner, deren Einkommen eine gewisse Grenze nicht überschritt, wobei alleinstehende Erwachsene 1200 Dollar erhielten, die Arbeitslosenunterstützung wurde erweitert, Darlehen für kleine Unternehmen bereitgestellt, damit diese Arbeitnehmer Mieten und andere Ausgaben für die Dauer der Krise bezahlen konnten, es gab gezielte Finanzierungen für Branchen, die hauptsächlich von der Corona-Pandemie betroffen waren, und Zwangsvollstreckungen aus Hypotheken wurden vorübergehend ausgesetzt.

Das Gesetz war notwendig und selbst in einer Zeit extremer politischer Polarisierung unumstritten und weithin populär. Es enthielt einige bizarre Teile, so bestand zum Beispiel der Präsident darauf, dass sein Name auf den Konjunkturschecks erscheint. Doch dadurch war es praktisch vorprogrammiert, dass diese Maßnahme wiederholt werden würde, da sich die Pandemie immer weiter ausbreitete. Die Biden-Regierung übernahm die Idee der Konjunkturbelebung in großem Maßstab, auch mit Blick auf zukünftige Wahlen.

Einige Teile des CARES-Acts haben aber ihr Ziel im Wesentlichen verfehlt. Es gibt kaum Belege dafür, dass die Lohnkostenzuschüsse für kleinere Unternehmen die Einstellungspraxis wesentlich verändert haben, da sich größere Unternehmen, die nicht förderfähig waren, ebenso verhielten wie ihre kleineren Konkurrenten, die Fördergelder bekamen. Die Konjunkturzahlungen an Privatpersonen führten zu einem unmittelbaren Anstieg der Konsumausgaben, allerdings nicht bei den Unternehmen, die am stärksten betroffen waren, als sich Kunden von Dienstleistungen mit persönlicher Interaktion abwandten: Sie förderten lediglich den Boom bei Konsumgütern, vor allem beim Kundenservice. Autos, auch Gebrauchtwagen, verkauften sich gut.

Das US-amerikanische Vorbild wurde in anderen Ländern aufgegriffen. Die durchschnittlichen Haushaltsdefizite im Verhältnis zum BIP erreichten im Jahr 2020 in den Industrieländern 11,7 Prozent, in den Schwellenländern 9,8 Prozent und in den Entwicklungsländern mit niedrigem Einkommen 5,5 Prozent. Die globale Staatsverschuldung kletterte auf 97,3 Prozent des BIP im Jahr 2020: Das sind 13 Prozentpunkte mehr als das geschätzte Niveau, wenn es keine Pandemie gegeben hätte.[708]

Mit zunehmender Nachfrage kam es in strategischen Bereichen zu Engpässen, die sich dann auf andere Bereiche ausweiteten. Ein offensichtliches Problem, das gleich zu Beginn auftrat und sich zunehmend verschärfte, war der Chipmangel, das Chipageddon: Auslöser war zunächst die sprunghaft ansteigende Nachfrage nach Elektronikgeräten während des Lockdowns – nach Laptops, Routern, Webcams, Tablets, Bildschirmen –, weil viele Büroangestellte auf Heimarbeit umstellten und ihre Kommunikationsgeräte hochrüsteten.[709] Außerdem gaben die Menschen einfach mehr für Waren aus, da ihre Ausgaben für Dienstleistungen durch die Lockdowns und die eingeschränkte persönliche Interaktion sanken. Der Chipmangel hielt überraschend lange an, bis ins Jahr 2022, ebenso fehlten elementare Testgeräte für den öffentlichen Gesundheitsschutz vor dem Virus.

Die Engpässe bei Waren wurden dann durch politische Maßnahmen verschärft und Handelskriege noch deutlich verschärft. Bereits bestehende Handelskonflikte behinderten die Reaktion der USA auf die medizinische Notsituation in einigen wichtigen Bereichen. Protektionistische Maßnahmen gegen verschiedene chinesische Medizinprodukte (einschließlich Schutzausrüstung, Computertomografen und Pulsfrequenzmesser für Patienten) führten zu Verknappungen.[710] Der Handelskrieg setzte sich während des Pandemiejahres fort, und Trump unternahm keinen Versuch, die Situation zu deeskalieren. Am 24. Januar 2020, als sich die Nachricht vom Virus verbreitete, verhängte Trump sogar neue Zölle auf Stahl- und Aluminiumerzeugnisse im Wert von fast 450 Millionen US-Dollar, angeblich, um die Branchen zu unterstützen, die unter Trumps zuvor eingeführten Zöllen litten, und traf damit Einfuhren von Verbündeten wie Taiwan, Japan und der Europäischen Union ebenso wie China. Am Ende seiner Amtszeit drängte Trump das US-Handelsministerium zu verhindern, dass der größte chinesische Halbleiterhersteller, Semiconductor Manufacturing International Corporation (SMIC), in den USA entwickelte Teile oder Technologien erwarb, die für die Herstellung von Chips mit einer Größe von 10 Nanometern und kleiner benötigt werden, welche für die Herstellung von Smartphones und anderen High-Tech-Produkten unentbehrlich sind. Während die Trump-Regierung mit nationalistischer Rhetorik auffiel, wurden die Lieferketten des Vereinigten Königreichs bei der Pandemie auch durch den Übergang zum Post-Brexit-Abkommen mit der EU und die damit verbundenen bürokratischen Komplikationen zusätzlich belastet. Wie in den Vereinigten Staaten kamen auch der britischen Regierung die Handelsverwirrungen möglicherweise gelegen, weil sie davon ablenkten, wie schlecht die Regierung die kritischen Aspekte der Krise im Bereich der öffentlichen Gesundheit handhabte.

Nicht nur die Computerbranche litt unter Engpässen, auch Autos wurden knapp, weil für sie Chips unverzichtbar waren. Viele Automobilhersteller stoppten daher ihre Produktionsbänder. Ford produzierte 1,1 Millionen Fahrzeuge weniger als geplant.[711] Alle Unternehmen zusammen haben weltweit geschätzte 1,5 bis 5 Millionen Fahrzeuge weniger produziert.[712] Die Auswirkungen des Chipmangels zeigten sich bald in völlig unerwarteten Bereichen: So legte das Chipaggedon viele elektronische Hundewaschkabinen lahm, die Shampoo und Wasser ausgeben und optional föhnen und die neben der zivilen Verwendung auch für die US-Militärbasen viel eingesetzt werden. Extreme Wetterbedingungen führten zu zusätzlichen Engpässen: Wegen der Sommerhitze im pazifischen Nordwesten gab es Ende 2021 nur ein verknapptes Angebot an Weihnachtsbäumen.

Der Welthandel litt, weil es zu wenige Container gab.[713] Zwar wurde die Produktion von Containern im September 2020 auf 300 000 Stück 20-Fuß-Standardcontainer und im Januar auf 440 000 Einheiten erhöht, dennoch reichte das nicht aus, um die Nachfrage an der richtigen Stelle zu befriedigen.[714] Durch die Produktion von Containern, aber auch die intensive Bautätigkeit, die zunächst von Menschen vorangetrieben wurde, die aus gefährlichen oder im Lockdown befindlichen Ballungszentren wegzogen, und dann von der Furcht vor einer erheblichen Vermögensinflation befeuert wurde, kam es zu einer Stahlknappheit. Der Preis für warmgewalzten Stahl erreichte im Februar 2021 mit 1176 US-Dollar pro Tonne den höchsten Stand seit mindestens 13 Jahren (siehe Abbildung 7.1).[715] In China stieg der Herstellerpreisindex sprunghaft an, und Ende April 2021 versprach das Politbüro, die Versorgung mit Gütern zu gewährleisten, die für Lebensunterhalt und Preisstabilität wichtig sind, sowie die Immobilienspekulation einzudämmen. Die Chinesische Volksbank ergriff gezielte Maßnahmen, um das Angebot an wichtigen Produkten zu erhöhen und so die Preise zu stabilisieren.[716]

Auch die Rohstoffe, die für Batterien und Motoren von Elektrofahrzeugen benötigt wurden, von Lithium bis zu seltenen Erden, wurden von der Euphorie mitgerissen. Die Preise für Lithiumcarbonat in China stiegen 2021 als Reaktion auf die starke Inlandsnachfrage um mehr als 100 Prozent, nachdem sie fast drei Jahre lang gesunken waren. Das seltene Neodym-Praseodym-Oxid (NdPr), das in Elektromotoren verwendet wird, wurde um fast 40 Prozent teurer, und eine ähnliche Entwicklung gab es bei dem Batteriemetall Kobalt.[717]

Erhebliche Preiserhöhungen gab es zwar, aber nicht überall: Der Hotelbau kam weitgehend zum Erliegen, da man einen langanhaltenden Abschwung im Fremdenverkehr erwartete und daher Investitionen zurückstellte; Geschäftskleidung verkaufte sich nicht gut, da Büroangestellte in bequemer Kleidung zu Hause blieben. Aber die Nachfrage wirkte sich auf die Preise in immer mehr Bereichen aus. Die Holzpreise stiegen in den reichen Ländern vor allem wegen des Baubooms stark an; in Indien führte die steigende Zahl der Feuerbestattungen tragischerweise zu einer Verdreifachung der Holzpreise.[718]

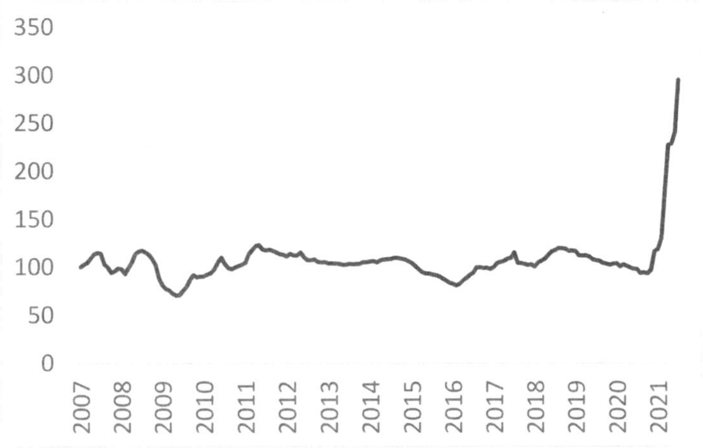

Abb. 7.1: Stahlpreis 2002–2021 (Januar 2007 = 100)

Die Engpässe verlangten sofortige Maßnahmen, um die Versorgung zu sichern. Die Situation war dort besonders dramatisch, wo die knappen Güter wichtig für die öffentliche Gesundheit und Sicherheit waren. Impfstoffe waren das offensichtliche Ziel eines neuen Nationalismus, auch wenn die Produktion von Impfstoffen sehr komplexe Lieferketten umfasst. Die mRNA-Impfstoffe bestehen aus 280 Komponenten, die aus 19 Ländern bezogen werden.[719] Die ersten Monate des Jahres 2021 waren überschattet von einem Streit zwischen der EU und dem Vereinigten Königreich, dessen Handelsabkommen mit der EU infolge des Brexits gerade ausgelaufen war, über einen an der Universität Oxford entwickelten Impfstoff von AstraZeneca. Ein wesentlicher Teil der AstraZeneca-Produktion erfolgte in der Halix-Anlage im niederländischen Leiden, aber AstraZeneca hatte mit dem Vereinigten Königreich früher Lieferverträge abgeschlossen als mit der EU, und die EU drohte mit einem Exportstopp. Die Bekämpfung des Virus verschärfte also internationale Spannungen, aber sie schürte auch innenpolitische Verteilungskonflikte.

Die ersten Engpässe nach dem Ausbruch der Pandemie waren leicht zu erklären: persönliche Schutzausrüstung, Gesichtsmasken, Beatmungsgeräte. Jeder Versuch, den Mangel gemäß der klassischen Wirtschaftstheorie – der Preistheorie – zu beheben, war offensichtlich ungerecht und ineffizient. Diejenigen, die den meisten Schutz brauchten, wären ungeschützt; jene, für die Schutz eher ein Luxusgut war, mit dem sie angeben konnten, würden es sich gut gehen lassen.

Innerhalb weniger Monate waren die Ursachen der Verknappungen jedoch so komplex und miteinander verwoben geworden, dass eine Lösung nur schwer vorstellbar war. Der Mangel an Arbeitskräften, insbesondere an Lkw-Fahrern, trug dazu bei. Ebenso wie das Fehlen von Containern oder Schiffsbesatzungen, die im falschen Teil der Welt festsaßen – oder in riesigen Warteschlangen vor überlasteten Hafenanlagen standen. Die Verbraucher konzentrierten sich auf bestimmte Engpässe: Die Briten waren besorgt, dass der Mangel an

Fahrern zu einer Verknappung von Kohlendioxid führen könnte, was wiederum die Schlachtkapazitäten für Truthähne einschränkte. Die Landwirte konnten dann ihre Truthähne nicht an die Schlachthöfe verkaufen, und die Verbraucher befürchteten, dass zu Weihnachten (dem Feiertag, an dem sich die Briten traditionell die Bäuche mit Truthahn vollstopfen) eine Million Truthahnbraten fehlen würden. In New York gab es einen ähnlichen Mangel an einem kultigen Lebensmittel, nämlich an Frischkäse, der auf Bagels geschmiert wird. In Tokio musste McDonald's Pommes frites rationieren.

Die Verbraucher reagieren auf solche Engpässe vorhersehbar: Sie hamstern. Und sie kaufen minderwertige Ersatzprodukte. Britische Verbraucher kauften als Vorbereitung für das Weihnachtsfest mehrfach Schinken, Hähnchen und Ente, nur für den Fall, dass es keine Truthähne gab. Sie werden wahrscheinlich nicht alle gekauften und gehamsterten Alternativen gegessen haben. Das Phänomen, wie Verknappungen zu Schneeballeffekten führen, wurde von dem großen ungarischen Wirtschaftswissenschaftler János Kornai am Beispiel der kommunistischen Planwirtschaften wunderbar analysiert: Planwirtschaften bieten das bei weitem beste Beispiel für lang anhaltenden Mangel.[720] Wenn man in einem Geschäft keinen Schuh in der richtigen Größe oder mit dem richtigen Design findet und auch nicht glaubt, dass sich das noch ändert, ist der Anreiz stark, die falsche Größe und das hässliche Produkt zu kaufen, in der schwachen Hoffnung, dass man es in Zukunft unter der Hand eintauschen kann. Oder man kauft Kleidung in der falschen Größe und versucht, sie umzunähen, manchmal wird sogar Kinderkleidung aufgetrennt, um sie für Erwachsene tragbar zu machen. So entsteht eine enorme Verschwendung, und die Engpässe werden nie behoben, es sei denn, das gesamte Plansystem bricht zusammen.

Die Ängste der Verbraucher spiegeln sich genau in den Kalkulationen der Hersteller wider. Auch die Lieferanten planen mit Alternativen und der Produktion des Zweitbesten. Wenn die Hersteller nicht mehr sicher sind, dass die Just-in-time-Lieferung von Teilen gelingt, müssen sie umfangreiche Lagerbestände aufbauen. Entsprechend brauchen sie größere Lager, und auch das erhöht den Druck auf Bauwesen und notwendige Ressourcen – Arbeitskräfte, Material. All diese Veränderungen erhöhen die Produktionskosten erheblich, was sich dann zwangsläufig in einer neuen Preisgestaltung niederschlägt.

Engpässe können dementsprechend eskalieren, weil Angebotsbeschränkungen zu weiteren Produktionsproblemen führen und die ineinandergreifenden Netzwerke überlastet werden und zusammenbrechen. Und Länder verhalten sich in aller Regel genauso wie Einzelpersonen: Sie horten unnötig – zum Beispiel Impfstoffe im Fall der Covid-Epidemie. Vorräte wachsen, obwohl sie andernorts sinnvoll injiziert werden könnten; und große Mengen eines potenziell lebensrettenden Mittels werden einfach verschwendet, weil es das Verfallsdatum überschreitet und/oder nicht richtig gelagert wird. Eine dringende Krise macht drastische Maßnahmen noch wichtiger und politisch wünschenswert. Entsprechend prahlen Länder gerne damit, wie viel Impfstoff sie haben, um so zu zeigen, dass sie die Krise sehr gut bewältigen.

Die Erfolge der Länder werden dann in nationalistischer Sprache dargestellt: Es gibt einen Impfstoffnationalismus, einen Lieferkettennationalismus. Die Vereinigten Staaten und die EU zahlten 100 Milliarden US-Dollar an Fördermitteln aus, um eigene Chipproduktionen aufzubauen. Die Engpässe bieten Profiteuren reichlich Gelegenheit, die Preise in die Höhe zu treiben. Aber nicht nur dort wurde die Situation bösartig ausgenutzt. Staaten, die glauben, dass sie eine lebenswichtige Versorgung kontrollieren, werden versuchen, dies zu ihrem politischen Vorteil auszunutzen. Russland, das seit langem an die Vorstellung gewöhnt ist, dass es mit der Energieversorgung und der Drohung, diese zu unterbrechen, die Weltpolitik beeinflussen kann, nutzte seine Macht über die Gasversorgung

Europas, um vor dem Angriff im Februar 2022 den Druck auf die Ukraine zu erhöhen.

Die Verknappungen lösten einen Wettbewerb zwischen verschiedenen Ländern um die knappen Produkte aus, einen Bieterkrieg. Sie lenkten außerdem mehr Aufmerksamkeit auf die Geopolitik. Je mehr sich die Versorgungsprobleme verschärften, umso bedrohlicher wirkte die Kontrolle Russlands über die Gaslieferungen nach Europa. Der chinesische Zugriff auf die seltenen Erden, die für Batterietechnologien und Energiespeicherung – und für viele andere Zwecke – benötigt werden, wurde als Bedrohung des Wettbewerbs interpretiert. Verknappungen verschärfen den Wettbewerb und machen aggressives Handeln und letztlich Krieg wahrscheinlicher. Damit beginnt ein Teufelskreis, denn die Androhung eines Krieges und die Verhängung von Vergeltungssanktionen erschweren und stören letztendlich die Lieferketten. Die Politik gerät in die Engpassfalle.

Nach dem Einmarsch Russlands in die Ukraine am 24. Februar 2022 eskalierte das Problem der unterbrochenen Lieferketten und schweren Engpässe, wie es bereits in zwei Weltkriegen zuvor geschehen war und auch in den 1970ern als Reaktion auf den Nahostkonflikt. Russland und die Ukraine lieferten bisher 30 Prozent des weltweit gehandelten Weizens, die Preise schossen nach oben und zogen andere Getreidesorten, die als Ersatz dienen konnten, mit sich. Die Erdgaspreise in der EU verdreifachten sich zwischen dem 18. Februar und dem 7. März 2022. Erstaunt erfuhr die Weltwirtschaft, dass 90 Prozent des Neongases, die bei der Produktion von Halbleiterchips eingesetzt werden, aus der Ukraine stammten und dass Neongas als Abfallprodukt in russischen und ukrainischen Stahlwerken anfällt. Es kam zu neuen Verknappungen und Preisspitzen für Palladium, Platin, Argon und Krypton. Deutsche Automobilhersteller stoppten ihre Produktion, weil einfache Low-tech-Kabelbäume für die Elektronik in Automotoren fehlten. Die Kombination aus militärischem

Konflikt und Angebotsschock ergab die größte Herausforderung für die globale Ordnung seit den 1930ern.

Ungleichheiten

Die Pandemie hat die Ungleichheiten innerhalb eines Landes und zwischen den Ländern deutlich hervortreten lassen. Die internen Dimensionen der Ungleichheit waren von Anfang an offensichtlich. Obwohl zunächst vor allem global vernetzte Metropolregionen wie Mailand, Südostengland, New York und Kalifornien betroffen waren, stellte sich schnell heraus, dass ärmere und am Rande der Gesellschaft lebende Menschen am stärksten durch die Krankheit gefährdet waren. In den Vereinigten Staaten gibt es einige der besten Krankenhäuser und medizinischen Einrichtungen der Welt, aber auch einige der unzulänglichsten. In den Vereinigten Staaten gibt es einige der besten Schulen und Universitäten der Welt, aber auch einige der am schlechtesten ausgestatteten. In den Vereinigten Staaten gibt es einige der schönsten Wohnungen der Welt, aber auch einige der desolatesten.

Afro- und Hispanoamerikaner waren stärker von Covid betroffen als Weiße. Sowohl die Infektions- als auch die Sterblichkeitsrate waren höher. Die Ergebnisse spiegeln einen grundsätzlich schlechteren Gesundheitszustand wider, mit mehr Langzeiterkrankungen wie Bluthochdruck und Diabetes, die gleichzeitig weniger angemessen behandelt werden. Diese chronischen Erkrankungen sind zum überwiegenden Teil nicht auf genetische Faktoren zurückzuführen, sondern auf schlechte soziale Verhältnisse: ein engeres Zusammenleben, überfüllte Wohnungen, das Arbeitsumfeld. Die Ansteckungsgefahr nahm zu, weil es keine separaten Zimmer gab, in denen man Kranke isolieren konnte. Weniger qualifizierte Arbeitnehmer waren auch in Berufen überrepräsentiert, in denen es zwangsläufig zu Körperkontakt kommt, wie im Krankenhaus und im Gesundheitswesen, in öffentlichen Verkehrsmitteln und in Lebensmittelgeschäften. Hispanoamerikaner und andere Einwanderer machten den Großteil der Beschäftigten in Betrieben der Fleischverarbeitung aus, wo die Arbeiter in enger körperlicher Nähe arbeiten und kalte Temperaturen die Ausbreitung des Virus begünstigen. Im Gegensatz dazu konnten viele Büroangestellte ihre Arbeit ganz einfach und manchmal sogar bequem ins Homeoffice verlagern. Ärmere und sozial benachteiligte Menschen hatten weniger Zugang zu Tests und ließen sich auch zögerlicher und langsamer impfen. Das Ergebnis war verblüffend: Obwohl Schwarze etwa gleich häufig an Covid erkrankten wie weiße Amerikaner, die nicht hispanischer Abstammung waren, war die Zahl der Krankenhausaufenthalte bei Afroamerikanern fast dreimal und die Sterblichkeitsrate fast doppelt so hoch wie bei Weißen. Hispanoamerikaner hatten doppelt so viele Infektionsfälle wie Weiße, dreimal so viele Krankenhausaufenthalte und doppelt so viele Todesfälle.[721] Zwangsräumungen von Mietwohnungen aufgrund von Zahlungsrückständen verstärkten die Gesundheitsprobleme zusätzlich: In Staaten ohne ein Moratorium von Räumungen waren die Infektionsraten doppelt so hoch wie in Staaten, die ein solches Moratorium verhängten.[722]

Problematisch war außerdem, insbesondere in der Anfangsphase der Pandemie, dass nicht alle Covid-Todesfälle erfasst wurden; alternativ wurde einfach die Übersterblichkeit gemessen, also die Sterberate, die über der normaler Jahre lag. Im Vereinigten Königreich war die Gesamtmortalität bei schwarzen Männern während der Pandemie fast viermal so hoch wie erwartet, bei asiatischen Männern fast dreimal, bei weißen Männern jedoch nur zweimal so hoch. Auch bei den Frauen gab es entsprechende Diskrepanzen, wobei die Sterblichkeitsrate in jeder Kategorie etwas weniger stark erhöht war.[723]

Bis 2021 verlagerte sich die Ungleichheitsdebatte auf eine globale Ebene. Die schlimmsten Ausbrüche gab es in den großen Schwellenländern, mit besonders katastrophalen Entwicklungen in Brasilien und Indien. Doch anders als in den reichen Industrieländern hatte die Regierung dort nicht die Mittel, um die Einkommensverluste der unteren Schichten auszugleichen, die durch ihre Randexistenz erschreckend verwundbar waren. In Indien hatten während der Pandemie 230 Millionen Menschen weniger als den nationalen Mindestlohn (etwa 45 US-Dollar pro Monat) zur Verfügung. Im Januar 2020 verdienten 4,3 Prozent der Inder weniger als 2 US-Dollar pro Tag; ein Jahr später waren es bereits 9,7 Prozent. Und während des Lockdowns wurde bei 90 Prozent der Armen in Indien die Nahrung knapp.[724] Das Welternährungsprogramm meldete, die Zahl der weltweit von einer Hungersnot bedrohten Menschen sei von 27 Millionen im Jahr 2019 auf 34 Millionen im Jahr 2020 gestiegen, und diese Zahl werde sich 2021 weiter erhöhen.[725]

Das Thema Boosterimpfungen, das mit erneuten Infektionen in gut durchgeimpften Ländern aufkam, machte einen weiteren Aspekt der Verteilungsproblematik deutlich. Reiche Länder konnten es sich leisten, gefährdete Bürger ein drittes Mal zu impfen, doch das verringerte die Menge der verfügbaren Impfstoffe für ärmere Länder, in denen hohe Übertragungsraten zu genetischen Veränderungen und Virusmutationen führten, die zum ernsthaften Problem für die öffentliche Gesundheit werden konnten.

In der Anfangsphase stellten die politischen Entscheidungsträger Vergleiche zu Krieg und militärischer Mobilmachung an. Xi Jinping erklärte am 6. Februar 2020, China befinde sich in einem »Krieg des Volkes«.[726] Am 17. März sagte der britische Premierminister Boris Johnson: »Wir müssen handeln, wie jede Regierung in Kriegszeiten handelt, und alles tun, was nötig ist, um unsere Wirtschaft zu unterstützen.« Und der britische Finanzminister Rishi Sunak behauptete: »Einen Wirtschaftskrieg wie diesen haben wir noch nie erlebt.«[727] Am 19. März sprach Donald Trump von »unserem großen Krieg« und nannte ein bestimmtes Land als Feind: »Wir werden in unseren Bemühungen, das chinesische Virus zu besiegen, nicht nachlassen.«[728] Sein Handelsberater Peter Navarro verkündete am 28. März: »Wir befinden uns in der größten industriellen Mobilmachung seit dem Zweiten Weltkrieg. Wir haben einen Kriegspräsidenten, der gegen einen unsichtbaren Feind kämpft.«[729] Laura Lane vom Logistikunternehmen UPS sagte am 29. März im Weißen Haus: »Wir werden diesen Krieg nur mit einer großartigen Logistik gewinnen.«[730] Der Harvard-Ökonom Kenneth Rogoff bemerkte: »Der ganze Sinn einer soliden Staatsbilanz besteht darin, in Situationen wie dieser, die einem Krieg gleichkommen, alle Register ziehen zu können.«[731] Nach Joe Bidens Amtsantritt als Präsident übernahm auch er die militärische Rhetorik und erklärte, die Impfung sei eine »patriotische Pflicht«.[732]

Die Reaktion ähnelte damit vom Grundgedanken her den uralten Überlegungen zur Mobilmachung für Kriege. Eine außergewöhnliche Herausforderung, vor der eine Generation nur einmal steht, erforderte eine gewaltige Antwort, deren Ergebnis das künftige Schicksal bestimmte. Tatsächlich gab es recht schnell eindeutige Beweise dafür, dass eine schnelle Reaktion auf Covid die Sterblichkeitsrate und damit die wirtschaftlichen Folgekosten senkte. Um diesem Notfall entgegenzutreten war es daher wichtig, jetzt mehr Geld auszugeben und die Lasten der Zukunft aufzubürden, in der die Kriegsschulden zurückgezahlt werden konnten, nachdem rasch wieder Normalität eingekehrt war.

Eine weitere Parallele zu Kriegen besteht darin, dass man nicht weiß, wie lange die Krise andauern wird. Die politischen Entscheidungsträger und ein Großteil der Bevölkerung glaubten anfangs, dass das Virus durch schnelle und wirksame Maßnahmen, etwa indem man die Mobilität einschränkte oder die ersten Infektionen aufhielt, eingedämmt oder begrenzt werden kann. Das entsprach der illusorischen Annahme der Menschen 1914, der Krieg werde nur kurz dauern. Im Gegensatz zum Krieg war in diesem Fall der Feind, das Virus, jedoch nicht sichtbar und konnte nur durch die Entwicklung komplexer (und zunächst unzuverlässiger) Testverfahren identifiziert werden. Ein unsichtbarer Feind lädt zu Verschwörungstheorien ein, was eine weitere Ähnlichkeit mit den Mobilmachungen im Krieg aufweist.

Die Kriegsanalogie implizierte, dass die von der Pandemie besonders stark betroffenen Menschen – die an der Front dienen – entschädigt werden sollten, so wie Soldaten in einem militärischen Konflikt, wobei die Kosten durch Anleihen finanziert und von zukünftigen Generationen bezahlt werden sollten. Doch wie in einem Krieg staute sich die Kaufkraft auf. Die Leute sparten das Geld, das sie von der Regierung bekamen, oft, weil sie es gar nicht ausgeben konnten. Sie legten Geld bei den Banken an, die dann Staatsanleihen kauften. In den Vereinigten Staaten stieg der Anteil der Ersparnisse am verfügbaren persönlichen Einkommen von 7,2 Prozent im Dezember 2019 auf ein Rekordhoch von 33,7 Prozent im April 2020, wobei sich die Sparquote zwischen März und April 2020 vervierfachte.[733]

Wie beim Ersten Weltkrieg löste auch diese Mobilisierung eine Debatte über Kriegsgewinnler aus. Während die ärmeren Länder schwer getroffen wurden, zeigten Statistiken über die Vermögensungleichheit, dass die Vermögen der Superreichen atemberaubend schnell zunahmen. Laut Untersuchungen von Ruchir Sharma von Morgan Stanley stieg das Gesamtvermögen der Milliardäre weltweit innerhalb von 12 Monaten von 8 Billionen US-Dollar auf 13 Billionen US-Dollar an. Es gab fast 700 neue Milliardäre (von insgesamt 2700): 234 neue Superreiche in China und 100 in den Vereinigten Staaten. Ihr Vermögen im Verhältnis zum BIP stieg in Russland zwischen 2020 und 2021 von 23 auf 34 Prozent, in Indien von 10 auf 19 Prozent, in den USA von 13 auf 19 Prozent und in China von 8 auf 15 Prozent.[734] Die Credit Suisse berichtete, dass während der Pandemie weltweit mehr als 5 Millionen Menschen zu

Millionären wurden und dass das weltweite Gesamtvermögen im ersten Pandemiejahr um 28,7 Billionen US-Dollar anstieg. Diese Entwicklung war nur die extreme Fortsetzung eines Trends, der seit der Jahrtausendwende eingesetzt hatte und sich zum großen Teil dank der monetären Rettungspakete fortsetzte, die sowohl nach der globalen Finanzkrise als auch nach Covid geschnürt wurden. So hat sich das Gesamtvermögen von Personen mit einem Nettovermögen von mehr als einer Million US-Dollar seit 2000 vervierfacht, und ihr Anteil am weltweiten Vermögen stieg von 35 auf 46 Prozent.[735]

Den Ländern standen sehr unterschiedliche Möglichkeiten offen, um wirksam zu reagieren. Reiche Länder waren von den wirtschaftlichen Kosten der Lockdowns weniger betroffen und konnten gleichzeitig mehr Geld ausgeben, um die Auswirkungen der Lockdowns zu bekämpfen. Im Frühjahr 2021 hatten die Vereinigten Staaten Sonderzahlungen beschlossen, die sich, zusammengerechnet mit den entgangenen Gewinnen, auf 25,5 Prozent des BIP beliefen, verglichen mit 16,2 Prozent im Vereinigten Königreich und 11,0 Prozent in Deutschland. Die Schwellenländer verzeichneten einen stärkeren Rückgang bei den Einnahmen und konnten weniger ausgeben: für China lag die entsprechende Zahl beim neuen Fiskalimpuls bei 4,8 Prozent und für Indien bei 3,3 Prozent (nur Brasilien lag dabei etwas höher). Noch stärker waren die Einschränkungen für Länder mit niedrigem Einkommen, die ihre Ausgaben während der Pandemie zurückfuhren und wo die Bevölkerung wesentlich stärker gefährdet war.

Die Regierungen, aber auch Privatpersonen in den reichen Ländern profitierten von einem Niedrigzinsumfeld, durch das die Schuldenlast deutlich geringer war als in der Vergangenheit und das eine ungehinderte wirtschaftliche Erholung ermöglichte. In den ärmeren Ländern stieg die Inflation zunächst schneller an als in den reichen: Die Inflationsraten für Verbraucherpreise für 2021 erreichten 8,6 Prozent in Polen, 8,4 Prozent in Russland, 6,1 Prozent in Indien,

10,1 Prozent in Brasilien, 12,6 Prozent in Ghana, 36,1 Prozent in der Türkei und 50,9 in Argentinien. Die Zahlen für das Jahr 2022 werden alle noch höher liegen. Aber auch in den Industrieländern stieg die Inflation an, und umgehend kam eine politische Debatte darüber auf, wie dauerhaft die neuen Preissteigerungen sein würden. Einiges klang offensichtlich nach den politischen Debatten der 1970er-Jahre, sowohl in Bezug auf die Finanzpolitik (übermäßige Ausgaben) als auch in Bezug auf die Geldpolitik (Inflation).

Die Haushaltsdebatten wurden hitzig. Der erste Instinkt der Regierungen überall, der sich aus den Erfahrungen der Weltfinanzkrise ab 2007 ableitete, war, mit großen Schlagzeilen eine maximale Wirkung zu erzielen. Dann setzte, wie bei der Weltfinanzkrise, die Vorsicht ein. Die Europäische Union beglückwünschte sich zunächst selbst zu ihrer mutigen finanzpolitischen Reaktion, bei der sie zum ersten Mal gemeinsame Schuldtitel ausgab, um die langfristigen Probleme der ökologischen Nachhaltigkeit anzugehen. Der französische Präsident Macron bezeichnete dies als einen »zutiefst beispiellosen Schritt«, und der Vorsitzende der Eurogruppe, der portugiesische Finanzminister Mário Centeno, sprach von einem »großen Schritt in Richtung Fiskalunion«. Sein deutscher Kollege Olaf Scholz lobte es als einen »Hamilton-Moment«, vergleichbar mit der Vergemeinschaftung der Schulden zu Beginn der amerikanischen Republik.[736] Es bestand kaum ein Zweifel daran, dass die alten fiskalischen Regeln, die im Vertrag von Maastricht von 1992 und im Stabilitäts- und Wachstumspakt von 1997 verankert waren, im Lichte der neuen Zinspolitik überarbeitet werden mussten. Doch dann brachen die alten Gräben zwischen dem fiskalisch vorsichtigen Nordeuropa und dem Süden, der schon lange mit Haushaltsdefiziten lebte und noch mehr davon wollte, wieder auf.

In den Vereinigten Staaten legte die Biden-Regierung einen 1,9-Billionen-Dollar-Rettungsplan (März 2021) und im Sommer 2021 einen 6-Billionen-Dollar-Haushalt vor, der über ein Jahrzehnt ein jährliches Defizit von 1,3 Billionen Dollar verursachen würde, wobei versprochen wurde, dass nur die Spitzenverdiener (über 400 000 Dollar Jahreseinkommen) von Steuererhöhungen betroffen sein würden. Diese Maßnahme stieß in einem Kongress, in dem der Senat 50 : 50 geteilt war, auf Schwierigkeiten, da gemäßigte Demokraten Bedenken hatten. US-Senator Joe Manchin sprach von »der brutalen fiskalischen Realität, mit der unsere Nation konfrontiert ist«, und erinnerte seine Kollegen daran, dass »große Nationen im Laufe der Geschichte durch leichtfertige Ausgaben und schlechte Politik geschwächt wurden«.[737] Er stellte sich selbst als den Mann dar, der allein verhindert hatte, dass sich die Inflation noch mehr verstärkte. Die Blockadekampagne vernichtete Bidens Plan und führte zur üblichen politischen Situation in der US-Politik: einem Patt.

Die finanzpolitischen Debatten fanden ihre Entsprechung in einer Neubewertung der Geldpolitik. Im August 2020 formulierte die Federal Reserve ihren geldpolitischen Rahmen mit einem durchschnittlichen Inflationsziel von 2 Prozent über mehrere Jahre neu, wobei die Inflation »moderat« höher sein durfte, um ein früheres Unterschießen auszugleichen.[738] Der neue Ansatz bedeutete auch, dass die maximale Beschäftigung als das höchste Beschäftigungsniveau definiert wurde, das keinen anhaltenden Druck erzeugt, der das Preisstabilitätsmandat gefährdet. Ein ähnlicher Schritt der EZB unterstrich, dass eine »robuste neue Strategie ein gründliches Verständnis der Gründe voraussetzt, warum die Inflation seit 2013 anhaltend niedrig ist – und unter dem Inflationsziel der EZB liegt«.[739] Diesen Definitionen der geldpolitischen Strategie waren langwierige Reformdiskussionen vorausgegangen, die rein zufällig wenige Monate nach Beginn der Pandemie stattfanden. Doch die langen Überlegungen zu sinkenden Zinssätzen machten die Zentralbanken blind für die von den Engpässen und Maßnahmen der Regierung ausgelösten Peitscheneffekte: Die großen Zentralbanken beharrten auf der Vorstellung, Covid stelle einen neuen deflationären Schock dar, auch dann noch, als die Lieferprobleme deutlich wurden. Im Juni 2020 kam die Fed zu dem Schluss, dass die von ihr gemessene Kerninflation »wahrscheinlich für einige Zeit deutlich unter dem 2-Prozent-Ziel liegen wird«, und leitete daraus ab, dass »für viele Jahre sehr entgegenkommende finanzielle Bedingungen« erforderlich sein würden.[740]

Als die Preise im Jahr 2021 deutlich anstiegen, trafen die Zentralbanken eine weitere Fehleinschätzung und versicherten, die Störung sei nur vorübergehend oder transitorisch. EZB-Präsidentin Christine Lagarde versprach, »sicherzustellen, dass wir auf vorübergehende Angebotsschocks, die mittelfristig keine Auswirkungen haben, nicht überreagieren«. Weiterhin sagte sie: »Wir werden nur auf Verbesserungen der Gesamtinflation reagieren, wenn wir überzeugt sind, dass sie dauerhaft sind und sich in der zugrunde liegenden Inflationsdynamik widerspiegeln.«[741] Noch im späten Frühjahr 2021 hatte der Chefvolkswirt der EZB erklärt, es sei »wichtig, entschlossen zu handeln, um die Inflationsdynamik aufrechtzuerhalten, wobei wir uns darüber im Klaren sind, dass Geduld erforderlich ist«, und dass »ich keine Erklärung einer großen Zentralbank irgendwo auf der Welt kenne, die besagt, dass sie superschnell eine nachhaltige Inflation von 2 Prozent erreichen wird«.[742]

Gegen Ende des Jahres war es aber peinlich geworden, von vorübergehenden oder transitorischen Schocks zu sprechen. Im August erklärte der Vorsitzende der Fed, Jerome Powell: »Die Geschichte lehrt aber auch, dass Zentralbanken nicht davon ausgehen können, dass eine Inflation, die durch transitorische Faktoren verursacht wird, auch tatsächlich wieder abklingt.«[743] Am 30. November äußerte er aber bei einer Anhörung im US-Kongress: »Wir sagen gern, dass etwas [transitorisch] ist, wenn wir sagen wollen, dass es keine dauerhaften Spuren in Form einer höheren Inflation hinterlassen wird. Jetzt wäre ein guter Zeitpunkt, dieses Wort in den Ruhestand zu schicken und deutlicher zu erklären, was wir meinen.«[744]

Paul Krugman, der die führende Rolle im selbsternannten »Team transitorisch« innehatte, zog Anfang 2022 den Schluss, das Wort »transitorisch« solle aus dem wirtschaftlichen Vokabular gestrichen werden.[745] Im Jahr 2022 sagte die Fed wesentlich aggressivere Zinserhöhungen zur Inflationsbekämpfung zu. In Europa war die Reaktion zögerlicher. EZB-Direktoriumsmitglied Isabel Schnabel rief dazu auf, ein waches Auge auf das Aufwärtsrisiko der Inflation zu haben.[746] Einige Wochen später wurde sie von der deutschen *Bild*-Zeitung an den Pranger gestellt, weil sie im Fernsehen gesagt hatte, die Inflation sei zu niedrig.[747]

Das Problem war, dass man nicht feststellen konnte, was geschah, wenn sich die relativen Preise stark veränderten, während gleichzeitig ein Strukturbruch auf dem Arbeitsmarkt stattfand. Die Anzahl der Beschäftigten in den USA lag im Februar 2021 um 8,5 Millionen niedriger als ein Jahr zuvor, vor der Pandemie. In Sektoren, die durch die Pandemie Störungen erlebt hatten, herrschte Arbeitslosigkeit, und in Bereichen, in denen sich neue Aktivitäten eröffneten, herrschten Engpässe. Einige Unternehmen, auch spezialisierte Gesundheitsdienste, boten Einstellungsprämien von bis zu 100 000 US-Dollar.[748] Die meisten Arbeitsplätze gingen im Dienstleistungssektor, im Gastgewerbe, im Fremdenverkehr und in der Freizeitbranche verloren, aber auch im Bildungswesen und im Gesundheitswesen allgemein (die Nachfrage nach nichtlebenswichtigen medizinischen Behandlungen ging schlagartig zurück). Bildung und Gesundheit waren Tätigkeiten, die normalerweise riskante persönliche Kontakte voraussetzten, die nun aber auf elektronische Onlinedienste ausgelagert wurden, wo immer möglich: Telemedizin und Onlinelernen. Ein großer Teil dieser neuen Onlineformen sollte bleiben. Es sah so aus, als könne die Arbeit im Homeoffice teilweise zu einem festen Bestandteil des neuen Berufslebens werden. Manche träumten von einem völlig neuen Arbeitsleben: aber ein Teil dieses Traums wurde bereits Wirklichkeit. Callcenter wurden weitgehend auf vollständige Automatisierung umgestellt. Andererseits stieg der Bedarf an Arbeitskräften in der Logistik, und vieles deutete darauf hin, dass dieser erhöhte Bedarf langfristig bestehen würde. Auch im Baugewerbe gab es Engpässe und eine wahrscheinlich langfristig erhöhte Nachfrage, weil mehr für Infrastruktur ausgegeben wurde, zum Teil im Zusammenhang mit Umweltprojekten.

Dass sich Arbeitnehmer aus einigen Berufen zurückzogen, darunter viele Bürojobs, die als Routinejob galten oder wo zu viel verlangt wurde (oder beides), schien eine langfristige Entwicklung zu sein. In den reichen Ländern verließen einige, vor allem ältere Arbeitnehmer, den Arbeitsmarkt, um sich selbst zu entfalten, oft im Zusammenhang mit neuen Ideen und einer Spiritualität aus anderen Ländern. Andernorts konnten sich die Menschen dank der Fernarbeit aus den krisengeschüttelten nationalen Märkten zurückziehen und international und virtuell für Devisen arbeiten statt vor Ort. Insbesondere IT-Arbeiter sahen darin eine neue Möglichkeit, sich auf dem globalen Arbeitsmarkt zu etablieren. Entsprechend arbeiteten junge Türken, als die Türkei in eine Inflationskrise geriet und die türkische Währung an Wert verlor, zunehmend für ausländische Unternehmen, was zu einem virtuellen Braindrain oder einer neuen Form der Globalisierung des Arbeitsmarktes führte.[749]

Den dauerhaft veränderten Arbeitsmarkt einfach als ein Problem von Gesamtlöhnen und -preisen oder der Gesamtarbeitslosigkeit zu behandeln, ergab wenig Sinn. Der Vorsitzende der Fed Powell klagte: »Es gibt ein Spannungsverhältnis zwischen unseren beiden Zielen: maximale Beschäftigung und Preisstabilität. Die Inflation ist hoch und liegt weit über dem Zielwert, und dennoch herrscht auf dem Arbeitsmarkt Flaute.«[750] In Wirklichkeit war die Flaute ein Zeichen für eine tiefgreifende Veränderung: Der große Lockdown und die große Kündigungswelle führten zu einer großen Verlagerung der Arbeit.

Steigerung von Kompetenz und Kontrolle

Covid stellte die Kompetenzen gründlich auf den Prüfstand: Welche Regierung lieferte am kompetentesten ab? Joe Biden sagte in einem Interview nach den ersten Monaten seiner Präsidentschaft: »Wir sind an einem Punkt angelangt, an dem der Rest der Welt ihren Blick nach China wendet.« Dann zitierte er den irischen Premierminister mit den Worten: »Amerika kann nicht führen. Sie bekommen nicht einmal Covid in den Griff.«[751] Gab es anderswo geeignete Modelle, die als Vorlage für einen Lernprozess dienen konnten? Die Biden-Regierung richtete sich bei Fragen des sozialen Zusammenhalts gelegentlich nach europäischen Vorbildern. Sie überlegte auch, wie der technische Fortschritt die Beziehungen zwischen Regierung und Bevölkerung verändern könnte.

Covid stellte die Welt zufällig zur gleichen Zeit vor eine Herausforderung, in der auch neue Kommunikations- und Managementtechnologien sie veränderten. Die Kombination aus Bedrohung und Chance erhöhte den Einsatz in einem entscheidenden Kampf: Wer würde die neuen Kontrollmechanismen beherrschen? Die Fronten waren schnell abgesteckt: zwischen dem Risikokapital, das die Form der neuen Investitionen bestimmte, auf der einen Seite und den enormen Ressourcen eines autoritären Staates, der sich dramatischen Modernisierungsprojekten verschrieb, auf der anderen Seite. Die beiden gegensätzlichen Visionen standen sich am Ostchinesischen Meer direkt gegenüber: im Osten mit Japan der einflussreichste Risikokapitalgeber der Welt und im Westen die Volksrepublik China mit einer Regierung, die sich der strategischen Planung verschrieben hatte.

In den Globalisierungskrisen von 2007–2008 und 2020–2021 gab es relativ wenige Firmenpleiten. Zu verdanken war das den Krisenmaßnahmen zur Liquiditätssicherung durch die Zentralbanken der Welt. Dennoch gingen während der Pandemie ein paar Unternehmen dramatisch unter, die versuchten, die neuen Technologien zu nutzen oder zu missbrauchen – oder die Versprechungen und die Verlockungen dieser Technologien.

Die Zahlungstechnologien waren das moderne Äquivalent dessen, was die Eisenbahn in der Globalisierungswelle der 1870er-Jahre darstellte: Sie lieferte die grundlegende Infrastruktur, um die Welt weiter zusammenzubinden, wobei statt des Verkehrs dieses Mal Information und die Entwicklung künstlicher Intelligenz zum Instrument wurden. Wie bei den Eisenbahnstrecken des 19. Jahrhunderts war auch jetzt nicht von Anfang an klar, welche neuen Zahlungssysteme rentabel sein würden und welche einfach nur Fehlinvestitionen waren, bei denen Investoren ihr Geld versenkten. Staaten und Investoren mussten mehrere Experimente zulassen, bis sich herausstellte, wie der Zahlungsverkehr neugestaltet werden konnte.

Wie ungewiss das Ergebnis dieser Experimente war, wird an der Geschichte eines ikonischen Unternehmens deutlich, das im Zentrum des weltweiten Übergangs zur FinTech stand. Sein Erfolg hing stark von den Beziehungen zu sehr unterschiedlichen Regierungen ab. SoftBank wurde im September 1981 in Tokio von Masayoshi Son gegründet, dem damals 24-jährigen Sohn koreanischer Einwanderer, der einen Abschluss in Informatik und Wirtschaft an der Universität von Kalifornien in Berkeley hatte. Für einen Studenten dachte er sehr unternehmerisch: Er entwickelte noch an der Uni einen elektronischen Übersetzer, den er für eine Million US-Dollar an die Sharp Corporation verkaufte, und verdiente eine weitere Million mit dem Import gebrauchter Videospielgeräte aus Japan, die er in Studentenwohnheimen und Restaurants aufstellte.[752] Nach seiner Rückkehr nach Japan baute er SoftBank als Softwarevertrieb und Herausgeber von Computerzeitschriften auf. Ab 1996 hatte SoftBank eine Partnerschaft mit Yahoo, einer der ersten Internet-Suchmaschinen, die den raschen Niedergang von Yahoo in den 2000er-Jahren überlebte.

Einige Unternehmungen waren sogar noch weniger erfolgreich: Im Jahr 2017 investierte SoftBank mehr als eine Milliarde US-Dollar in das Unternehmen WeWork, das Büros zur gemeinschaftlichen Nutzung vermietet, und nach dem gescheiterten Börsengang von WeWork im Jahr 2019 stürzte der Aktienkurs von SoftBank ab. Sons erklärtes Ziel war es, 10 bis 20 »goldene Eier« pro Jahr zu legen.[753] Die kleinsten Deals lagen bei etwa 100 Millionen US-Dollar, die größten bei mehreren Milliarden, die Son in die erfolgreichsten Tech-Start-ups einer bestimmten Kategorie steckte. Son hatte eine große Vision. Auf der Website von SoftBank wird prognostiziert, dass die Menschen 200 Jahre alt werden und mit »freundlichen und intelligenten Robotern« koexistieren könnten, die »ein Leben im Überfluss für alle« ermöglichen, indem sie nichtstandardisierte Daten erkennen und auswerten.[754] Es war unvermeidlich, dass viele der kühnen Transformationsprojekte scheiterten: aber diese Rückschläge waren nicht von Bedeutung, solange es spektakuläre Erfolge gab.

Sons erfolgreichstes Engagement war zweifellos das bei Jack Mas Alibaba. Ma war ein armer und zunächst eher erfolgloser Student aus Hangzhou, der sich wie Son von Kalifornien inspirieren ließ. Ma erzählt gerne, dass er den Namen zunächst an einer Kellnerin aus San Francisco ausprobiert hatte, die bei Alibaba gleich an »Sesam, öffne dich« dachte: Zauberworte, bei denen sich alle erdenklichen neuen Wünsche und Möglichkeiten auftaten. Ma wurde immer waghalsiger. Am 24. Oktober 2020 rief der chinesische Unternehmer in einer Rede bei einem Finanzgipfel in Shanghai zu einer mutigen Neugestaltung der weltweiten Finanz- und Währungsordnung auf – einer Neufassung von Bretton Woods:

> Nicht alles, was Europa und die Vereinigten Staaten haben, ist immer fortschrittlich und es wert, dass wir es übernehmen. […] Die Basler Abkommen haben Europas Fähigkeit zur Innovation

> insgesamt stark eingeschränkt, etwa beim digitalen Finanzwesen. [...] China hat viele große Banken. Sie gleichen eher großen Flüssen oder Arterien im Kreislaufsystem unseres Körpers, aber wir brauchen heute mehr Seen, Teiche, Bäche und Nebenflüsse, Sumpfgebiete aller Art. Ohne diese Teile des Ökosystems werden wir bei Überschwemmungen ebenso sterben wie bei Dürre. Unserem Land fehlt ein gesundes Finanzsystem, was riskant ist, und wir müssen ein solches System aufbauen, statt uns um systemische Finanzrisiken Gedanken zu machen.[755]

Die grundlegende Vision bestand darin, dass die Banken bei der Kreditvergabe auf Sicherheiten verzichten sollten.

Die Rede löste eine heftige Reaktion bei der chinesischen Regierung aus. Der bevorstehende 34 Milliarden Dollar schwere Börsengang von Mas Ant Financial Group wurde ohne Vorwarnung abgesagt. Die Aktien des börsennotierten Alibaba fielen um 10 Prozent, Mas persönliches Vermögen sank um 10 Milliarden Dollar, und er selbst verschwand von der Bildfläche. Die Regierung startete eine Kampagne, um die Techgiganten in die Schranken zu weisen.

Ma gründete Alibaba, nachdem zwei frühere Start-ups, die China mit der Welt verbinden sollten, gescheitert waren. Das erste, Hope Translations aus dem Jahr 1994, war nur wenig erfolgreich, stieg aber schnell in den Verkauf von Konsumartikeln ein. Dann kam 1995 China Pages, das als Plattform für chinesische Unternehmen gedacht war, die nach amerikanischen Kunden suchten. Alibaba war 1999 zunächst ein Business-to-Business-Portal. Das junge Unternehmen erhielt 2002 einen kräftigen Schub, als nach dem Ausbruch des SARS-Virus in Südchina die SMS- und Internetnutzung kräftig zulegte. Zu diesem Zeitpunkt und als Reaktion auf den Eintritt von eBay in den chinesischen Markt gründete Ma Taobao, eine E-Commerce-Website für Verbraucher, die innerhalb von zwei Jahren zum dominierenden Anbieter auf dem chinesischen Markt aufstieg.

Entscheidend für den Erfolg war ein Treuhandsystem, durch das sichergestellt werden konnte, dass die Lieferanten erst dann bezahlt wurden, wenn die Kunden die gekauften Waren erhalten hatten und zufrieden waren. Ma trieb auch eine neue Zahlungstechnologie voran, bei der QR-Codes verwendet wurden, die Zahlungen per Smartphone ermöglichten, und zwar über den 2004 eingeführten Bezahldienst Alipay.

Mas System war insofern unkonventionell, als er sowohl den traditionellen staatszentrierten Ansatz – die Planung – als auch die konventionelle Finanzierung bewusst ablehnte. Seine ersten beiden Unternehmungen waren gescheitert, weil Regierungsbeamte seine Ideen aufgegriffen und mit der ganzen Macht des Staates weiterentwickelt hatten – auf in seinen Augen unbefriedigende und destruktive Weise. Einer seiner vielen Aphorismen lautete: »Wenn du planst, verlierst du. Wenn du nicht planst, gewinnst du.«[756] Aber auch die Finanzierung war ein Problem: Ma hatte seine eigene Version des alten Sprichworts, wonach ein Banker jemand ist, der einen Regenschirm verleiht, wenn die Sonne scheint, und ihn zurückfordert, wenn es zu regnen beginnt: »Besorge dir Geld, wenn du es nicht brauchst. Geh nicht los, um Geld zu beschaffen, wenn du es brauchst: Dann ist es zu spät.«[757] Er war ein genialer Motivator, ein brillanter Redner, der sein Geschäft auch durch Boosterismus und Verzerrung ankurbelte. Er erfand ein berühmtes Zitat, das später Bill Gates von Microsoft zugeschrieben wurde: »Das Internet wird jeden Aspekt des Lebens der Menschen verändern.«[758]

Laut einem alten und abgenutzten Klischee der kommunistischen Mobilisierung muss man für eine bessere Zukunft etwas opfern. Ma lieferte eine kapitalistische Version davon, die die wohltuenden Auswirkungen des Wettbewerbs berücksichtigt: »Heute ist es brutal, morgen ist es noch brutaler, aber übermorgen ist es schön. Allerdings wird die Mehrheit der Menschen morgen Abend sterben. Sie werden den Sonnenschein übermorgen nicht mehr sehen können.«[759]

Das auffälligste Merkmal von Mas Planung war die Aufmerksamkeit, die er den Details von Logistik und Finanzierung widmet: Ohne ein effektives Liefersystem konnten keine Waren verkauft werden. Vor allem aber waren ohne ein effektives Zahlungssystem keine Transaktionen möglich. Gegenüber Investoren in Hongkong erklärte er: »Es ist fast so, als würden wir ein neues Grundstück erschließen. Wir sorgen dafür, dass der Platz geräumt ist, die Rohre verlegt sind und die Hausanschlüsse funktionieren. Die Leute können zu uns kommen und ihre Gebäude auf unserem Gelände errichten.«[760] Das Maskottchen von Taobao war die Arbeiterameise, nach dem Motto: »Ameisen, die sich zusammenschließen, können einen Elefanten besiegen.«[761] Das Bild sollte verdeutlichen, wie wichtig es ist, mit vielen Menschen zusammenzuarbeiten und nicht nur an große Strategien zu denken: Genau das war den Konkurrenzunternehmen eBay und Yahoo in China zum Verhängnis geworden. Möglicherweise war dies auch ein kleiner Seitenhieb auf eine alte westliche Vorstellung von Asiaten: In den 1990er-Jahren hatte die französische Premierministerin Edith Cresson gespottet, die Japaner würden arbeiten »wie Ameisen«.[762] Im Jahr 2015 wurde der Mutterkonzern von Alipay in Ant Financial umbenannt.

Um Alibaba gründen zu können, gab Ma die finanzielle Kontrolle ab, wobei Goldman Sachs und später Risikokapitalgruppen, vor allem SoftBank und Yahoo, große Anteile übernahmen. Goldman hatte SoftBank mit einer Anfangsinvestition von 20 Millionen US-Dollar mit ins Boot geholt. Son erklärte später, ihn habe »der Blick in [Mas] Augen überzeugt, es war ein ›animalischer Geruch‹«.[763] Im Jahr 2011 übernahm Ma die Kontrolle über Alipay – es sah nach einem chinesischen Sieg über ausländische Aktionäre aus. Er wollte China transformieren, und im Rahmen dieser Kampagne begann er, sich ein Binnenpublikum heranzuziehen – was der Imagepflege dienen sollte, ihn aber in Konflikt mit den Behörden brachte. Außerdem bot er offenbar bessere Bedingungen: Das Anlageprodukt Yu'e

Bao, das Ma 2013 auf den Markt brachte, bot höhere Renditen als die staatlichen Banken und war im Jahr 2018 mit 244 Milliarden US-Dollar Vermögen zum größten Geldmarktfonds der Welt geworden.[764] Ma kritisierte die chinesische Regierung und vor allem ihre Regulierungsbehörden: »Einer der Gründe, warum Alibaba so schnell gewachsen ist, [war], dass die Regierung es nicht gemerkt hat. [...] Als sie es begriff, wurden wir sehr langsam.« Es klang wie ein Eingeständnis, dass ein großer Akteur in der Privatwirtschaft nicht zu innovativ sein kann, weil das den Staat und seine Kapazitäten vor eine Herausforderung stellte. Ein Beamter aus Hangzhou kommentierte: »Als privater Unternehmer muss man das richtige Maß an Öffentlichkeit finden, und Ma hat das noch nicht geschafft. Früher spielte das keine Rolle. Jetzt muss er es lernen.«[765] Alibaba bekam wegen Marktmissbrauchs eine hohe Geldbuße aufgebrummt. Im April 2021 wurde gegen die Ant Financial Group eine Kartellstrafe in Höhe von 2,8 Milliarden US-Dollar verhängt.

Bei dem Kampf zwischen Unternehmern und Planungsbehörden ging es um die Kontrolle über Daten: Die Kampagne gegen Ma und Ant Financial wurde so interpretiert, dass private FinTech-Konzerne gezwungen werden sollten, riesige Mengen gesammelter Daten an die staatlichen Banken zu übergeben. An Chinas private Tech-Firmen »BAT« – Baidu, Alibaba und Tencent – flossen im Jahr 2018 etwa 67 Prozent der digitalen Werbeeinnahmen gegenüber 61 Prozent im Jahr 2015, und auf sie entfiel etwa die Hälfte der Risikokapitalinvestitionen in China.[766] Bei Ausbruch der Pandemie wurde weithin angenommen, dass die Macht der Techtitanen auf dem Rückzug war, gebrochen durch einen Handelskrieg zwischen China und den Vereinigten Staaten, der den wichtigen Ideentransfer von Kalifornien nach Hangzhou und Shanghai bedrohte. Der Gründer von ByteDance, Zhang Yiming, der TikTok entwickelt hatte, gab 2021 seinen Rückzug bekannt: »Ich habe lange überlegt, wie man echte langfristige Durchbrüche besser vorantreiben kann, die sich nicht einfach auf stetige, aber inkrementelle Fortschritte stützen können.«[767] Die Pandemie ermöglichte einen regelrechten Krieg des Staates gegen Unternehmer.

Die Bemühungen der Regierungen, sich durchzusetzen, wurden besonders nachvollziehbar, als andere wichtige SoftBank-Engagements in Europa in Schwierigkeiten gerieten, nachdem die Belastungen durch die Pandemie langjährige finanzielle Unregelmäßigkeiten und Betrug ans Licht gebracht hatten. Sons Eine-Milliarde-Dollar-Projekt in Deutschland schien anfangs die schwerfällige Welt des traditionellen deutschen Finanzwesens ebenso zu verändern, wie Alibaba es getan hatte. Wirecard wurde im Jahr 1999, in der Spätphase des Dotcom-Booms, in München als Zahlungsabwickler gegründet, der per Kreditkarte bezahlte Beträge von Kunden für Websitebetreiber einzog: Anfangs bestand ein großer Teil des Geschäfts darin, Kunden die Bezahlung von Onlinepornografie zu erleichtern (und anonymer zu machen). Das Geschäft wurde nach und nach ausgebaut, umfasste schließlich ein breites Spektrum an Kartenzahlungen und Datenverarbeitung, und schließlich gab das Unternehmen sogar eigene Kreditkarten aus. Im Jahr 2006 stieg Wirecard durch den Kauf der Online-Bank XCOM ins Kreditgeschäft ein und benannte sich in Wirecard Bank um, mit Lizenzen von Visa und Mastercard. Von 2011 bis 2014 nahm das Unternehmen 500 Millionen Euro durch Aktienverkäufe ein und kaufte von Singapur aus eine Vielzahl von Zahlungsunternehmen in ganz Asien auf. Als der Untergang des Unternehmens Anfang 2020 bereits begonnen hatte, schloss Wirecard noch einen Vertrag als bevorzugter Zahlungsabwickler mit Visa für das FinTech-Fast-Track-Programm im Nahen Osten ab.[768] Im Jahr 2017 erteilte der Wirtschaftsprüfer Ernst & Young (EY) dem Unternehmen ein positives Testat, der ausgewiesene Cashflow erhöhte sich drastisch, und die Anleger waren begeistert. Der Aktienkurs schoss auf mehr als den doppelten Wert. Die Unternehmensgruppe gab bekannt, dass sie den Zahlungsverkehr der Citibank in elf asiatischen Ländern abwickeln werde. Ende des Jahres nahm der Wirecard-Geschäftsführer Markus Braun bei der Deutschen Bank ein Margin-Darlehen in Höhe von 150 Millionen Euro auf, das mit einem großen Teil seiner 7 Prozent Anteile an Wirecard besichert war.

Im September 2018 löste Wirecard die Commerzbank im Dax 30 ab und überholte bis zum Jahresende bei der Marktkapitalisierung die Deutsche Bank als größte deutsche Bank.

Im Januar 2019 erschienen in der *Financial Times* (FT) die ersten Berichte über Recherchen zu den Wirecard-Geschäften in Singapur, und Wirecard ging sofort zum Gegenangriff über. Der abschließende Bericht der *Financial Times* erschien in der Printausgabe vom 15. Oktober 2019, und darin stand: »Interne Unterlagen des Unternehmens mit der dazugehörigen Korrespondenz zwischen hochrangigen Mitgliedern des Finanzteams von Wirecard deuten darauf hin, dass es sich um eine konzertierte Aktion handelte, mit der Umsätze und Gewinne in den Wirecard-Geschäftsbereichen in Dubai und Irland künstlich aufgebläht und EY, der Tier-1-Prüfer von Wirecard, getäuscht werden sollte.«[769] Die deutsche Aufsichtsbehörde BaFin nahm Ermittlungen gegen die *Financial Times* wegen des Vorwurfs der Marktmanipulation auf und beschuldigte die Zeitung, mit Spekulanten, die auf fallende Kurse wetteten, im Bunde zu stehen und Insiderhandel mit unbegründeten Gerüchten zu betreiben, mit denen der Markt beeinflusst werden sollte. Später stellte sich heraus, dass einige BaFin-Mitarbeiter selbst Aktien von Wirecard besaßen. Alexander Schütz vom Aufsichtsrat der Deutschen Bank forderte Markus Braun gar auf: »Mach diese Zeitung fertig!«[770]

Im April 2019 kündigte Wirecard eine Geldspritze in Höhe von 900 Millionen Euro von SoftBank an. Im März 2020 sollten die Wirtschaftsprüfer von KPMG ihre Prüfung planmäßig abschließen, doch die Veröffentlichung des Abschlussberichts und der von EY geprüften Jahresergebnisse wurde auf Ende April verschoben und schließlich am 28. April veröffentlicht. Die KPMG-Prüfer erklärten nun, sie hätten nicht überprüfen können, ob die Verträge, aus denen der Löwenanteil der von Wirecard ausgewiesenen Gewinne für den Zeitraum von 2016 bis 2018 entstanden sein sollten, echt waren, und sie bezweifelten außerdem die Existenz eines Barguthabens in Höhe von einer Milliarde Euro, das nur durch zweifelhafte Dokumente aus Singapur belegt war.[771] Am 5. Juni leitete die Staatsanwaltschaft München strafrechtliche Ermittlungen ein, und am 18. Juni, dem Tag, an dem Wirecard seinen geprüften Jahresabschluss für 2019 hätte veröffentlichen sollen, gab der Vorstand des Unternehmens bekannt, dass 1,9 Milliarden Euro, die mutmaßlich von philippinischen Banken geschuldet waren, »verschwunden« seien. Am 23. Juni wurde Braun verhaftet, und am 25. Juni stellte Wirecard einen Insolvenzantrag. Der geheimnisvolle Vorstand für das operative Geschäft, Jan Marsalek, der im Jahr 2000 als 20-Jähriger in das Unternehmen eingetreten war, floh direkt nach seiner Entlassung auf die Philippinen und landete letztendlich wahrscheinlich in Russland. Er trug eine teure Tourbillon-Armbanduhr von Vacheron Constantin mit freiliegendem Räderwerk und schwarze Anzüge von Ermenegildo Zegna; außerdem ließ er seine Mitarbeiter riesige Mengen Bargeld in Plastiktüten herumtragen.[772] Im Jahr 2021 wurde in einer parlamentarischen Untersuchung festgestellt, dass sich die EY-Prüfungen von 2014 auf mündliche Zusicherungen von Führungskräften gestützt hatten und dass die Prüfung von 2018 nicht genügend Details enthielt, um einzelne Transaktionen überprüfen zu können, die angeblich von den asiatischen Partnerfirmen abgewickelt wurden.[773]

Im September 2019 war Markus Braun zusammen mit Christian Sewing von der Deutschen Bank in einem Doppelinterview zu Gast und strahlte Optimismus aus. Braun verwies dabei stolz auf ein »organisches Wachstum« in Deutschland von durchschnittlich 20 bis 30 Prozent jährlich.[774] Die Deutsche Bank war im Rahmen eines größeren Konsortialkredits mit 80 Millionen Euro bei Wirecard engagiert, konnte aufgrund einer Absicherungsstrategie den Verlust aber auf 18 Millionen Euro begrenzen. Zu dieser Zeit verfolgte Braun ein »Projekt Panther«, durch das Wirecard die Deutsche Bank übernehmen sollte. Sewing erklärte später, Wirecard habe »ein schlechtes Licht auf den Finanzplatz Deutschland geworfen«.[775] Braun hatte frech versucht, das Herzstück des deutschen Finanzsystems zu übernehmen. Dazu musste er auch den Staat für sich einnehmen. Durch die Vermittlung des charismatischen ehemaligen Verteidigungsministers Karl-Theodor zu Guttenberg hatte er sich die Aufmerksamkeit von Bundeskanzlerin Angela Merkel gesichert, die sich bei einem Staatsbesuch in China im September 2019 für Wirecard einsetzte. Später räumte sie ein, das sei ein Fehler gewesen, behauptete aber, Lobbyarbeit für deutsche Unternehmen im Ausland gehöre zu ihrem Job und es gebe »keinen hundertprozentigen Schutz vor kriminellen Machenschaften«.[776]

In Großbritannien gab es ein Unternehmen, das ebenso wie Wirecard eine Transformation des Finanzwesens versprach und für das der Zugang zur Regierung und zu den Hebeln der Macht genauso wichtig war. Wenige Monate nachdem ein Börsengang im Umfang von sieben Milliarden US-Dollar diskutiert worden war, gab es Greensill Capital nicht mehr. Das Unternehmen wurde im März 2021 zahlungsunfähig, nachdem der Versicherungsschutz für Fonds in Höhe von 4,6 Milliarden Dollar aufgekündigt worden war und die Finanzierungsquellen des Unternehmens, vor allem von Credit Suisse und SoftBank, versiegten.

Das britische FinTech-Unternehmen wurde 2011 von dem Australier Lex Greensill, einem ehemaligen Landwirt und späteren Banker, gegründet. Er war ein guter Verkäufer, der geschickt erklären konnte, wie die Wassermelonenproduzenten unter Zahlungsverzögerungen litten und wie die Finanzierung ihre Lage, aber auch die Markteffizienz generell verbessern könnte. Im Mai 2020 behauptete

Greensill, dass das herkömmliche Bankwesen »durch ein neueres, auf Big Data basierendes Modell ersetzt werden wird, und ich denke, dass diese tektonische Verschiebung alle Marktteilnehmer betreffen wird. Wir stehen erst am Anfang dieser Entwicklung.«[777] Er wirkte wie ein »Finanzzauberer von Oz«. Greensill ist auf die sogenannte Lieferkettenfinanzierung spezialisiert. Finanzhistoriker sehen dort das älteste Einsatzgebiet der Finanzierung. Händler kaufen und versenden Waren, aber sie haben nicht genug Geld, um diese Waren zu bezahlen, bevor sie verkauft sind. Die Finanzierung der Transaktion, also die Vergabe eines Kredits an den Händler auf der Grundlage einer Rechnung oder eines Zahlungsversprechens, ist somit eine Tätigkeit, die zur Befriedigung ansonsten unbefriedigter Bedürfnisse führen kann. Das grundlegende Verfahren war bereits den Zivilisationen im alten Mesopotamien bekannt.[778]

Die Lieferkettenfinanzierung bildete bereits den Kern des spätmittelalterlichen und frühneuzeitlichen Finanzwesens. Die entscheidende Neuerung damals war der Wechsel, ein Dokument, mit dem man die Zahlung eines bestimmten Betrags zu einem bestimmten Zeitpunkt in der Zukunft vereinbart. Kaufleute erwarben ein solches Dokument und schickten es in das Land, aus dem sie importieren wollten, wo es dazu verwendet werden konnte, das Eigentum an einer Ware – beispielsweise einem Wollballen – durch einen anderen Kaufmann zu sichern, der den Wechsel dann dem Vertreter des ursprünglichen Ausstellers vorlegte. Auf diese Weise wurde der risikoreiche Transport von Bargeld vermieden, und der Wechsel diente auch als Kreditinstrument. Die Emittenten von Wechseln nutzten oft große Kundeneinlagen, wenn sie andere Bankgeschäfte tätigten. Aus heutiger Sicht bestand der besondere Reiz darin, dass die Unternehmen den Zugang zu Krediten hatten, ohne dass es so aussah, als würden sie Schulden machen.

Greensill erhielt zunächst von General Atlantic, dann von Facebook und Alibaba Risikokapital, und das scheint das Unternehmen für den Zugang zur Finanzierung durch SoftBank qualifiziert zu haben. Die SoftBank-Finanzierung in Höhe von 1,5 Milliarden US-Dollar wurde 2019 bereitgestellt und veränderte alles. Ein Großteil der Greensill-Kredite ging an eine sehr eingeschränkte Gruppe von Unternehmen, die mit dem Händler Sanjeev Gupta und seinem Liberty House in Verbindung standen, der seit 2009 eine beträchtliche Anzahl überalterter Stahlwerke aufkaufte und eine technologische Verjüngung sowie ökologische Nachhaltigkeit versprach. Für Regierungen, die mit den sozialen und politischen Herausforderungen einer schrumpfenden Industrie konfrontiert waren, war das ein attraktives Angebot. Im Jahr 2020 waren rund 35 000 Beschäftigte in etwa 200 Werken auf der ganzen Welt von diesem Unternehmen abhängig, das einen Jahresumsatz von 20 Milliarden US-Dollar erzielte. Gupta spielte den grünen Innovator der Technologie: Im Jahr 2020 sagte er auf dem Weltwirtschaftsforum in Davos: »Der größte Teil der Welt will bis 2050 verbindlich CO_2-neutral werden.«[779] Der Traum verblasste. Anfang 2021 gingen zwei Gießereien im Poitou und ein Werk in der Nähe von Châteauroux, das Leichtmetallräder produzierte, in Konkurs. Die Greensill-Finanzierung lief über ein altes und offenbar verschlafenes Institut, die NordFinanz Bank AG in Bremen.

Es gab viele strousbergähnliche Warnsignale, die auf die Probleme hinwiesen: Guptas und Greensills Flotten von Firmenjets (in passenden Farben lackiert) oder die extravaganten Villen. Im Nachhinein war es nur allzu offensichtlich: Die *Financial Times* kommentierte sogar Greensills Schuhe, und Sebastian Payne, der Whitehall-Redakteur der FT, twitterte: »Je mehr ich hinschaue, umso mehr Fragen stellen sich mir. Vor allem bin ich enttäuscht, dass ich die gleichen Stiefel trage wie Lex Greensill.«[780]

Der Zusammenbruch von Greensill ist eine kostspielige Warnung: vor überzogenen Behauptungen bezüglich finanzieller Innovationen, vor Lobbyismus, mangelnder Transparenz oder unzureichender Risikostreuung. Diese Lehren lassen sich offensichtlich aus den unerfreulichsten Merkmalen des Zusammenspiels von Kapitalismus und Staat ziehen, und doch müssen sie immer wieder neu gelernt und herausgestellt werden – weil sie immer wieder in Vergessenheit geraten.

Greensills Lobbyarbeit sah so aus: Über den britischen Ex-Premierminister David Cameron (der sein Angestellter wurde) überredete Greensill die saudische Regierung, Investoren zu mehr Investitionen bei SoftBank zu drängen, sodass die Bank dann wiederum ihre finanzielle Unterstützung für Greensill erhöhen konnte. Nach dem Beginn der Covid-Pandemie wurde Cameron instrumentalisiert, um Greensill Zugang zu einem Notkreditprogramm zu verschaffen und gleichzeitig zu einem Programm, über das Löhne und Gehälter für verzweifelte Beschäftigte des National Health Service vorgestreckt wurden. Cameron setzte sich wiederholt sowohl beim britischen Finanzministerium, wo er persönlich beim Finanzminister intervenierte, als auch bei der Bank of England für Greensill ein. Mindestens 60 zunehmend drängende SMS wurden von Camerons Smartphone aus verschickt. Warum brauchte die britische Regierung einen Vermittler, um ihren eigenen Angestellten Vorschüsse auszuzahlen? Der Einsatz blieb jedoch erfolglos, weil die Verflechtungen zwischen den verschiedenen Greensill-Unternehmen den Wirtschaftsminister misstrauisch machten und er befürchtete, dass die staatlichen Mittel nicht in Großbritannien bleiben würden. Im Vorfeld der Wahlen 2010 hatte Cameron den Labour-Premierminister wegen seines Umgangs mit einem Spesenskandal angegriffen und erklärt: »Der Lobbyismus hat unsere Politik schon zu lange befleckt. Wir alle wissen, wie das funktioniert. Die gemeinsamen Mittagessen, die Einladungen, das Einflüstern, die Ex-Minister und Ex-Berater, die dem Großkapital helfen, seinen Willen durchzusetzen. In dieser Partei glauben wir an den Wettbewerb, nicht an

Vetternwirtschaft.«[781] Inzwischen lebte er selbst von dem Netz aus einflussreichen Kontakten, das er früher angeprangert hatte.

Auch über das Wesen von Innovation lässt sich eine Lehre ziehen. Was brachte Greensill? Warum wollten Regierungen – von den Saudis bis Whitehall – einem Unternehmen vertrauen, dessen Finanzaktivitäten sich im Wesentlichen auf ein eng definiertes Stahlgeschäft beschränkten, nämlich die GFG Alliance von Sanjeev Gupta? Die oberflächliche Antwort lautet: Das Greensill-Konzept versprach ein attraktives Geschäftsmodell, das Saudi-Arabiens Handhabung der Mekka-Pilgerfahrt und Großbritanniens National Health Service modernisieren konnte. War das wirklich so neu?

Wann ist Finanzierung innovativ? Bei der großen Finanzialisierungwelle am Ende des 20. Jahrhunderts lag der Schwerpunkt auf scheinbar neuen Produkten, die durch Verbriefung bereitgestellt wurden. Es schien, als könne man eine Reihe von verschiedenen Vermögenswerten sicherer oder transparenter wirken lassen, indem man sie bündelte und dann das Produkt nach bestimmten Kriterien aufteilte, sodass es anschließend wieder auf den Markt gebracht werden konnte. So konnten verschiedene Risikoelemente herausgelöst und an jene verkauft werden, die bereit waren, sie zu erwerben. Nach 2007 kippte die Euphorie, und nun stand der Vorwurf im Raum, das Verfahren vergrößere das Risiko eher als es zu verringern. Doch es wurde weiterhin angewendet.

Greensill – aber vor allem seine leichtgläubigen Gläubiger (insbesondere SoftBank und Credit Suisse) – hätten gut daran getan, sich mit der Geschichte einiger dieser mittelalterlichen Banken zu beschäftigen, von denen die berühmtesten und am besten dokumentierten ihren Sitz in Florenz hatten. Die Medici sind so berühmt – auch als Kunstmäzene, Politiker und sogar Päpste –, dass einige moderne betrügerische Institute den Namen übernommen haben, um zu beeindrucken.

Die Medici-Bank wurde von dem großen flämischen Historiker des 20. Jahrhunderts Raymond de Roover in der wohl besten Bankenmonografie aller Zeiten beschrieben.[782] Die florentinische Bank hatte Zweigstellen in Rom, Venedig, Neapel und Mailand, aber auch in Avignon, Genf, Brügge und London, die über Gesellschaftsverträge geleitet wurden. Die am weitesten entfernten Filialen in Brügge und London verursachten die meisten Probleme, zum Teil wegen der geografischen Entfernung, aber auch, weil sie in ständiger Interaktion mit starken und unberechenbaren Staaten arbeiten mussten. Folglich mussten die Vertreter der Medici vor Ort intensive Lobbyarbeit betreiben und Zugeständnisse an die Herrscher machen, um von den Regierungen Vergünstigungen zu erhalten, etwa die Erlaubnis, die Waren (Wolle), deren Handel sie finanzierten, zu exportieren. Sie vergaben also immer mehr Kredite an Regierungen, die das Geld für ihre eigenen Zwecke verwendeten.

Das Engagement der Medici-Bank bei der Finanzierung der englischen Rosenkriege führte zu einer entscheidenden finanziellen Schwäche. Die Londoner Filiale musste dem Monarchen Edward IV. aus dem Hause York immer größere Summen für Kriege und Mitgift leihen, mit denen politische Bündnisse gesichert wurden. Der erste Leiter der Filiale gab entnervt auf und wurde von Gherardo Canigiani abgelöst, der mit der Zeit zum treuen Gefolgsmann des Königs und nicht seiner Bank wurde, sodass die gesamte Gesellschaft in Konkurs ging.

Die Bank – die einige Jahre später vollständig zerbrach – diente Machiavelli als exemplarisches Lehrstück. In seiner *Geschichte von Florenz* führt er den Untergang der Bank auf die Filialleiter zurück, die sich zunehmend selbst wie Fürsten aufführten. Adam Smith überarbeitete die Geschichte, um zu zeigen, wie korrupt und verschwenderisch staatliche Unternehmen waren – zu dem auch die Medici-Bank wurde: Lorenzo der Prächtige habe »die Einkünfte des Staates, die ihm zu Gebote standen«, genutzt.[783] Letztlich hatten die

Staaten die Oberhand, was zur Folge hatte, dass innovative Financiers den Staat übernehmen mussten (was in der Politikwissenschaft als »State Capture« bezeichnet wird, die Eroberung des Staates), wenn sie ihre Umgestaltungsträume verwirklichen wollten. Auf den ersten Blick scheinen der britische oder deutsche Staat anfälliger für eine solche Übernahme als der chinesische. Aber wir wissen mehr über ihre Abläufe, und wir wissen es schneller. Der chinesische Staat ist vielleicht widerstandsfähiger gegen eine Übernahme, aber indem er seine Widerstandsfähigkeit ausbaut, schneidet er sich möglicherweise auch von der Dynamik des Wandels und der transformativen Technologien ab.

Eine Geschichte von zwei Analysemethoden

Der positive Angebotsschock der 1870er-Jahre führte zu einem Nachdenken über relative Preise, das die marginalistische Revolution und den Übergang zur modernen Mikroökonomie vorantrieb. In den 1970er-Jahren warf ein negativer Angebotsschock die Frage nach makroökonomischen monetären und fiskalischen Reaktionen auf und führte auch zu Hayeks Ablehnung der damals konventionellen makroökonomischen Diagnosen und Rezepte, keynesianisch wie monetaristisch. Die Pandemie von 2020, wieder ein Angebotsschock, warf auch die Frage auf, mithilfe welcher Analyseinstrumente man die Krise verstehen und die wirksamsten Abhilfestrategien bewerten konnte. Daten schienen der Schlüssel sowohl zur medizinischen als auch zur makroökonomischen Antwort zu sein: Doch war man sich einig, dass die Daten ineffizient gehandhabt wurden. In den größten und mächtigsten Ländern war das Problem besonders groß: China und Russland halten ihre Informationen über eine globale Bedrohung streng geheim, während die Vereinigten Staaten auf Echtzeitdaten aus anderen Ländern, Israel, Großbritannien und

Südafrika, angewiesen waren. Der ehemalige Direktor der US-Seuchenbehörde CDC Tom Frieden sagte im Mai 2021 aus: »Unser Land hatte einen Flickenteppich aus unterfinanzierten, unterbesetzten, schlecht koordinierten Gesundheitsämtern und jahrzehntelang veraltete Datensysteme – und nichts davon war dafür gerüstet, eine aktuelle Gesundheitskrise zu bewältigen.«[784]

Die politische Entscheidung kann man sich als ein Aufeinanderprallen unterschiedlicher wirtschaftlicher Methoden vorstellen. Dabei kollidierten die unterschiedlichen Visionen, die von den beiden jüngsten Wirtschaftswissenschaftlern, die eine Festanstellung in der Harvard-Wirtschaftsabteilung erhalten haben, personifiziert werden. Beide Männer hatten Väter, die ebenfalls prominente Ökonomen waren, aber damit enden die Gemeinsamkeiten. Der eine war Larry Summers, geboren 1954, der Erbe des Denkens in großen Maßstäben, der Makroökonomie, der ein ähnliches intellektuelles Erbe mitbrachte wie John Maynard Keynes. Die Vision des 1979 in Neu-Delhi geborenen Raj Chetty war hingegen von der globalisierten Mobilität und den damit verbundenen Chancen geprägt. Er wollte den Details auf den Grund gehen: warum die Lebenschancen und Erfahrungen an einem Ort anders sind als an einem anderen. Man könnte darin ebenso gut ein Aufeinanderprallen zweier Generationen sehen, die genau ein Vierteljahrhundert voneinander trennt, wie ein Aufeinanderprallen der Methoden.

Larry Summers war Ende des 20. Jahrhunderts das, was Keynes zu Beginn des Jahrhunderts gewesen war. Um seinen Hintergrund zu beschreiben, könnte man die Worte verwenden, mit denen Keynes' Biograf Robert Skidelsky Cambridge kennzeichnete: »Die Arroganz eines Ortes.« Wie Keynes stammte auch Summers aus einer Akademikerdynastie, seine Eltern waren beide Wirtschaftswissenschaftler, Robert Summers (ursprünglich Samuelson) und Anita Summers. Zwei von Summers' Onkeln, Paul Samuelson und Kenneth Arrow, ebenfalls Wirtschaftswissenschaftler, erhielten Nobelpreise. Summers selbst wurde mit der John-Bates-Clark-Medaille ausgezeichnet, die an den besten Wirtschaftswissenschaftler unter 40 Jahren verliehen wird. Wie Keynes wechselte er mühelos zwischen dem akademischen Leben und der Welt der Politik, und wie Keynes war auch er ständig im Zentrum von Kontroversen.

Er beschäftigte sich mit verschiedenen Aspekten der Wirtschaftswissenschaften, vor allem mit öffentlichen Finanzen, Arbeitsökonomie und Makroökonomie, und dachte ständig über die Disziplin als solches, ihre Methodik und Ausrichtung nach. Einige seiner Arbeiten zielten auf die Effizienzmarkthypothese ab, die in den 1970er- und frühen 1980er-Jahren Verbreitung fand, und er äußerte sich ähnlich wie Keynes über die Grenzen des Wissens und der Vernunft. In der viel zitierten Einleitung einer seiner Abhandlungen warnte er: »Es gibt Idioten. Schauen Sie sich um.«[785] Er setzte sich konsequent für eine evidenzbasierte Wirtschaftswissenschaft ein: »Ein erheblicher Teil unserer gegenwärtigen wirtschaftlichen Schwierigkeiten ist auf ignorante Eiferer zurückzuführen, die Einfluss erlangten, indem sie Antworten auf Fragen gaben, die andere als sinnlos oder schwierig bezeichnet haben. Eine solide, auf Beweisen basierende Theorie ist sicherlich unser bester Schutz gegen solche Quacksalberei.«

Im Jahr 1991 verließ er Harvard und wurde Chefökonom der Weltbank. Seine relativ kurze Amtszeit ist vor allem wegen der Kontroverse um ein Memorandum in Erinnerung geblieben, in dem er die These vertrat, dass man Effizienzgewinne erzielen könne, indem man umweltverschmutzende Industrien und Abfälle in Niedriglohnländern auslagere. In dem Memorandum wurde der logisch korrekte, aber wahrscheinlich wenig hilfreiche Standpunkt vertreten, dass sich dieses Argument nicht von anderen politischen Positionen zu Handelsvorteilen oder Marktliberalisierung unterscheide, die zentraler Bestandteil der Vision der Bank seien. Wegen dieses Dokuments kam es zu Diskussionen und Studentenprotesten, als Summers nach seiner Tätigkeit als Finanzminister in der Clinton-Regierung als

Universitätspräsident nach Harvard zurückkehrte. Summers sagte damals gegenüber der Studentenzeitung: »Ich denke, hier passt sehr gut ein Zitat von La Guardia: ›Wenn ich schon einen Fehler mache, dann gleich einen Riesenklopper.‹«[786]

Als Präsident von Harvard geriet er in weitere Kontroversen, und Kritiker erstellten Protokolle über das, was sie als Skandale ansahen. Er hatte die Öffnung der Kapitalmärkte in den 1990er-Jahren entschlossen verteidigt, selbst als Kritiker nachzuweisen versuchten, dass die Asienkrise von 1997–1998 daraus gefolgt war, dass man den Finanzmarkt dort rasch geöffnet hatte, ohne vorher eine solide inländische Finanzinfrastruktur aufzubauen. Summers geriet in einen Disput mit dem afroamerikanischen Philosophen, religiösen Denker und Sozialkritiker Cornel West, der später einen denkwürdigen Bericht über den Austausch veröffentlichte: »Ich fürchte, mein Bruder, du hast dich mit dem falschen Bruder angelegt.«[787] Er provozierte die Universität und die gesamte wissenschaftliche Gemeinschaft, als er auf einer Konferenz des National Bureau of Economic Research erklärte, Männer würden aufgrund biologischer Unterschiede in Mathematik und Naturwissenschaften bessere Leistungen erbringen als Frauen.

Die größten Kontroversen brachen erst nach der globalen Finanzkrise aus, als Summers als Berater von US-Präsident Obama tätig war. Sie flammten wieder auf, als man damit rechnete, dass Summers eine wichtige finanzpolitische Funktion übernehmen würde: vor allem, als Ben Bernankes Amtszeit als Präsident der Federal Reserve zu Ende ging und Summers der offensichtliche Nachfolger war, und als die Einzelheiten von Summers' Konflikt mit Christina Romer aus dem Jahr 2008 über den Umfang des Konjunkturpakets bekannt wurden.[788]

Bei den Debatten ging es im Grunde nicht um persönliche Fehltritte oder Versäumnisse. In Anlehnung an die Terminologie, die Roy Harrod über Keynes verwendet, ging es hier nicht um die Arroganz eines Ortes, sondern um die eines Landes. Die Vereinigten Staaten konnten in den 1990er-Jahren selbstbewusst mit einem starken Wachstum, einer soliden Finanzpolitik, bei der die Staatsverschuldung abgebaut wurde, und einem starken Dollar aufwarten. Die Wirtschaftsbilanz bot eine echte Grundlage für eine intellektuelle Vorherrschaft.

In den 1990er-Jahren war Summers weithin als jemand gefeiert worden, der weltweite finanzielle Bedrohungen bekämpfte und insbesondere entschlossen handelte, um ein Übergreifen der Asienkrise auf die großen Industrienationen und besonders auf die Vereinigten Staaten zu verhindern. Das Nachrichtenmagazin *Time* brachte eine berühmte Titelstory über Summers gemeinsam mit Finanzminister Robert Rubin und dem Vorsitzenden der Federal Reserve, Alan Greenspan, als das »Komitee zur Rettung der Welt«. Diese Männer glaubten an die Ökonomie. In dem Artikel wird Summers zitiert, der, typisch für ihn, auf einem internationalen Flughafen sitzt und sich von einer hektischen Reise nach Moskau erholt: »Wir gehen von der Annahme aus, dass man die Gesetze der Wirtschaft nicht außer Kraft setzen kann. Selbst wenn sie unbequem sind.« Summers als Teil dieses Trios »wird stets als Kissinger der Wirtschaftswissenschaften bezeichnet: ein absoluter Pragmatiker, dessen Ehrgeiz manchmal nervt, dessen Intellekt aber immer wieder verblüfft. »Zusammengehalten wird all das von einer Leidenschaft für das Denken und eine unauslöschliche Neugier auf eine neue Wirtschaftsordnung, die sich vor ihnen entfaltet wie eine Alice-im-Wunderland-Welt. Die schiere Faszination, ein Finanzsystem für das 21. Jahrhundert zu erfinden, treibt sie mehr an als die üblichen Washingtoner Drogen Macht und Geld. In den letzten sechs Jahren sind die drei Männer zu einer Art Bruderschaft verschmolzen, die sich blind versteht.«[789]

Das Trio war zu Recht zuversichtlich, als alles für eine triumphale Weltanschauung zu sprechen schien.

Diese Welt wurde nach 2008 auseinandergenommen. Aus der Autopsie der Krise wurde eine kritische Untersuchung sowohl der amerikanischen Art, Geschäfte zu machen, als auch der amerikanischen Art, Wirtschaft zu betreiben. Summers hatte sich für die Deregulierung ausgesprochen, und Kritiker stellten diese Haltung nicht nur als intellektuellen Fehler, sondern auch als egoistisch dar. Im Kern ging es bei der Kritik darum, dass sich die Wirtschaftswissenschaftler von Interessen hätten gefangen nehmen lassen. Joseph Stiglitz, ein wichtiger Kritiker der US-Regierung und des IWF während der Asienkrise, vermutete, Summers sei möglicherweise korrupt: »Er wirkt befangen und wahrscheinlich ist er es auch.« Dem Vorwurf wurde rasch entgegengetreten, sehr energisch im Fall von Ken Rogoff, und zur Verteidigung der Ökonomen (wie Summers oder dem stellvertretenden geschäftsführenden Direktor des IWF, Stanley Fischer) wurde vorgebracht, sie handelten auf Grundlage solider Analysen und nicht aufgrund einer Ideologie.[790] Doch die Debatte ließ einen nagenden Zweifel zurück: War die Analyse objektiv, oder konnte sie, vielleicht sogar unbewusst, durch Interessen verzerrt werden?

Summers wurde vorgeworfen, die amerikanische Hybris und die Finanzkrise von 2008 verursacht zu haben – oder zumindest für sie verantwortlich zu sein. Er hatte Milton Friedman bei dessen Tod im Jahr 2006 gepriesen: »Jeder ehrliche Demokrat wird zugeben, dass wir jetzt alle Friedmanisten sind.«[791] Der demokratische US-Senator Jeff Merkley aus Oregon sagte: »Ich habe ernsthafte Zweifel, dass Mr. Summers, der als überzeugter Deregulierer die Politik vorangetrieben hat, die den Boden für die aktuelle Weltwirtschaftskrise bereitet hat, die richtige Person für eine Schlüsselposition in der Regulierungsbehörde ist.« Hinzu kam Summers' umfangreiches Engagement im privaten Finanzsektor. Er hatte für die Citigroup und den Hedgefonds D. E. Shaw gearbeitet und saß im Vorstand von zwei Start-ups aus dem Silicon Valley, die mutmaßlich die riskante Kreditaufnahme von Onlineinvestoren förderten.[792]

Nach der Finanzkrise und angesichts einer Erholung, die langsamer verlief als bei jeder anderen Rezession der Nachkriegszeit, stellte Summers eine verblüffende Diagnose dazu, wie sich die Welt verändert hatte. Er griff dabei selbstbewusst auf die Herangehensweise und die Terminologie von Keynes und Keynesianern aus den 1930er-Jahren zurück, insbesondere des US-amerikanischen Keynesianers Alvin Hansen, der den Begriff der säkularen Stagnation geprägt hatte.[793] Hansen beschrieb das Phänomen in den späten 1930er-Jahren als »Wirtschaftskrisen, die sich aus sich selbst speisen und einen harten und scheinbar unveränderbaren Kern an Arbeitslosigkeit hinterlassen«.[794] Das Bevölkerungswachstum war rückläufig und würde in Ermangelung eines technischen Fortschritts zu einem starken Rückgang der Investitionen und damit des Wachstums führen. Zuvor, während der Wirtschaftskrise, hatte Hansen die drei Wege untersucht, auf denen Kaufkraft in den Wirtschaftskreislauf gelangen kann: Unternehmensausgaben, Konsumausgaben und Staatsausgaben.[795] Diesen Rahmen aktualisierte Summers nun.

In einer Rede auf einer IWF-Konferenz beschrieb Summers: »In den vier Jahren seit der finanziellen Normalisierung hat sich der Anteil der Erwachsenen, die arbeiten, nicht erhöht und das BIP ist immer weiter hinter das Potenzial zurückgefallen, das wir im Herbst 2009 definiert haben.« Den Kern der Analyse bildete die Hypothese, dass »der kurzfristige Realzins, der mit einer Vollbeschäftigung vereinbar ist, irgendwann in der Mitte des letzten Jahrzehnts auf -2 oder -3 Prozent gefallen ist.« Dieses Gedankenexperiment bildete ziemlich genau das Umfeld nach der Rezession ab: »Was würde dann passieren? Selbst bei einer künstlichen Stimulierung der Nachfrage durch all diesen finanziellen Leichtsinn würde man keinen Nachfrageüberschuss sehen. Und selbst wenn man die normalen Kreditbedingungen relativ wiederherstellen würde, wäre es sehr schwierig, zur Vollbeschäftigung zurückzukehren.«[796] Die Analyse liefert eine überzeugende Erklärung für den schwachen Aufschwung unter Obama. Tatsächlich waren die Realzinsen seit einem Jahrhundert gesunken (siehe Abbildung 7.2).

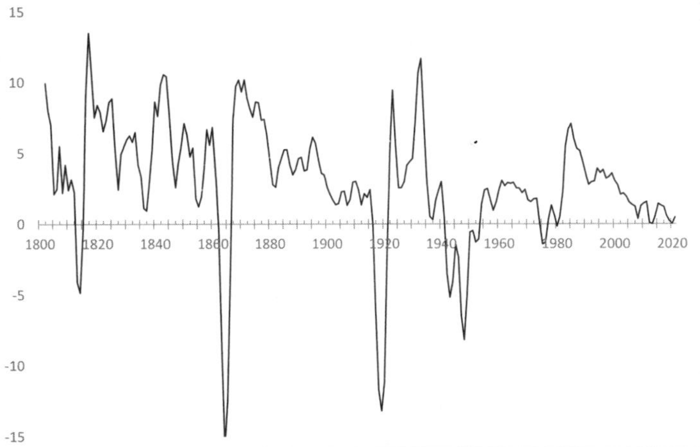

Abb. 7.2: Reale Rendite der zehnjährigen US-Staatsanleihen

Im Mittelpunkt der Analyse stand das »schleppende Wachstum angesichts einer hyperexpansiven Politik und einer raschen Beschleunigung des Kreditwachstums im Privatsektor«.[797] Es gab vier zusammenhängende Probleme: eine offensichtliche Veränderung der langfristigen potenziellen Wachstumsrate, eine zeitweise Abweichung des tatsächlichen Wachstums von seinem Potenzial, ein grundsätzliches Nachfragedefizit und schließlich, als Kern des Nachfrageproblems, eine zu große Flexibilität der Preise und Löhne. Eine Finanzkrise allein, selbst eine außergewöhnlich schwere, könne die Schwäche des Aufschwungs nicht erklären. »Wenn eine Finanzkrise eine Art Stromausfall darstellt, dann sollte man denken, dass sich das Wachstum nach ihrer Überwindung beschleunigt, da diejenigen, die aufgrund fehlender Kredite keine Nachfrage äußern konnten, in die Lage versetzt werden, das zu tun.«[798] Und auch in einem alternativen Szenario vor der Krise hätte es ein Problem gegeben: »Man stelle sich vor, dass die Kreditstandards in den USA beibehalten worden wären, dass sich der Immobilienmarkt nicht zu einer Blase entwickelt hätte und dass keine stimulierende Steuer- und Geldpolitik betrieben worden wäre. Aller Wahrscheinlichkeit nach wäre das Produktionswachstum aufgrund einer mangelhaften Nachfrage deutlich unzureichend gewesen.«[799]

Diese Diagnose unterscheidet sich von der keynesianischen Analyse der Zwischenkriegszeit darin, dass das Problem nicht in Preis- und Lohnstarrheiten gesehen wird, die eine rasche Anpassung der Kosten nicht zulassen. Die Deflation entstand nicht aus monetären Gründen – offensichtlich wuchs die Geldmenge sowohl vor als auch nach der Krise stark an. Vielmehr lag der Kern des Problems in einer modernen offenen und globalisierten Wirtschaft, die zu anpassungsfähig war und daher nicht genug Nachfrage erzeugte, um Wachstum und Vollbeschäftigung zu schaffen: »Je flexibler die Löhne und Preise sind, umso mehr ist zu erwarten, dass sie bei einem Produktionsrückgang sinken, was zu einem Anstieg der Realzinsen führt. In der Tat besteht die Gefahr einer destabilisierenden Deflation, bei der sinkende Preise zu höheren Realzinsen führen, die zu größeren Produktionsausfällen führen, die wiederum einen schnelleren Preisverfall zur Folge haben und so einen Teufelskreis in Gang setzen.[800]

Die wichtigste Erkenntnis war, dass das Niveau der natürlichen Zinsen (Full Employment Real Interest Rate, FERIR) »möglicherweise gesunken ist«. Entscheidend für die von Summers vorgelegte Analyse war, dass er die historische Entwicklung der langfristigen Zinssätze betrachtete. Wenn man diese Entwicklungen als Richtschnur für die Zukunft ansähe, müsste man völlig neu über Finanzpolitik nachdenken.

Wegen eines langsamen oder sogar rückläufigen Bevölkerungswachstums und möglicherweise auch eines geringen technologischen

Fortschritts ging die Nachfrage nach neuen Investitionsgütern, mit denen neue oder produktivere Arbeitskräfte ausgerüstet werden konnten, zurück. Die Preise für Informationstechnologie sanken rapide und machten gleichzeitig einen größeren Anteil an den Kapitalinvestitionen insgesamt aus. Niedrigere Preise für Investitionsgüter bedeuteten, dass man mit einem bestimmten Sparniveau viel mehr Kapital erwerben konnte als zuvor. Infolgedessen brauchten große Spitzenunternehmen nicht mehr auf dem Markt Kredite für neue Investitionen aufzunehmen; die Wiederbeschaffungskosten für Kapital waren niedriger. Eine steigende Gewinnbeteiligung würde dazu führen, dass das Einkommen zu Menschen mit einer geringeren Ausgabenneigung transferiert wird. Die Tendenz der Zentralbanken und Regierungen, Reserven zu bilden in Verbindung mit konservativen Anlagestrategien, erhöhte die Nachfrage nach sicheren Vermögenswerten und drückte die risikofreien Zinssätze. Verstärkt wurde dieser Effekt durch die Aufsichtsanforderungen nach der Finanzkrise, die Pensionsfonds und Versicherungsgesellschaften dazu verpflichteten, ihre Vermögenswerte in sicheren Anleihen zu halten zur bestmöglichen Haftungsdeckung.[801]

Die Geschichte, die Summers vorlegte, schien gut zur Entwicklung des US-Arbeitsmarktes zu passen. Die Zahl der US-Amerikaner im erwerbsfähigen Alter stieg in den 1990er-Jahren um durchschnittlich 1,2 Prozent pro Jahr, 2013 waren es nur noch 0,4 Prozent. Der Anteil der tatsächlich Erwerbsfähigen ist von über 67 Prozent auf unter 63 Prozent gesunken.[802]

Die radikalste logische Erweiterung der Diagnose einer säkularen Stagnation wurde in einer elegant mathematisierten Form von Olivier Blanchard, dem ehemaligen Chefvolkswirt des IWF, bei seiner Antrittsrede als Präsident der American Economic Association im Jahr 2019 präsentiert. Sie war als täuschend einfache Relation zwischen Zinssätzen (r) und Wachstumsrate (g) formuliert. Solange die Wachstumsrate höher war als der Zinssatz ($g > r$), würden

Schulden abgebaut. Das schien das historische Muster zu sein: »Die Zinssätze für die öffentliche Verschuldung schwanken stark, doch lagen sie im Durchschnitt und in den meisten Jahrzehnten unter den Wachstumsraten. Wenn die Zukunft so wird, wie die Vergangenheit war, ist die Wahrscheinlichkeit hoch, dass die US-Regierung eine Umschuldung vornehmen kann, dass sie Schulden aufnehmen und eine sinkende Schuldenquote erreichen kann, ohne später jemals die Steuern erhöhen zu müssen.« Ausgeben kostet also weniger: Die öffentlichen Schulden könnten also keine fiskalischen Kosten verursachen: »Die intertemporale Budgetbeschränkung für die Regierung ist nicht länger bindend.« Und die Sozialausgaben, die sich aus reduzierten Investitionen in anderen Bereichen ergeben, wurden laut Blanchards Fassung ebenfalls zu Unrecht kritisiert. In Wirklichkeit verhinderten diese hocheffizienten Staatsausgaben, dass Kapital- oder Arbeitsressourcen bei einem suboptimalen Gleichgewicht verschwendet wurden. Ungenutztes Kapital veralte technologisch. Arbeitnehmer, die nicht berufstätig waren, verlören rasch ihre Fähigkeiten und vielleicht auch die Bereitschaft zu arbeiten.[803] Hier stellte sich ein doppeltes Problem: Die säkulare Stagnation drückte den natürlichen Zinssatz für risikofreie Anlagen nach unten, und die Zentralbanken sahen sich aufgrund der effektiven Untergrenze, also mangels der Option, die Zinssätze auf ein Niveau unter null zu senken, mit den Grenzen ihrer politischen Möglichkeiten konfrontiert. Die Schlussfolgerung war eindeutig: Der Staat musste mehr eingreifen.

Die einzige Frage, die Blanchard offenließ, war die, was bei multiplen Gleichgewichten geschah. War es denkbar, dass nervöse Anleiheinvestoren einen höheren Preis dafür verlangten, dass sie der Regierung einen Kredit einräumten, so die Kosten der Staatsverschuldung in die Höhe trieben und das Verhältnis zwischen r und g veränderten? In diesem Fall käme es zu einer selbsterfüllenden Destabilisierung, und die Regierungen wären gezwungen, weniger Geld auszugeben, und ihre Anleihen wären weniger glaubwürdig oder riskanter, weil das künftige Wachstum eingeschränkt würde. Das würde die Kreditkosten dramatisch erhöhen. Zu einem ähnlichen Phänomen kam es im Zuge der Schuldenkrise in der Eurozone, mit der sich Blanchard beim IWF befassen musste. Blanchard antwortete, dieser Einwand sei »relevant und so weit richtig, aber es ist nicht klar, was er für die Höhe der Staatsverschuldung bedeutet«. Selbst bei einer recht hohen Staatsverschuldung hatte er Bedenken bezüglich der Auswirkungen einer Fiskalkorrektur. Dass die Zentralbanken wirksam gegen eine Panik vorgehen konnten, war klar: Das war die Lehre aus der Krise 2008 in den Vereinigten Staaten und auch aus der europäischen Schuldenkrise in ihrer intensiven Phase bis 2012; aber bei fundamentaleren Risiken konnten sie nicht effektiv reagieren. Festzustellen, ob und wann ein solches fundamentales Risiko bestand, war eine geistige Herausforderung.

Der Einwand gegen diese Argumentation, dass im Falle einer Panik auf die Zentralbanken Verlass sei, ergab sich aus einem politökonomischen Kalkül. War es wahrscheinlich, dass auf eine einmalige finanzpolitische Notmaßnahme eine Normalisierung folgen würde, bei der die Schulden zurückgezahlt werden konnten? Oder war es wahrscheinlich, dass dieser Trick, wenn er einmal funktionierte, immer wieder angewandt wurde, weil Politiker immer dringendere Probleme entdeckten, deren Lösung ein besseres zukünftiges Wachstum garantierte? Würde die Krise dann nicht zum Dauerzustand werden? Verließ man sich nicht zu sehr auf die Extrapolation aus sicheren normalen Zeiten, ohne ausreichend den Einfluss des Unerwarteten und Unvorhersehbaren zu berücksichtigen? Ein Kritiker, der Wirtschaftswissenschaftler John Cochrane, erinnerte sich an finanzielle Turbulenzen in der Vergangenheit, als die Zinssätze stiegen und die Anleihekurse fielen. Er stellte eine Analogie her zwischen einem Händler, der sich verpflichtet, die zugrunde liegende Anleihe zum Basispreis zu kaufen, wenn der Vertrag aktiviert wird, sodass der

Händler also darauf wettet, dass der Kurs des Wertpapiers weiter steigt, und Verluste erleidet, wenn der Kurs plötzlich sinkt, und einer Regierung, die sich zu Ausgaben verpflichtet, die möglicherweise nicht mehr bezahlbar sind, wenn das Wachstum ins Stocken gerät, die Schulden den Konsum übersteigen und das Verhältnis von Schulden zum BIP steigt. Unter diesen Umständen müsste eine massive Verschuldung zu einem ungünstigen Zeitpunkt mit Steuern zurückgezahlt werden, weil die Wirtschaft sich verlangsamt oder einbricht. Cochrane kam zu dem Schluss, dass »der Fall von $r < g$ wie die klassische Strategie des Verkaufs von Optionen ist, die in der unangenehmsten Weltlage versagt«.[804]

Die offensichtliche Antwort in der keynesianischen Tradition auf das Dilemma nach 2008 bestand darin, die Staatsausgaben für Infrastruktur zu erhöhen, um die Nachfrage zu steigern und den langfristigen potenziellen Wachstumspfad anzuheben. In einem Artikel, den Summers gemeinsam mit Jason Furman verfasste, schrieb er, der alte Ansatz der »Defizitfundamentalisten«, der Treasury View der britischen Zwischenkriegszeit oder der Clinton-Ansatz zur fiskalischen Stabilität, sei überholt. Katastrophen wie die Schuldenkrise in der Eurozone seien nicht so sehr das Ergebnis von Defiziten, sondern von unzureichendem Wachstum:

> Bei einem langfristigen strukturellen Sinken der Zinssätze sollten die politischen Entscheidungsträger den traditionellen fiskalischen Ansatz überdenken, der oft fälschlicherweise rentable Investitionen in Bereichen wie Bildung, Gesundheitsversorgung und Infrastruktur gebremst hat. Dennoch beharren viele nach wie vor darauf, die Ausgaben zu kürzen, vor allem bei Sozialprogrammen wie dem Sozialversicherungssystem und Medicaid. Das ist ein Fehler. Politiker und Entscheidungsträger sollten sich auf drängende soziale Probleme konzentrieren, nicht auf Defizite.

Einzigartig niedrige langfristige Realzinsen wurden nicht »von der Federal Reserve erzeugt«, sondern sind auf »eine Reihe von tieferen Kräften zurückzuführen, darunter einer gesunkenen Investitionsnachfrage, höheren Sparquoten und zunehmender Ungleichheit«. Aber es könnte ein längerfristiges Problem geben: »Die Defizitfundamentalisten haben insofern Recht, dass die Schulden nicht ewig anwachsen dürfen. Und die Regierung kann die Haushaltspolitik nicht ohne einschränkende Prinzipien oder Richtlinien bestimmen, die festlegen, was möglich und was nicht möglich oder wünschenswert ist.«[805]

In einem anderen von Summers mitverfassten Beitrag wurde die Malaise mit der schwindenden »Macht« der amerikanischen Arbeitnehmer erklärt. Eine solche Macht verschaffte den Arbeitnehmern die Möglichkeit, einen größeren Anteil an den Renditen zu erhalten, die Unternehmen auf Produktmärkten mit unvollkommenem Wettbewerb erwirtschafteten, und konnte als Gegengewicht zur Monopolmacht der Unternehmen dienen. »Unser Fokus auf den Machtverlust der Arbeitnehmer als einen der wichtigsten strukturellen Trends in der US-Wirtschaft steht im Einklang mit einer langen Geschichte progressiver institutionalistischer Arbeiten.« Maßnahmen zur Begrenzung von Monopol- oder Monopsonmacht allein – oder auch zur Begrenzung von Globalisierung oder technologischem Wandel – würden wenig dazu beitragen, den Trend umzukehren.[806]

Was würde diese Wirtschaftsmacht der nichtkapitalistischen Klasse stärken? Summers war skeptisch gegenüber Aspekten des Trump-Konjunkturprogramms, insbesondere, was die 2000-Dollar-Schecks betraf, die zwar den Konsum ankurbeln würden, aber das Risiko einer Überhitzung der Wirtschaft mit sich brachten. Die Schecks waren ein »ziemlich schwerwiegender Fehler«. Sie seien das Ergebnis einer Verschmelzung des Denkens von Trump und linken Demokraten, insbesondere Bernie Sanders: »Wenn man sieht, dass die beiden Extreme einer Meinung sind, kann man fast sicher sein, dass etwas Verrücktes in der Luft liegt [...] Wenn eine Koalition aus Josh Hawley, Bernie Sanders und Donald Trump hinter einer Idee steht, sollte man besser in Deckung gehen.«[807]

Im Februar 2021, zu Beginn der Präsidentschaft Bidens, ging Summers noch weiter in Deckung: Es sah so aus, als würde er eine weitere Kehrtwende vollführen. In einem Kommentar für die *Washington Post* schrieb er, Bidens 1,9 Billionen Dollar schweres Hilfsprogramm sei »der kühnste Akt makroökonomischer Stabilisierungspolitik in der Geschichte der USA. Es ist ehrgeizig, widerspricht der orthodoxen Sparpolitik und zielt darauf ab, die wirtschaftliche Ungleichheit zu verringern, und das ist bewundernswert.« Das Konjunkturprogramm von 2009 war zu klein gewesen: stufenweise ansteigende 30 bis 40 Milliarden US-Dollar pro Monat für das Jahr 2009, also etwa die Hälfte des Produktionsdefizits. Im Gegensatz dazu summierten sich Bidens Maßnahmen auf 150 Milliarden Dollar pro Monat, also mindestens das Dreifache des Produktionsdefizits.[808] Die wichtigsten Analyseinstrumente für die Überlegungen, welche Reaktion angemessen war, waren also klassisch keynesianisch: in diesem Fall eine Bewertung der Produktionslücke, um den Umfang der erforderlichen Anreize zu ermitteln, und dann eine Multiplikatortheorie, um die Auswirkungen der Ausgaben auf die Produktionssteigerung einzuschätzen. Weitere Maßnahmen sollten folgen. Es bestehe daher

> die Möglichkeit, dass ein makroökonomischer Impuls, eher auf dem Niveau des Zweiten Weltkriegs als dem einer normalen Rezession, einen Inflationsdruck auslöst, wie wir ihn seit einer Generation nicht mehr gesehen haben, mit Folgen für den Wert des US-Dollars und die finanzielle Stabilität. Das ist bewältigbar, wenn Geld- und Finanzpolitik schnell angepasst werden können, um das Problem zu lösen. Doch angesichts der Verpflichtungen, die die Fed eingegangen ist, der Tatsache, dass die Regierung selbst die Möglichkeit einer Inflation ausschließt, und der Schwie-

> rigkeiten, im Kongress Unterstützung für Steuererhöhungen oder Ausgabenkürzungen zu mobilisieren, besteht die Gefahr, dass die Inflationserwartungen stark ansteigen. Konjunkturmaßnahmen in der angedachten Größenordnung sind Schritte ins Ungewisse.[809]

Summers Warnungen wurden immer eindringlicher, so sagte er etwa auf CNN: »Die politischen Entscheidungsträger bei der Fed und im (Weißen Haus) müssen erkennen, dass das Risiko eines Vietnam-Inflationsszenarios jetzt größer ist als die Deflationsrisiken, auf die sie sich ursprünglich konzentriert haben.«[810] Viele Demokraten waren empört und erklärten Summers für »irrelevant«.[811] Doch nahm die Unsicherheit über die künftige Inflationsentwicklung zu, und als Folge wurden die Vorzüge von Konjunkturmaßnahmen allgemein neu bewertet.

Summers' Biograf Roy Harrod beschrieb Keynes als »ein prachtvolles Nachglühen einer Zivilisation, die rasch schwindet«. Diese Beschreibung trifft auch auf Summers zu: Er war sich des Problems des relativen Niedergangs der USA sehr wohl bewusst und erkannte auch, dass die lange bestehende Vormachtstellung des US-Dollars bedroht war. Die internationale Führungsrolle der USA verblasste infolge der starken wirtschaftlichen Kräfte, die Summers als säkulare Stagnation bezeichnete. Was konnte man tun, um den müden Titanen zu stützen? Sollte man sich nicht mit mikroökonomischen Anreizen und Maßnahmen beschäftigen, wenn man die Vereinigten Staaten erneuern wollte?

In der Anfangsphase der Finanzkrise 2007–2008 klagte der Nobelpreisträger Robert Solow über den von Summers und dem akademischen Mainstream vertretenen Makroansatz: »Die ›moderne Makroökonomie‹ zeichnet sich dadurch aus, dass sie den Daten sehr wenig gründliche Aufmerksamkeit schenkt.«[812] Wenig überraschend gab es eine neue Gegenrevolution. Summers dachte in Kategorien von Problemen, die durch die Anwendung großer Aggregate gelöst werden könnten, wie zum Beispiel in der wichtigen Debatte darüber, wie viel Konjunkturförderung angemessen sei. Eine Alternative war die Nutzung von Mikroinformationen, um fein abgestimmte Maßnahmen zu ermöglichen, die darauf abzielen, bestimmte und individuelle Reaktionen zu verändern, die das allgemeine Wohlergehen steigern würden.

Raj Chetty ist einer der führenden Pioniere von Methoden, die Big Data nutzen. Im Jahr 2007 begann er eine Zusammenarbeit mit der US-Steuerbehörde, bei der anonymisierte Daten so reorganisiert werden sollten, dass sie für die Beantwortung präziser Forschungsfragen genutzt werden können. Danach arbeitete er, gemeinsam mit Nathan Hendren (Harvard) und John Friedman (Brown University), mit dem US Census Bureau zusammen, um den Opportunity Atlas zu erstellen, »einen umfassenden Datensatz auf der Ebene der Volkszählungsbezirke darüber, wie erfolgreich Kinder werden, wenn sie erwachsen sind, der Daten über fast die gesamte US-Bevölkerung enthält«.[813] Die Daten konnten dann mit den amtlichen Steuerdaten sowie mit den American Community Surveys verknüpft werden.

Chettys Arbeit wirft ein grelles Licht auf den verblassenden amerikanischen Traum von sozialer Mobilität. Kinder, die in einkommensschwachen Familien aufwachsen, waren sehr unterschiedlich erfolgreich, was die soziale Mobilität betrifft, je nachdem, wo sie aufwachsen. Das Ergebnis wurde verblüffend visualisiert: vor allem in Form von Karten, bei denen man auf dem Computerbildschirm herein- und herauszoomen konnte. Das bekannteste Produkt seiner Forschung war eine Serie von Karten, die 2013 veröffentlicht wurde. Es wurden internationale Vergleiche von Standortvorteilen und -nachteilen durchgeführt: »Die Chancen, den amerikanischen Traum zu verwirklichen, sind fast doppelt so hoch […], wenn man in Kanada aufwächst und nicht in den Vereinigten Staaten.« Vor allem aber wurden verschiedene Gebiete miteinander verglichen, ja sogar verschiedene Teile ein und derselben Stadt. In der Region Washington, D.C. und Baltimore beispielsweise verdiente ein Kind, das in einer einkommensschwachen Familie (25. Perzentil) in Fairfax County aufwuchs, später 15,4 Prozent mehr als das Durchschnittskind, während Kinder aus dem problematischen Zentrum von Baltimore 8,8 Prozent weniger verdienten als der Durchschnitt.[814] Stadtviertel spielen auf einer sehr granularen Ebene eine Rolle: Chetty beschrieb in einer Abhandlung aus dem Jahr 2020, dass, abhängig von der Armutsquote im Wohnbezirk des Kindes, die Merkmale von Gebieten in nur einer Meile Entfernung erstaunlicherweise eine geringe Vorhersagekraft für den Erfolg des Kindes haben.[815]

Diese Art der Analyse erwies sich als entscheidend, um die unterschiedlichen Auswirkungen der Pandemie auf bereits bestehende Ungleichheitsmuster aufzuzeigen. Dies war zur zentralen sozialpolitischen Frage bei der Bewältigung der Pandemiefolgen geworden.

Das Ziel war immer noch ein technokratisches, aber eines, das von unten kam und datengestützt war: die Förderung von Mikroinnovationen – etwa Menschen dazu zu bringen, dass sie an einen anderen Ort zogen, um ihre Lebenschancen zu verbessern, oder der Aufbau besserer, unterstützender und widerstandsfähigerer Familiennetzwerke. Die Botschaft war grundlegend optimistisch. In Chettys Worten: »Das große Ziel ist die Wiederbelebung des amerikanischen Traums. Wir versuchen nicht, etwas zu erreichen, das unvorstellbar oder noch nie passiert ist. Es geschieht einfach auf dem Weg dorthin.«[816]

Eines der offensichtlichsten Probleme, die durch die Nutzung von Big Data aufgeworfen werden, ist der Datenschutz. Wenn Orte auf einer Karte lokalisiert werden – ich kann meine Straße in Princeton auf Chettys Karten erkennen –, kann man die Daten dann womöglich missbrauchen, um spezifisches Wissen daraus abzuleiten, anstatt Wissen, das allgemein für die Verbesserung der Gesellschaft anwendbar ist? Gelöst wurde dieses Problem, indem die Daten durch ein eingefügtes »Rauschen« verschleiert werden, das den genauen Ursprung einer Information verbirgt: Dieses Vorgehen erlaubt es, Statistiken in beliebig kleinen Stichproben zu veröffentlichen, indem man den Schätzungen ausreichend Rauschen hinzufügt, um die Privatsphäre zu schützen.[817]

Wenn die Wirtschaftswissenschaften wirksame, politikorientierte Lösungen für die Brüche und Spannungen der Globalisierung bieten wollen, müssen sie sich von der tief verankerten Besessenheit lösen, die Welt nur in großen, abstrakten Aggregaten zu betrachten. Sowohl Staaten als auch Unternehmen müssen einen vielfältigeren und differenzierteren Ansatz für soziale Phänomene wählen (wie sie in Daten zusammengefasst werden), um ihre Kompetenz zu erhöhen. Die Welt und ihre Interaktionen sind komplexer als die großen Aggregate, die üblicherweise verwendet werden, um zu verstehen und Politik zu gestalten – und auch potenziell ergiebiger.

Schlusswort: Die nächste große Globalisierung

Angebotsschocks erschaffen die Globalisierung erst und gestalten sie dann neu. Sie erteilen Lektionen. Negative Schocks haben in den letzten 200 Jahren tiefgreifende Engpässe offenbart – nicht bei dem, was wir möglicherweise wollen, sondern bei dem, was wir wirklich brauchen. Nahrungsmittel in den 1840er-Jahren, Nahrungsmittel, Treibstoff und Munition in den großen Weltkriegen des 20. Jahrhunderts, Erdöl und Energie in den 1970er-Jahren, Gesundheitsschutz im Zeitalter von Covid und schließlich 2022 wieder Nahrungsmittel und Energie. Derartige Probleme hatte es auch in der Vergangenheit schon gegeben: Hunger und Hungersnöte als Folge von schlechtem Wetter und Missernten kamen in der vormodernen Welt regelmäßig vor. Und Kriege waren endemisch. Aber ab dem 19. Jahrhundert gab es Technologien und Kommunikationsmethoden, die nun für Lösungen genutzt werden konnten. Bei jeder Bewältigung eines Angebotsschocks war die Logistik ein wichtiger Punkt: Wie konnten Menschen in akuten Notlagen mit dem Nötigsten versorgt werden? Dies stellte alle Arten von Organisationen vor Herausforderungen: wie Unternehmen geführt (und finanziert) wurden und wie Regierungen ihre Aufgaben erfüllten. Da brauchte es ein radikales Umdenken bei Kommunikation und Verbindungen.

Die Verwerfungen rufen sofort scheinbar widersprüchliche Reaktionen hervor, zum Teil, weil Menschen, soziale Schichten und Regionen so unterschiedlich betroffen sind, zum Teil aber auch, weil so vieles ungewiss ist. Wenn Menschen unterschiedliche Chancen und verschiedene Ergebnisse erkennen oder auch nur vermuten, führt das zu Misstrauen und Abscheu gegenüber jenen, die von Knappheit, Kriegen, Inflation und Pandemien profitieren. Die Ungewissheit kann einerseits zu der Annahme führen, dass eine schwerwiegende Störung vorübergehend sein muss, dass der normale Geschäftsbetrieb bald wieder aufgenommen wird, dass der Krieg bis Weihnachten vorbei sein wird, dass Pandemien wie Sars oder Ebola schnell abklingen und eingedämmt werden können. Andererseits legt der schiere Umfang der Herausforderung nahe, dass nur die fantastischsten Erfolge Erleichterung bringen werden: Wunderwaffen, Armeen von Roboterarbeitern, der Einsatz von Maschinen oder künstlicher Intelligenz.

Zunächst einmal lösten der Bedarf an neuen Versorgungsquellen und die Preiserhöhungen einen Entwicklungsschub bei der Technologie aus. Karl Marx, der die Katastrophen der 1840er-Jahre und ihre politischen Folgen kommentierte, als sich Europa zu stabilisieren schien und neue politische Systeme entstanden, erkannte diesen Zusammenhang mit einem Austausch der festangebrachten Betriebsmittel durch bessere Maschinen sehr deutlich: »Es sind hauptsächlich Katastrophen, Krisen, die solche vorzeitige Erneuerung des Betriebsgeräts auf größerer gesellschaftlicher Stufenleiter erzwingen.«[818] Dabei wurden fast nie völlig neue Technologien erfunden, sondern bereits bestehende Methoden angewendet und weiterentwickelt. Die Dampfmaschine und ihre Anwendungen im Verkehrswesen waren in den 1840er-Jahren bereits verbreitet, das Containerschiff und der Computer in den 1970er-Jahren ebenso und Nanotechnologie, mRNA-Impfstoffe und künstliche Intelligenz im Jahr 2020 auch. Doch plötzlich wurden diese Methoden deutlich relevanter, und ihr transformatives Potenzial konnte realisiert werden. Die Krise führt zu einem neuen Denken darüber, wie Welt und menschliche Technologien zusammenpassen, und einige ältere Ansichten (zum Beispiel über Geldwertstabilität und wie sie leicht erreicht werden kann) wirken überholt. Aber die konkrete Realisierung einer Vision des Neuen ist oft schmerzhaft.

Knappheit führt zu höheren Preisen, aber nicht zwangsläufig zu Inflation. Aber Regierungen, die mit Verknappungen konfrontiert sind, sehen in der Inflation zunächst eine Möglichkeit, den Schock des Neuen abzufedern, die kurzfristigen Verlierer des Veränderungsprozesses zu schützen oder sogar Produktion und Produktivität zu fördern, um so Versorgungsengpässe zu überwinden. Die Annahmen, auf denen die politische Reaktion beruht, können dazu führen, dass sich der Kompensationsmechanismus fest etabliert und zu einer hohen Inflation wie in den 1970er-Jahren oder sogar zu einer Hyperinflation wie nach dem Ersten Weltkrieg führt. Ein allgemeiner Preisanstieg hilft, Risse zu verdecken und die unmittelbare Gefahr einer finanziellen Notlage zu verringern. Später setzt sich die Einsicht durch, dass ein Strukturbruch eine Anpassung der relativen Preise erfordert: und vielleicht ist auch das einfacher, wenn alle Preise steigen.

Die Krisen, die die Globalisierung erschütterten, waren in der Praxis immer große Chancen, etwas zu lernen, auch wenn diese Chancen nicht immer genutzt wurden. Die Veränderungen sollten als Schocks gegen Selbstgefälligkeit gesehen werden. Schumpeter fragte: »Wie werden die Dinge anders?« Seine Antwort: »Wenn fundamental Neues in der Welt geschieht, dann stehen wir vor einem Rätsel.«[819] Bei dem Lernprozess geht es jedoch nicht nur um bestimmte Methoden, sondern auch darum, wie Unternehmen und

Regierungen vorgehen. Andere Länder und Kulturen lieferten oft Vorbilder. Die Weltausstellung von 1851 lehrte sogar selbstbewusste Briten, dass sie von den Ideen und Methoden der mutmaßlich primitiveren oder »rückständigeren« Vereinigten Staaten oder Deutschland profitieren konnten. In den 1970er-Jahren wurde den selbstgefälligen US-amerikanischen Automobilherstellern vor Augen geführt, dass ihre Autos nicht so effizient waren wie die aus Japan, einem Land, das in den 1960er-Jahren als Hersteller von kunstlosen, bunten und billigen Nachahmerprodukten verspottet worden war. Und in den 2020er-Jahren? Die Covid-Krise legte tiefe Risse und Spannungen in vielen Gesellschaften offen. Man wollte herausfinden, wer darunter litt und wie die Lasten verteilt wurden. Damit die Impfkampagne effektiv war, musste man sich mit tiefgreifenden Ungleichheiten und unterschiedlichen Perspektiven beschäftigen, die sich ganz direkt in der unterschiedlichen Durchimpfungsrate widerspiegelten. Die Krise machte die Vorzüge deutlich, die die zuvor belächelten europäischen Sozialversicherungssysteme für die Vereinigten Staaten hätten. Sie zeigte aber auch das Potenzial, das die Nutzung personalisierter Daten auf Smartphones in China zur Bekämpfung von Gesundheitskrisen bot.

Lernen geht oft mit Fehlern, Demütigungen und Niederlagen einher. Deutschland und Japan wurden zweimal aufgrund einer empfundenen militärischen Unzulänglichkeit neugestaltet: im 19. Jahrhundert nach den Siegen Napoléons und der Ankunft von Commodore Perrys schwarzen Schiffen im Hafen von Tokio und dann erneut nach 1945. Die großen Reformen des 19. Jahrhunderts in Russland, die mit der Abschaffung der Leibeigenschaft begannen, wurden durch die Niederlage im Krimkrieg ausgelöst. Nach dem ebenfalls verlorenen Krieg gegen Japan (1904–1905) gab es eine neue Reformwelle. Wird die Demütigung Russlands bei dem brutalen und schlecht geführten Angriff auf die Ukraine einen ähnlichen Reformprozess auslösen? Militärische Niederlagen zeigen auf, wie wichtig gründliche Reformen und intelligentes Nachahmen sind, um mit den strategischen Feinden gleichzuziehen und sie zu überholen. Umgekehrt wird oft argumentiert, dass die britische Inflexibilität und die Unfähigkeit, eine wirksame Verfassungsreform durchzuführen, eine Folge davon seien, dass die Briten nie einen Krieg verloren haben.[820] Der Mechanismus, wie eine Niederlage zum Lernen führt, ist möglicherweise kein rein psychologischer: Der Wirtschaftswissenschaftler Mancur Olson schrieb, die deutschen und japanischen Wirtschaftswunder nach dem Zweiten Weltkrieg seien darauf zurückzuführen, dass nach der Niederlage ineffiziente Institutionen zerstört wurden, die Partikularinteressen förderten und dem Streben nach einem übergeordneten Wohl des Landes im Wege standen.[821]

Lernen ist nicht immer beliebt, vor allem wenn es darum geht, Lösungen aus anderen Kulturen zu übernehmen oder sich zu eigen zu machen. Eine einflussreiche Analyse der Malaise in der postkommunistischen Welt nach 1989 legt nahe, dass Mitteleuropäer und Russen das Gefühl hatten, ein »Zeitalter der Nachahmung« werte ihre eigenen Erfahrungen ab. Stephen Holmes und Ivan Krastev entwickelten ein Modell dafür, wie Nachahmung die politische Kultur vergiftet.[822]

Der Covid-Schock erteilte der ganzen Welt eine Lektion anderer und spezifischer Art. Die beiden größten Volkswirtschaften der Welt waren betroffen. Das interne Wachstumsmodell der Vereinigten Staaten aus der Mitte des 20. Jahrhunderts und Chinas Großer Sprung nach vorn wirkten auf andere Länder, die zwangsläufig von komplexen Lieferketten abhängig waren, weniger attraktiv. China musste die gegenteilige Lektion lernen und hatte damit bereits in der globalen Finanzkrise begonnen: Es konnte sich nicht darauf verlassen, ein dynamischer Exporteur zu bleiben, der von einem exportorientierten Wachstum angetrieben wird, und Xi Jinping hatte mit der Belt and Road-Initiative schon früher Schritte unternommen, um die politische Kontrolle über den Handel und die wirtschaftlichen Verflechtungen zu übernehmen. Die europäischen Länder bekamen bittere Lektionen darüber, wie schwierig es war, die Impfstofflieferungen und die öffentliche Gesundheitsversorgung zu koordinieren. Die Schwellenländer und noch mehr die ärmsten Länder der Welt mussten erleben, wie der Mangel an fiskalischem Spielraum ihre Fähigkeit einschränkte, wirksam auf die Krise zu reagieren.

Ökonomen begegnen Nachfrageschocks, indem sie in großen Aggregaten denken: Der Übervater, der das Bild des Wirtschaftswissenschaftlers als Arzt oder Heiler prägte, war John Maynard Keynes. Larry Summers ist seine moderne Entsprechung. Aber Angebotsschocks funktionieren anders, und die Ökonomen, die auf Angebotsunsicherheiten reagieren, sind von einem anderen Schlag. Wie Jevons, Walras, Menger oder Hayek im späten 20. Jahrhundert, aber auch Raj Chetty heute, befassen sie sich mit Details, schlüsseln Daten auf und dezentralisieren politische Reaktionen. Preise sind notwendig, um den Menschen – Verbrauchern, aber auch Unternehmern – Informationen darüber zu geben, wie sie auf Knappheiten reagieren können: die Nichtverfügbarkeit von Getreide in den 1840er-Jahren, von fossilen Energieträgern in den 1970er-Jahren oder von Elektronikchips heute. Manchmal versuchten politische Entscheidungsträger, wie etwa im Ersten Weltkrieg, auf die Marktpreise zu reagieren, indem sie sie einfach niedrig hielten, aber das machte die darin enthaltenen Informationen als Leitfaden für künftiges Handeln unbrauchbar. Knappheit und alles, was damit zusammenhängt, ist für Wirtschaftswissenschaftler, die in Aggregaten denken, ein unangenehmes Thema, da diese Aggregate keine Auskunft darüber liefern, wie knappe Ressourcen verteilt werden können. Eine Steigerung der Gesamtnachfrage verschärft nur die Verteilungskonflikte. Ein offensichtliches Beispiel aus der Pandemie: Geld- und fiskalische Anreize können das Angebot an Impfstoffen oder Technologien, die notwendig sind, um sie zu entwickeln und zu verteilen, nicht erhöhen.

Man muss also genau zählen (Stichwort: Nanoökonomie), um Kreativität freizusetzen: um die produktiven Kapazitäten zu entfesseln, die die Angebotsprobleme überwinden werden. Die Globalisierung wird so zu einer Geschichte von Zusammenbrüchen, Berechnungen und Schöpfungen.

Bei den Krisen ging es auch darum, die Politik und die politische Ordnung zu erneuern. Die neuen politischen Figuren als einfache »Globalisten« zu betrachten, wäre ein Fehler. Die Reaktion auf die Krise war in erster Linie auf die Stärkung des Landes ausgerichtet, aber gleichzeitig wurde, sozusagen durch die Hintertür, die Globalisierung eingeführt. Nach den Krisen der 1840er-Jahre gestalteten Kaiser Napoléon III., der deutsche Reichskanzler Otto von Bismarck sowie seine japanischen Kollegen Ōkubo Toshimichi und Itō Hirobumi die Politik neu mit einem neuen Schwerpunkt darauf, dass der Staat die Kräfte, die für die wirtschaftliche Entwicklung verantwortlich waren, lenken, aber nicht kontrollieren sollte. Sie alle entwickelten ein starkes Gespür dafür, wie die nationale Identität – kokutai auf Japanisch – die Grundlage für eine erfolgreiche Regierungspraxis bildet. Napoléon III. dachte im Sinne der *gloire* seines Onkels, Bismarck handelte im Sinne der Selbstbehauptung Deutschlands als Großmacht. Der Erste Weltkrieg brachte einen neuen Stil des staatlichen Interventionismus hervor, den man am besten als Kriegssozialismus bezeichnet, mit dem eine vollständige patriotische Mobilisierung erreicht werden sollte.

Als Reaktion auf die Malaise der 1970er-Jahre haben auch Ronald Reagan und Margaret Thatcher die Politik neu aufgestellt. Auch sie waren keine echten Globalisten, sondern strebten eher eine nationale Stärkung an, aber sie erkannten, wie wichtig es war, die globalen Chancen zu nutzen. Dahinter stand die Idee, sich auf das zu konzentrieren, was die Regierungen effektiv tun konnten, und unwesentliche Aufgaben abzugeben, die die Regierung weniger effektiv machten (weil sie zu interventionistisch waren). Sie wollten starke

Regierungen und hielten frühere Regierungen für zu schwach, weil sie versucht hatten, in zu vielen Lebensbereichen zu viel zu tun. Sie waren auch der Meinung, dass außenpolitisches Durchsetzungsvermögen, wie im Kalten Krieg oder im Konflikt um die Falklandinseln, ein probates Mittel sei, um Kompetenz und Entschlossenheit zu demonstrieren.

All diese Versuche, die Regierung umzugestalten, waren zwangsläufig mit Fehlern behaftet und mussten von nachfolgenden Regierungen rückgängig gemacht werden. Die Umgestalter waren typischerweise eher autokratisch, und viele Menschen hatten schnell genug von der Autokratie oder dem Autoritarismus. Im 19. Jahrhundert wurden wiederholt Attentate auf Napoléon, Bismarck und Fürst Itō verübt. Ihre Politik wirkte schnell rückständig. Das galt auch für die Zeit nach dem Ersten Weltkrieg, als viele Menschen sich eine Rückkehr zur »Normalität« wünschten. Auch nach den Revolutionen von Reagan und Thatcher suchten viele Politiker nach einer leichteren und weniger schwerfälligen, aber vielleicht sogar globalisierteren Version desselben Ansatzes: Der Clintonismus und Tony Blairs New Labour waren Varianten dieses modifizierten und demokratisierten Ansatzes, die später in einer neuen Welle von Gegenreaktionen als »neoliberal« verspottet wurden.

Es gibt Umstände, unter denen – vielleicht einzigartig in einem großen und technisch hoch entwickelten Land – die staatlichen Maßnahmen, mit denen Forschung und Produktivität koordiniert wurden, zu einem starken Produktivitätswachstum führen. Dies war insbesondere in der Mitte des 20. Jahrhunderts in den Vereinigten Staaten der Fall, wo die Produktivität einer zur Globalisierung umgekehrten Entwicklungskurve folgte: Die US-amerikanische Produktivität stieg in dem Maße, wie die Globalisierung abnahm, was dazu führte, dass die Globalisierung ab den 1950er-Jahren einfach als Nachahmung der Vereinigten Staaten angesehen werden konnte. Diese Konstellation ist jedoch nicht regulär, sondern ergab sich aus den besonderen Umständen der weltweiten Deglobalisierung in der Zwischenkriegszeit.

Krisen treiben eine stärkere und technisch transformierte Globalisierung voran, und zwar nicht nur wegen des Bedarfs an Rohstoffen und komplexen Gütern, die in weiter Ferne produziert werden. Ein dringliches Versorgungsproblem ließe sich – zumindest in großen, technisch hochentwickelten Ländern – dadurch lösen, dass man die Produktion autarker gestaltet. Der größere Reiz des Globalisierungsprozesses liegt darin, dass sich dadurch eine Vielzahl unterschiedlicher Experimentierfelder bietet: Wie können bestimmte Herausforderungen gemeistert werden? Wenn Technologien und Managementansätze übernommen und angewendet werden, kann das dafür sorgen, dass Kenntnisse optimiert und auf neue Weise genutzt werden: und dann wird noch mehr übernommen.

Das Transformationsvermögen der Technologie wird Produktivität und Wachstum steigern (g). Das sollte die öffentlichen Ausgaben erschwinglicher machen – aber nur, wenn sie effizient und effektiv eingesetzt werden. Der Wandel wirft unmittelbar die Frage auf, ob die Regierungen in der Lage sind, ihre Aufgaben kompetent zu erfüllen: Es bedarf einer Revolution in der Verwaltung.

Unternehmer versuchen auch, neue Kontrollmethoden einzuführen, indem sie neue Formen des Eigentums nutzen oder entwickeln, wobei sie Rechtsformen verwenden, die oft von ausländischen Vorbildern abgeleitet sind: die Aktiengesellschaft in der Mitte des 19. Jahrhunderts, die die Realisierung der Eisenbahn und die Dampfschiffrevolution ermöglichte, oder die Offshore-Finanzgesellschaft in den 1970er-Jahren. Politische Macht wird ein entscheidender Faktor bei der Neugestaltung der Konzepte von Eigentum sein, während Unternehmer bei ihren Umgestaltungsmaßnahmen erweiterte Vorstellungen von Eigentum und Kontrolle einsetzen. Besteht heute die »Notwendigkeit«, das geistige Eigentum aufzubrechen? Braucht es ein Mehr an Autorität – einen neuen Autoritarismus und

Zwangsmaßnahmen? Eine solche Tendenz ließ sich erkennen, als Xi Jinpings, im Sinne Mao Zedongs in den 1950er-Jahren, den »gemeinsamen Wohlstand« beschwor, als der chinesische Staat Jack Ma an die Kandare nahm. Oder auch in Wladimir Putins Zusicherung, dass »das russische Volk immer echte Patrioten von Abschaum und Verrätern [damit meinte er westlich beeinflusste Oligarchen] unterscheiden und sie einfach ausspucken wird, wie eine Stechmücke, die ihnen zufällig in den Mund geflogen ist.«[823] Doch ebendiese Dynamik trieb Regierungen zu dem Versuch, die Exzesse eines Jay Cooke oder eines Bethel Strousberg unter Kontrolle zu halten.

Frühere Kampagnen und historische Empfindlichkeiten finden immer wieder ein Echo in der Gegenwart. So kritisiert die chinesische Regierung in ihrer Kampagne gegen die Techgiganten eine Unterhaltungskultur, die das physische und psychische Wohlbefinden zerstört. Junge Menschen seien süchtig nach Spielen, was zu einer intellektuellen Abstumpfung und einer körperlichen Kurzsichtigkeit führt. Tencent verkaufe »geistiges Opium«.[824] Die Mobilisierung der Regierung erinnert ausdrücklich an die Zerstörung der sozialen und politischen Ordnung Chinas im 19. Jahrhundert, dem Jahrhundert der Schande, durch importiertes Opium. Die Geschichte kann hier, wie in Putins Russland, benutzt werden, um Misstrauen zu verbreiten und den Eindruck zu erwecken, dass die Vergangenheit – und die Zukunft – unerbittlich und unvermeidbar eine Geschichte des Konflikts zwischen Ländern ist, bei der ein Gewinn des einen unweigerlich auf Kosten eines anderen geht.

Derartige Behauptungen können durch Analyse und Daten überprüft werden. Anhand von Wohlfahrtskriterien lässt sich also untersuchen, wie, von wem und zu wessen Gunsten Kontrolle ausgeübt wird. Das Allgemeinwohl steht auch im Mittelpunkt der Diskussion über die Frage, ob der Patentschutz die Produktion von Covid-Impfstoff in der ganzen Welt behindert. Das Gegenargument lautete, dass es bei der Herstellung des Impfstoffs nicht nur auf die richtige Formel ankommt, die leicht kopiert werden kann, sondern auch auf sehr viel umfassendere Methoden und Interaktionen. So könnte beispielsweise ein übermäßiger Schutz des geistigen Eigentums bestehen, insbesondere als Folge der Rechtsentwicklung in den USA seit den letzten Jahren des 20. Jahrhunderts, die Computerprogramme als patentierbare Produkte und nicht als allgemein gültige Algorithmen einstuft.[825] Wenn man über Reformen oder eine bessere Verbreitung von Ideen nachdenkt, stellt sich sofort die Frage, wie man lernen kann. Lernen ist die wichtigste Folge der Globalisierungskrisen, und wir müssen darüber nachdenken, wie wir effektiver lernen können.

Die großen sozialen und wirtschaftlichen Fragen, die bei der jüngsten Herausforderung, dem Covid-Schock von 2020, in den Vordergrund gerückt wurden – die anfängliche Angst vor einer weiteren Deflation und dann die Beunruhigung über die ansteigende Inflation –, hatten eigentlich nicht unmittelbar mit dem Globalisierungsprozess zu tun. Jahrzehntelang hatten sich die Bewohner der reichen Länder Sorgen wegen der steigenden Kosten für Bildung, Gesundheitsversorgung, Pflege der Alten (eine rasch wachsende Bevölkerungsgruppe) und Wohnraum gemacht. Jeder dieser Bereiche wurde durch die Pandemie stark belastet, was sowohl kurz- als auch langfristige Folgen hatte. Das Bildungswesen wurde durch die Schließung von Schulen und Universitäten wegen der Ansteckungsgefahr gestört. Lernen wurde in ein digitales Format verlagert, aber für einige (eher benachteiligte) Schüler war der Zugang unmöglich oder problematisch. Die Ungleichheit der Lebensumstände wurde dadurch weiter verstärkt. Die Gesundheitsversorgung war mit dem Ausmaß der schweren Infektionen und der Sterblichkeit unmittelbar überfordert. Die krisenbedingte Vernachlässigung anderer Krankheiten, die Unterbehandlung chronischer Krankheiten und die fehlende Diagnose neuer Krankheiten werden wahrscheinlich auch langfristige Folgen haben. Alte Menschen in Pflegeheimen infizierten sich, als Patienten aus den Krankenhäusern verlegt wurden. Die Krise warf ein äußerst kritisches Licht auf die Verwaltung der Altenpflege und ließ viele ältere Menschen davor zurückschrecken, solche Heime in ihr zukünftiges Leben einzuplanen. Beengte und minderwertige Wohnungen begünstigten die Ausbreitung der Krankheit. Zahlreiche wohlhabende Menschen flohen aus den Innenstädten und suchten nach mehr Raum an anderen Orten, wo sie im Homeoffice arbeiten konnten.

In diesen Krisen- und Problembereichen bot die Technologie Möglichkeiten, die Lage zu verbessern, oder gar einen Ausweg. In jedem Fall ist die Lösung nicht durch nationale Grenzen beschränkt. Im Bildungswesen gab es einen breiteren Zugang zu elektronisch verfügbarem, hochwertigem Unterricht. Im Gesundheitswesen wurden Telemedizin und KI eingesetzt, um Probleme im Bereich der öffentlichen Gesundheit zu beurteilen. Bildung und Gesundheitsversorgung könnten, wenn sie digital bereitgestellt werden, vom anderen Ende der Welt kommen. Im Bereich der Altenpflege wurde vermehrt diskutiert, wie IT (und Roboter) eingesetzt werden können, damit mehr Menschen in ihren eigenen vier Wänden bleiben können. Und im Wohnungsbau eröffneten sich neue Perspektiven für digitale Nomaden, die von überall auf der Welt aus arbeiten könnten. Die Kombination aus Technologie und Globalisierung lieferte überzeugende Antworten – wie schon bei früheren Krisen. Das Fazit war damals so einfach wie heute: Die Globalisierung verbessert Leben.

Die Kombination aus technischem und geografischem Wandel hat schon immer Kompetenz erfordert, und dazu brauchte es Anpassung und Lernen: den Blick in die Zukunft richten, indem man aus einer düsteren Vergangenheit lernt. Im düsteren Jahr 1919 befürchtete Keynes, »dass die Dinge erst schlimmer werden müssen, bevor sie besser werden können.«[826] Aber wir lernen am meisten, wenn die Gegenwart am düstersten ist.

Anhang

Literatur

Abenomics, offizielle Darstellung der Politik von Shinzo Abe, siehe www.japan.go.jp/abenomics/index.html.

Agriculture – Agricultural production in continental Europe during 1914–1918 war and reconstruction period, Genf: League of Nations Archives 1944, R4381/10A/42706/1682, 61–8.

Abreu, Dilip/Markus K. Brunnermeier, Bubbles and Crashes, in: Econometrica 71, Nr. 1 (2003), S. 173–204.

Accominotti, Olivier, International Banking and Transmission of the 1931 Financial Crisis, in: Economic History Review 72, Nr. 1 (2019), S. 260–285.

Accominotti, Olivier/Marc Flandreau, Bilateral Treaties and the Most-Favored-Nation Clause: The Myth of Trade Liberalization in the Nineteenth Century, in: World Politics 60, Nr. 2 (2008), S. 147–188.

Adelino, Manuel, Antoinette Schoar und Felipe Severino, Dynamics of Housing Debt in the Recent Boom and Great Recession, in: NBER Macroeconomics Annual 32, Nr. 1 (2018), S. 265–311.

Aguado, Iago Gil, The Creditanstalt Crisis of 1931 and the Failure of the Austro-German Customs Union Project, in: Historical Journal 44 (2001), S. 199–221.

Allan, Bentley B., Scientific Cosmology and International Orders, Cambridge: Cambridge University Press 2018.

Allen, G. C., A Short Economic History of Modern Japan: 1867–1937, London: Routledge 2003.

Allen, Keith, Sharing Scarcity: Bread Rationing and the First World War in Berlin, 1914–1923, in: Journal of Social History 32 (1998).

Angell, Norman, The Great Illusion: A Study of the Relation of Military Power in Nations to their Economic and Social Advantage, New York: G. P. Putnam's Sons 1910.

– Die falsche Rechnung: Was bringt der Krieg ein?, Berlin-Charlottenburg: Vita 1913.

Auerbach, Jeffrey A., The Great Exhibition of 1851: A Nation on Display, New Haven: Yale University Press 1999.

Autor, David H., David Dorn und Gordon H. Hanson, The China Shock: Learning from Labor-Market Adjustment to Large Changes in Trade, in: Annual Review of Economics 8, Nr. 1 (2016), S. 205–240.

Bagehot, Walter, A Practical Plan for Assimilating the English and American Money as a Step towards a Universal Money, New York: Longmans Green 1889.

Baldwin, Richard, The Great Convergence: Information Technology and the New Globalization, Cambridge: The Belknap Press of Harvard University Press 2016.

Ball, Laurence M., The Fed and Lehman Brothers. Setting the Record Straight on a Financial Disaster, New York: Cambridge University Press 2018.

Barsky, Robert B./Lutz Kilian, Do We Really Know That Oil Caused the Great Stagflation? A Monetary Alternative, in: Ben. S. Bernanke/Kenneth Rogoff (Hg.), NBER Macroeconomic Annual 2001, Cambridge: MIT Press, S. 137–183.

Bayoumi, Tamim, Unfinished Business. The Unexplored Causes of the Financial Crisis and the Lessons Yet to be Learned, New Haven: Yale University Press 2018.

Bernanke, Ben S., Thomas Laubach, Frederic S. Mishkin und Adam S. Posen, Inflation Targeting. Lessons from the International Experience, Princeton: Princeton University Press 1999.

– Essays on the Great Depression, Princeton, NJ: Princeton University Press 2000.

– Japanese Monetary Policy: A Case of Self-Induced Paralysis, in: Ryōichi Mikitani/Adam Simon Posen (Hg.), Japan's Financial Crisis and Its Parallels to U.S. Experience, Washington: Institute for International Economics 2000.

– The Courage to Act. A Memoir of the Crisis and its Aftermath, New York: Norton 2015.

Bernanke, Ben S./Harold James, The Gold Standard, Deflation, and Financial Crisis in the Great Depression: An International Comparison, in: Glenn Hubbard (Hg.), Financial Markets and Financial Crises, Chicago: University of Chicago Press 1991, S. 33–68.

Bernstein, Michael A., The Great Depression. Delayed Recovery and Economic Change in America, 1929–1939, New York: Cambridge University Press 1988.

Bhagwati, Jagdish, Geschützte Märkte. Protektionismus und Weltwirtschaft, übers. von Hans Günter Holl, Frankfurt am Main: Keip 1990.

Blinder, Alan, After the Music Stopped. The Financial Crisis, the Response, and the Work Ahead, New York: Penguin 2013.

Booth, Henry, The Case of Railways Considered, London: W. H. Smith 1852.

Borchart, Joachim, Der europäische Eisenbahnkönig Bethel Henry Strousberg, München: C. H. Beck 1991.

Bordo, Michael/Forrest Capie (Hg.), Monetary Regimes in Transition, Cambridge: Cambridge University Press 1993.

Bordo, Michael et al. (Hg.), Central Banks at a Crossroads: What Can We Learn from History?, Cambridge: Cambridge University Press 2016.

Bordo, Michael D./Athanasios Orphanides (Hg.), The Great Inflation: The Rebirth of Modern Central Banking, Chicago: Chicago University Press 2019.

Boughton, James, Harry White and the American Creed: How a Federal Bureaucrat Created the Modern Global Economy (and Failed to Get the Credit), New Haven: Yale University Press 2022.

Brady, Robert A., The Rationalization Movement in German Industry; A Study in the Evolution of Economic Planning, Berkeley, CA: University of California Press 1933.

Brown, Gordon, My Life, Our Times, London: The Bodley Head 2017.

Bruno, Michael/Jeffrey Sachs, Economics of Worldwide Stagflation, Cambridge: Harvard University Press 1985.

Burk, Kathleen, Britain, America and the Sinews of War, 1914–1918, London: G. Allen & Unwin 1985.

Carleton, William, Der schwarze Prophet. Aus den Zeiten Irischer Hungersnoth, Theil 2, übers. von Friedrich Gerstäcker, Dresden und Leipzig: Arnoldsche Buchhandlung 1848.

Catão, Luís A. V. /Maurice Obstfeld (Hg.), Meeting Globalization's Challenges. Policies to Make Trade Work for All, Princeton: Princeton University Press 2019.

Chambers, David, Elroy Dimson und Justin Foo, Keynes The Stock Market Investor: A Quantitative Analysis, in: Journal on Financial and Quantitative Analysis 50 (2015), S. 431–449.

Chevalier, Michel, On the Probable Fall in the Value of Gold, übers. von Richard Cobden, New York: Appleton 1859.

Clavin, Patricia, The Failure of Economic Diplomacy: Britain, Germany, France and the United States, 1931–36, New York, NY: St. Martin's Press 1996.

Colley, Linda, The Gun, the Ship and the Pen: War, Constitutions and the Making of the Modern World, New York: Liveright 2021.

Davies, Hannah Catherine, Transatlantic Speculations. Globalization and the Panics of 1873, New York: Columbia University Press 2018 (Dissertation an der FU Berlin 2015).

Davis, Belinda, Home Fires Burning: Food, Politics, and Everyday Life in World War I Berlin, Chapel Hill: University of North Carolina Press 2000.

Davis, John Bryan, D. Wade Hands und Uskali Mäki (Hg.), The Handbook of Economic Methodology, London: Edward Elgar 1998.

Derman, Joshua, Prophet of a Partitioned World: Ferdinand Fried, »Great Spaces«, and the Dialectics of Deglobalization, 1929–1950, in: Modern Intellectual History (2020), S. 1–25.

De Roover, Raymond, The Rise and Decline of the Medici Bank, 1397–1494, New York: W.W. Norton 1966.

Dickie, Mure, Japan swells, in: Financial Times, vom 10. November 2010.

Dillon, Michael, Deng Xiaoping. The Man Who Made Modern China, London: I. B. Tauris 2015.

Djankov, Simeon, Inside the Euro Crisis. An Eyewitness Account, Washington: Peterson Institute for International Economics 2014.

Doering-Manteuffel, Anselm, Lutz Raphael und Thomas Schlemmer (Hg.), Vorgeschichte der Gegenwart. Dimensionen des Strukturbruchs nach dem Boom, Göttingen: Vandenhoeck & Ruprecht 2016.

Drezner, Daniel, The System Worked. How the World Stopped Another Great Depression, New York: Oxford University Press 2014.

Eagleton, Terry, Heathcliff and the Great Hunger: Studies in Irish Culture, London: Verso 1995.

Eichengreen, Barry, Golden Fetters: The Gold Standard and the Great Depression, 1919–1939, New York: Oxford University Press 1992.

Ellis, Howard S., German Monetary Theory, 1905–1933, Cambridge MA: Harvard University Press 1934.

Evans, David Morier, The History of the Commercial Crisis, 1857–58, and the Stock Exchange Panic of 1859, London: Groombridge and Sons 1859.

Feldman, Gerald D., The Great Disorder: Politics, Economics, and Society in the German Inflation, 1914–1924, New York: Oxford University Press 1997.

Ferguson, Niall, Krieg der Welt: Was ging schief im 20. Jahrhundert?, übers. von Klaus-Dieter Schmidt und Klaus Binder, Berlin: Propyläen 2006.

– A Greek crisis is coming to America, in: Financial Times, vom 10. Februar 2010.

– Die Geschichte der Rothschilds. Propheten des Geldes, 1798–1848 (Bd. 1), übers. von Irmela Arnsperger und Boike Rehbein, Stuttgart & München: DVA 2002, Orig. 1998.

Field, Alexander J., A Great Leap Forward – 1930s Depression and U.S. Economic Growth, Yale Series in Economic and Financial History, New Haven: Yale University Press 2011.

Fisher, Irving, The Debt Deflation, in: Economica 1 1933, S. 337–357.

Flandreau, Marc, The Glitter of Gold. France, Bimetallism, and the Emergence of the International Gold Standard, 1848–1873, Oxford: Oxford University Press 2004.

Fligstein, Neil, The Banks Did It. An Anatomy of the Financial Crisis, Cambridge: Harvard University Press 2021.

Fried, Ferdinand, Das Ende des Kapitalismus, Jena: E. Diederichs 1931.

Friedman, Milton, Die Gegenrevolution in der Geldtheorie (1970), übers. von Sabine Neumann, in: Peter Kalmbach (Hg.), Der neue Monetarismus. Zwölf Aufsätze mit 9 Tabellen und 14 Diagrammen, München: Nymphenburger 1973, S. 47–69.

– Die optimale Geldmenge und andere Essays, übers. von Johannes Frerich und Reinhard H. Pusch, München: Moderne Industrie 1970.

– Essays In Positive Economics, Chicago: University of Chicago Press 1966.

– Kapitalismus und Freiheit, übers. von Paul C. Martin, Stuttgart: Seewald 1971.

Friedman, Milton und Anna J. Schwartz, A Monetary History of the United States, 1867–1960, Princeton: Princeton University Press 1963.

Friedman, Walter, Fortune Tellers: The Story of America's First Economic Forecasters, Princeton, NJ: Princeton University Press 2013.

Gall, Lothar, Die Deutsche Bank: 1870–1955, München: C. H. Beck 1995.

Garnett, David, The Golden Echo, London: Chatto & Windus 1954.

Golding, Ian und Mike/Mike Mariathasan, The Butterfly Defect. How Globalization Creates Systemic Risks, and What to Do about It, Princeton: Princeton University Press 2014.

Goltz, Bogumil, Die Deutschen. Ethnographische Studie, Berlin: Janke 1860.

Goodhart, Charles/Manoj Pradhan, The Great Demographic Reversal. Ageing Societies, Waning Inequality, and an Inflation Revival, London: Palgrave Macmillan 2020.

Gordon, Robert J., The Rise And Fall Of American Growth: The U.S. Standard of Living since the Civil War, Princeton, NJ: Princeton University Press 2016.

Graham, Benjamin, So wurde ich zum Lehrmeister der Wall Street, übers. von Michael Wenz-Peters, Rosenheim: TM-Börsenverlag 1999.

Grossman, Richard S., Wrong, Nine Economic Policy Disasters and What We Can Learn From Them, New York: Oxford University Press 2013.

Guidice, Gabriele, Robert Kuenzel und Tom Springbett (Hg.), The UK Economy. The Crisis in Perspective, London: Routledge 2011.

Hammond, J. Daniel, Theory and Measurement. Causality Issues in Milton Friedman's Monetary Economics, New York: Cambridge University Press 1996.

Hansen, A. H., Full recovery or stagnation?, New York: W. W. Norton 1938.

Harrod, Roy, Mr. Keynes and Traditional Theory, in: Econometrica 5 (1937), S. 74–86.

Hart, Albert G., Debts and Recovery 1929–1937, New York: Twentieth Century Fund 1938.

Hartewig, Karin, Das unberechenbare Jahrzehnt. Bergarbeiter und ihre Familien im Ruhrgebiet 1914–1924, München: C.H. Beck 1993.

Harvey, David, The Limits to Capital, London & New York: Verso 2006.

Hautmann, Hans, Hunger ist ein schlechter Koch. Die Ernährungslage der österreichischen Arbeiter im Ersten Weltkrieg, in: Gerhard Botz (Hg.), Bewegung und Klasse. Studien zur österreichischen Arbeitergeschichte, Zürich: Ludwig-Boltzmann-Institut für Geschichte der Arbeiterbewegung 1978.

Hayek, Friedrich A. von, Sozialwissenschaftliche Denker. Aufsätze zur Ideengeschichte (Gesammelte Schriften in deutscher Sprache Abt. A Band 2), hg. von Alfred Bosch und Verena Veit-Bachmann, Mohr Siebeck: Tübingen 2017.

– Freiburger Studien, Tübingen: Mohr Siebeck 1996.

– Geld und Konjunktur, Band II: Schriften, 1929–1969 (Gesammelte Schriften Abt. A Band 9), hg. von Hansjörg Klausinger, Tübingen: Mohr Siebeck 2016.

– Wirtschaftstheorie und Wissen. Aufsätze zur Erkenntnis- und Wissenschaftslehre (Gesammelte Schriften Abt. A Band 1), hg. von Viktor Vanberg, Tübingen: Mohr Siebeck.

– Die Verfassung der Freiheit (Gesammelte Schriften Abt. B Band 3), hg. von Alfred Bosch und Reinhold Veit, Tübingen: Mohr Siebeck 2005 (1971).

– Mißbrauch und Verfall der Vernunft. Ein Fragment (Gesammelte Schriften Abt. B Band 2), übers. von Helene Hayek

(überarb. von Monika Vanberg), hg. von Viktor Vanberg, Tübingen: Mohr Siebeck 2004.
– Recht, Gesetz und Freiheit (Gesammelte Schriften Abt B Band 4), hg. v. Alfred Bosch et al., Tübingen: Mohr Siebeck 2003.
Healy, Maureen, Vienna and the Fall of the Habsburg Empire: Total War and Everyday Life in World War I, New York: Cambridge University Press 2004.
Helfferich, Karl, Das Geld, in: Kuno Frankenstein (Hg.), Hand- und Lehrbuch der Staatswissenschaften, Band 8, Leipzig: C. L. Hirschfeld 1893.
– Die Währungsfrage – Gemeinfasslich dargestellt, Stuttgart: Adolf Bonz 1895.
– Handelspolitik: Vorträge gehalten in Hamburg im Winter 1900/01, Leipzig: Duncker & Humblot 1901.
– Deutschlands Volkswohlstand 1888–1913, 6. Auflage, Berlin: Stilke 1913.
Helleiner, Eric, Forgotten Foundations of Bretton Wood: International Development and the Making of the Postwar Order, Ithaca, NY: Cornell University Press 2014.
Hicks, John R., Mr. Keynes' Theory of Employment, in: The Economic Journal 46 (1936).
– Mr. Keynes and the »Classics« – A Suggested Interpretation, in: Econometrica 5 (1937), S. 147–159.
Horsefield, J. Keith (Hg.), The International Monetary Fund, 1945–1965: Twenty Years of International Monetary Cooperation, Washington: International Monetary Fund 1969.
Hyman, Sidney, Marriner S. Eccles. Private Entrepreneur and Public Servant, New York: Alfred A. Knopf 1976.

Internationale Marx-Engels-Stiftung (Hg.), Marx-Engels-Gesamtausgabe (MEGA), Berlin & Boston: De Gruyter 2017.

Irwin, Douglas A., Peddling Protectionism: Smoot-Hawley and the Great Depression, Princeton: Princeton University Press 2011.

Irwin, Neil, Die Alchemisten. Die geheime Welt der Zentralbanker, übers. von Stephan Gebauer, Berlin: Econ 2013.

Jacobs, Meg, Panic at the Pump. The Energy Crisis and the Transformation of American Politics in the 1970s, New York: Hill and Wang 2016.

James, Harold, Deutsche Identität 1770–1990, übers. von Wolfdietrich Müller, Frankfurt am Main: Campus 1991.

– International Monetary Cooperation Since Bretton Woods, New York: Oxford University Press 1995.

– The End of Globalization: Lessons from the Great Depression, Cambridge MA: Harvard University Press 2001.

– Making a Modern Central Bank. The Bank of England 1979–2003, Cambridge: Cambridge University Press 2020.

– Seven Transformative Crises from European Revolution to Corona: Globalization and State Capacity, in: Financial History Review 27 (2020).

– Globalization's Coming Golden Age: Why Crisis Ends in Connection, in: Foreign Affairs 100 (2021).

Jevons, W. Stanley, A serious fall in the value of gold ascertained, and its social effects set forth, London: E. Stanford 1863.

– The coal question: an enquiry concerning the progress of the nation, and the probable exhaustion of our coal-mines, London: Macmillan and Company 1865.

– Political Economy, London: MacMillan and Co. 1878.

– Investigations in Currency and Finance, London: Macmillan 1909.

– Die Theorie der politischen Ökonomie, übers. von Otto Weinberger, Jena: Fischer 1924.

Johnson, Elizabeth S./Harry G. Johnson, The Shadow of Keynes: Understanding Keynes, Cambridge, and Keynesian Economics, Oxford: Blackwell 1978.
Johnston, Thomas, The Financiers and the Nation, London: Methuen & Co. 1934.
Jolink, Albert, The Evolutionist Economics of Leon Walras, Florence: Taylor & Francis Group 1996.

Kates, Steven (Hg.), Macroeconomic Theory and its Failings, London: Edward Elgar 2010.
Kelton, Stephanie, Der Defizit-Mythos, übers. von Elborg Nopp, Lola Books 2021.
Kendrick, John W./Maude R. Pech, Productivity Trends in the United States, Princeton: Princeton University Press 1961.
Kennan, George, Bismarcks europäisches System in der Auflösung, übers. von Christa Armstrong, Frankfurt am Main: Propyläen 1981
Keynes, John Maynard, Allgemeine Theorie der Beschäftigung, des Zinses und des Geldes, übers. von Nicola Liebert, Berlin: Duncker & Humblot 2017, Orig. v. 1936.
– How to Pay for the War. A Radical Plan for the Chancellor of the Exchequer, New York: Harcourt Brace 1940.
– Krieg und Frieden. Die wirtschaftlichen Folgen des Vertrags von Versailles, übers. von Moritz Julius Bonn und Carl Brinkmann, Berlin: Berenberg 2006.
– Über nationale Selbstgenügsamkeit, Books on Demand 2014.
Kierzkowski, Henryk (Hg.), Europe and Globalization, New York: Palgrave Macmillan 2002.
Kindleberger, Charles P., Historical Economics: Art or Science?, Berkeley: University of California Press 1990.
– Die Weltwirtschaftskrise 1929–1939, München: DTV 2019.

Knapp, Georg Friedrich, Staatliche Theorie des Geldes, Leipzig: Duncker & Humblot 1905.

Koch-Mehrin, Silvana, Historische Währungsunion zwischen Wirtschaft und Politik. Die Lateinische Münzunion 1865–1927, Baden-Baden: Nomos 2001.

Kornai, János, The Economics of Shortage, Amsterdam & New York: North-Holland Pub. Co. 1980.

Kostal, Rande W., Law and English Railway Capitalism 1825–1875, Oxford: Oxford University Press 1997.

Krugman, Paul, Peddling Prosperity: Economic Sense and Nonsense in the Age of Diminished Expectations, New York: Norton 1994.

– Vergesst die Krise. Warum wir jetzt Geld ausgeben müssen!, übers. von Jürgen Neubauer, Frankfurt am Main & New York: Campus 2012.

Kuznets, Simon, Modern Economic Growth. Rate, Structure, and Spread, New Haven: Yale University Press 1966.

Kynaston, David, Till Time's Last Sand. A History of the Bank of England 1694–2013, London/New York: Bloomsbury Publishing 2017.

Lambert, Nicholas A., Planning Armageddon British Economic Warfare and the First World War, Cambridge, MA: Harvard University Press 2012.

Levinson, Marc, The Box. How the Shipping Container Made the World Smaller and the World Economy Bigger, Princeton: Princeton University Press 2006.

Link, Stefan, Forging Global Fordism: Nazi Germany, Soviet Russia, and the Contest over the Industrial Order, Princeton, NJ: Princeton University Press 2020.

List, Friedrich, Das nationale System der politischen Ökonomie, Stuttgart: Cotta 1841.

Lloyd George, David, War Memoirs, Boston: Little Brown 1933.

Maas, Harro, William Stanley Jevons and the Making of Modern Economics, Cambridge: Cambridge University Press 2005.

Mallaby, Sebastian, The Man Who Knew. The Life and Times of Alan Greenspan, London: Bloomsbury 2016.

Marcus, Nathan, Austrian Reconstruction and the Collapse of Global Finance 1921–1931, Cambridge, Mass.: Harvard University Press 2018.

Marx, Karl/Friedrich Engels, Manifest der Kommunistischen Partei, Kückenshagen: Scheunen 2000, Orig. 1848.

Marx, Karl, Das Kapital, Zweiter Band, Hamburg: Otto Meissner 1885.

– Das Kapital, Dritter Band, hg. von Friedrich Engels (1894), MEW Bd. 25, Berlin (Ost): Dietz 1964.

– Ökonomische Manuskripte 1857/58 (MEGA II. 1.2), Berlin (Ost): Dietz 1981.

McDonald, Lawrence G. (mit Patrick Robinson), Dead bank walking. Wie Lehman Brothers zusammenbrach, übers. von Friedrich Griese und Christina Knüllig, Hamburg: Hoffmann und Campe 2010.

Meadows, Dennis et al., Die Grenzen des Wachstums. Bericht des Club of Rome zur Lage der Menschheit, übers. von Hans-Dieter Heck, Stuttgart & München: Deutscher Bücherbund 1972.

Meier, Gerald M. /Dudley Seers (Hg.), Pioneers in Development, New York: Oxford University Press 1984.

Meier, Niklaus, Warum Krieg? Sinndeutung des Krieges in der deutschen Militärelite 1871–1945, Paderborn: Schöningh 2012.

Meltzer, Allan H., A History of the Federal Reserve, Chicago: University of Chicago Press 2009.

Menger, Carl, Grundsätze der Volkswirthschaftslehre, Wien: Braumüller 1871.
– Untersuchungen über die Methode der Socialwissenschaften und der Politischen Oekonomie, Leipzig: Duncker & Humblot 1883.
– Zusätze zu Grundsätze der Volkswirtschaft, Tokio: Hitotsubashi University 1961.
Mian, Atif R./Amir Sufi, Das Schuldenhaus. Die globale Finanzkrise – warum der Konsument das Problem ist und nicht die Banken, übers. von Karsten Petersen, Zürich: Orell Füssli 2015.
Mill, John Stuart, Grundsätze der politischen Oekonomie, nebst einigen Anwendungen derselben auf die Gesellschaftswissenschaft, 2. Bd. (Gesammelte Werke, Bd. 6), übers. von Adolf Soetheer, Leipzig: Fues 1869.
Minsky, Hyman P., John Maynard Keynes, übers. von Dirk Gerlach, Marburg/Lahn: Metropolis 1990.
Moore, Charles, Margaret Thatcher. The Authorized Biography, Bd. 1: From Grantham to the Falklands, New York: Alfred A. Knopf 2013.
Morris, Ian, Why the West Rules – for Now. The Patterns of History, and What They Reveal about the Future, New York: Farrar, Straus and Giroux 2010.

Nelson, Edward, Milton Friedman and economic debate in the United States, 1932–1972, 2 Bde., Chicago: University of Chicago Press 2020.
North, Douglass C., Barry R. Weingast und John Joseph Wallis, Gewalt und Gesellschaftsordnungen. Eine Neudeutung der Staats- und Wirtschaftsgeschichte, übers. von Monika Streissler, Tübingen: Mohr Siebeck 2011.

Nurkse, Ragnar, International Currency Experience: Lessons of the Interwar Experience, Genf: Völkerbund 1944.

O'Rourke, Kevin H./Jeffrey G. Williamson, Globalization and History the Evolution of a Nineteenth-Century Atlantic Economy, London: MIT Press 1999.

O'Sullivan, Mary A., Dividends of Development. Securities Markets in the History of US Capitalism, 1866–1922, Oxford: Oxford University Press 2016.

O'Sullivan, Mary, History as Heresy. Unlearning the Lessons of Economic Orthodoxy, Genf: Institut d'histoire économique Paul Bairoch 2021.

Oberholtzer, Ellis Paxson, Jay Cooke: Financier of the Civil War, Bd. 2, Philadelphia: G.W. Jacobs 1907.

Offer, Avner, The First World War an Agrarian Interpretation, New York: Oxford University Press 1989.

Olson, Mancur, Aufstieg und Niedergang von Nationen: ökonomisches Wachstum, Stagflation und soziale Starrheit, übers. von Gerd Fleischmann, Tübingen: Mohr 1985.

Partnoy, Frank, Der Zündholzkönig: Ivar Kreugers unglaubwürdiges Leben, übers. von Werner von Grünau, Stuttgart: Goverts 1957.

Patel, Kiran Klaus, The New Deal: A Global History, Princeton: Princeton University Press 2016.

Paulson, Henry, On the Brink. Inside the Race to Stop the Collapse of the Global Financial System, New York: Business Plus 2010.

Perren, Richard, Taste, Trade and Technology: The Development of the International Meat Industry since 1840, London: Routledge 2017.

Pigou, Arthur Cecil, The Economy and Finance of the War: Being a Discussion of the Real Costs of the War and the Way in Which They Should Be Met, London: J. M. Dent & Sons 1916.

Pike, Fredrick B., FDR's Good Neighbor Policy: Sixty Years of Generally Gentle Chaos, Austin: University of Texas Press 1995.

Piketty, Thomas, Das Kapital im 21. Jahrhundert, übers. von Ilse Utz und Stefan Lorenzer, München: C. H. Beck 2016.

Rajan, Raghuram G., Fault lines, Verwerfungen. Warum sie noch immer die Weltwirtschaft bedrohen und was jetzt zu tun ist, übers. von Almuth Braun, München: Finanzbuchverlag 2012.

Rathkolb, Oliver, Theodor Venus und Ulrike Zimmerl (Hg.), Bank Austria Creditanstalt: 150 Jahre österreichische Bankengeschichte im Zentrum Europas, Wien: P. Zsolnay 2005.

Rauchway, Eric, The Money Makers: How Roosevelt and Keynes Ended the Depression, Defeated Fascism, and Secured a Prosperous Peace, New York: Basic Books 2015.

Reinhart, Carmen M.,/Kenneth S. Rogoff, Dieses Mal ist alles anders. Acht Jahrhunderte Finanzkrisen, übers. von Almuth Braun, München: FinanzBuch-Verlag 2010.

Revel, Jean-François (mit Branko Lazitch), So enden die Demokratien, übers. von Ulrich Friedrich Müller, München & Zürich: Piper 1984.

Ricardo, David, Essay on the Funding System [1820], in. J. R. McCulloch (Hg.), The Works of David Ricardo, London: John Murray 1846.

Roberts, Richards, Saving the City: the Great Financial Crisis of 1914, Oxford: Oxford University Press 2014.

Rochau, Ludwig August von, Grundsätze der Realpolitik. Angewendet auf die staatlichen Zustände Deutschlands (2. Teil,

1869), hg. von Hans-Ulrich Wehler, Frankfurt am Main et al.: Ullstein 1972.
Rosenberg, Hans, Die Weltwirtschaftskrise 1857–1859, Göttingen: Vandenhoeck & Ruprecht 1974.
Russell, Henry B., International Monetary Conferences: Their Purposes, Character, and Results. With a Study of the Conditions of Currency and Finance in Europe and America during Intervening Periods, and in Their Relations to International Action, New York: Harper and Brothers Publisher 1898.

Scheiber, Noam, The Escape Artists. How Obama's Team Fumbled the Recovery, New York: Simon & Schuster 2012.
Schuker, Stephen A., American »Reparations« to Germany, 1919–33: Implications for the Third-World Debt Crisis, Princeton, NJ: International Finance Section, Department of Economics 1988.
Schumpeter, Joseph A., Geschichte der ökonomischen Analyse, übers. von Gottfried Frenzel, Göttingen: Vandenhoeck & Ruprecht 1965.
– Kapitalismus, Sozialismus und Demokratie, vervollständigte Auflage, übers. von Susanne Preiswerk u. a., Tübingen: Narr Francke Attempto 2020.
Schwartz, Anna J., Money in Historical Perspective, Chicago: University of Chicago Press 1987.
Sen, Amartya, Poverty and Famines. An Essay on Entitlement and Deprivation, Oxford: Oxford University Press 1983.
Shaplen, Robert, Kreuger, Genius and Swindler, New York: Knopf 1960.
Silber, William, When Washington Shut Down Wall Street: The Great Financial Crisis of 1914 and the Origins of America's Monetary Supremacy, Princeton: Princeton University Press 2007.

– Volcker. The Triumph of Persistence, New York: Bloomsbury 2012.

Simon, Matthew, Cyclical Fluctuations and the International Capital Movements of the United States, 1865–1897, New York: Arno Press 1978.

Sinn, Hans-Werner, Der Euro. Von der Friedensidee zum Zankapfel, übers. von Florian Bick, Wolfgang Meister und H.-W. Sinn, München: Hanser 2015.

Skidelsky, Robert, John Maynard Keynes. A Biography, 3 Bde., London: Macmillan 1983.

Smith, Adam, Der Wohlstand der Nationen, München: FinanzBuch-Verlag 2006.

Smith, Greg, Die Unersättlichen. Ein Goldman-Sachs-Banker rechnet ab, übers. von Petra Pyka, Christoph Bausum und Thorsten Schmidt, Rowohlt: Reinbek 2012.

Smith, Helena, Left's Dynasty to Rule in Greece Again, in: The Observer vom 4. Oktober 2009.

Smith, Matthew Hale, Bulls and Bears of New York. With the Crisis of 1873, and the Cause, New York: J. B. Burr 1874.

Somary, Felix, Erinnerungen aus meinem Leben, Zürich: Manesse 1959.

Sperber, Jonathan, Karl Marx. Sein Leben und sein Jahrhundert, übers. von Thomas Atzert, Friedrich Griese und Karl Heinz Siber, München: C. H. Beck 2013.

Sperber, Jonathan, The European Revolutions, 1848–1851, Cambridge: Cambridge University Press 2005.

Spoerer, Mark/Helge Berger, Nicht Ideen, sondern Hunger? Wirtschaftliche Entwicklung in Vormärz und Revolution 1848 in Deutschland und Europa, in: Dieter Langewiesche (Hg.), Demokratiebewegung und Revolution 1847 bis 1849, Karlsruhe: Braun 1998, S. 140–184.

Spohr, Kristina, Helmut Schmidt. Der Weltkanzler, übers. von Werner Roller, Darmstadt: Theiss 2016.

Stedman, Gareth Jones, Karl Marx. Die Biographie, übers. von Thomas Atzert und Andreas Wirthensohn, Frankfurt am Main: Fischer 2017.

Stigler, George J., The Economist as Preacher, and Other Essays, Chicago: University of Chicago Press 1982.

Stone, Norman, The Eastern Front, 1914–1917, London: Hodder and Stoughton 1975.

Straumann, Tobias, 1931: Die Finanzkrise und Hitlers Aufstieg, übers. von Martin Richter, Darmstadt: wbg Theiss 2020.

Strousberg, Bethel Henry, Strousberg und sein Wirken von ihm selbst geschildert. Mit einer Photographie und einer Eisenbahn-Karte, Berlin: J. Guttentag 1876.

Teixeira, Pedro Gustavo, The Legal History of the European Banking Union. How European Law Led to the Supranational Integration of the Single Financial Market, Oxford: Hart & Bloomsbury 2020.

Temin, Peter, The German crisis of 1931: evidence and tradition, in: Cliometrica 1 (2007), S. 5–17.

Tooze, Adam, Sintflut: Die Neuordnung der Welt 1916–1931, übers. von Norbert Juraschitz und Thomas Pfeiffer, München: Siedler 2015.

– Crashed. Wie zehn Jahre Finanzkrise die Welt verändert haben, übers. von Norbert Juraschitz, Karsten Petersen und Thorsten Schmidt, München: Siedler 2018.

Trentmann, Frank, Free Trade Nation: Commerce, Consumption, and Civil Society in Modern Britain, New York: Oxford University Press 2008.

Tugan-Baranowsky, Michael von, Studien zur Theorie und Geschichte der Handelskrisen in England, Jena: G. Fischer 1901.

Wagner, Adolph, Grundlegung der politischen Ökonomie, Leipzig: C. F. Winter 1892.

Walras, Auguste, De la nature de la richesse et de l'origine de la valeur (Über das Wesen des Wohlstands und den Ursprung des Werts), Paris: Evreux 1831.

Walras, Léon, Correspondence of Léon Walras and Related Papers, Bd. 3, Amsterdam: North Holland Pub. Co. 1965.

Wandel, Eckhard, Hans Schäffer: Steuermann in wirtschaftlichen und politischen Krisen, Stuttgart: Deutsche Verlags-Anstalt 1974.

Wehler, Hans-Ulrich, Deutsche Gesellschaftsgeschichte 1815–1845/49, München: C. H. Beck 1987.

Weinberger, Otto, Mathematische Volkswirtschaftslehre, Leipzig & Berlin: B. G.Teubner 1930.

Weinreb, Alice, Modern Hungers: Food and Power in Twentieth Century Germany, New York: Oxford University Press 2017.

White, Eugene (Hg.), Crashes and Panics. The Lessons from History, Homewood: Dow Jones-Irwin 1990.

White, Richard, Railroaded, New York: W. W. Norton 2011.

Whyte, Kenneth, Hoover: An Extraordinary Life in Extraordinary Times, New York: Alfred A. Knopf 2017.

Wicker, Elmus, Banking Panics of the Gilded Age, New York: Cambridge University Press 2000.

Woodward, Bob, Greenspan. Dirigent der Weltwirtschaft, übers. von Bernhard Schmid, Hamburg: Europa 2001.

Anmerkungen

Einleitung: Preise gestalten Globalisierung

1 Simon Kuznets, Modern Economic Growth. Rate, Structure, and Spread, New Haven: Yale University Press 1966.

2 Ian Golding/Mike Mariathasan, The Butterfly Defect. How Globalization Creates Systemic Risks, and What to Do about It, Princeton: Priceton University Press 2014.

3 János Kornai, The Economics of Shortage, Amsterdam & New York: North-Holland Pub. Co. 1980.

4 Zum praktischen »Peitscheneffekt« siehe European Economic Advisory Group (EEAG), Europe's Pandemic Politics, Juli 2020, www.cesifo.org/DocDL/EEAG-Policy-Brief-July-2020-Europe-s-Pandemic-Politics.pdf; siehe auch Daniel Rees/Phurichai Rungcharoenkitkul, Bottlenecks: Causes and Macroeconomic Implications, in: BIS Bulletin 48, 11. November 2021.

5 Ian Morris, Why the West Rules – for Now. The Patterns of History, and What They Reveal about the Future, New York: Farrar, Straus and Giroux 2010.

6 Bentley B. Allan, Scientific Cosmology and International Orders, Cambridge: Cambridge University Press 2018, S. 208.

7 Robert J. Solow, Technical Change and the Aggregate Production Function, in: Review of Economics and Statistics 39 (1957), S. 312–320; Moses Abramovitz, Resource and Output Trends in the United States since 1870, in: American Economic Review 46, (1956), S. 5–23; John W. Kendrick und Maude R. Pech, Productivity Trends in the United States, Princeton: Princeton University Press 1961.

8 Paul M. Romer, Endogenous Technological Change (Teil 2), in: Journal of Political Economy 98, (1990), S. 72.

9 Kevin H. O'Rourke und Jeffrey G. Williamson, Globalization and History the Evolution of a Nineteenth-Century Atlantic Economy, London: MIT Press 1999, S. 235.

10 Richard Baldwin, The Great Convergence : Information Technology and the New Globalization, Cambridge: The Belknap Press of Harvard University Press 2016.

11 Henry James, Die goldene Schale, übers. Werner Peterich (1963), Berlin: Aufbau 2002, S. 7. (Anm. d. Übers.)

12 Ben Gilbert, In seinem letzten Brief an die Aktionäre beschreibt Jeff Bezos seine Zukunftsvision für Amazon, in: Business Insider, 18. April 2021, www.businessinsider.de/wirtschaft/jaehrlicher-aktionaersbrief-jeff-bezos-version-von-der-zukunft-amazons-a/.

13 Douglas A. Irwin, Political Economy and Peel's Repeal of the Corn Laws, in: Economics & Politics 1 (1989), S. 41–59.

14 Frank Trentmann, Free Trade Nation: Commerce, Consumption, and Civil Society in Modern Britain, New York: Oxford University Press 2008, S. 8.

15 George J. Stigler, Do Economists Matter? (1976), in: ders., The Economist as Preacher, and Other Essays, Chicago: University of Chicago Press 1982, S. 57–67, zit. S. 57, 64.

16 Ebd., S. 66.

17 Allen voran analysiert von Paul Schmelzing, Eight Centuries of Global Real Interest Rates, R-G, and the »Suprasecular« Decline, 1311–2018, Bank of England Staff Working Paper 845 (2020), www.bankofengland.co.uk/working-paper/2020/eight-centuries-of-global-real-interest-rates-r-g-and-the- suprasecular-decline-1311-2018.

18 Douglass C. North/Barry R. Weingast, Constitutions and Commitment: The Evolution of Institutions Governing Public Choice in Seventeenth-Century England, in: Journal of Economic History 49, (1989), S. 803–832. Vgl. ggf dies./John Joseph Wallis, Gewalt und Gesellschaftsordnungen. Eine Neudeutung der Staats- und Wirtschaftsgeschichte, übers. von Monika Streissler, Tübingen: Mohr Siebeck 2011, (Anm. d. Übers.).

19 Karl Marx, Ökonomische Manuskripte 1857/58 (MEGA II. 1.2), Berlin (Ost): Dietz 1981, S. 622. (Vgl. ggf. ders., Grundrisse der Kritik der politischen Ökonomie, Ökonomische Manuskripte 1857/1858 [MEW 42], Berlin: Dietz ^{3}2014 [1983].)

20 Zit. in John Bryan Davis, D. Wade Hands und Uskali Mäki (Hg.), The Handbook of Economic Methodology, London: Edward Elgar 1998, S. 495; hier zit. nach Karl Marx, Das Kapital. Dritter Band (hg. v. Friedrich Engels, 1894), MEW Bd. 25, Berlin (Ost): Dietz 1964, S. 242 (Anm. d. Übers.).

21 Thomas Piketty, Das Kapital im 21. Jahrhundert, übers. v. Ilse Utz und Stefan Lorenzer, München: C. H. Beck 2016, S. 25.

22 Matthew Rognlie, A Note on Piketty and Diminishing Returns to Capital (2014), siehe http://gesd.free.fr/rognlie14.pdf.

23 Piketty, Das Kapital im 21. Jahrhundert, S. 46.

24 Ebd., S. 309.

25 Vgl. Martijn Konings, Kapital und Zeit. Für eine neue Kritik der neoliberalen Vernunft, übers. v. Andreas G. Förster, Bielefeld: transcript 2021, Orig. 2018, S. 23 f. (Anm. d. Übers.).

26 John Maynard Keynes, Allgemeine Theorie der Beschäftigung, des Zinses und des Geldes, übers. v. Nicola Liebert (2016), Berlin: Duncker & Humblot 2017, Orig. v. 1936, S. 264 (Kap. 22, Abschn. II).

27 Bspw. Richard S. Grossman, Wrong. Nine Economic Policy Disasters and What We Can Learn From Them, New York: Oxford University Press 2013.

28 Alan S. Blinder/Jeremy B. Rudd, The Supply-Shock Explanation of the Great Stagflation Revisited, in: Michael D. Bordo/Athanasios Orphanides (Hg.), The Great Inflation: The Rebirth of Modern Central Banking, Chicago: Chicago University Press 2019, S. 119–175.

29 Michael A. Bernstein, The Great Depression. Delayed Recovery and Economic Change in America, 1929–1939, New York: Cambridge University Press 1988.

30 Jean-François Revel (mit Branko Lazitch), So enden die Demokratien, übers. v. Ulrich Friedrich Müller, München & Zürich: Piper 1984, Orig. 1983.

31 Im Unterschied zur (indirekten) Geldmengenorientierung wird beim *inflation targeting* »das Endziel Preisstabilität unmittelbar angesteuert«: »Grundidee [...] ist zum einen, durch die Vorgabe eines Zielwertes für die Inflationsrate die Zielrichtung der Geldpolitik öffentlich festzulegen, zum anderen geht es darum, den Unsicherheiten und Wirkungsverzögerungen des geldpolitischen Transmissionsprozesses durch Beobachtung einer Vielzahl von Daten – und nicht nur eines Zwischenziels – Rechnung zu tragen« (Deutsche Bundesbank 2020, Glossar »direkte Inflationssteuerung«, siehe: www.bundesbank.de/de/startseite/glossar). (Anm. d. Übers.).

32 Der Ausdruck *taper tantrum* bezeichnet hohe Zinsaufschläge für Staatsanleihen als schlagartige Reaktion des Geldmarkts auf eine zentralbankseitige Reduzierung zuvor praktizierter Anleiheankäufe, kurz: auf die Anbahnung einer restriktiven Geldpolitik. (Anm. d. Übers.).

33 Arthur C. Danto, Die Kunstwelt (1964), übers. v. Peter Mahr, in: Deutsche Zeitschrift für Philosophie 42, Nr. 5 (1994), S. 907–919, hier S. 918.

1. Die große Hungersnot und der große Aufstand

34 Hans-Ulrich Wehler, Deutsche Gesellschaftsgeschichte 1815–1845/49, München: C. H. Beck 1987, S. 642.

35 Siehe Jonathan Sperber, The European Revolutions, 1848–1851, Cambridge: Cambridge University Press 2005, S. 105; siehe auch Mark Spoerer/Helge Berger, Economic Crises and the European Revolutions of 1848 in: Journal of Economic History 61, Nr. 2 (2001), S. 293–326. Vgl. ggf. dies., Nicht Ideen, sondern Hunger? Wirtschaftliche Entwicklung in Vormärz und Revolution 1848 in Deutschland und Europa, in: Dieter Langewiesche (Hg.), Demokratiebewegung und Revolution 1847 bis 1849, Karlsruhe: Braun 1998, S. 140–184 (Erg. d. Übers.).

36 Cormac Ó Gráda, Black '47 and beyond. The Great Irish Famine in History, Economy, and Memory, Princeton: Princeton University Press 1999, S. 21; siehe auch Peter Michael Solar, Growth and distribution in Irish agriculture before the famine, Dissertation (PhD), Stanford University 1987.

37 Cork Reporter, zit. nach: Ireland, in: The Times, 26. März 1847.

38 Details of Foreign Intelligence, in: New York Daily Tribune 21. Oktober 1847. (Seit 1853 war Karl Marx Europakorrespondent der Zeitung; Anm. d. Übers.).

39 Michael D. Bordo/John Landon-Lane, Does Expansionary Monetary Policy Cause Asset Price Booms; Some Historical and Empirical Evidence, in: NBER Working Paper Nr. 19585, Oktober 2013; David Le Bris, What is a Market Crash?, in: Economic History Review 71, Nr. 2 (2018), S. 495.

40 Charles Read, Laissez-Faire, the Irish Famine, and British Financial Crisis, in: The Economic History Review 69, Nr. 2 (2016), S. 411–434, hier S. 415.

41 William Carleton, The Black Prophet: A Tale of Irish Famine, in: ders., The Works of William Carleton, Bd. 3, New York: P. P. Collier 1881, S. 776; vgl. Catherine Nealy Judd, Western Plague Literature, the Irish Famine and Anthony Trollope's Castle Richmond, in: Irish Studies Review 25, Nr. 2 (2017), S. 215–240.

42 Walter Bagehot, The Character of Sir Robert Peel (1856), in: W. Bagehot, Historical Essays, hg. v. Norman St. John-Stevas, New York: New York University Press 1966, S. 186, 191. (Bagehot war von 1861 bis 1877 auch Herausgeber von The Economist; Anm. d. Übers.).

43 Rande W. Kostal, Law and English Railway Capitalism 1825–1875, Oxford: Oxford University Press 1997, S. 25. (W. E. Gladstone zählte später zu den wohl bedeutendsten britischen Politikern in der zweiten Hälfte des 19. Jahrhunderts, er war 27 Jahre britisches Regierungsmitglied und zwölf Jahre lang Premierminister; Anm. d. Übers.).

44 D. Morier Evans, The Commercial Crisis 1847–1848 Being Facts and Figures Illustrative of the Events of That Important Period Considered in Relation to the Three Epochs of the Railway Mania, the Food and Money Panic, and the French Revolution London: Letts, Son and Steer 1848, S. 5 f.

45 Read, Laissez-faire, S. 420.

46 The Present Crisis, Its Character and Remedy, in: The Economist, 8. Mai 1847.

47 Money-Market and City Intelligence, in: The Times, 10. März 1847.

48 Rüdiger Dornbusch/Jakob Frenkel, The Gold Standard and the Bank of England in the Crisis of 1847, in: NBER working paper Nr. 1039 (Dezember 1982).

49 Cormac Ó Gráda, The Great Irish Famine, Cambridge: Cambridge University Press 1995, S. 42.

50 Ebd., S. 48.

51 Bank of England, in: The Manchester Guardian, 8. Dezember 1847.

52 Zit. nach: Express from Paris, in: The Times, 30. Januar 1847.

53 Niall Ferguson, Die Geschichte der Rothschilds. Propheten des Geldes, 1798–1848 (Bd. 1), übers. v. Irmela Arnsperger und Boike Rehbein, Stuttgart & München: DVA 2002, Orig. 1998, S. 535, 514.

54 Danger of a Financial Crisis in Europe, in: The Baltimore Sun 26. Januar 1847.

55 Wehler, Deutsche Gesellschaftsgeschichte 1815–1845/49, S. 652.

56 The Present Crisis, in: The Observer, 8. November 1847.

57 Amartya Sen, Poverty and Famines. An Essay on Entitlement and Deprivation, Oxford: Oxford University Press 1983.

58 Siehe bspw. Ó Gráda, The Great Irish Famine.

59 Zit. in Robin Haines, Charles Trevelyan and the Great Irish Famine, Dublin: Four Courts 2004, S. 240.

60 Siehe Read, Laissez-faire, sowie ders., The Political Economy of Sir Robert Peel, in: Julian Hoppit, Adrian B. Leonard und Duncan J. Needham (Hg.), Money and Markets. Essays in Honour of Martin Daunton, Martlesham: Boydell and Brewer 2019, S. 71–89.

61 Zit. in John Mitchel, The Last Conquest of Ireland, Dublin: University College Dublin Press 2005, S. 218; siehe auch Christophe Gillissen, Charles Trevelyan, John Mitchel and the Historiography of the Great Famine, in: Revue française de civilisation britannique 19, Nr. 2 (2014), S. 195–212.

62 The Times, 7. April 1847.

63 David Kynaston, Till Time's Last Sand. A History of the Bank of England 1694–2013, London/New York: Bloomsbury Publishing 2017, S. 147.

64 Kevin H. O'Rourke, Europe and the Causes of Globalization, 1790 to 2000, in: Henryk Kierzkowski (Hg.), Europe and Globalization, New York: Palgrave Macmillan 2002, S. 64–86.

65 Alain Plessis, De la fête impériale au mur des fédérés, 1852–1871. Nouvelle histoire de la France contemporaine, Paris: Éditions du Seuil 1973, S. 14.

66 R. John Rath, The Failure of an Ideal: The Viennese Revolution of 1848, in: The Southwestern Social Science Quarterly 34, Nr. 2 (1953), S. 9. Hier zit. nach: anonym, Neues österreichisches Vaterunser (1848), Flugblatt aus der Bayerischen Staatsbibliothek, siehe: opacplus.bsb-muenchen.de (Anm. d. Übers.).

67 Helmut Rumpier, Die Gründung der Credit-Anstalt im Kontext der Neupositionierung von Österreichs Wirtschafts- und Außenhandelspolitik durch Karl Ludwig Freiherrn von Bruck, in: Oliver Rathkolb, Theodor Venus und Ulrike Zimmerl (Hg.), Bank Austria Creditanstalt: 150 Jahre österreichische Bankengeschichte im Zentrum Europas, Wien: P. Zsolnay 2005, S. 56–72, hier S. 60.

68 Henry Booth, The Case of Railways Considered, London: W. H. Smith 1852, S. 9.

69 Kevin O'Rourke/Jeffrey Williamson, Globalization and history. The evolution of a nineteenth-century Atlantic economy, Cambridge: MIT Press 1999.

70 Olivier Accominotti/Marc Flandreau, Bilateral Treaties and the Most-Favored-Nation Clause: The Myth of Trade Liberalization in the Nineteenth Century, in: World Politics 60, Nr. 2 (2008), S. 147–188.

71 Friedrich List, Das nationale System der politischen Ökonomie, Stuttgart: Cotta 1841 (Anm. d. Übers.: zuletzt hg. v. Eugen Wendler, Baden-Baden: Nomos 2008); Charles Gouraud, Essai sur la Liberté du Commerce des Nations, Paris: Durand 1853, S. 31 f.

72 Exhibition of the Industry of All Nations, in: The Times 18. Oktober 1849.

73 The Great Exhibition, in: The Times 4. Oktober 1851.

74 Will Our Shipping Decay?, in: The Economist 8. März 1851.

75 Lyon Playfair, The chemical principles involved in the manufactures of the exhibition, in: Royal Society of Arts (Hg.), Lectures on the results of the exhibition, London: David Bogue 1852, S. 195, 196. Siehe auch Jeffrey A. Auerbach, The Great Exhibition of 1851: A Nation on Display, New Haven: Yale University Press 1999, S. 124.

76 Karl Marx, Die Klassenkämpfe in Frankreich 1848 bis 1850, Berlin: Vorwärts 1895; hier zit. nach: Friedrich Engels, Einleitung [zu Die Klassenkämpfe ...] (1895), in: Marx Engels Werke (MEW), Bd. 7, Berlin (Ost): Dietz 1960, S. 512.

77 Herman von Petersdorff, König Friedrich Wilhelm der Vierte, Stuttgart: Cotta 1900, S. 11, siehe archive.org.

78 Ludwig August von Rochau, Grundsätze der Realpolitik. Angewendet auf die staatlichen Zustände Deutschlands (2. Teil, 1869), hg. v. Hans-Ulrich Wehler, Frankfurt am Main et al.: Ullstein 1972, S. 231.

79 Terry Eagleton, Heathcliff and the Great Hunger. Studies in Irish Culture, London: Verso 1995, S. 13; siehe auch Melissa Fegan, The Great Famine in Fiction, 1901–2015, in: Liam Harte (Hg.), The Oxford Handbook of Modern Irish Fiction, Oxford: Oxford University Press 2020, S. 407–423.

80 William Carleton, The Black Prophet. A Tale of Irish Famine, London: Simms and McIntyre 1847. (Die Passage ist nicht enthalten in: William Carleton, Der schwarze Prophet. Aus den Zeiten Irischer Hungersnoth, Theil 2, übers. v. Friedrich Gerstäcker, Dresden & Leipzig: Arnoldsche Buchhandlung 1848, Orig. 1847. Anm. d. Übers.).

81 Anthony Trollope, Schloss Richmond, Bd. 1, übers. v. A. Kretzschmar, Wurzen: Verlags-Comptoir 1863, Orig. 1860, S. 3.

82 Die zitierten Passagen des siebenten Kapitels sind in der deutschen Übersetzung nicht enthalten, siehe daher: Anthony Trollope, Castle Richmond, Leipzig: Tauchnitz 1860, S. 92, 96 f.

83 Chris Morash, Writing the Irish Famine, Oxford: Oxford University Press 1995, S. 90; siehe auch A. R. C. Dallas, A Voice from Heaven to Ireland, Wonston: James Shayler 1853.

84 Morash, Writing the Irish Famine, S. 91.

85 Vgl. Joachim Borchart, Der europäische Eisenbahnkönig Bethel Henry Strousberg, München: C. H. Beck 1991.

86 Karl Marx und Friedrich Engels: Manifest der Kommunistischen Partei, Kückenshagen: Scheunen 2000; hier zit. nach: dies., Manifest der Kommunistischen Partei (1848), in: MEW 4, Berlin (Ost): Dietz 1977 (1959), S. 466.

87 Gareth Stedman Jones, Karl Marx. Die Biographie, übers. v. Thomas Atzert und Andreas Wirthensohn, Frankfurt am Main: Fischer E-Books 2017, Orig. 2016, S. 809.

88 Jonathan Sperber, Karl Marx. Sein Leben und sein Jahrhundert, übers. v. Thomas Atzert, Friedrich Griese und Karl Heinz Siber, München: C. H. Beck 2013, Orig. 2013, S. 423.

89 Stedman Jones, Karl Marx, S. 758; »es ist wirklich ein sehr abstrakter Abriß«, in: Friedrich Engels, [Engels an Marx in London, 9.4.1858], in: MEW 29, Berlin (Ost): Dietz 1978 (1963), S. 319.

90 Karl Marx, Nachwort zur zweiten Auflage (1873), in: MEW 23, S. 19, 21.

91 Siehe Kenji Mori, The »Books of Crisis« and Tooke–Newmarch excerpts: a new aspect of Marx's crisis theory in MEGA, in: The European Journal of the History of Economic Thought 25, Nr. 5 (2018), S. 912–925. Vgl. Einführung, in: Karl Marx, Exzerpte, Zeitungsausschnitte und Notizen zur Weltwirtschaftskrise (Krisenhefte) November 1857 bis Februar 1858 (MEGA IV., Bd. 14), Berlin & Boston: De Gruyter 2017, S. 511–559, hier S. 555.

92 David Harvey, The Limits to Capital, London & New York: Verso 2006 (1982), S. 179. (Auch in chinesischer, japanischer, spanischer und türkischer Übersetzung; Anm. d. Übers.).

93 Karl Marx, Die Klassenkämpfe in Frankreich 1848 bis 1850 (1850/1895), in: MEW 7, Berlin (Ost): Dietz 1960, S. 97, 98. (Hervorhebung im Original; Anm. d. Übers.).

94 Vgl. ggf. Silvana Koch-Mehrin, Historische Währungsunion zwischen Wirtschaft und Politik. Die Lateinische Münzunion 1865–1927, Baden-Baden: Nomos 2001. (Anm. d. Übers.).

95 Michael von Tugan-Baranowsky, Studien zur Theorie und Geschichte der Handelskrisen in England, Jena: G. Fischer 1901, S. 124; Hans Rosenberg, Die Weltwirtschaftskrise 1857–1859, Göttingen: Vandenhoeck & Ruprecht 1974, S. 8; siehe auch Internationale Marx-Engels-Stiftung (Hg.): Marx-Engels-Gesamtausgabe (MEGA), Abt. IV, Bd. 14, Berlin & Boston: De Gruyter 2017, S. 514.

96 The British Revulsion, in: New York Daily Tribune, 30. November 1857, S. 6; hier zit. nach Die Erschütterung des britischen Handels (Übers. ungenannt), MEW 12, S. 320–326, hier S. 325 (Anm. d. Übers.).

97 The Commercial Crisis in England, in: New York Daily Tribune 15. Dezember 1857, S. 4; hier zit. nach [Die Handelskrise in England] (Übers. ungenannt), MEW 12, S. 335–338, hier S. 336 (Anm. d. Übers.).

98 Hier zit. nach: Friedrich Engels, [Engels an Marx in London, 11. Dez. 1857], in: MEW 29, Berlin (Ost): Dietz 1978 (1963), S. 227.

99 MEGA IV/14, S. 14, 528. (eigene Übers.).

100 Karl Marx, [Marx an Engels in Manchester, 8. Dez. 1857], in: MEW 29, S. 224.

101 Michael Anson et al., The Bank of England as Lender of Last Resort: New Historical Evidence from Daily Transactional Data, Bank of England Working Paper Nr. 691, November 2017.

102 MEGA IV/14, S. 263, 547. (eigene Übers.).

103 Manufactures and commerce, in: New York Daily Tribune 23. September 1859, vgl. Einleitung (MEGA IV/14, S. 55); hier zit. nach Industrie und Handel (Übers. ungenannt), MEW 13, S. 496–499, hier S. 497 (Anm. d. Übers.).

104 The Economist, 28. November 1857, vgl. MEGA IV/14, S. 20 (eigene Übers.).

105 Marx, Kapital ([4]1890), MEGA II/10, Berlin (Ost): Dietz 1991, S. 601. Hier zit. nach: MEW 23, S. 697 (Anm. d. Übers.).

106 Marx, Nachwort zur zweiten Auflage (1873), MEW 23, S. 18–28, hier S. 28.

107 Fritz Tarnow, Kapitalistische Wirtschaftsanarchie und Arbeiterklasse, Referat auf dem sozialdemokratischen Parteitag in Leipzig vom 31. Mai bis 5. Juni 1931, Protokoll, Berlin 1931, S. 45, siehe: http://library.fes.de/parteitage/pdf/pt-jahr/pt-1931.pdf.

108 MEW 23, S. 791; MEGA II/10, S. 684 f.; vgl. Stedman Jones, Karl Marx, S. 1074 f.

2. Krach an den Grenzen

109 MEW 23, S. 28.

110 Walt Whitman, Durchfahrt nach Indien, in: ders., Grasblätter, übers. v. Jürgen Brôcan, München: Hanser 2009, Orig. 1891/92, S. 506–518, hier S. 507. (Anm. d. Übers.).

111 Walt Whitman, An eine Lokomotive im Winter, in: ders., Grasblätter, S. 577 f., hier S. 577; vgl. ggf. die Übersetzung von Hans Reisinger: Urbild der neuen Zeit – Sinnbild von Kraft und Bewegung – Puls du des Kontinents (in: Walt Whitmans Werk, Berlin: S. Fischer 1922, S. XCIII–XCIV, hier S. XCIV, siehe whitmanarchive.org). (Anm. d. Übers.).

112 Bogumil Goltz, Die Deutschen. Ethnographische Studie, Berlin: Janke 1860, hier zit. nach der 2. Aufl. unter dem Titel Zur Geschichte und Charakteristik des deutschen Genius, 1864, S. 1 f.; Jürgen Kaube, Hegels Welt, Berlin: Rowohlt 2020, S. 264; Carol Gluck, Japan's Modern Myths. Ideology in the Late Meiji Period, Princeton: Princeton University Press 1985, S. 19 f.; vgl. auch Harold James, Deutsche Identität 1770–1990, übers. v. Wolfdietrich Müller, Frankfurt am Main: Campus 1991, Orig. 1989, S. 17–47.

113 John Stuart Mill, Grundsätze der politischen Oekonomie, nebst einigen Anwendungen derselben auf die Gesellschaftswissenschaft, 2. Bd. (Gesammelte Werke, Bd. 6), übers. v. Adolf Soetheer, Leipzig: Fues 1869, Orig. 1848, S. 295 (Buch III., Kap. XX., § 2; siehe opacplus.bsb-muenchen.de); vgl. Mill, Grundsätze der Politischen Ökonomie, Bd. 2, Überarb. d. Übers. von Hg. Michael Aßländer und Hans Nutzinger, Marburg: Metroprolis 2016, 683 f. (Anm. d. Übers.).

114 Walter Bagehot, A Practical Plan for Assimilating the English and American Money as a Step towards a Universal Money, New York: Longmans Green 1889, S. xxi.

115 Henry B. Russell, International Monetary Conferences: Their Purposes, Character, and Results. With a Study of the Conditions of Currency and Finance in Europe and America during Intervening Periods, and in Their Relations to International Action, New York: Harper and Brothers Publisher 1898, S. 35.

116 Stanley Jevons, April 21, 1868, letter to J. B. Smith, in: R. D. Collison Black (Hg.), Papers and Correspondence of William Stanley Jevons, Bd. 3, London: Macmillan 1981 (1977), S. 183 f.

117 Marc Flandreau, The Glitter of Gold. France, Bimetallism, and the Emergence of the International Gold Standard, 1848–1873, Oxford: Oxford University Press 2004, S. 177.
118 Ebd., S. 183. (Zit. in: Russell, International Monetary Conferences, S. 105; Anm. d. Übers.).
119 Michel Chevalier, On the Probable Fall in the Value of Gold, übers. Richard Cobden, New York: Appleton 1859 (3. Aufl.), Orig. 1857/1859, S. 201.
120 Giulio M. Gallarotti, The scramble for gold: monetary regime transformation in the 1870s, in: Michael D. Bordo /Forrest Capie (Hg.), Monetary Regimes in Transition, Cambridge: Cambridge University Press 1993, S. 15–67.
121 Joseph H. Davis, An Annual Index of U. S. Industrial Production, 1790–1915, in: The Quarterly Journal of Economics 119, Nr. 4 (2004), S. 1177–1215.
122 Zit. in Matthew Hale Smith, Bulls and Bears of New York. With the Crisis of 1873, and the Cause, New York: J. B. Burr 1874, S. 28.
123 Neue Freie Presse, 1. Mai 1873.
124 Vienna Exhibition: The Commissionerships Scandal, in: New York Tribune 1. Mai 1873.
125 The Financial Crisis at Vienna, in: New York Times 8. Juli 1873.
126 Ebd.
127 Albert Schäffle, Der »grosse Börsenkrach« des Jahres 1873, in: Zeitschrift für die gesamte Staatswissenschaft 30, Nr. 1 (1874), S. 50.
128 Ebd., S. 1.
129 Wall Street Topics, in: The New York Times, 30. Oktober 1873.
130 The New York Herald, . Mai 1873.
131 Money in Europe, in: The New York Herald, 14. Mai 1873.
132 The Vienna Panic, in: The New York Times, 15. Mai 1873.
133 Siehe Hannah Catherine Davies, Transatlantic Speculations. Globalization and the Panics of 1873, New York: Columbia University Press 2018 (Dissertation an der FU Berlin 2015, Anm. d. Übers.).
134 Wall Street Topics, in: The New York Times, 30. Oktober 1873.
135 Schäffle, Der »grosse Börsenkrach« des Jahres 1873, S. 8 u. 15. (Anm. d. Übers.).
136 Ebd., S. 24.
137 Ebd., S. 25.

138 Julian Franks, Colin Mayer und Hannes Wagner, The Origins of the German Corporation: Finance, Ownership and Control, in: Review of Finance 10, Nr. 4 (2006), S. 537–585; Scott Mixon, The Crisis of 1873: Perspectives from Multiple Asset Classes, in: The Journal of Economic History 68, Nr. 3 (2008), S. 722–757.
139 Gordon Mork, The Prussian Railway Scandal of 1873: Economics and Politics in the German Empire, in: European Studies Review 1, Nr. 1 (1971), S. 35–48, Zitat S. 37; hier zit. n. Sten. Ber. Preuß. Abgh., Berlin 1873/74, S. 538, siehe opacplus.bsb-muenchen.de (Anm. d. Übers.).
140 John R. Lampe/Marvin R. Jackson, Balkan Economic History, 1550–1950 from Imperial Borderlands to Developing Nations, in: Joint Committee on Eastern Europe Publication Series Nr. 10 (1982), S. 103 f.
141 Bethel Henry Strousberg, Strousberg und sein Wirken von ihm selbst geschildert. Mit einer Photographie und einer Eisenbahn-Karte, Berlin: J. Guttentag 1876, S. 5; siehe auch Mork, The Prussian Railway Scandal of 1873, S. 35–48.
142 Ebd., S. 293.
143 Otto Glagau, Der Börsen- und Gründungsschwindel in Berlin, in: Die Gartenlaube, Leipzig: Ernst Keil 1874, S. 788–780, hier S. 788.
144 Otto Glagau, Der Börsen- und Gründerschwindel in Berlin, Leipzig: Paul Frohberg 1876.
145 Mary A. O'Sullivan, Dividends of Development. Securities Markets in the History of US Capitalism, 1866–1922, Oxford: Oxford University Press 2016, S. 29 u. 36.
146 Richard White, Railroaded, New York: W. W. Norton 2011, 500 f.
147 Matthew Simon, Cyclical Fluctuations and the International Capital Movements of the United States, 1865–1897, New York: Arno Press 1978.
148 Ellis Paxson Oberholtzer, Jay Cooke, Financier of the Civil War, Bd. 2, Philadelphia: G.W. Jacobs 1907, S. 421 f.
149 Ebd., S. 437.
150 O'Sullivan, Dividends, S. 65.
151 O. M. W. Sprague, History of Crises under the National Banking System, Washington D.C.: United States Senate Document Nr. 538, 1910.
152 Elmus Wicker, Banking Panics of the Gilded Age, New York: Cambridge University Press 2000, S. 18.
153 Anna J. Schwartz, Money in Historical Perspective, Chicago: University of Chicago Press 1987, S. 286.

154 Charles P. Kindleberger, Historical Economics: Art or Science?, Berkeley: University of California Press 1990, S. 316.

155 Anthony Trollope, An Autobiography, New York: Dodd Mead 1905 (1883), S. 151. (Anm. D. Übers.).

156 Anthony Trollope, The Way We Live Now (Unsere moderne Art zu leben), Leipzig: Tauchnitz 1875, Kap. XXII. (Anm. D. Übers.).

157 Ebd., Kap. LXII. (Anm. D. Übers.).

158 David Morier Evans, The History of the Commercial Crisis, 1857–58, and the Stock Exchange Panic of 1859, London: Groombridge and Sons 1859, S. 92.

159 Friedrich Spielhagen, Sturmflut, Rostock: Hinstorff 1996 (gekürzt), Orig. v. 1877, S. 26.

160 Ebd., S. 234, hier zit. nach projekt-gutenberg.org (5. Buch, 5. Kap., da die Stelle in der genannten Ausgabe von 1996 offenbar gekürzt worden ist, Anm. d. Übers.).

161 Joseph E. Stiglitz, Capital Market Liberalization and Exchange Rate Regimes: Risk without Reward, in: The Annals of the American Academy of Political and Social Science 579, Nr. 1 (2002), S. 219–248, hier S. 231.

162 Jack Wilson, Richard Sylla und Charles Jones, Financial Market Volatility, Panics under The National Banking System before 1914, and Volatility in the Long Run 1830–1988, in: Eugene White (Hg.), Crashes and Panics. The Lessons from History, Homewood: Dow Jones-Irwin 1990, S. 85–125, hier S. 103.

163 William Newmarch, Address by William Newmarch, Esq., F.R.S., as President of the Economy and Trade Department, Social Science Association, at Leeds, 10th October, 1871, in: Journal of the Statistical Society of London 34, Nr. 4 (1871), S. 476–498, hier S. 476.

164 Friedrich Hayek, Carl Menger (1840–1921) (1934), in: Hayek, Sozialwissenschaftliche Denker. Aufsätze zur Ideengeschichte (Gesammelte Schriften Abt. A Band 2), hg. V. Alfred Bosch und Verena Veit-Bachmann, Mohr Siebeck: Tübingen 2017, S. 143–169, S. 144.

165 Für eine biografische Abhandlung siehe Heinz D. Kurz, Wer war Hermann Heinrich Gossen (1810–1858), Namensgeber eines der Preise des Vereins für Socialpolitik?, in: Zeitschrift für Wirtschafts- und Sozialwissenschaften 129, Nr. 3 (2009), S. 473–500; sowie Nina Streeck, Hermann Heinrich Gossen: Nationalökonom (1810–1858), siehe www.rheinische-geschichte.lvr.de.

166 Carl Menger, Grundsätze der Volkswirthschaftslehre, Wien: Braumüller 1871, S. 172 f., siehe https://oll.libertyfund.org.

167 William Stanley Jevons, Die Theorie der politischen Ökonomie, übers. V. Otto Weinberger, Jena: Fischer 1924, Orig. 1871, S. xxx.

168 William Stanley Jevons, Political Economy, London: MacMillan and Co. 1878, S. 17.

169 Jevons, Papers, S. 151–152 (Brief an seinen Bruder Herbert, 1. Juni 1860).

170 Ebd., 302 f.; an Professor Léon Walras, Lausanne, 12. Mai 1874; teils zit. nach Enrico Leone, Léon Walras und die hedonistisch-mathematische »Schule von Lausanne«, in: Archiv für Sozialwissenschaft und Sozialpolitik 32 (1911), S. 36–71, hier S. 45 f., teils auch zit. nach Otto Weinberger, Mathematische Volkswirtschaftslehre, Leipzig & Berlin: B. G.Teubner 1930, S. 95 (Anm. d. Übers.).

171 Zit. in Harro Maas, William Stanley Jevons and the Making of Modern Economics, Cambridge: Cambridge University Press 2005, S. 3.

172 Jevons, Papers , S. 192.

173 Zum Einfluss des australischen Goldes auf die Ökonomik siehe Michael Bordo, John E. Cairnes on the Effects of the Australian Gold Discoveries, 1851–73: An Early Application of the Methodology of Positive Economics, in: History of Political Economy 7, Nr. 3 (1975), S. 337–359.

174 W. Stanley Jevons, A serious fall in the value of gold ascertained, and its social effects set forth, London: E. Stanford 1863, S. 1 f.

175 W. Stanley Jevons, The coal question: an enquiry concerning the progress of the nation, and the probable exhaustion of our coal-mines, London: Macmillan and Company 1865, S. viii.

176 Ebd., S. 339.

177 William Stanley Jevons, Investigations in Currency and Finance, London: Macmillan 1909, S. 221.

178 Zit. in Albert Jolink, The Evolutionist Economics of Leon Walras, Florence: Taylor & Francis Group 1996, S. 23.

179 Léon Walras, Correspondence of Léon Walras and Related Papers, Bd. 3, Amsterdam: North Holland Pub. Co. 1965, S. 292 f.

180 Hayek, Carl , S. 146.

181 Emil Kauder, Intellectual and Political Roots of the Older Austrian School, in: Mark Blaug (Hg.), Carl Menger (1840–1921), Brookfield: Edward Elgar 1992, S. 99.

182 Carl Menger, Untersuchungen über die Methode der Socialwissenschaften und der Politischen Oekonomie, Leipzig: Duncker & Humblot 1883, S. vii f.
183 Carl Menger, Zusätze zu »Grundsätze der Volkswirtschaftslehre, Tokio: Hitotsubashi University 1961, S. 29.
184 Hayek, Carl, S. 148.
185 Jevons, Papers, S. 332 (an Hr. Léon Walras, Lausanne, 14. Feb. 1875).
186 Ebd., S. 344; an H. S. Foxwell, 16. Nov. 1875.

3. Der Erste Weltkrieg und die Große Inflation

187 Steve H. Hanke /Nicholas Krus, World Inflation and Hyperinflation Table, Cato Institute, https://www.cato.org/research/world-inflation-and-hyperinflation-table.
188 David Marquand, Ramsay MacDonald, London: J. Cape 1977, S. 669.
189 George Kennan, Bismarcks europäisches System in der Auflösung, übers. von Christa Armstrong, Frankfurt am Main: Propyläen 1981. S. 12 f.
190 Adam Tooze, Sintflut: Die Neuordnung der Welt 1916–1931, übers. von Norbert Juraschitz und Thomas Pfeiffer, München: Siedler 2015.
191 Diesen Punkt verdanke ich einer erleuchtenden Diskussion von Alexander Kluge mit Stephan Drössler im Filmmuseum München am 8. August 2021.
192 William Silber, When Washington Shut Down Wall Street: The Great Financial Crisis of 1914 and the Origins of America's Monetary Supremacy, Princeton: Princeton University Press 2007.
193 Richard Roberts, Saving the City: the Great Financial Crisis of 1914, Oxford: Oxford University Press 2014; Mike Anson u. a., The Great War and the Bank of England as Market Maker of Last Resort, BankUnderground, 30. April 2019, https://bankunderground.co.uk/2019/04/30/the-great-war-and-the-bank-of-england-as-market-maker-of-last-resort/.
194 Gerald D. Feldman, The Great Disorder: Politics, Economics, and Society in the German Inflation, 1914–1924, New York: Oxford University Press 1997, S. 32.
195 Agriculture – Agricultural production in continental Europe during 1914–1918 war and reconstruction period, Genf: League of Nations Archives 1944, R4381/10A/42706/1682, 61–8.
196 Norman Angell, Die falsche Rechnung: Was bringt der Krieg ein?, Berlin-Charlottenburg: Vita 1913, S. 22.

197 Nicholas A. Lambert, Planning Armageddon British Economic Warfare and the First World War, Cambridge, MA: Harvard University Press 2012, S. 120 f.

198 Angell, Die falsche Rechnung, S. 32.

199 Norman Angell, The Great Illusion: A Study of the Relation of Military Power in Nations to their Economic and Social Advantage, New York: G. P. Putnam's Sons 1910, S. 347, 330.

200 Karl Helfferich, Handelspolitik: Vorträge gehalten in Hamburg im Winter 1900/01, Leipzig: Duncker & Humblot 1901, S. 197.

201 David Garnett, The Golden Echo, London: Chatto & Windus 1954, S. 271. Niall Ferguson schreibt, diese Bemerkung sei bei einem Gespräch mit Beatrice Webb gefallen. Niall Ferguson, Krieg der Welt: Was ging schief im 20. Jahrhundert?, übers. von Klaus-Dieter Schmidt und Klaus Binder, Berlin: Propyläen 2006, S. 157.

202 Niklaus Meier, Warum Krieg? Sinndeutung des Krieges in der deutschen Militärelite 1871–1945, Paderborn: Schöningh 2012, S. 274.

203 Ebd., S. 272.

204 Maureen Healy, Vienna and the Fall of the Habsburg Empire: Total War and Everyday Life in World War I, New York: Cambridge University Press 2004, S. 17.

205 Karin Hartewig, Das unberechenbare Jahrzehnt. Bergarbeiter und ihre Familien im Ruhrgebiet 1914–1924, München: C. H. Beck 1993, S. 153. Siehe auch Alice Weinreb, Modern Hungers: Food and Power in Twentieth Century Germany, New York: Oxford University Press 2017.

206 Hans Hautmann, Hunger ist ein schlechter Koch. Die Ernährungslage der österreichischen Arbeiter im Ersten Weltkrieg, in: Gerhard Botz (Hg.), Bewegung und Klasse. Studien zur österreichischen Arbeitergeschichte, Zürich: Ludwig-Boltzmann-Institut für Geschichte der Arbeiterbewegung 1978, S. 661–682; Maureen Healy, Vienna and the Fall of the Habsburg Empire. Total War and Everyday Life in World War I, Cambridge: Cambridge University Press 2004.

207 Belinda Davis, Home Fires Burning: Food, Politics, and Everyday Life in World War I Berlin, Chapel Hill: University of North Carolina Press 2000.

208 Thomas Mann, Tagebücher 1918/21, hg. von Peter de Mendelssohn und Inge Jens, Frankfurt am Main: Fischer 1979; Hermann Kurzke, Das Leben als Kunstwerk, München: C. H. Beck 1999, S. 302.

209 Avner Offer, The First World War an Agrarian Interpretation, New York: Oxford University Press 1989, S. 52.

210 Keith Allen, Sharing Scarcity: Bread Rationing and the First World War in Berlin, 1914–1923, in: Journal of Social History 32, Heft 2 (1998), S. 381.

211 Carl von Tyszka, Die Veränderungen in der Lebenshaltung städtischer Familien im Kriege, in: Archiv für Sozialwissenschaft und Sozialpolitik 43 (1916), S. 876.

212 Norman Stone, The Eastern Front, 1914–1917, London: Hodder and Stoughton 1975, S. 293–300.

213 Barbara Alpern Engel, Not by Bread Alone: Subsistence Riots in Russia during World War I, in: The Journal of Modern History 69, Heft 4 (1997), S. 696–721.

214 Offer, First World War, S. 85.

215 Lambert, Armageddon, S. 332.

216 Ebd., S. 335.

217 Richard Perren, Taste, Trade and Technology: The Development of the International Meat Industry since 1840, London: Routledge 2017, S. 99 f.

218 Frank Trentmann, Free Trade Nation: Commerce, Consumption, and Civil Society in Modern Britain, New York: Oxford University Press 2008, S. 194–197.

219 Die Zahlen basieren auf Norman J. Silberling, Financial and Monetary Policy of Great Britain During the Napoleonic Wars, in: The Quarterly Journal of Economics 38 (1924), S. 214–233; die durchschnittlichen Kriegsausgaben pro Jahr lagen in den Französischen Kriegen bei 543 Millionen britischen Pfund und im Ersten Weltkrieg bei 5418 Millionen.

220 David Ricardo, Essay on the Funding System [1820], in. J. R. McCulloch (Hg.), The Works of David Ricardo, London: John Murray 1846, S. 541.

221 Ebd., S. 546.

222 Arthur Cecil Pigou, The Economy and Finance of the War: Being a Discussion of the Real Costs of the War and the Way in Which They Should Be Met, London: J. M. Dent & Sons 1916, S. 69.

223 Ebd., S. 70.

224 Ebd., S. 82 f.

225 Adolph Wagner, Grundlegung der politischen Ökonomie, Leipzig: C. F. Winter 1892, S. 893 f.

226 David Lloyd George, War Memoirs, Boston: Little Brown 1933, S. 110 f.; T. Johnston, The Financiers and the Nation, London: Methuen & Co. 1934.

227 Johnston, The Financiers and the Nation, S. 53, 60 f.

228 Robert Skidelsky, John Maynard Keynes: A Biography, London: Macmillan 1983, S. 311.

229 Bond Market: Great Britain's Debt in Relation to Her Wealth and Annual Income, in: Wall Street Journal, 15. Oktober 1915; Siehe allgemein Kathleen Burk, Britain, America and the Sinews of War, 1914–1918, London: G. Allen & Unwin 1985.

230 Verhandlungen des Deutschen Reichstags, XIII. Legislaturperiode, II. Session, Protokoll der 34. Sitzung vom 16. März 1916, Berlin: Druck und Verlag der Norddeutschen Buchdruckerei und Verlags-Anstalt 1916, S. 774.

231 Verhandlungen des Reichstags, XIII. Legislaturperiode, II. Session, Protokoll der 14. Sitzung vom 20. August 1915, Berlin: Druck und Verlag der Norddeutschen Buchdruckerei und Verlags-Anstalt 1916, S. 224.

232 Verhandlungen des Reichstags, XIII. Legislaturperiode, II. Session, Protokoll der 4. Sitzung vom 10. März 1915, Berlin: Druck und Verlag der Norddeutschen Buchdruckerei und Verlags-Anstalt 1916, S. 36.

233 Lauds Germany's Financial Power, in: New York Times, 12. April 1915.

234 Germany's Loan Biggest Yet Raised: Subscriptions of $2,140,000,000 Include Those of Servant Girls. Money Market Is Easy Banks Have Large Supplies of Cash -- January Savings Deposits Over $90,000,000«, in: New York Times, 12. April 1915.

235 Bond Market, in: Wall Street Journal, 22. April 1915.

236 War Loan Failure Worries Vienna, in: New York Times, 16. Juni 1915.

237 Feldman, Great Disorder, S. 71.

238 Pavel Kosatík, Čeští demokraté, Prag: Mladá fronta 2010, S. 131 f.

239 Ludek Homolac/Karel Tomsik, Historical development of land ownership in the Czech Republic since the foundation of the Czechoslovakia until present, in: Agricultural Economics 62 (2016), S. 528–536.

240 Stephen A. Schuker, American »Reparations« to Germany, 1919–33: Implications for the Third-World Debt Crisis, Princeton, NJ: International Finance Section, Department of Economics 1988, S. 22.

241 Darüber wurde in der zeitgenössischen US-Presse bereits berichtet: Mark Inflation Seen as Gigantic Fraud: Holders in United States, in: Wall Street Journal, 6. Oktober 1921.

242 Carl-Ludwig Holtfrerich, Die deutsche Inflation 1914–1923: Ursachen und Folgen in internationaler Perspektive, Berlin: de Gruyter 1980.

243 Siehe Nathan Marcus, Austrian Reconstruction and the Collapse of Global Finance 1921–1931, Cambridge, Mass.: Harvard University Press 2018, S. 63–73.

244 Elias Canetti, Masse und Macht, Hamburg: Claassen 1960.

245 Georg Friedrich Knapp, Staatliche Theorie des Geldes, Leipzig: Duncker & Humblot 1905, S. 31.

246 Karl Theodor Helfferich, Louis Infield und T. E. Gregory, Money, London: E. Benn 1927, S. vii.

247 Howard S. Ellis, German Monetary Theory, 1905–1933, Cambridge MA: Harvard University Press 1934, S. 37.

248 Georg Friedrich Knapp, Staatliche Theorie des Geldes, Leipzig: Duncker & Humblot 1905, S. 42 f., 14.

249 Stephanie Kelton, Der Defizit-Mythos, übers. von Elborg Nopp, Lola Books 2021, S. 33, 190 f., 428.

250 Barry Eichengreen/Ricardo Hausmann, Exchange Rates and Financial Fragility, in: NBER Working Paper 7418, 1999.

251 Ellis, German Monetary Theory, S. 38.

252 Karl Helfferich, Die Währungsfrage – Gemeinfasslich dargestellt, Stuttgart: Adolf Bonz 1895, S. 47.

253 Karl Helfferich, Das Geld, in: Kuno Frankenstein (Hg.), Hand- und Lehrbuch der Staatswissenschaften, Band 8, Leipzig: C. L. Hirschfeld 1893, S. 556.

254 Ebd., S. 598.

255 Ebd., S. 595.

256 Ebd., S. 665.

257 Ebd., S. 667 f.

258 Lothar Gall, Die Deutsche Bank: 1870–1955, München: C. H.. Beck 1995, S. 101. Siehe auch Manfred Pohl, Von Stambul nach Bagdad: die Geschichte einer berühmten Eisenbahn, München: Piper 1999.

259 Karl Helfferich, Deutschlands Volkswohlstand 1888–1913, 6. Auflage, Berlin: Stilke 1913, S. ix.

260 Ebd., S. xiii.

261 Helfferich, Das Geld, S. 219 ff.

262 Karl Helfferich, Die Neugestaltung der Reichseinkommensteuer, in: Bank-Archiv – Zeitschrift für Bank- und Börsenwesen 20 (1920/21), S. 190.
263 Verhandlungen des Reichstags, 1. Wahlperiode 1920, Band 355, 233. Sitzung, Freitag, den 23. Juni 1922, Berlin: Druck und Verlag der Norddeutschen Buchdruckerei und Verlags-Anstalt 1924, S. 7988.
264 Karl Helfferich, Fort mit Erzberger, Flugschriften des Tag, Nr. 8, Berlin: August Scherl 1919, S. 32.
265 Verhandlungen des Reichstags, I. Wahlperiode 1920, Band 355, 233. Sitzung, Freitag den 23. Juni 1922, Berlin: Druck und Verlag der Norddeutschen Buchdruckerei und Verlags-Anstalt 1922, S. 7997.
266 Verhandlungen des Reichstags, I. Wahlperiode 1920, Band 356, 236. Sitzung, Sonntag den 25. Juni 1922, Berlin: Druck und Verlag der Norddeutschen Buchdruckerei und Verlags-Anstalt 1922, S. 8058.
267 Karl Helfferich, Das zweite Versailles, zitiert in: Verhandlungen des Reichstags, 2. Wahlperiode 1924, Band 381, 8. Sitzung, Donnerstag den 23. Juni 1924, Berlin: Druck und Verlag der Norddeutschen Buchdruckerei und Verlags-Anstalt 1924, S. 121.

4. Weltwirtschaftskrise

268 Ferdinand Fried, Das Ende des Kapitalismus, Jena: E. Diederichs 1931, S. 247. Ferdinand Fried ist ein Pseudonym, mit richtigem Namen hieß der Journalist Ferdinand Friedrich Zimmermann.
269 Joshua Derman, Prophet of a Partitioned World: Ferdinand Fried, »Great Spaces«, and the Dialectics of Deglobalization, 1929–1950, in: Modern Intellectual History (2020), S. 1–25.
270 Ben S. Bernanke, Essays on the Great Depression, Princeton: Princeton University Press 2004, S. 5.
271 J. D. Tomlinson, The First World War and British Cotton Piece Exports to India, in: The Economic History Review 32 (1979), S. 497.
272 G. C. Allen, A Short Economic History of Modern Japan: 1867–1937, London: Routledge 2003, S. 113.
273 The Japan Year Book, Band 17, Tokio: The Japan Year Book Office 1923, S. 553.
274 Agriculture – Agricultural production in continental Europe during 1914–1918 war and reconstruction period, 1944, League of Nations Archives, Geneva, R4381/10A/42706/1682, 61–8.

275 Mehr zum Thema Schulden und wirtschaftliche Beschränkungen findet sich in: Michael D. Bordo und Christopher M. Meissner, Original Sin and the Great Depression, in: NBER Working Paper 27067, April 2020.
276 Phyllis Deane und Brian Mitchell, Abstract of British Historical Statistics, Cambridge: Cambridge University Press 1971, S. 62–66.
277 A. J. P. Taylor, English History: 1914–1945: The Oxford History of England, Band 15, New York: Oxford University Press 1965, S. 239.
278 Robert A. Brady, The Rationalization Movement in German Industry; A Study in the Evolution of Economic Planning, Berkeley, CA: University of California Press 1933.
279 Stephen A. Schuker, American »Reparations« to Germany, 1919–33: Implications for the Third-World Debt Crisis, Princeton, N. J.: International Finance Section 1988.
280 Zitiert in: Roy F. Harrod, The Life of John Maynard Keynes [1951], Harmondsworth: Penguin 1972, S. 545.
281 Siehe Ali Kabiri u. a., The Role of Sentiment in the Economy: 1920 to 1934, in: CESifo Working Paper Nr. 8336, CESifo 2020.
282 Decrease in Federal Interest Payments: United States, of Four Leading Nations, Has Smallest Debt in Proportion to Public Wealth, in: Wall Street Journal, 11. Juli 1924.
283 Herbert N. Casson, America's Progress Astounds Britain: Publication of Facts on Wealth, in: Wall Street Journal, 19. Juli 1926.
284 Germans Favor Dawes: Would Sign Report as Best Expedient, D. L. Breed Thinks Alternative Serious for New Currency, in: Wall Street Journal, 29. Juli 1924.
285 Optimism Rules in Financial World: Buoyant Grain and Security Markets Creates Cheerful Atmosphere in Wall Street Circles, in: Wall Street Journal, 21. Juli 1924.
286 German Industries Seek Foreign Loans: Numerous Concerns Participate in Active Campaign for Outside Credit Accommodations, in: Wall Street Journal, 22. Januar 1925.
287 Banking Opinion Shows Confidence: Northwest, Clear to the Pacific Coast, Cheered by Fine Crops, Feels Sure of Good Times, in: Wall Street Journal, 10. Januar 1925.
288 Einen nützlichen Überblick bietet Eugene N. White, When the Ticker Ran Late: The stock Market Boom and Crash of 1929, in: Eugene N. White (Hg.), Crashes and Panics: The Lessons from History, Homewood, Ill.: Dow Jones – Irwin 1990, S. 143–187.

289 Alfred P. Sloan jr., Leaders Predict Good New Year, in: New York Times, 6. Januar 1929.
290 Abreast of the Market: A Daily Column of Comment, in: Wall Street Journal, 11. Februar 1929.
291 »Others« Loans Create Alarm: City Bank Stresses Danger of Potential, in: Wall Street Journal, 4. Februar 1929.
292 No Place for Mysteries, in: Wall Street Journal, 19. Februar 1929.
293 »Merger Plans Of Trunk Lines: C. & O. and B. & O. Unification, in: Wall Street Journal, 21. Februar 1929.
294 Benjamin Graham, The Memoirs of the Dean of Wall Street, New York: McGraw-Hill 1996, S. 189 (Deutsche Ausgabe: So wurde ich zum Lehrmeister der Wall Street, übers. von Michael Wenz-Peters, Rosenheim: TM-Börsenverlag 1999).
295 Kreuger & Toll Rights Voted: New Certificates at $23, in Ratio of One for Three, are Proposed, in: Wall Street Journal, 24. Oktober 1929.
296 Frank Partnoy, The Match King : Ivar Kreuger, the Financial Genius behind a Century of Wall Street Scandals, New York: PublicAffairs 2009, S. 144 (Deutsche Ausgabe: Der Zündholzkönig: Ivar Kreugers unglaubwürdiges Leben, übers. von Werner von Grünau, Stuttgart: Goverts 1957).
297 Robert Shaplen, Kreuger, Genius and Swindler, 1. Ausgabe, New York: Knopf 1960, S. 59 f.
298 Eckhard Wandel, Hans Schäffer: Steuermann in wirtschaftlichen und politischen Krisen, Stuttgart: Deutsche Verlags-Anstalt 1974, S. 253.
299 Shaplen, Kreuger, Genius and Swindler, S. 87 ff.
300 Ebd., S. 147.
301 Partnoy, The Match King, S. 209.
302 Kenneth Whyte, Hoover: An Extraordinary Life in Extraordinary Times, 1. Ausgabe, New York: Alfred A. Knopf 2017, S. 409 f.
303 Walter Friedman, Fortune Tellers: The Story of America's First Economic Forecasters, Princeton, NJ: Princeton University Press 2013, S. 80.
304 Text of President Hoover's Message to Congress, in: Wall Street Journal, 4. Dezember 1929.
305 Boston Brokers Hear Whitney, in: Wall Street Journal, 11. Juni 1930.
306 Siehe Douglas A. Irwin, Peddling Protectionism: Smoot-Hawley and the Great Depression, Princeton: Princeton University Press 2011.
307 See Tariff End Spur to Trade, in: Wall Street Journal, 23. Mai 1930.
308 Attacks Hawley Smoot Tariff, in: Wall Street Journal, 20. Mai 1930.

309 Sovietism and its Exports, in: Wall Street Journal, 5. August 1930.

310 Robert Skidelsky, John Maynard Keynes: A Biography, Band 2, London: Macmillan 1992, S. 435.

311 John Maynard Keynes, Allgemeine Theorie der Beschäftigung, des Zinses und des Geldes, übers. von Nicola Liebert, Berlin: Duncker & Humblot 2017, S. 139.

312 Rudolf Morsey, Zur Entstehung, Authentizität und Kritik von Brünings »Memoiren 1918–1934«, Opladen: Westdeutscher Verlag 1975.

313 Ben S. Bernanke, Essays on the Great Depression, Princeton, NJ: Princeton University Press 2000; Barry Eichengreen, Golden Fetters: The Gold Standard and the Great Depression, 1919–1939, New York: Oxford University Press 1992.

314 Bernanke, Essays, S. 46; Albert G. Hart, Debts and Recovery 1929–1937, New York: Twentieth Century Fund 1938, S. 138.

315 Hart, Debts, S. 119.

316 Eine Ausnahme ist Peter Temin, The German crisis of 1931: evidence and tradition, in: Cliometrica 1 (2007), S. 5–17; siehe auch Bernanke, Essays; Harold James, The End of Globalization: Lessons from the Great Depression, Cambridge MA: Harvard University Press 2001.

317 Siehe Felix Somary, Erinnerungen aus meinem Leben, Zürich: Manesse 1959; eine aktuellere Veröffentlichung zum Thema ist: Tobias Straumann, 1931: Die Finanzkrise und Hitlers Aufstieg, übers. von Martin Richter, Darmstadt: wbg Theiss 2020.

318 Siehe Iago Gil Aguado, The Creditanstalt Crisis of 1931 and the Failure of the Austro-German Customs Union Project, in: Historical Journal 44 (2001), S. 199–221.

319 Ebd., S. 201.

320 Stenographische Protokolle über die Sitzungen des Nationalrates der Republik Österreich, Band 4, S. 1352 (Bericht von Justizminister Hans Schürff vom 27. Oktober 1931).

321 Sebastian Doerr et al., From Finance to Fascism: The Real Effect of Germany's 1931 Banking Crisis, CEPR Diskussionspapier Nr. 12806 (2019).

322 Hans Schäffer, Geheimgeschichte der Bankenkrise, in: Institut für Zeitgeschichte München, Tagebuch von Hans Schäffer, ED 93/31, 29. Juli 1931.

323 Verhandlungen des VII. Allgemeinen Deutschen Bankiertages zu Köln am Rhein am 9., 10. und 11. September 1928, Berlin/Leipzig: Walter de Gruyter 1928, S. 135, 149 f.
324 Siehe Olivier Accominotti, International Banking and Transmission of the 1931 Financial Crisis, in: Economic History Review 72 (2019), S. 260–285.
325 Leaders Oppose Soldiers Bonus: Business Men Throughout the Country, in: Wall Street Journal, 10. Februar 1931.
326 W.H. Grimes, Seeks Curb on »Others Loans«: Glass Committee Likely to Recommend, in: Wall Street Journal, 7. Februar 1931.
327 Charles P. Kindleberger, Die Weltwirtschaftskrise 1929–1939, München: DTV 2019.
328 Richard E. Edmondson, Abreast of the Market, in: Wall Street Journal, 22. Juni 1931.
329 Leon Fraser an Ivar Kreuger, 10. Februar 1931, 7.18.2, Archiv der Bank for International Settlements.
330 John Maynard Keynes, The Economic Prospects 1932, Rede, gehalten in Hamburg am 8. Januar 1932, in: Donald Moggridge (Hg.), The Collected Writings of John Maynard Keynes, Cambridge: Cambridge University Press for the Royal Economic Society 2013, Band XXI: S. 39; siehe auch Skidelsky, Keynes, Band 2, S. 435.
331 Keynes, Collected Writings, Band XXI, S. 45.
332 Barry Eichengreen und Douglas A. Irwin, The Slide to Protectionism in the Great Depression: Who Succumbed and Why?, in: Journal of Economic History 70 (2010), S. 871–897.
333 Patricia Clavin, The Failure of Economic Diplomacy: Britain, Germany, France and the United States, 1931–36, New York, NY: St. Martin's Press 1996.
334 Franklin Roosevelt, Wireless to the London Conference (3. Juli 1933), Online gestellt von Gerhard Peters und John T. Woolley, The American Presidency Project, https://www.presidency.ucsb.edu/node/208290 (Zugriff am 2.5.2022).
335 Keynes, Collected Writings, Band XXI, S. 273.
336 Skidelsky, Keynes, Band I, S. 423.
337 Harrod, Keynes, S. 4.
338 Colin Clark, Development Economics: the early years, in: G. M. Meier und D. Seers (Hg.), Pioneers in Development, New York: Oxford University Press 1984, S. 60 f.

339 Zitiert in Robert Skidelsky, John Maynard Keynes, Band 1, New York: Viking 1986, S. 376.

340 John Maynard Keynes to Duncan Grant, Brief vom 14. Mai 1919, zitiert in: Skidelsky, Keynes, Band 1, S. 370 f.

341 John Maynard Keynes, Krieg und Frieden: Die wirtschaftlichen Folgen des Vertrags von Versailles, übers. von M. J. Bonn und C. Brinkmann, Berlin: Berenberg 2006, S. 65 f.

342 Austin Harrison, The Work of Old Men, in: The English Review 30 (Januar 1920), S. 79–90. Siehe Martha S. Vogeler, Austin Harrison and the English Review, Columbia: University of Missouri Press 2008, S. 234.

343 James Alexander, Meeting the Credit Needs of Europe, in: Banker's Magazine 99 (August 1919), S. 196.

344 Keynes, John Maynard Keynes to Gerard Vissering, Brief vom 31. Januar 1920, in: Keynes, Collected Writings, Band XVII, S. 150.

345 Ebd.

346 Ebd.

347 Keynes, Lord Robert Cecil to John Maynard Keynes, Brief vom 6. Januar 1920, in: Keynes, Collected Writings, Band XVII, S. 148.

348 David Chambers, Elroy Dimson und Justin Foo, Keynes The Stock Market Investor: A Quantitative Analysis, in: Journal on Financial and Quantitative Analysis 50 (2015), S. 431–449.

349 Keynes, Broadcast on State Planning, 14. März 1932, in: Keynes, Collected Writings, Band XXI, S. 86.

350 Keynes, This is a Budget of Excessive Prudence, Artikel im Evening Standard vom 20. April 1932, in: Keynes, Collected Writings, Band XXI, S. 104.

351 Keynes, Collected Writings, Band XXI, S. 86 f.

352 Ebd., S. 89 f.

353 Keynes, John Maynard Keynes to Harold Macmillan, Brief vom 6. Juni 1932, in: Keynes, Collected Writings, Band XXI, S. 109.

354 Keynes, This is a Budget of Excessive Prudence in: Keynes, Collected Writings, Band XXI, S. 103.

355 John Maynard Keynes, Über nationale Selbstgenügsamkeit, Books on Demand 2014, S. 7, 10.

356 Ebd., S. 11 f.

357 John R. Hicks, Mr. Keynes and the »Classics« – A Suggested Interpretation, in: Econometrica 5 (1937), S. 147–159; Roy Harrod, Mr. Keynes and Traditional Theory, in: Econometrica 5 (1937), S. 74–86.
358 Keynes, Allgemeine Theorie, S. 315 f.
359 Siehe Hyman P. Minsky, John Maynard Keynes, übers. von Dirk Gerlach, Marburg/Lahn: Metropolis 1990.
360 Elizabeth S. Johnson/Harry G. Johnson, The Shadow of Keynes: Understanding Keynes, Cambridge, and Keynesian Economics, Oxford: Blackwell 1978, S. 241.
361 Keynes, Allgemeine Theorie, S. 140.
362 John R. Hicks, Mr. Keynes' Theory of Employment, in: The Economic Journal 46 (1936), S. 238.
363 Harrod, Keynes, S. 661.
364 Skidelsky, Keynes, Band II, S. 537.
365 Lionel Robbins, The Wartime Diaries of Lionel Robbins and James Meade, 1943–45, hg. von Susan Howson und Donald Moggridge, Basingstoke: Macmillan 1990, S. 106.
366 Ebd., S. 158 f.
367 Skidelsky, Keynes, Band III, S. 31.
368 Catherine Károlyi, On m'Appelait la Comtesse Rouge, Budapest: Corvina 1980, S. 329 f.
369 Zitiert in Paula Byrne, The Adventures of Miss Barbara Pym, London: William Collins 2021.
370 Joseph Schumpeter, Kapitalismus, Sozialismus und Demokratie, vervollständigte Auflage, übers. von Susanne Preiswerk u. a., Tübingen: Narr Francke Attempto 2020, S. 77.
371 Ebd., S. 190 f.
372 Ebd., S. 211.
373 Ebd., S. 206.
374 Ebd., S. 212.
375 Ebd., S. 572.
376 Joseph A. Schumpeter, Geschichte der ökonomischen Analyse, übers. von Gottfried Frenzel, Göttingen: Vandenhoeck & Ruprecht 1965.
377 Aus: Vortrag in der sozialphilosophischen Arbeitsgemeinschaft, gehalten am 28.4.1932, Mitschrift im Privatarchiv von W. F. Stolper, zitiert in: Josef Alois Schumpeter, Vorträge in der Bonner Zeit, hg. von Ulrich Hedtke, S. 94 ff. https://schumpeter.info/schriften/BonnerProzent20Vortraege.pdf.

378 Eric Rauchway, The Money Makers: How Roosevelt and Keynes Ended the Depression, Defeated Fascism, and Secured a Prosperous Peace, New York: Basic Books 2015, S. 111.

379 James Boughton, Harry White and the American Creed: How a Federal Bureaucrat Created the Modern Global Economy (and Failed to Get the Credit), New Haven: Yale University Press 2022.

380 Kiran Klaus Patel, The New Deal: A Global History, Princeton: Princeton University Press 2016.

381 J. Keith Horsefield (Hg.), The International Monetary Fund, 1945–1965: Twenty Years of International Monetary Cooperation, Washington: International Monetary Fund 1969, S. 66.

382 Ebd., S. 67.

383 Ebd., S. 13.

384 Jacques J. Polak, The Changing Nature of IMF Conditionality, Essays in International Finance, Band 184, Princeton, NJ: International Finance Section, Dept. of Economics, Princeton University 1991; siehe auch Louis W. Pauly, The League of Nations and the Foreshadowing of the International Monetary Fund, Essays in International Finance, Band 201, Princeton, NJ: International Finance Section 1996.

385 Ragnar Nurkse, International Currency Experience: Lessons of the Interwar Experience, Genf: Völkerbund 1944, S. 141. Siehe Michael D. Bordo/Harold James, Haberler versus Nurkse: The Case for Floating Exchange Rates as an Alternative to Bretton Woods?, in: NBER Working Paper 8545 (2001).

386 Zitiert in British See Parley Off »Real Issues«, in: New York Times, 10. Juli 10 1944.

387 Zitiert in Ed Conway, The Summit: The Biggest Battle of the Second World War, London: Little Brown 2014, S. 278.

388 Quota Issues Split World Trade Talks, in: New York Times, 5. Juli 1944.

389 Delegates Search for Warm Clothes, in: New York Times, 2. Juli 1944.

390 Eric Helleiner, Forgotten Foundations of Bretton Wood : International Development and the Making of the Postwar Order, Ithaca, NY: Cornell University Press 2014, S. 187 f.

391 Fredrick B. Pike, FDR's Good Neighbor Policy: Sixty Years of Generally Gentle Chaos, Austin: University of Texas Press 1995, S. 15; Helleiner, Forgotten Foundations, S. 32.

392 Zitiert in Helleiner, Forgotten Foundations, S. 39 f.

393 Franklin Roosevelt, Wireless to the London Conference (3. Juli 1933).

394 Bretton Woods Decisions, Abschlussrede von Henry Morgenthau, 22. Juli 1944, http://www.ibiblio.org/pha/policy/1944/1944-07-22b.html.
395 Joseph Gaer und Sydney Hoff, Bretton Woods is No Mystery, New York: Pamphlet Press 1945, zitiert in Rauchway, Money Makers, S. 221.
396 Rauchway, Money Makers, S. 207; The Monetary Conference, in: New York Times, 1. Juli 1944; Results at Bretton Woods, in: New York Times, 18. Juli 1944; Parley at Bretton Woods, in: Washington Post, 1. Juli 1944.
397 Peruvians Demand World Trade Plan, in: New York Times, 19. Juli 1944.
398 Thomas K. Bauer, Sebastian Braun, Michael Kvasnicka, The Economic Integration of Forced Migrants: Evidence for Post-war Germany, in: Economic Journal 123 (2013), S. 998–1024; A. Semrad, Immigration and Educational Spillovers: Evidence from Sudeten German Expellees in Post-war Bavaria, Munich Discussion Paper No. 2015-7, Volkswirtschaftliche Fakultät, Ludwig-Maximilians-Universität München 2015.
399 Robert J. Gordon, The Rise And Fall Of American Growth: The U.S. Standard of Living since the Civil War, Princeton, NJ: Princeton University Press 2016.
400 Alexander J. Field, The Most Technologically Progressive Decade of the Century, in: The American Economic Review 93 (2003), S. 1399.
401 Gordon, Rise, S. 564.
402 Ebd., S. 549.
403 Ebd., S. 537.
404 Ebd., S. 554; Alexander J. Field, A Great Leap Forward – 1930s Depression and U.S. Economic Growth, Yale Series in Economic and Financial History, New Haven: Yale University Press 2011.
405 Urges Road Building For Motor Traffic, in: Wall Street Journal, 11. November 1926.
406 Franklin D. Roosevelt, Fireside Chat (26. Mai 1940), Online gestellt von Gerhard Peters und John T. Woolley, The American Presidency Project, https://www.presidency.ucsb.edu/node/209685.
407 Stefan Link, Forging Global Fordism: Nazi Germany, Soviet Russia, and the Contest over the Industrial Order, Princeton, NJ: Princeton University Press 2020.

5. Die »große Inflation« der 1970er-Jahre

408 Congressional Budget Office calculations, siehe www.cbo.gov/about/products/budget-economic-data#11.

409 Thomas J. Sargent/Neil Wallace, Some Unpleasant Monetarist Arithmetic, in: Quarterly Review, Federal Reserve Bank of Minneapolis 5, Nr. 3 (1981), S. 1–17.

410 Michael Bruno/Jeffrey Sachs, Economics of Worldwide Stagflation, Cambridge: Harvard University Press 1985, S. 6.

411 Siehe Robert B. Barsky/Lutz Kilian, Do We Really Know That Oil Caused the Great Stagflation? A Monetary Alternative, in: NBER Macroeconomic Annual 2001, hg. v. Ben S. Bernanke/Kenneth Rogoff, Cambridge: MIT Press, S. 137–183; Robert B. Barsky und Lutz Kilian, Oil and the Macroeconomy since the 1970s, in: Journal of Economic Perspectives 18, Nr. 4 (2004), S. 115–134. Siehe auch Andreas Beyer et al., Opting Out of the Great Inflation: German Monetary Policy after the Breakdown of Bretton Woods, in: Michael D. Bordo/Athanasios Orphanides (Hg.), The Great Inflation: The Rebirth of Modern Central Banking, Chicago: University of Chicago Press 2013, S. 301–346.

412 Zahlen von Google Ngram Viewer.

413 Nicholas Kaldor, A Model of Economic Growth, in: Economic Journal 67, Nr. 268 (1957), S. 591–624; siehe auch ders., Strategic Factors in Economic Development, Ithaca: New York State School of Industrial and Labor Relations, Cornell University 1967.

414 Roy Harrod, Imperfect Competition, Aggregate Demand and Inflation, in: Economic Journal 82, Nr. 325 (1972), S. 392– 401.

415 Kornai, The Economics of Shortage, S. 266.

416 Richard Nixon, The Challenge of Peace (Address to the Nation Outlining a New Economic Policy), 15. August 1971, siehe www.presidency.ucsb.edu. (Erg. d. Übers.).

417 William D. Smith, Peterson Assures Oil Industry U.S. Will Act on Energy Needs, in: New York Times, 15. November 1972.

418 Richard Nixon, Address given by Richard Nixon (7. November 1973), in: Presidential Documents, Richard Nixon 9, Nr. 45, Washington: US Government Printing Office 1973, S. 1312–1318, hier S. 1315 u. 1313, siehe www.cvce.eu.

419 Zit. in: Meg Jacobs, Panic at the Pump. The Energy Crisis and the Transformation of American Politics in the 1970s, New York: Hill and Wang 2016, S. 67.
420 Vgl. Joseph A. Williams, When Truckers Shut Down America to Protest Oil Prices – and Became Folk Heroes, 7. Januar 2019, siehe history.com. (Erg. d Übers.).
421 Jacobs, Panic at the Pump, S. 94.
422 Dennis Meadows et al., Die Grenzen des Wachstums. Bericht des Club of Rome zur Lage der Menschheit, übers. v. Hans-Dieter Heck (1972), Stuttgart & München: Deutscher Bücherbund o. J., Orig. 1972, S. 164.
423 Simeon Kerr/Anjli Raval, Ahmed Zaki Yamani, Former Saudi Oil Minister, Dies Aged 90, in: Financial Times, 23. Februar 2021 – »The stone age did not end because the world ran out of stones, and the oil age will not end because we run out of oil«, anders nuanciert wird der Satz auch so übersetzt: »Das Zeitalter der Steinzeit ist nicht aus Mangel an Steinen zu Ende gegangen, das Ölzeitalter wird nicht erst zu Ende gehen, wenn der letzte Tropfen Öl gefördert worden ist« (Anm. d. Übers.).
424 Cambridge University Department of Applied Economics, Economic Policy Review (1975), S. 3.
425 Wynne Godley, The Case for General Import Controls, in: London Review of Books 2, Nr. 1 (1980), S. 10.
426 Francis Cripps, A Challenge to Free Trade, in: New York Times, 5. April 1979.
427 Cambridge University Department of Applied Economics, Economic Policy Review (1976), S. 17.
428 World Trade and Finance: Prospects for the 1980s, in: Economic Policy Review 6, Nr. 3 (1980), S. 4.
429 Siehe Edward Nelson, Milton Friedman and economic debate in the United States, 1932–1972, 2 Bde., Chicago: University of Chicago Press 2020.
430 Athanasios Orphanides, Monetary Policy Rules Based on Real-Time Data, in: American Economic Review 91, Nr. 4 (2001), S. 964–985.
431 Allan H. Meltzer, A History of the Federal Reserve, Bd. 2.2, Chicago: University of Chicago Press 2009, S. 857.
432 Harold James, International Monetary Cooperation Since Bretton Woods, New York: Oxford University Press 1995, S. 212.
433 Vgl. Beyer, Gaspar, Gerberding und Issing, Opting Out of the Great Inflation.

434 Jimmy Carter, Crisis of Confidence (Fernsehansprache 15. Juli 1979), American Experience, siehe www.pbs.org; teils zitiert nach: Chris Farrell, Zurück ins Jahr 1979?, in: Frankfurter Allgemeine Zeitung (online), vom 21. Mai 2008 (Anm. d. Übers.).
435 The Commission on Presidential Debates, The Carter-Reagan Presidential Debate (Transkript der Debatte am 28. Oktober 1980 in Cleveland, Ohio), siehe www.debates.org.
436 Philip Rawstorne, Callaghan »Will Not Be Rushed«, in Financial Times, 11. Januar 1979; John Shepherd, Labour Wasn't Working, in: History Today 59, Nr. 1 (2009), S. 43–49.
437 Peter Hennessy, The Prime Minister. The Office and Its Holders Since 1945, London: Penguin Press 2000, S. 394.
438 »Tiny« Rowland the Vulnerable Emperor, in: New York Times, 19. April 1973.
439 Kristina Spohr, Helmut Schmidt. Der Weltkanzler, übers. v. Werner Roller, Darmstadt: Theiss 2016, Orig. 2016, S. 34, 43 u. 46.
440 Wir sind ein erstklassiger Partner, in: Der Spiegel, 6. Januar 1975, siehe www.spiegel.de.
441 Bonn: Nach Carters Wahl ratlos, in: Der Spiegel, 7. November 1976, siehe www.spiegel.de.
442 Wir sind ein erstklassiger Partner, in: Der Spiegel, 6. Januar 1975.
443 Paul Volcker, Transcript of Press Conference Held in Board Room, Federal Reserve Building, Washington, D.C., 6. Oktober 1979, S. 3, siehe https://fraser.stlouisfed.org. (Erg. d. Übers.).
444 Medium-Term Financial Strategy, in: The 1981 Economic Report of the President, Washington: US Government Printing Office 1981, S. 144–147, hier S. 144. (Anm. d. Übers.).
445 Paul Volcker: The Triumph of Central Banking (Per Jacobsson Vorlesung, 23. September 1990), Washington: Internationaler Währungsfonds 1990, S. 11.
446 Paul Volcker auf der Sitzung des Federal Open Market Committee (FOMC) am 18. November 1980 in Washington, siehe https://fraser.stlouisfed.org.
447 Paul Volcker auf der Sitzung des FOMC am 18./19. Dezember 1980 in Washington, https://fraser.stlouisfed.org.
448 Julie Salmon, Comex in Bid to Cool silver Market, in: Wall Street Journal, 22. Januar 1980.
449 Silver Declines, in: Wall Street Journal, 23. Januar 1980.

450 Hunts Face Selling Off Much of their Silver as Condition for Loans, in: Wall Street Journal, 1. Mai 1980; zur Desinflation, siehe Michael D. Bordo, Christopher Erceg und Andrew Levin, Three Great American Disinflations, National Bureau of Economic Research, Working Paper 12982, März 2007.

451 Paul Volcker auf der Sitzung des FOMC am 6./7. Juli 1980, https://fraser.stlouisfed.org.

452 Meltzer, A History of the Federal Reserve, S. 1107.

453 Ebd., S. 1234.

454 Marc Levinson, The Box. How the Shipping Container Made the World Smaller and the World Economy Bigger, Princeton: Princeton University Press 2006.

455 Organisation für wirtschaftliche Zusammenarbeit und Entwicklung (OECD), The Impact of Mega-Ships, International Transport Forum Policy Papers 10, Paris: OECD 2015, S. 18.

456 Blake Z. Rong, The First Japanese Car Sold In Britain Was a Piece of Junk, 2. April 2016, siehe https://www.roadandtrack.com.

457 Judgment of Paris, in: Time, 7. Juni 1976, S. 58; hier zit. nach Weinjury von Paris (Anm. d. Übers.).

458 Paul Krugman, Peddling Prosperity: Economic Sense and Nonsense in the Age of Diminished Expectations, New York: Norton 1994, S. 171. (Auch auf Koreanisch).

459 Thatcher in scharfer Distanzierung vom rationalistisch pessimistischen konservativen Historiker Maurice Cowling, zit. in Peter Ghosh, Towards the Verdict of History, in: Michael Bentley (Hg.), Public and Private Doctrine. Essays in British History Presented to Maurice Cowling, New York: Cambridge University Press 1993, S. 288.

460 Luís A. V. Catão/Maurice Obstfeld, Introduction, zu dies. (Hg.), Meeting Globalization's Challenges. Policies to Make Trade Work for All, Princeton: Princeton University Press 2019.

461 Harold James, International Monetary Cooperation Since Bretton Woods, New York: Oxford University Press 1995, S. 321.

462 Jagdish Bhagwati, Geschützte Märkte. Protektionismus und Weltwirtschaft, übers. v. Hans Günter Holl, Frankfurt am Main: Keip 1990, Orig. 1988.

463 Ramesh Thakur, Restoring India's Economic Health, in: Third World Quarterly 14, Nr. 1 (1993), S. 137–157, hier S. 137.

464 Michael Dillon, Deng Xiaoping. The Man Who Made Modern China, London: I.B. Tauris 2015, S. 237; hier zit. nach Reform oder Untergang, in: Der Spiegel, 29.3.1992, siehe www.spiegel.de (Anm. d. Übers.).
465 Dillon, Deng Xiaoping, S. 245.
466 Stefan Eich/Adam Tooze, The Great Inflation, in: Anselm Doering-Manteuffel, Lutz Raphael und Thomas Schlemmer (Hg.), Vorgeschichte der Gegenwart. Dimensionen des Strukturbruchs nach dem Boom, Göttingen: Vandenhoeck & Ruprecht 2016, S. 173–196, S. 174; mit Anspielung auf Alexander Kluges Sammlung von Parabeln auf das moderne Leben (Lernprozesse mit tödlichem Ausgang, 1973).
467 John Maynard Keynes, Krieg und Frieden. Die wirtschaftlichen Folgen des Vertrags von Versailles, übers. von Moritz Julius Bonn und Carl Brinkmann (1920), Berlin: Berenberg 2006, Orig. 1919, S. 112, 113; zit. u. a. auch in: Hayek, Die Verfassung, S. 437: »Es gibt kein feineres und kein sichereres Mittel, die bestehenden Grundlagen der Gesellschaft umzustürzen, als die Vernichtung der Währung. Dieser Vorgang stellt alle geheimen Kräfte der Wirtschaftsgesetze in den Dienst der Zerstörung, und zwar in einer Weise, die nicht einer unter Millionen richtig zu erkennen imstande ist« (Anm. d. Übers.).
468 Vgl. John Maynard Keynes, How to Pay for the War. A Radical Plan for the Chancellor of the Exchequer, New York: Harcourt Brace 1940.
469 Harrod, Imperfect Competition, S. 373 f.
470 Paul Krugman, Who Was Milton Friedman?, in: New York Review of Books, 15. Februar 2007; hier zit. nach Olaf Storbeck, Schlammschlacht um Friedmans Erbe, in: Handelsblatt, 26.11.2007, siehe www.handelsblatt.com (Anm. d. Übers.).
471 Perry Anderson, The Intransigent Right at the End of the Century, in: London Review of Books 14, Nr. 18 (1992).
472 Charles Moore, Margaret Thatcher. The Authorized Biography, Bd. 1: From Grantham to the Falklands, New York: Alfred A. Knopf 2013, S. 342.
473 Zit. in Nelson, Milton Friedman, Bd. 1, S. 19.
474 Milton Friedman/Anna J. Schwartz, A Monetary History of the United States, 1867–1960, Princeton: Princeton University Press 1963, S. 309, 355; siehe auch dies., The Failure of the Bank of United States: A Reappraisal: A Reply, in: Explorations in Economic History 23, Nr. 2 (1986), S. 199–204; vgl. auch Joseph Lucia, The Failure of the Bank of United States: A Reappraisal, in: Explorations in Economic History

22, Nr. 4 (1985), S. 402–416; sowie Anthony Patrick O'Brien/Paul B. Trescott, The Failure of the Bank of United States, 1930, in: Journal of Money, Credit and Banking 24, Nr. 3 (1992), S. 384–399.

475 Bruce Caldwell/Hansjoerg Klausinger, Hayek: A Life 1899–1950, Chicago: University of Chicago Press 2022, S. 296, 302.

476 Friedrich A. von Hayek, The Purchasing Power of the Consumer and the Depression (1931), in: Hansjoerg Klausinger (Hg.), Business Cycles (Works 8), Chicago: University of Chicago Press 2012, S. 141–155, S. 143, 149, 154 (eigene Übers.).

477 Friedrich A. von Hayek, Capital and Industrial Fluctuations. A Reply to a Criticism (1934), in: Klausinger (Hg.), Business Cycles (Works 8), S. 186–205, S. 205; vgl. Hayek, Vorwort zum Neudruck (1976) [von Preise und Produktion], in: Gesammelte Schriften Abt. A Band 9, S. 108–113, S. 111 (Anm. d. Übers.).

478 Hayek, Preise, S. 185, 160.

479 Hayek, The Purchasing, S. 155.

480 Robert Skidelsky, John Maynard Keynes. A Biography, Bd. 2, London: Macmillan 1983, S. 456.

481 Nicholas Kaldor, Professor Hayek and the Concertina-Effect, in: Economica 9, Nr. 36 (1942), S. 359–82.

482 Nelson, Milton Friedman, Bd. 1, S. 398 f.

483 PBS Interview, 1. Oktober 2000, siehe www.pbs.org.

484 Milton Friedman, Why Some Prices Should Rise, in: Newsweek 82, Nr. 21 (1973), S. 130.

485 Milton Friedman, Feo and the Gas Lines, in: Newsweek 83, Nr. 9 (1974), S. 71.

486 Milton Friedman, The Methodology of Positive Economics, in: ders., Essays In Positive Economics, Chicago: University of Chicago Press 1966, S. 4.

487 Ebd., S. 8.

488 Ebd., S. 15.

489 Friedrich A. von Hayek, Mißbrauch und Verfall der Vernunft. Ein Fragment (Gesammelte Schriften Abt. B Band 2), übers. v. Helene Hayek (überarb. v. Monika Vanberg), hg. v. Viktor Vanberg, Tübingen: Mohr Siebeck 2004 (1959), S. 25.

490 N. Gregory Mankiw/Ricardo Reis, Friedman's Presidential Address in the Evolution of Macroeconomic Thought, in: Journal of Economic Perspectives 32, Nr. 1 (2018), S. 83.

491 Milton Friedman, Die Rolle der Geldpolitik, in: ders., Die optimale Geldmenge und andere Essays, übers. v. Johannes Frerich und Reinhard H. Pusch (1970), München: Moderne Industrie [2]1976, Orig. 1969, S. 135–156, hier S. 144.
492 Ebd., S. 152.
493 Vgl. bspw. Paul A. Samuelson/Robert M. Solow, Analytical Aspects of Anti-Inflation Policy, in: American Economic Review 50, Nr. 2 (1960), S. 177–194.
494 Edmund S. Phelps, Phillips Curves, Expectations of Inflation and Optimal Unemployment over Time, in: Economica 34, Nr. 135 (1967), S. 254–281.
495 Friedman, Die Rolle, S. 153.
496 Ebd., S. 155.
497 Martin Eichenbaum, Some Thoughts on Practical Stabilization Policy, in: The American Economic Review 87, Nr. 2 (1997), S. 236.
498 Zit. in Nelson, Milton Friedman, Bd. 2, S. 139.
499 Vgl. Harold James, Making a Modern Central Bank. The Bank of England 1979–2003, Cambridge: Cambridge University Press 2020.
500 Michael D. Bordo, The Contribution of a Monetary History of the United States: 1867 to 1960 to Monetary History, in: ders. (Hg.), Money, History and International Finance: Essays in Honor of Anna J. Schwartz, Chicago: University of Chicago Press 1989, S. 51.
501 David Laidler/Michael Parkin, The Demand for Money in the United Kingdom 1956–1967: Preliminary Estimates, in: The Manchester School 38, Nr. 2 (1970), S. 187–208.
502 Siehe David Laidler, Monetarism: An interpretation and an assessment, in: Economic Journal 91, Nr. 361 (1981), S. 1–28; siehe Graham Hacche, Demand for Money, BEQB Q3 (1974), S. 284–305.
503 David F. Hendry/Neil R. Ericsson, An Econometric Analysis of UK Money Demand in Monetary Trends in the United States and the United Kingdom by Milton Friedman and Anna J. Schwartz, in: The American Economic Review 81, Nr. 1 (1991), S. 8–38.
504 Milton Friedman, Wesley C. Mitchell as an Economic Theorist, in: Journal of Political Economy 58, Nr. 6 (1950), S. 465–493. Siehe auch J. Daniel Hammond, Theory and Measurement. Causality Issues in Milton Friedman's Monetary Economics, New York: Cambridge University Press 1996; sowie Mary O'Sullivan, History as Heresy. Unlearning the

Lessons of Economic Orthodoxy, Genf: Institut d'histoire économique Paul Bairoch 2021.

505 Milton Friedman, Kapitalismus und Freiheit, übers. v. Paul C. Martin, Stuttgart: Seewald 1971, Orig. 1962, S. 62. Zur Kritik, siehe O'Sullivan, History as Heresy, S. 14.

506 Ebd., S. 15.

507 Krugman, Who, a. a. O.

508 Milton Friedman, Die Gegenrevolution in der Geldtheorie (1970), übers. v. Sabine Neumann, in: Peter Kalmbach (Hg.), Der neue Monetarismus. Zwölf Aufsätze mit 9 Tabellen und 14 Diagrammen, München: Nymphenburger 1973, S. 47–69, hier S. 48.

509 Ebd., S. 52. (Anm. d. Übers.).

510 Ebd., S. 61. (Anm. d. Übers.).

511 Ebd., S. 66. (Anm. d. Übers.).

512 Ebd., S. 64 [sic]. (Anm. d. Übers.).

513 Friedrich A. Hayek, Die Verfassung der Freiheit (Gesammelte Schriften Abt. B Band 3), hg. v. Alfred Bosch und Reinhold Veit, Tübingen: Mohr Siebeck 2005 (1971), S. 446.

514 Friedrich A. v. Hayek, Preise und Produktion (1931), in: Geld und Konjunktur, Band II: Schriften, 1929–1969 (Gesammelte Schriften Abt. A Band 9), hg. v. Hansjörg Klausinger, Tübingen: Mohr Siebeck 2016, S. 101–191, hier S. 176.

515 Ebd., S. 118.

516 Ebd., S. 116.

517 Hayek, Die Verfassung, S. 380.

518 Ebd., S. 381.

519 Friedrich von Hayek, Recht, Gesetz und Freiheit (Gesammelte Schriften Abt. B Band 4), hg. v. Alfred Bosch et al., Tübingen: Mohr Siebeck 2003, Orig. 1973–1979, S. 39.

520 Friedrich A. von Hayek, Wirtschaftstheorie und Wissen (1936), übers. v. Helene Hayek (überarb. v. Monika Vanberg), in: Hayek, Wirtschaftstheorie und Wissen. Aufsätze zur Erkenntnis- und Wissenschaftslehre (Gesammelte Schriften Abt. A Band 1), hg. v. Viktor Vanberg, Tübingen: Mohr Siebeck, S. 137–158, S. 137.

521 Hayek, Die Verfassung, S. 13.

522 Ebd., S. 31.

523 Hayek, Mißbrauch, S. 98.

524 Hayek, Preise, S. 116.

525 Hayek, Recht, S. 260.
526 Hayek, Die Verfassung, S. 438.
527 Ebd., S. 450.
528 Ebd.
529 Friedrich von Hayek, Persönliche Erinnerungen an Keynes und die »Keynesche Revolution« (1966), übers. v. Hans Joachim Hof, in: Hayek, Freiburger Studien, Tübingen: Mohr Siebeck 1996, S. 90–96, hier S. 91.
530 Milton Viorst, Friedmanism, n. Doctrine of most audacious U.S. economist; esp., theory »only money matters«, in: New York Times, 25. Januar 1970.
531 Gespräch mit Brian Lamb, C-SPAN, 28. Oktober 1994, siehe www.c-span.org.
532 William L. Silber, Volcker. The Triumph of Persistence, New York: Bloomsbury 2012, S. 201.
533 Eichenbaum, Some Thoughts, S. 236.
534 Robert Mundell, The Debt Crisis: Causes and Solutions, in: The Wall Street Journal, vom 31. Januar 1983.

6. Die »große Rezession« von 2008

535 Robert E. Lucas Jr., Macroeconomic Priorities, in: American Economic Review 93, Nr. 1 (2003), S. 1; Paul Krugman, Fighting Off Depression, in: New York Times, 5. Januar 2009.
536 Mervyn King, Rede an der University of Exeter, 19. Januar 2010, siehe www.bankofengland.co.uk.
537 Òscar Jordà, Moritz Schularick und Alan M. Taylor, Betting the House, in: Journal of International Economics 96, Nr. 1 (2015), S. S2–S18.
538 Markus K. Brunnermeier/Isabel Schnabel, Bubbles and Central Banks: Historical Perspectives«, in: Michael D. Bordo et al. (Hg.), Central Banks at a Crossroads: What Can We Learn from History?, Cambridge: Cambridge University Press 2016; siehe auch Dilip Abreu/Markus K. Brunnermeier, Bubbles and Crashes, in: Econometrica 71, Nr. 1 (2003), S. 173–204.
539 Adam McKay, The Big Short, Kamera: Barry Ackroyd, Drehbuch: McKay und Charles Randolph, USA 2015, Dialogbuch bzw. -regie: Sven Hasper bzw. Antonia Ganz, ab 13'30".

540 David H. Autor, David Dorn und Gordon H. Hanson, The China Shock: Learning from Labor-Market Adjustment to Large Changes in Trade, in: Annual Review of Economics 8, Nr. 1 (2016), S. 205–240.

541 Zit. in Rupert Cornwell, Massive Deficit Looms as America Ages, in: The Independent, 3. Oktober 2013; siehe auch John Cassidy, Bushonomics Comment, in: The New Yorker 79, Nr. 11 (2003), S. 37 f.

542 King, Rede an der University of Exeter.

543 Lawrence G. McDonald (mit Patrick Robinson), Dead bank walking. Wie Lehman Brothers zusammenbrach, übers. v. Friedrich Griese (unter Mitw. von Christina Knüllig), Hamburg: Hoffmann und Campe 2010, Orig. 2009, S. 244, 273.

544 Simon Goodley, Goldman Sachs »Muppet« Trader Says Unsophisticated Clients Targeted, in: The Guardian, 22. Oktober 2012. (Vgl. ggf. Greg Smith, Die Unersättlichen. Ein Goldman-Sachs-Banker rechnet ab, übers. v. Petra Pyka, Christoph Bausum und Thorsten Schmidt, Rowohlt: Reinbek 2012, Orig. 2012; Anm. d. Übers.).

545 Siehe Hyun Song Shin, Global Banking Glut and Loan Risk Premium, Vortrag auf der 12. Jacques Polak Jahresforschungskonferenz des IWF, Washington, 10./11. November 2011; Tamim Bayoumi, Unfinished Business. The Unexplored Causes of the Financial Crisis and the Lessons Yet to be Learned, New Haven: Yale University Press 2018; J. Adam Tooze, Crashed. Wie zehn Jahre Finanzkrise die Welt verändert haben, übers. v. Norbert Juraschitz, Karsten Petersen und Thorsten Schmidt, München: Siedler 2018, Orig. 2018.

546 Internationaler Währungsfonds, World Economic Outlook: Challenges to Steady Growth, Oktober 2018, S. 71–100 (i. e. Kap. 2), siehe www.imf.org.

547 Ebd., S. 73 f.

548 Chris Giles, China poised to pass US as world's leading economic power this year, in: Financial Times, 24. April 2014.

549 Siehe Raghuram G. Rajan, Fault lines, Verwerfungen. Warum sie noch immer die Weltwirtschaft bedrohen und was jetzt zu tun ist, übers. v. Almuth Braun, München: Finanzbuchverlag 2012, Orig. 2011. (Laut Bundesbank beschreibt der Leverage-Effekt als Hebelwirkung auch im gewerblichen Bereich »die Veränderung der Eigenkapitalrentabilität durch den Einsatz von Fremdkapital«, die sich positiv, aber auch negativ gestalten kann; Deutsche Bundesbank, Leverage-Effekt, Leverage Ratio, Glossar, siehe https://bundesbank.de; Anm. d. Übers.).

550 Siehe Alan Blinder, After the Music Stopped. The Financial Crisis, the Response, and the Work Ahead, New York: Penguin 2013, S. 187–203.
551 Luc Laeven/Fabian Valencia, Resolution of Banking Crises: The Good, the Bad, and the Ugly, in: IMF Working Papers 10.146 (2010); sowie Timotej Homar/Sweder J. G. van Wijnbergen, Bank Recapitalization and Economic Recovery after Financial Crises, in: Journal of Financial Intermediation Nr. 32 (2017), S. 16–28.
552 Atif R. Mian/Amir Sufi, Das Schuldenhaus. Die globale Finanzkrise – warum der Konsument das Problem ist und nicht die Banken, übers. v. Karsten Petersen, Zürich: Orell Füssli 2015, Orig. 2014.
553 Siehe Manuel Adelino, Antoinette Schoar und Felipe Severino, Dynamics of Housing Debt in the Recent Boom and Great Recession, in: NBER Macroeconomics Annual 32, Nr. 1 (2018), S. 265–311.
554 Lawrence Summers, Risks of Recession, Prospects for Policy, Remarks at the Brookings Institution: State of the U.S. Economy, Washington, 19. Dezember 2007.
555 Hank Paulson auf einer Pressekonferenz in Washington, D.C. am 18. Januar 2008, siehe https://georgewbush-whitehouse.archives.gov.
556 Noam Scheiber, The Memo that Larry Summers Didn't Want Obama to See, in: New Republic, 22. Februar 2012; siehe auch Scheiber, The Escape Artists. How Obama's Team Fumbled the Recovery, New York: Simon & Schuster 2012.
557 Ewen MacAskill, Obama signs $787bn bill, and it may not be last, in: The Guardian, 17. Februar 2009.
558 Ebd.
559 Alex Thompson und Theodoric Meyer, Democrats trash Obama's stimulus to sell Biden's, in: Politico, 11. März 2021.
560 Internationaler Währungsfonds, World Economic Outlook: Crisis and Recovery, April 2009, S. xix.
561 John H. Allan, Rates Haven't Hit Bottom Yet, in: The Bond Buyer, 1. März 1993; hier zit. nach: Paul Krugman, Vergesst die Krise. Warum wir jetzt Geld ausgeben müssen!, übers. v. Jürgen Neubauer, Frankfurt am Main & New York: Campus 2012, Orig. 2012, S. 151 (Anm. d. Übers.).
562 Jennifer Ablan, Analysis-U.S. Treasury bloodbath soaks top fund managers, Reuters, 5. Juni 2009.
563 Liz Capo McCormick, Bond Vigilantes Confront Obama as Housing Falters (Update3), Bloomberg, vom 29. Mai 2009.

564 The Bond Vigilantes. The disciplinarians of U.S. policy makers return, in: The Wall Street Journal Online, 29. Mai 2009.

565 Obama Says U.S. Can't Keep Borrowing from China, Reuters, 14. Mai 2009.

566 Carmen M. Reinhart/Kenneth S. Rogoff, Dieses Mal ist alles anders. Acht Jahrhunderte Finanzkrisen, übers. v. Almuth Braun, München: FinanzBuch-Verlag 2010, Orig. 2009.

567 George Osborne, The Mais Lecture: A New Economic Model, 24. Februar 2010, siehe https://conservative-speeches.sayit.mysociety.org.

568 Kevin Brady, Statement of Congressman Kevin Brady Ranking Republican House Member, Congressional Documents and Publications, 3. April 2009.

569 Jim Lehrer, Kwame Holman, Jeffrey Brown, Spencer Michels, Margaret Warner und Betty Ann Bowser, House Passes Economic Stimulus Package Off to Senate, in: The NewsHour with Jim Lehrer (PBS), 29. Januar 2009.

570 Gerald F. Seib, Tea-Party Call to Cut Spending Gains Traction, in: Wall Street Journal Online, 2. Juli 2010.

571 Jason Furman, The Fiscal Response to the Great Recession: Steps Taken, Paths Rejected, and Lessons for Next Time, Brookings Preliminary Discussion Draft, September 2018, S. 20.

572 Rahm Emanuel, Not Every »Serious Crisis« Is Alike, in: Wall Street Journal, 18. April 2021. (Kryptonit ist eine Schwachstelle der Figur Superman und wird wohl auch synonym für »Achillesferse« verwendet. Anm. d. Übers.).

573 Ben McGrath, The Movement. The Rise of Tea Party Activism, in: New Yorker, 2010, siehe www.newyorker.com; sowie Neil Fligstein, The Banks Did It. An Anatomy of the Financial Crisis, Cambridge: Harvard University Press 2021.

574 Ryan Lizza, Inside the Crisis: Larry Summers and the White House economic team, in: New Yorker 85, Nr. 32 (2009).

575 Megumi Naoi, Voting with the Wallet: Consumers, Income-earners and the New Politics of Globalization Backlash (forthcoming book).

576 Helena Smith, Left's Dynasty to Rule in Greece Again, in: The Observer, 4. Oktober 2009.

577 Simeon Djankov, Inside the Euro Crisis. An Eyewitness Account, Washington: Peterson Institute for International Economics 2014 (auch auf Bulgarisch), S. 65. (Djankow war von 2009 bis 2013 Finanzminister

Bulgariens, des ärmsten Landes in der Europäischen Union. Anm. d. Übers.).

578 Yannis Palaiologos, The story behind Greece's »unprecedented fiscal derailment« in 2009, in: Ekathimerini, 12. Januar 2018.

579 Niall Ferguson, A Greek crisis is coming to America, in: Financial Times, 10. Februar 2010.

580 François Hollande, Les leçons du pouvoir, Paris: Stock 2018, S. 365.

581 Chris Giles/George Parker, Devil in the detail as era of austerity begins, in: Financial Times, 18. Januar 2010.

582 David Ramsden, The Government's Strategy for Sustainable Growth, in: Gabriele Guidice, Robert Kuenzel und Tom Springbett (Hg.), The UK Economy. The Crisis in Perspective, London: Routledge 2011, S. 203 u. 206.

583 Henry Paulson, On the Brink. Inside the Race to Stop the Collapse of the Global Financial System, New York: Business Plus 2010, S. 375. Siehe auch France's Sarkozy, EU's Barroso in Strasbourg, Reuters, 21. Oktober 2008; sowie Felipe F. Salvosa II, Stricter rules urged by EU, in: BusinessWorld, 20. Oktober 2008.

584 Sheryl Gay Stolberg, As Leaders Wrestle With Downturn, Developing Nations Get Ringside Seats, in: New York Times, 16. November 2008.

585 Daniel Dombey, Krishna Guha und Andrew Ward, Talks challenge club of rich countries, in: Financial Times, 17. November 2008.

586 Vgl. Beatrice Gorawantschy, Céline-Agathe Caro und Martina Kaiser, Resonanz in Frankreich auf die aktuelle Finanzkrise: Nicolas Sarkozy als Krisenmanager, Konrad Adenauer Stiftung, 16. Oktober 2008, siehe www.kas.de (Anm. d. Übers.).

587 Lula unleashed: Brazil's president blames white guys for the financial crisis, in: The Economist, 27. März 2009.

588 Sam Jones, Jenny Percival und Paul Lewis, G20 protests: riot police clash with demonstrators, in: The Guardian, 1. April 2009.

589 Daniel Drezner, The System Worked. How the World Stopped Another Great Depression, New York: Oxford University Press 2014.

590 Londoner Gipfeltreffen – Erklärung der Staats- und Regierungschefs 2. April 2009 (Arbeitsübersetzung), S. 1, siehe www.g20germany.de; vgl. Henry Morgenthaus Abschlusserklärung auf der Konferenz in Bretton Woods am 22. Juli 1944, auf Englisch siehe www.cvce.eu.

591 George Parker, Chris Giles, Edward Luce und David Oakley, G20 leaders claim summit success, in: Financial Times, 2. April 2009; das Zitat

der Bundeskanzlerin nach: Silke Wettach, Melanie Bergermann, Mark Böschen, Yvonne Esterházy und Christian Ramthun, Neue Regeln für die Finanzbranche werden weltweit zerrieben, in: Wirtschaftswoche, 30. Juni 2009, siehe www.wiwo.de (Anm. d. Übers.).

592 Jonathan Weisma/Alistair MacDonald, G-20 in London: Brown and Obama claim summit victories, in: Wall Street Journal Europe, 3. April 2009.

593 Gordon Brown, My Life, Our Times, London: The Bodley Head 2017, S. 312.

594 Siehe Chris Giles, Large numbers serve to hide big divisions, in: Financial Times, 3. April 2009.

595 Londoner Gipfeltreffen, S. 2.

596 Geoff Dyer, Hesitating to take on global leadership, in: Financial Times, 2. April 2009.

597 David Pilling, The virtues of not being financially sophisticated, in: Financial Times, 2. April 2009.

598 Zit. nach Peter J. Opitz, Grundlinien chinesischer Außenpolitik, in: Die politische Meinung, Nr. 464 (2008), S. 19–26, Zitat S. 26.

599 Charles Clover, Xi Jinping signals departure from low-profile policy, in: Financial Times, 20. Oktober 2017.

600 Hu Jintao, 胡锦涛文选 (Ausgewählte Werke, Bd. 3), Beijing: 人民出版社 (Verlag des Volkes) 2016.

601 Xinhua News Agency, 20. Juli 2009, zit. in: Bonnie S. Glaser und Benjamin Dooley, China's 11th Ambassadorial Conference Signals Continuity and Change in Foreign Policy, in: China Brief 9, Nr. 22 (2009).

602 Krishna Guha/Edward Luce, Deal on global imbalances sought at G20 summit, in: Financial Times, 16. September 2009; hier zit. nach Obama will Reformen zur Finanzregulierung unterstützen, 17. September 2009, siehe euractiv.de (Anm. d. Übers.).

603 Vgl. auch die finale Erklärung der Staats- und Regierungschefs Gipfeltreffen in Pittsburgh 24./25. September 2009 (Arbeitsübersetzung), siehe www.bundesregierung.de. (Anm. d. Übers.)

604 Krishna Guha/Geoff Dyer, China scorns focus on imbalances, in: Financial Times, 17. September 2009.

605 Chris Giles, Sniping mars spirit of co-operation, in: Financial Times, 25. September 2009.

606 Bertrand Benoit, Tom Braithwaite und Ben Hall, Berlin frets at focus on imbalances, in: Financial Times, 22. September 2009.

607 Clive Crook, Platitudes from the Pittsburgh summit, in: Financial Times, 1. Oktober 2009.

608 Alan Beattie, Greenspan criticises China but warns US over weaker dollar, in: Financial Times, 11. November 2010.

609 Alan Beattie/Christian Oliver, US denies pushing down the dollar, in: Financial Times, 12. November 2010; vgl. Matthias Eberl/ Daniel Goffart, Amerika – die isolierte Weltmacht, in: Handelsblatt, 10. November 2010, siehe handelsblatt.com (Anm. d. Übers.).

610 John Paul Rathbone/Jonathan Wheatley, Brazil ready to retaliate against Fed move, in: Financial Times, 4. November 2010.

611 Ed Luc/James Lamont, Obama insists QE2 is »good for the world«, in: Financial Times, 8. November 2010.

612 Alan Beattie/Christian Oliver, US denies pushing down the dollar, in: Financial Times, 12. November 2010.

613 Geoff Dyer, Pressure grows on China as surplus surges, in: Financial Times, 11. November 2010.

614 Mure Dickie, Japan swells, in: Financial Times, 10. November 2010; vgl. Deutsche Bundesbank, Monatsbericht – März 2011, siehe www.bundesbank.de (Anm. d. Übers.).

615 Peter Spiegel/Gerritt Wiesmann, Simmering anger at Germany boils over, in: Financial Times, 17. November 2010.

616 Hier zitiert nach Volker Stanzel, Chinesische Softpower: Die Vision der neuen Seidenstraße, 2017, siehe www.oav.de. (Anm. d. Übers.).

617 Hier zit. nach Xi Jinping: Promote Friendship Between Our People and Work Together to Build a Bright Future, Rede vom 7. September 2013 in Astana, Kasachstan, siehe www.fmprc.gov.cn/ce/cebel/eng/zxxx/t1078088.htm.

618 Jeremy Stein, Overheating in Credit Markets: Origins, Measurement, and Policy Responses, Rede am 7. Februar 2013, siehe www.federalreserve.gov.

619 Linda Kole/Robert Martin, Overview of Japan's Monetary Policy Responses to Deflation, Memorandum des Offenmarktausschusses, 5. Dezember 2008, siehe www.federalreserve.gov.

620 Siehe die offizielle Darstellung der Politik von Shinzo Abe, dem japanischen Premierminister von 2006–2007 sowie 2012–2020, siehe www.japan.go.jp/abenomics/index.html.

621 Joseph E. Gagnon/Brian Sack, 18–19 QE: A User's Guide, Peterson Institute for International Economics Policy Brief, Oktober 2018.

622 Laurence Ball, IMF Advice on Unconventional Monetary Policies to Major Advanced Economies, Independent Evaluation Office Background Paper, Mai 2019.

623 Europäische Zentralbank, EZB kündigt geldpolitische Maßnahmen zur Verbesserung des Funktionierens des geldpolitischen Transmissionsmechanismus an, 5. Juni 2014, siehe www.ecb.europa.eu.

624 Besonders nachdrücklich vertrat Hans-Werner Sinn diese Argumentation, nicht zuletzt in: ders., Der Euro. Von der Friedensidee zum Zankapfel, übers. v. Florian Bick, Wolfgang Meister und H.-W. Sinn, München: Hanser 2015, Orig. v. 2014.

625 Mario Draghi, Arbeitslosigkeit im Euro-Währungsgebiet, Rede am 22. August 2014, siehe www.ecb.europa.eu.

626 Wortgleich: Mario Draghi, Einleitende Bemerkungen, 10. März 2016, siehe www.ecb.europa.eu. (Anm. d. Übers.).

627 Zit. in Robin Harding, US quantitative measures work in defiance of theory, in: Financial Times, 13. Oktober 2014; hier zit. nach US-Notenbank will Anleihenkäufe weiter drosseln, in: Süddeutsche Zeitung (online), 29. Januar 2014 (Anm. d. Übers.).

628 Ebd.

629 John Hilsenrath, Fed Closes Chapter on Easy Money, in: Wall Street Journal, 29. Oktober 2014.

630 Martin Weale/Tomasz Wieladek, What are the macroeconomic effects of asset purchases?, Bank of England External MPC Unit Discussion Paper Nr. 42, April 2014.

631 David Greenlaw, James D. Hamilton, Ethan Harris und Kenneth D. West, A Skeptical View of the Impact of the Fed's Balance Sheet, in: NBER Working Paper Nr. 24687, 2018.

632 Ben Hall, George Parker und Norma Cohen, Sarkozy hits at UK response to crisis, in: Financial Times, 7. Februar 2009; vgl. Frankreichs Auto-Hilfen wecken Angst vor Protektionismus, Reuters, 9. Februar 2009, siehe www.reuters.com (Anm. d. Übers.).

633 Siehe Pedro Gustavo Teixeira, The Legal History of the European Banking Union. How European Law Led to the Supranational Integration of the Single Financial Market, Oxford: Hart & Bloomsbury 2020.

634 Krishna Guha, Delegates face difficulties in fulfilling promise of co-ordinated response, in: Financial Times, 15. November 2008; siehe auch Frankreich gründet Staatsfonds, in: Tagesspiegel, 23.10.2008, www.tagesspiegel.de.

635 Siehe www.globaltradealert.org; sowie siaw.unisg.ch/de/lehrstuehle/evenett/gta.

636 Vgl. Steve Jobs iPhone 2007 Presentation (Full Transcript), in: The Singju Post, 4. Juli 2014.

637 Ben S. Bernanke, The Courage to Act. A Memoir of the Crisis and its Aftermath, New York: Norton 2015, S. 30. (Auch auf Chinesisch, Französisch, Japanisch, Koreanisch, Spanisch und Ungarisch).

638 Siehe Tim Congdon, Did Bernanke's »Creditism« Aggravate the Financial Crisis of 2008?, in: Steven Kates (Hg.), Macroeconomic Theory and its Failings, London: Edward Elgar 2010, S. 26–39.

639 Ben Bernanke/Mark Gertler, Agency Costs, Net Worth, and Business Fluctuations, in: American Economic Review LXXIX (1989), S. 14–31; sowie dies., Financial Fragility and Economic Performance, in: Quarterly Journal of Economics CV (1990), S. 87–114.

640 Irving Fisher, The Debt Deflation, in: Economica 1, Nr. 4 (1933), S. 337–357.

641 Ben Bernanke, Japanese Monetary Policy: A Case of Self-Induced Paralysis, in: Ryōichi Mikitani und Adam Simon Posen (Hg.), Japan's Financial Crisis and Its Parallels to U.S. Experience, Washington: Institute for International Economics 2000, S. 151.

642 Ben Bernanke/Mark Gertler, Monetary Policy and Asset Price Volatility, in: Economic Review – Federal Reserve Bank of Kansas City 84, Nr. 4 (1999), S. 17–51.

643 Bernanke, Japanese Monetary Policy, S. 158.

644 Ebd., S. 160.

645 Ebd., S. 162.

646 Siehe Ben S. Bernanke/Mark Gertler: Monetary Policy and Asset Price Volatility, Vortrag auf der Fed-Konferenz in Jackson Hole, August 1999, online: www.nber.org/system/files/working_papers/w7559/w7559.pdf.

647 Anmerkungen von Governor Ben S. Bernanke bei der Sandridge-Vorlesung der Virginia Association of Economists, Richmond, 10. März 2005, online: www.federalreserve.gov/boarddocs/speeches/2005/200503102/.

648 Bernanke, Japanese Monetary Policy«, S. 158.

649 Ebd., S. 161.

650 Barry Eichengreen/Jeffrey Sachs, Exchange Rates and Economic Recovery in the 1930s, in: Journal of Economic History Bd. 45, Nr. 4 (1985), S, 925–946; Ben S. Bernanke/Harold James: The Gold Standard, Deflation, and Financial Crisis in the Great Depression: An International

Comparison«, in: Financial Markets and Financial Crises, hg. v. Glenn Hubbard, Chicago: University of Chicago Press 1991, S. 33–68.

651 Bernanke, Japanese Monetary Policy, S. 164.

652 Ebd., S. 165.

653 Im Unterschied zur (indirekten) Geldmengenorientierung, die »mithilfe des Zwischenziels des Geldmengenwachstums« operiert, wird beim *inflation targeting* »das Endziel Preisstabilität unmittelbar angesteuert«: »Grundidee […] ist zum einen, durch die Vorgabe eines Zielwertes für die Inflationsrate die Zielrichtung der Geldpolitik öffentlich festzulegen, zum anderen geht es darum, den Unsicherheiten und Wirkungsverzögerungen des geldpolitischen Transmissionsprozesses durch Beobachtung einer Vielzahl von Daten – und nicht nur eines Zwischenziels – Rechnung zu tragen« (Deutsche Bundesbank 2020: Geldmengenorientierung, direkte Inflationssteuerung). (Anm. d. Übers.).

654 Ben Bernanke et al., Inflation Targeting. Lessons from the International Experience, Princeton: Princeton University Press 1999, S. 310 f.; Ben Bernanke/Mark Gertler, Monetary Policy and Asset Price Volatility, in: NBER Working Paper 7559 (Februar 2000), S. 44 f.

655 Gee Hee Hong/Todd Schneider, Shrinkonomics: Lessons from Japan, in: Finance and Development 57, Nr. 1 (2020); in der Unterzeile schreiben die Autoren: »Japan ist weltweit das Laboratorium für den politischen Umgang mit einer alternden, abnehmenden Bevölkerung.«

656 Ben S. Bernanke, Deflation: Making Sure »It« Doesn't Happen Here, Bemerkungen von dem National Economists Club, Washington, 21. November 2002.

657 Ben S. Bernanke, What tools does the Fed have left? Part 3: Helicopter money, Brookings Institute, 11. April 2016, siehe www.brookings.edu.

658 Bob Woodward, Greenspan. Dirigent der Weltwirtschaft, übers. v. Bernhard Schmid, Hamburg: Europa 2001, Orig. 2000.

659 Sebastian Mallaby, The Man Who Knew. The Life and Times of Alan Greenspan, London: Bloomsbury 2016, S. 648.

660 Bernanke, The Courage, S. 129.

661 Zachary Karabell, Our Hero, Ben Bernanke, in: The Atlantic, vom 13. Dezember 2012, siehe www.theatlantic.com.

662 Meltzer, A History of the Federal Reserve, S. 1232.

663 Bernanke, The Courage, S. 256.

664 Laurence M. Ball, The Fed and Lehman Brothers. Setting the Record Straight on a Financial Disaster, New York: Cambridge University Press 2018.

665 Ben S. Bernanke, The Federal Reserve's Response to the Financial Crisis, 27. März 2012, siehe www.federalreserve.gov; siehe auch Liquidity and the Role of the Lender of Last Resort, Podiumsdiskussion am Brookings Institute, 30. April 2014, siehe www.brookings.edu. Siehe auch Thomas L. Hogan, Linh Le und Alexander William Salter, Ben Bernanke and Bagehot's Rules, in: Journal of Money, Credit and Banking 47, Nr. 2/3 (2015), S. 333–348.

666 Randall Smith, Carrick Mollenkamp, Joellen Perry und Greg Ip, How a Panicky Day Led the Fed to Act, in: Wall Street Journal, 20. August 2007.

667 Ben S. Bernanke, Federal Reserve Policies in the Financial Crisis, Bemerkungen vor dem Board of Governors of the Federal Reserve System, 1. Dezember 2008, siehe www.federalreserve.gov.

668 Ben S. Bernanke, The New Tools of Monetary Policy, in: American Economic Review 110, Nr. 4 (2020), S. 943–983, hier S. 943.

669 Ben Bernanke in der Sitzung des Offenmarktausschusses (FOMC) am 2./3. November 2010, siehe www.federalreserve.gov, S. 98.

670 Siehe auch Lars Svennson, The Foolproof Way of Escaping from a Liquidity Trap: Is it Really, and Can it Help Japan? (Frank D. Graham Memorial Lecture), Princeton University, April 2001, siehe https://larseosvensson.se/papers/grahamnt/.

671 Ebd., S. 105.

672 Richard Fisher in der FOMC-Sitzung im November 2010, a. a. O., S. 150 u. 152.

673 Kevin M. Warsh, The New Malaise and How to End It, in: Wall Street Journal, 8. November 2010, siehe www.wsj.com.

674 Kevin Warsh in der FOMC-Sitzung im November 2010, a. a. O., S. 176.

675 Jeremy Page/Patrick McGroarty, G-20 Nations Aim to Grill Fed on Purchases, in: Wall Street Journal, 10. November 2010; Stephen Brown und Andreas Rinke, German tempers fray as U.S. policy gulf widens, Reuters, 10. November 2010; hier zit. nach Amerika ist ratlos, in: Süddeutsche Zeitung (online), 5. November 2020, siehe www.sueddeutsche.de (Anm. d. Übers.).

676 Neil Irwin, Die Alchemisten. Die geheime Welt der Zentralbanker, übers. v. Stephan Gebauer, Berlin: Econ 2013, Orig. 2013, S. 317.
677 Bernanke, The New Tools, S. 961.
678 Olivier Blanchard, Monetary Policy Will Never Be the Same, International Monetary Fund Blog, 19. November 2013 (auch auf Spanisch), https://blogs.imf.org.
679 Bernanke, The New Tools, S. 955; siehe auch Jeffrey R. Campbell, Jonas D. M. Fisher, Alejandro Justiniano und Leonardo Melosi, Forward Guidance and Macroeconomic Outcomes Since the Financial Crisis, in: NBER Macroeconomics Annual 2016 31, hg. v. Martin Eichenbaum und Jonathan A. Parker, Chicago: University of Chicago Press 2017, S. 283–357.
680 Bernanke, The New Tools, S. 944.
681 Laura Noonan, Cale Tilford, Richard Milne, Ian Mount und Peter Wise, Who went to jail for their role in the financial crisis?, in: Financial Times, 20. September 2018, siehe https://ig.ft.com/jailed-bankers/.
682 So ein Bericht der Boston Consulting Group, siehe Banks paid $321 billion in fines since financial crisis, Reuters, 2. März 2017, siehe www.reuters.com; siehe auch die BCG-Pressemitteilung aus München, »Global Risk Report 2017: Profitabilität bleibt Herausforderung für Bankensektor in Europa, 2. März 2017, siehe www.bcg.com (Anm. d. Übers.).
683 Fumio Kishida pledges to steer Japan away from Abenomics, in: Financial Times, 16. Oktober 2021.
684 ECB policy losing some potency, needs fiscal help: Draghi, Reuters, 28. Oktober 2019, siehe www.reuters.com; hier zit. nach Mario Draghi, Abschiedsrede, EZB: Frankfurt/Main, 28. Oktober 2019, siehe www.ecb.europa.eu (Anm. d. Übers.).
685 Zum haushaltspolitischen Primat (*fiscal dominance*), siehe Charles Goodhart und Manoj Pradhan, The Great Demographic Reversal. Ageing Societies, Waning Inequality, and an Inflation Revival, London: Palgrave Macmillan 2020.
686 Siehe Marvin Goodfriend, The Elusive Promise of Independent Central Banking, in: Monetary and Economic Studies 30 (2012), S. 39–54; Charles I. Plosser, A Limited Central Bank, Journal of Applied Corporate Finance 31 (2019), S. 16–20.
687 Marriner S. Eccles Papers, [Summary of Meeting of President Truman and the Federal Open Market Committee], 31. Januar 1951, Box 62, Ordner 1, Akte 1.

688 Siehe Sidney Hyman, Marriner S. Eccles. Private Entrepreneur and Public Servant, New York: Alfred A. Knopf 1976, S. 339; siehe auch Thorvald Grung Moe, Marriner S. Eccles and the 1951 Treasury – Federal Reserve Accord: Lessons for Central Bank Independence, Levy Economics Institute of Bard College, Arbeitspapier Nr. 747, Januar 2013.

689 Adam Samson, Lira falls after Erdogan calls interest rates »mother of all evil«, in: Financial Times, 11. Mai 2018; hier zit. nach [Reuters], Erdogan will Geldpolitik mitbestimmen, in: Wirtschaftswoche, 15. Mai 2018, siehe www.wiwo.de (Anm. d. Übers.).

7. Der große Lockdown: 2020–2021

690 Justin Wise, Trump adviser says »globalization of production« caused medical equipment shortages, The Hill, 13. April 2020, https://thehill.com/homenews/administration/492469-trump-adviser-says-globalization-of-production-caused-medical.

691 Michael Holden, UK's Johnson Calls on G7 to Vaccinate World by End of 2022, Reuters, 5. Juni 2021, https://www.reuters.com/business/healthcare-pharmaceuticals/uks-johnson-calls-g7-vaccinate-world-by-end-2022-2021-06-05/.

692 Russell Hope, Coronavirus: Champions League match a »biological bomb« that infected Bergamo, experts say, Sky News, 26. März 2020, https://news.sky.com/story/coronavirus-champions-league-match-a-biological-bomb-that-infected-bergamo-experts-say-11963905.

693 Jacob E. Lemieux u. a., Phylogenetic Analysis of SARS-CoV-2 in Boston Highlights the Impact of Superspreading Events, in: *Science* 371 (2021), S. 5.

694 Coronavirus: »Momentous« errors worsened Austria ski resort outbreak, BBC, 13. Oktober 2020, https://www.bbc.com/news/world-europe-54523014.

695 Vibhuti Agarwal, Shan Li und Suryatapa Bhattacharya, India's Covid Surge Is Most Ferocious Yet. »Spreading Like Wildfire«, in: The Wall Street Journal, 25. April 2021, https://www.wsj.com/articles/indias-covid-surge-is-most-ferocious-yet-spreading-like-wildfire-11619388584.

696 Paul Krugman, Who Was Milton Friedman?, in: The New York Review, 15. Februar 2007, https://www.nybooks.com/articles/2007/02/15/who-was-milton-friedman/.

697 Federal Open Market Committee, Meeting, March 15, 2020 (Unscheduled): Press Conference Transcript, Fraser, 15. März 2020, https://fraser.stlouisfed.org/title/federal-open-market-committee-meeting-minutes-transcripts-documents-677/meeting-march-15-2020-unscheduled-587319/content/pdf/FOMCpresconf20200315_final.
698 Kevin Roose und Matthew Rosenberg, Touting Virus Cure, »Simple Country Doctor« Becomes a Right-Wing Star, in: The New York Times, 2. April 2020, https://www.nytimes.com/2020/04/02/technology/doctor-zelenko-coronavirus-drugs.html.
699 Elisa Braun/Rym Momtaz, Macron meets with controversial chloroquine doctor touted by Trump, Politico, 9. April 2020, https://www.politico.com/news/2020/04/09/macron-meets-with-controversial-chloroquine-doctor-touted-by-trump-177879.
700 Lisa Schnirring, China releases genetic data on new coronavirus, now deadly, Center for Infectious Disease Research and Policy, 11. Januar 2020, https://www.cidrap.umn.edu/news-perspective/2020/01/china-releases-genetic-data-new-coronavirus-now-deadly.
701 Philip Ball, The lightning-fast quest for COVID vaccines – and what it means for other diseases, in: Nature, 18. Dezember 2020, https://www.nature.com/articles/d41586-020-03626-1.
702 Brit McCandless Farmer, COVID-19 Vaccine: The taxpayers' gamble, CBS News/60 Minutes Overtime, 13. November 2020, https://www.cbsnews.com/news/covid-19-vaccine-taxpayers-60-minutes-2020-11-13/; Emily Barone, The Trump Administration's »Operation Warp Speed« Has Spent $12.4 Billion on Vaccines. How Much Is That, Really?, in: Time, 14. Dezember 2020, https://time.com/5921360/operation-warp-speed-vaccine-spending.
703 Francesco Guarascio, EU states back spending up to $2.7 billion upfront on COVID-19 vaccines, Reuters, 12. Juni 2020, https://www.reuters.com/article/us-health-coronavirus-eu-vaccines/eu-states-back-spending-up-to-2-7-billion-upfront-on-covid-19-vaccines-idUSKBN23J20S.
704 David Meyer, Here's how much Europe will pay for each COVID-19 vaccine, in: Fortune, 18. Dezember 18, 2020, https://fortune.com/2020/12/18/how-much-europe-will-pay-each-covid-19-vaccine/.
705 Bojan Pancevski, How a Covid-19 Vaccine That Caught Trump's Eye Lost Its Way – and Found It Back, in: The Wall Street Journal, 24. März 2021, https://www.wsj.com/articles/how-a-promising-covid-19-vaccine-lost-its-wayand-found-it-again-11616583600.

706 Pfizer and BioNTech Announce Further Details on Collaboration to Accelerate Global COVID-19 Vaccine Development, Businesswire, 9. April 2020, https://www.businesswire.com/news/home/20200409005405/en/.

707 Owen Dyer, Covid-19: Countries are learning what others paid for vaccines, The BMJ, 29. Januar 2021, https://www.bmj.com/content/372/bmj.n281.

708 Internationaler Währungsfonds, Fiscal Monitor April 2021, https://www.imf.org/en/Publications/FM/Issues/2021/03/29/fiscal-monitor-april-2021.

709 Enrique Dans, How We Got To »Chipageddon«, in: Forbes, 25. Februar 2021, https://www.forbes.com/sites/enriquedans/2021/02/25/how-we-got-to-chipageddon/?sh=77216bcb7f30.

710 Chad P. Bown, Tariffs disrupted medical supplies critical to US coronavirus fight, PIIE chart, Peterson Institute for International Economics, 17. März 2020, https://www.piie.com/research/piie-charts/tariffs-disrupted-medical-supplies-critical-us-coronavirus-fight.

711 Jeanne Whalen, How the global chip shortage might affect people who just want to wash their dogs, in: The Washington Post, 2. Mai 2021, https://www.washingtonpost.com/technology/2021/05/02/chip-semiconductor-shortage-impact/.

712 Jeanne Whalen, General Motors and Ford halt production at more factories as global semiconductor shortage worsens, in: The Washington Post, 8. April 2021, https://www.washingtonpost.com/technology/2021/04/08/gm-manufacturing-chip-shortage/.

713 Ann Koh/Rajesh Kumar Singh, Exporters Take Unusual Steps to Ease Container Shortage, Bloomberg, 9. März 2021, https://www.bloomberg.com/news/articles/2021-03-09/major-exporters-take-unusual-steps-to-ease-container-shortage.

714 Shortage of New Shipping Containers Adds to Global Trade Turmoil, Bloomberg, 16. März 2021, https://www.bloomberg.com/news/articles/2021-03-16/shortage-of-new-shipping-containers-adds-to-global-trade-turmoil.

715 Rajesh Kumar Singh, U.S. manufacturers grapple with steel shortages, soaring prices, Reuters, 23. Februar 2021, https://www.reuters.com/article/us-usa-economy-steel-insight/u-s-manufacturers-grapple-with-steel-shortages-soaring-prices-idUSKBN2AN0YQ.

716 Yu Hairong, Peng Qinqin, Wang Liwei und Han Wei, Is Global Inflation About to Take Off?, Caixin, 10. Mai 2021, https://www.caixinglobal.com/2021-05-10/cover-story-is-global-inflation-about-to-take-off-101708643.html.

717 Neil Hume, David Sheppard, Emiko Terazono und Henry Sanderson, Broad commodities price boom amplifies »supercycle« talk, in: Financial Times, 3. Mai 2021, https://www.ft.com/content/1332da37-bf45-409f-9500-2fdac344d1dd.

718 Ryan Dezember, Lumber Prices Break Neww Records, Adding Heat to Home Prices, in: The Wall Street Journal, 3. Mai 2021, https://www.wsj.com/articles/record-lumber-prices-lift-sawmills-while-homeowners-do-it-yourselfers-pay-up-11620034201.

719 Sam Fleming, Jim Brunsden, Mehreen Khan und Michael Peel, EU Leaders confront US over vaccine patent waiver demands, in: Financial Times, 8. Mai 2021, https://www.ft.com/content/92510f77-07ae-4082-8930-c8e9fb58bd1e.

720 János Kornai, Economics of Shortage, Amsterdam: North Holland 1980.

721 Risk for COVID-19 Infection, Hospitalization, and Death By Race/Ethnicity, Centers for Disease Control and Prevention, 21. April 2021, https://www.cdc.gov/coronavirus/2019-ncov/covid-data/investigations-discovery/hospitalization-death-by-race-ethnicity.html.

722 Shelter in Place, in: The Economist, 15. Mai 2021, https://www.economist.com/united-states/2021/05/15/in-america-a-million-evictions-take-place-in-a-normal-year.

723 Disparities in the risk and outcomes of COVID-19, London: Public Health England 2020.

724 Siehe Let them eat dark chocolate, in: The Economist, 15. Mai 2021, https://www.economist.com/asia/2021/05/15/indias-covid-19-crisis-is-devastating-its-most-desperate-people.

725 Livia Hengel, Hungersnöte: Wie WFP gegen diese andere tödliche Pandemie kämpft, UN World Food Programme, 29. März 2021, https://de.wfp.org/stories/hungersnoete-wie-wfp-gegen-diese-andere-toedliche-pandemie-kaempft?_ga=2.205674769.343162668.1654104143-760150991.1654104143.

726 Yew Lun Tian, In »People's War« on coronavirus, Chinese propaganda faces pushback, Reuters, 13. März 2020, https://www.reuters.com/

article/us-health-coronavirus-china-propaganda-a/in-peoples-war-on-coronavirus-chinese-propaganda-faces-pushback-idUSKBN2100NA.

727 What a »Wartime« Economy Looks Like, in: The New York Times, 18. März 2020, https://www.nytimes.com/2020/03/18/business/dealbook/coronavirus-war-spending.html; Heather Stewart, »Whatever it takes«: chancellor announces 350bn aid for UK business, in: The Guardian, 17. März 2020, https://www.theguardian.com/uk-news/2020/mar/17/rishi-sunak-pledges-350bn-to-tackle-coronavirus-impact.

728 Brian Bennett und Tessa Berenson, »Our Big War.« As Coronavirus Spreads, Trump Refashions Himself as a Wartime President, in: Time, 19. März 2020, https://time.com/5806657/donald-trump-coronavirus-war-china/.

729 Jeffery Martin, Trump Taps Peter Navarro as Defense Production Act Policy Coordinator During Coronavirus Pandemic, in: Newsweek, 27. März 2020, https://www.newsweek.com/trump-taps-peter-navarro-defense-production-act-policy-coordinator-during-coronavirus-pandemic-1494782.

730 Laura Lane, Twitter-Post, 22. März 2021, https://twitter.com/ups_foundation/status/1374075126828916746.

731 What a »Wartime« Economy Looks Like, in: The New York Times, 18. März 2020, https://www.nytimes.com/2020/03/18/business/dealbook/coronavirus-war-spending.html.

732 Tyler Pager, Dan Diamond und Andrew Jeong, Biden Seeks to Recast Pandemic Fight, in: Washington Post, 21. Dezember 2021, https://www.washingtonpost.com/politics/2021/12/21/biden-omicron-speech-covid-testing-hospitals/.

733 A. Lee Smith, Why Are Americans Saving So Much of Their Income?, Federal Reserve Bank of Kansas City, 4. Dezember 2020, https://www.kansascityfed.org/research/economic-bulletin/why-are-americans-saving-so-much-income-2020/.

734 Ruchir Sharma, The billionaire boom: how the super-rich soaked up Covid cash, in: Financial Times, 15. Mai 2021, https://www.ft.com/content/747a76dd-f018-4d0d-a9f3-4069bf2f5a93.

735 Alistair Grey, More than 5 m people become millionaires, in: Financial Times, 22. Juni 2021, https://www.ft.com/content/86b99144-ba71-441d-b297-ddcdc94ea7f2.

736 Steven Erlanger, Merkel, Breaking German »Taboo,« Backs Shared E.U. Debt to Tackle Virus, in: The New York Times, 18. Mai 2020.

737 Manchin Statement On Infrastructure And Reconciliation Negotiations, 29. September 2021, https://www.manchin.senate.gov/newsroom/press-releases/manchin-statement-on-infrastructure-and-reconcilliation-negotiations.

738 Board of Governors of the Federal Reserve System, Review of Monetary Policy Strategy, Tools, and Communications, angenommen am 24. Januar 2020, https://www.federalreserve.gov/monetarypolicy/guide-to-changes-in-statement-on-longer-run-goals-monetary-policy-strategy.htm.

739 An overview of the ECB's monetary policy strategy, Europäische Zentralbank 2021, https://www.ecb.europa.eu/home/search/review/html/ecb.strategyreview_monpol_strategy_overview.en.html.

740 Protokoll der Sitzung des Federal Open Market Committee vom 9.–10. Juni 2020, https://www.federalreserve.gov/monetarypolicy/fomcminutes20200610.htm.

741 ECB shouldn't overreact to temporary inflation spike, Lagarde says, CNBC, 28. September 2021, https://www.cnbc.com/2021/09/28/ecb-shouldnt-overreact-to-temporary-inflation-spike-lagarde-says.html.

742 Martin Arnold, Philip Lane: »We have a unique initiative in Europe now – it is really quite something«, in: Financial Times, 16. März 2021, https://www.ft.com/content/2aa6750d-48b7-441e-9e84-7cb6467c5366.

743 Jerome Powell, Monetary Policy in the Time of COVD, Rede gehalten in Jackson Hole, Wyoming, 27. August 2021, https://www.federalreserve.gov/newsevents/speech/powell20210827a.htm.

744 Megan Leonhardt, Why U.S. officials say inflation is no longer »transitory«, in: Fortune, 3. Dezember 2021, https://fortune.com/2021/12/03/inflation-no-longer-transitory-higher-prices-fed-chair-powell-treasury-yellen.

745 Inflation Debate between Paul R. Krugman and Lawrence H. Summers, Princeton Bendheim Center, 21. January 2022, https://www.youtube.com/watch?v=IqkR0ODHie4.

746 ECB must be ready to act if inflation proves more durable: Schnabel, Reuters, 17. November 2021, https://www.reuters.com/business/finance/ecb-must-be-ready-act-if-inflation-proves-more-durable-schnabel-2021-11-17/.

747 P. Fabian u. a., Mächtigster Geldpolitikerin ist Inflation »eher zu niedrig«, Bild, 1. Dezember 2021, https://www.bild.de/geld/wirtschaft/

politik-inland/trotz-30-jahres-hochs-maechtigster-geldpolitikerin-ist-inflation-zu-niedrig-78394794.bild.html.

748 Jack Kelly, Companies Are Paying $100,000 Sign-On Bonuses To Attract Workers, Forbes, 8. September 2021, https://www.forbes.com/sites/jackkelly/2021/09/08/companies-are-paying-100000-sign-on-bonuses-to-attract-workers/?sh=497c09913b9f.

749 Laura Pitel, Lira Slide Pushes Young Turks to Virtual Working Overseas, in: Financial Times, 28. Dezember 2021, https://www.ft.com/content/63a0021e-0fd0-4636-ae4a-66fa8a7a43bd.

750 Jeanna Smialek/Eshe Nelson, The World's Top Central Bankers See Supply Chain Problems Prolonging Inflation, New York Times, September 29, 2021; https://www.nytimes.com/2021/09/29/business/central-bankers-supply-chains-inflation.html.

751 David Brooks, Has Biden Changed? He Tells Us., in: The New York Times, 20. Mai 2021, https://www.nytimes.com/2021/05/20/opinion/joe-biden-david-brooks-interview.html?action=click&module=Opinion&pgtype=Homepage.

752 Andrew Pollack, A Japanese Gambler Hits the Jackpot With Softbank, in: The New York Times, 19. Februar 1995, https://www.nytimes.com/1995/02/19/business/a-japanese-gambler-hits-the-jackpot-with-softbank.html.

753 Robert Olsen, Japan's Richest Person Promises More »Golden Eggs« After Fund Posts Best Quarter Yet, Forbes, 9. Februar 2021, https://www.forbes.com/sites/robertolsen/2021/02/09/japans-richest-person-promises-more-golden-eggs-after-posting-best-quarter-yet/?sh=6137edfb202e.

754 Jackie Wong, SoftBank's $4 Billion Tech Option Gambit Feels Like Déjà Vu, in: Wall Street Journal, 8. September 2020, https://www.wsj.com/articles/softbanks-4-billion-tech-option-gambit-feels-like-deja-vu-11599563556.

755 Kevin Xu, Jack Ma's Bund Finance Summit Speech, Interconnected (Blog), 9. November 2020, https://interconnected.blog/jack-ma-bund-finance-summit-speech/.

756 Duncan Clark, Alibaba: the house that Jack Ma built, New York: Ecco 2016, S. 111.

757 Ebd., S. 210.

758 Ebd., S. 78.

759 Ebd., S. 120.

760 Ebd., S. 209.
761 Ebd., S. 173.
762 Mari Yamaguchi, Cabinet Spokesman Retaliates For French Premier's Remarks, Associated Press, 18. Juli 1991, https://apnews.com/article/236b5ee30b7631c806e6300fb41c792c.
763 Clark, Alibaba, S. 125.
764 Keith Zhai, Lingling Wei und Jing Yang, ack Ma's Costliest Business Lesson: China Has Only One Leader, in: The Wall Street Journal, 20. August 2021.
765 Ryan McMorrow/Sun Yu, The Vanishing Billionaire: How Jack Ma Fell Foul of Xi Jinping, in: Financial Times, 15. April 2021, https://www.ft.com/content/1fe0559f-de6d-490e-b312-abba0181da1f.
766 Nathaniel Taplin und Jacky Wong, Profits and Politics in China's Tech Crackdown, in: The Wall Street Journal, 30. April 2021, https://www.wsj.com/articles/profits-and-politics-in-chinas-tech-crackdown-11619781614.
767 Ryan McMorrow/Yuan Yang, Zhang Yiming to step down as ByteDance chief, in: Financial Times, 20. Mai 2021, https://www.ft.com/content/d3a0fa61-4e24-409b-856d-468ebb797636.
768 Alex Hamilton, Wirecard signs payments processing partnership with Visa, Fintech Futures, 21. April 2020, https://www.fintechfutures.com/2020/04/wirecard-signs-payments-processing-partnership-with-visa/.
769 Dan McCrum, Wirecard's suspect accounting practices revealed, in: Financial Times, 15. Oktober 2019, https://www.ft.com/content/19c6be2a-ee67-11e9-bfa4-b25f11f42901.
770 Olaf Storbeck, Deutsche board member urged ex-Wirecard CEO to »do [the FT] in!!«, in: Financial Times, 15. Januar 2021, https://www.ft.com/content/4d71688e-1ba5-4d6e-b55f-233817a59c9c.
771 Dan McCrum, Wirecard: the timeline, in: Financial Times, 25. Juni 2020, https://www.ft.com/content/284fb1ad-ddc0-45df-a075-0709b36868db.
772 Bradley Hope, Paul J. Davies und Patricia Kowsmann, Wirecard's Adventure-Seeking No. 2 Was Key to the Firm's Rapid Rise, in: The Wall Street Journal, 3. Juli 2020, https://www.wsj.com/articles/wirecards-adventure-seeking-no-2-was-key-to-the-firms-rapid-rise-then-he-disappeared-11593798856.

773 Olaf Storbeck, EY audit failings on Wirecard laid bare in »dynamite« report, in: Financial Times, 21. Mai 2021, https://www.ft.com/content/68c699dc-7427-4c24-a57e-0980fb1371ec.

774 Markus Braun, Wir können durch Algorithmen Kredite 80 Prozent billiger vergeben, in: Handelsblatt, 4. September 2019, https://www.handelsblatt.com/finanzen/banken-versicherungen/banken/keynote-markus-braun-wir-koennen-durch-algorithmen-kredite-80-prozent-billiger-vergeben/24974696.html.

775 Olaf Storbeck, Deutsche Bank chief says 18m Wirecard loss shows value of its risk management, in: Financial Times, 15. Januar 2021, https://www.ft.com/content/2b90aed5-da7f-4e52-a8c6-b43a826c1936.

776 John O'Donnell und Christian Kraemer, Germany's Merkel rejects criticism of her Wirecard lobbying in China, Reuters, 23. April 2021, https://www.reuters.com/business/germanys-merkel-be-quizzed-over-wirecard-lobbying-public-inquiry-2021-04-23/.

777 John Basquill, Greensill empire collapses, Global Trade Review, 19. April 2021, https://www.gtreview.com/magazine/volume-19-issue-2/greensill-empire-collapses/.

778 Siehe William Goetzmann, Money Changes Everything: How Finance Made Civilization Possible, Princeton: Princeton University Press 2016.

779 Michael Pooler und Robert Smith, The Workings of Sanjeev Gupta's Empire, in: Financial Times, 26. Februar 2020, https://www.ft.com/content/5f279604-5719-11ea-a528-dd0f971febbc.

780 Sebastian Payne, Twitter-Mitteilung, 13. April 2021, https://www.trendsmap.com/twitter/tweet/1381909328781836289; siehe auch Nicholas Foulkes, Lex Greensill and the rules of wearing boots with suits, in: Financial Times, 21. April 2021, https://www.ft.com/content/834ccb50-7342-4a9b-ad4e-989f89f3b0ba.

781 Andrew Sparrow, David Cameron vows to tackle »secret corporate lobbying«, in: The Guardian, 8. Februar 2010, https://www.theguardian.com/politics/2010/feb/08/david-cameron-secret-corporate-lobbying.

782 Raymond De Roover, The Rise and Decline of the Medici Bank, 1397–1494, New York: W. W. Norton 1966.

783 Adam Smith, Der Wohlstand der Nationen, München: FinanzBuch-Verlag 2006, S. 1015.

784 Erin Banco, »It Is Embarrassing«: CDC Struggles to Track Covid Cases as Omicron Looms, Politico, 20. Dezember 2021, https://www.politico.com/news/2021/12/20/cdc-covid-omicron-delta-tracking-525621.

785 Ryan Lizza, Inside the Crisis, in: The New Yorker, 4. Oktober 2009, https://www.newyorker.com/magazine/2009/10/12/inside-the-crisis.

786 Toxic Memo, in: Harvard Magazine, 1. Mai 2001, https://harvardmagazine.com/2001/05/toxic-memo.html; Jim Vallette, Larry Summers' War Against the Earth, Counterpunch, 15. Juni 1999, https://www.counterpunch.org/1999/06/15/larry-summers-war-against-the-earth/.

787 Cornel West (mit David Ritz), Brother West: Living and Loving Out Loud, A Memoir, Carlsbad, CA: SmileyBooks 2009, S. 219 ff.

788 Noam Scheiber, Escape Artists, New York: Simon & Schuster 2012.

789 Joshua Cooper Ramo, The Three Marketeers, in: Time, 15. Februar 1999, http://content.time.com/time/world/article/0,8599,2054093,00.html.

790 Kenneth Rogoff, An Open Letter to Joseph Stiglitz, 2. Juli 2002, https://www.imf.org/en/News/Articles/2015/09/28/04/54/vc070202.

791 Robert Kuttner, Falling Upward: The Surprising Survival of Larry Summers, The American Prospect, 13. Juli 2020, https://prospect.org/economy/falling-upward-larry-summers/.

792 Louise Story/Annie Lowrey, The Fed, Lawrence Summers, and Money, in: New York Times, 10. August 2013, https://www.nytimes.com/2013/08/11/business/economy/the-fed-lawrence-summers-and-money.html.

793 Siehe Roger E. Backhousf/Mauro Boianovsky, »Secular stagnation: The history of a macroeconomic heresy, in: The European Journal of the History of Economic Thought 23 (2016), S. 946–970; Ebenso K. H. O'Rourke, Economic impossibilities for our grandchildren, in: Journal of the British Academy 4 (2016), S. 21–51.

794 A. H. Hansen, Economic progress and declining population growth, in: American Economic Review 29 (1939), S. 4.

795 A. H. Hansen, Full recovery or stagnation?, New York: W. W. Norton 1938, S. 142.

796 Larry Summers, IMF Fourteenth Annual Research Conference in Honor of Stanley Fischer, Transkript einer Rede in Washington, DC, am 8. November 2013, http://larrysummers.com/imf-fourteenth-annual-research-conference-in-honor-of-stanley-fischer/.

797 Larry Summers, Accepting the Reality of Secular Stagnation, in: Finance & Development 57 (2020).

798 Larry Summers, Reflections on the »New Secular Stagnation Hypothesis«, in: Coen Teulings und Richard Baldwin (Hg.), *Secular Stagnation:*

Facts, Causes and Cures, Centre for Economic Policy Research, London: Centre for Economic Policy Research 2014, S. 30.

799 Summers, Reflections, S. 31.

800 Ebd., S. 32.

801 Ebd.

802 America's lost oomph, in: The Economist, 19. Juli 2014, https://www.economist.com/leaders/2014/07/19/americas-lost-oomph.

803 Olivier Blanchard, Public debt and low interest rates, in: American Economic Review 109 (2019), S. 1197–1229.

804 John H. Cochrane, »r < g«, 1. März 2021, basierend auf Bemerkungen am 19. Februar 2021 bei der NBER Economic Fluctuations and Growth conference, abrufbar unter: https://static1.squarespace.com/static/5e6033a4ea02d801f37e15bb/t/61021eb497ddc12e8106e3b6/1627528884849/rvsg.pdf.

805 Jason Furman/Lawrence H. Summers, Who's Afraid of Budget Deficits?, larrysummers.com, 28. Januar 2019, http://larrysummers.com/2019/01/28/whos-afraid-of-budget-deficits/.

806 Anna Stansbury/Lawrence H. Summers, The Declining Worker Power Hypothesis: An explanation for the recent evolution of the American economy, in: NBER Working Paper Nr. 27193, Mai 2020.

807 Shawn Langlois, Will you be getting $2,000?, Market Watch, 27. Dezember 2020, https://www.marketwatch.com/story/will-you-be-getting-those-2-000-checks-well-when-bernie-sanders-and-donald-trump-agree-something-crazy-is-in-the-air-former-treasury-secretary-says-11609085310.

808 Lawrence H. Summers, The Biden stimulus is admirably ambitious. But it brings some big risks, too, in: The Washington Post, 4. Februar 2021, https://www.washingtonpost.com/opinions/2021/02/04/larry-summers-biden-covid-stimulus/.

809 Ebd.

810 John Harwood, Larry Summers sends inflation warning to White House: Dominant risk to economy is »overheating«, CNN, 12. Mai 2021, https://www.cnn.com/2021/05/12/politics/inflation-worries-larry-summers/index.html.

811 Alex Shephard, Larry Summers Is Finally, Belatedly, Irrelevant, The New Republic, 5. February 2021, https://newrepublic.com/article/161269/larry-summers-finally-belatedly-irrelevant.

812 Robert Solow, The State of Macroeconomics, in: Journal of Economic Perspectives 22 (2008), S. 245.
813 Siehe Opportunity Atlas, United States Census Bureau, https://www.census.gov/programs-surveys/ces/data/analysis-visualization-tools/opportunity-atlas.html.
814 Siehe Fred Dews, These maps from Raj Chetty show that where children grow up has a major impact on their lifetime earnings, Brookings, 2. Juni 2015, https://www.brookings.edu/blog/brookings-now/2015/06/02/these-maps-from-raj-chetty-show-that-where-children-grow-up-has-a-major-impact-on-their-lifetime-earnings/.
815 Raj Chetty, John N. Friedman, Nathaniel Hendren, Maggie R. Jones, Sonya R. Porter, The Opportunity Atlas: Mapping the Childhood Roots of Social Mobility, in: NBER Working Paper Nr. 25147, Januar 2020.
816 Gareth Cook, The Economist Who Would Fix the American Dream, in: The Atlantic, August 2019, https://www.theatlantic.com/magazine/archive/2019/08/raj-chettys-american-dream/592804/.
817 Raj Chetty und John Friedman, A Practical Method to Reduce Privacy Loss when Disclosing Statistics Based on Small Samples, in: Journal of Privacy and Confidentiality 9 (2019).

Schlusswort: Die nächste große Globalisierung

818 Karl Marx, Karl Marx, Das Kapital. Zweiter Band (MEW 24), S. 171.
819 Aus: Vortrag in der sozialphilosophischen Arbeitsgemeinschaft, gehalten am 28.4.1932, Mitschrift im Privatarchiv von W. F. Stolper, zitiert in: Josef Alois Schumpeter, Vorträge in der Bonner Zeit, hg. von Ulrich Hedtke, S. 94 ff. https://schumpeter.info/schriften/BonnerProzent-20Vortraege.pdf.
820 Linda Colley, The Gun, the Ship and the Pen: War, Constitutions and the Making of the Modern World, New York: Liveright 2021; ebenso dies., Can history help?, in: London Review of Books 40 (22. März 2018).
821 Mancur Olson, Aufstieg und Niedergang von Nationen: ökonomisches Wachstum, Stagflation und soziale Starrheit, übers. von Gerd Fleischmann, Tübingen: Mohr 1985.
822 Stephen Holmes/Ivan Krastev, Das Licht, das erlosch: Eine Abrechnung, übers. von Karin Schuler, Berlin: Ullstein 2021.

823 Putin warns Russia against pro-Western »traitors« and scum, Reuters, 16. März 2022, https://www.reuters.com/world/putin-warns-russia-against-pro-western-traitors-scum-2022-03-16/.

824 Gustav Theile, »Geistiges Opium« für Chinas Jugend, in: Frankfurter Allgemeine Zeitung, 3. August 2021.

825 The Federal Circuit Court of Appeals in re Alapatt, 1994; Bilski v Kappos 2010. Siehe auch Richard A. Posner, Why There Are Too Many Patents in America, in: The Atlantic, 12. Juli 2012.

826 Keynes, John Maynard Keynes to Gerard Vissering, Brief vom 31. Januar 1920, in: Keynes, Collected Writings, Band XVII, S. 150.